Streck/Mack/Kamps
Der Steuerstreit

Beratungsbücher für Berater

Rechtsschutz und Gestaltung
im Unternehmensrecht, Steuerrecht
und Steuerstrafrecht

herausgegeben von

Rechtsanwalt
Dr. Michael Streck

3

Der Steuerstreit

von

Dr. Michael Streck
Rechtsanwalt
und Fachanwalt für Steuerrecht

Alexandra Mack
Rechtsanwältin
und Fachanwältin für Steuerrecht

Dr. Heinz-Willi Kamps
Rechtsanwalt
und Fachanwalt für Steuerrecht

3. überarbeitete und erweiterte Auflage

2012

Verlag
Dr. Otto Schmidt
Köln

Zitierempfehlung:
Streck/Mack/Kamps, Der Steuerstreit, 3. Aufl., Tz. 96

*Bibliografische Information
der Deutschen Nationalbibliothek*
Die Deutsche Nationalbibliothek verzeichnet diese Publikation in der Deutschen Nationalbibliografie; detaillierte bibliografische Daten sind im Internet über http://dnb.d-nb.de abrufbar.

Verlag Dr. Otto Schmidt KG
Gustav-Heinemann-Ufer 58, 50968 Köln
Tel. 02 21/9 37 38-01, Fax 02 21/9 37 38-943
info@otto-schmidt.de
www.otto-schmidt.de

ISBN 978-3-504-62316-6

©2012 by Verlag Dr. Otto Schmidt KG, Köln

Das Werk einschließlich aller seiner Teile ist urheberrechtlich geschützt. Jede Verwertung, die nicht ausdrücklich vom Urheberrechtsgesetz zugelassen ist, bedarf der vorherigen Zustimmung des Verlages. Das gilt insbesondere für Vervielfältigungen, Bearbeitungen, Übersetzungen, Mikroverfilmungen und die Einspeicherung und Verarbeitung in elektronischen Systemen.

Das verwendete Papier ist aus chlorfrei gebleichten Rohstoffen hergestellt, holz- und säurefrei, alterungsbeständig und umweltfreundlich.

Einbandgestaltung nach einem Entwurf von:
Jan P. Lichtenford
Satz: WMTP, Birkenau
Druck: Bercker, Kevelaer
Printed in Germany

Vorwort

Rechtsschutz und Gestaltung im Unternehmensrecht, Steuerrecht und Steuerstrafrecht

Die Beratungsbücher dieser Reihe wenden sich an die steuerberatenden Berufe, vornehmlich also an Steuerberater, Rechtsanwälte und Wirtschaftsprüfer. Sie bezwecken einmal die Stärkung des Rechtsschutzes im Steuerrecht und Steuerstrafrecht angesichts einer zunehmenden Macht und Effizienz der Finanzverwaltung, zum anderen wollen sie konkrete Beratungs- und Gestaltungshilfen zur Unternehmensberatung geben.

Die Bücher sind aus der Sicht der Steuerbürger und ihrer Berater geschrieben. Diese Einseitigkeit steht dem sorgfältigen Bemühen um Objektivität nicht entgegen. Einseitig heißt, dass die Blickrichtung die des Bürgers, seines Rechtsschutzes und seiner Interessen ist. Dies umschließt die Notwendigkeit, auch nachteilige Positionen zu kennzeichnen, Verteidigungsansätze realistisch einzuschätzen, unausgewogene Fiskalansichten aufzudecken und auf Beratungs- und Gestaltungsrisiken einzugehen.

Liegen die Maßstäbe der systematischen Vollständigkeit und Geschlossenheit einerseits und des Praxisbezugs anderseits im Streit, geben wir dem praktischen Beratungsbezug, gekennzeichnet durch das Rechteck des Schreibtischs, den Vorzug.

Die Auswahl der Rechtsprechung, Anweisungen und Literatur verfolgt zwei Zwecke: Sie hat Belegcharakter, insoweit wird eine klassische Funktion erfüllt. Darüber hinaus werden gerade solche Urteile und Ansichten vorgestellt und analysiert, die zu den juristischen Instrumenten des Rechtsschutzes und der Gestaltung zu zählen oder zu formen sind. Aus den aktuellen Gesetzgebungsverfahren haben wir in die Fahnen noch das am 29.9.2011 vom Bundestag (die Veröffentlichung im BGBl. steht noch aus) beschlossene Gesetz über den Rechtsschutz bei überlangen Gerichtsverfahren und strafrechtlichen Ermittlungsverfahren eingearbeitet (Tz. 843).

Die Beratungsbücher sollen in sich eigenständig sein. Dies führt zu Überschneidungen, die, auf das Notwendige beschränkt, Querverweisungen dort ersparen, wo sie in der Beratung lästig und zeitraubend wären.

Vorwort

Die Bücher vermitteln Wissen und versuchen, Beratungserfahrungen weiterzugeben. Sie sind auf Kritik, Anregung und Erfahrungsbereicherungen angewiesen. Für jede Zuschrift danken wir. Anschrift ist die des Verlags: Gustav-Heinemann-Ufer 58, 50968 Köln.

MICHAEL STRECK

Der Steuerstreit

Dieses Beratungsbuch will nicht nur ein Informationsmittel für rechtliche Streitfragen und Problemlagen des Steuerstreits sein, sondern auch – zumindest in seinen allgemeinen Teilen – gelesen werden; das Beraterbewusstsein soll erreicht und beeinflusst werden. Der Steuerstreit gilt immer noch als notwendiges Übel, das – soweit möglich – zu vermeiden ist. Steuergerechtigkeit ist jedoch ohne Rechtsstreit nicht zu verwirklichen und zu sichern; Recht ist in der Wirtschafts- und Sozialordnung ohne Richter, mithin ohne Streit, nicht denkbar. Wer grundsätzlich ein schlechtes Gewissen wegen des Beginns einer steuerrechtlichen Auseinandersetzung hat, denkt im Ansatz unrechtlich.

Im Übrigen sollte man sich einer Besonderheit des Steuerstreits bereits bei seinem Beginn bewusst sein: An seinem Anfang steht nicht die „Klage" bzw. der „Kläger" oder der „Einspruch" bzw. „Einspruchsführer". Am Anfang steht der Finanzbefehl, dh. in der Regel der Steuerbescheid. Seine Rechtswidrigkeit oder sein Anschein der Rechtswidrigkeit verursachen den Streit. Der Steuerpflichtige ist stets in der Abwehrposition. Dies muss unterstrichen werden, zumal angesichts der immer wieder zu hörenden Klagen über ein Zuviel an Streitigkeiten. Dies schränkt im Übrigen die Notwendigkeit und Bedeutung der Verständigungen und Einigungen in Steuersachen nicht ein. In der Vielzahl der Streitfälle ist letztlich die Einigung besser als der Streit, im Übrigen sein Ziel. Die Einigung kann oft nur dann gelingen oder besser sein, weil der Steuerstreit möglich ist oder begonnen hat.

Dieses Buch ist von Steueranwälten geschrieben. Es ist ein anwaltliches Buch, insoweit einseitig. Aber zur guten Anwaltskunst gehört es, die Stärken der anderen Seite, das Finanzamt, die Möglichkeiten des Gerichts richtig und realistisch einzuschätzen. Auch darauf achtet dieses Buch. Die Autoren verteidigen in von ihnen geführten Mandaten nicht selbst vorbereitete Steuererklärungen; dieses sichert in der Regel die notwendige Distanz einer optimalen Interessenwahrung.

Vorwort

Wir sind Partner der Anwaltssozietät Streck Mack Schwedhelm. Dies bedingt, dass das Buch und seine Ansichten auf eine einheitliche Berufsausübung, Fortbildung und Erfahrung zurückgeht. Bei den Beratungshinweisen und in den Rechtsansichten gibt es keine Differenz (Ausnahmen dürfen die Regel bestätigen). Das Buch tritt daher unter den Namen Streck/Mack/Kamps auf, ohne die einzelnen Texte im Buch mit Namen zu verbinden. Gleichwohl sollen hier die Autoren und ihre Texte dokumentiert werden:

Kamps Zweiter Teil C. III.: Besonderheiten des Einspruchs gegen Haftungs- und Duldungsbescheide

        H.: Beschwerde an den BFH

        I. Nichtzulassungsbeschwerde

        J. Aussetzung der Vollziehung

        K. Antrag auf einstweilige Anordnung

Mack Zweiter Teil: Die Steuerstreitverfahren (ohne C. III., IV., H.–K.).

Streck Erster Teil: Notwendigkeit und Grundregeln des Steuerstreits.

Zweiter Teil C. IV.: Besonderheiten des Einspruchs bei schwebenden Steuerstrafverfahren

Dritter Teil: Einzelthemen im Zusammenhang

Köln, Oktober 2011

MICHAEL STRECK   ALEXANDRA MACK   HEINZ-WILLI KAMPS

Inhaltsverzeichnis

	Seite
Vorwort	V
Literaturverzeichnis	XIX
Abkürzungsverzeichnis	XXI

	Rz.	Seite

Erster Teil
Notwendigkeit und Grundregeln des Steuerstreits

	Rz.	Seite
A. Der Zweck des Steuerstreits	1	1
I. Die Steuergerechtigkeit	1	1
1. Gerechtigkeit und Streit	1	1
2. Beweggründe, Motive und Beratung	8	3
II. Andere Rechtszwecke	28	7
1. Abwehr von Haftpflichtansprüchen	28	7
2. Der Steuerstreit zum Zweck der Strafverteidigung	30	8
3. Der vorsorgliche Steuerstreit	33	8
4. Der Stundungsprozess	36	9
III. Das Problem des „illegitimen" Steuerstreits	38	9
B. Die Steuerverwaltung	48	13
C. Der Steuerbürger und sein Berater	64	15
I. Der Steuerbürger	64	15
II. Der Berater	66	16
1. Die Befugnis zur Vertretung im Steuerstreit	66	16
2. Die Kompetenz zur Vertretung im Steuerstreit	73	17
3. Die Bevollmächtigung	76	18
a. Finanzbehörden	76	18
b. Gerichte	98	20
D. Die Gerichte für Steuersachen	101	20
I. Die Finanzgerichtsbarkeit	101	20
1. Finanzgerichte	101	20
2. Bundesfinanzhof	105	21

Inhaltsverzeichnis

	Rz.	Seite
II. Verwaltungsgerichte	110	22
III. Bundesverfassungsgericht	112	22
E. Fristen	113	23
I. Bedeutung und Arten der Fristen	113	23
II. Berechnung der Fristen	127	25
III. Fristwahrung	146	27
IV. Fristenkontrolle	159	29
V. Wiedereinsetzung in den vorigen Stand	194	36
F. Allgemeine Bedingungen und Grundregeln des Steuerstreits	218	40
I. Kennzeichnung der Instanzen	218	40
1. Finanzamt	218	40
2. Oberfinanzdirektion und andere Oberbehörden	223	41
3. Finanzgericht	229	42
4. Bundesfinanzhof	234	43
5. Gemeinden	238	44
II. Argumentationsebenen	242	44
1. Sachverhalt	242	44
2. Rechtsanwendung	251	46
3. Autoritäten	259	48
4. Ermessen	267	50
5. PC und Zahlen	271	51
III. Schriftlichkeit und Mündlichkeit	276	52
1. Vorteile und Nachteile	276	52
2. Schreiben und Schriftsätze im Steuerstreitverfahren	286	54
IV. Strategie und Taktik	320	58
V. Stil und Umgang	333	60
VI. Exkurs: Politischer Einfluss	343	61
VII. Streit und Einigung; Tatsächliche Verständigung	347	62

Inhaltsverzeichnis

Zweiter Teil
Die Steuerstreitverfahren

	Rz.	Seite
A. Die nichtförmlichen Verfahren	358	67
I. Kennzeichnung der nichtförmlichen Verfahren	358	67
II. Gegenvorstellung	361	67
III. Sachaufsichtsbeschwerde	368	68
IV. Dienstaufsichtsbeschwerde	372	69
V. Antrag auf sog. „schlichte" Änderung	379	71
VI. Kosten/Kostenerstattung	386	72
B. Die förmlichen Hilfsverfahren bei Beginn des Steuerstreits	387	72
I. Antrag auf Erlass eines Verwaltungsakts	387	72
II. Antrag auf schriftliche Ausfertigung	392	73
III. Antrag auf Wiedereinsetzung in den vorigen Stand bei Fristversäumnis	397	74
IV. Befangenheitsantrag	399	74
V. Kosten	404	76
C. Einspruchsverfahren	405	76
I. Zweck und Funktion des Einspruchsverfahrens	405	76
II. Das Verfahren	425	80
1. Voraussetzungen des Einspruchs	425	80
a. Anfechtbare Bescheide	425	80
b. Einspruchsberechtigte	452	84
2. Der Einspruch	472	88
a. Frist	472	88
b. Form	505	93
c. Verzicht	516	95
d. Rücknahme	521	95
3. Die Einspruchsbegründung	530	97
4. Ausschlussfrist (§ 364b AO)	555	101

Inhaltsverzeichnis

	Rz.	Seite
5. Die Pflichten des Finanzamts im Einspruchsverfahren	561	103
a. Die Hinzuziehung	561	103
b. Informationspflichten des Finanzamts	572	104
c. Überprüfungs- und Ermittlungspflichten des Finanzamts	583	107
d. Einschränkung der Pflichten durch die Bindungswirkung anderer Verwaltungsakte	593	109
e. Der Vorbehalt der Nachprüfung im Einspruchsverfahren	596	110
6. Entscheidungen im Einspruchsverfahren	605	111
a. Zeitpunkt der Entscheidung	605	111
b. Stattgabe des Einspruchs	624	115
c. Teilstattgabe	632	116
d. Teil-Einspruchsentscheidung	635	117
e. Einspruchsentscheidung durch Allgemeinverfügung	641	118
f. Bescheidänderung während des Einspruchsverfahrens	644	118
g. Verböserung	648	119
h. Einspruchsentscheidung	657	120
7. Kosten/Kostenerstattung	662	121
III. Besonderheiten des Einspruchs gegen Haftungs- und Duldungsbescheide	669	122
1. Das Besondere	669	122
2. Verfahren	680	124
a. Verfahren und Förmlichkeiten	680	124
b. Korrekturmöglichkeiten	702	128
c. Sonstiges	728	135
3. Die Haftungstatbestände	732	136
a. Überblick	732	136
b. Geschäftsführerhaftung	734	138
c. Pflichtverletzung	739	140
d. Haftung des Steuerhinterziehers	757	144
4. Die Steuer, für die gehaftet werden soll	767	146
5. Ermessen	779	149
6. Festsetzungsverjährung	795	152
IV. Besonderheiten des Einspruchs bei schwebenden Steuerstrafverfahren	801	153

Inhaltsverzeichnis

	Rz.	Seite
D. Das Klageverfahren	830	157
I. Allgemeines	830	157
1. Zweck und Funktion des Klageverfahrens	830	157
2. Der Klägervertreter und seine Rolle im Steuerprozess mit Blick auf die Amtsermittlungspflicht	835	158
3. Dauer von Steuerprozessen	839	159
II. Die Klage	847	161
1. Klagearten und Klagebefugnis	847	161
2. Vorverfahren, Untätigkeitsklage und Sprungklage	857	162
3. Form und Frist	868	165
4. Vertretung und Vollmacht	892	169
5. Akteneinsicht	916	172
6. Klageantrag und Klagebegründung	930	175
III. Einzelfragen des Verfahrensverlaufs	971	183
1. Der „Wartestand"	971	183
2. Einzelrichter und Berichterstatter	975	184
3. Beiladung	983	185
4. Änderungsbescheide	990	187
5. Selbstständiges Beweisverfahren	994	187
6. Befangenheit der Richter	998	188
7. Die außergerichtliche Einigung	1008	190
8. Tod des Klägers/Insolvenz	1011	191
IV. Beendigung	1014	191
1. Vorbereitung auf die Beendigung	1014	191
2. Ermittlungen durch das Gericht	1021	192
a. Die allgemeinen Regeln	1021	192
b. Die Besonderheiten bei Vorbehaltsveranlagungen	1029	193
3. Erörterungstermin	1032	194
4. Mündliche Verhandlung	1042	196
a. Verzicht auf mündliche Verhandlung	1043	196
b. Vor der mündlichen Verhandlung	1052	197
c. Der Ablauf der mündlichen Verhandlung	1068	201
d. Wiedereröffnung der mündlichen Verhandlung	1088	205
e. Mündliche Verhandlung per Videokonferenz	1092	205
5. Protokoll	1095	206

Inhaltsverzeichnis

	Rz.	Seite
6. Gerichtliche Entscheidung	1110	207
7. Erledigung der Hauptsache ohne gerichtliche Entscheidung	1130	211
E. Revisionsverfahren	1139	213
I. Zweck und Funktion des Revisionsverfahrens	1139	213
II. Die Revision	1146	214
III. Die Revisionsbegründung	1164	216
IV. Die Revisionserwiderung	1193	221
V. Beendigung	1197	222
1. Mündliche Verhandlung und Urteil	1197	222
2. Urteil ohne mündliche Verhandlung	1198	222
3. Gerichtsbescheid	1206	223
VI. Kosten	1217	225
F. Anhörungsrüge	1219	225
G. Kosten	1224	226
I. Gerichtskosten	1224	226
1. Grundsätze	1224	226
II. Beraterkosten (RVG)	1235	227
III. Kostenfolgen aus den Grundsätzen	1241	228
H. Beschwerde an den BFH	1245	228
I. Nichtzulassungsbeschwerde	1257	230
I. Bedeutung	1257	230
II. Überblick Zulassungserfordernisse	1265	232
1. Formelle Voraussetzungen	1265	232
a. Urteil als Beschwerdegegenstand	1265	232
b. Keine Zulassung durch das Finanzgericht	1267	232
c. Beschwerdeberechtigter, Vertretungszwang	1274	234
d. Adressat, Form	1280	235
e. Fristen	1289	236
2. Zulassungsgründe	1307	240
3. Begründungserfordernis	1321	242

Inhaltsverzeichnis

	Rz.	Seite
III. Zulassungsgründe im Einzelnen	1335	245
1. Grundsätzliche Bedeutung (§ 115 Abs. 2 Nr. 1 FGO)	1335	245
a. Anwendungsbereich	1335	245
b. Rechtssache	1354	248
c. Klärungsbedürftigkeit	1357	250
d. Klärungsfähigkeit und Rechtserheblichkeit	1368	252
e. Allgemeines (abstraktes) Interesse an der Klärung	1377	254
2. Rechtsfortbildungsrevision (§ 115 Abs. 2 Nr. 2 Alt. 1 FGO)	1388	256
a. Anwendungsbereich	1388	256
b. Rechtsfortbildung	1392	257
c. Sonstige Anforderungen wie grundsätzliche Bedeutung	1394	257
3. Sicherung einheitlicher Rechtsprechung (§ 115 Abs. 2 Nr. 2 Alt. 2 FGO)	1399	259
a. Anwendungsbereich	1399	259
b. Divergenz im engeren Sinne	1404	260
c. Qualifizierter Rechtsanwendungsfehler	1430	265
4. Verfahrensmangel (§ 115 Abs. 2 Nr. 3 FGO)	1437	267
a. Anwendungsbereich	1437	267
b. Voraussetzungen	1443	268
c. Beispiele	1461	272
IV. Entscheidung	1477	276
1. Allgemeines	1477	276
2. Zugunsten des Beschwerdeführers	1485	278
3. Zu Ungunsten des Beschwerdeführers	1492	279
V. Erledigung, Rücknahme, Kosten	1494	279
VI. Prozessführung	1506	282
J. Aussetzung der Vollziehung	1516	284
I. Grundsatz der Vollziehbarkeit	1516	284
II. Das Verfahren nach § 361 AO	1524	285
1. Verfahrensfragen	1524	285
a. Gegenstand, Anfechtungssituation	1524	285
b. Entscheidung auf Antrag und von Amts wegen	1533	287

Inhaltsverzeichnis

	Rz.	Seite
c. Wirkung; Aufhebung der Vollziehung	1542	289
d. Rechtsschutzmöglichkeiten	1557	292
2. Die materiellen Voraussetzungen der Aussetzung der Vollziehung	1560	292
III. Das Verfahren nach § 69 Abs. 3 FGO	1573	295
1. Gegenstand	1573	295
2. Besondere Zugangsvoraussetzungen	1578	296
3. Verfahren, Entscheidung	1593	299
4. Rechtsschutz, Änderungsantrag	1600	300
a. Rechtsschutz	1600	300
b. Änderungsantrag zum Finanzgericht, erneuter Antrag zum Finanzamt	1607	302
IV. Sicherheitsleistung	1613	303
V. Aussetzungszinsen	1638	309
VI. Problemfälle	1649	311
1. Einstweilige Erstattung	1649	311
2. Feststellungsbescheide	1656	313
3. Betriebsprüfungsanordnungen	1663	315
4. Vollstreckung bei abgelehnter Aussetzung der Vollziehung	1667	316
VII. Kosten	1676	317
VIII. Ausgewählte Beraterüberlegungen	1678	318
1. Vorab	1678	318
2. Spezielle Abwägungsgesichtspunkte	1682	319
a. Für Aussetzung der Vollziehung	1682	319
b. Gegen Aussetzung der Vollziehung	1685	319
3. Richtiges Timing	1695	322
K. Antrag auf einstweilige Anordnung (§ 114 FGO)	**1709**	**325**
I. Gegenstand	1709	325
II. Abgrenzung	1715	326
III. Voraussetzungen	1718	326
IV. Sonstiges	1725	327

Dritter Teil
Einzelthemen im Zusammenhang

	Rz.	Seite
A. Der Vollstreckungsstreit	1728	329
I. Die Vollstreckung	1728	329
II. Die Gegenwehr	1778	336
1. Grundsätzliches zu den möglichen Einwendungen	1778	336
2. Vollstreckungsaufschub	1789	337
3. Aufteilungsbescheid	1810	342
4. Abrechnungsbescheid	1816	343
5. Nichtförmliche Rechtsbehelfe	1824	344
6. Förmliche Rechtsbehelfe	1826	344
a. Einspruch und Antrag auf Aussetzung der Vollziehung	1826	344
b. Einstweilige Anordnung durch das Finanzgericht (§ 114 FGO)	1836	346
c. Drittwiderspruchsklage	1847	347
d. Immobilien-Zwangsvollstreckung	1850	348
7. Schadensersatz	1851	348
III. Beratungshinweise	1852	348
1. Der Mandant im Vollstreckungsfall	1852	348
2. Über den Umgang mit Vollstreckungsstellen	1859	350
B. Der Streit im Steuerfahndungsverfahren	1873	353
C. Stundung und Erlass	1874	353
D. Hinweise zu sonstigen Rechtsbehelfen und Rechtsmitteln	1892	356
I. Steuerstreitigkeiten vor den Verwaltungsbehörden und Verwaltungsgerichten	1892	356
1. Widerspruch	1892	356
2. Klage vor den Verwaltungsgerichten	1897	357
3. Aussetzung der Vollziehung	1900	357
II. Streitigkeiten vor den ordentlichen Zivilgerichten	1907	358
III. Verfassungsbeschwerde	1909	358
IV. Europäischer Gerichtshof	1912	358

Inhaltsverzeichnis

	Rz.	Seite
E. **Zinsen und Kosten des Steuerstreits**	1917	359
I. Zinsen	1917	359
1. Aussetzungszinsen	1917	359
2. Erstattungszinsen	1918	359
II. Verfahrenskosten	1926	360
1. Einspruch	1926	360
2. Gerichte	1928	360
3. Prozesskostenhilfe	1932	361
III. Beraterkosten	1934	361
IV. Kostenerstattung	1937	361
V. Steuerliche Behandlung	1947	363

Anlagen

1. Muster einer Klage ... 364
2. Muster einer Revision ... 365
3. Muster einer Nichtzulassungsbeschwerde ... 366
4. Muster eines Antrags an das Finanzgericht wegen Aussetzung der Vollziehung ... 367
5. Muster eines Antrags auf einstweilige Anordnung ... 368
6. Muster eines Antrags auf Durchführung eines selbständigen Beweisverfahrens ... 369
7. Muster einer Eidesstattlichen Versicherung ... 370
8. Muster eines Kostenfestsetzungsantrags ... 371

Stichwortverzeichnis ... 373

Literaturverzeichnis

Das Verzeichnis gibt einen **Überblick** über die Literatur des **Steuerstreitrechts**; außerdem sind sonstige zitierte Lehrbücher und Kommentare angegeben.

Die Werke sind nur mit Namen, eventuell unter Anfügung eines Stichworts, die Aufsätze mit der Fundstelle **zitiert**. Der Verfasser ist idR vorangestellt. Soweit bei Paragraphen ein Gesetz nicht angegeben ist, handelt es sich um die AO.

BEERMANN/GOSCH, Abgabenordnung/Finanzgerichtsordnung, Loseblattwerk

BERGER, Der Steuerprozess, 1954

BILSDORFER/MORSCH/SCHWARZ, Handbuch des steuerlichen Einspruchsverfahrens, 2. Aufl., 2008

BINNEWIES/SPATSCHECK, Festschrift (FS) für Michael Streck, 2011, mit insbesondere für dieses Buch einschlägigen Beiträgen von

    Mack, Der Steueranwalt im Finanzgerichtsprozess, 337

    Mössner, Der Antrag im Finanzgerichtsprozess, 355

    Schaumburg, Heide und Harald, Grenzüberschreitende Sachverhaltsaufklärung – Mitwirkungs- und Dokumentationspflichten, 369

    Schmidt-Troje, Das Amtsermittlungsprinzip im finanzgerichtlichen Verfahren, 385

    Seer, Tax Compliance und Außenprüfung, 403

    Spindler, Der Anwalt als „Organ der Steuerrechtspflege" und Interessenvertreter, 417

    Stahl-Sura, Zur Dauer der Verfahren vor den Finanzgerichten, 435

    Woring, Der Zeugenbeweis in finanzgerichtlichen Verfahren, 461

BITTNER, Finanzgerichtsordnung, Loseblattwerk

DINGER/KOCH, Querulanz in Gericht und Verwaltung, 1991

FELIX (Hrsg.), Vom Rechtsschutz im Steuerrecht, 1960 (mit Grundsatzbeiträgen von Salzwedel, Kruse, Tipke, Gast, Vogel, Felix ua.)

GEHRE/SCHMIDT/BLEIBTREU, Rechtsbehelfe im Steuerrecht, 1968

GRÄBER, Finanzgerichtsordnung, 7. Aufl., 2010

Literaturverzeichnis

HARTMANN/CHRISTIANS, Chancen und Risiken im Finanzgerichtsprozess, 1986

HOFFMANN-FÖLKERSAMB, Geschichte und Perspektiven des Rechtsbehelfsverfahrens auf dem Gebiet des Steuerrechts in Deutschland, 1991

HÜBSCHMANN/HEPP/SPITALER, Kommentar zur Abgabenordnung und Finanzgerichtsordnung, Loseblattwerk

JESSE, Einspruch und Klagen im Steuerrecht, 3. Aufl., 2009

KLEIN, Rechtsschutz im Steuerrecht, 1979

KLEIN, Abgabenordnung, 10. Aufl., 2009

KLEIN/RUBAN, Der Zugang zum BFH, 1986

KUMMER, Die Nichtzulassungsbeschwerde, 2. Aufl., 2010

LEOPOLD/MADLE/RADER, Abgabenordnung, Loseblattwerk

NACKE, Die Haftung für Steuerschulden, 2. Aufl., 2007

OFFERHAUS, Der Bundesfinanzhof, 4. Aufl., 1997

PAHLKE/KOENIG, Abgabenordnung, 2. Aufl., 2009

PUMP/FITTKAU, Abgabenordnung, Loseblattwerk

RASENACK, Steuern und Steuerverfahren, 1985

SAUER/SCHWARZ, Wie führe ich einen Finanzgerichtsprozess?, 5. Aufl., 2001

SAUER/SCHWARZ, Handbuch des finanzgerichtlichen Verfahrens, 7. Aufl., 2010

SCHMIDT-TROJE/SCHAUMBURG, Der Steuerrechtsschutz, 3. Aufl., 2008

SCHWARZ, Abgabenordnung, Kommentar, Loseblattwerk

STRECK/MACK/SCHWEDHELM, Tax Compliance, 2010

STRECK/SPATSCHECK, Die Steuerfahndung, 4 Aufl., 2006 (Band 1 der Reihe „Rechtsschutz und Gestaltung im Unternehmensrecht, Steuerrecht und Steuerstrafrecht", in der auch dieses Buch zum Steuerstreit erschienen ist)

STRUTZ, Die Entwicklung des Steuerrechtsschutzes, in: Festgabe für Georg von Schanz, 1928, Band II, 223

TIPKE, Die Steuerrechtsordnung, Band I-III, 1993, Band I, 2. Aufl., 2010, Band II, 2. Aufl., 2003

TIPKE/KRUSE, Abgabenordnung/Finanzgerichtsordnung, Loseblattwerk

TIPKE/LANG, Steuerrecht, 20. Aufl., 2010

WAGNER, Die Praxis des Steuerprozesses, 2. Aufl., 2006

Abkürzungsverzeichnis

aA	anderer Ansicht
aaO	am angegebenen Ort
ABl.EG	Amtsblatt der (Europäischen Gemeinschaften)
Abs.	Absatz
Abschn.	Abschnitt
aE	am Ende
aF	alte Fassung
AG	Aktiengesellschaft; auch Die Aktiengesellschaft; auch Amtsgericht
AktG	Aktiengesetz
Anm.	Anmerkung(en)
AnwBl.	Anwaltsblatt
AnwErl.	Anwendungserlass
AO	Abgabenordnung
ArbGG	Arbeitsgerichtsgesetz
Art.	Artikel
AStG	Außensteuergesetz
Aufl.	Auflage
Az.	Aktenzeichen
Baden-Württ.	Baden-Württemberg
BayObLG	Bayerisches Oberstes Landesgericht
BayVGH	Bayerischer Verwaltungsgerichtshof
BB	Betriebs-Berater
Bd.	Band
BdF	Bundesministerium der Finanzen
betr.	betreffend
BewG	Bewertungsgesetz
BfF	Bundesamt für Finanzen
BFH	Bundesfinanzhof
BFHE	Entscheidungen des Bundesfinanzhofs
BFHEntlG	Gesetz zur Entlastung des Bundesfinanzhofs
BFH/NV	Sammlung amtlich nicht veröffentlicher Entscheidungen des BFH
BGB	Bürgerliches Gesetzbuch
BGBl.	Bundesgesetzblatt
BGH	Bundesgerichtshof
BGHZ	Entscheidungen des Bundesgerichtshofs in Zivilsachen
BMF	Bundesministerium für Finanzen

Abkürzungsverzeichnis

Bp.	Betriebsprüfung
BpO	Betriebsprüfungsordnung
BRAGO	Bundesgebührenordnung für Rechtsanwälte
BR-Drucks.	Bundesrats-Drucksache
BSG	Bundessozialgericht
BStBl.	Bundessteuerblatt
BT-Drucks.	Bundestags-Drucksache
Buchst.	Buchstabe(n)
BVerfG	Bundesverfassungsgericht
BVerfGE	Entscheidungen des Bundesverfassungsgerichts
BVerwG	Bundesverwaltungsgericht
DB	Der Betrieb
DBA	Doppelbesteuerungsabkommen
dh.	das heißt
Diss.	Dissertation
DNotZ	Deutsche Notar-Zeitschrift
DöV	Die öffentliche Verwaltung
DRiZ	Deutsche Richterzeitung
DStG	Deutsche Steuer-Gewerkschaft; Die Steuer-Gewerkschaft (Zeitschrift)
DStPr.	Deutsche Steuer-Praxis
DStR	Deutsches Steuerrecht
DStZ	Deutsche Steuer-Zeitung
DVR	Deutsche Verkehrsteuer-Rundschau
EFG	Entscheidungen der Finanzgerichte
EG	Europäische Gemeinschaft
EGAO	Einführungsgesetz zur Abgabenordnung
Einl.	Einleitung
ErbStG	Erbschaftsteuergesetz
Erl.	Erlass
ESt.	Einkommensteuer
EStDV	Einkommensteuer-Durchführungsverordnung
EStG	Einkommensteuergesetz
EuGH	Europäischer Gerichtshof
f.	folgend(er)
FA	Finanzamt
ff.	fortfolgende
FG	Finanzgericht

Abkürzungsverzeichnis

FGO	Finanzgerichtsordnung
FinMin.	Finanzministerium
FN	Fußnote
FR	Finanz-Rundschau
FVG	Gesetz über die Finanzverwaltung
GbR	Gesellschaft des bürgerlichen Rechts
GewSt	Gewerbesteuer
GewStG	Gewerbesteuergesetz
GG	Grundgesetz
ggf.	gegebenenfalls
GKG	Gerichtskostengesetz
GmbH	Gesellschaft mit beschränkter Haftung
GmbHG	Gesetz betreffend die Gesellschaften mit beschränkter Haftung
GmbHR	GmbH-Rundschau
GrEStG	Grunderwerbsteuergesetz
GVG	Gerichtsverfassungsgesetz
hA	herrschende Ansicht
HFR	Höchstrichterliche Finanzrechtsprechung
HGB	Handelsgesetzbuch
hM	herrschende Meinung
idR	in der Regel
IdW	Institut der Wirtschaftsprüfer
iS	im Sinne
iVm.	in Verbindung mit
JbFfSt.	Jahrbuch der Fachanwälte für Steuerrecht
Jg.	Jahrgang
JW	Juristische Wochenschrift
JZ	Juristenzeitung
KG	Kammergericht; auch Kommanditgesellschaft
KÖSDI	Kölner Steuerdialog
KöStI	Kölner Steuerinformation
KostO	Kostenordnung
KSt	Körperschaftsteuer
KStG	Körperschaftsteuergesetz

Abkürzungsverzeichnis

LG	Landgericht
LSt	Lohnsteuer
LStDV	Lohnsteuer-Durchführungsverordnung
MDR	Monatsschrift für Deutsches Recht
Mio.	Million(en)
mwN	mit weiteren Nachweisen
NJW	Neue Juristische Wochenschrift
Nr.	Nummer(n)
NStZ	Neue Zeitschrift für Strafrecht
NWB	Neue Wirtschafts-Briefe
OFD	Oberfinanzdirektion
OHG	offene Handelsgesellschaft
OLG	Oberlandesgericht
ÖStz	Österreichische Steuerzeitung
R.	Rechtspruch
RAO	Reichsabgabenordnung
Rheinl.-Pfalz	Rheinland-Pfalz
RFH	Reichsfinanzhof
RFHE	Entscheidungen und Gutachten des Reichsfinanzhofs
RG	Reichsgericht
RGBl.	Reichsgesetzblatt
RGZ	Entscheidungen des Reichsgerichts in Zivilsachen
RIW	Recht der internationalen Wirtschaft
RStBl.	Reichssteuerblatt
RWP	Rechts- und Wirtschaftspraxis
Rz.	Randziffer
s.	siehe
S.	Seite
SGG	Sozialgerichtsgesetz
sog.	sogenannt(er)
StB	Steuerberater; Zeitschrift: Der Steuerberater
StBerG	Steuerberatungsgesetz
Stbg.	Die Steuerberatung
StbJb.	Steuerberater-Jahrbuch
StBp.	Die steuerliche Betriebsprüfung
StEK	Steuererlasse in Karteiform

Abkürzungsverzeichnis

StGB	Strafgesetzbuch
Stpfl.	Steuerpflichtige(r)
StPO	Strafprozessordnung
StRK	Steuerrechtsprechung in Karteiform
StuW	Steuer und Wirtschaft
StWa.	Die Steuerwarte
StWK	Steuer- und Wirtschaftskurzpost
ua.	unter anderem
uE	unseres Erachtens
UR	Umsatzsteuer-Rundschau (ab 1985)
USt.	Umsatzsteuer
UStG	Umsatzsteuergesetz
usw.	und so weiter
uU	unter Umständen
VermBG	Gesetz zur Förderung der Vermögensbildung der Arbeitnehmer
Vfg.	Verfügung
vgl.	vergleiche
vH	vom Hundert
VollstrA	Vollstreckungsanweisung
VollzA	Vollziehungsanweisung
VwGO	Verwaltungsgerichtsordnung
VwZG	Verwaltungszustellungsgesetz
wistra	Zeitschrift für Wirtschaft, Steuer, Strafrecht
WM	Wertpapier-Mitteilungen
Wpg.	Die Wirtschaftsprüfung
zB	zum Beispiel
Ziff.	Ziffer(n)
ZPO	Zivilprozessordnung
ZRP	Zeitschrift für Rechtspolitik
zT	zum Teil
ZVG	Gesetz über die Zwangsversteigerung und die Zwangsverwaltung

Erster Teil
Notwendigkeit und Grundregeln des Steuerstreits

A. Der Zweck des Steuerstreits
I. Die Steuergerechtigkeit
1. Gerechtigkeit und Streit

Der **Steuerstreit** dient dem Recht; er **bezweckt** Steuergerechtigkeit[1]. 1

Steuergerechtigkeit kann man als ein rationales, einsichtiges **Normen-** 2
und **Wertesystem**, hergeleitet aus Grundsätzen, dargestellt in Gesetzen, Urteilen und Literatur, begreifen[2]. Steuergerechtigkeit ist jedoch auch das Ergebnis einer **dynamischen Auseinandersetzung** zwischen den Belastenden und den Belasteten[3]. Da von einer allgemeinen und gesicherten Anerkennung rationaler, einsichtiger Grundsätze und hieraus abgeleiteter Normen im Steuerrecht keine Rede sein kann, ist es nur folgerichtig, dass das Streben nach Steuergerechtigkeit durch die Auseinandersetzung, den Steuerstreit, einen breiten Raum einnimmt[4].

---

1 Vgl. RUDOLF VON IHERING (1818–1882), Der Kampf ums Recht, hier zitiert nach Ihering, Der Geist des Rechts, Eine Auswahl aus seinen Schriften, 1965, 188: „**Alles Recht** in der Welt ist **erstritten** worden, jeder wichtige Rechtssatz hat erst denen, die sich ihm widersetzten, abgerungen werden müssen, und jedes Recht, sowohl das Recht eines Volkes wie das eines einzelnen, setzt die stetige Bereitschaft zu seiner Behauptung voraus... Darum führt die Gerechtigkeit, die in der einen Hand die Waagschale hält, mit welcher sie das Recht abwägt, in der andern das Schwert, mit dem sie es behauptet. Das Schwert ohne die Waage ist die nackte Gewalt, die Waage ohne das Schwert die Ohnmacht des Rechts. Beide gehören zusammen, und ein vollkommener Rechtszustand herrscht nur da, wo die Kraft, mit welcher die Gerechtigkeit das Schwert führt, der Geschicklichkeit gleichkommt, mit der sie die Waage handhabt." (Hervorhebung von mir). Dazu auch heute KASPAR, Der Anwalt im Kampf ums Recht, JZ 1995, 746.
2 Vgl. das Steuerrechtslehrbuch von TIPKE/LANG und das grundlegende Werk von TIPKE, Die Steuerrechtsordnung, insbesondere die Vorworte.
3 „Mit der Verletzung der Rechte tritt an jeden Berechtigten die Frage heran: ob er es behaupten, dem Gegner Widerstand leisten, also **kämpfen**, oder ob er, um dem Kampfe zu entgehen, es im Stich lassen soll; diesen **Entschluss** nimmt ihm niemand ab." (VON IHERING, aaO [FN 1], 200; Hervorhebung von mir).
4 Dies gilt nicht nur für die individuelle Steuergerechtigkeit, sondern auch für die **historische Entwicklung** des **Steuerrechtsschutzes**, der mühsam dem modernen Staat **abgerungen** werden musste (vgl. STRUTZ, Die Entwicklung des

Kläger/Beklagter

3 Die **Finanzverwaltung** ist zur Steuererhebung verpflichtet. Jede Bürokratie entwickelt Eigendynamik mit Drang zur Ausdehnung. Dies führt bei der Finanzverwaltung in der Tendenz zur sich ständig steigernden **Fiskalität**. Soweit der Gesetzgeber hier keine Grenzen zieht, müssen Steuerbürger und ihre Berater sich der Verwaltung durch die Steuerstreitmittel erwehren, um die eigene Steuergerechtigkeit zu finden und zu sichern[1].

4 Die Grundstruktur des Steuerstreits, in dem der **Kläger** regelmäßig der Besteuerte – wenn man will: der Steuerverfolgte – ist, der **Beklagte** das Finanzamt, der – gesetzlich gerechtfertigte – Angreifer, arbeitet mit **falschen Etikettierungen**. Der Zugreifende ist nicht der Kläger, sondern die Finanzbehörde, die mit ihrem Steuerbescheid Vermögensteile des Steuerbürgers will. Dieses eingreifende Finanzamt später als den „Beklagten" zu bezeichnen, stellt die Streitsituation auf den Kopf. Die falsche Etikettierung hat Auswirkungen bei der Beurteilung des Steuerstreits. So sind es tatsächlich nicht die Kläger mit ihrer Streitlust, die die Finanzgerichte belasten, sondern eher die Finanzämter, möglicherweise veranlasst durch den steuerlichen Gesetzgeber, die durch rechtswidrige Steuerbescheide oder rechtswidrig erscheinende Bescheide die Notwendigkeit der Prozessflut verursachen[2]. Auch muss aus psychologischer Sicht der Einspruchsführer und Kläger nicht nach einer

---

Steuerrechtsschutzes, in: Festgabe für v. Schanz, 1928, Bd. II, 223 ff., insbesondere 233 f.).

1 Auch auf die Gefahr hin, dass die **Finanzverwaltung** für diesen Streitaufwand kein Verständnis hat und jeden **Rechtsstreit** eher als **unnütz** und **lästig** empfindet. Vgl. hierzu die treffende Glosse „Ceterum censeo", FR 1985, 519: „Ein Regierungsdirektor schließt seinen ... Beitrag ... (BB 1985, 1597 f.). Es bleibt nur zu hoffen, dass sich die Finanzgerichte dieser Meinung anschließen und nicht unter Berufung auf die Meinung von Tipke/Kruse die Verwaltung in die nächste Instanz zwingen"... Von diesen Ausführungen inspiriert wird vorgeschlagen: 1. Grundlage allen Übels ist eine von der Verwaltungsauffassung abweichende Rechtsauslegung: Wer sich mit einem entsprechenden Vorhaben befasst, fällt dem Vorwurf „schändlichen Verhaltens" anheim ... Die zukünftige Kommentierungsarbeit soll nur noch von erfahrenen Verwaltungspraktikern versucht werden dürfen. 2. Fortführung des (oa.) Übels in höherer Art liegt vor, wenn und soweit sich Richter gerade den oa. Rechtsauslegungen anschließen. Diesen „Richtern" muss deutlich vor Augen gehalten werden, dass sie durch ihr Verhalten zur weiteren Belastung der Finanzgerichtsbarkeit beitragen und solcherdings ihren eigenen Berufsstand empfindlich schädigen ...".

2 Diese richtige Blickrichtung findet sich zB erfreulich klar bei MESSMER, Der „erschöpfte" Finanzrechtsweg, BB 1986, 741, 742. In dem **erschöpften Finanzrechtsweg spiegelt** sich unmittelbar der **erschöpfte Steuerbürger** wider, der

Streit um Kleinstbeträge

Rechtfertigung suchen, warum er den Staat „angreift"; er ist in der Verteidigungsposition. Sein gutes Recht ist es, sich gegen den staatlichen Eingriff zur Wehr zu setzen, um dessen rechtliche Kontrolle zu erzwingen.

Und wenn sich Richter darüber beklagen, dass gerade **Streitigkeiten um Kleinstbeträge**, Werbungskosten, Sonderausgaben wegen gewachsenem Anspruchsdenken und gewachsener Konfliktbereitschaft zunehmen[1], so darf nicht übersehen werden, dass dem gleichermaßen die Bereitschaft des Finanzamts gegenübersteht, sich um Kleinstbeträge zu streiten.

Im Steuerstreit wird auf den ersten Blick über die materielle Gerechtigkeit nach **materiellen Rechtsnormen** entschieden. Verfahrensregeln haben dienende Funktion.

Wo die materielle Gerechtigkeit – wie im Steuerrecht – unvollkommen ausgebildet ist, gilt diese Erkenntnis bei näherem Hinsehen nur eingeschränkt. Die Fiskalität der Finanzbehörden wird häufig in der **Ausnutzung verfahrensrechtlicher Positionen** sichtbar, und zwar auch bei „günstiger" Auslegung der materiellen Norm (Mitwirkungspflichten, Sanktionen, Hoheitsakte, Beweislast). Umgekehrt: Der Steuerbürger erstreitet sein Recht oft nicht durch die Vermittlung der Erkenntnis seiner Berechtigung, sondern durch den Einsatz der ihm (oft nur spärlich) zur Verfügung stehenden verfahrensrechtlichen Mittel.

2. Beweggründe, Motive und Beratung

Im konkreten **Einzelfall** bestimmen unterschiedliche **Beweggründe** und **Motive** den Steuerbürger zum Streit um die Steuergerechtigkeit.

Im Mittelpunkt steht das Motiv, die **Steuergerechtigkeit** gerade in dem eigenen Fall durch ein **rechtsprechendes Erkenntnis** (Einspruchsentscheidung, Urteil) zu verwirklichen. Hierbei kann es um einen Rechtssatz, die Auslegung einer Vorschrift, das richtige Anwenden des Ermessens oder um die richtige Ermittlung des Sachverhalts gehen. Aus der Sicht des Steuerbürgers soll durchweg in erster Linie **die Steuerlast gemindert** werden.

---

in dem Rechtsweg das einzig verbleibende Mittel sieht, sich gegen die zunehmenden „Finanzhelfer" zur Wehr zu setzen.
1 WORING, BB 1988, 40.

Erfolgsaussichten

10 Streitzweck und Streitgrund scheinen eins zu sein. Sie scheinen **einfach strukturiert**. Und aus diesem Grund nehmen auch **Finanzbeamte** und **Richter** gerne an den Überlegungen teil, ob ein Streit zu führen oder zu beenden ist und in welchen Modalitäten er erledigt werden kann. Dagegen ist nichts einzuwenden, wenn Richter Richter und Finanzbeamte Finanzbeamte bleiben und nicht Berater werden. Die **Beratung**, ob und wie gestritten wird, liegt **ausschließlich** in der Hand des Rechtsanwalts, Steuerberaters oder Wirtschaftsprüfers. Nur er vermag den Streit dem Grunde und der Modalität nach in das Gesamtinteresse, in die Gesamtsituation des Mandanten einzuordnen. Wir werden nachfolgend eine Reihe von Gründen anführen, die den **Steuerstreit bestimmen** und die nicht mehr notwendig etwas mit der einfachen Struktur des vorstehend wiedergegebenen Basisinteresses zu tun haben (vgl. Tz. 9). **Vordergründiger Streitzweck** und **sonstige Streitgründe** müssen unterschieden werden. Diese Differenzierung kann nur der Berater vornehmen. Hinzu kommt: Ein Beamter wird nicht ohne die **Bestimmungsgründe** seiner **beamtlichen** Situation, ein Richter nicht ohne seine **richterlichen Interessen** „beraten"; und beides interessiert den Streitführer nur am Rande.

11 Kehren wir **zunächst** zu der **„einfachen" Struktur** des Steuerstreits zurück, wonach der Steuerbürger eine Minderung seiner Steuerlast anstrebt.

12 Zweck der steuerlichen Auseinandersetzung kann sein, ein von vornherein **bestimmbares Ergebnis** anzustreben. Ziel kann aber auch sein, ein bestimmtes Ergebnis zu **verbessern** (Beispiel: Streitigkeiten um verdeckte Gewinnausschüttungen, Schätzungen).

13 Bestimmend sind die **Erfolgsaussichten**. Kommt der Berater nach der gegebenen Rechtslage zu dem Urteil, dass der Rechtsstreit mit Wahrscheinlichkeit zum Erfolg führt, so wird der Steuerbürger sich regelmäßig zum Steuerstreit entschließen.

14 Ist eine Rechtsfrage noch nicht entschieden, birgt die Sachverhaltslage die **Nichtkalkulierbarkeit** des Ausgangs des Verfahrens in sich, so tritt das Rechtsengagement (die Steuerstreitlust) des Bürgers bestimmender in den Vordergrund.

15 Der Rechtsstreit ist nicht ausgeschlossen, wenn der Berater die Erfolgsaussichten gering einschätzt. Die Rechtsfortbildung wäre ohne **Streitverfahren gegen die Erfolgsaussichten** nicht denkbar. Gerade in einem

Teilerfolg

solchen Fall kann der Bürger – durchaus „einsam" – einen Streit um sein Recht im allgemeinen Interesse führen.

Auch wenn der Streit regelmäßig die Erkenntnis des richtigen Rechts bezweckt, darf die pragmatische Sicht der Steuergerechtigkeit nicht unterschätzt werden. Es gibt Streitfälle, die vernünftig nur durch eine **Verständigung (übereinstimmende Beurteilung)** enden können. Typische Beispiele: Schätzungs- und Bewertungsverfahren; komplizierte und undurchsichtige Sachverhalte. Nicht immer haben Finanzamt und Steuerbürger von Beginn an die richtige Einsicht zur Einigung. Hier dient der Rechtsstreit dem Zeitgewinn, der geistigen Abkühlung der Streitenden. Allein der Zeitablauf ist in solchen Fällen ein wirksamer Streitgenosse der Gerechtigkeit. 16

Steuerprozesse dauern lange, oft Jahrzehnte[1]. Die Rechtsprechung ist unstetig. Solange eine Veranlagung nicht bestands- oder rechtskräftig abgeschlossen ist, ist sie für den **Zufall** einer **positiven Entwicklung** offen. Dies kann zu der Überlegung führen, einen Steuerstreit allein nach **Wahrscheinlichkeitsüberlegungen** zu führen. Zu überlegen ist, ob es den Einsatz der Gerichts- und Beraterkosten lohnt, den Fall für positive Zufallsentscheidungen und positive Rechtsänderungen offenzuhalten[2]. 17

Hierzu muss man die **statistischen Erfolgsaussichten** bei den Steuergerichten kennen. Die Geschäftsberichte der **Finanzgerichte** errechnen für den Steuerbürger seit Jahren eine Erfolgsquote von rund **einem Drittel**[3]. Lässt man als Berater, der glaubt, die Zulässigkeitshürden nehmen zu können, die als unzulässig abgewiesenen Klagen außer Betracht, so liegt die Erfolgsquote **noch höher**. Unter gleicher Annahme liegt auch beim **BFH** die Erfolgsquote bei knapp 30 %[4]. 18

Bedenkt man, dass auch der **Teilerfolg** – sofern die Steuerminderung die Gerichts- und Beraterkosten übersteigt – letztlich einen „**vollen Erfolg**" darstellt, da bestands- oder rechtskräftig die Steuerschuld gesenkt wird, so ist eigentlich **erstaunlich**, dass **nicht mehr** gestritten und 19

---

1 Zur Dauer der finanzgerichtlichen Verfahren s. die Untersuchung von STAHL-SURA, in FS für Streck, 2011, 435.
2 Zum **Unsicherheitsfaktor Rechtsprechung**, die Steuerstreitigkeiten verursacht, s. NECKELS, DStZ 1990, 244, 251.
3 1999/2000: EFG 2001, 1094; 2001/2002: EFG 2004, 2; 2003/2004: EFG 2006, 942; 2005/2006: EFG 2008, 2; 2007/2008: EFG 2009, 1702.
4 Berechnet nach den Jahresberichten des BFH 2009 und 2010. Zu diesen Fragen s. auch die Antwort der Bundesregierung auf die kleine Anfrage DER LINKEN, BT-Drucks. 17/2296 vom 25.6.2010.

Grenzen der Erfolgsaussichten

geklagt wird. Die der Finanzverwaltung gewährte Bestands- oder Rechtskraft ist idR ein „**Geschenk**" an den Staat.

20   Es ist richtig, dass im Hinblick auf Tz. 17 auf diese Weise die Dauer der Steuerstreitverfahren ein **Argument** für zusätzliche Steuerstreitverfahren und damit für eine **Verlängerung** der Dauer der Steuerstreitverfahren wird. Dies ist dem Bürger nicht vorzuwerfen. Da die Unstetigkeit der Rechtsprechung mit der Suche nach immer besserem Recht begründet wird, wird man dem Bürger nicht vorwerfen können, dass er an dieser Suche teilhaben will. Wenn der Gesetzgeber bewusst diejenigen **bestraft**, die ihre Veranlagung **bestands-** und **rechtskräftig** werden lassen, wird man den Bürgern nicht vorwerfen können, dass sie die Bestands- und Rechtskraft scheuen[1].

21   Mehrfach haben Steuerbürger versucht, die Steuerveranlagungen anzufechten, weil sie nicht wollen, dass ihre **Steuergelder** für **bestimmte Zwecke**, zB für Verteidigungszwecke, verwendet werden. Sie hatten durchweg keinen Erfolg[2].

22   Bestimmungsgrund für den Beginn eines Steuerstreits kann die **Person** des **Beraters** sein.

23   Die Beratung eines Mandanten über die Führung eines Steuerstreits sollte die **realistischen Erfolgsaussichten** offenlegen. Es wäre mandatswidrig, dem Mandanten ein geschöntes Bild der Erfolgsaussichten zu geben, um den Streit aus nicht sachlichen Gründen führen zu können.

24   Allerdings kann für die Beurteilung gelten: Die **positiven** Erfolgschancen können in der Regel die **80-vH-Grenze** nicht übersteigen, die **negativen** Aussichten in der Regel die **20-vH-Grenze** nicht unterschreiten. Hier wirken sich Dauer und mangelnde Stetigkeit der Rechtspre-

---

1   Vgl. zB STRECK/RAINER/MACK/SCHWEDHELM, Stbg. 1992, 125, 455, betr. die nachträgliche Anhebung der Kinderfreibeträge 1983–1985 durch das StÄndG 1991, die nur den „Streitlustigen" zugute kam.
2   BFH vom 6.12.1991 III R 81/89, BStBl. II 1992, 303; FG Baden-Württ. vom 8.5.1985 VII K 569/83, BB 1985, 1245; vom 19.6.1985 VII 600/82, EFG 1985, 455; FG Rheinl.-Pfalz vom 24.4.1985 1 K 135/84, EFG 1985, 454; Hess. FG vom 15.11.1990 2 K 1576/89, EFG 1991, 642; FG Düsseldorf vom 25.9.1996 16 K 6309/92, EFG 1997, 354. Abl. auch KLAUSER, BB 1986, 2029, mwN; WORING, DStZ 1986, 536, und – zur BFH-Entscheidung III R 81/89 – DStZ 1992, 504; dazu auch mit interessanten gesetzgeberischen Vorschlägen TIEDEMANN, DStZ 1986, 457, der sich in StuW 1992, 276, kritisch mit der BFH-Entscheidung III R 81/89 auseinandersetzt. Hinweis auf NAUJOK, Gewissensfreiheit und Steuerpflicht, Diss. Greifwald, 2003, und die Bespr. dieser Diss. von PLUM, StuW 2004, 283.

chung aus. Je mehr Zeit ein Rechtsstreit benötigt, um so mehr wird er von Zufälligkeiten beeinflusst, umso länger steht er Änderungen der Rechtsprechung offen.

Kein Streit sollte aus den **persönlichen Interessen** des Beraters begonnen werden. Ärger und Zorn auf einen Finanzbeamten, über die Ansicht des Amtes dürfen einen Rechtsstreit nicht begründen. Dasselbe gilt, wenn der Berater ein höchstpersönliches – und durchaus achtenswertes – Interesse daran hat, eine bestimmte Rechtsfrage einer Klärung zuzuführen. Der Mandant hat dieses Interesse regelmäßig nicht. Sein Interesse ist für die Beratung in diesem Fall entscheidend. 25

Aus der gegenteiligen Sicht gilt: Kein Streit darf aus **Inkompetenz vermieden** werden. Der Steuerberater, der von einem Steuerstreit abrät, weil er sich letztlich die Führung des Rechtsstreits nicht zutraut, verletzt die Beraterpflichten. 26

Sorgfältig ist zwischen der Beratung über den **Beginn** oder **Nichtbeginn** eines Steuerstreits einerseits und der **Führung** des **Steuerstreits** andererseits zu unterscheiden. Folgt der Mandant dem positiven oder negativen Rat zur Auseinandersetzung, stellen sich dem Berater in beiden Ebenen keine Probleme. Wird der Berater beauftragt, einen Streit durchzuführen, von dem er abgeraten hat, so ist es für ihn eine legitime Aufgabe, auch diesen Streit zu führen. Es wäre ein Mandatsfehler, wenn der Streitführung anzumerken wäre, dass der Berater zuvor abgeraten hatte. Dies wird dem Berater leichter fallen, der die notwendige Relativität seines Rats bereits dadurch erfahren hat, dass der Mandant gegen das eigene Urteil letztendlich erfolgreich war. 27

II. Andere Rechtszwecke

1. Abwehr von Haftpflichtansprüchen

Die steuerliche Streitführung kann notwendig sein, um das **Bestehen** oder **Nichtbestehen** von **Haftpflichtansprüchen** zu **klären**. Behauptet der Mandant einen Mandatsfehler des Beraters, weil das Finanzamt nicht auf Anhieb die Gestaltung des Beraters anerkennt, so wird sich in vielen Fällen die Fehlerhaftigkeit der Beratung ohne den Steuerrechtsstreit nicht feststellen lassen. 28

Praxishinweis: In solchen Fällen ist Kontakt mit der Haftpflichtversicherung aufzunehmen, die möglicherweise bereit ist, die Streitkosten zu übernehmen. 29

Strafverteidigung

2. Der Steuerstreit zum Zweck der Strafverteidigung

30 Eine Vielzahl von Streitverfahren vor dem Finanzamt und den Finanzgerichten ist aus **strafrechtlichen Verteidigungsüberlegungen** erforderlich, regelmäßig sogar zwingend geboten.

31 Der **objektive Tatbestand** der **Steuerhinterziehung** (§ 370 AO) setzt eine **Steuerverkürzung** voraus. Wird diese Steuerverkürzung bestritten, so ist dies in erster Linie dem Finanzamt entgegenzuhalten; die steuerliche Auseinandersetzung beginnt. Selbst ein verlorener Steuerprozess kann hinsichtlich der subjektiven Tatseite einer mutmaßlichen Hinterziehung, dh. des Vorsatzes, entlasten.

32 Soweit die Steuerstrafverfahren dem Steuerverfahren nachgeschaltet werden, tritt ein **Zeitgewinn** hinzu; allerdings scheuen sich die Strafverfolgungsorgane immer weniger, Steuerstrafverfahren auch bei streitigen Steuerfragen durchzuführen.

3. Der vorsorgliche Steuerstreit

33 Das Steuerverfahren ist nicht nur für die Finanzverwaltung, sondern auch für den Steuerberater ein **Massenverfahren**. Die Massierung kann auch bei dem einzelnen Steuerbürger eintreten, wenn zB ein Betriebsprüfungs- oder Fahndungsbericht ausgewertet wird. In solchen Fällen ist die Monatsfrist für Einsprüche und Klagen zu kurz, um alle Bescheide sorgfältig zu prüfen. Es ist legitim, vorsorglich Einspruch oder Klage einzulegen, um eine ausreichende Überprüfungsmöglichkeit zu erhalten.

34 Wer sich gegen solche vorsorglichen Rechtsbehelfe wendet, mag bedenken, in welch **gestörtem Gleichgewicht** der **Zeitdruck** steht, unter dem Finanzamt und Steuerbürger stehen (vgl. auch Tz. 115, 118). Sieht man von der hinreichenden Verjährungsfrist ab, so drückt das Finanzamt bei der Prüfung von Steuererklärungen keine Frist, während Bürger und Berater bei Steuerbescheiden und Einspruchsentscheidungen durch die Monatsfrist für Einspruch und Klage belastet sind.

35 Bei vorsorglichen Klageerhebungen ist allerdings an das Problem der ausgelösten **Gerichtskosten** zu denken. Mit dem Mandanten ist abzuklären, ob diese Kosten in Kauf genommen werden.

4. Der Stundungsprozess

Steuerstreitverfahren werden auch geführt, um im Ergebnis eine **Steuerstundung** zu erreichen. Dies ist natürlich nur dann denkbar, wenn die **Aussetzung der Vollziehung gewährt** ist. 36

Zinsen fallen an in Höhe der Aussetzungszinsen. Sie sind nicht ratierlich, sondern en bloc am Schluss des Verfahrens zu zahlen, was nur dann von Vorteil ist, wenn man sich auf diese Insgesamtzahlung eingestellt hat. 37

III. Das Problem des „illegitimen" Steuerstreits

Es gibt Einzelstreitverfahren (Einzeleinsprüche, Einzelklagen usw.), die Teil eines **Gesamtstreits** sind, der über die Einzelfälle hinausgeht. Ist die steuerliche Beurteilung eines Sachverhalts, sind die Folgen einer Außenprüfung oder Steuerfahndung umstritten und gewinnt der beratene Steuerbürger die Überzeugung, das Finanzamt verschließe sich einsichtigen Argumenten, akzeptablen Lösungen und möglichen Verständigungen, so kann die **Streitführung** gegen **alle Bescheide**, auch soweit sie ohne jede Erfolgsaussicht im Einzelfall ist, sinnvoll sein, um die Unvernunft des Finanzamts zu dokumentieren oder um aus der arbeitsintensiven Streitführungslast für das Finanzamt schließlich die einvernehmliche Beurteilung abzuleiten[1]. 38

In solchen Streitfällen wird mit Mitteln gearbeitet, über die man ungern offen reflektiert: **Arbeitsbelastung; Untätigkeiten; Ermüdungen.** 39

Es kann fraglich sein, ob es von Rechts wegen zulässig oder **legitim** ist, das Streitinstrumentarium der Abgaben- und Finanzgerichtsordnung **extensiv** und über den Zweck der einzelnen Norm hinaus anzuwenden, um in einem Gesamtkomplex aufgrund einer Gesamtstrategie ein **berechtigtes Ziel** zu verfolgen. Beispiel: Nach einem Prüfungsverfahren, das ohne Einigung mit einer Vielzahl strittiger Punkte endete, werden anschließend alle Bescheide angefochten, auch soweit der Einspruch im Einzelfall unzulässig ist (Null-Bescheide, begünstigende Bescheide). 40

---

[1] Vgl. hierzu zuerst STRECK, KÖSDI 1981, 4170. Hier meine ich nicht die bereits 1930 von POPITZ in der Vierteljahresschrift für Steuer- und Finanzrecht 1930, 33, als Zeichen eines allgemeinen Steuerprotests angeführte „**organisierte Einlegung** von **Rechtsmitteln** in **Massen**, dass ihre Erledigung kaum noch möglich ist"; denn der Rechtsbehelf als **Mittel** des **Steuerprotests** bezweckt nicht die Regelung eines **Einzelfalls**, sondern wendet sich gegen den Steuerdruck oder Steuermissstände allgemein.

Illegitimer Steuerstreit

Mittels weiterer Anträge, die teilweise unzulässig oder offensichtlich unbegründet sind, wird einerseits auf Zeitgewinn, andererseits auf einen zunehmenden Arbeitsdruck des Finanzamts hingearbeitet. Keine Einzelaktion löst eine besondere Strafsanktion aus. Keine Einzelaktion führt zu besonderen finanzamtlichen Kosten. Durch eine solche Steuerstreitstrategie werden die notwendigen Bedingungen für eine angemessene einvernehmliche Beurteilung geschaffen.

41 Über diese Streitstrategien kann man heftig **streiten**. Ich stelle **vier Thesen** zur Diskussion[1]:

42 **These 1**: Solche Strategien sind in der **Praxis** weitgehend **anzutreffen**. Wer ihren Einsatz ablehnt, muss zumindest das Praxisphänomen erklären.

43 **These 2**: Es ist rein zufällig und fast **willkürlich**, ob und in welcher Weise sich ein **Rechtsschutzinteresse** des Bürgers gerade in einem **einzelnen Steuerbescheid** widerspiegelt. Sein Rechtsschutzinteresse bezieht sich auf seinen „Fall", nicht auf die facettenhafte Aufteilung in der Form von Einzelsteuerbescheiden. Ist der Bürger berechtigt, sich gegen die Behandlung seines Falls zu wenden, zB gegen eine zeitlich und der Höhe nach überzogene Schätzung, so rechtfertigt das legitime Rechtsschutzinteresse des Gesamtfalls auch den strategischen Einsatz der im isolierten Einzelfall unzulässigen Streitmittel.

44 **These 3**: Die **Finanzverwaltung arbeitet**, teils unbewusst, teils bewusst, in **ähnlicher Weise**.[2] Nachfolgend (Tz. 46) stelle ich den hier diskutier-

---

1 Vgl. hierzu den Bericht von STRECK, KÖSDI 1981, 4170, 4171, über ein Steuerrechtsseminar für Fortgeschrittene von Prof. TIPKE, Universität Köln, am 30.10.1980.

2 Dass die **Finanzverwaltung** im großen Stil mit methodisch ähnlichen **Entlastungs- und Arbeitsbewältigungsstrategien** arbeitet, wird ausführlich von JENETZKY, StuW 1982, 273 ff. dargestellt – der Bericht und auch die nachfolgenden Belege haben **heute nicht an Aktualität verloren** – vgl. zB S. 276: „Die unteren Verwaltungsbehörden haben **zur Abwehr der Überbelastung Strategien** entwickelt, die formal eine einigermaßen reibungslose Erledigung der Arbeitsmenge sicherstellen und den **Anschein** einer hinreichenden Sachverhaltsermittlung und dogmatisch sauberen Rechtsanwendung aufrechterhalten. **Zu den Bewältigungsmethoden gehören die typisierende Betrachtungsweise, der Verzicht auf Rückfragen, der Verzicht auf Verprobungsrechnungen und Schlüssigkeitsprüfungen, die Überdehnung der Beweiskraft des ersten Anscheins, die Unterstellung typischer Geschehensabläufe, die Bereitschaft, offensichtliche, aber nicht offenkundige Falschdarstellungen der Steuerbürger hinzunehmen, dem quengelnden Steuerpflichtigen nachzugeben und den folgsamen zu belasten** und dergleichen mehr." (Hervorhebungen auch im Original). Vgl. auch

Illegitimer Steuerstreit

ten Streitinstrumenten jeweils eine Aktion der Finanzverwaltung gegenüber. Bevor man die Einzelaktionen des Steuerbürgers und seines Beraters spontan ablehnt, möge man sie gegenüber der gegenübergestellten Position der Finanzverwaltung abwägen. Die Waffengleichheit zwischen Steuerbürger und Finanzverwaltung wird in diesen Fällen überhaupt nur durch derartige scheinbar unzulässige Einzelaktionen hergestellt.

These 4: Die Strategie ist deshalb gerechtfertigt, weil es auch hier um die **Steuergerechtigkeit** des **Einzelfalls** geht[1]. Ziel ist der Rechtsfriede in diesem Fall. Ich lasse daher bewusst die nachfolgende Gegenüberstellung mit dem gleichen Zweck enden.

Problematische Beraterstrategien und **Finanzamtsaktionen:**

a. Rechtsbehelfe gegen richtige Bescheide mit Scheinbegründung oder ohne Begründung	a. Unrichtige Bescheide mit Scheinbegründungen oder ohne Begründung
b. Einsprüche ohne Beschwer (zB gegen Null-Bescheide)	b. Haftungsbescheide ohne Gründe
c. Einsprüche gegen alle Bescheide ohne Prüfung (um sodann in Ruhe die Bescheide zu prüfen); Ausnutzen der Kostenfreiheit	c. Sofort-Bescheide ohne ausreichende Vorermittlung

---

NECKELS, DStZ 1990, 244, zum steuerlichen Rechtsschutz als Belastungs-, Kapazitäts-, Kosten- und Zeitproblem. Sodann s. die von WASSERMEYER, DStZ 1985, 164 ff., zusammengestellten **Fehler** der **Finanzämter**: Mangelhafte Erläuterungen der Abweichungen von der Steuererklärung; fehlerhafte psychologische Behandlung der Steuerbürger; zu schnelle Entscheidungen, die dem Steuerpflichtigen nur den Rechtsbehelf belassen; eigenes „Landrecht" der Finanzämter; Nichtberücksichtigung von Anweisungen der Finanzverwaltung; Kleinkrämerei; fehlende Vergleichsbereitschaft; Einspruchsentscheidungen als Fließbandentscheidungen; fehlerhafte Schätzungen; Überschätzungen von leichter Hand. Zustimmung bei RÖSSLER, DStZ 1985, 378 f.; **Verteidigung** der **Finanzämter** gegenüber WASSERMEYER bei SCHUHMANN, DStZ 1985, 379; SCHÄFER, DStZ 1986, 138. Aufgegriffen wurde die Kritik von WASSERMEYER von der OFD Nürnberg, vgl. DStZ 1986, 137. Das FG München vom 4.9.2008 2 K 1865/08, EFG 2009, 2, erklärt einen nicht plausiblen Steuerbescheid, der nur Druck auf den Steuerpflichtigen ausüben soll, für nichtig. Zur Problematik auch SEER in Tipke/Lang, § 21 Rz. 5 f.

1 Das allerdings wird von JENETZKY, StuW 1982, 273 ff., bestritten, der in den Strategien nur Mittel sieht, um mit der Arbeitslast der Besteuerung und dem Chaos des Steuerrechts fertig zu werden.

Illegitimer Steuerstreit

d. Einsprüche gegen alle Bescheide zur Verhinderung jeder Erledigung	d. Sofort-Bescheide, um die Totalzahlungspflicht zu begründen
e. Sachbeschwerden (Tz. 368 ff.), um zum Bericht an die OFD zu zwingen	e. Ermittlungen bei Dritten (Arbeitgeber, Arbeitnehmer, Lieferant etc.)
f. Einsprüche gegen sonstige Verwaltungsakte (zB Ermittlungsschreiben der Finanzämter) unabhängig davon, ob tatsächlich ein Verwaltungsakt vorliegt oder nicht.	f. Häufung sonstiger Hoheitsakte
g. Nichtbeanstandungen von Anfragen	g. Nichtbeantwortung von Anfragen.
h. Aussetzungsanträge ohne Bezifferung	h. Bescheidziffern ohne erklärten Bezug zur Begründung
i. Stundungsantrag bei nicht erledigten Aussetzungsanträgen	i. Vollstreckung bei nicht erledigten Aussetzungsanträgen
j. Mehrfache Anträge auf Vollstreckungsaufschub bei nicht erledigten Aussetzungs- und Stundungsanträgen	j. Vollstreckung bei nicht erledigten Anträgen auf Vollstreckungsaufschub und Stundung
k. Anträge, obwohl keine sinnvolle Notwendigkeit (zB Abrechnungsbescheide)	k. Computerhafte Verwaltungs-„Befehle" ohne Sinn und Zweck
l. Verwirrende, verkomplizierende Begründung	l. Simplifizierende, unrichtige Darstellung
m. Zeitverzögerung	m. Zeitverkürzung durch Fristendruck
n. Nicht-Zurkenntnisnahme von Begründungen; Nicht-Eingehen auf Anliegen des FA	n. Nicht-Eingehen auf Begründungen, den Sachverhaltsvortrag und Beweismittel
o. Einsatz aller Rechtsbehelfs- und Antragsmöglichkeiten, um Belastungssituationen zu erzielen (insbesondere Arbeitsverursachung)	o. Druck- und Zwangsmittel der AO, Kostenverursachung beim Steuerpflichtigen
p. „Verschieben" und Formulieren von Anträgen zugunsten oder zulasten der Kompetenz der angesprochenen Beamten	p. „Verschieben" von Steuerlast zwischen Steuerarten und Steuerpflichten nach Fiskalzwecken

Steuerverwaltung

q. Einsatz aller möglichen Mittel, um ein einvernehmliches Ergebnis zu erzielen (Hoheitsakt, Verständigung, Einigung)	q. Einsatz aller möglichen Mittel, um ein einvernehmliches Ergebnis zu erzielen (Hoheitsakt, Verständigung, Einigung)

In diesen Problembereich gehört auch die Frage, ob Steuerprozesse geführt werden können, um – nach Aussetzung der Vollziehung – **Steuerstundungen** zu erreichen. Dass dieses Mittel – je nach allgemeinem Zinsniveau – eingesetzt wird, steht außer Frage. Auch wenn man es als illegitim einstuft, wird man diese Prozessführung nicht hindern können, da sie mit zulässigen Mitteln arbeitet und die Illegitimität allenfalls auf einer Motivebene angetroffen werden kann, die rechtlich nicht zu erreichen ist. 47

B. Die Steuerverwaltung

Streitgegner des Bürgers ist derjenige, der die Steuern verwaltet, da er die anzugreifenden Steuerbescheide und Verwaltungsakte verfügt. Art. 108 GG regelt, wem die **Kompetenz** für die **Steuerverwaltung** zusteht. 48

Die **Bundesfinanzbehörden** verwalten die **Zölle** und bestimmte andere Abgaben (Art. 108 Abs. 1 GG); darauf sei hier lediglich hingewiesen. 49

Die **Landesfinanzbehörden** verwalten im Wege der **Bundesauftragsverwaltung** ua. die Einkommen- einschließlich der Lohn- und Kapitalertragsteuer, die Körperschaftsteuer und die Umsatzsteuer. 50

Die **Landesfinanzbehörden** verwalten als **eigene Angelegenheit** ua. die Vermögensteuer (wird wegen ihrer Verfassungswidrigkeit nicht mehr erhoben), die Erbschaftsteuer und die Grunderwerbsteuer. Die Gewerbesteuer und die Grundsteuer werden – außer in den Stadtstaaten – bis zur Messbetragsfestsetzung von den Ländern verwaltet. 51

Die **Gemeinden** (ausgenommen die Stadtstaaten) verwalten die Erhebung der Grundsteuer und der Gewerbesteuer (Anwendung der Realsteuerhebesätze auf die Realsteuermessbescheide), außerdem Aufwandsteuern (Beispiele: Vergnügungsteuer, Hundesteuer, Getränkesteuer). 52

Die **Finanzbehörden** im Einzelnen sind in **§ 6 AO** und im **Gesetz** über die **Finanzverwaltung** (FVG) geregelt. 53

Rechtsbehelfsstelle

54 Die **obersten Finanzbehörden** sind der Bundesminister der Finanzen und die für die Finanzverwaltung zuständigen obersten Landesbehörden (Finanzminister und Finanzsenatoren der Länder).

55 **Mittelbehörden** sind die Oberfinanzdirektionen (gibt es nicht mehr in Berlin, Brandenburg, Bremen, Hamburg, Mecklenburg-Vorpommern, Saarland und Schleswig-Holstein).

56 Die **Finanzämter** sind die örtlichen Behörden. Sie treten als Verwaltungsbehörden unmittelbar dem Bürger gegenüber.

57 Dem **Bundeszentralamt für Steuern** sind als Oberbehörde zentral besondere Einzelkompetenzen im Rahmen der Steuerverwaltung übertragen. Insoweit wird auf § 5 FVG verwiesen.

58 Soweit die **Gemeinden** die Steuern verwalten (zB Erhebung der Gewerbesteuer), haben sie die Funktion der Finanzämter.

59 Die **Finanzämter** sind **dreistufig organisiert**. An der Spitze steht der **Vorsteher**. Das Finanzamt gliedert sich in Sachgebiete; die einzelnen Sachgebiete werden von **Sachgebietsleitern** geführt. Die Arbeit liegt in der Hand von **Sachbearbeitern**, denen – im Einzelnen unterschiedlich – **Mitarbeiter** zur Seite gestellt sind. Der Vorsteher gehört in der Regel dem höheren Dienst an. Das Gleiche gilt überwiegend für die Sachgebietsleiter. Die Sachbearbeiter zählen – ebenso wie die Sachgebietsleiter im Übrigen – zum gehobenen Dienst, die Mitarbeiter regelmäßig zum mittleren Dienst.

60 Für die steuerliche Auseinandersetzung ist von besonderer Bedeutung das Sachgebiet „**Rechtsbehelfsstelle**", das bei den meisten Finanzämtern eingerichtet ist. Ihr obliegt die Bearbeitung der Einsprüche sowie die Führung der gerichtlichen Verfahren. Es handelt sich um eine eigenständige Stelle mit selbständiger Beurteilungskompetenz, die zwischen die Prüfungsdienste oder die Veranlagung einerseits und das Finanzgericht andererseits tritt. Die Rechtsbehelfsstelle ist in der Regel als selbstständige Instanz zu werten. Zumeist ist bei ihren Beamten eine höhere Sachkompetenz vorhanden. Auch vermag die Rechtsbehelfsstelle die Erfolgsaussichten einer von der Betriebsprüfung oder Veranlagung eingenommenen Position vor den Finanzgerichten aufgrund ihrer Erfahrung besser einzuschätzen.

61 Obwohl die Finanzverwaltung im Wesentlichen Ländersache ist, tritt die Finanzverwaltung dem Steuerbürger in bemerkenswerter **Geschlossenheit** und **Einheitlichkeit** gegenüber. In den Ländern ist die

Reichsfinanzverwaltung

Verwaltung dreistufig geordnet: Finanzamt – Oberfinanzdirektion (soweit nicht abgeschafft, s. Tz. 55) – Finanzministerium bzw. Finanzsenator. Die Finanzämter ihrerseits sind dreistufig geordnet: Sachbearbeiter – Sachgebietsleiter – Vorsteher. Diese Einheitlichkeit ermöglicht dem Bürger und dem Berater, sich in jedem Finanzamt der Bundesrepublik schnell zurechtzufinden.

Die Einheitlichkeit der Finanzverwaltungen wird unterstrichen durch einen **einheitlichen Aktenplan**, der für die Finanzverwaltung insgesamt (Bund und Länder) gilt[1]. Es gibt kein Wirrwarr der Aktenzeichen. Aus den Aktenzeichen kann unmittelbar der Sachbezug hergeleitet werden. Aus dem Sachbezug können unmittelbar Aktenzeichen und Querverbindungen hergeleitet werden. 62

Historisch gesehen hat sich in den Länderfinanzverwaltungen nahezu ohne Bruch die alte einheitliche **Reichsfinanzverwaltung fortgesetzt**. Wenn der Bundesfinanzminister in 2004 mit der Überlegung an die Öffentlichkeit tritt, die Finanzverwaltung wieder **bundeseinheitlich** zu organisieren, so bedeutet dies einerseits die Rückkehr zur Reichsfinanzverwaltung, andererseits allerdings nur eine „halbe Rückkehr", weil die Finanzverwaltung mit der anderen Hälfte die Reichsfinanzverwaltung nie verlassen hat. 63

C. Der Steuerbürger und sein Berater

I. Der Steuerbürger

Der **Steuerbürger** ist Subjekt und Objekt des Steuerstreits zugleich. **Gegenstand** des Steuerstreits ist die **Steuerschuld** (oder Haftungsschuld), die gerade er zahlen soll und gegen die er sich wehrt. 64

Im Steuerstreit ist der Steuerbürger regelmäßig in der „**Verteidigungssituation**". Auch wenn er als Einspruchsführer oder Kläger auftritt, auch wenn im Finanzprozess die Finanzbehörde den Titel „Beklagter" trägt, so liegt der erste Zugriff durch den Steuerbescheid stets bei der Finanzbehörde. Die Finanzverwaltung ist Eingriffsverwaltung. Das Finanzamt fordert durch den Steuerbescheid Steuern. Hiergegen wehrt sich der Bürger durch die Anrufung weiterer Instanzen. Vgl. zu der falschen Etikettierung auch Tz. 4. 65

---

1 Veröffentlicht zu Beginn der Erlasskartei StEK.

Berater

II. Der Berater

1. Die Befugnis zur Vertretung im Steuerstreit

66 Die **Befugnis** zur **Vertretung im Steuerstreit** folgt aus der **Berechtigung zur Steuerberatung.**

67 Die Befugnis zur **geschäftsmäßigen** Hilfeleistung in Steuersachen ist im **Steuerberatungsgesetz** geregelt. Zur unbeschränkten Hilfeleistung in Steuersachen sind ua. **Steuerberater, Steuerbevollmächtigte, Rechtsanwälte, Wirtschaftsprüfer, vereidigte Buchprüfer, Steuerberatungs-, Wirtschafts- und Buchprüfungsgesellschaften** befugt (§ 3 StBerG); für Rechtsanwälte folgt die Berechtigung auch unmittelbar aus § 3 BRAGO. § 4 StBerG kennt eine beschränkte Hilfeleistung in Steuersachen; auf das Gesetz wird verwiesen. Hochschullehrer sind nur in Steuerstrafsachen nach § 392 AO zur Steuerstrafverteidigung befugt, im Übrigen müssen sie als Steuerberater zugelassen sein (vgl. § 38 Abs. 1 Nr. 1 StBerG) oder die Voraussetzungen der §§ 3, 4 StBerG erfüllen.

68 Keine Hilfeleistung und Beratung in Steuersachen dürfen – sofern sie geschäftsmäßig sind – leisten: **Rechtsbeistände, Dipl.-Volkswirte** und **Doktoren** (allein aufgrund dieser Titel), **beratende Betriebswirte, Betriebsberater** usw.[1].

69 Wird die Hilfeleistung und Beratung **nicht geschäftsmäßig** betrieben, kann jeder einen Beteiligten in Steuersachen vertreten. Beispiele: Der Sohn kann die Eltern, der Neffe den Onkel, der Freund die Freundin usw. vertreten. Zu prüfen ist in diesen Fällen noch, ob kein Verstoß gegen das Rechtsdienstleistungsgesetz vorliegt.

70 Die „**Steuersachen**" ergeben sich aus § 1 StBerG. Soweit der hier umschriebene Beratungskreis überschritten wird, rechtfertigt das Steuerberatungsgesetz die geschäftsmäßige Beratung nicht mehr. Die Berechtigung kann sodann jedoch aus anderen Gesetzen abzuleiten sein. Geht der Steuerstreit zB in eine verwaltungsrechtliche oder zivilrechtliche Auseinandersetzung über, so verliert zwar der Steuerberater, nicht aber der Rechtsanwalt die Beratungsbefugnis.

71 Zu dem Vertretungsrecht der Steuerberater vor den **Verwaltungsgerichten**, s. § 67 Abs. 2 Nr. 3 VwGO.

72 **Ausländische Rechts- und Steuerberater** haben im Inland nicht die Befugnis zur geschäftsmäßigen Hilfe in Steuersachen, die sie in ihrem

---

1 Drüen in Tipke/Kruse, § 80 Rz. 73a (Okt. 2008).

Kompetenz zur Beratung

Heimatstaat (oder Sitzstaat) betreiben dürfen. Sie sind nach § 80 Abs. 5 AO zurückzuweisen[1]. Hinweis jedoch auf § 3a StBerG, der Beratern aus **EU-Staaten** und der **Schweiz** die Möglichkeit zur Steuerberatung eröffnet.

2. Die Kompetenz zur Vertretung im Steuerstreit

Die rechtliche Möglichkeit besagt noch nicht, dass der Berechtigte auch die **fachliche Kompetenz** hat, **Steuerstreitigkeiten** zu **führen**. Steuerberater befassen sich in der Regel mit der sog. laufenden steuerlichen Beratung (Vorbereitung von Steuererklärungen usw.). Das Streitverfahren ist ihnen ungewohnt; ihnen fehlt häufig die hinreichende Kenntnis und die Erfahrung[2], aber auch die Reflexion über die notwendige Verbindung von Steuerstreit und Steuergerechtigkeit. Auf der anderen Seite steht der Rechtsanwalt oft nicht besser da. Zwar kann er sich gewandter in Verfahrensordnungen, so auch in der Abgaben- und Finanzgerichtsordnung, bewegen, weniger jedoch im Bereich des materiellen Steuerrechts. Für beide Berufsstände ein **Defizit**, das der Aufarbeitung bedarf. 73

Die fehlende Kompetenz des Steuerberaters oder des Anwalts für den Steuerrechtsstreit, insbesondere für das finanzgerichtliche Verfahren, kann spürbar zu einer **Rechtsverkürzung** des Mandanten führen[3]. Denn der Berater, der in diesen Bereichen unsicher ist, neigt dazu, den Streit zu vermeiden: ein gefährlicher Beratungsfehler (s. auch oben Tz. 26). Berater, die aus solchen, nicht aus sachlichen Gründen vom Streit abraten, sollten überlegen, die Streitsache in die Hand eines anderen Beraters zu legen[4]. 74

Zur **Rückwirkung** der mangelnden Streitkompetenz der Berater auf die **Kompetenz** der **Richter** s. Tz. 233. 75

---

1 Vgl. FinMin. NRW vom 10.9.1985, StEK StBerG 1975 § 5 Nr. 4.
2 Vgl. hierzu WASSERMEYER, DStZ 1985, 163.
3 Vgl. WASSERMEYER, DStZ 1985, 164; RÖSSLER, DStZ 1985, 376, 378.
4 So auch die Empfehlung von WASSERMEYER, DStZ 1985, 164.

Bevollmächtigung

3. Die Bevollmächtigung

a. Finanzbehörden

76 Vor den Finanzämtern kann sich ein „Beteiligter... durch einen **Bevollmächtigten vertreten** lassen" (§ 80 Abs. 1 Satz 1 AO). Die Abgabenordnung gibt dem Steuerbürger und den sonstigen Beteiligten eines Steuerstreitverfahrens mithin das Recht, sich eines Bevollmächtigten zu bedienen.

77 Es gibt **keinen Zwang**, einen Bevollmächtigten für ein Streitverfahren mit dem Finanzamt zu beauftragen. Dies kann bei den Gerichten anders sein; s. zur Vertretungspflicht vor dem BFH Tz. 1152 f.

78 Eine Verpflichtung des Finanzamts, dem **Bürger** bzw. Beteiligten einen **Bevollmächtigten zur Seite** zu **stellen** (wie zB in bestimmten Fällen des Strafverfahrens), gibt es nicht. Zur Prozesskostenhilfe im finanzgerichtlichen Verfahren s. Tz. 1933 f.

79 Zur **Befugnis**, jemanden im Steuerstreit zu vertreten, s. Tz. 66 ff.

80 Das Finanzamt kann Bevollmächtigte **zurückweisen**, wenn sie nicht befugt sind, geschäftsmäßige Hilfe in Steuersachen zu leisten (§ 80 Abs. 5 AO).

81 Die Personen müssen „**dem Grunde nach**" nicht befugt sein. Wer als Steuerberater in einer Steuersache tätig ist, ohne bevollmächtigt zu sein, erfüllt nicht den Tatbestand des § 80 Abs. 5 AO.

82 Bevollmächtigte können außerdem vom **schriftlichen Vortrag zurückgewiesen** werden, wenn sie hierzu ungeeignet sind; vom mündlichen Vortrag können sie zurückgewiesen werden, wenn sie hierzu nicht fähig sind. Dies gilt nicht für die in Tz. 67 erwähnten Personen und für bestimmte Personen, die zur beschränkten Hilfeleistung berechtigt sind. Hinweise auf § 80 Abs. 6 AO.

83 Zur **Zurückweisung** s. § 80 Abs. 8 AO.

84 Die Zurückweisung kann mit dem **Einspruch** angefochten werden. Der Einspruch hat keine aufschiebende Wirkung, so dass **Antrag auf Aussetzung** der **Vollziehung** gestellt werden muss.

85 In der **Praxis** spielt die Zurückweisung keine Rolle.

86 Der Bevollmächtigte bedarf einer **Vollmacht**.

Vollmacht nach der AO

Die Vollmacht ist durch die AO **nicht** an eine **Form** gebunden. Sie kann schriftlich, mündlich, fernmündlich, telegrafisch, durch Telefax, zu Protokoll, stillschweigend und durch schlüssige Handlung erklärt werden[1]. 87

Zu unterscheiden ist das **Außen-** und **Innenverhältnis**. Die Vollmacht berechtigt zum Außenhandeln. Sie gibt dem Bevollmächtigten eine bestimmte Vertretungsmacht. Ob und wie weit der Bevollmächtigte von dieser Vollmacht Gebrauch machen darf, bestimmt sich nach dem Innenverhältnis und den Weisungen des Vollmachtgebers. Regelmäßig ist die Außenwirkung der Vollmacht umfassender als die innere Befugnis zur Ausübung der Vollmacht. Hier interessiert die Außenwirkung. 88

§ 80 Abs. 1 Satz 2 AO normiert die Vermutung, dass die Vollmacht zu **allen** das **Verwaltungsverfahren** betreffenden Verfahrenshandlungen ermächtigt. Das Gesetz bemüht sich, der Vollmacht einen breiten Inhalt zu geben. Allerdings sagt das Gesetz an gleicher Stelle, dass die Vollmacht nicht zum Empfang von Steuererstattungen und Steuervergütungen ermächtigt. 89

Die **Regelung** der **Abgabenordnung** ist **nicht bindend**. Der Vollmachtgeber kann die Vollmacht einschränken. Er kann sie auch erweitern und zB zum Empfang von Steuererstattungen bevollmächtigen. Entscheidend ist, dass die Einschränkungen und Erweiterungen im Außenverhältnis, dh. in der Vollmacht selbst, ausgesprochen werden. 90

Nur auf Verlangen ist der Bevollmächtigte verpflichtet, seine Vollmacht **schriftlich nachzuweisen** (§ 80 Abs. 1 Satz 3 AO). Ob das Finanzamt eine solche schriftliche Vollmacht anfordert, liegt in seinem pflichtgemäßen Ermessen. Es müssen Gründe für das Verlangen vorliegen. 91

Bei **steuerberatenden Berufen** sind die Finanzämter angewiesen, regelmäßig von der Bevollmächtigung auszugehen und nur in besonderen Ausnahmefällen eine schriftliche Vollmacht zu verlangen[2]. Verlangt das Finanzamt von einem Berater die schriftliche Vollmacht, so sollte die Bedeutung dieser Anforderung erkannt werden. Der Berater sollte nachfragen, warum die schriftliche Vollmacht angefordert wird. Soweit die Anforderung nur routinemäßig erfolgte, wird der Berater feststellen, dass das Finanzamt von seinem Begehren abläset. 92

---

1 DRÜEN in Tipke/Kruse, § 80 AO Rz. 9 f. (Okt. 2008); dort auch zu dem Problem der **Anscheins- und Duldungsvollmacht**.
2 Vgl. Anw.Erlass AO zu § 80 1.

Gerichte

93 Die **Schriftlichkeit** des § 80 Abs. 1 Satz 3 AO ist nicht näher konkretisiert. Ein Vollmachtsformular ist nicht erforderlich. Der Brief des Mandanten an den Steuerberater reicht aus.

94 Kann der Berater den angeforderten **Nachweis nicht erbringen**, so ist er so zu behandeln, als wäre er nicht bevollmächtigt.

95 Die Vollmacht kann **widerrufen** werden. Dem Finanzamt gegenüber wird der Widerruf erst wirksam, wenn er dem Amt zugeht (§ 80 Abs. 1 Satz 4 AO).

96 Die Vollmacht kann durch **Zweckerledigung erlöschen**. Dies ist zB dann der Fall, wenn sich aus der Vollmacht ergibt, dass sie nur für eine einzelne Verfahrenshandlung ausgestellt ist. Beispiel: Vollmacht für die Wahrnehmung eines Termins.

97 Ausdrücklich geregelt ist, dass der **Tod** des Vollmachtgebers nicht die Vollmacht berührt. Der Bevollmächtigte hat jedoch, wenn er auch für den Rechtsnachfolger auftritt, dessen Vollmacht auf Verlangen schriftlich beizubringen. Vgl. § 80 Abs. 2 AO.

b. Gerichte

98 Zur Bevollmächtigung im **finanzgerichtlichen Verfahren** s. Tz. 892 ff.

99 Zur Vollmacht im **verwaltungsgerichtlichen Verfahren** s. § 67 VwGO.

100 Zur Vollmacht vor dem **Bundesverfassungsgericht** s. Tz. 1911.

D. Die Gerichte für Steuersachen

I. Die Finanzgerichtsbarkeit

1. Finanzgerichte

101 Die erstinstanzlichen Gerichte in Steuersachen sind die **Finanzgerichte**, die in den Ländern durch Gesetz eingerichtet werden (§§ 2, 3 FGO).
Baden-Württemberg: Finanzgericht Baden-Württemberg mit Sitz in Stuttgart und Außensenaten in Freiburg.
Bayern: Finanzgericht München und Nürnberg.
Berlin: Finanzgericht Berlin-Brandenburg mit Sitz in Cottbus.
Brandenburg: Finanzgericht Berlin-Brandenburg mit Sitz in Cottbus.

Finanzgerichte

Bremen: Finanzgericht Bremen.

Hamburg: Finanzgericht Hamburg.

Hessen: Hessisches Finanzgericht in Kassel.

Mecklenburg-Vorpommern: Finanzgericht Mecklenburg-Vorpommern in Greifswald.

Niedersachsen: Niedersächsisches Finanzgericht in Hannover.

Nordrhein-Westfalen: Finanzgerichte Düsseldorf, Köln und Münster.

Rheinl.-Pfalz: Finanzgericht Rheinland-Pfalz in Neustadt an der Weinstraße.

Saarland: Finanzgericht des Saarlandes in Saarbrücken.

Sachsen: Sächsisches Finanzgericht in Leipzig.

Sachsen-Anhalt: Finanzgericht des Landes Sachsen-Anhalt in Dessau.

Schleswig-Holstein: Schleswig-Holsteinisches Finanzgericht in Kiel. Für Zoll- und Verbrauchsteuern gibt es einen gemeinsamen Senat beim Finanzgericht Hamburg.

Thüringen: Thüringer Finanzgericht in Gotha.

An der Spitze des Finanzgerichts steht der **Präsident** (§ 5 Abs. 1 FGO). 102

Bei den Finanzgerichten werden als Spruchkörper **Senate** gebildet (§ 5 Abs. 2 FGO). Die Senate entscheiden in der Besetzung mit drei Berufsrichtern und zwei ehrenamtlichen Richtern, soweit nicht der **Einzelrichter** (§ 6 FGO; Tz. 975 ff.) entscheidet (§ 5 Abs. 3 Satz 1 FGO). Bei Beschlüssen außerhalb der mündlichen Verhandlung und bei Gerichtsbescheiden (§ 90a, s. Tz. 1112 ff.) wirken die ehrenamtlichen Richter nicht mit (§ 5 Abs. 3 Satz 2 FGO); hier entscheiden die drei Berufsrichter, der Vorsitzende Richter bzw. Berichterstatter (s. Tz. 981) oder der Einzelrichter alleine. Der Senat wird von einem **Vorsitzenden Richter** geleitet. 103

Die Berufung der **ehrenamtlichen Richter** ist in §§ 16–30 FGO geregelt. 104

2. Bundesfinanzhof

Durch die FGO ist als **Revisionsgericht** der Bundesfinanzhof in München gesetzlich geregelt (§ 2 FGO). 105

Der Bundesfinanzhof wird von seinem **Präsidenten** geleitet. 106

Sonstige Gerichte

107 Auch die Spruchkörper des BFH heißen **Senate** (§ 10 Abs. 2 FGO). Die Senate entscheiden in der Besetzung von fünf Berufsrichtern, bei Beschlüssen außerhalb der mündlichen Verhandlung in der Besetzung von drei Berufsrichtern (§ 10 Abs. 3 FGO). Der Senat wird von einem **Vorsitzenden Richter** geleitet.

108 Außerdem ist bei dem Bundesfinanzhof ein **Großer Senat** gebildet. Er entscheidet, wenn ein Senat des BFH von der Entscheidung eines anderen Senats oder von der Entscheidung des Großen Senats abweichen will oder wenn seine Entscheidung für die Fortbildung und Sicherung der Rechtsprechung erforderlich ist; vgl. § 11 FGO.

109 Um Divergenzen zwischen den obersten Gerichtshöfen des Bundes zu vermeiden, ist ein **Gemeinsamer Senat** der **obersten Gerichtshöfe** in Karlsruhe gebildet worden[1].

II. Verwaltungsgerichte

110 In besonderen Fällen können auch die Verwaltungsgerichte berufen sein, über Steuersachen zu entscheiden. Das gilt zB für den Streit um Steuerbescheide der Gemeinden (**Gewerbesteuer-, Grundsteuerbescheide** einschließlich damit zusammenhängender **Haftungs- oder Zinsbescheide**).

111 Die **Verwaltungsgerichte** und **Oberverwaltungsgerichte** sind als Gerichte der Länder durch Landesgesetze geschaffen. Das **Bundesverwaltungsgericht** ist in § 10 VwGO geregelt. Im Einzelnen wird auf die **VwGO** verwiesen.

III. Bundesverfassungsgericht

112 Sind die steuerlichen Instanzen durchlaufen, so kann die **Verletzung** von **Grundrechten** auch in Steuersachen vor dem Bundesverfassungsgericht durch Verfassungsbeschwerde gerügt werden. Hinweis auf Art. 93 GG und das Bundesverfassungsgerichtsgesetz.

---

[1] Vgl. hierzu das Gesetz zur Wahrung der Einheitlichkeit der Rechtsprechung der obersten Gerichtshöfe vom 19.6.1968, BGBl.I. 1968, 661.

E. Fristen

I. Bedeutung und Arten der Fristen

Jeder Berater wird von **Fristen getrieben** und **geplagt**[1]. Sie bestimmen seine Arbeit; sie sitzen ihm im Nacken. Fristen bestimmen auch den Ablauf des Steuerstreits; Setzung, Verlängerung, Erfüllung der Fristen sind sein formeller und **bürokratischer Rhythmus**. Ihre Behandlung gehört in den allgemeinen Teil einer Schrift zum Steuerstreit. 113

Die Fristen bestimmen die **Gefährdung** der **beratenden Berufe**. Fristversäumnisse zählen mit zu den häufigsten Gründen für Haftpflichtansprüche. Denn im Steuerstreit bedeutet die Fristversäumnis in der Regel einen Rechtsverlust, der leicht beweisbar und quantifizierbar ist. 114

In der Fristenlast zeigt sich eine gravierende **Waffenungleichheit** zwischen Beratern und Steuerbehörden. Nur selten gerät das Finanzamt in Fristendruck. Das Finanzamt verursacht und setzt Fristen; dem Finanz- 115

---

1 Trefflich hierzu JEAN PAUL (hier zitiert nach Jean Paul, Siebenkäs, 1796, Reclam-Ausgabe, 1983, S. 233): „Eine Schande ist es für unsere Justiz, dass ein redlicher, rechtlicher Beistand so viele Gründe, ich möchte sagen Lügen, aufsetzen muss, eh' er die kleinste Notfrist erficht; er muss sagen, seine Kinder und seine Frau seien todkrank, er habe Fatalien und 1000 Arbeiten und Reisen und Krankheiten; indes es hinreichen sollte, wenn er beibrächte, dass die Verfertigung der unzähligen Fristgesuche, mit denen er überhäuft sei, ihm wenig Zeit zu anderen Schriften belasse. Man sollte einsehen, dass die Fristgesuche offenbar wie andere Gesuche auf die Verlängerung des Prozesses hinarbeiten, wie alle Räder der Uhr bloß zur Hemmung des Hauptrades ineinander greifen. Ein langsamer Pulsschlag verkündigt nicht nur in Menschen, sondern auch in Rechtshändeln ein langes Leben. Ich denke, ein Advokat, der Gewissen hat, nötigt gern, solang er kann, nicht sowohl dem Prozesse seines Klienten – diesen schlöss er sogleich, könnt er sonst – als dem seines Gegners ein ausgedehntes Leben auf, um den Gegner teils heimzusuchen, teils abzuschrecken, oder um ihm ein günstiges Urteil, wofür niemand stehen kann, von Jahr zu Jahr zu entrücken ... Der gegenseitige Sachwalter denkt nun wieder der gegnerischen Seite dieselbe Kriegs-Verlängerung zu – und so wickeln beide Patronen beide Klienten in ein langes Akten-Zuggarn ein, und jeder meint es gut. Überhaupt sind Rechtsfreunde die Leute nicht, denen die *Rechte* so gleichgültig sind wie das *Recht*, und sie wollen dagegen lieber handeln als schreiben; wie *Simonides* auf die königliche Frage, was Gott sei, sich einen Tag Bedenkzeit ausbat – dann wieder einen – und wieder einen – und immer einen, weil kein Leben diese große Frage erschöpft: so hält der Jurist nach jeder Frage, was ist Rechtens, von Zeit zu Zeit um Fristen an – er kann die Frage nie auflösen – ja er würde, wenn's die Richter und die Klienten wollen, seine ganze Lebenszeit mit der schriftlichen Beantwortung einer solchen Rechtsfrage zusetzen ...".

Arten der Fristen

amt werden keine Fristen gesetzt, der Berater kann nur selten Fristen auslösen.

116 Es gibt **gesetzliche Fristen**. Dies sind Fristen, die das Gesetz selbst bestimmt. Typisches Beispiel: Einspruchsfrist.

117 Daneben stehen die **behördlichen Fristen**, die das Finanzamt setzt.

118 Leider gibt es kaum **Bürgerfristen**, die der Steuerbürger oder sein Berater dem Finanzamt setzen kann. (Selbst der **Untätigkeitseinspruch**, Tz. 445 oder die **Untätigkeitsklage**, Tz. 857 ff. gründen nicht auf Fristen, die der Bürger oder Berater dem Finanzamt setzen).

119 Fristen können **verlängerbar** sein. Beispiel: Alle behördlichen Fristen sind regelmäßig verlängerbar; verlängerbar ist aber auch die Revisionsbegründungsfrist (s. Tz. 1167).

120 Fristen können **nicht verlängerbar** sein (Einspruchs- oder Klagefrist).

121 Fristen können in erster Linie bezwecken, dass ein **Verfahren** einen **geordneten Gang** nimmt („**Ordnungsfristen**"). Der Schlusssatz des Finanzamts, man erwarte die Stellungnahme innerhalb von vier Wochen, ist eine solche Frist.

122 Fristen können **Ausschlussfristen**, dh. Fristen mit ausschließender Wirkung sein. Wer die Einspruchsfrist versäumt, versäumt sie endgültig und bewirkt die Bestandskraft des Steuerbescheids (Zur **Wiedereinsetzung** in den **vorigen Stand** s. Tz. 194 ff.). Auch Ausschlussfristen können verlängerbar sein (vgl. die Revisionsbegründungsfrist, Tz. 1167).

123 Die **Wiedervorlagefristen** haben keine Rechtswirkung nach außen, sondern sorgen für einen ordnungsgemäßen Ablauf der eigenen Beraterpraxis.

124 Schließlich können Fristen unmittelbare **materiell-rechtliche Auswirkungen** haben, zB die Verjährungsfrist.

125 Der Berater kann für die **Praxis** die **Differenzierung** der **Fristen vereinfachen**. Ihn interessieren die Fristen mit Außenwirkung einerseits und die Wiedervorlagefristen des eigenen Büros andererseits. Bei den Fristen mit Außenwirkung wird er Ausschlussfristen und sonstige Fristen unterscheiden.

126 Die **Fristenwahrung** muss in jedem Beraterbüro einen **hohen Stellenwert** haben. Alle Mitarbeiter müssen im Höchstmaß für Fristen sensibilisiert sein. Korrekte Fristwahrung sichert vor leicht zu behauptenden

Berechnung der Fristen

Haftpflichtansprüchen. Eine korrekte Beachtung der Fristen ist ein wesentliches Merkmal für das Qualitätsurteil „zuverlässig". Wenn eine innerhalb einer bestimmten Frist angeforderte Handlung nicht erbracht werden kann, muss (sofern möglich) rechtzeitig um Fristverlängerung nachgesucht werden.

II. Berechnung der Fristen

Grundregel: Ist eine Frist problematisch, so sollte dies grundsätzlich anhand des Gesetzes und der Kommentierung überprüft werden. Antworten auf Fristfragen dürfen nicht nach Wahrscheinlichkeiten, Näherungswerten oder Vermutungen gegeben werden. Im Zweifel ist die kürzere Frist anzunehmen. 127

Hier gehe ich auf bestimmte **typische Problemfälle** ein. 128

Die Fristberechnung ist für den Bereich der **Abgabenordnung** in **§ 108 AO** geregelt, der auf die Vorschriften des BGB verweist (§§ 187–193 BGB). 129

Die Frist, die an **Verwaltungsakte anknüpft, beginnt** mit dem Ablauf des Tags der Bekanntgabe des Verwaltungsakts (§ 108 Abs. 1 AO iVm. § 187 Abs. 1 BGB). Nach § 122 Abs. 2 AO gelten Verwaltungsakte, zB Steuerbescheide und Einspruchsentscheidungen, die durch **einfachen Brief** innerhalb Deutschlands zugesandt werden, am **3. Tag nach der Aufgabe** als zugestellt.[1] Mit dem Ablauf dieses Tags beginnt mithin die Einspruchsfrist. Ist dieser Tag zB Dienstag, 3.1.2012, so beginnt mit dem Ablauf des 3.1.2012 die Monatsfrist. 130

Bei **Auslandzustellung** tritt an die Stelle der Drei-Tages-Frist eine Monatsfrist (§ 122 Abs. 2 AO). 131

Auf diese Fristberechnung kann sich der Empfänger auch dann berufen, wenn der Bescheid **tatsächlich früher** eingeht[2]. Geht der Bescheid tatsächlich **später** ein, trägt der Steuerpflichtige hierfür die Beweislast[3]. Geht der Bescheid **überhaupt nicht** ein, trägt das Finanzamt für den Zugang die Beweislast[4]. 132

---

1 Zu dieser Zustellungsfiktion s. auch Tz. 476 ff.
2 SEER in Tipke/Kruse, § 122 AO Rz. 58 (Feb. 2011).
3 SEER in Tipke/Kruse, § 122 AO Rz. 59 (Feb. 2011).
4 SEER in Tipke/Kruse, § 122 AO Rz. 58 (Feb. 2011).

Berechnung der Fristen

133 Hierzu die Sonderregelung des § 108 Abs. 2 AO: Wird die Frist nicht durch den Verwaltungsakt selbst ausgelöst, sondern wird sie von der **Behörde gesetzt**, beginnt sie mit dem Tag, der auf die Bekanntgabe der Frist folgt, außer wenn dem Betroffenen etwas anderes mitgeteilt wird. Hier hat also die Behörde ein Bestimmungsrecht bzgl. des Fristbeginns.

134 Zu dem **Fristende** bestimmt **§ 188 BGB**:

135 „Eine nach **Tagen** bestimmte Frist endigt mit dem Ablaufe des letzten Tages der Frist" (§ 188 Abs. 1 BGB).

136 „Eine Frist, die nach **Wochen**, nach **Monaten** oder nach einem mehrere Monate umfassenden Zeiträume – Jahr, halbes Jahr, Vierteljahr – bestimmt ist, **endigt** im Falle des § 187 Abs. 1 (s. Tz. 130) mit dem Ablaufe desjenigen Tages der letzten Woche oder des letzten Monats, welcher durch seine **Benennung** oder seine **Zahl** dem Tage **entspricht**, in den das Ereignis oder der Zeitpunkt fällt, ..." (§ 188 Abs. 2 BGB).

137 „**Fehlt** bei einer nach Monaten bestimmten Frist in dem letzten Monate der für ihren Ablauf **maßgebende Tag**, so endigt die Frist mit dem Ablaufe des letzten Tages dieses Monats" (§ 188 Abs. 3 BGB).

138 Der **Tag endet** um 24 Uhr.

139 Von Bedeutung ist noch § 193 BGB, der die **Sonn-** und **Feiertage** sowie den **Sonnabend** betrifft: „Ist an einem bestimmten Tag oder innerhalb einer Frist eine Willenserklärung abzugeben oder eine Leistung zu bewirken und fällt der bestimmte Tage oder der letzte Tag der Frist auf einen Sonntag, einen am Erklärungs- oder Leistungsorte staatlich anerkannten allgemeinen Feiertag oder einen Sonnabend, so tritt an die Stelle eines solchen Tages der nächste Werktag."

140 Diese Regelung ist in allgemeiner Form auch in **§ 108 Abs. 3 AO** übernommen. Hiernach gilt sie nicht nur für Fristen bzgl. einer Willenserklärung oder Leistung, sondern grundsätzlich für alle Handlungen.

141 § 108 Abs. 3 AO gilt gleichwohl nur für Erklärungs-, Leistungs- oder Handlungsfristen. Die Regelung gilt zB **auch** für die **Drei-Tages-Frist** des **§ 122 Abs. 2 AO**[1]. Das Gleiche gilt für die entsprechende Drei-Tages-Frist des **§ 4 Abs. 1 VwZG**.

142 Weitere **Einschränkungen** zu den „Sonntagsregelungen" enthält § 108 Abs. 4 und Abs. 5 AO: Hat eine **Behörde Leistungen** zu **erbringen**, so

---

[1] BFH vom 14.10.2003 IX R 68/98, BStBl. II 2003, 898; vom 11.3.2004 VII R 13/03, BFH/NV 2004, 1065; Änderung der Rspr.

Fristwahrung

kommt es im Hinblick auf das Wochenende nicht zu einer Verlängerung. Umgekehrt ist der von einer Behörde gesetzte Termin auch dann einzuhalten, wenn er ins Wochenende fällt.

Die vorstehende Regelung der Fristenberechnung gilt grundsätzlich auch im **finanzgerichtlichen Verfahren** (vgl. § 54 FGO iVm. § 222 ZPO und den dortigen Verweis auf die Vorschriften des BGB). In Zweifelsfällen ist auch hier konkret das Gesetz zu Rate zu ziehen. 143

Zum **verwaltungsgerichtlichen** Verfahren Hinweis auf § 57 VwGO mit Verweis auf § 222 ZPO und damit auf die Vorschriften des BGB. 144

In fristauslösenden **E-Mails** s. § 87a AO und § 52a FGO. 145

III. Fristwahrung

Die **Frist** ist **gewahrt**, wenn innerhalb der Frist die erforderliche Handlung zumindest am letzten Tag der Frist vorgenommen wird. 146

Der **letzte Tag** darf **voll**, dh. bis 24 Uhr **ausgeschöpft** werden[1]. 147

Die Behörden und Gerichte müssen **geeignete Vorkehrungen treffen**, um die **volle Ausnutzung** der Frist zu **ermöglichen**. Die Gerichte haben Nachtbriefkästen, die die vor 24 Uhr eingegangene Post von der nach 24 Uhr eingegangenen Post trennen. Ist kein Nachtbriefkasten, sondern nur ein normaler Briefkasten vorhanden, so müssen alle Eingänge, die bei Leerung des Kastens am Morgen entnommen werden, mit dem Eingangsstempel des Vortags versehen werden[2]. 148

Soweit die **Behörde nicht** das **Erforderliche getan** hat, um die Fristausschöpfung zu ermöglichen (es gibt zB keinen Briefkasten), so ist auch am nachfolgenden Tag noch die Frist gewahrt. Zumindest ist Wiedereinsetzung in den vorigen Stand zu gewähren (Tz. 194 ff.)[3]. 149

Bei der **Fristwahrung** durch **Postzusendungen** muss das zu befördernde Schriftstück einmal den postalischen Bestimmungen entsprechen, zum anderen so rechtzeitig zur Post gegeben sein, dass es nach den or- 150

---

1 Aber nicht mehr: Wer um 23:59 Uhr beginnt, 7 Seiten zu faxen, kann nicht damit rechnen, dass die 7. Seite in 59 Sekunden beim Empfänger eingeht (BFH vom 19.11.2008 VIII B 88/09, BFH/NV 2010, 919).
2 Vgl. RFH vom 30.9.1936 VI A 762, 763/36, RStBl. 1936, 994.
3 TIPKE in Tipke/Kruse, § 110 AO Rz. 62 (Okt. 2006). Zu Faxproblemen des Gerichts BFH vom 25.7.2007 V B 39/07, BFH/NV 2007, 2071; ROTH, NJW 2008, 285.

Fristwahrung

ganisatorischen und betrieblichen Vorkehrungen der Deutschen Post bei regelmäßigem Betriebsablauf den Empfänger fristgerecht erreicht[1]. Maßgebend ist der regelmäßige Betriebsablauf der Post; der Berater ist nicht verpflichtet, besondere Belastungen der Post zB anlässlich von Feiertagen in Rechnung zu stellen[2].

151 **Beispiel**: Läuft die Frist am 20.2. ab, so reicht es nicht aus, den fristwahrenden Brief am 19.2. um 17.00 Uhr zur Post zu geben; hier wären Eilzustellung oder Telefax angebracht[3]. Über den normalen Postlauf ist ggf. die Post zu befragen. Wenn nach dem Einwurf am 19.2. der Briefkasten noch geleert wird, sollte heute mit dem rechtzeitigen Zugang am 20.2. zu rechnen sein.

152 **Beispiel**: Wird der Brief am Tage des Fristablaufs zur Post gegeben, so kann nicht damit gerechnet werden, dass der Brief am gleichen Tag zugeht[4]. Eigentlich eine Selbstverständlichkeit, wenn nicht der BFH in dieser Entscheidung den Tag der Aufgabe zur Post am **Poststempel** auf dem Brief entnommen hätte. Dies kann zur **Falle** werden. Wer abends nach 18.00 Uhr einen Brief einwirft, kann glauben, der Brief erreiche (fristgerecht) den Empfänger am nächsten Tag. Tatsächlich trägt der Brief den Poststempel dieses nächsten Tages (weil der Briefkasten erst an diesem Tag geleert wird) und erreicht den Empfänger frühestens (verspätet) am übernächsten Tag.

153 **Fehler** bei der **Postbeförderung** entscheiden darüber, ob Wiedereinsetzung in den vorigen Stand gewährt wird (Tz. 194 ff.). So war es zB fehlerhaft, wenn Fristsachen als Drucksachen befördert wurden[5].

154 **Telegramm, Telex, Telefax** und **Computerfax** sind Mittel, fristwahrende Schriftsätze zu befördern[6]. Zur Ausschöpfung der Frist Tz. 147 ff. Zur

---

1 Vgl. BVerfG vom 17.11.1983 1 BvR 1393/83, StRK FGO § 56 R. 354.
2 BFH vom 21.7.1987 VIII R 302/82, BFH/NV 1989, 304. BFH vom 21.12.1990 VI R 10/86, BStBl. II 1991, 437: Ein Steuerpflichtiger kann auf die bei der Post ausgehängte „Übersicht wichtiger Brieflaufzeiten" auch dann vertrauen, wenn diese Brieflaufzeiten bei früheren Briefsendungen in Einzelfällen überschritten worden sind. BFH vom 7.5.1996 VIII R 60/95, BFH/NV 1997, 34.
3 BFH vom 29.7.1986 IV R 187/85, BFH/NV 1988, 570.
4 BFH vom 19.1.1988 VII R 72/85, BFH/NV 1988, 578.
5 BFH vom 22.5.1985 IV R 242/84, BFH/NV 1985, 46.
6 Vgl. BVerfG vom 11.2.1987 1 BvR 475/85, NJW 1987, 2067, betr. Telex; BFH vom 20.3.1986 IV R 182/83, BStBl. II 1986, 563; vom 26.3.1991 VIII B 83/90, BStBl. II 1991, 463; vom 12.4.1996 V S 6/96, BFH/NV 1996, 824; vom 8.7.1998 I R 17/96, DB 1998, 2452; BGH vom 11.10.1989 IVa ZB 7/89, BB 1989, 2357; und BAG vom 24.9.1986 7 AZR 669/84, NJW 1987, 341, betr. Telefax; GmS-

Fristenkontrolle

Fristwahrung durch **E-Mails** s. § 87a AO und § 52a FGO. Die **elektronische Einreichung** von Rechtsmitteln beim BFH ohne Verwendung einer qualifizierten Signatur ist zulässig[1].

Anders ist die Rechtslage bei **Vollmachten**, hier muss stets die **Originalvollmacht** vorgelegt werden[2]. Ein **Telegramm** an das Gericht kann jedoch bevollmächtigen[3]. Ebenso Bevollmächtigung durch den Kläger durch **Telefax** gegenüber dem Gericht[4].

155

Bei den Übermittlungsformen der Tz. 154 wird auf solche **Formalien verzichtet**, die wegen der technischen Bedingungen nicht eingehalten werden können[5]. Beim Telegramm und dem **Computerfax** wird auf die eigenhändige **Unterschrift** verzichtet, die beim **normalen Telefax notwendig ist**; diese Erkenntnis ist nicht gesichert, fristwahrend sollte mit „echten" Faxen gearbeitet werden.

156

Ein Telex ist **eingegangen**, wenn es im Empfängerapparat vollständig ausgedruckt ist[6], das Entsprechende ist für ein Telefax anzunehmen[7], bei fristwahrenden Schriftsätzen muss die letzte Seite mit der Unterschrift rechtzeitig eingehen[8].

157

Den Zugang muss der **beweisen**, der die Frist zu wahren hat. Der **Eingangsstempel** des Finanzamts erbringt als öffentliche Urkunde regelmäßig den vollen Beweis für Zeit und Ort des Eingangs.

158

IV. Fristenkontrolle

Die **Fristenkontrolle** im Steuerberatungsbüro ist häufig **nicht so**, wie sie sein soll[9]. Fristenkontrollbücher sind unzureichend oder fehlen

159

OGB vom 5.4.2000 1/98, NJW 2000, 2340 und BFH vom 4.9.2000 III B 41/00, BFH/NV 2001, 321, betr. Computerfax.
1 Vgl. BFH vom 30.3.2009 II B 168/08, DStR 2009, 1091.
2 BFH vom 28.11.1995 VII R 63/95, BStBl. II 1996, 105; vom 14.3.1996 IV R 44/95, BStBl. II 1996, 319; vom 21.5.1997 IV B 99/96, BFH/NV 1997, 871: Vollmachtsvorlage durch Telefax reicht nicht.
3 BFH vom 25.1.1996 V R 31/95, BStBl. II 1996, 299.
4 BFH vom 19.5.1999 VI R 185/98, BFH/NV 1999, 1604.
5 Vgl. HOHMANN, NJW-CoR 1989, 28, 29 f.
6 BGH vom 3.6.1987 IV a ZR 292/85, NJW 1987, 2586.
7 BFH vom 24.4.2008 IX B 164/07, BFH/NV 2008, 1349.
8 BFH vom 2.3.2000 VII B 137/99, BFH/NV 2000, 1344.
9 Vgl. WASSERMEYER, DStZ 1985, 164.

Fristenkontrolle

ganz[1]. Der Mangel wird einschneidend spürbar, wenn aus diesem Grund die Wiedereinsetzung in den vorigen Stand verwehrt wird (Tz. 194 ff.).

160 Die **Pflicht** zur **ordnungsgemäßen Fristenkontrolle** wird innerhalb der **AO** in § 110 AO und innerhalb der FGO in § 56 FGO konkretisiert[2]. War jemand ohne Verschulden verhindert, eine gesetzliche Frist einzuhalten, so ist ihm auf Antrag Wiedereinsetzung in den vorigen Stand zu gewähren (dazu Tz. 199 ff.). Eine **ordnungsgemäße Fristenkontrolle** kann **entschuldigen**. Fehler in der organisationsmäßigen Fristenkontrolle können zum Verschulden führen.

161 Grundsätzlich muss das Beratungsbüro so **organisiert** sein, dass eine **zuverlässige Fristenkontrolle** jederzeit gewährleistet ist[3].

162 **Fristenkontrollbücher** oder **Fristenkalender** sind einzurichten. Vergleichbare Instrumente zur Fristenkontrolle – zB die Fristenkontrolle durch eine EDV-Anlage – erfüllen den gleichen Zweck[4]. Die lose Ablage von Terminsachen hintereinander ist unzureichend.

163 Nachfolgend steht das **Fristenkontrollbuch** auch für die **sonstigen ausreichenden Mittel** der **Fristenkontrolle**.

164 Die **Verantwortlichkeit** für die Fristenkontrolle muss geregelt sein: Wer ermittelt die Frist? Wer notiert die Frist? Wer legt die Akten vor? Wer kontrolliert die Frist? Wer trägt die Frist aus?

---

1 Vgl. WASSERMEYER, DStZ 1985, 164. Das Zitat stammt aus dem Jahr 1985; der Befund dürfte heute nach unserer Erfahrung nicht anders sein.
2 Auf die Wiedereinsetzungsmöglichkeit nach § 60 VwGO im **verwaltungsgerichtlichen** Streitverfahren sei hier nur hingewiesen.
3 Vgl. BFH vom 11.11.1972 VIII R 8/67, BStBl. II 1973, 169; vom 26.1.1977 II R 40/72, BStBl. II 1977, 290; vom 7.12.1988 X R 80/87, BStBl. II 1989, 266.
4 Bei den von den Verlagen vertriebenen **Fristenbüchern** (in Buchform) stehen **zwei Systeme** im Wettbewerb: Einmal das **Journalprinzip**; hier werden die einzelnen Fristensachen fortlaufend mit den jeweiligen Fristen eingetragen; so das Fristenbuch von WEILER, Verlag Beck/DWS. Dagegen das von STRECK herausgegebene Fristenbuch (Stollfuß-Verlag), das das bei den Anwälten übliche **Kalenderprinzip** umsetzt; hier ist das Fristenbuch wie ein Kalendarium gestaltet; die Frist einer jeden Sache wird auf eben diese Frist eingetragen. Das Journalprinzip erlaubt den fortlaufenden Eintrag, verpflichtet jedoch, tagtäglich das gesamte Fristenbuch durchzusehen, da noch alte Einträge offen sein können. Das Fristenbuch nach dem Kalenderprinzip ermöglicht, jeden Tag endgültig „abzuhaken", da zu jedem Tag des Kalenders alle Fristen erledigt sein müssen. Zu einer **Fristenkartei** s. BFH vom 26.5.1977 V R 139/73, BStBl. II 1977, 643. Zur Fristenkontrolle mittels **Computer** s. BGH vom 28.9.1989 VII ZB 12/89, HFR 1990, 395.

Fristenkontrolle

Zur Regelung der Verantwortlichkeit gehört auch die **Vertretungs-** 165
bestimmung[1].

Die **Eingangspost** muss **gelesen** und auf **Fristen** überprüft werden[2]. 166

Die **Frist** muss **aktenkundig** werden. Sie wird **auf dem die Frist aus-** 167
lösenden Schriftstück notiert (vom Berater oder dem mit der Fristwahrung beauftragten Angestellten). Nach Notierung der Frist im Fristenbuch wird dies mit einem Erledigt-Vermerk (+ Datum + Paraphe) neben der Frist in die Akte bzw. auf dem Schriftstück vermerkt. Wird eine zu kurze Frist notiert, ist dies unschädlich[3].

Das Fristenbuch muss den Fristablauf für jede **einzelne Sache** nach 168
Eingang vermerken[4].

Die **Notierung** der Frist ist erforderlich; alleine das Vermerken von 169
Wiedervorlagefristen in der Hoffnung, durch die Wiedervorlage auch die Fristen auffangen zu können, ist nicht ausreichend[5].

Die Fristen sollen grundsätzlich **nicht** in den **allgemeinen Terminka-** 170
lender aufgenommen werden. Geschieht dies gleichwohl, so ist dies nur dann ausreichend, wenn die gesetzlichen Fristen sich deutlich von den sonstigen Fristen und Terminen abheben.

In einem Fristenbuch sollen die **Wiedervorlagefristen** von **sonstigen** 171
Fristen getrennt werden[6].

Darüber hinaus ist es erforderlich, bei besonderen Fristen, zu deren 172
Erfüllung intensivere Arbeit erforderlich ist (zB Einspruchs-, Klage-, Revisionsbegründungsfristen), **Vorfristen** zu notieren[7]. Dies ist nicht zwingend und gilt nur dann, wenn sie zur Erledigung zeitintensiver Arbeiten notwendig sind. Da dies oft von dem, der die Fristen notiert, nicht beurteilt werden kann, sollten immer Vorfristen notiert werden.

---

1 Vgl. dazu BGH vom 17.1.2007 XII ZB 166/05, NJW 2007, 1453.
2 BFH vom 10.9.1986 II R 175/84, BStBl. II 1996, 908.
3 BFH vom 14.3.2000 IX R 57/99, BFH/NV 2000, 1210; aA allerdings BGH vom 29.4.1998 XII ZB 140/95, NJW-RR 1998, 1526.
4 BFH vom 11.11.1972 VIII R 8/67, BStBl. II 1973, 169; vom 26.1.1977 II R 40/72, BStBl. II 1977, 290; vom 9.4.1987 III R 132/84, BFH/NV 1987, 792.
5 Vgl. BFH vom 11.11.1972 VIII R 8/67, BStBl. II 1973, 169; vom 26.1.1977 II R 40/72, BStBl. II 1977, 290; vom 24.7.1989 III R 83/88, BFH/NV 1990, 248. Auch das Notieren von sog. **Promptfristen** ist nicht ausreichend, BFH vom 27.2.1985 II R 218/83, BFH/NV 1985, 90.
6 BFH vom 6.5.1987 II R 40/86, BFH/NV 1988, 444.
7 BFH vom 6.5.1987 II R 40/86, BFH/NV 1988, 444.

Fristenkontrolle

173 **Abgelaufene Fristen** müssen nicht notiert werden. Es empfiehlt sich jedoch, in der Akte zu notieren, dass eine Frist abgelaufen ist. Bei Fristen, die bereits seit längerer Zeit vor Zugang des Schriftstücks abgelaufen sind, kann hierauf verzichtet werden.

174 Neben das Festhalten und Notieren der Fristen tritt die **Fristenkontrolle**. Das Fristenbuch ist täglich zu überprüfen[1]. Der mit der Fristenkontrolle befasste Mitarbeiter muss den Anwalt oder Steuerberater durch Vorlage der Akten oder in anderer geeigneter Weise rechtzeitig auf die Fristen aufmerksam machen.

175 Notwendig für die Fristenorganisation ist in der Regel, dass die Vorlage der Akten, in denen Fristen zu wahren sind, in **besonders hervorgehobener Weise** erfolgt[2]. Beispiel: Besondere Farbe der Akte; Kennzeichnung durch gelbe Klebezettel; Verbindung mit einem persönlichen Fristenbuch des Beraters; Niederlegung der Akten an einem besonderen Ort. Möglich ist jedoch auch, dass der Anwalt in geeigneter Form auf die Fristen hingewiesen wird und er dann entscheidet, ob die Akte vorgelegt wird.

176 Die Frist darf erst dann **gestrichen** werden, wenn der die Frist wahrende **Schriftsatz unterzeichnet** und **postfertig** gemacht ist[3]: Dies ist durch Büroanweisungen sicherzustellen[4]. „Das Schriftstück bleibt solange im Bereich der Fristenkontrolle, bis es in einem letzten mechanischen Arbeitsgang den räumlichen Kontrollbereich verlässt"[5]. Zum Postlauf s.o. Tz. 150 ff.

177 Die Fristenerledigung durch den Vermerk „erl." reicht nicht. Erforderlich ist die **Angabe** des **Datums**, die einen Vergleich mit dem Postausgangsbuch erlaubt[6].

178 Um die rechtzeitige Versendung nachweisen zu können, ist die Anlage eines **Postausgangsbuchs** notwendig, in dem jedes Schriftstück, das

---

[1] BFH vom 7.12.1988 X R 80/87, BStBl. II 1989, 266; vom 10.12.1997 X B 148/97, BFH/NV 1998, 719.
[2] BFH vom 26.5.1977 V R 139/73, BStBl. II 1977, 643.
[3] Vgl. BFH vom 9.5.1961 I 237/60 S, BStBl. III 1961, 445; vom 11.11.1972 VIII R 8/67, BStBl. II 1973, 169; vom 18.1.1984 I R 196/83, BStBl. II 1984, 441; vom 17.11.1987 IX R 56/83, BFH/NV 1988, 317.
[4] BFH vom 7.12.1988 X R 80/87, BStBl. II 1989, 266.
[5] BFH vom 7.12.1988 X R 80/87, BStBl. II 1989, 266.
[6] BFH vom 9.4.1987 III R 132/84, BFH/NV 1987, 792.

Postausgangsbuch

zur Post gegeben wird, verzeichnet ist[1]. Erst auf Grund der Eintragung im Postausgangsbuch darf die Frist im Fristenbuch gestrichen werden[2]. Anhand des Postausgangsbuchs muss die abgehende Sendung identifizierbar sein[3]. Verzeichnet das Postausgangsbuch nur die Angabe des Empfängers, nicht aber Angaben zum Inhalt der Sendung, muss ggf. im Wiedereinsetzungsverfahren die Eintragung im Postausgangsbuch durch eine eidesstattliche Versicherung ergänzt werden, die sich zu Art und Inhalt der Sendung äußert[4]. **Erforderlich ist der Vortrag, "von wem, wo genau und nach welchen Vorbereitungen** der fristwahrende Schriftsatz zur Post gegeben worden sein soll"[5].

Das DATEV-Programm „Fristen und Bescheide" erfüllt die Bedingungen eines Postausgangsbuchs[6]. Eine **BGH**-Entscheidung vom 11.1.2001[7] hält an dieser strengen Forderung nach einem Postausgangsbuch **nicht mehr fest**. „Dem Erfordernis einer Ausgangskontrolle bei fristwahrenden Schriftsätzen ist genügt, wenn der Rechtsanwalt den von ihm unterzeichneten und kuvertierten Schriftsatz in einer ‚Poststelle' seiner Kanzlei ablegt und auf Grund allgemeiner organisatorischer Anweisungen gewährleistet ist, dass dort lagernde Briefe ohne weitere Zwischenschritte noch am selben Tag frankiert und zur Post gegeben werden." Diese Änderung war der FAZ am 28.2.2001, S. 29, eine eigene Nachricht wert. Der **BFH** nimmt allerdings diese BGH-Rechtsprechung nicht zur Kenntnis[8]. Auch das Finanzamt ist zur Postausgangskontrolle verpflichtet[9].

179

Wird das fristwahrende Schriftstück per **Telefax** übermittelt, so ist für die Endkontrolle erforderlich, dass die Frist erst gelöscht wird, wenn das von dem Telefaxgerät des Absenders ausgedruckte Absendungsprotokoll vorliegt, das die ordnungsgemäße Übermittlung belegt[10]. Al-

180

---

1 Vgl. BFH vom 13.3.1985 I R 122/83, BFH/NV 1986, 48; vom 25.8.1987 IV R 41/87, BFH/NV 1988, 377; vom 5.11.1998 I R 90/97, BFH/NV 1999, 512.
2 BFH vom 7.12.1988 X R 80/87, BStBl. II 1989, 266.
3 BFH vom 24.7.1989 III R 83/88, BFH/NV 1990, 248.
4 BFH vom 28.2.1985 VIII R 261/84, BFH/NV 1986, 30.
5 BFH vom 13.9.1985 VIII R 119/84, BFH/NV 1987, 373; so auch vom 27.7.2001 XI B 69/00, BFH/NV 2002, 9.
6 FG Brandenburg vom 1.4.1998 1 K 1724/96, EFG 1998, 980.
7 III ZR 148/00, NJW 2001, 1577.
8 BFH vom 16.12.2002 VIII B 99/02, BStBl. II 2003, 316; vom 7.7.2003 II B 5/03, BFH/NV 2003, 1440; vom 2.9.2005 I R 117/04, BFH/NV 2006, 96.
9 BFH vom 26.1.2010 X B 147/09, BFH/NV 2010, 1081.
10 BGH vom 28.9.1989 VII ZB 9/89, NJW 1990, 187; vom 24.3.1993 XII ZB 12/93, BB 1993, 966; BFH vom 19.3.1996 VIII S 17/95, BFH/NV 1996, 818.

Büroversehen

lerdings kann diese Kontrolle auch durch eine telefonische Nachfrage beim Empfänger ersetzt werden, ob das fristwahrende Schriftstück eingegangen ist.

181 Steht fest, dass eine **Frist** wider Erwarten **nicht gewahrt** ist, ist sie aber noch nicht abgelaufen, ist die **Fristwahrung erneut zu versuchen**. Wird rechtzeitig festgestellt, dass eine Revision nicht eingegangen ist, obwohl die Zeit der regulären Postbeförderung verstrichen ist, so ist die Revisionseinlegung durch Telefax zu wiederholen[1].

182 Die **Berechnung** und **Überwachung** einfacher und dem Büro geläufiger Fristen können gut ausgebildeten und sorgfältig überwachten **Angestellten** – nicht Auszubildenden – überlassen werden[2].

183 **Außergewöhnliche Fristen** muss der Berater selbst berechnen. Hierzu sollen Revisionsbegründungsfristen in Steuerstreitigkeiten gehören[3]. Dies wird aber nicht gelten können, wenn das Beraterbüro auf steuerliche Revisionen spezialisiert ist[4], denn die Revisionsbegründungsfrist selbst ist – objektiv betrachtet – nicht schwierig zu berechnen[5].

184 Fehler dieser Angestellten – **Büroversehen** – können dem Berater (und damit dem Mandanten, Tz. 200) nicht zugerechnet werden[6]; dies ist für die Frage der Wiedereinsetzung in den vorigen Stand von Bedeutung (Tz. 194).

185 Büroversehen geschehen einmal bei der **technischen Abwicklung** der Fristenkontrolle (Eintragung, Überwachung der Fristvorlage, Postfertigmachung)[7].

186 Büroversehen kommen zum anderen im Rahmen der **Rechtsanwendung** vor, zB bei der Ermittlung des Fristbeginns, der Fristdauer usw. Die Rechtsanwendung kann einem Angestellten übertragen werden, soweit es sich für die jeweilige Praxis um nicht ungewöhnliche Fragen

---

1 BFH vom 6.2.1985 I R 213/84, BFH/NV 1986, 29.
2 HA, vgl. BFH vom 25.11.1986 VII R 76/84, BFH/NV 1987, 589; BGH vom 3.12.2007 II ZB 20/07, AnwBl. 2008, 207; BFH vom 8.2.2008 X B 95/07, BFH/NV 2008, 969; BGH vom 5.3.2008 XII ZB 186/05, AnwBl. 2008, 469, betr. Berufungsbegründungsfrist.
3 BFH vom 25.11.1986 VII R 76/84, BFH/NV 1987, 589.
4 Vgl. BFH vom 27.3.1984 IV R 47/81, BStBl. II 1984, 446.
5 Vgl. hierzu ausführlich KAMPS, DStR 2008, 2250.
6 BFH vom 11.12.1968 VII B 17/68, BStBl. II 1969, 190; vom 21.2.1985 V R 76/84, BFH/NV 1986, 471.
7 BFH vom 21.2.1985 V R 76/84, BFH/NV 1986, 471 bzgl. des irrtümlichen Löschens einer Frist.

Organisationsmangel

handelt, bei denen besondere rechtliche Schwierigkeiten auftreten können[1]. Voraussetzung ist auch in diesen Fällen, dass die beauftragten Mitarbeiter sorgfältig überwacht werden[2].

Geht die Fristsache wieder in die **Sphäre** des **Beraters** über, so ist dessen Versehen kein Büroversehen. Wird zB eine Sache, in der eine Frist zu wahren ist, dem Berater rechtzeitig vorgelegt, so ist es kein Büroversehen, wenn er die Sache nicht rechtzeitig bearbeitet[3]. 187

Der **Organisationsmangel** ist kein Büroversehen[4]. 188

Jeder Mangel der Organisation ist dem **Berater** als **Verschulden** zuzurechnen. Beispiel: Die fehlende Einrichtung eines Fristenbuches. Fehler der OFD – nicht rechtzeitige Weiterreichung eines Schriftsatzes – sind dem **Finanzamt** zuzurechnen[5]. 189

Zur ordnungsgemäßen Organisation gehören in dieser Hinsicht: **Sorgfältige Auswahl** und die **Überwachung** des Personals; kein Einsatz von Lehrlingen zur Fristenkontrolle; **Änderungen** der **Organisation**, wenn Fehler festgestellt werden; **Vertretungsregelung**. 190

Die **bewusste Personalknappheit** ist sicher ein Organisationsmangel, während ich zweifle, ob dies auch für die vom Arbeitsmarkt her bedingte Personalknappheit gilt[6]. 191

„Die Fristenakribie der Rechtsprechung ist zum Teil leider zur frei schwebenden Marotte geworden, so als habe die Fristenüberwachung und nicht die sachliche Tätigkeit (die Fachbearbeitung) ganz im Zentrum der Berufsarbeit von Rechtsanwälten und Steuerberatern zu stehen, als sei die Fristenwahrung ein konstituierendes Element des Rechtsstaats schlechthin. Noch zu viele Juristen halten das Formale für das Juristische an sich und trauen die Fristenüberwachung nur Juristen 192

---

1 BFH vom 11.12.1968 VII B 17/68, BStBl. II 1969, 190. Besondere Sorgfalt obliegt dem Berater bei der Notierung von Revisions- und Revisionsbegründungsfristen, wenn er nicht ständig Revisionen führt (BFH vom 27.1.1981 IV R 47/81, BStBl. II 1984, 446). Vgl. auch BFH vom 25.11.1986 VII R 76/84, BFH/NV 1987, 589.
2 BFH vom 11.12.1968 VII B 17/68, BStBl. II 1969, 190.
3 BFH vom 28.7.1961 III 455/59 U, BStBl. III 1961, 447; vom 26.5.1977 V R 139/73, BStBl. II 1977, 643; vom 25.5.1988 IV R 98/87, BFH/NV 1989, 786; vom 30.12.2002 VIII R 66/00, BFH/NV 2003, 924; vom 4.12.2003 XI B 181/01, BFH/NV 2004, 526.
4 Vgl. hierzu im Einzelnen TIPKE in Tipke/Kruse, § 110 AO, Rz. 75 ff. (Okt. 2006).
5 BFH vom 15.12.2011 VI R 69/10, BFH/NV 2011, 830.
6 Gegen BFH vom 15.5.1963 I 342/62, StRK RAO § 86 R. 95.

Wiedereinsetzung

zu. Dabei wird Fristenberechnung und -kontrolle im juristischen Studium gar nicht gelehrt. Zugleich werden die Fähigkeiten des Büropersonals – zumal in Routinesachen – gehörig unterschätzt. Zerstreutheit ist bei Akademikern eher anzutreffen als bei Angestellten".

193 Diese Sätze von TIPKE[1] sind kräftig zu unterstreichen. Besonders unbillig sind hohe Anforderungen an die Fristenkontrolle des Büros des Steuerberaters, der tagtäglich mit den **Nachlässigkeiten** und **Verzögerungen** des **Finanzamts** zu kämpfen hat.

V. Wiedereinsetzung in den vorigen Stand

194 Ist eine Frist mit ausschließender Wirkung verstrichen, so ist sie grundsätzlich **unumkehrbar verstrichen**.

195 Nur im **Ausnahmefall** erlaubt der Gesetzgeber, die versäumte Handlung nachzuholen. § 110 AO und § 56 FGO sagen übereinstimmend, dass dann, wenn jemand **ohne Verschulden** verhindert war, eine gesetzliche Frist einzuhalten, ihm auf Antrag **Wiedereinsetzung in den vorigen Stand** zu gewähren ist[2]. Die Wiedereinsetzungsmöglichkeit gilt auch für das **Finanzamt**[3].

196 **Verschulden** und **Nichtverschulden** bei der Fristwahrung umschreiben die unendliche Fülle möglicher Sachverhaltsgestaltungen. Rechtsprechung und Literatur geben Beispiele. Ein Verschulden liegt nicht nur dann vor, wenn dies das Finanzamt durch ein Urteil belegen kann; ein Nichtverschulden setzt nicht voraus, dass der Berater zu seinen Gunsten ein Urteil anführen kann. Gleichwohl kann natürlich eine günstige Entscheidung des BFH zu einem ähnlich gelagerten Sachverhalt entlastend wirken; eine Durchsicht der Entscheidungen ist immer angebracht.

197 Ein eigenständiger **umfassender** und detaillierter **Vortrag** zur **Fristenorganisation**[4] und -kontrolle, zum **Geschehensablauf** und zu den **Entschuldigungsgründen** ist erforderlich[5]. Gegen dieses Gebot wird häu-

---

1 In TIPKE/KRUSE, § 110 AO, Rz. 75 (Okt. 2006).
2 Für das **verwaltungsgerichtliche Verfahren** s. § 60 VwGO.
3 BFH vom 24.6.2008 X B 138/07, BFH/NV 2008, 1516.
4 BFH vom 8.11.2006 VII R 20/06, BFH/NV 2007, 469.
5 Vgl. zB BFH vom 14.8.2006 VI B 54/06, BFH/NV 2006, 2282; vom 24.4.2008 IX B 164/07, BFH/NV 2008, 1349; vom 5.11.2008 VII B 15/08, BFH/NV 2009, 590.

Wiedereinsetzung

fig verstoßen. Allzu kurz und knapp werden Fehler vorgetragen und als entschuldbar behauptet. Dies ist psychologisch dann verständlich, wenn derjenige, der den Fehler begangen hat, selbst den Wiedereinsetzungsantrag begründen muss. Eigene Fehler stellt man ungern in aller Breite dar. Wenn eben möglich, sollte der **Wiedereinsetzungsantrag nicht** von **demjenigen begründet** werden, dem der **Fehler unterlaufen** ist. Es gibt **keine Amtsermittlung**[1].

Das Gesetz kennt in **§ 126 Abs. 3 AO** einen Entschuldigungsgrund: Fehlt einem Verwaltungsakt die erforderliche Begründung oder ist die erforderliche Anhörung unterblieben und ist dadurch die rechtzeitige Anfechtung des Verwaltungsaktes versäumt worden, so gilt die Versäumung der Rechtsbehelfsfrist als nicht verschuldet. Diese Rechtsfolge tritt jedoch nur dann ein, wenn die fehlende Begründung des Verwaltungsakts oder die unterlassene Anhörung ursächlich für das Versäumen der Rechtsbehelfsfrist war[2]. Im Zweifel ist die Kausalität zugunsten des Steuerbürgers anzunehmen. 198

Allgemein kann gesagt werden: **Verursacht** die **Finanzbehörde** einen **Rechtsirrtum**, der seinerseits eine **Fristversäumnis** veranlasst, so ist Wiedereinsetzung in den vorigen Stand zu gewähren[3]. 199

Das **Verschulden** des **Vertreters** ist dem Vertretenen zuzurechnen. § 110 Abs. 1 Satz 2 AO erwähnt dies ausdrücklich; das Gleiche gilt für § 56 FGO[4]. 200

Bei **Sozien** wird eine wechselseitige Vertretung und ein wechselseitiges Einspringen in Notfällen erwartet. Wo dies nicht geschieht und aus diesem Grund Fristen versäumt werden, ist eine Wiedereinsetzung nur schwer zu erreichen[5]. 201

Ein **Antrag** ist erforderlich. Wird innerhalb der Antragsfrist (Tz. 204) die versäumte Handlung nachgeholt, kann Wiedereinsetzung auch ohne Antrag gewährt werden (§ 110 Abs. 2 Satz 4 AO; § 56 Abs. 2 Satz 4 FGO). 202

---

1 BFH vom 23.1.2008 I B 101/07, BFH/NV 2008, 1290.
2 Vgl. BFH vom 13.12.1984 VIII R 19/81, BStBl. II 1985, 601; vom 10.9.1986 II R 175/84, BStBl. II 1986, 909; vom 6.12.1988 IX R 158/85, BFH/NV 1989, 561.
3 Vgl. FG Hamburg vom 6.12.1985 II 82/85, EFG 1986, 266.
4 BFH vom 11.5.1988 II B 8/88, BFH/NV 1989, 311.
5 Vgl. BFH vom 29.3.1985 IX R 117/84, BFH/NV 1985, 42; vom 8.10.1985 IX R 111/85, BFH/NV 1986, 172: Zur Vertretungsnotwendigkeit und -vorsorge bei der **Krankheit** eines **Sozius**; vom 17.2.1986 VI R 94/85, BFH/NV 1986, 743.

Wiedereinsetzung

203 Eine besondere **Form** schreiben § 110 AO, § 56 FGO nicht vor.

204 Wichtig ist die **Frist**, innerhalb der der Antrag auf Wiedereinsetzung zu stellen ist. Er beträgt nach § 110 Abs. 2 **AO einen Monat**, nach § 56 Abs. 2 **FGO zwei Wochen**, jedoch im Fall der Versäumung der Frist zur Begründung der Revision oder der Nichtzulassungsbeschwerde **wiederum einen Monat**. Diese **unterschiedliche Fristenregelung**, die nicht zu rechtfertigen ist, stellt für den Berater eine ausgesprochene „Wiedereinsetzungsfalle" dar. Überträgt er seine Vorstellungen von der AO in die FGO, kann er leicht die Frist für die Wiedereinsetzung versäumen.

205 Die Frist **beginnt** mit dem Wegfall des Hindernisses, das den Wiedereinsetzungsgrund abgibt[1].

206 Wegen **Versäumung** der **Frist** für den **Wiedereinsetzungsantrag** nach § 110 Abs. 2 AO und § 56 Abs. 2 FGO kann wiederum Antrag auf Wiedereinsetzung gestellt werden[2]. In diesem Fall werden zwei Wiedereinsetzungsverfahren ineinandergeschachtelt.

207 Innerhalb der Antragsfrist ist auf jeden Fall die **versäumte Rechtshandlung nachzuholen** (§ 110 Abs. 2 Satz 3 AO und § 56 Abs. 2 Satz 3 FGO). Diese Nachholung kann sich auch aus dem Antrag ergeben[3]. Bei einer Revisionsbegründung reicht es nicht, einen Antrag auf Verlängerung der Revisionsbegründungsfrist zu stellen[4].

208 Der Antrag auf Wiedereinsetzung ist zu **begründen**. Der Sachvortrag – insbesondere das fehlende Verschulden – ist **glaubhaft zu machen** (§ 110 Abs. 2 Satz 2 AO und § 56 Abs. 2 Satz 2 FGO). Zur Notwendigkeit, diesem Sachvortrag und der Beweisführung große Aufmerksamkeit zu schenken, s. Tz. 196 f.

209 **Die Antragsgründe** müssen – sofern sie nicht gerichtsbekannt, offenkundig oder aktenkundig sind – **innerhalb** der **Antragsfrist** vorgelegt werden; anschließend sind nur noch Ergänzungen und Vervollständigungen möglich (wer sich auf ein **Büroversehen** beruft – Tz. 184 ff. – muss den **Organisationsablauf** des Büros **darstellen** und **glaubhaft** ma-

---

1 Bei verspäteter Klage zB mit der Bekanntgabe der gerichtlichen Mitteilung über den Klageeingang BFH vom 16.12.1988 III R 13/85, BStBl. II 1989, 328.
2 Vgl. Tipke in Tipke/Kruse, § 110 AO Rz. 74 (Okt. 2006).
3 BFH vom 9.12.2009 II R 52/07, BFH/NV 2010, 824.
4 BFH vom 21.3.1996 X R 100/95, BFH/NV 1996, 694; vom 30.5.1996 V R 15/96, BFH/NV 1996, 911.

Wiedereinsetzung

chen; s. auch Tz. 197)[1]. Wer sich auf ein Büroversehen beruft, muss ausführlich den Organisationsablauf des Büros darstellen[2]. Auch in diesem Fristerfordernis liegt eine Gefahrenquelle, da sich die Frist nicht zwingend aus dem Gesetz ergibt. Die Antragsbegründung soll auch dann innerhalb der Antragsfrist erforderlich sein, wenn auf den Antrag selbst verzichtet werden kann (Tz. 202)[3]. Auch wenn man diese Einbindung in die Frist nicht für rechtens hält, sollte man sich in der Praxis streng nach ihr richten. Wurde eine Frist versäumt, steht der Berater in noch schlechterem Licht da, wenn er sich im Wiedereinsetzungsverfahren wiederum der Gefahr aussetzt, Fristen zu versäumen.

Die notwendige **Glaubhaftmachung** ist auch **später** möglich[4]. Die Glaubhaftmachung wird oft vergessen; sie ist aber **zwingend notwendig**[5]. 210

Glaubhaftmachung heißt nicht, dass ein Strengbeweis verlangt wird. Es geht um ein Dartun überwiegender Wahrscheinlichkeit. Alle Beweismittel kommen in Frage (eidesstattliche Versicherungen, Bestätigungen, Bescheinigungen, Benennung von Auskunftspersonen und Gutachtern)[6]. 211

Ein Jahr nach dem Ende der versäumten Frist kann die Wiedereinsetzung **nicht** mehr beantragt oder die versäumte Handlung nicht mehr nachgeholt werden, es sei denn, die Fristwahrung sei infolge höherer Gewalt unmöglich gewesen (vgl. § 110 Abs. 3 AO und § 56 Abs. 3 FGO). Bezüglich dieser Frist kann keine Wiedereinsetzung in den vorigen Stand gewährt werden[7]. 212

Über den Antrag auf Wiedereinsetzung **entscheidet** die **Finanzbehörde**, die über die versäumte Handlung zu befinden hat (§ 110 Abs. 4 AO). Bei **Gericht** entscheidet das Gericht, das über die versäumte Rechtshandlung zu befinden hat (§ 56 Abs. 4 FGO). 213

Die Wiedereinsetzung ist **keine Ermessensentscheidung**. Liegen die Voraussetzungen vor, so **muss** Wiedereinsetzung gewährt werden. 214

---

1 HA, vgl. BFH vom 7.2.1985 V B 62/84, BFH/NV 1986, 99; vom 26.9.1985 IX B 11/83, BFH/NV 1986, 224; vom 14.10.1998 X R 87/97, BFH/NV 1999, 621; vom 3.8.2001 VIII R 9/00, BFH/NV 2002, 43.
2 BFH vom 30.7.2009 VI R 56/08, BFH/NV 2009, 1996.
3 Vgl. BFH vom 16.12.1988 III R 13/85, BStBl. II 1988, 329; V B 57/92 vom 1.6.1992 V B 57/92, BFH/NV 1993, 249.
4 BFH vom 26.11.1986 IX R 64/86, BFH/NV 1988, 33.
5 BFH vom 6.5.1987 II B 3/87, BFH/NV 1988, 523.
6 Tipke in Tipke/Kruse, § 110 AO Rz. 93 (Okt. 2006).
7 Tipke in Tipke/Kruse, § 110 AO Rz. 95 (Okt. 2006).

Finanzamt

215 Die Wiedereinsetzung hängt **nicht** davon ab, ob der **Rechtsbehelf** in der Sache **Erfolg** hat[1].

216 Über die Wiedereinsetzung wird in dem **Verfahren** entschieden, zu dem die **versäumte Rechtshandlung nachgeholt wird**[2]. Wird Wiedereinsetzung gewährt, so hat die nachgeholte Rechtshandlung Wirksamkeit. Wird keine Wiedereinsetzung gewährt, so ist die nachgeholte Rechtshandlung unzulässig.

217 **Im Gerichtsverfahren** fallen die **Kosten** eines Wiedereinsetzungsverfahrens immer dem Antragsteller zur Last (§ 136 Abs. 3 FGO).

F. Allgemeine Bedingungen und Grundregeln des Steuerstreits

I. Kennzeichnung der Instanzen

1. Finanzamt

218 Zweck des Finanzamts ist die Steuererhebung. Bei der Auslegung von Steuergesetzen und Steuerverfahrensordnungen wählt das Finanzamt im Zweifel die Auslegung, die das Steueraufkommen erhöht. Insoweit denkt das **Finanzamt fiskalisch**.

219 Die Finanzämter müssen **Massenarbeit** bewältigen. Alle Arbeitskategorien, die diese Arbeit erleichtern, haben spürbaren Vorrang. Formularmäßige Tätigkeit geht vor einzelfallbezogener Arbeit. Das Formulieren von typischen Sachverhalten, Erfahrungsregeln – seien diese erkannt oder einfach behauptet – drängt sich immer vor das arbeitsintensive Einsteigen in einen individuellen Fall[3].

220 Auf der anderen Seite: Das Finanzamt ist organisationsmäßig ein stumpfer Kegel. **Sachbearbeiter** und **Sachgebietsleiter** haben nicht nur rechtlich, sondern auch tatsächlich eine **umfassende Kompetenz**. Regelmäßig ist der Sachbearbeiter der erste Ansprechpartner. Wer sich

---

1 Vgl. BFH vom 13.3.1975 VIII R 123/70, BStBl. II 1975, 725, 727.
2 BFH vom 2.10.1986 IV R 39/83, BStBl. II 1987, 7; vom 26.10.1989 IV R 82/88, BStBl. II 1990, 277.
3 Vgl. zu diesem Absatz – auch im Jahr 2011 noch aktuell – auch WASSERMEYER, DStZ 1985, 159, 165; etwas zurückhaltender RÖSSLER, DStZ 1985, 376; Verteidigung des Finanzamts durch SCHUHMANN, DStZ 1985, 379, und SCHÄFER, DStZ 1986, 138. S. auch die schonungslose Darstellung des finanzamtlichen Verhaltens von JENETZKY – selbst Finanzbeamter – in StuW 1982, 273, und das Plädoyer gegen die Individualisierung im Steuerrecht zugunsten einer verwaltungsangepassten Entindividualisierung von RUPPEL, DStZ 1984, 548.

für so bedeutsam hält, dass er nur mit dem Vorsteher glaubt verhandeln zu können, begeht – abgesehen von der regelmäßig vorliegenden Selbstüberschätzung – einen gravierenden Kunstfehler in der Interessenvertretung.

Die Beamten der Finanzämter denken nicht primär in Verfahrensabläufen. Sie betrachten nicht jeden Einzelfall wie ein Gerichtsverfahren, in dem Recht zu erkennen ist. **Alle pragmatischen Mittel**, die dem Verfahren förderlich sind, sind **möglich**, auch wenn sie mit der Verfahrensordnung kaum in Übereinstimmung stehen. 221

Hieraus folgt: Mit dem Finanzamt kann gleichermaßen und gleichzeitig **rechtlich gestritten** und **verhandelt** werden. Es ist nicht so, dass Einsprüche begründet werden, um anschließend auf die rechtliche Subsumtion des Beamten zu warten (was bequem ist). Der Begründung kann die Vereinbarung eines Gesprächs folgen. In dem Gespräch wird versucht, die einvernehmliche Beurteilung zu erreichen. Das ständige Ausschauen nach dem **richtigen Zeitpunkt** für das Gespräch, dieses zeitaufwendige (unbequeme) Gespräch selbst sind wesentliche Beratungsleistungen. In der Auseinandersetzung mit dem Finanzamt stehen folglich **rechtliche Argumentation**, Sachverhaltsvortrag, rechtliche **Taktiken** und psychologische Verfahrenskunst nahezu **gleichrangig** nebeneinander. 222

2. Oberfinanzdirektion und andere Oberbehörden

„Gehe nie zu einem Fürst, wenn du nicht gerufen wirst"[1]. Diese **Erfahrungsregel** gilt auch für den Umfang mit den steuerlichen Oberbehörden. 223

Die vielfältigen Möglichkeiten der **einvernehmlichen Beurteilung** eines Falls, der Erledigung **verengen** sich zunehmend mit den **höheren Instanzen**. Das Pragmatische tritt mehr zurück, das Rechtliche mehr vor, die grünen Tische werden immer grüner. 224

Oberbehörden entscheiden über alle Fälle eher so, wie sie über alle gleichgelagerten Fälle entscheiden würden. Der Einzelfall wird leicht 225

---

[1] Bei BÜCHMANN, Geflügelte Worte, 43. Aufl., 2001, 472, heißt es: „Gehe nie zu (d)einem Ferscht, wenn du nicht gerufen werscht." Diese Erfahrung des Beamten, wonach er nicht unaufgefordert zum Vorgesetzten gehen sollte, habe die Berliner satirische Wochenschrift „Ulk", 27. Jg., 1898, Nr. 31, erstmals in diesen Vers gefasst.

Finanzgericht

zum **Grundsatzfall** und auch aus diesem Grund einer pragmatischen Lösung entzogen.

226 Haben Oberbehörden entschieden, zB durch eine Anweisung an das Finanzamt, so sind den Beamten der Finanzämter die **Hände gebunden**. Sie sind in ihren Möglichkeiten, die ihnen die Abgabenordnung gibt, eingeschränkt. Auch dies ist selten einem Fall förderlich.

227 Ist eine solche Bindung eingetreten, so kann der Versuch erforderlich sein, das **Finanzamt** aus der **rechtlich** oder **tatsächlich** gegebenen **Bindung** wieder **herauszulösen**. Wird dem Finanzamt zB glaubhaft vorgetragen, dass der Sachverhalt anders liegt als derjenige, über den die Oberfinanzdirektion entschieden hat, wird das Finanzamt sich von der Bindung trennen können.

228 Sollte es im **Ausnahmefall** angebracht sein, die Oberfinanzdirektion einzuschalten, so sollte dies in **Abstimmung** mit dem **Finanzamt** geschehen. Andernfalls löst man unnötige Verärgerung aus. Mit dem Beamten des Finanzamts kann auch überlegt werden, wer die Oberfinanzdirektion anspricht, ob dies durch eine Vorlage des Finanzamts geschieht oder durch den Steuerpflichtigen.

3. Finanzgericht

229 Anders als das Finanzamt befasst sich das Finanzgericht regelmäßig **intensiv** mit dem **individuellen Fall**, bemüht sich, die Einzelheiten des Sachverhalts zu ermitteln[1].

230 Das Finanzgericht nähert sich auch eher der gelernten juristischen Arbeitsweise, wonach nach bestimmten Regeln der Sachverhalt festzustellen ist, auf den der Richter im Wege der **Subsumtion** das Recht anwendet.

231 Daraus folgt: Mit Finanzgerichten kann **nicht verhandelt** werden. Das Schicksal eines Verfahrens ist dem streitenden Berater weit mehr aus der Hand genommen als in der Auseinandersetzung mit dem Finanzamt.

232 Diese sehr **unterschiedliche Streitlage** vor dem **Finanzgericht** einerseits und dem **Finanzamt** andererseits muss dem Berater präsent sein.

---

1 Vgl. WASSERMEYER, DStZ 1985, 159, der darauf hinweist, dass gerade aus diesem Grund das **Finanzgericht** von dem **Bürger geschätzt** werde. Kritisch zu dieser Individualbehandlung RUPPEL, DStZ 1984, 547.

Bundesfinanzhof

Der vorschnelle Weg zum Finanzgericht nimmt ihm die „Verhandlungsinstanz" des Finanzamts. Dies mag bei klaren Streitigkeiten über bestimmte Rechtsfragen, in denen die Finanzverwaltung gebunden ist, sinnvoll sein. Im Übrigen sollte stets dem distanzierteren Verfahren vor dem Finanzgericht das pragmatische Finanzamtsverfahren vorausgehen. (Daher auch unsere **Zurückhaltung** vor **Sprungklagen**, Tz. 861).

Die **Mehrzahl** der **Kläger**, auch die Mehrzahl der Prozessbevollmächtigten, ist in **Prozessrecht** und -technik **nicht geschult**. Bei der Führung des Finanzgerichtsprozesses, in allen Formfragen akzeptiert man gerne die Entscheidung des Vorsitzenden Richters oder des Berichterstatters. Man nimmt sie kritiklos hin, weil man sie nicht kritisieren kann. Dies hat **Rückwirkungen** auf den **Kenntnisstand** der **Richter**. Da sie keinen nennenswerten kontrollierenden Druck vonseiten der Prozessbeteiligten und ihrer Bevollmächtigten spüren, entscheiden sie nicht selten nach dem Gefühl, „aus der Hand heraus", ohne exakte Prüfung. Ist der Prozessbevollmächtigte auf bestimmte formelle Fragen vorbereitet, beherrscht er dieses Recht, kann er durchaus durch den von ihm ausgehenden Zwang zur Korrektheit Gerichte oder Richter verunsichern. Insoweit ist das Verhältnis zwischen dem Prozessbevollmächtigten und dem Richter im Steuerverfahren anders strukturiert als das Verhältnis zwischen dem Verteidiger und dem Strafrichter, der regelmäßig und tagtäglich die Kontrolllast der Verteidigung spürt. 233

4. Bundesfinanzhof

Vor dem Bundesfinanzhof tritt der **aktiv handelnde** Anwalt oder Steuerberater weitere Schritte **zurück**. 234

Ist die Revision begründet, liegt das Verfahren nahezu ausschließlich **in der Hand des Senats** des Bundesfinanzhofs. 235

Die Prozessführung konzentriert sich auf die **Begründung** des **Rechtsmittels** (dh. in der Regel auf die Begründung der Revision), später vielleicht noch auf die Prüfung der Frage, ob gegen einen Gerichtsbescheid mündliche Verhandlung zu beantragen ist, und ggf. auf die Führung der **mündlichen Verhandlung**. 236

Vor dem BFH rückt das **Rechtliche** und Juristische, die **Rechtsanwendung** im Hinblick auf den **Einzelfall** und im Hinblick auf die **allgemeine Steuergerechtigkeit** in den Mittelpunkt. 237

Gemeinden

5. Gemeinden

238 Die Gemeinden seien hier am Rande berührt. In den **Steuerstreit** sind sie nur im Einzelfall verwickelt, da der Streit um die gewerbesteuerlichen Besteuerungsgrundlagen mit dem Finanzamt geführt wird.

239 In der Auseinandersetzung mit den Gemeinden geht es regelmäßig um die **Beitreibung** von **Gewerbesteuerschulden**, sei es bei abgelehnten Stundungen, sei es in der Zeitphase zwischen beantragter Aussetzung der Vollziehung und Entscheidung über diesen Antrag.

240 Gemeinden **reagieren anders** als die **Finanzämter**. Wer mit verschiedenen Gemeinden und Städten zu verhandeln hat, weiß auch um die Unterschiedlichkeit der Kommunen untereinander. Erstaunliche Großzügigkeit steht neben bemerkenswerter Härte.

241 Da bei den Gemeinden die besondere Instanz für die Entscheidung über den Widerspruch fehlt (über den Widerspruch entscheidet oft die Kommune selbst), da mithin der Weg zum Verwaltungsgericht recht kurz ist, da die rechtliche Auseinandersetzung um die Berechtigung der Steuern zurücktritt und es nur um die Erfüllung der Steuerschuld geht, wird die Auseinandersetzung mit den Gemeinden häufig allein durch die **persönliche Verhandlung** bestimmt[1].

II. Argumentationsebenen

1. Sachverhalt

242 Der **Streit** um den zutreffenden **Sachverhalt** wird von vielen Beratern in gefährlichem Maße **unterschätzt**.

243 Das **Argumentieren** um die **Rechtsfolge**, die Beschäftigung mit rechtlichen Argumenten, Gesetzesnormen und Fundstellen scheinen der intellektuellen Eitelkeit des Freiberuflers mehr zu schmeicheln als die Ermittlung eines Sachverhalts, für die man eigentlich freiberufliche Examen nicht zu benötigen meint. Dieser geistige Überbau überdeckt die niedrige Ebene interessierter Bequemlichkeit. In der Tat ist es häufig angenehmer, alleine mit den Mitteln des Geistes und der Bücher zu arbeiten, die nicht weiter als eine Armlänge vom Arbeitssitz stehen und

---

1 In den Bundesländern Berlin, Brandenburg, Bremen, Hamburg, Mecklenburg-Vorpommern, Saarland und Schleswig-Holstein ist inzwischen der Widerspruch überhaupt abgeschafft. Gegen einen Verwaltungsakt muss unmittelbar das Verwaltungsgericht angerufen werden.

Sachverhalt

eine Bewegung des Körpers nicht erfordern, als das mühevolle Geschäft der Sachverhaltsermittlung, der Rückfragen beim Mandanten und bei Dritten zu betreiben.

Diese **Scheu** vor **Sachverhaltsermittlungen** ist auch bei den Finanzämtern weit verbreitet. Die beständige Erfahrung lehrt, dass die Finanzämter zB nur in Ausnahmefällen Auskunftspersonen hören[1]. Der Verzicht auf die Sachverhaltsermittlung ist das wesentliche Mittel zur Erledigung von Massenarbeit[2]. 244

Selbst die **Dienststellen**, die zur **Sachverhaltsermittlung berufen** sind (zB die Außenprüfung), vernachlässigen immer wieder die eigentliche Feststellung des individuellen Sachverhalts, um den geprüften Fall möglichst zügig in bestimmte typische Sachverhaltskategorien aufzunehmen, die sodann mit nicht ermüdender Energie gegen die Individualitäten des Einzelfalls abgeschirmt werden. 245

Folge: In der Außenprüfung wird sehr schnell ein **Sachverhalt** bis in die Formulierung **festgeschrieben**. Diese Sachverhaltsdarstellung findet sich später im Betriebsprüfungsbericht. Das Finanzamt schreibt die Formulierungen in der Einspruchsauseinandersetzung ab, um sie sodann – oft wiederum wörtlich – in die Einspruchsentscheidung zu übernehmen. Diskutiert wird in diesen Streitphasen nahezu ausschließlich über die Anwendung von Gesetzen, Rechtsprechungen und Literaturstellen. Allenfalls behauptet der Berater noch die Unrichtigkeit des festgeschriebenen Sachverhalts, ohne jedoch substanziiert und mit Mitteln der Glaubhaftmachung das eigene Bestreiten zu belegen. 246

Bleibt es bei dieser Gewichtung, findet sich schließlich auch der zu Beginn der Außenprüfung festgelegte Sachverhalt im **Tatbestand** der Entscheidung des **Finanzgerichts**, zu Recht, da er ja außer Streit gesetzt ist. 247

Lässt der streitende Berater dies geschehen, trifft ihn kein Vorwurf, wenn der **Sachverhalt zutreffend** ist. Dies ist jedoch durchaus nicht die Regel. Oft entscheiden **minimale Sachverhaltsabweichungen** über die Anwendung oder Nichtanwendung von Rechtsfolgen. Lässt der Berater in solchen Fällen den Sachverhalt unangegriffen oder stellt er ihn nur halbherzig zur Auseinandersetzung, begeht er Kunstfehler in der Streitführung. 248

---

1 Vgl. RÖSSLER, DStZ 1985, 377.
2 JENETZKY, StuW 1982, 277; SEER in Tipke/Lang, § 21 Rz. 5, 6. Demgegenüber spricht sich interessanterweise HERZ (Finanzbeamtin) – ein wenig naiv – gerade dafür aus, der Flut von Rechtsbehelfen durch intensivere Sachverhaltsermittlung Herr zu werden (DStZ 1990, 510, 513).

Rechtsanwendung

249 Eine Vielzahl, wenn nicht gar die Mehrzahl aller **Steuerstreitigkeiten** kann „**über den Sachverhalt**" **gewonnen** werden. Wo der Betriebsprüfer versagt hat, ist die Rechtsbehelfsstelle durch entsprechenden Vortrag – versehen mit Beweishinweisen – zu Sachverhaltsermittlungen aufzufordern. Da die Rechtsbehelfsstellen diese Sachverhaltsermittlungen nicht lieben, ist ein solcher Vortrag geeignet, das Einvernehmen zu fördern. Unterlassen die Finanzämter die Sachverhaltsermittlungen, werden sie von den Finanzgerichten nachgeholt (sofern sie rechtlich erheblich sind, sodann mit einem zugunsten des Klägers wirkenden Ärger, da die Finanzgerichte für die Finanzämter nacharbeiten müssen). Denn das Finanzgericht ist insoweit tatsächlich die letzte Instanz, die den korrekten Sachverhalt festzustellen hat[1]. Der Bundesfinanzhof rügt recht unnachsichtig das Unterlassen von Ermittlungen durch die Tatsacheninstanz.

250 Diese **richtige Bewertung** der **Sachverhaltsebene** muss dem **Mandanten deutlich** gemacht werden. Auch er neigt der Ansicht zu, der Wert einer steuerlichen Auseinandersetzung, der Wert der Streitführung des eigenen Beraters sei in erster Linie an der Anzahl der Zitate, an dem Vorlegen von rechtlichen Argumentationen, Stellungnahmen und Gutachten zu messen. Die subtile Feststellung, welche Geschäftsführungsmaßnahmen tatsächlich Herr Karl-Otto Schulz während der Jahre einer Betriebsaufspaltung getroffen hat (um die Frage der Beherrschung in der Betriebsaufspaltung zu ermitteln), scheint des Beraterhonorars nicht wert zu sein.

2. Rechtsanwendung

251 Die rechtliche Auseinandersetzung bezweckt die Anwendung einer bestimmten **Rechtsfolge**.

252 Der Unterbewertung des Sachverhaltsvortrags (Tz. 242 ff.) entspricht eine **Überbewertung** der **Rechtsausführungen**. Zwar haben wir von Schule und Universität mitgenommen, in der geistigen Auseinandersetzung den Gegner mit Mitteln des Argumentierens und der rationalen Vernunft zu überzeugen. Die juristische Ausbildung lehrt uns, dass, steht der Sachverhalt fest, die Anwendung der Rechtsfolge ebenfalls allein durch die Vernunft bestimmt ist. Dass dies so sein soll, dass dies anzustreben ist, ist nicht in Frage zu stellen. Gefährlich ist es jedoch,

---

[1] Allerdings ist auch bei den **Finanzgerichten** noch die **Scheu vor der Sachverhaltsermittlung** spürbar.

Rechtsanwendung

diesen angestrebten Endzustand schon als Istzustand zu begreifen. Wer hier allzu blauäugig auf die Vernunft abstellt, übersieht die wirkungsvollen Ebenen der Vor-Verständnisse und Vor-Urteile, der Gefühle und Antigefühle, der Vorlieben und Aggressionen, der Arbeitsbelastung und Arbeitsentlastung, die der reinen Vernunftsanwendung im Gesamtwirkungsfeld einen – bezogen auf den hohen Anspruch – relativ bescheidenen Raum zuweisen.

Die **Wege** der **Vernunft** sind weit **weniger** zu **kontrollieren** als die Antwort auf die Frage, ob ein Sachverhalt richtig oder falsch ist. Wer ein Einspruchsbegehren vernünftig begründet, wird nur Erfolg haben, wenn der das Recht anwendende Beamte der Gedankenfolge bereit ist zu folgen. Eine noch so schlüssige Argumentation ist nutzlos, wenn der Inspektor aufgrund der ihm verliehenen Hoheitsmacht bekennt, die Gedankenfolge höre sich zwar recht überzeugend an, sei jedoch nicht hinreichend, eine abweichende Entscheidung zu rechtfertigen. Dass unter den Überschriften des Überzeugenden, Vertretbaren, nicht Vertretbaren eine Entscheidung nur deshalb nicht korrigiert wird, weil man der Betriebsprüfung nicht in den Rücken fallen will, macht deutlich, wie häufig die **Vernunft** nur das **Etikett**, aber nicht den **Inhalt** der **Entscheidung** bestimmt. 253

Entscheidend in der Argumentationsführung ist oft, das **Interesse des Beamten**, des **Richters für die eigene Sache** zu wecken. Führt man den Gegenüber zu dem Rechtsanwendungsgefühl, der Steuerbürger könne recht haben, an seiner Sache „sei etwas dran", wird dieser einer rechtfertigenden rationalen Argumentation eher bereit sein zu folgen, als wenn er umgekehrt das Gefühl hat, der Steuerbürger will mit einer Sache Erfolg haben, die aus irgendwelchen Gründen Hautgout hat. 254

Die rational überprüfbare Rechtsanwendung hat ihren Stellenwert. Unser Bestreben muss dahin gehen, diesen Stellenwert auszudehnen. Die einleitenden Absätze wollen nicht der chaotischen Rechtsanwendung – nach der Devise, es siege der psychologisch Geschicktere – das Wort reden. Es geht mir nur um die **selbstkritisch richtige Einschätzung**[1]. 255

---

1 Vgl. aus der **Sicht** der **Finanzverwaltung** JENETZKY, StuW 1982, 275: „Gemeint ist **die offiziell geleugnete, quantitative und qualitative Expansion des Steuerrechts, die trotz intensiver Schulung und strenger Auslese der Rechtsanwender nur noch partiell beherrscht werden kann, weil das nach Niveau und Volumen Geforderte über die mentale Kapazität des mittelmäßigen bis guten Finanzbeamten hinausgeht.**" (Hervorhebung im Original).

Autoritäten

256 Die vernünftige Auseinandersetzung funktioniert nur dann, wenn ihre Regeln eingehalten werden. Die Rechtsfolge muss aus dem Sachverhalt sauber abgeleitet werden. Das Finanzamt darf dieser Begründung nicht nur die **Behauptung** in **hoheitlicher Attitüde** gegenüberstellen, sondern sollte das Argument hervorheben, das nicht anerkannt wird. Auf diese Weise ermöglicht man dem Streitgegner, die Begründung noch einmal zu verdeutlichen. Das Finanzamt sündigt hier in ununterbrochener Folge. Die Versuchung, der Argumentation mit nackten Hoheitsentscheidungen zu begegnen, scheint zu groß, zu bequem. Wenn in solchen Auseinandersetzungen der Berater ausweicht und taktische Mittel der Psychologie einsetzt, kann ihn kein Vorwurf treffen; es ist die einzige Möglichkeit, der hoheitlichen Attitüde beizukommen.

257 Der Stellenwert der vernünftigen rechtlichen Auseinandersetzung verschiebt sich in erheblicher Weise vor den **Finanzgerichten** und vor dem **Bundesfinanzhof**. Ebenso wie die Sachverhaltsermittlung vor dem Finanzgericht in ihrer Notwendigkeit erkannt ist, ebenso folgt aus dem Begründungszwang richterlicher Erkenntnisse ein hoher Stellenwert der eigentlichen rechtlichen Auseinandersetzung. (Trotz des Stellenwerts vernünftiger Argumentation ist nie zu vergessen, dass der **Richter** sich gleichwohl auch von **Gefühlen, Neigungen**, Abneigungen bestimmen lässt.)

258 Daraus scheint notwendig zu folgen, die Steuergerechtigkeit, die richtige Rechtsanwendung im Einzelfall häufiger, wenn nicht gar **in der Regel**, vor den **Gerichten** zu suchen. Dies ist falsch, im Hinblick auf das Massen-Steuerverfahren auch unmöglich. Entscheidend ist vielmehr: Die Steuergerechtigkeit und die richtige Steuerrechtsfolge sind vor den Finanzämtern zwar nicht in grundsätzlich, jedoch in merklich anderer Weise, mit anderen Methoden zu erreichen als vor den Finanzgerichten. In der Kommunikation und im Disput bestimmt stets auch der Gegenüber die Art und Weise ihres Einsatzes.

3. Autoritäten

259 Die juristische Argumentation vertraut nicht nur auf die Kraft des Arguments. Sie verstärkt die rationale Schlussfolgerung durch die Anführung von Autoritäten, dh. durch das **Zitieren** von **Rechtsprechungen, Literatur** und **Anweisungen**.

260 Sieht man von dem Problem eines „Naturrechts" ab (das im Steuerrecht allenfalls durch den Satz herrscht, wonach der Starke dem

Dienstanweisungen

Schwachen abnimmt, was er ihm abnehmen kann), so ist das **Gesetz** die höchste Autorität. Gleichwohl hat die Anführung einer gesetzlichen Norm oder die Frage nach der Rechtfertigung durch ein Gesetz in der juristischen Auseinandersetzung nicht den Rang, der hieraus abzuleiten wäre. Der Gesetzeswortlaut ist selten hinreichend klar; er ist auslegbar. Folglich tritt der erste Autoritätsverlust bereits durch die Frage ein, ob man sich näher an den Wortlaut des Gesetzes anlehnt oder von ihm befreit, um dem Zweck des Gesetzes zum Erfolg zu verhelfen. Ein weiterer Autoritätsverlust wird gerade im Steuerrecht spürbar, wo Gesetze einerseits mit allgemeinen Formulierungen zur Auslegung einladen (Beispiel: was ist ein Missbrauch iS von § 42 AO?), zum anderen in der Regelung so speziell werden, dass notwendig andere Spezialsachverhalte, die die Lebenswirklichkeit ebenfalls vorkommen lässt, verfehlt werden. Nimmt man die häufigen Änderungen der Steuergesetze hinzu, die manch eine Formulierung zur „Wegwerfnorm" degradieren, so kann die mangelnde Autorität des Gesetzes im Steuerrecht nicht erstaunen.

Die Finanzämter und die Finanzgerichte gehorchen **unterschiedlichen** 261
Autoritäten.

Der das Recht anwendende Sachbearbeiter des **Finanzamts** richtet sich 262
in erster Linie nach den **Dienstanweisungen**[1]. Diese nehmen an Intensität zu, je näher der Dienstvorgesetzte rückt. Dem BdF-Erlass gehen die Länderanweisungen vor. Vorrang vor diesen hat die konkrete Anweisung der zuständigen Oberfinanzdirektion. Diese wird durch die amtsinterne Anweisung oder das finanzamtliche Hausrecht[2] überrollt. Höchstrangig ist die Anweisung des eigenen Sachgebietsleiters. Versagen sich dem Beamten die Dienstanweisungen, wird die Rechtsprechung des Bundesfinanzhofs maßgebend.

Wurde die Problematik durch den Bundesfinanzhof noch nicht ent- 263
schieden, wendet man **eigenständig** das Gesetz an, unterstützt durch die sog. **führenden Kommentare**.

Unterhalb dieser Autoritätsebene liegen die **finanzgerichtlichen Ent-** 264
scheidungen und die **sonstige Literatur** im gleichrangigen Wettstreit[3].

---

1 Hierzu auch JENETZKY, StuW 1982, 281.
2 Dazu WASSERMEYER, DStZ 1985, 164 ff.; JENETZKY, StuW 1982, 283.
3 Wobei diese Rangfolge auch dadurch bestimmt wird, dass die Finanzämter nur selten über zureichende Literatur verfügen (JENETZKY, StuW 1982, 282). Welcher Kommentar führend ist (Tz. 263), wird dementsprechend auch dadurch bestimmt, welcher vorhanden ist.

Ermessen

265 Anders die **Finanzgerichte**: Im ersten Atemzug betonen sie die Unabhängigkeit von den Anweisungen der Finanzverwaltung. Maßgebend ist das Gesetz, ausgelegt durch den Bundesfinanzhof. In selbstbewusster Inanspruchnahme richterlicher Unabhängigkeit werden darüber hinaus die richterlichen Erkenntnisse des Finanzgerichts durch eigenständige Auslegungen der Gesetze gegen den BFH belebt.

266 Der Senat des **Bundesfinanzhofs** ist sich selbst die höchste Autorität. Zwar könnte man ihm das Gesetz entgegenhalten. Da dieses jedoch nur so erkannt wird, wie der Senat es selbst erkennt, führt auch dieser Hinweis wiederum zurück zum Senat. Unterhalb dieser Ebene steht die Rechtsprechung des Bundesfinanzhofs im Übrigen, wobei neben die vernunftsbedingte Auseinandersetzung menschlich verständliche Wirkungen aus persönlichen Zuneigungen und Ablehnungen unter BFH-Senaten und -Richtern treten. Das übrige Gerichts- und Literaturgeschehen dient der Anregung und Belegführung.

4. Ermessen

267 Wieviel Steuern der Bürger pro Jahr zu zahlen hat, ist in den Steuergesetzen niedergelegt. Der Finanzbeamte hat diese Gesetze anzuwenden. Über einen **Ermessensspielraum** verfügt er nicht. Welche Sachverhaltsermittlungen er anstellt, liegt jedoch in seinem Ermessen. Das Gleiche gilt für die Frage der Stundung, des Erlasses und der Verfügung von Haftungsbescheiden.

268 Die **Reflexion** über das **Ermessen** ist innerhalb der Finanzverwaltung verkümmert. Ohne Zweifel erfolgt der Rückzug auf die Ermessensentscheidung dort, wo man mangelhaftes oder fehlerhaftes Handeln der Finanzverwaltung, zB bei der Sachverhaltsermittlung, rügt. Die Vermeidung arbeitsintensiver Tätigkeit lässt sich gut in nur schwer kontrollierbares pflichtgemäßes Ermessen einbetten. Anders dort, wo nur Bescheide zu verfügen sind. Dass Erlassanträge nahezu regelmäßig abzulehnen sind (Tz. 1874 ff.), dass die Inhaftungnahme durch Haftungsbescheid nahezu zwingend erfolgt, wenn ein Haftungstatbestand naheliegt (Tz. 669 ff.), tauscht das pflichtgemäße Ermessen durch ein „Legalitätsprinzip" aus, das an dieser Stelle fehl am Platze ist. Es legt in der Tat Verantwortung auf die Schultern eines Beamten, wenn er aufgrund einer Ermessensüberlegung zu dem Ergebnis kommt, einen Prokuristen nicht in Haftung zu nehmen. Man könnte sich ja vor die kritische Frage gestellt sehen, warum man in diesem Fall auf die Ein-

PC und Zahlen

ziehung von Steuermitteln verzichtet habe. Bequemer ist es, im Zweifel für die Haftung zu entscheiden. Eine solche Art von Verantwortungslosigkeit wird innerhalb der Behörde seltener hinterfragt.

Im **Steuerstreit** steht der Berater vor einer **schwierigen Auseinandersetzung**. Das Ermessen ist in der Argumentation schwer zu umgreifen. Solche Schriftsätze enthalten regelmäßig nur ein Appellieren an irgendwelche Oberregeln. Häufig führt die Ermessenserwägung zugunsten des Steuerbürgers dort zu bestimmten Ergebnissen, wo das Ermessen nicht wirkend war, wo aus anderen Gründen eine bestimmte Entscheidung getroffen wird, die mit einer nachgezogenen Ermessenserwägung überdeckt wird. 269

Die **Gerichtsinstanzen** bieten nur **beschränkten Schutz**, da das Ermessen nur in seinen Grenzen überprüft werden kann. Allerdings habe ich den Eindruck, dass die Gerichte die wesentlichen Probleme erkannt haben. Es ist durchaus erfolgversprechend, vor den Finanzgerichten vorzutragen, die formulierten Ermessenserwägungen seien nichts als reine Floskeln; eine tatsächliche Ermessensausübung habe nicht stattgefunden. 270

5. PC und Zahlen

Sachbearbeiter, Prüfer und Steuerfahnder sind immer häufiger mit **PCs**, **Laptops** oder **Notebooks** ausgestattet, seien diese privat angeschafft oder vonseiten des Dienstherrn gestellt. Die Hilfsmittel erlauben den Beamten, immer mehr Daten sofort in die gesetzmäßigen Steuerfolgen umzusetzen, Modellrechnungen durchzuführen und schließlich Entscheidungsvorschläge oder Prüfungsberichte mit entsprechend zahlenmäßig aufbereiteten Anlagen zu versehen. 271

Die **Zahl** als **Besteuerungsgrundlage** (zB Betriebseinnahme = 18 000,– Euro) und die **Zahl** als **Steuerfolge** (Einkommensteuer hierauf = 9000,– Euro) tragen noch **nicht** die eigene **Legitimation** in sich. Sie müssen begründet sein. Demgegenüber neigt der mit den PCs, Laptops und Notebooks arbeitende Finanzbeamte zur Annahme, mit der Zusammenstellung der Besteuerungsgrundlagen und der Zusammenstellung der daraus folgenden Steuerzahlen sei bereits die Rechtfertigung gegeben. Die saubere Verarbeitung von eingegebenen Zahlen im Computer müsse notwendig zu einem richtigen Ergebnis führen. Die Folge ist, dass die Zahl der Anlagen zu Betriebsprüfungs- und Steuerfahndungsberichten zunimmt und der Begründungsteil immer kürzer 272

Schriftlichkeit und Mündlichkeit

wird. In der Begründung heißt es, die Steuerfahndung habe nicht versteuerte Einnahmen oder verdeckte Gewinnausschüttungen festgestellt; sodann wird auf die Anlage X oder Y verwiesen. Diese Anlagen listen sauber und akkurat die Zahlen auf und werfen die entsprechende Steuer aus. Für die Begründung ist damit nichts geliefert.

273 Auch **Prüfprogramme** der Finanzverwaltung tragen nicht das Siegel der legalen Richtigkeit, weil es EDV-Programme sind. In der Regel sind es nur „Angriffsmittel" für die Finanzverwaltung, nicht aber eigene Beweismittel.

274 Auch der **Steuerberater** neigt dazu, dem PC als solchen bereits eine Legitimation verleihende Kraft beizumessen. Im Steuerstreit muss er diesen **psychologischen Effekt** durchschauen. Erst dann gewinnt er wieder den richtigen Blick für die Ansatzpunkte der Auseinandersetzung. Eine fehlende oder unzureichende Begründung wird durch saubere Zahlenkolonnen nicht ersetzt.

275 Im Übrigen gilt: Ist die Begründung zutreffend, so können die **Zahlen** immer noch **falsch** sein. Wenn nicht versteuerte Einnahmen vorliegen, so kann über die Höhe gestritten werden. Außerdem kann die Eingabe fehlerhaft und im Einzelfall selbst das Rechenprogramm unzutreffend sein.

III. Schriftlichkeit und Mündlichkeit

1. Vorteile und Nachteile

276 Der Steuerstreit wird weitgehend **schriftlich** geführt. Dies gilt für das Finanzamt ebenso wie für das Finanzgericht.

277 Die Schriftlichkeit hat **Vorteile**. Begehren und Begründung können in optimaler Weise vorbereitet und ausformuliert werden. Die andere Seite hat genügend Zeit, sich mit dem Schriftsatz zu befassen und die Entgegnung zu verfassen. Die Informationsvermittlung ist präziser. Der Vortrag ist verbindlicher als das flüchtige Wort.

278 Der schriftliche Vortrag hat auch gravierende **Nachteile**. Das Aneinandervorbeireden, das Nichtbeachten des Vortrags des anderen ist leichter. Die schriftliche Ablehnung und das schriftliche Nein formuliert der schreibende Beamte sehr viel schneller und geläufiger als der im Gespräch eingebundene Partner. Der Schriftverkehr ist zeitaufwendiger. Differenzen und Missverständnisse bleiben länger bestehen.

Mündlichkeit

Aus den Nachteilen des Schriftverkehrs folgen die **Vorteile** der **mündlichen Verhandlung**: Sie befasst sich weit konzentrierter mit dem Einzelfall. Ausflüchte sind weniger leicht möglich. Vermeidbare Differenzen können sofort bereinigt werden. Entscheidungen können schneller getroffen werden. Auf diesem Hintergrund ist es nicht erstaunlich, dass Richter für jede steuerliche Auseinandersetzung bereits auf der Ebene des Finanzamts eine mündliche Erörterung fordern[1]. 279

Mündliche Erörterungen sind **zeitaufwendig**. Finanzämter bieten unter der Last der Massenarbeit von sich aus nur höchst selten solche Gespräche an. Gleichwohl ist die Vereinbarung eines Termins regelmäßig zu erreichen, wenn sie vom Steuerpflichtigen oder seinem Berater angestrebt wird. Hier ist die Initiative des Streitführers aufseiten des Steuerbürgers gefordert. 280

Keine steuerliche Auseinandersetzung, die schriftlich nicht bereinigt werden kann, sollte **ohne** eine **mündliche Erörterung** vor das Finanzgericht gehen. Es gibt keine Situation, die so verfahren und verhakt ist, dass sie durch ein Gespräch nicht wieder aufgelöst werden könnte. Akten voller Schriftsätze können, vermutlich zum Erstaunen beider Seiten, in einem einstündigen Gespräch erledigt werden. Solche Gespräche können zeigen, dass der schriftliche Streit an wesentlichen Dingen vorbeigegangen ist; sie können aber auch nichts anderes bedeuten, als die Ernte nach einer insoweit notwendigen schriftlichen Auseinandersetzung einzufahren. Es ist ein gravierender Kunstfehler aufseiten des Beraters, wenn er die Chance eines solchen Gesprächs nicht wahrnimmt. 281

Selbst wenn im Einzelfall der **Gesprächstermin** von der Finanzbehörde nur **widerstrebend** gewährt wird, selbst wenn es im Einzelfall so aussieht, als gewähre das Finanzamt diese Art rechtlichen Gehörs nur, um einer lästigen Pflicht zu genügen, sollte man dem persönlichen Gespräch nicht ausweichen. Auch hier stellt häufig das Gesprächsergebnis die Erwartungen auf den Kopf. 282

Im Übrigen kann das Gespräch über **§ 364a AO erzwungen** werden. 283

Zur Kunst der Streitführung gehört die Entscheidung über den **richtigen Zeitpunkt** des Verhandlungsgesprächs. Ohne schriftliche Vorbereitung, ohne einen gewissen Zeitablauf wird der angemessene Zeitpunkt nicht erreicht; nach der abgefassten Einspruchsentscheidung ist er verpasst. Der Streitablauf muss bzgl. dieser richtigen Zeit zum Gespräch ständig beobachtet werden. 284

---
1 Vgl. WASSERMEYER, DStZ 1985, 166.

Schriftsätze

285 Die Überlegungen zur Mündlichkeit gelten, etwas abgemildert, auch für das **Finanzgericht**. Hierbei ist nicht die mögliche Verhandlung vor dem Senat, sondern der Erörterungstermin vor dem Berichterstatter angesprochen. Vgl. hierzu im einzelnen Tz. 1032 ff., 1042 ff.

2. Schreiben und Schriftsätze im Steuerstreitverfahren

286 Der Schriftsatz verkörpert die **Argumentation**; er verbindet **Form** und Idee. Er bezweckt die optimale Präsentation der Begründung. Optimal heißt, beste Bedingungen für das Rechtsbehelfsbegehren – für den Erfolg oder die Einigung – zu schaffen[1].

287 Der erfolgreiche Schriftsatz beginnt mit der **Gestaltung** des **Briefpapiers**, seinem Design. Es kann durchaus richtig sein, einen Fachmann mit der Gestaltung zu beauftragen.

288 Es steht **Überflüssiges**, auch **Unsinniges** auf deutschen Beraterbriefbögen. Fraglich ist zB, ob die **Anschrift** doppelt auftauchen muss, nämlich einmal als Anschrift hervorgehoben, zum anderen so gesetzt, dass sie im Fenstercouvert erscheint. Den Zweck des Letzteren erreicht man besser dadurch, dass das Couvert den Absender enthält.

289 Zur – unreflektierten – Üblichkeit gehört es, die **Kontenbeziehungen** im Briefbogen anzuführen. Notwendig für den Zahlungsverkehr sind wenige Konten. Oft reicht es, wenn nur Rechnungsformulare das Konto ausweisen.

290 Die Aufnahme von **Bürozeiten** wirkt antiquiert.

291 „**Betreff**", „Bezug", „Ihr Zeichen" usw. sind – vorgedruckt – Angaben, die von Behördenschreiben übernommen sind. Sie sind überflüssig.

292 Sodann liest man den Satz, wonach mündliche und/oder telefonische **Auskünfte** nur **verbindlich** sind, wenn sie **schriftlich bestätigt** werden. Oder: „Keine Haftung für mündliche und telefonische Auskünfte." Diese Formulierung ist rechtlich ohne Belang. Sie kann den Verpflichtungscharakter eines Telefongesprächs nicht aufheben. Wer im Telefongespräch keine verbindlichen Auskünfte geben will und kann, sollte dies sagen. Darüber hinaus sind solche Vorbehalte schlechter Stil. Wie soll der Mandant Vertrauen zu einem Berater haben, wenn dieser ständig auf seinen Briefbögen bekundet, dass er in Telefongesprächen nicht ernst zu nehmen ist?

---

1 Vgl. zu diesem Abschnitt auch STRECK, DStR 1989, 439.

Schriftsätze

Und: „Es gelten die **allgemeinen Auftragsbedingungen** für Steuerberater." Was sich hierunter heute verbirgt, ist, da nicht näher angegeben, unerfindlich. 293

Die **äußere Form** des Schriftbilds sollte gleichbleibend sein. Die Form bestimmt den ersten Eindruck für den Gegner. 294

Die **Anrede** ist eine stereotype Form. Entweder rede ich meinen Ansprechpartner persönlich mit Namen an oder wähle die allgemeine Anredeform. 295

Der Text endet mit der **Schlussformel**, die jeder Berater nach eigenem Geschmack wählen muss, die aber einheitlich sein sollte. 296

Von entscheidender Bedeutung, in der Praxis verkannt, ist die Frage, mit welchem **Seiten-** und **Zeilenabstand** geschrieben wird. Einen einzeiligen Brief zu lesen, verlangt große Konzentration. Da umgekehrt die zweizeilige Schreibweise den Verdacht nährt, der Verfasser ersetze Qualität durch Quantität, ist es richtig, **anderthalbzeilig** zu schreiben. Im Seitenabstand ist ein Mittelmaß zu wahren. 297

Am Anfang des Schriftsatzes steht das **Manuskript**; dieses ist – wie der Name sagt (manuscriptum aus manus „Hand" und scribere „schreiben") – mit der Hand oder eigenhändig, der Schreibmaschine oder dem PC geschrieben. Das handschriftliche Fertigen von Manuskripten ist eine hohe Stilschule. Nur wer die Qualen kennt, lange Schriftsätze mit der Hand zu schreiben, hat gelernt, den Stil auf das Notwendige zu beschränken. Er wird jede Redundanz, jedes überflüssige Wort aus seinem Manuskript verbannen. Ist dem Berater der konzentrierte Stil über das Schreiben mit der Hand zur Gewohnheit geworden, wird er ihn auch im mündlichen Diktat weitgehend beibehalten. 298

Für die selbst am **PC verfassten Schriftsätze** gilt das Vorgesagte entsprechend. Allerdings ist die Art und Weise, wie **E-Mails** verfasst werden, im Hinblick auf ihre Flüchtigkeit und unkonzentrierte Schnelligkeit keine Stilschule. 299

Der Schriftsatz erfordert eine deutlich erkennbare **Gliederung**. Nichts ist schlimmer für den Leser, als wenn der Schriftsatz den Eindruck vermittelt, der Verfasser bewege sich in Zirkeln, verliere den Faden oder erzähle gegen Ende des Schriftsatzes das, was er schon zu Beginn ausgeführt hat. Darüber hinaus sollte die Begründung mit gliedernden **Absätzen** nicht sparen. Wer eine Seite ohne Absätze schreibt, hat in der Regel eine nutzlose Seite gefertigt, weil sie vom Leser nicht akzeptiert 300

Schriftsätze

wird. Als Faustregel sollte gelten, dass jede Seite zumindest drei Absätze kennen soll.

301 Dass richtig **zitiert** wird, ist selbstverständlich. Ein Büro sollte auch einheitlich zitieren. Im Steuerrecht ist es in der Regel üblich, BFH-Entscheidungen mit Aktenzeichen und Datum anzugeben, dazu mit der Veröffentlichungsstelle im Bundessteuerblatt.

302 Ist der Schriftsatz gefertigt und geschrieben, so muss der Berater entscheiden, wie er es mit den **Korrekturen** hält. Erste Möglichkeit: Sie liegt in der Hand desjenigen, der das Manuskript gefertigt, der diktiert hat. Zweite Möglichkeit: Die Schreibkraft liest selbst Korrektur. Dritte Möglichkeit: Das Büro ist so organisiert, dass es eigene Korrekturleser (zB Studenten) gibt.

303 Bei den **Anlagen** zum Schriftsatz hört die Ordnung nicht auf. Die Anlagen sollten nummeriert werden und insoweit mit dem Schriftsatz in Übereinstimmung stehen.

304 Der **sachliche Inhalt** des Schriftsatzes wird von seinem **Zweck** bestimmt. Dienstaufsichtsbeschwerden formuliert man anders als die Bewerbung um eine Beamtenstelle. Der Schriftsatz in einem Steuerstreitverfahren hat seine Funktion in der Auseinandersetzung um Rechts- und Sachverhaltsfragen; außerdem sind streitspezifische Erklärungen notwendig.

305 Zum **Sachverhalt** s. Tz. 242 ff.

306 Zur **Rechtsanwendung** s. Tz. 251 ff.

307 Sachlicher **Zweck** und **Struktur** des Schriftsatzes sollten einander **entsprechen**. Es gibt Schriftsatzsituationen, da ist der ungeordnete Schriftsatz tatsächlich angebracht, bewusste Unordnung seine Struktur. In der Regel hat der Schriftsatz jedoch eine sachlich gebotene Ordnung.

308 Wir bevorzugen folgende **Gliederung**:

309 Am Anfang stehen die **Anrede** und der **Einleitungssatz**.

310 Es folgen die **Verfahrenserklärungen** und die **Erklärungen** zum **Verfahrensstand**.

311 Der nächste Teil des Schriftsatzes kann sich mit der **Informationslage** befassen. Im gerichtlichen Verfahren kann man um Akteneinsicht bitten. Im Steuerstreitverfahren mit dem Finanzamt können die Punkte zusammengestellt werden, bei denen das Finanzamt noch in Informa-

Schriftsätze

tionsverzug ist (Verletzung des § 364 AO). Man kann die Vorläufigkeit einer Einspruchsbegründung unterstreichen, wenn noch eine Vielzahl von Informationen aussteht.

Sodann geht man auf die **formellen Fragen** der Zuständigkeit, der Zustellung usw. ein. Auch gehört an diesen Ort jeder formelle Fehler des Bescheids, der ihn anfechtbar oder nichtig macht. 312

Es folgt das **Herzstück** des Schriftsatzes. Hier geht es um den **Sachverhalt** und die **materiellen Rechtsfolgen**. Es gibt Gliederungsalternativen. 313

Alternative 1: Es wird der Sachverhalt dargestellt. Sodann folgen die Beweismittel für den Sachverhalt. Schließlich befasst sich der Schriftsatz mit den materiellen Rechtsfragen. 314

Alternative 2: Es wird der Sachverhalt geschildert. Unmittelbar daran knüpft man die Diskussion um die materiellen Rechtsfolgen. Ergänzend gibt man die Beweismittel an, falls der Sachverhalt streitig sein sollte. 315

Alternative 3: Besteht der Sachverhalt aus einzelnen Punkten, so kann die Gliederung der Alternative 1 und Alternative 2 jeweils auf einzelne Punkte bezogen werden. Dem Sachverhaltspunkt 1 können die Beweismittel zum Sachverhaltspunkt 1 folgen; sodann schließt sich die rechtliche Erörterung des Punktes 1 an. Es folgt der Sachverhaltspunkt 2 ... 316

Die Frage der **Verjährung** und der **Bestandskraft** behandeln wir in einem gesonderten Punkt nach der Darstellung der materiellen Streitfrage. Oft knüpfen die Fragen der Verjährung und der Bestandskraft an die materiellen Fragen an. Geht es zB um die Hinterziehungsverjährung, so kann diese nicht beantwortet werden, bevor nicht der Sachverhalt und die dazugehörige Beweislage diskutiert sind. 317

Werden in einem Begründungsschriftsatz Einspruchsbegründung und Begründung des **Antrags** auf **Aussetzung** der **Vollziehung** verknüpft, so kann jetzt in einem besonderen Gliederungspunkt die Aussetzung behandelt werden, sofern hier eigenständige Begründungselemente zu formulieren sind. 318

Von selbständiger Bedeutung ist der **Schlusssatz**. Er sollte zumindest im Steuerstreit mit dem Finanzamt stets eine Handreichung sein. Keine Auseinandersetzung mit dem Finanzamt kann so hart sein, dass nicht zum Schluss die Bemerkung möglich ist, man könne sich auch zu einem Einigungsgespräch wieder zusammensetzen (s. auch Tz. 340). 319

Strategie und Taktik

IV. Strategie und Taktik

320 Die Regeln der Strategie und Taktik bestimmen, welche **Mittel** eingesetzt werden, um das **legitime Ziel** des Steuerstreits zu erreichen.

321 Mit der Frage, ob es neben den legitimen auch **illegitime** Streitstrategien gibt, habe ich mich an anderer Stelle auseinandergesetzt; auf die Tz. 38 ff. sei hingewiesen.

322 Der Beginn der steuerlichen Auseinandersetzung bestimmt sich nach seinen **Zwecken** (Tz. 8 ff.); wird der Zweck bejaht, muss der Streit begonnen werden.

323 Das Streitbegehren wird in erster Linie mit den Mitteln der klassischen Rechtsanwendung geführt. Es sind die Streitebenen um den **Sachverhalt** (Tz. 242 ff.) und um die **Rechtsanwendung** (Tz. 251 ff.).

324 Daneben steht die Reflexion über den Einsatz **sonstiger Instrumente**[1].

---

1 Zu dem **Ist-Zustand** aus der **Sicht** der **Finanzverwaltung** s. JENETZKY, Die Misere der Steuerverwaltung, StuW 1982, 273.
Die Erkenntnis, dass bestimmte Strategien des Steuerverfahrens bereits Eingang in die **Literatur** gefunden haben, verdanke ich dem Hinweis eines Finanzbeamten. Er machte mich auf Graham GREENE, Die Reise meiner Tante, hier zitiert nach rororo, Band Nr. 1577, 1969, 208, aufmerksam; dort heißt es über die Strategie des Steuerberaters Mr. Pottifer: „Ich glaube, einerseits wegen seiner Vorstellung von der Unsterblichkeit, andererseits aber auch **war es ein Teil seines Krieges gegen die Steuerbehörde**. Er glaubte felsenfest an Verzögerungstaktiken. „Man darf nie alle ihre Fragen beantworten", mahnte er stets. „Sie sollen ruhig noch einmal schreiben. Und man muss vage antworten. Später kann man dann je nach den Umständen immer noch entscheiden, was man gemeint hat. Je größer die Akte, um so größer die Arbeit. Die Sachbearbeiter werden häufig ausgetauscht. Ein Neuling muß die Akte dann ganz von Anfang an studieren. Der Büroraum ist beschränkt. Zum Schluss ist es dann leichter für sie, wenn sie einfach nachgeben." Manchmal, wenn der Referent zu sehr drängte, erklärte er mir, daß es an der Zeit sei, sich auf einen nichtvorhandenen Brief zu beziehen. Er schrieb energisch zurück: „Mein Brief vom 6. April 1963 scheint Ihrer Aufmerksamkeit entgangen zu sein." Ein ganzer Monat verging dann, bevor der Referent eingestand, das Schreiben sei spurlos verschwunden. Dann sandte Mr. Pottifer eine Kopie des Briefes, in dem auf etwas Bezug genommen war, das der Referent wieder nicht finden konnte. War er ein Neuling im Bezirk, dann gab er natürlich seinem Vorgänger die Schuld; anderenfalls, und nach ein paar Jahren Pottifer, war er ständig am Rande eines Nervenzusammenbruchs. Ich glaube, dass Mr. Pottifer diese Verzögerungstaktik im Sinn hatte, als er plante, wie er nach dem Tod weitermachen könnte (natürlich kam sein Tod nicht in die Zeitung, und das Begräbnis fand in aller Stille statt). Er dachte nicht an die Unannehmlichkeiten, die er dadurch seinen Klienten bereitete, sondern nur an die Unannehmlichkeiten für den Steuerreferenten." (Hervorhebungen von uns).

Umgang mit Beamten

Jeder Beamte bevorzugt das **Weniger** an **Arbeit** vor der Mehrarbeit. 325

Ebenso wird der **bequemere Weg** leichter beschritten als die lästige Kleinarbeit. Ein Lösungsmodell, das bei einer Vielzahl von Streitpunkten dem Finanzamt nur das Nachgeben in einem Punkte zumutet, wird leichter ergriffen als die subtile Korrektur einer Vielzahl von Punkten. 326

Mit einer **Beamtin** ist anders umzugehen als mit einem Beamten. Männliche Beamte gehen eher den bequemen Weg; sie sind auch weniger rational, als es den Vorurteilen entspricht. Als nützliche Maxime kann gelten: Gehe mit einer Beamtin so um, als sei sie der nach deinen (männlichen) Vorurteilen perfekte Mann: fleißig, rational, effizient. 327

Der Beamte verfügt über die schneidende Schärfe der Hoheitsmacht. Diese wird nur erträglich, wenn der Berater weiß, den **Streitgenossen Zeit** zu aktivieren, dem jede Bürokratie eine nahezu unbegrenzte Wirksamkeit einzuräumen bereit ist. 328

Die Schärfe der Hoheitsmacht ist eingebunden in **Dienstzeiten**, während das Interesse des Steuerbürgers, vertreten durch den freiberuflichen Berater, ohne derartige Begrenzungen wirkt. 329

Gefährlich ist es, insbesondere durch die Person des **Beamten** angreifende Äußerungen, dessen **Privatinteresse** zu wecken; die Schranken der Dienstzeit werden durchbrochen. 330

Die geballte Macht der hoheitlichen Möglichkeiten der Abgabenordnung ist Beamten in die Hand gelegt, die fast immer nur „**vorübergehend**" ihre Funktion ausüben. Urlaub, Krankheit, Beförderung, Versetzung, Pensionierung, Umorganisationen relativieren die einzelne Dienststelle. Sie ermöglichen, Entscheidungen – mit geringerer Schärfe – gerade noch zu treffen oder – zur Vermeidung von Schärfen – an den Nachfolger weiterzugeben. 331

Strategie und Taktik eines Steuerstreits werden nicht zu Beginn unabänderlich festgelegt. Sie müssen **immer wieder überprüft** werden. Auch wenn eine steuerliche Auseinandersetzung durch die Monate hin ruht, ist es fehlerhaft, nicht mit wachem Auge anhaltend Möglichkeiten zu sehen, die – durchaus unter Änderung der Strategie – eine einvernehmliche Beurteilung des Steuerfalls ermöglichen. 332

Stil und Umgang

V. Stil und Umgang

333 Solange der **Steuerberater** seinem Beruf nachgeht, ist sein Gegenüber das **Finanzamt**. Diese Verbindung ist **unauflöslicher** als die Ehe. Jeder Steuerstreit muss von dieser Sachnotwendigkeit bestimmt sein.

334 Folglich muss die steuerliche Auseinandersetzung im Stil der Schriftsätze und des Verhaltens im Umgang miteinander stets und immer die Möglichkeit offen lassen, zur neutralen Sachlichkeit, wenn nicht gar zur **Freundlichkeit zurückzukehren.**

335 Dies schließt **Zorn** und **Polemik** in der Auseinandersetzung dort nicht aus, wo sie angebracht sind.

336 Auch **Ironie**, **Spott** und **Sarkasmus** sind möglich, wenn sie angebracht und angemessen sind.

337 Die **Schärfe** des Wortes und der Aussage sind erlaubt, wo sie angebracht sind.

338 **Maßstab** ist stets, was im Steuerstreit **angebracht** ist; und hier liegt ohne Frage das **Problem**.

339 Die **individuelle Person** des Gegenübers ist tabu. Zwar bestimmt seine Person die Art und Weise des Steuerstreits. Ihn persönlich anzugreifen bringt jedoch den Erfolg keinen Schritt näher, eher geschieht das Gegenteil. Im Übrigen ist der beratende Prozessführer nicht der Erzieher oder die Gouvernante oder der Dienstherr des Beamten. Es reicht im Übrigen, um die Ergebnisse dieser Person zu streiten (dh. um die Rechtsfolgen, die Schriftsätze, die Argumente); je objektivierender dies geschieht, je mehr die individuelle Person zurückgestellt wird, um so nützlicher ist dies der Auseinandersetzung[1].

340 Das Gegenteil ist angebracht: Manche steuerliche Auseinandersetzung wird alleine deshalb zum Erfolg geführt, weil der Berater es versteht, ohne Einbuße in der sachlichen Schärfe der Person des Beamten so freundlich entgegenzutreten, dass diesem **ohne Gesichtsverlust** und **ohne psychischen Schmerz** eine Kehrtwendung möglich wird[2]. Nicht selten muss der Berater hier auch bei einem Sachbearbeiter (Prüfer,

---

1 Vgl. demgegenüber zu den **Ungeschicklichkeiten** im Stil und Umgang, die auch bei **Finanzbeamten** festzustellen sind, WASSERMEYER, DStZ 1985, 165.
2 Hierzu auch PLINIUS SECUNDUS, Römischer Advokat des 1. Jahrhunderts: „Nihil ex cuiusquam dignitate, nihil ex libertate, nihil etiam ex iactatione decerpseris!" („Verletze nie einen anderen in seiner Würde, nie in seiner Freiheit und auch nicht in seiner Eitelkeit", zitiert nach FUCHS, JZ 1981, 827).

Politischer Einfluss

Fahnder) das leisten, was eigentlich Aufgabe des Vorgesetzten des Beamten, des Sachgebietsleiters, wäre (wenn dieser nämlich wider den Sachbearbeiter oder Prüfer die Entscheidung zum Einvernehmen fällt). Der Berater sollte **nie vergessen**, in eine Schärfe – offen oder versteckt – die **Möglichkeit** der **Handreichung** einzubetten. Der Schlusssatz eines Briefes ist eine wichtige Stufe, wenn nicht gar ein Absatz auf der Treppe zum Erfolg.

Der Berater steht hier oft in einer Spannung zum **Mandanten**. Manch ein Steuerbürger sieht die wesentliche Befriedigung einer steuerlichen Auseinandersetzung darin, den ihn ärgernden Beamten zu treffen, auch wenn er in der Sache verliert. Ihm muss der Berater deutlich machen, dass der sachliche Erfolg dann besonders wertvoll ist, wenn der Finanzbeamte ihn mit dem Gefühl gewährt, ebenfalls erfolgreich den Fall abzuschließen. 341

Wenn der **Steuerbürger** den **Erfolg** verbucht und dem **Beamten** das **Erfolgsgefühl** belassen kann, kann ein Steuerstreit optimal beendet werden. 342

VI. Exkurs: Politischer Einfluss

Mandanten kennen Ratsmitglieder, Landtagsabgeordnete, Bundestagsabgeordnete, kleine und größere Politiker, sogar Minister. In gefestigter Überzeugung, dass diese dafür da sind, neben dem eher zweitrangigen Allgemeinwohl erstrangig Individualinteressen durchzusetzen, bieten sie gerne diesen **politischen Einfluss** auch zur Entscheidung ihrer steuerlichen Auseinandersetzungen an. Dem setze ich entgegen: Nach meiner Erfahrung ist keine Verwaltung so **politisch immun** wie die Finanzverwaltung. Ausnahmen sind denkbar und steigen deshalb besonders grell ins Öffentlichkeitslicht auf, weil es eben Ausnahmen sind. Eine **verantwortungsvolle Beratung** kann hierauf **nicht bauen**. 343

Ausnahmen sind möglich. Der Mandant mag den Versuch unternehmen. Dieser Versuch darf jedoch den Fortgang der regulären steuerlichen Auseinandersetzung nicht hindern. 344

Wirkt der politische **Einfluss** im Einzelfall auf einem seiner verschlungenen Pfade, sieht sich der Mandant in seinen Grundannahmen über das Staatsgefüge und seine Diener bestätigt, die steuerliche Auseinandersetzung ist gewonnen, das Gemeinwesen mit seinem hohen Anspruch hat auf kleinstem oder größerem Feld eine Schlacht verloren. 345

Streit und Einigung

346 **Scheitert** das **Bemühen** um einen politischen Einfluss, kann Folgendes geschehen – und darüber ist der Mandant zuvor zu beraten: Gerät eine individuelle steuerliche Auseinandersetzung auf den grünen Tisch einer Oberfinanzdirektion oder eines Ministeriums, äußern sich diese Behörden zu dem Fall, so binden sie die Hände des Finanzamts. Die Entscheidungsmöglichkeiten auf unterster Ebene verengen sich. Hier wird das Bemühen zum Bumerang. **Einigungsmöglichkeiten**, die vorher offen waren, sind jetzt **verschlossen**.

VII. Streit und Einigung; Tatsächliche Verständigung

347 Auch wenn der Titel dieser Schrift „Steuerstreit" auf ein Streitverhältnis abzuzielen scheint, das der Entscheidung durch einen Dritten (nämlich den Beamten oder den Richter) bedarf, ist jedoch vorrangiges Ziel einer jeden steuerlichen Auseinandersetzung die richtige und gerechte Steuerfestsetzung aufgrund eines **Einvernehmens** mit dem Finanzamt.

348 Die Steuerverfahren als **Massenverfahren** sind auf solche Einigungen und Vergleiche sachnotwendig **angewiesen**[1]. Dies gilt nicht nur für das Finanzamt, sondern auch für den Berater. Keine steuerliche Auseinandersetzung vor dem Finanzamt sollte ohne Versuch sein, ein solches Einvernehmen zu erzielen.

349 Trotz der Praxis der Einigung kennt das **Steuerrecht** den **Vergleich nicht**. Auf diesem Hintergrund wirkt das im Verhandlungsweg erreichte Einvernehmen mit dem Finanzamt wie ein „Handel", den es in dem Recht und Gesetz verpflichteten Steuerrecht nicht geben darf. Die Praxis des Arrangements scheint hier das Steuerrecht zu überspielen; man kann von Grauzonen und vom Dämmerlicht des Rechts sprechen[2]. Unabhängig von der Rechtfertigung dieser Einigung kann und wird die Praxis auf sie nicht verzichten. Sie ist auch durch den Ermessensrahmen bei der Sachverhaltsermittlung, durch Beweiswürdigungs-, Beur-

---

1 Vgl. hierzu auch WASSERMEYER, DStZ 1985, 167: „Die Sachgebietsleiter und Sachbearbeiter der Rechtsbehelfsstelle müssen dahin erzogen werden, daß sie die **einverständliche Erledigung höher bewerten** als die **Einspruchsentscheidung**" (Hervorhebung von mir). Wenn 40 % der Einsprüche durch Einspruchsentscheidungen erledigt werden, so ist dieser Anteil nach WASSERMEYER, aaO, zu hoch. Von WASSERMEYER, aaO, stammt auch die Formel, wonach sich das **Finanzamt** bis an die **Grenze** der **Zumutbarkeit vergleichsbereit** zeigen muss; aufgenommen von der OFD Nürnberg, DStZ 1986, 138.
2 Vgl. TIPKE, StuW 1979, 198.

Tatsächliche Verständigung

teilungs-, Bewertungs- und Schätzungsspielräume gerechtfertigt[1]. Soweit rechtlich ein schlechtes Gewissen blieb, richtete sich dieses nicht in erster Linie gegen die Praxis, sondern offenbarte eine **fehlende wissenschaftliche Durchdringung** der Einigungspraxis, eine fehlende wissenschaftliche Erhellung des angegriffenen Dämmerlichts[2].

Der **BFH** hat hier vor mehr als fünfundzwanzig Jahren eine Problemlösung gebracht. In seiner Entscheidung vom 11.12.1984[3] bestätigt er, dass es über steuerrechtliche Fragen eine Vereinbarung nicht geben könne, dass jedoch über die tatsächlichen Umstände, den Sachverhalt, eine bindende **Tatsächliche Verständigung** zulässig sei. Wörtliches Zitat des BFH – in Fortbildung des Rechts: „Der erkennende Senat hält in derartigen Fällen dafür, dass die schätzenden Behörden im Rahmen ihres Beurteilungsspielraums eine tatsächliche Verständigung mit dem einzuschätzenden Steuerpflichtigen über die gesamte Besteuerungsgrundlage oder auch nur über Einzelheiten eines eingeschlagenen Schätzungsverfahrens treffen können. Solche Verständigungen dienen der Verfahrensbeschleunigung und dem Rechtsfrieden. Sie finden, wie dargelegt, ihre Begrenzung im Einverständnis über tatsächliche, schwer zu ermittelnde Umstände. Geht es zB darum, ob Einnahmen überhaupt Betriebseinnahmen sind, steuerfrei zu belassen oder tarifbegünstigt zu besteuern sind, ist eine Verständigung über diese Rechtsfragen nicht zulässig, mögen diese auch zweifelhaft sein." Andere Senate sind problemlos gefolgt[4]. 350

Die **Folgerechtsprechung** hat die **Tatbestandsbedingungen** der Tatsächlichen Verständigung **vervollständigt** und **präzisiert**. Vorausset- 351

---

1 Vgl. Seer in Tipke/Lang, § 21 Rz. 19.
2 Vgl. hierzu auch Schick, Vergleiche und sonstige Vereinbarungen zwischen Staat und Bürger im Steuerrecht, 1967; Streck, Erfahrungen mit der Rechtsanwendungspraxis der Finanzämter (einschließlich Außenprüfungsstellen) bei der Abgrenzung der Betriebsausgaben/Werbungskosten von den Privatausgaben, in: Söhn, Die Abgrenzung der Betriebs- oder Berufssphäre von der Privatsphäre im Einkommensteuerrecht, 1980, 273, 289 ff., zum Thema: „Besteuerungswirklichkeit und Normauslegung"; Jenetzky, StuW 1982, 273.
3 Vgl. BFH vom 11.12.1984 VIII R 131/76, BStBl. II 1985, 354, mit ausführlicher HFR-Anm. 1985, 213; dazu auch Ruppel, DStR 1985, 684 (die bindende Verständigung ist die kleine Schwester der Zusage); von Knepper, BB 1986, 168.
4 ZB BFH vom 5.10.1990 III R 19/88, BStBl. II 1991, 45, mit Anm. von Mack, DStR 1991, 272 (Vorinstanz Hess. FG vom 27.11.1987 IX 14/82, EFG 1988, 274); vom 23.5.1991 VR 1/88, BFH/NV 1991, 846; vom 6.2.1991 1 R 13/86, BStBl. II 1991, 673 (Vorinstanz FG Saarland vom 11.12.1985 I 215/84, EFG 1986, 214; dazu Rössler, StBp. 1987, 83).

Tatsächliche Verständigung

zung ist, dass der Tatsächlichen Verständigung ein für die Steuerfestsetzung zuständiger Beamter zustimmt[1]. Diese Zustimmung kann auch später, zB durch Übernahme in Auswertungsbescheide, erfolgen[2]; sie kann auch vorher gegeben werden[3]. Eine Tatsächliche Verständigung gibt es nur für vergangene Sachverhalte, **nicht** für **zukünftige** Sachverhalte[4] und eben **nicht** über **Rechtsfragen**[5].

352 Die Rechtsprechung des BFH ist auf **Zustimmung**[6] und auf **Kritik**[7] gestoßen. Die Finanzverwaltung hat sie akzeptiert[8]. Die nicht bindende Einigung ist Ausfluss des „fair play" im Besteuerungsverfahren. Sie verpflichtet die Partner (Steuerpflichtiger und Finanzamt), bis zu den die Einigung umsetzenden Bescheiden an diesem „fair play" festzuhalten. Liegt eine bindende Tatsächliche Verständigung vor, wird neben das allgemeine Steuerrecht ein neuer auslegungsfähiger und streitanfälliger Rechtsgrund gesetzt. Es kann nicht nur darüber gestritten werden, welche Steuerrechtsfolge nach den allgemeinen Gesetzen gilt, sondern auch darüber, was mit der Tatsächlichen Verständigung eigentlich geregelt wurde[9]. Diese Streitanfälligkeit rührt auch daher, dass Tatsächliche Verständigungen oft in großem Zeitdruck, nach Abschluss einer langwierigen Verhandlung formuliert werden und damit fast notwendig widersprüchlich sind oder Details vergessen[10]. Wenn behauptet wird, die bindende Verständigung sei erforderlich, um der

---

1 Vgl. BFH vom 5.10.1990 III R 19/88, BStBl. II 1991, 45; vom 23.65.1991 V R 1/88, BFH/NV 1991, 846; Hess. FG vom 27.11.1987 IX 14/82, EFG 1988, 274.
2 Vgl. FG Hamburg vom 4.12.1991 II 125/89, EFG 1992, 379; FG Baden-Württ. vom 26.3.1992, 3 K 132/86, EFG 1992, 706; FG Saarland vom 30.9.1992 1 K 8/92, EFG 1993, 279; Niedersächsisches FG vom 19.9.2007 12 K 334/05, EFG 2008, 180.
3 Vgl. FG Saarland vom 1.2.1991 1 K 113/90, EFG 1991, 447 und vom 30.9.1992 1 K 8/92, EFG 1993, 279.
4 FG Saarland vom 26.4.1989 1 K 131/87, EFG 1989, 410.
5 FG Baden-Württ. vom 22.6 1990 IX K 7/89, EFG 1991, 59.
6 RÖSSLER, DB 1985, 1861 und BB 1986, 1075; GEIMER, NWB F 17, 969 (12/88); BILSDORFER, INF 1991, 195; VON WEDELSTÄDT, DB 1991, 515. EICH, Die tatsächliche Verständigung im Steuerverfahren und Steuerstrafverfahren, 1992; SEER in Tipke/Lang, § 21 Rz. 19 ff. und in Tipke/Kruse vor § 118 Rz. 15 ff. (Okt. 2010); BRUSCHKE, DStR 2010, 2611.
7 VON BORNHAUPT, BB 1985, 1591; SANGMEISTER, BB 1986, 609, 2289; BAUR, BB 1988, 602.
8 Vgl. zB OFD Hannover vom 2.7.1992, Stbg. 1993, 34; OFD Frankfurt vom 12.4.2000, Beck'sche Steuererlasse 800, § 88/1.
9 In diesem Sinne auch GROSSE, StBp. 1986, 58.
10 Zum Streit, ob eine tatsächliche Verständigung vorliegt, s. zB FG Saarland vom 13.9.1990 1 K 177/90, EFG 1991, 140; RÖSSLER, DStZ 1988, 375. Als Bei-

Einzelfragen der Tatsächliche Verständigung

Unart von Steuerbürgern zu begegnen, sich von einer Einigung zu lösen[1], so entgegnen wir dem, dass diese Unart nach meiner Erfahrung bei der Finanzverwaltung ebenso zu Hause ist wie bei den Steuerpflichtigen.

Die **Finanzverwaltung** hat die Grundsätze der Tatsächlichen Verständigung in einem BMF-Schreiben vom 30.7.2008[2] zusammengefasst, ohne dass dieses naturgemäß eigenständige Normqualität hat. Unabhängig von Bedenken kann die Tatsächliche Verständigung inzwischen auf einen **beispiellosen Siegeszug** in der Besteuerungspraxis zurückblicken. Betriebsprüfung, Steuerfahndung und Steuerstreit sind ohne Tatsächliche Verständigung nicht mehr denkbar. 353

Aus der Tatsache, dass der BFH in seiner Entscheidung vom 11.12.1984 (Tz. 350) an eine Absprache vor dem Berichterstatter des FG anknüpft, folgt, dass er seine Erkenntnis **allgemein** verstanden sehen will. Sie gilt für Absprachen in der **Außenprüfung**, im **Veranlagungs-** und **Einspruchsverfahren** sowie für **Absprachen** vor dem **Gericht**. Wegen Besonderheiten bei Verständigungen mit **steuerstrafrechtlichem Hintergrund** s. STRECK/SPATSCHECK, Steuerfahndung, Tz. 828 ff., 1320 ff. 354

Die Rechtsprechung verschließt noch ausdrücklich den Weg zur **Einigung** über **Rechtsfragen**.[3] Die Praxis hat sehr schnell gelernt, die (gewollte) Einigung über Rechtsfragen in Einigungen über Sachverhalte umzumünzen[4]. Ist die Steuerfreiheit für Einnahmen gewollt, vereinbart man entsprechend hohe Betriebsausgaben oder den Nichtzufluss von Einnahmen. Ein Umsatzsteuersatz von 5 vH kann über eine entsprechende Verständigung über die Bemessungsgrundlage erreicht werden. 355

Für die Praxis der streitigen Auseinandersetzung zwingt diese BFH-Rechtsprechung, **zwei Weisen** der **Einigung** sorgfältig zu trennen: Einmal die **bindende** Einigung über den Sachverhalt (in der dargestellten BFH-Entscheidung wurde der Steuerpflichtige an eine Einigung vor dem Berichterstatter des FG gebunden); zum anderen die rechtlich 356

---

spiel einer bürokratischen Handhabung und missverständlichen Formulierung nehme man den Beitrag von PUMP, INF 1990, 485.
1 RÖSSLER, DStZ 1988, 375. Bezeichnend ist insoweit, dass der **AnwErL**. 1987, StEK AO 1977 Vor § 1 Nr. 10 zu § 201 AO **an erster Stelle** die **Möglichkeit** erwähnt, sich von einer **Einigung** zu **lösen**.
2 BStBl. I 2008, 831.
3 Vgl. auch BFH vom 15.3.2000 IV B 44/99, BFH/NV 2000, 1073.
4 Vgl. auch SEER in Tipke/Lang, § 21 Rz. 21; SEER, StuW 1995, 213, 222 ff.

Bindende/nicht bindende Einigung

nicht bindende Einigung, die als Absprache über ein gleichförmiges oder bestimmtes Verhalten, auch über die Rechtsanwendung, bewusst jedoch ohne rechtliche Bindung, zu werten ist.

357 In besonderen Fällen kann auch für den Berater die **Mitwirkung** an einer Tatsächlichen Verständigung Beteiligung an einer **Steuerhinterziehung** sein[1].

---

1 BGH vom 26.10.1998 5 StR 746/97, wistra 1999, 103; dazu SALDITT, StuW 1998, 283; SPATSCHECK/MANTAS, PStR 1999, 1998.

Zweiter Teil
Die Steuerstreitverfahren

A. Die nichtförmlichen Verfahren

I. Kennzeichnung der nichtförmlichen Verfahren

Die Abgabenordnung und die Finanzgerichtsordnung kennen bestimmte Streitverfahren, für die förmliche Verfahrensregeln geschaffen sind (Einspruch, Klage, Beschwerde usw.). Daneben gibt es verfahrensrechtliche Verhaltensweisen der steuerlichen Auseinandersetzung, die ebenfalls nach der Abgabenordnung möglich, jedoch **nicht** durch **bestimmte Streitregeln formalisiert sind**[1]. 358

In den nichtförmlichen Verfahren sind Steuerbürger und Berater **frei**[2]. **Zwingende Regeln gibt es nicht.** Der Berater kann von diesen Streitverfahren nach den Sachnotwendigkeiten des Einzelfalls Gebrauch machen. 359

Allerdings: Nichtförmliche Verfahren **ersetzen nie Einspruch**, Klage oder sonstige ordentliche Rechtsmittel. Sind dort Fristen versäumt, kann nicht über den Umweg der Gegenvorstellung etc. bereits eingetretene Bestandskraft überwunden werden. Nichtförmliche Verfahren haben auch **keine aufschiebende Wirkung** und ermöglichen **nicht** die **Aussetzung der Vollziehung**[3]. Laufen Rechtsmittelfristen noch, **empfiehlt** es sich daher, das förmliche Rechtsmittel einzulegen und **allenfalls parallel** dazu das nichtförmliche Verfahren (zB Dienstaufsichtsbeschwerde) zu betreiben. 360

II. Gegenvorstellung

Die Gegenvorstellung ist der **typische nichtförmliche Rechtsbehelf**. Mit ihr wendet sich der Berater an den Beamten oder die Dienststelle selbst, deren Verhalten er beanstandet. Ist der Bürger oder sein Berater mit der Maßnahme eines Beamten nicht einverstanden und wird der 361

---

1 Übersicht bei SEER in Tipke/Kruse, Vor § 347 AO Rz. 22 f. (Okt. 2010).
2 Das Recht zur Einlegung solcher Rechtsbehelfe ergibt sich aus Art. 17 GG. Danach hat jedermann das Recht, sich mit Bitten oder Beschwerden an die zuständigen Stellen zu wenden (Petitionsrecht).
3 SEER in Tipke/Kruse, Vor § 347 AO Rz. 42 (Okt. 2010).

Sachaufsichtsbeschwerde

Sachgebietsleiter (oder der Vorsteher) um Überprüfung gebeten, so ist dies eine Gegenvorstellung.

362 Die Gegenvorstellung bedarf **keiner Form**; sie ist schriftlich und telefonisch möglich. Es empfiehlt sich allerdings die Schriftform.

363 Die Gegenvorstellung ist an **keine Frist** gebunden.

364 Mit der Gegenvorstellung kann **alles gerügt** werden. ZB Verwaltungsakte, Steuerbescheide, jedes tatsächliche Verhalten, sachliche Entscheidungen ebenso wie das persönliche Benehmen des Prüfers[1]. Mit der Gegenvorstellung kann auch gerügt werden, was Gegenstand eines förmlichen Rechtsbehelfs sein könnte.

365 In der **Praxis** ist die Gegenvorstellung äußerst **häufig**, ohne dass die Beteiligten ihr Verhalten unter diesem Begriff verstehen. Jede Aufforderung um Überprüfung einer Maßnahme, die nicht als Einspruch zu werten ist, ist eine Gegenvorstellung.

366 Erfolgt die „Gegenvorstellung" **innerhalb** einer **Einspruchsfrist**, kann sie zugunsten des Erklärenden als Einspruch auszulegen sein[2].

367 Eine fast schon formalisierte Gegenvorstellung im Außenprüfungs- und Fahndungsverfahren ist die Zusendung eines **Prüfungsberichts** mit der Bitte um **Stellungnahme**[3].

III. Sachaufsichtsbeschwerde

368 Mit der Sachaufsichtsbeschwerde wendet sich der Berater oder sein Mandant an einen **aufsichtsführenden** Beamten oder die aufsichtsführende **Oberbehörde** mit der Bitte, eine bestimmte Maßnahme zu überprüfen.

369 Jedes Einschalten eines **Vorgesetzten** oder der **Oberfinanzdirektion** mit dem Ziel, Entscheidungen eines Beamten oder des Finanzamts zu überprüfen, ist eine solche Sachaufsichtsbeschwerde.

---

1 Vgl. SEER in Tipke/Kruse, Vor § 347 AO Rz. 34 (Okt. 2010).
2 Zur sog. rechtsschutzgewährenden Auslegung vgl. BFH vom 19.4.2007 IV R 28/05, BStBl. II 2007, 704; SEER in Tipke/Kruse, Vor § 347 AO Rz. 31 (Okt. 2010); Grenze allerdings, wenn ein Berater tätig war und die Eingabe ausdrücklich zB als „Dienstaufsichtsbeschwerde" bezeichnet hat.
3 Zu Gegenvorstellung und Dienstaufsichtsbeschwerde in der Außenprüfung vgl. SEER in Tipke/Kruse, Vor § 193 AO Rz. 35 (Sep. 2009).

Dienstaufsichtsbeschwerde

Die Sachaufsichtsbeschwerde ist von der Dienstaufsichtsbeschwerde zu unterscheiden. Mit letzterer wird das persönliche Verhalten eines Beamten gerügt. Mit der Sachaufsichtsbeschwerde wird der **objektive Inhalt einer Entscheidung angegriffen**. Da die Dienstaufsichtsbeschwerde äußerst problematisch ist (vgl. Tz. 372 ff.), ist es ratsam, in jedem Fall, in dem eine Dienstaufsichtsbeschwerde diskutiert wird, zu überlegen, ob nicht der Sachaufsichtsbeschwerde der Vorrang einzuräumen ist. Wird die Oberfinanzdirektion gebeten, den sachlichen Gehalt einer Entscheidung zu überprüfen, so führt dies häufig – als Nebenwirkung – auch zu einer Überprüfung des persönlichen Verhaltens des Beamten, so dass der Zweck der Dienstaufsichtsbeschwerde erreicht ist, ohne dass die negativen Auswirkungen einer Dienstaufsichtsbeschwerde eintreten. 370

Die **Oberbehörde anzurufen**, bedarf **sorgfältiger Überlegungen** (vgl. auch Tz. 375). Werden Oberfinanzdirektion oder Finanzministerium mit einem Einzelfall befasst und entscheiden sie anders als dies der Berater erhofft, werden dem Finanzamt häufig die Hände für andere vernünftige Lösungen gebunden. 371

IV. Dienstaufsichtsbeschwerde

Mit der Dienstaufsichtsbeschwerde rügt der Steuerpflichtige ein bestimmtes **persönliches Verhalten** des **Beamten**. Hier geht es nicht um eine sachliche Streitfrage, sondern um Verhaltensweisen, die unmittelbar mit der Person eines Beamten verbunden sind. 372

Die Dienstaufsichtsbeschwerde wird bei dem **Vorgesetzten** des Beamten bzw. bei der **vorgesetzten Behörde eingelegt**. Je „höher" in der Behördenhierarchie[1] die Eingabe erfolgt (zB Bundesfinanzministerium), desto größer wird der **interne Kaskadeneffekt der Berichterfordernisse** für die Verwaltung. Im Gegensatz dazu kann die Dienstaufsichtsbeschwerde auch unmittelbar bei der Dienststelle eingereicht werden, der der Beamte angehört, gegen den sie sich richtet. Über die Dienstaufsichtsbeschwerde **entscheidet** der Beamte bzw. die Behörde, in deren Hand die **Dienstaufsicht** liegt. 373

Das **Verfahren** der Dienstaufsichtsbeschwerde ist insgesamt **nicht geregelt**. 374

---

1 §§ 1 ff. FVG.

Dienstaufsichtsbeschwerde

375 In der Praxis ist die Dienstaufsichtsbeschwerde **nie** als **Regelrechtsbehelf**, allenfalls als „Notbremse" ratsam. Sie führt in den meisten Fällen zu einem äußeren Zusammenschluss des Beamtencorps, da man einen Angriff auf die Person eines Kollegen abwehren will. Die häufig vom Steuerpflichtigen mit der Dienstaufsichtsbeschwerde gesuchte Befriedigung, der **Beamte möge offen getadelt werden**, wird man selten erreichen. Allenfalls erhält er intern einen Rüffel[1] während man als äußere Antwort auf die Dienstaufsichtsbeschwerde **das Gegenteil erfährt**. Die sachliche Gegenvorstellung oder die Sachaufsichtsbeschwerde[2] sowie die förmlichen Rechtsbehelfe sind stets sinnvoller, da sie das äußere Gewand der Sachlichkeit wahren.

376 In der Hand eines **Beraters** kann die Dienstaufsichtsbeschwerde schnell stumpf werden. Nach einem bekannten Juristenwort ist sie **formlos, fristlos, folgenlos**. Wer als Berater häufig Dienstaufsichtsbeschwerde einlegt, gerät in Gefahr, als Querulant zu gelten. Ist gleichwohl eine Dienstaufsichtsbeschwerde im Einzelfall angebracht, sollte sie vom **Steuerpflichtigen selbst**, nicht vom Berater eingelegt werden. Der Ausdruck des „gerechten Bürgerzorns" wird aus der Bürgerfeder ernster genommen als aus einem Schriftsatz des Beraters. Eingaben mit Beschimpfungen und Beleidigungen kann die Behörde allerdings zurückgeben mit der Anmerkung, nur Eingaben ohne derartige Ausfälle bearbeiten zu müssen.

377 Im Übrigen ist jede Behörde **gehalten, Eingaben entgegenzunehmen**, zu prüfen und auch zu beantworten[3].

378 Die Beantwortung der Dienstaufsichtsbeschwerde kann per **Leistungsklage** durchgesetzt werden[4]. Gegen die Entscheidung[5] der zuständigen Behörde über das nichtförmliche Rechtsmittel selbst gibt es keinen Rechtsbehelf[6].

---

1 Jede Dienstaufsichtsbeschwerde wird in der Personalakte des Beamten vermerkt.
2 Tz. 361 ff. und Tz. 368 ff.
3 Keine „Papierkorbbeschwerden" (Seer in Tipke/Kruse, Vor § 347 AO Rz. 38 ff. (Okt. 2010)).
4 BVerwG vom 28.11.1975 VII C 53/73, NJW 1976, 637: Einklagbares Recht auf Beantwortung einer Petition; Carlé, AO-StB 2007, 302.
5 Die Entscheidung ist ihrerseits kein Verwaltungsakt (Vgl. Seer in Tipke/Kruse, Vor § 347 AO Rz. 41 (Okt. 2010)).
6 Vgl. Seer in Tipke/Kruse, Vor § 347 AO Rz. 41 (Okt. 2010) und § 118 AO Rz. 18 (Okt. 2010).

Antrag auf schlichte Änderung

V. Antrag auf sog. „schlichte" Änderung

Ein Bescheid kann, soweit er nicht vorläufig oder unter Vorbehalt der Nachprüfung ergangen ist, **zugunsten des Steuerpflichtigen** geändert werden, soweit dieser vor Ablauf der Rechtsbehelfsfrist der Änderung zustimmt oder einen Änderungsantrag stellt (**§ 172 Abs. 1 Satz 1 Nr. 2 Buchst. a AO**). 379

Gegenüber dem Einspruch hat der **schlichte Änderungsantrag nur Nachteile**[1]: 380

Die Änderung steht lediglich im **Ermessen des Finanzamts**. Das Änderungsverfahren ist nicht durchnormiert. Es gelten nicht ohne Weiteres die Regeln des Einspruchsverfahrens analog. So wird ein während des Änderungsverfahrens ergehender **Änderungsbescheid nicht automatisch Gegenstand des Verfahrens**. § 365 Abs. 3 AO gilt für das Einspruchs-, nicht aber für das Änderungsverfahren[2]. Es muss also **Einspruch** eingelegt werden, wenn der nach § 172 Abs. 1 AO ergangene Änderungsbescheid nicht dem Änderungsantrag entspricht[3]. 381

Es gibt **keine Aussetzung der Vollziehung**. 382

Der Antrag muss innerhalb der Einspruchsfrist gestellt werden. Er führt jedoch nicht wie der Einspruch zur Vollüberprüfung des Bescheids, sondern allenfalls zu **punktuellen Änderungen**, dh. nur zur Prüfung durch das Finanzamt im Rahmen des Antrags des Steuerpflichtigen. Dementsprechend muss, wer Antrag nach § 172 Abs. 1 Satz 1 Nr. 2 Buchst. a AO stellt, innerhalb der Einspruchsfrist dem Finanzamt benennen, welche Änderungen konkret begehrt werden. Nur in diesem Rahmen ist das Finanzamt sodann zur Prüfung verpflichtet und berechtigt[4]. Es gibt für den Steuerpflichtigen kein späteres „Nachschieben" von weiteren Änderungspunkten oder Sachverhalten. 383

Zu **warnen** ist vor einem **ausschließlich beziffernden Antrag** (zB „Die Steuer auf ... Euro festzusetzen"). Wie der BFH in seiner vorzitierten Entscheidung vom 20.12.2006 ausdrücklich erklärt hat[5], ist eine Bezifferung des Antrags für seine Wirksamkeit weder erforderlich noch – für sich genommen – ausreichend. Selbst ein Antrag, die Steuer auf 0,– Euro 384

---

1 LOOSE in Tipke/Kruse, § 172 AO Rz. 29 ff. (Mai 2009).
2 BFH vom 7.11.2006 VI R 14/05, BStBl. II 2007, 236.
3 Anderer Ansicht LOOSE in Tipke/Kruse, § 172 AO Rz. 50 (Mai 2009).
4 Vgl. BFH vom 20.12.2006 X R 30/05, BStBl. II 2007, 503.
5 Vgl. BFH vom 20.12.2006 X R 30/05, BStBl. II 2007, 503.

Antrag auf Erlass eines Verwaltungsakts

festzusetzen, ist nach Ansicht des BFH nicht zwingend ausreichende Begründung für einen Antrag auf schlichte Änderung. Der Antrag sei **nicht hinreichend bestimmt** und damit unzulässig[1].

385 Soll um einen Steuerbescheid gestritten werden, ist der **Einspruch** in jedem Falle **vorzuziehen**[2].

VI. Kosten/Kostenerstattung

386 Die nichtförmlichen Verfahren lösen keine **Kosten** für den Steuerpflichtigen aus. Es gibt aber auch **keine Kostenerstattung**[3].

B. Die förmlichen Hilfsverfahren bei Beginn des Steuerstreits

I. Antrag auf Erlass eines Verwaltungsakts

387 Steuerstreitverfahren beginnen durch den belastenden Verwaltungsakt der Finanzbehörde, zB durch die Zustellung eines Steuerbescheids. Andere Steuerstreitverfahren haben den **Antrag** des Steuerbürgers zum Gegenstand, die **Finanzverwaltung** möge einen bestimmten **Verwaltungsakt erlassen** (zB einen Änderungs-Steuerbescheid, einen Erlass, eine Stundung usw.). In diesen letzteren Streitverfahren, in denen die Finanzbehörde nicht von sich aus tätig wird, steht der Antrag des Bürgers am **Beginn der Auseinandersetzung**.

388 Ist im Gesetz selbst für den Antrag (zB den Antrag nach § 164 Abs. 2 Satz 2 AO) keine bestimmte **Form** vorgeschrieben, kann er in jeder Form gestellt werden. Auch die telefonische Bitte an den Finanzbeamten, einen Änderungsbescheid zu verfügen, ist ein solcher Antrag. Aus Gründen der **Nachweisbarkeit** empfiehlt sich jedoch in jedem Fall **Schriftform**.

389 **Wird der Antrag abgelehnt**, ist hiergegen der förmliche Rechtsbehelf gegeben, der auch gegen den beantragten Verwaltungsakt gegeben

---

1 Zum Antrag auf schlichte Änderung als Alternative zum Einspruch, um einer dort drohenden Präklusionsfrist nach § 364b Abs. 2 Satz 1 AO zu entgehen, vgl. BILSDORFER, INF 1997, 648, und PIETSCH, NWB, F 2, 6785, sowie Kritik daran vom BFH vom 20.12.2006 X R 30/05, BStBl. II 2007, 503.
2 Vgl. auch Urteilsanmerkung WEIGEL, AO-StB 2007, 119, zum BFH vom 20.12.2006 X R 30/05, BStBl. II 2007, 503.
3 Zur Amtshaftung s. allerdings Tz. 667.

Antrag auf schriftliche Ausfertigung

wäre. Wer einen Steuerbescheid beantragt, kann die Ablehnung dieses Antrags mit dem **Einspruch** anfechten.

Unabhängig von dem begehrten Verwaltungsakt kann der Antrag selbst **Rechtsfolgen** haben[1]. Wird zB vor Ablauf der Festsetzungsfrist ein Änderungsbescheid beantragt, tritt nach § 171 Abs. 3 AO **Ablaufhemmung** ein. 390

Soweit bei Vorbehaltsveranlagungen (§ 164 AO) oder einer Vorläufigkeit (§ 165 AO) der **Antrag** auf Änderung des Steuerbescheids an die Stelle des Einspruchs treten soll, ist dieses Instrument nur mit großer Vorsicht und Zurückhaltung zu nutzen (vgl. Tz. 422). 391

II. Antrag auf schriftliche Ausfertigung

Der Antrag auf schriftliche Ausfertigung eines Verwaltungsakts ist kein Rechtsbehelf; gleichwohl handelt es sich um ein **notwendiges Vorbereitungsmittel** für ein Rechtsbehelfsverfahren. 392

Abgesehen von den Steuerbescheiden können Verwaltungsakte im Steuerverfahren regelmäßig auch mündlich ergehen[2]. Jeder mündliche Verwaltungsakt (häufigster Praxisfall: Aufforderungen im Rahmen der Betriebsprüfung) ist jedoch „**schriftlich** zu **bestätigen**, wenn hieran ein berechtigtes Interesse besteht und der Betroffene dies unverzüglich verlangt" (§ 119 Abs. 2 Satz 2 AO). Für ein berechtigtes **Interesse** genügt es, wenn der Steuerpflichtige erwägt, den Verwaltungsakt förmlich **anzufechten**[3]. 393

Soll ein **mündlicher** Verwaltungsakt angefochten werden, ist neben dem Rechtsbehelf und dem Antrag auf Aussetzung der Vollziehung auch der Antrag auf schriftliche Ausfertigung zu stellen. 394

Die schriftliche Ausfertigung ist ein **bestätigender**, kein neuer eigenständiger **Verwaltungsakt**. Maßgebend bleibt der ursprünglich mündlich verfügte Verwaltungsakt (zB für Wirksamwerden und Beginn der Rechtsbehelfsfrist)[4]. Die Verlängerung der Anfechtungsfrist auf ein 395

---

1 Unter Umständen sogar ein unzulässiger Antrag, vgl. KRUSE in Tipke/Kruse, § 171 AO Rz. 14 (April 2008).
2 Vgl. SEER in Tipke/Kruse, § 119 AO Rz. 13 ff. (Okt. 2010).
3 Vgl. SEER in Tipke/Kruse, § 356 AO Rz. 3 (Okt. 2010); außerdem SEER in Tipke/Kruse, § 119 AO Rz. 13 ff. (Okt. 2010): Genügend ist nicht nur ein steuerliches, sondern bereits jedes privatrechtliche, wirtschaftliche oder ideelle Interesse.
4 SEER in Tipke/Kruse, § 119 AO Rz. 13 (Okt. 2010).

Befangenheitsantrag

Jahr bei fehlender Rechtsbehelfsbelehrung (§ 356 Abs. 2 AO) gilt nicht für mündliche Verwaltungsakte[1]. Enthält jedoch die schriftliche Bestätigung keine Rechtsbehelfsbelehrung, greift **nachträglich** § 356 AO ein, dh. verlängert sich die Anfechtungsfrist auf ein Jahr[2].

396 Wird der Antrag auf schriftliche Ausfertigung **abgelehnt**, so ist hiergegen der **Einspruch** gegeben. Schlichte **Nichterteilung** kann mit der Leistungsklage (§ 40 FGO) angegriffen werden[3].

III. Antrag auf Wiedereinsetzung in den vorigen Stand bei Fristversäumnis

397 Förmliche Rechtsbehelfe wie Einspruch und Klage setzen regelmäßig die Wahrung einer Frist voraus. Ist diese **Frist versäumt**, ist der Rechtsbehelf unzulässig. Wurde die Frist schuldlos versäumt, kann Wiedereinsetzung in den vorigen Stand gewährt werden (§ 110 AO, § 56 FGO) (S. hierzu Tz. 194 ff.).

398 **Wichtig**: Die **Antragsfrist** nach § 110 AO beträgt nur **zwei Wochen**, im finanzgerichtlichen Verfahren dagegen nach § 56 FGO **einen Monat**. Hier verbirgt sich eine ausgesprochene **Fristenfalle**.

IV. Befangenheitsantrag

399 „Liegt ein Grund vor, der geeignet ist, **Misstrauen** gegen die **Unparteilichkeit** des Amtsträgers zu rechtfertigen oder wird von einem Beteiligten das Vorliegen eines solchen Grunds behauptet, so hat der Amtsträger den Leiter der Behörde oder den von ihm Beauftragten zu unterrichten und sich auf dessen Anordnung der Mitwirkung zu enthalten" (§ 83 Abs. 1 Satz 1 AO)[4]

400 Im Einzelfall kann der **Befangenheitsantrag** nach § 83 AO erfolgreicher sein als die nur zurückhaltend zu benutzende Dienstaufsichtsbeschwerde (Tz. 372 ff.). Voraussetzung für den Befangenheitsantrag ist, dass eine **Tatsache** vorliegt oder behauptet wird, **die gegen die Unparteilichkeit des den Fall bearbeitenden Beamten spricht**. Erforderlich

---

1 Vgl. SEER in Tipke/Kruse, § 356 AO Rz. 3 ff. (Okt. 2010); zu § 356 AO vgl. Rz. 462 f.
2 SEER in Tipke/Kruse, § 356 AO Rz. 13 ff. (Okt. 2010).
3 SEER in Tipke/Kruse, § 119 AO Rz. 13 (Okt. 2010).
4 Zur Befangenheitsregel im Gerichtsverfahren vgl. § 51 FGO. Dazu Tz. 998 ff.

Befangenheitsgrund

ist **nicht** eine **konkret nachgewiesene Pflichtverletzung**. Es reicht, wenn Umstände vorliegen, die dem Steuerpflichtigen den Schluss aufdrängen, der Beamte könne nicht mehr unparteiisch – mag er in Wirklichkeit auch korrekt handeln – prüfen[1]. Ist eine Steuerauseinandersetzung völlig zerstritten, ist sogar regelmäßig ein Befangenheitsgrund gegeben (zur erforderlichen **taktischen** Entscheidung vgl. nachfolgend Tz. 403). Der Beamte kann ausgetauscht werden, der Steuerbürger nicht.

Über den Befangenheitsantrag **entscheidet** der **Leiter der Behörde**. Betrifft ihn das Verfahren selbst, so entscheidet die Aufsichtsbehörde (§ 83 Abs. 1 Satz 2 AO). Grundsätzlich gibt es **kein genormtes selbstständiges Rechtsmittel** gegen die Entscheidung des Behördenleiters[2]. 401

Ist ein **Befangenheitsantrag abgelehnt**, bleibt der **Streit um die nachfolgenden Bescheide**. Diese können mit der Begründung, es habe ein befangener Amtsträger mitgewirkt, angefochten werden. Die Finanzverwaltung kann allerdings mit § 127 AO parieren. Es kommt also letztlich (Ausnahme allenfalls bei Ermessensentscheidungen) darauf an, ob in der Sache selbst richtig entschieden worden ist oder nicht[3]. 402

Selbst wenn offensichtlich ein **Befangenheitsgrund vorliegt**, ist **abzuwägen**, ob ein **Ablehnungsantrag tatsächlich gestellt werden soll**. Es gibt Vorsteher und Sachgebietsleiter, die dem Antrag sofort folgen. Anstelle des „unmöglichen", „widerborstigen" Sachbearbeiters tritt ein – auch im Verhalten – exzellenter Beamter, dessen Arbeitsergebnisse jedoch sehr viel schärfer ausfallen können. Bei einem Verhalten, das Be- 403

---

1 Beispiele und Maßstäbe bei BRANDIS in Tipke/Kruse, § 83 AO Rz. 2 (Okt. 2010): Angespanntes Verhältnis, wirtschaftliche oder persönliche Interessiertheit des Amtsträgers am Ausgang des Verfahrens, unsachliche Äußerungen über die Sach- oder Rechtslage etc.
2 Vgl. BRANDIS in Tipke/Kruse, § 83 AO Rz. 8 (Okt. 2010). Positiver allerdings BFH vom 29.4.2002 IV B 2/02, BStBl. II 2002, 507: Danach ist ernstlich zweifelhaft, ob nicht dem Steuerpflichtigen (doch) ein Recht auf gerichtliche Überprüfung der Festlegung des Außenprüfers zusteht, wenn aufgrund des bisherigen Verhaltens des Prüfers – über die bloße Besorgnis der Befangenheit hinaus – zu befürchten ist, der Prüfer werde Rechte des Steuerpflichtigen verletzen, ohne dass diese Rechtsverletzung durch spätere Rechtsbehelfe rückgängig gemacht werden kann. In dem vom BFH entschiedenen Fall hatte der abgelehnte Prüfer in einer vorangegangenen Betriebsprüfung ohne hinreichende Berechtigung Informationen aus der Prüfung an die Kriminalpolizei und das LKA weitergegeben.
3 Vgl. SEER in Tipke/Kruse, § 83 AO Rz. 9 (Okt. 2010); SEER in Tipke/Kruse, § 127 AO Rz. 6, 13 ff. (Feb. 2011).

Zweck des Einspruchs

fangenheit besorgen lässt, kann auch Gegenvorstellung oder Dienstaufsichtsbeschwerde erhoben werden[1].

V. Kosten

404 Die außergerichtlichen förmlichen Hilfsverfahren verursachen **keine Verfahrenskosten**. Es gibt aber auch keine Kostenerstattung[2].

C. Einspruchsverfahren

I. Zweck und Funktion des Einspruchsverfahrens

405 Das Finanzamt verfügt einen Steuerbescheid. Dieser wird zugestellt und belastet den Steuerpflichtigen mit einer Steuerschuld. Der Steuerpflichtige legt Einspruch ein. Formal **beginnt** durch diesen **Einspruch** die steuerliche **Auseinandersetzung**.

406 Der **erste Schritt** wird durch die **Verwaltung** gesetzt. Die Zustellung des Steuerbescheids ist ein Akt der Eingriffsverwaltung. Das **Einlegen des Einspruchs** ist kein aktiver Beginn eines Streits, sondern die **passive Abwehr** gegenüber der eingreifenden Hoheitsverwaltung. Der Einspruch ist ein Mittel der Verteidigung, nicht ein Mittel des Angriffs (vgl. Tz. 4).

407 Mit den grundsätzlichen **Zwecken** des **Steuerstreits** haben wir uns in den Tz. 8 ff. befasst. Darauf sei hingewiesen.

408 Bezogen auf das Einspruchsverfahren werden dieser Auseinandersetzung insbesondere folgende **Zwecke** zugeordnet:

409 Es geht um den individuellen **Rechtsschutz** des Staatsbürgers.

410 Hinzugetreten sind **massenweise geführte „Präventivstreite"**, Streitverfahren um die Teilhabe an zukünftiger Rechtsentwicklung. Das Steuerrecht ist im Fluss. Niemand kann ausschließen, dass das, was heute noch sichere Besteuerungsbasis ist, morgen dem Blick des Bundesverfassungsgerichts, der EU-Rechtsprechung und des Bundesfinanzhofs standhalten wird. Partizipieren kann nur, wessen Steuerbescheide noch nicht bestandskräftig sind. Immer mehr Berater sehen sich gezwungen, **grundsätzlich Einspruch** einzulegen, in der Hoffnung, sich einem noch

---

1 Vgl. dazu vorstehend Tz. 361 ff. und 372 ff.
2 Vgl. zur Amtshaftung Tz. 667.

Zweck des Einspruchs

offenen Verfahren beim BFH anschließen zu können und so auch Haftungsverfahren zu vermeiden.

Weiter dient das Rechtsbehelfsverfahren der **Selbstkontrolle** der Verwaltung. Das Finanzamt hat Gelegenheit zu prüfen, ob es das Steuerrecht richtig angewandt hat. Die zusätzliche Überprüfung führt zur **Entlastung** der **Finanzgerichte**. Das außergerichtliche Rechtsbehelfsverfahren soll sicherstellen, dass nur ernsthafte Differenzen die Finanzgerichte erreichen. 411

Auf einer anderen, mehr **praxisbezogenen Ebene** hat das Einspruchsverfahren noch eine weitere Funktion. Die eben genannten Zwecke setzen voraus, dass bereits die Erstveranlagung geprüft ist und im Einspruchsverfahren eine weitere Überprüfung erfolgt. Tatsächlich ist das Einspruchsverfahren häufig jedoch nur ein **verlängertes Veranlagungsverfahren**, in dem sich die Funktion der (ersten) Veranlagungsarbeit fortsetzt. Bedingt durch die Gesetzmäßigkeit des Massenverfahrens werden Steuererklärungen ohne hinreichende Erörterungen, Ermittlungen, Begründungen und Hinweise geändert. Die Erstveranlagung entspricht nicht der Erklärung, wobei die detaillierte und korrekte Rechtsanwendung durch **typisierende, pauschale Korrekturen** ersetzt wird. Der **Einspruch** zwingt hier nicht allein zur Überprüfung, sondern zur **erstmaligen korrekten Rechtsanwendung**[1]. 412

In Fällen derartiger „fortgesetzter Veranlagungsverfahren" werden Einsprüche vielfach **„über den Sachverhalt"** gewonnen. Rechtliche Begründungen treten zurück; der Zwang zu ausreichender Sachverhaltsermittlung wird oft erst im Rechtsbehelfsverfahren wirksam. Dies gilt gerade für **Außenprüfungsfälle**. Unter dem Erledigungsdruck können Prüfer dazu neigen, sich vorschnell ein bestimmtes Sachverhaltsbild zu 413

---

1 Auf der anderen Seite beschränkt sich die Finanzverwaltung aus Kostengründen inzwischen in einer Vielzahl von „Normal-Fällen" auf die ungeprüfte Umsetzung und Übernahme von Steuererklärungen. Steuererklärungen werden schlicht eingescannt und ohne Prüfung in Bescheide umgesetzt. Überlastete Finanzämter sehen sich (vgl. die Studie „Probleme beim Vollzug der Steuergesetze", 2006, des Präsidenten des Bundesrechnungshofs, ENGEL, als Beauftragter für Wirtschaftlichkeit in der Verwaltung, Kohlhammer-Verlag) zu Schnellbearbeitungsaktionen („grüne Woche", „Durchwinktage") gezwungen. Auch die Auswahl der – wenigen – intensiv zu prüfenden Fälle sei, so die Studie, oft mangelhaft, Steuerbescheide wiesen daher zunehmend auch Fehler zugunsten des Steuerpflichtigen aus. Für den Steuerpflichtigen, der Einspruch bezüglich eines ihn belastenden Punkts einlegen will, empfiehlt sich heute daher stets auch der Blick auf möglicherweise ebenfalls enthaltene Fehler zu seinen Gunsten.

Arten von Einsprüchen

machen, um auf weitere Ermittlungen verzichten zu können. In diesen Fällen hilft die Stellungnahme zum Bp.-Bericht häufig nicht; erst im Einspruchsverfahren fallen die Ermittlungsfehler des Außenprüfers auf.

414 Weicht die Veranlagung von der Steuererklärung ab oder werden Steuerbescheide zulasten des Steuerpflichtigen geändert, ist der **Einspruch** die **Regel**, um die Einzelfallbeurteilung zu ermöglichen. Jeder Bescheidfehler, jede fehlende Erörterung, jede fehlende Sachverhaltsermittlung, jede Unklarheit, jede Zweifelhaftigkeit führt zweckmäßigerweise zum Einspruch. Das gilt auch für Bescheide nach § 164 AO oder § 165 AO. Die Kostenfreiheit (Tz. 386) ist keine Einladung zum Einspruch, sondern die angemessene Entsprechung eines Verwaltungsverfahrens, in dem der Steuerbürger erst durch den Einspruch ausreichend zu Wort kommt.

415 Dem „Massenverfahren" entspricht der **Masseneinspruch**, sei es gegen eine „Masse" von Auswertungsbescheiden nach einer Außenprüfung, sei es gegen eine Vielzahl von Bescheiden, die bei mehreren Steuerpflichtigen die gleiche Frage betreffen.

416 Diese Einsprüche sind auch als „**Abwehreinsprüche**" gerechtfertigt. Kommen die Bescheide (zB nach Betriebsprüfungen) – dem Rhythmus des Rechenzentrums folgend – stoßweise an, so kann gegen alle Bescheide Einspruch eingelegt werden, wenn die Monatsfrist nicht reicht, um alle Bescheide zu prüfen. (S. auch oben Tz. 33 ff.).

417 Das **Kostenrecht** macht das Einspruchsverfahren attraktiv. Seit es keine kostenlose **Klagerücknahme** mehr gibt (vgl. dazu Tz. 1231), ist das Einspruchsverfahren als **weiterhin kostenloses** Vorverfahren noch attraktiver und wichtiger geworden.

418 Der **Änderungsantrag nach § 172 Abs. 1 Satz 1 Nr. 2 AO** ist regelmäßig keine gute Alternative zum Einspruch (vgl. Tz. 379 ff.).

419 Wegen der häufigen Erstbearbeitung von Veranlagungen im Einspruchsverfahren ist regelmäßig eine **Sprungklage** (Tz. 860 ff.) **nicht ratsam**. Eine solche Klage ist allenfalls sinnvoll, wenn zB eine in einem Erlass verfestigte Rechtsansicht angegriffen werden soll.

420 Es gibt nach dem Normensystem der AO **keine mit Sanktionen belegten rechtsmissbräuchlichen Einsprüche**. Das Finanzamt kann einen Einspruch zurückweisen, weil er unzulässig oder materiell unbegründet ist. Nicht aber, weil er „rechtsmissbräuchlich" sei.

Rechtsbehelfslisten

Da das Einspruchsverfahren kostenfrei ist, gibt es auch **keine Kosten-** 421
sanktionen. **Bewusst irreführend** sind Formulierungen von Finanzämtern in Einspruchsverfahren: Man möge einen Einspruch umgehend zurücknehmen. Er sei unzulässig. Anderenfalls werde das Finanzamt entscheiden. Die unterschwellige Drohung täuscht. Der Steuerpflichtige hat keinen Nachteil, wenn er auf seinem Einspruch beharrt. Einen **Vorteil** bringt die Einspruchsrücknahme ausschließlich dem **Finanzamt**: Dem Beamten wird Arbeit, nämlich die Einspruchsentscheidung, erspart.

Auf den **Einspruch** sollte **nicht** deshalb **verzichtet** werden, weil der 422
Steuerbescheid unter dem **Vorbehalt der Nachprüfung (§ 164 AO)** steht oder in Einzelpunkten **vorläufig** ist (§ 165 AO). Zwar ist hier ein späterer Änderungsantrag nach § 164 Abs. 2 AO bzw. nach § 165 AO möglich. Die Änderungsverfahren bringen dem Steuerpflichtigen jedoch weniger Rechte und eine schwächere Rechtsstellung als das Einspruchsverfahren. Aufgrund eines bloßen Änderungsantrags nach § 164 Abs. 2 AO oder § 165 AO kann **niemals Aussetzung der Vollziehung** gewährt werden. Regelmäßig werden **Einsprüche zügiger bearbeitet** als Änderungsanträge. Schon deshalb, weil die Einsprüche in den **Rechtsbehelfslisten** erfasst sind, die ständig überprüft werden[1]. Der Vorbehalt der Nachprüfung hemmt schließlich nicht den Lauf der Festsetzungsfrist (anders als der Vorläufigkeitsvermerk, §§ 165, 171 Abs. 8 AO). Wer also statt des Einspruchs abwartet und später ggf. Änderungsanträge nach § 164 Abs. 2 AO stellen will, muss den **Lauf der Verjährungsfrist überwachen** und im Auge behalten.

An die Stelle des Einspruchs sollte auch nicht der sog. **schlichte Ände-** 423
rungsantrag nach § 172 Abs. 1 Nr. 2 Buchst. a AO treten (vgl. dazu Tz. 379 ff.).

Fazit: Soll um einen Steuerbescheid gestritten werden, ist der **Ein-** 424
spruch stets vorzuziehen.

---

1 Dagegen hat der Steuerpflichtige keinen Anspruch auf unverzügliche Entscheidung über seinen Änderungsantrag: Die Entscheidung kann bis zur abschließenden Prüfung des Steuerfalls an Amtsstelle oder im Wege der Außenprüfung liegen gelassen werden. Sie hat lediglich in angemessener Zeit zu erfolgen.

Anfechtbare Bescheide

II. Das Verfahren

1. Voraussetzungen des Einspruchs

a. Anfechtbare Bescheide

425 Die **Verwaltungsakte**, die mit dem **Einspruch anfechtbar** sind, sind in § **347 AO aufgezählt**. Die Fälle, in denen der Einspruch nicht statthaft ist, nennt § 348 AO.

426 Der Einspruch ist das „General-Rechtsmittel" in allen AO-Angelegenheiten (§ 347 AO). Hauptfall des Einspruchs ist der Streit um **Steuerbescheide**. Darüber hinaus ist der Einspruch statthaft gegen jeden Verwaltungsakt, der nach AO-Regeln ergangen ist (§ 347 Abs. 1 AO).

427 In der Auseinandersetzung mit dem Finanzamt entsteht immer wieder **Streit** darüber, ob Maßnahmen der Finanzverwaltung (zB Aufforderungen der Betriebsprüfung, Benennungsverlangen, Abrechnungen etc.) **Verwaltungsakt** sind oder nicht, dh., ob der Einspruch zulässig ist. Die Finanzverwaltung negiert in diesen Streiten regelmäßig die Verwaltungsakts-Qualität. Den **Begriff des Verwaltungsakts** definiert § 118 AO. Verwaltungsakt ist danach jede Verfügung, Entscheidung oder andere hoheitliche Maßnahme, die eine Behörde zur Regelung eines Einzelfalls auf dem Gebiet des öffentlichen Rechts trifft und die auf unmittelbare Rechtswirkung nach außen gerichtet ist. Diese **Kriterien** entscheiden, ob die Maßnahme Verwaltungsakt ist oder nicht[1].

428 **Auch bei Zweifeln**, ob eine Maßnahme Verwaltungsakt ist, kann und sollte **Einspruch** eingelegt werden. Erklärungen des Finanzamts, ein Einspruch sei „nicht möglich", sind immer falsch. Ob Einspruch eingelegt werden kann, entscheidet allein der Steuerpflichtige bzw. sein Berater. Richtet sich ein Einspruch gegen einen „Nicht-Bescheid", kann der Einspruch **allenfalls unzulässig** sein. **Kostenlos** bleibt er **immer**. Abhelfen kann das Finanzamt ebenfalls immer. Anderenfalls ist durch Einspruchsentscheidung zu entscheiden.

429 Auch **Folgebescheide** „können" trotz der Formulierung in § 351 Abs. 2 AO **faktisch** selbstverständlich mit dem Einspruch angefochten werden. Ob dies sinnvoll ist oder nicht, ist **Beraterentscheidung im Einzelfall**. In der Regel mögen Einsprüche gegen Folgebescheide unzulässig

---

[1] Vgl. Seer in Tipke/Kruse, § 118 AO Rz. 26, 27 „ABC der VA/Nicht-VA" (Okt. 2010).

Der nichtige Bescheid

sein[1]. Es gibt jedoch durchaus Konstellationen[2], in denen die Nichteinlegung des Einspruchs zum Rechtsverlust führen kann.

Auch um den **nichtigen Steuerbescheid** (§ 125 AO) kann gestritten werden: Der Adressat kann die **Feststellung der Nichtigkeit beantragen** (§ 125 Abs. 5 AO). Es kann aber auch **Einspruch** eingelegt werden. Der von dem nichtigen Bescheid ausgehende Rechtsschein ist ausreichende Beschwer[3]. Für die Anfechtung des nichtigen Bescheids gibt es keine Fristen[4]. 430

Da die Abgrenzung Nichtigkeit/Rechtswidrigkeit meist streitig ist, empfiehlt es sich, den Einspruch immer **innerhalb der Monatsfrist** einzulegen. 431

Einspruch ist auch gegen **Aufhebungs- und Änderungsbescheide** gegeben[5] sowie gegen Bescheide, mit denen der Vorbehalt der Nachprüfung (§ 164 AO) oder die Vorläufigkeit (§ 165 AO) aufgehoben wird. 432

Stehen Einzelpunkte eines Steuerbescheids unter Vorläufigkeitsvermerk, kann auch bezüglich dieser Punkte im Einspruchsverfahren gestritten werden. Vorläufige Bescheide können mit den gleichen Rechtsbehelfen angefochten werden wie endgültige[6], folglich ist auch der **Einspruch zulässig**. 433

Eine Ausnahme soll nach Ansicht der Finanzverwaltung[7] gelten, wenn mit dem **Einspruch ausschließlich** „die **angebliche Verfassungswidrigkeit einer Norm gerügt** wird". Einem solchen Einspruch fehle das Rechtsschutzbedürfnis, wenn die Finanzbehörde den angefochtenen Verwaltungsakt spätestens im Einspruchsverfahren hinsichtlich des strittigen Punkts für vorläufig erkläre[8]. 434

Auch wer „nur" die Verfassungswidrigkeit einer Rechtsnorm geltend macht, sollte **stets Einspruch** einlegen. Die unterschiedlichen Folgen 435

---

1 Die Rechtsprechung hierzu ist streitig und nimmt teilweise Unzulässigkeit, teilweise Unbegründetheit an (Übersicht bei Seer in Tipke/Kruse, § 351 AO Rz. 54 (Okt. 2010)).
2 ZB Nichtigkeit des Grundlagenbescheids oder fehlerhafte Umsetzung des Grundlagenbescheids.
3 Vgl. Seer in Tipke/Kruse, § 347 AO Rz. 16 (Okt. 2010); Seer in Tipke/Kruse, § 124 Rz. 23 (Feb. 2011).
4 Weder Monats- noch Jahresfrist des § 356 AO.
5 Vgl. Seer in Tipke/Kruse, § 347 AO Rz. 21 (Okt. 2010).
6 Vgl. Seer in Tipke/Kruse, § 165 AO Rz. 49 (Mai 2009).
7 AEAO zu § 350 Nr. 6.
8 Kritisch dazu zu Recht Seer in Tipke/Kruse, § 165 AO Rz. 18 (Mai 2009).

Im Zweifel: Einspruch

von Einspruch und einem Bescheid, der vorläufig ergangen ist, sind bekannt: Insbesondere ist eine **Aussetzung der Vollziehung nur erreichbar, wenn** auch **Einspruch eingelegt** ist.

436 Ist der Finanzverwaltung daran gelegen, bei laufenden Musterverfahren um die Verfassungsmäßigkeit von Normen Masseneinsprüche zu vermeiden, ist dies ohne Weiteres erreichbar, indem die Bescheide, für die sich die streitige Verfassungsfrage stellt, in diesem Punkt **vorläufig** ergehen und dabei die **Rechtsansicht des Steuerpflichtigen** zugrunde gelegt wird[1].

437 Wird ein Steuerbescheid nur wiederholend bekanntgegeben (sog. **wiederholender Verwaltungsakt**)[2], ist dieser **nicht selbstständig anfechtbar**. Anzufechten ist der originäre Verwaltungsakt.

438 Werden **mehrere Bescheide in einem Formular zusammengefasst (sog. Sammelbescheid),** handelt es sich inhaltlich um mehrere, selbstständig anfechtbare Verwaltungsakte. Beispiel: Einkommen- und Kirchensteuerfestsetzung sind jeweils eigene Verwaltungsakte[3]. Ebenso Steuerfestsetzung und Leistungsgebot oder Zinsfestsetzung.

439 **Konsequenz**: Enthält ein Bescheid mehrere Regelungen, dh. mehrere Verwaltungsakte, wird aber nur einer davon angefochten, werden die anderen bestandskräftig[4].

440 Bestehet Unklarheit**, ob** ein **Einspruch zulässig** ist, muss sich der Berater **im Zweifel für die Zulässigkeit**, dh. für den Einspruch entscheiden. Ein unzulässiger Einspruch schadet niemandem, ein unabsichtlich bestandskräftiger Bescheid kann fatal sein.

441 Auch gegen einen **Vollabhilfebescheid** (dh. einen im Einspruchsverfahren erlassenen Änderungsbescheid, mit dem dem Antrag des Steuerpflichtigen voll entsprochen worden ist) kann zulässig **Einspruch** eingelegt werden[5].

442 Das bedeutet für die **Streitführung**: Mit dem Vollabhilfebescheid ist das zugrunde liegende Einspruchsverfahren erledigt. Die Beschwer ist

---

1 Zu den Möglichkeiten des Finanzamts, per Teileinspruchsentscheidung oder per Allgemeinverfügung zu entscheiden, vgl. Tz. 635 ff und 641 ff.
2 Zur Abgrenzung zum sog. Zweitbescheid vgl. SEER in Tipke/Kruse, § 347 AO Rz. 17 (Okt. 2010).
3 Vgl. BFH vom 18.1.2007 IV R 35/04, BFH/NV 2007, 1509.
4 SEER in Tipke/Kruse, § 347 AO Rz. 18 (Okt. 2010).
5 BFH vom 18.4.2007 XI R 47/05, BStBl. II 2007, 736.

Untätigkeitseinspruch

entfallen. Der Abhilfebescheid wird nicht Gegenstand eines fortlaufenden Einspruchsverfahrens nach § 365 Abs. 3 AO. **Folge**: Wer wegen zusätzlicher neu vorzutragender Punkte weiter streiten will, ist nicht gehindert. Er muss allerdings aktiv werden und – fristgerecht – erneut Einspruch einlegen.

Ergeht im Einspruchsverfahren dagegen nur ein **Teilabhilfebescheid**, muss nicht erneut Einspruch eingelegt werden[1]. Das Einspruchsverfahren setzt sich fort, der Änderungsbescheid wird Gegenstand des Verfahrens (§ 365 Abs. 3 AO). 443

Die **Einspruchsentscheidung** ist Verwaltungsakt. Der Einspruch ist allerdings nicht statthaft (§ 348 Nr. 1 AO). **Rechtsmittel** ist die **Klage** oder ein Änderungsantrag nach § 172 Abs. 1 Satz 1 Nr. 2a AO (vgl. dazu Tz. 379 ff.). 444

Ein Sonderfall ist der **Untätigkeitseinspruch**: Entscheidet das Finanzamt ohne Mitteilung eines zureichenden Grundes nicht binnen angemessener Frist sachlich über einen Antrag des Steuerpflichtigen (zB Stundungs-, Erlass- oder Änderungsantrag), ist der Einspruch als sog. Untätigkeitseinspruch statthaft (§ 347 Abs. 1 Satz 2 AO). **Beispiel**: Untätigkeitseinspruch, wenn nach einer **Umsatzsteuervoranmeldung** mit angemeldeten Überschussbeträgen das Finanzamt ohne Mitteilung eines zureichenden Grunds weder zustimmt noch abweichende Vorauszahlungsbescheide erlässt[2]. 445

In der Praxis **genügt für ein Tätigwerden** des Amts häufig bereits der **Hinweis**, man erwäge die Einlegung eines Untätigkeitseinspruchs. 446

Der Untätigkeitseinspruch ist erst zulässig, wenn über den Antrag **ohne Mitteilung eines zureichenden Grunds binnen angemessener Frist** sachlich nicht entschieden worden ist (§ 347 Abs. 1 Satz 2 AO). 447

Welche **Frist „angemessen"** ist, hängt vom **Einzelfall** ab. Insbesondere ist nicht ohne Weiteres die 6-Monats-Frist einschlägig, die für die Untätigkeitsklage (§ 46 Abs. 1 Satz 2 FGO) gilt. Die Frist kann für den Untätigkeitseinspruch länger – aber auch kürzer – sein[3]. 448

Einzelfallentscheidung ist auch die Frage, wann ein „**zureichender Grund**" für das Schweigen des Finanzamts vorliegt. Es zählen nur 449

---

1 Ausnahmefälle sind auch hier möglich, zB mögliche Nichtigkeit oder fehlende Wirksamkeit des Erstbescheids.
2 Vgl. BFH vom 19.4.2007 V R 48/04, BFH/NV 2007, 2035 ff.
3 Vgl. SEER in Tipke/Kruse, § 347 AO Rz. 27 (Okt. 2010).

Einspruchsberechtigung

Gründe, die auch mitgeteilt sind[1]. Kein Grund liegt beispielsweise vor, wenn das Finanzamt sich zur Erklärung der eigenen Untätigkeit lediglich pauschal auf angebliche Anweisungen der Oberfinanzdirektion beruft.

450 Nach erfolglosem Untätigkeitseinspruch (der dann als Vorverfahren gilt) kann Untätigkeitsklage[2] **erhoben werden** (§ 46 FGO)[3].

451 Ergeht **während des Einspruchsverfahrens** ein Änderungsbescheid, wird dieser Bescheid **Gegenstand des laufenden Einspruchsverfahrens** (§ 365 Abs. 3 AO). Es bedarf keines weiteren Einspruchs. Zum Änderungsbescheid **während des Klageverfahrens** vgl. § 68 FGO (dazu Tz. 990 ff.).

b. Einspruchsberechtigte

452 Einspruchsberechtigt ist nur, wer geltend macht, durch einen Verwaltungsakt oder dessen Unterlassung **beschwert** zu sein (§ 350 AO)[4]. Ohne Geltendmachung einer Beschwer ist der Einspruch **unzulässig**.

453 Die Beschwer muss für die Zulässigkeit (nur) **geltend gemacht** werden. Der Einspruchsführer muss (nur) **behaupten**, er werde durch den angefochtenen Verwaltungsakt in seinen Rechten verletzt oder sei sonst in irgendeiner Weise rechtlich betroffen. Ob der Bescheid tatsächlich rechtswidrig ist, ist erst im Verfahren selbst zu prüfen. **Mangelnde Erfolgsaussichten** des Rechtsbehelfs **beeinträchtigen** die **Beschwer** und damit seine Zulässigkeit **nicht**[5].

454 **Grundregel**: Eine Beschwer liegt immer vor, wenn der angefochtene Verwaltungsakt zuungunsten desjenigen ergangen ist, der den Einspruch einlegt. **Negativ**: Wer nicht selbst direkt und persönlich von einem Steuerbescheid betroffen ist, kann nicht zulässig Einspruch einlegen. Populareinsprüche, dh. Einsprüche zugunsten der Allgemeinheit oder sog. Konkurrenteneinsprüche gegen Steuerbescheide sind unzulässig[6].

---

1 Seer in Tipke/Kruse, § 347 AO Rz. 28 (Okt. 2010).
2 Kein Einspruch, vgl. § 348 Nr. 2 AO.
3 Vgl. Seer in Tipke/Kruse, § 347 AO Rz. 30 (Okt. 2010); zur Untätigkeitsklage vgl. Tz. 857 ff.
4 Parallelregelung für das finanzgerichtliche Klageverfahren: § 40 Abs. 2 FGO.
5 Seer in Tipke/Kruse, § 350 AO Rz. 25, 26 (Okt. 2010).
6 Einzelheiten bei Seer in Tipke/Kruse, § 40 FGO Rz. 31, 41 ff. und 87 ff. (Mai 2010).

Nullbescheid

Eine Beschwer kann nur vorliegen, wenn der Betroffene **durch den** 455
Ausspruch, den Tenor, dh. durch die eigentliche Entscheidung des Verwaltungsakts, beschwert ist. Ob die **Begründung** des Bescheids richtig ist oder dem Steuerpflichtigen gefällt, spielt für die Beschwer keine Rolle[1]. Keine Beschwer liegt vor, wenn eine Steuer zu niedrig festgesetzt wird oder es sich um einen **Nullbescheid** handelt[2].

Da die Begründung oder Erläuterung eines Bescheids regelmäßig keine 456
Beschwer darstellt, kann der Wunsch des Steuerpflichtigen, das Finanzamt möge bestimmte, **begründende Äußerungen unterlassen oder korrigieren**, also nicht mit dem Einspruch verfolgt werden.

Soweit Steuerbescheide die **Grundlage für andere Bescheide** darstel- 457
len, können sie stets angefochten werden, weil die Auswirkungen des Grundlagenbescheids nicht verbindlich überschaut werden können[3].

Eine Beschwer kann aus **Nebenbestimmungen** zum Bescheid folgen. 458
Die Aufnahme oder Nichtaufnahme zB eines Vorbehalts der Nachprüfung (§ 164 AO) oder einer Vorläufigkeit (§ 165 AO), kann eine Beschwer begründen[4].

Die Aufhebung eines Verwaltungsakts kann nicht allein deshalb bean- 459
sprucht werden, weil er unter **Verletzung** von **Vorschriften** über das **Verfahren**, die **Form** oder die **örtliche Zuständigkeit** zustande gekommen ist, wenn keine andere Entscheidung in der Sache hätte getroffen werden können (§ 127 AO). Soweit diese Vorschrift eingreift, ist eine **Beschwer nicht gegeben**. Soweit jedoch Verwaltungsakte durch Finanzbehörden, die nicht zuständig sind, aufgrund von **Ermessenserwägungen** verfügt worden sind, greift § 127 AO nicht. Hier ist nicht auszuschließen, dass die zuständige Finanzbehörde aufgrund ihrer **Ermessenserwägung** zu einem anderen Ergebnis gekommen wäre[5]. Das

---

1 Vgl. Seer in Tipke/Kruse, § 350 AO Rz. 11 (Okt. 2010).
2 Seer in Tipke/Kruse, § 350 AO Rz. 13 (Okt. 2010) und § 40 FGO Rz. 55 ff. (Mai 2010), dort auch zu Ausnahmefällen.
3 Zur Rechtsverletzung durch Grundlagenbescheide vgl. Seer in Tipke/Kruse, § 40 FGO Rz. 63 (Mai 2010); Gemeinden versuchen immer wieder, das Recht zu erstreiten, Gewerbesteuermessbescheide der Finanzämter selbst angreifen zu dürfen. Die Rechtsprechung ist jedoch unnachgiebig und verneint eine Beschwer (vgl. Seer in Tipke/Kruse, § 350 AO Rz. 23 (Okt. 2010), sowie Seer in Tipke/Kruse, § 40 FGO Rz. 95 ff. (Mai 2010).
4 Seer in Tipke/Kruse, § 40 FGO Rz. 54 (Mai 2010).
5 Brockmeyer in Klein, § 350 Rz. 1; Seer in Tipke/Kruse, § 127 AO Rz. 14 (Feb. 2011); Kritisch zu dieser herrschenden Meinung zutreffend Seer in Tipke/Kruse, § 127 AO Rz. 15 ff. (Feb. 2011). Die herrschende Meinung basiere auf einer

Beschwer

Gleiche gilt für Entscheidungen mit **Beurteilungsspielraum** und **Schätzungsentscheidungen**. Auch hier besteht Entscheidungsspielraum; es kann regelmäßig nicht ausgeschlossen werden, dass bei Beachtung der in § 127 AO genannten Formvorschriften doch anders entschieden worden wäre[1].

460 Trotz § 127 AO sollte **nie vorschnell** auf einen **Einspruch verzichtet** werden. Für **Ermessensentscheidungen** gilt nach herrschender Meinung stets: Begehrt der Einspruchsführer eine ihm günstigere Ermessensentscheidung, macht er damit eine Beschwer geltend[2].

461 **Beschwer und Bekanntgabe** der Verwaltungsakte sind zu **trennen**[3].

462 Beschwert kann auch jemand sein, dem der **Verwaltungsakt zu Unrecht nicht bekanntgegeben** worden ist[4]. Beispiel: Stellt das Finanzamt einer Kommanditgesellschaft einen Feststellungsbescheid zu, der inhaltlich den Gewinn einer Person als Kommanditisten zurechnet, die tatsächlich nicht Kommanditist ist und dies auch nie war, kann dieser Steuerpflichtige den Feststellungsbescheid auch ohne Zustellung anfechten. Rechtsbehelfsfristen laufen in diesem Fall mangels Zustellungen nicht[5].

463 Wird umgekehrt dem Steuerpflichtigen ein Steuerbescheid bekannt gegeben, von dessen Inhalt er **nicht betroffen** ist, kann er den Bescheid gleichwohl anfechten, um Sicherheit herzustellen[6]. Der Hoheitsakt als solcher reicht als Beschwer.

Illusion: Der Illusion des „Dogmas der einzig richtigen Entscheidung". Auch gebundene Verwaltungsakte (zB Schätzung) seien stets Gegenstand von „wertenden Erkenntnisverfahren". § 127 AO sei daher eng auszulegen. Bei gebundenen Verwaltungsakten könne ein Anscheinsbeweis dafür angenommen werden, dass sich der formelle Fehler nicht auf die materielle Entscheidung ausgewirkt habe. Der Steuerpflichtige könne diesen jedoch durch einfachen Gegenbeweis entkräften.

1 SEER in Tipke/Kruse, § 127 AO Rz. 14 (Feb. 2011).
2 So ausdrücklich AEAO zu § 350 Rz. 1; Das Finanzgericht kann dagegen im Klageverfahren Ermessensentscheidungen nur beschränkt überprüfen. Dementsprechend enger ist der Begriff der Beschwer im Klageverfahren, vgl. iE SEER in Tipke/Kruse, § 350 AO Rz. 4 ff. (Okt. 2010).
3 SEER in Tipke/Kruse, § 350 AO Rz. 17 (Okt. 2010).
4 Vgl. SEER in Tipke/Kruse, § 350 AO Rz. 17 (Okt. 2010).
5 Weitere Beispielsfälle aus dem Bereich der Feststellungsbescheide bei BROCKMEYER in Klein, § 350 Rz. 8.
6 SEER in Tipke/Kruse, § 350 AO Rz. 17 (Okt. 2010).

Geltendmachung der Beschwer

Die Beschwer muss vom Einspruchsführer **geltend** gemacht werden[1]. Ob sie tatsächlich vorliegt, wird im Rechtsbehelfsverfahren geklärt. Kommt das Finanzamt zu dem Ergebnis, dass eine Beschwer nicht gegeben ist, so ist der Rechtsbehelf unbegründet, sofern eine Beschwer zu Beginn schlüssig dargetan wurde.

464

Nach der Rechtsprechung sind die **Anforderungen** an das **Geltendmachen gering**. Da das Finanzamt unabhängig von der Begründung des Einspruchs verpflichtet ist, den mit dem Einspruch angefochtenen Bescheid in vollem Umfang zu prüfen (§ 367 Abs. 2 AO), ist bei belastenden Verwaltungsakten grundsätzlich von einer Beschwer auszugehen[2]. Eine ausdrückliche Begründung der Beschwer ist nur dann erforderlich, wenn sie sich nicht ohne Weiteres aus dem angegriffenen Verwaltungsakt ergibt.

465

Selbst wenn die Beschwer zweifelhaft sein könnte, kann **bedenkenlos Einspruch** eingelegt werden. Allenfalls ist der Einspruch unzulässig, erlässt das Finanzamt eine negative Einspruchsentscheidung. Kostenfrei ist das Verfahren in jedem Fall.

466

Für Bescheide über **einheitliche und gesonderte Feststellung von Besteuerungsgrundlagen** enthält § 352 AO eine **Einschränkung der Rechtsbehelfsbefugnis**[3]. Nur im Ausnahmefall sind alle Feststellungsbeteiligten selbst einspruchsbefugt[4].

467

Einspruchsbefugt ist die **Personengesellschaft als Prozessstandschafterin** für die Gesellschafter. Diesen steht daneben eine eigene Klagebefugnis nur zu, soweit in ihrer Person die Voraussetzungen des § 352 Abs. 1 Nr. 2 bis 5 AO bzw. § 48 Abs. 1 Nr. 3 bis 5 FGO erfüllt sind.

468

Einspruchsformulierung zB: „Einspruch der XY-Gesellschaft, gesetzlich vertreten durch X, erhoben durch ihren zur Vertretung berufenen Geschäftsführer X"[5].

469

---

1 Seer in Tipke/Kruse, § 350 AO Rz. 25 ff. (Okt. 2010).
2 Seer in Tipke/Kruse, § 350 AO Rz. 26 (Okt. 2010).
3 Die gleichen Regeln gelten für das Klageverfahren (§ 48 FGO).
4 Nach dem Gedanken des Gesetzgebers (vgl. Brandis in Tipke/Kruse, § 48 FGO Rz. 7 (Feb. 2011)) sollte vermieden werden, dass Gesellschafter, die zur Geschäftsführung nicht befugt sind, anlässlich eines Rechtsmittel Kenntnis vom Inhalt der Geschäftsbücher, der Betriebsgeheimnisse und des übrigen Materials erhalten, das die Geschäftsführer dem Finanzamt bei der Veranlagung vorgelegt haben oder das sonst Gegenstand des Verfahrens ist.
5 Brandis in Tipke/Kruse, § 48 FGO Rz. 7 f. (Feb. 2011). Dort auch zu der Mindermeinung, der Geschäftsführer Klage nicht als Vertreter der Gesellschaft, sondern als Prozessstandschafter unmittelbar für alle Feststellungsbeteiligten.

Einspruchsfrist

470 Ist ein Einspruch nicht idS korrekt eingelegt worden, ist er nach den **Grundsätzen der sog. „rechtsschutzgewährenden Auslegung"** zu beurteilen: Im Zweifelsfall ist anzunehmen, dass das Rechtsmittel eingelegt werden sollte, das zulässig ist. **Beispiel**: Legt ein vertretungsberechtigter Geschäftsführer einer GbR persönlich Rechtsmittel ein, ohne einspruchsbefugt zu sein, ist sein Einspruch als Einspruch des Geschäftsführers in seiner Eigenschaft als vertretungsberechtigter Geschäftsführer der GbR für die GbR auszulegen. Selbst Schreiben von fachkundigen Bevollmächtigten sind der sog. rechtschutzgewährenden Auslegung zugänglich. Zumindest, soweit sie nicht eindeutig formuliert sind.

471 Bei der Frage der Einspruchsberechtigung sollten sich Steuerbürger und Berater von folgender **Grundregel** leiten lassen: Derjenige, dem ein Steuerbescheid zugestellt wird, ist befugt, ihn anzufechten. Im Übrigen ist im Zweifelsfall die Zulässigkeit zu bejahen, um nicht aufgrund eines Rechtsirrtums eine rechtswidrige Bestandskraft herbeizuführen.

2. Der Einspruch

a. Frist

472 Der Einspruch ist **innerhalb eines Monats** nach Bekanntgabe des anzugreifenden Verwaltungsakts einzulegen (§ 355 Abs. 1 Satz 1 AO).

473 Die Frist und die Einhaltung der Frist sind objektive Gegebenheiten. Die **Floskel**, es werde **„frist- und formgerecht"** Einspruch eingelegt, ist insoweit unsinnig. Alleine durch die Behauptung, man wahre die Frist, wahrt man sie keineswegs.

474 Die Frist beginnt mit der wirksamen **Bekanntgabe** des Bescheids.

475 Da ein **nichtiger Bescheid** nicht wirksam bekanntgegeben werden kann, gibt es für nichtige Verwaltungsakte keine Monatsfrist[1]; aus Vorsichtsgründen sollte wegen eines möglichen Streits um die Nichtigkeit trotzdem Einspruch innerhalb der Monatsfrist eingelegt werden.

476 Die Bekanntgabe erfolgt regelmäßig nach **§ 122 Abs. 2 AO**: Ein schriftlicher Verwaltungsakt, der durch die Post übermittelt wird, **gilt als bekanntgegeben am dritten Tag nach der Aufgabe zur Post**. Bei einer

---

[1] SEER in Tipke/Kruse, § 355 AO Rz. 3 (Okt. 2010) sowie SEER in Tipke/Kruse, § 124 AO Rz. 23 (Feb. 2011).

Bekanntgabefiktion

Übermittlung in das **Ausland** gilt der Bescheid erst einen Monat nach der Aufgabe zur Post als bekanntgegeben. Diese Bekanntgabefiktionen gelten nicht, wenn der Bescheid tatsächlich nicht oder zu einem späteren Zeitpunkt zugegangen ist. Nachweispflichtig ist die Behörde.

Der Tag der Aufgabe wird nicht mitgerechnet. Fällt der **letzte Tag** der Drei-Tages-Frist des § 122 Abs. 2 AO auf einen Samstag, Sonntag oder gesetzlichen Feiertag, verlängert sich die Frist bis zum Ablauf des nächsten Werktags[1]. 477

Beispiel: Der Bescheid ist am 13.7.2011 (ein Mittwoch) zur Post gegeben worden. Nach der Drei-Tages-Frist wäre Fristbeginn der 16.7.2011. Der 16.7.2011 war aber ein Samstag. Die Einspruchsfrist begann damit erst am 18.7.2011 (dh. Montag) zu laufen. Die Einspruchsfrist lief sodann bis zum 18.8.2011. Falls das Ende der Frist auf ein Wochenende oder einen Feiertag fällt, verlängert sich die Frist bis zum nächsten Montag (§ 108 Abs. 2 AO). 478

Erreicht der Bescheid den Adressaten **vor Ablauf der Drei-Tages-Frist**, gilt er trotzdem erst mit dem Ablauf dieser Frist als bekanntgegeben[2]. 479

Geht der Bescheid tatsächlich erst **nach Ablauf der Drei-Tages-Frist** zu, kommt § 122 Abs. 2 AO nicht zur Anwendung. Die Bekanntgabe erfolgt zum Zeitpunkt des **tatsächlichen Zugangs**, auch wenn es sich zB um einen Samstag handelt[3]. Die Verlängerung der Frist nach § 108 Abs. 3 AO bei Fristende an einem Samstag, Sonntag oder gesetzlichen Feiertag gilt nur für den Ablauf der Frist, nicht für ihren Beginn. Bei Wiedereinsetzung in den vorigen Stand ist die Rechtsprechung zugeknöpft[4]. 480

Im Zweifel hat die **Behörde** den **Zugang** des Verwaltungsakts und den Zeitpunkt des Zugangs **nachzuweisen**. 481

Der **elektronisch übermittelte Bescheid**[5] gilt am dritten Tag nach seiner Absendung als bekanntgegeben (§ 122 Abs. 2a AO). Ausnahme: Er ist nicht oder zu einem späteren Zeitpunkt zugegangen. Auch hier hat 482

---

1 Vgl. dazu mit weiteren Nachweisen SEER in Tipke/Kruse, § 122 AO Rz. 56 (Feb. 2011) mit Hinweis auf BFH vom 17.9.2002 IX R 68/98, BStBl. II 2003, 2, und weiteren Nachweisen.
2 Vgl. SEER in Tipke/Kruse, § 355 AO Rz. 3 (Okt. 2010). Zur Ausnahme bei förmlicher Zustellung vgl. nachfolgend Tz. 490.
3 Vgl. BFH vom 9.11.2005 I R 111/04, BStBl. II 2006, 219.
4 Vgl. BFH vom 7.3.2006 X R 18/05, BStBl. II 2006, 455.
5 Vgl. dazu § 87a Abs. 4 AO.

Drei-Tages-Frist

im **Zweifel** die **Behörde** den Zugang und den Zeitpunkt des Zugangs zu beweisen[1].

483 In der Praxis erreichen gerade elektronisch übermittelte Bescheide ihren Adressaten regelmäßig **vor Ablauf der Drei-Tages-Frist**, dh. vor ihrem juristischen Wirksamwerden[2]. Wird dann sofort (also vor Ablauf der Drei-Tages-Frist) Einspruch eingelegt, fragt sich, ob der Einspruch wirksam ist.

484 Der **Wortlaut** des § 355 Abs. 1 AO[3] spricht für die **Unzulässigkeit**[4].

485 Unzweifelhaft unzulässig sind Einsprüche „auf Verdacht und ins Blaue hinein". Liegt der Bescheid jedoch faktisch bereits vor, kann von einem willkürlichen Einspruch nicht die Rede sein. **Richtiger Ansicht nach** ist der Einspruch daher **zulässig**.[5] Angesichts der zitierten BFH-Entscheidungen ist jedoch **Vorsicht** angebracht. Der Einspruch sollte so (spät) eingelegt werden, dass er erst nach dem Ablauf der Drei-Tages-Frist beim Finanzamt eingeht.

486 **Bestreitet der Steuerpflichtige den Zugang**, ist die Zugangsvermutung widerlegt. Der Bescheid ist nicht wirksam geworden, die **Behörde muss neu zustellen**[6]. Das Bestreiten des Zugangs muss vom Steuerpflichtigen nicht weiter substanziiert werden[7].

487 Liegen allerdings **konkrete Indizien für den Zugang** vor, können diese Indizien vom Finanzamt bzw. später vom Finanzgericht nach § 96 Abs. 1 FGO gewürdigt werden. **Beispiele**: Der Steuerpflichtige nimmt zu einem Bescheid sachlich Stellung, obwohl er den Zugang bestreitet[8]. Er erträgt jahrelang Vollstreckungsversuche des Finanzamts und beruft sich erst dann – erstmals – darauf, den zugrundeliegenden Steuerbescheid nie erhalten zu haben[9]. Hier ist es zulässig, wenn die Finanzverwaltung bzw. das Finanzgericht das jahrelange Schweigen des

---

1 Vgl. dazu Seer in Tipke/Kruse, § 122 AO Rz. 50 (Feb. 2011).
2 Zu diesen Sachverhalten vgl. Kranenberg, AO-StB 2007, 13 ff.
3 „Der Einspruch ist innerhalb eines Monats nach Bekanntgabe des Verwaltungsakts einzulegen".
4 IdS auch BFH vom 8.3.1983 VI R 209/79, BStBl. II 1983, 551 und vom 26.2.2002 X R 44/00, BFH/NV 2002, 1409.
5 So im Ergebnis wohl auch Seer in Tipke/Kruse, § 355 AO Rz. 9 (Okt. 2010), und Stahl/Carlé, KÖSDI 2007, 15670, 15672; Kranenberg, AO-StB 2007, 13 ff.
6 Seer in Tipke/Kruse, § 122 AO Rz. 58 f. (Feb. 2011).
7 Seer in Tipke/Kruse, § 122 AO Rz. 58 (Feb. 2011).
8 Vgl. BFH vom 14.1.1992 VII R 112/89, BFH/NV 1992, 365.
9 Seer in Tipke/Kruse, § 122 AO Rz. 58 (Feb. 2011).

Förmliche Zustellung

Steuerpflichtigen zum angeblichen Nichterhalt des Steuerbescheids als **Indiz für den Erhalt** wertet.

Wird vom Steuerpflichtigen nicht der Zugang dem Grunde nach bestritten, sondern (nur) geltend gemacht, der Bescheid sei **nicht innerhalb der Drei-Tages-Frist** des § 122 Abs. 2 AO **zugegangen**, muss er dies nachweisen. Er muss detailliert und substanziiert glaubhaft machen können, dass der Bescheid ihn verspätet erreicht hat[1]. 488

Angesichts der **unterschiedlichen** Vortrags- und **Beweislast** für das Bestreiten der Zustellung dem Grunde nach und dafür, den Bescheid erst verspätet erhalten zu haben, liegt die **Versuchung** nah, auf das Bestreiten dem Grunde nach auszuweichen. Der Steuerberater sollte dieses „Instrument" nicht nutzen. Es wird auf die Dauer schnell stumpf. Vermutet das Finanzamt, dass nur im Hinblick auf eine solche Taktik der Zugang bestritten wird, wird man die Zustellung fortan nach § 122 Abs. 5 AO nach dem Verwaltungszustellungsgesetz bewerkstelligen. 489

Wählt die Finanzbehörde die Bekanntgabe durch förmliche Zustellung, gelten die Regeln des Verwaltungszustellungsgesetzes[2]. Entscheidend ist der Tag der **tatsächlichen Zustellung**[3]. 490

Der Einspruch gegen eine **Steueranmeldung** ist innerhalb eines Monats nach Eingang der Steueranmeldung bei der Finanzbehörde einzulegen, in den Fällen des § 168 Satz 2 AO innerhalb eines Monats nach Bekanntwerden der Zustimmung (§ 355 Abs. 1 Satz 2 AO). 491

Entscheidend ist der **Eingang** der Steueranmeldung bei der **Finanzbehörde**. Wie der Steuerpflichtige das Datum des Eingangs der Steueranmeldung bei der Finanzbehörde erfahren kann, sagt das Gesetz nicht. Der Steuerpflichtige kann ihn daher bei Übersendung durch die Post nur in Anlehnung an § 122 Abs. 2 AO „schätzen"[4]. Bei Fristversäumung, die durch die vom Gesetz bedingte schwierige Fristberechnung verursacht ist, ist großzügig Wiedereinsetzung in den vorigen Stand zu gewähren. 492

Soweit **Steueranmeldungen** zu einer **Erstattung** führen, kommt es auf das Bekanntwerden der Zustimmung nach § 168 Satz 2 AO an. Eine 493

---

1 Vgl. SEER in Tipke/Kruse, § 122 AO Rz. 59 (April 2008).
2 Vgl. § 122 Abs. 5 AO.
3 KRUSE in Tipke/Kruse, § 3 VwZG Rz. 6 (Feb. 2011); zu den Einzelheiten der Zustellung durch die Post mit Zustellungsurkunde vgl. KRUSE in Tipke/Kruse, § 3 VwZG Rz. 1 ff. (Feb. 2011).
4 SEER in Tipke/Kruse, § 355 AO Rz. 16 (Okt. 2010), mwN.

Öffentliche Zustellung

Form des Bekanntwerdens ist nicht vorgeschrieben. Wurde der Steuerpflichtige schriftlich bzw. elektronisch über die Zustimmung unterrichtet (zB zusammen mit einer Abrechnungsmitteilung), ist grundsätzlich davon auszugehen, dass ihm die Zustimmung am dritten Tag nach Aufgabe zur Post bzw. nach der Absendung bekannt geworden ist. Ist die Zustimmung allgemein erteilt, dh. ist keine Mitteilung ergangen, beginnt die Frist frühestens mit der Auszahlung der Vergütung oder des Minder-Solls[1].

494 Eine **öffentliche Zustellung** ist als **letztes Mittel** der Finanzverwaltung[2] nur zulässig, wenn der Aufenthaltsort des Empfängers unbekannt und eine Zustellung an einen Vertreter als Zustellungsbevollmächtigten nicht möglich ist (§ 9 Abs. 1 VwZG). Es müssen alle Möglichkeiten ausgeschöpft sein, die Anschrift des Adressaten zu ermitteln. Eine Anfrage beim Einwohnermeldeamt reicht jedenfalls dann nicht aus, wenn die Meldebehörde zwar keine aktuelle Anschrift mitteilen kann, jedoch ankündigt, eigene Ermittlungen vornehmen zu wollen. Vor einer öffentlichen Zustellung kann auch die Befragung von Angehörigen des Adressaten, deren Anschrift dem Finanzamt bekannt ist, erforderlich sein[3].

495 Zur **Berechnung** der **Monatsfrist** für den Einspruch s. Tz. 474 ff.

496 Die Einspruchsfrist ist **nicht verlängerbar**.

497 Wurde die Frist versäumt, kommt **Wiedereinsetzung in** den **vorigen Stand** (§ 110 AO) in Betracht (Tz. 194 ff.).

498 Im Übrigen ist der Einspruch **unzulässig**, wenn er **nicht fristgerecht** eingelegt worden ist.

499 Den **Einspruch rechtzeitig** einzulegen, ist grundsätzlich kein Praxisproblem, sofern man der Rechtsbehelfseinlegung die genügende Aufmerksamkeit schenkt. Man sollte die Einspruchseinlegung nicht bis zum Fristende aufschieben, um der Gefahr der Unzulässigkeit zu begegnen. Besser ist es, den Einspruch frühzeitig einzulegen, um dem Fristendruck zu entgehen.

500 Bei **schriftlichen oder elektronischen Verwaltungsakten** beginnt die Frist für die Einlegung des Einspruchs nur zu laufen, wenn der Einspruchsführer über den Einspruch und die Finanzbehörde, bei der der Einspruch einzulegen ist, deren Sitz und die Einzelheiten der Frist

---

1 Vgl. AEAO zu § 355 Nr. 1.
2 Vgl. Kruse in Tipke/Kruse, § 10 VwZG Rz. 1 (Feb. 2011).
3 Vgl. iE Kruse in Tipke/Kruse, § 10 VwZG Rz. 2 ff. (Feb. 2011).

schriftlich oder elektronisch **belehrt** worden ist (§ 356 Abs. 1 AO). Steuerbescheide sind regelmäßig mit solchen Rechtsbehelfsbelehrungen versehen.

Ist die **Belehrung unterblieben** oder ist sie falsch, läuft die Monatsfrist für den Einspruch nicht. Die Einlegung des Rechtsbehelfs ist noch innerhalb **eines Jahres** seit Bekanntgabe des Verwaltungsakts zulässig, es sei denn, dass die Einlegung vor Ablauf der Jahresfrist infolge höherer Gewalt unmöglich war oder eine schriftliche oder elektronische Belehrung dahin erfolgt ist, dass ein Rechtsbehelf nicht gegeben sei (§ 356 Abs. 2 AO). Bzgl. der Jahresfrist ist bei Versäumnis eine Wiedereinsetzung in den vorigen Stand nicht möglich, ist § 356 AO mit der Rechtsfolge der einjährigen Einspruchsfrist (§ 356 Abs. 2 AO) nicht anwendbar[1]. 501

Keine Frist läuft, wenn der Steuerpflichtige durch einen ihm **nicht bekanntgegebenen** Verwaltungsakt beschwert ist. Erfährt er nach Jahren von diesem ihn belastenden Bescheid, so kann er ihn noch anfechten. 502

Für den **Untätigkeitseinspruch** gibt es keine Frist, § 355 Abs. 2 AO[2]. 503

Ist die Frist für den Einspruch versäumt, kann **Wiedereinsetzung** in den vorigen Stand beantragt werden, § 110 AO (Tz. 194 ff.). 504

b. Form

Der Einspruch ist **schriftlich** einzulegen oder zur **Niederschrift** zu erklären (§ 357 Abs. 1 AO). **Unterschriftsleistung** ist nicht **erforderlich**.[3] 505

Einlegung ist auch durch **Telefax** oder **per E-Mail** (nach Zugangseröffnung gemäß § 87a Abs. 1 AO) zulässig[4]. 506

Eine unrichtige **Bezeichnung** des Einspruchs ist unschädlich (§ 357 Abs. 1 Satz 4 AO). Es genügt, wenn sich aus der Erklärung ergibt, dass sich der Erklärende durch einen Verwaltungsakt oder dessen Unterlassung beschwert fühlt und Nachprüfung begehrt. Die Verwendung des Ausdrucks „Einspruch" empfiehlt sich, ist jedoch nicht zwingend. 507

Außerdem **soll** sich aus dem Einspruch ergeben, welcher Verwaltungsakt angefochten werden soll (§ 357 Abs. 3 Satz 1 AO). Es genügt, wenn 508

---

1 Vgl. BFH vom 23.2.2005 VII R 32/04, BFH/NV 2005, 1180.
2 Seer in Tipke/Kruse, § 355 AO Rz. 18 f. (Okt. 2010).
3 Vgl. Seer in Tipke/Kruse, § 357 AO Rz. 12 (Okt. 2010).
4 Vgl. Seer in Tipke/Kruse, § 357 AO Rz. 7 (Okt. 2010); vgl. iE AEAO zu § 87a Nr. 1 und AEAO zu § 357 Nr. 1: Elektronische Signatur ist nicht erforderlich.

Einlegung des Einspruchs

sich aus der Einspruchsschrift durch **Auslegung** ergibt, welcher Verwaltungsakt angefochten wird[1]. Ggf. ist das Finanzamt verpflichtet, vor Ablauf der Einspruchsfrist durch Rückfragen bei dem Steuerpflichtigen zu klären, welcher Verwaltungsakt gemeint ist.

509 Sollen zB **alle Auswertungsbescheide** nach einem Außenprüfungs- oder Steuerfahndungsbericht **angefochten** werden, kann dem Finanzamt ausdrücklich mitgeteilt werden, es sei der Wille, alle ergangenen Auswertungsbescheide anzufechten. Die Auswertung eines umfangreichen Berichts führt zu einer Vielzahl von Bescheiden. Bei der Anfechtung kann der eine oder andere Bescheid übersehen werden. ME ist die Konkretisierung des Einspruchs hinreichend durch die Formulierung gegeben, man lege Einspruch ein gegen alle Auswertungsbescheide des XY-Berichts[2].

510 Der Einspruch ist bei der **Finanzbehörde** einzulegen, deren Verwaltungsakt angefochten wird oder bei der ein Antrag auf Erlass eines bestimmten Bescheids gestellt worden ist (§ 357 Abs. 2 Satz 1 AO).

511 Soweit das Gesetz **weitere Alternativen** nennt (§ 357 Abs. 2 Satz 2 bis 4 AO), sei gewarnt: Immer wieder hat es hier in der Vergangenheit Rechtsprechungsänderungen gegeben, die zu Unsicherheiten führten. Der **Praxisrat** lautet eindeutig, Einspruch stets und ausschließlich bei der Finanzbehörde einzulegen, deren Bescheid angefochten wird. In Zeiten von Fax und E-Mail dürfte dies auch kein Problem mehr sein.

512 Im Einspruch soll angegeben werden, **inwieweit** der **Verwaltungsakt angefochten** und seine Aufhebung beantragt wird (§ 357 Abs. 3 Satz 2 AO).

513 Allerdings: Die **Einspruchsbehörde** ist **an den Antrag nicht gebunden**. Jeder Einspruch führt zur **Vollüberprüfung** des angefochtenen Bescheids (§ 367 Abs. 2 Satz 1 AO). Zur Möglichkeit der Verböserung vgl. Tz. 648 ff. Das Einspruchsverfahren kann damit nicht auf bestimmte Streitpunkte begrenzt werden. Bedeutung kommt der Weite des Antrags allenfalls für den Umfang und die Intensität der Aufklärungspflicht des Finanzamts zu. Zur Frage der Möglichkeit einer Teilrücknahme des Einspruchs vgl. nachfolgend Tz. 526 ff.

---

1 Seer in Tipke/Kruse, § 357 AO Rz. 14 (Okt. 2010).
2 IdS auch Seer in Tipke/Kruse, § 357 AO Rz. 14 (Okt. 2010). Dies kann sich allerdings nur auf bisher bereits ergangene Auswertungsbescheide beziehen. Eine Voraus-Anfechtung aller Auswertungsbescheide, die das Finanzamt noch erlassen wird, wäre unzulässig.

Verzicht

514 Der zulässige Einspruch löst für die Verjährung eine **Ablaufhemmung** aus (§ 171 Abs. 3a AO). Die Ablaufhemmung erfasst unabhängig von der Weite des Antrags des Steuerpflichtigen den gesamten angefochtenen Bescheid[1].

515 Für die **Beratungspraxis** bringt die Einspruchs**form** regelmäßig kaum Probleme mit sich.

c. Verzicht

516 Auf die Einlegung eines Einspruchs kann **verzichtet** werden. Allerdings erst **nach Erlass des anzufechtenden Bescheids** (§ 354 Abs. 1 Satz 1 AO). Es gibt also keinen Einspruchsverzicht für künftige, noch nicht erlassene Bescheide.

517 Bei **Steueranmeldungen** kann der Verzicht auch bei Abgabe der Steueranmeldung für den Fall ausgesprochen werden, dass die Steuer nicht abweichend von der Steueranmeldung festgesetzt wird (§ 354 Abs. 1 Satz 2 AO).

518 Der Verzicht muss gegenüber der zuständigen Finanzbehörde schriftlich oder zur Niederschrift erklärt werden. Er darf **keine weiteren Erklärungen** als den Verzicht enthalten (§ 354 Abs. 2 AO).

519 Ein Verzicht kann **unwirksam** sein. Insbesonders wenn die **Behörde** über die Auswirkungen eines Verzichts **falsch belehrt** oder den Verzicht durch unlauteren Einfluss erwirkt hat[2].

520 In der Praxis geschehen **Einspruchsverzichte selten**. Wird ein „Verzicht" auf einen bereits eingelegten Einspruch ausgesprochen, geht es inhaltlich nicht um einen Verzicht, sondern um eine Einspruchsrücknahme (Tz. 521 ff.).

d. Rücknahme

521 Der Einspruch kann bis zur Bekanntgabe der Entscheidung über den Einspruch **zurückgenommen** werden (§ 362 Abs. 1 AO).

522 Die **Form** der Rücknahme des Einspruchs folgt den gleichen Regeln wie die Einlegung des Einspruchs (§ 362 Abs. 1 Satz 2 AO). Sie erfolgt

---

1 KRUSE in Tipke/Kruse, § 171 AO Rz. 29 (April 2007).
2 BRANDIS in Tipke/Kruse, § 354 AO Rz. 5 (Okt. 2010), mwN.

Rücknahme

in der Schriftform (§ 357 Abs. 1 AO), kann also auch per Fax oder E-Mail (bei eröffnetem Zugang, § 87a AO) geschehen.

523 Zu Beginn von Einspruchsverfahren versuchen Finanzämter häufig, den Steuerpflichtigen zu einer **Rücknahme seines Einspruchs** zu bewegen. Der Einspruch sei nicht zulässig, habe nicht eingelegt werden können, sei unbegründet etc. Man möge ihn zurücknehmen. Die Rücknahme sei nur wirksam bei entsprechender schriftlicher Erklärung. Das beigefügte Erklärungsformular sei zu verwenden und dem Finanzamt zurückzuschicken.

524 Bewusst wird der **Eindruck** vermittelt, der Einspruch sei ein rechtswidriger Akt. Er sei dem Steuerpflichtigen nachteilig, die Rücknahme liege in seinem Interesse. Tatsächlich verkehrt dies die Fronten. Ausschließlich **das Finanzamt profitiert** von einer Einspruchsrücknahme: Die Arbeit der Einspruchsentscheidung entfällt, Rechtsbehelfslisten werden kürzer, Aktendeckel können geschlossen werden. Dem Steuerpflichtigen verschließt sich dagegen mit der Einspruchsrücknahme eine Tür zum Streit um die Steuer. Einem Streit, der außerdem (bis zur Einspruchsentscheidung) immer für ihn kostenlos ist.

525 Rücknahme-Aufforderungen der geschilderten Art werden keinen Berater beeindrucken. Die **Wirkung auf Steuerpflichtige** ist aber nicht zu unterschätzen. Unterschreibt ein Steuerpflichtiger kurzerhand selbst das „Rücknahmeformular" und schickt es an das Amt zurück, ist dies eine wirksame Einspruchsrücknahme[1]. Für die **Praxis der Postversendung** durch den Berater ist daher vor unkommentierter Weitergabe von Rücknahmeaufforderungen von Finanzämtern zu warnen.

526 Im Einspruchsverfahren kann sich die Frage stellen, ob es eine wirksame **Teilrücknahme** eines Einspruchs gibt. In den vorstehend erwähnten Aufforderungsschreiben der Finanzverwaltung finden sich häufig entsprechende Alternativen zum Ankreuzen (zB: „Ich bin mit der von Ihnen vorgeschlagenen Änderung einverstanden und schränke meinen Einspruch entsprechend ein.").

527 Diese Formulierungen sind irreführend: **Teilrücknahmen** sind **grundsätzlich unzulässig**[2]. Solange der Einspruch nicht uneingeschränkt zu-

---

1 Ausnahme allenfalls, wenn das Finanzamt die Grenze zur unlauteren Einflussnahme überschritten hat. Hier könnte die Rücknahme unwirksam sein (vgl. BRANDIS in Tipke/Kruse, § 362 AO Rz. 10 (Feb. 2011)). Die angesprochenen Aufforderungsschreiben der Finanzämter fallen aber regelmäßig wohl noch nicht unter diese Kategorie.
2 Vgl. BRANDIS in Tipke/Kruse, § 362 AO Rz. 7 (Feb. 2011).

Begründung

rückgenommen ist, muss das Finanzamt die Sache in vollem Umfang erneut prüfen (§ 367 Abs. 2 Satz 1 AO). Der per „Teil-Einspruchsrücknahme" zunächst unstreitig gestellte Punkt kann vom Steuerpflichtigen infolgedessen jederzeit wieder aufgegriffen werden. Es gibt keine Teil-Bestandskraft im Einspruchsverfahren[1]. Aus der Erklärung einer „Teilrücknahme" kann allenfalls folgen, dass insoweit die Intensität der Aufklärung durch die Finanzverwaltung eingeschränkt, dh. auf die streitig verbleibenden Punkte beschränkt wird.

Ist es juristisch auch bedeutungslos, einen Einspruch „einzuschränken" oder ihn „teilweise zurückzunehmen", kann sich in der Praxis die **Notwendigkeit** gleichwohl ergeben. Etwa wenn eine Straf- und Bußgeldsachenstelle im Rahmen einer Gesamterledigung eines Strafverfahrens die steuerliche Unstreitigstellung eines steuerlichen Einzelpunkt fordert. Hier kann eine entsprechende „Teileinspruchsrücknahme" ohne Bedenken ausgesprochen werden. Zum einen soll der entsprechende Punkt ja tatsächlich unstreitig gestellt werden. Darüber hinaus bringt die „Teil-Rücknahme" juristisch keine wirksame Einschränkung. 528

Durch die Rücknahme des Einspruchs wird der angefochtene Bescheid **bestandskräftig** (§ 362 Abs. 2 Satz 1 AO). 529

3. Die Einspruchsbegründung

Mit der Einspruchsbegründung soll angegeben werden, **inwieweit** der Verwaltungsakt **angefochten** und seine Aufhebung beantragt wird. Ferner sollen die **Tatsachen**, die zur Begründung dienen, und die **Beweismittel** vorgetragen werden (§ 357 Abs. 3 AO). 530

Grundsätzlich verpflichtet der Einspruch das Finanzamt zu einer **Gesamtüberprüfung** des angefochtenen Bescheids (§ 367 Abs. 2 Satz 1 AO)[2]. Durch die Einspruchsbegründung kann folglich der Einspruch nicht mit zwingender Wirkung eingeschränkt werden. Der Einspruch eröffnet die Möglichkeit zur Korrektur in jedem Punkt[3]. Das Einspruchsbegehren ist nur für die Erledigung des Einspruchs von Bedeutung (vgl. Tz. 625 ff.). 531

---

1 Zur relativ jungen Möglichkeit der **Teileinspruchsentscheidung** und der dadurch eintretenden **Teilbestandskraft** vgl. Tz. 635 ff.
2 Vgl. SEER in Tipke/Kruse, § 367 AO Rz. 10 ff. (Feb. 2011).
3 Zur **Verböserung** s. Tz. 648 ff.

Formfragen

532 Auch der **nicht begründete Einspruch** ist folglich zulässig. Er verpflichtet zur Überprüfung des angefochtenen Bescheids von Amts wegen. Allerdings bestimmt die Einspruchsbegründung Umfang und Intensität der Prüfung durch das Finanzamt[1].

533 Die Begründung im Einspruchsverfahren ist **eigenständig** zu **formulieren**. Sie unterscheidet sich von Schriftsätzen und Stellungnahmen in der Außenprüfung ebenso wie von Klagebegründungen[2]. Sie ist für eine bestimmte Funktion gedacht (Begründung im Einspruchsverfahren) und an einen bestimmten Adressaten gerichtet (Dienststelle innerhalb des Finanzamts, die über den Einspruch entscheidet).

534 Die Begründung befasst sich mit **rechtlichen** Fehlern und Fehlern des **Sachverhalts**.

535 Mit der **rechtlichen Kritik** werden **förmliche** Fehler des Bescheids gerügt. Mit großer Sorgfalt ist der angefochtene Bescheid zu prüfen. Kein Fehler sollte als so gering erachtet werden, dass er nicht gerügt werden könnte.

536 Es besteht die Neigung, Rechtsstreitigkeiten nicht mit „**Formfragen**" zu **belasten**. Hier wird verkannt, dass auch der Streit um Förmlichkeiten dem Sachziel dient. Wenn der Abzug eines bestimmten Betrags als Werbungskosten oder Betriebsausgabe begehrt wird, wenn die Verneinung der Mitunternehmerschaft angestrebt wird, so kann dieses Sachziel auch erreicht werden, wenn der angefochtene Bescheid aus förmlichen Gründen aufgehoben wird. Zwar kann der Formfehler uU durch einen neuen Bescheid beseitigt werden. Bürokratie und Bequemlichkeit sind jedoch hinreichende Gründe, dass dies nicht zwingend ist. Außerdem wird die Beweglichkeit der Gegenseite in der Sachfrage durchaus durch Problemlagen im Förmlichen erhöht.

537 Allerdings sind Förmlichkeiten **nicht blindlings** zu verfolgen. Ebenso wie bei den Finanzämtern Überspitzungen im Förmlichen zu kritisieren sind, gilt dies, wenn ein Berater im Hinblick auf Förmlichkeiten jede Bewertung der Sachfrage selbst aus dem Auge verliert.

---

1 Vgl. zur Einspruchsentscheidung Tz. 605 ff.
2 Sensibilitäten der Finanzverwaltung sind im Einspruchsverfahren ausgeprägter als im Klageverfahren. Stellt sich etwa die Frage nach eigenen Angreifbarkeiten des Finanzamts (zB verdeckte strafrechtliche Ermittlungen), kann das Finanzamt im Einspruchsverfahren eher zu einer fairen Regelung bereit sein, obwohl die juristischen Grenzen (zB Verwertungsverbot) einen Streit zulassen würden. Im Klageverfahren wird dagegen juristisch kühler entschieden.

Sachverhalt

Im Übrigen wird sich in Rechtsfragen die Einspruchsbegründung mit 538
den **materiellen Steuerfragen** befassen. Die Rechtsbegründung hat im
Einspruchsverfahren einen geringeren Stellenwert als im Klageverfahren. Einmal sind die Finanzämter durch die Autorität von Erlassen häufig gebunden (vgl. zu diesen Autoritäten Tz. 261 ff.). Zum anderen verfestigen sich gerade Rechtsansichten bei den Finanzämtern, sofern sie fiskalisch sind, schnell dahingehend, dass sie nach dem Selbstverständnis der Finanzbehörde nur durch eine gerichtliche Entscheidung umkehrbar sind. Die Überlegung, die Argumentation des Beraters sei zwar bemerkenswert und beeindruckend, gerade deshalb sollte jedoch das Finanzgericht über diesen hochinteressanten Disput entscheiden, macht sich – oft auch aus Entscheidungsunlust – breit.

In den gewichtigen Mittelpunkt der Einspruchsbegründung rückt oft 539
die Diskussion um den **Sachverhalt**. Auf die Bedeutung des Streits um
den Sachverhalt haben wir an verschiedenen Stellen bereits hingewiesen (vgl. zB Tz. 242 ff.).

Das Einspruchsverfahren ist die **letzte „Instanz"** vor dem **Finanzgericht**, 540
um festgefügte Sachverhalts-Vorurteile zu erschüttern. In Rechnung zu stellen ist, dass Finanzrichter unwillig reagieren können, wenn sie den Eindruck gewinnen, dass das Finanzgericht für Sachverhaltsaufklärungen missbraucht wird, die bereits früher durch den **Kläger** hätten veranlasst werden können.

Jeder Berater sollte sich kritisch prüfen, ob er ebenfalls nicht dem Streit 541
um den Sachverhalt aus **Bequemlichkeitsgründen** aus dem Weg geht.
Der Mandant sollte daran denken, dass nicht notwendig derjenige ein guter Berater ist, der sich mit hochtrabenden Rechtsausführungen, gespickt mit Zitaten, in der Einspruchsbegründung schmückt, sondern dass es häufig erfolgversprechender ist, das Finanzamt zur Sachverhaltsaufklärung zu zwingen.

Vortrag zum **Sachverhalt heißt**: Der im bisherigen Veranlagungsverfahren 542
zugrunde gelegte Sachverhalt ist sorgfältig zu überprüfen. Geht
das Finanzamt von einem falschen Sachverhalt aus – wobei oft nur geringfügige Sachverhaltsabweichungen über die Rechtsfolge entscheiden –, so ist auf diese Differenzen hinzuweisen. Zugleich sind die Mittel der Sachverhaltsermittlung anzugeben, die das Finanzamt ergreifen kann, sofern es nicht dem Vortrag des Steuerpflichtigen folgt.

Das Finanzamt ist daher zum Zwecke der Sachverhaltsermittlung auf- 543
zufordern, Beweise durch **Auskünfte**, Beweise durch **Sachverständi-**

Beweise

gengutachten, Beweise durch **Urkunden** und Beweise durch **Augenschein** zu erheben.

544 **Urkunden** sollten sofort mit der Begründung in Kopie vorgelegt werden, sofern der Steuerpflichtige über sie verfügen kann.

545 Der „Beweis durch Auskünfte" (**Zeugenbeweis**) ist ein **ungeliebtes Kind** der Rechtsbehelfsbearbeitung. Zeugenauskünfte und Zeugenvernehmungen werden nicht gerne eingeholt und durchgeführt. Über die Ursachen kann man spekulieren. **Arbeitsbelastung** ist einer der Gründe. Zeugenanhörungen sind zeitraubend. Dazu kommen praktische Unsicherheiten wie die Frage nach der Vereinbarkeit von Fragen an den Zeugen und Wahrung des **Steuergeheimnisses**. Zeugenvernehmungen werden von Finanzämtern praktisch nicht durchgeführt.

546 Oftmals ist aufseiten des Steuerbürgers der **Zeuge** jedoch das **einzig vortragbare Beweismittel**. Im Einspruch sollte angegeben werden, zu welcher **Frage** der Zeuge aussagen kann. Regelmäßig ist es zweckmäßig, auch seine **Anschrift** anzugeben. Allerdings ist Letzteres kein zwingendes Erfordernis. Zu den Ermittlungspflichten des Finanzamts gehört es ggf. auch, die Anschrift des Zeugen festzustellen.

547 Vorsicht ist geboten, wenn Finanzämter statt einer Anhörung die Vorlage **schriftlicher Erklärungen Dritter** oder des Steuerpflichtigen fordern. Ist der Streit festgefahren, ist dies mit einiger Wahrscheinlichkeit keine Maßnahme objektiver Sachverhaltsaufklärung mehr, sondern dient der **Sammlung negativer Belegstücke** zum Nachweis für angebliche Auslassungen, Widersprüchlichkeiten und weitere Indizien zulasten des Steuerpflichtigen.

548 Es empfiehlt sich in diesen Fällen, nicht Erklärungen beizubringen, sondern das Finanzamt aufzufordern, die interessierenden Personen **selbst als Zeugen** zu laden und anzuhören.

549 Dem Finanzamt sollte ansonsten deutlich gemacht werden, dass man bereit ist, auf **alle Sachverhaltsfragen einzugehen**. Für die Beratung bleibt die nicht immer einfache **Abgrenzung**, wo Mitwirkung die Streiterledigung fördert und wo sie zu verweigern ist. Am falschen Punkt angeboten, fordert das Mithilfeangebot lediglich **Begehrlichkeiten** der Finanzverwaltung, wenn diese ohne eigenen Arbeitsaufwand Informationen beliebig abrufbar weiß.

550 Wird **Verjährung** geltend gemacht, genügt es, Verjährung zunächst zu **behaupten**. Das Finanzamt ist verpflichtet, von Amts wegen zu prüfen.

Rechtsbehelfsstellen

Das Ergebnis (häufig Ergebnis der sorgsamen Recherche eines jungen Beamten in der Ausbildung) kann sodann Basis der eigenen weiteren Prüfung und Argumentation zugunsten des Mandanten sein.

Nicht selten sind Auslöser von Steuerstreitigkeiten subjektiver Ärger, Unmut oder Misstrauen (gerade nach Außen- oder Steuerfahndungsprüfungen). Hier ist es **Aufgabe des übernehmenden Beraters**, die Vorgeschichte zu klären, die tatsächlichen Auslöser ausfindig zu machen und in der Begründung zu berücksichtigen. 551

Im Einspruchsverfahren entscheidet die **Rechtsbehelfsstelle**. Nach vorangegangener Außen- oder Steuerfahndungsprüfung **entscheiden häufig faktisch die bisherigen Prüfer weiter**. Ihre Stellungnahmen werden wortgleich ins Einspruchsverfahren übernommen. 552

Ob und wie **Rechtsbehelfsstellen** die **eigene Kompetenz** nutzen, ist sehr unterschiedlich. Persönlichkeit und Temperament des Beamten geben den Ausschlag[1]. Klarheit über die Frage „Wer entscheidet?" zu gewinnen, ist für die Führung des Rechtsstreits wichtig. Häufig bringt ein Telefonat mit der Rechtsbehelfsstelle Aufschluss. 553

Fälle der „**Fremdsteuerung**" gibt es außerdem, wenn Oberbehörden (insbesondere Oberfinanzdirektionen) sich einschalten. Für den Steuerpflichtigen und seinen Berater ist vielfach nicht erkennbar, ob das Finanzamt eine eigene Position vertritt oder an Vorgaben der Oberfinanzdirektion gebunden ist. Auch hier empfiehlt sich das Gespräch mit der Rechtsbehelfsstelle, um den wahren Streitgegner ausmachen zu können. 554

4. Ausschlussfrist (§ 364b AO)

Die Abgabenordnung enthält **keine Frist für** die Vorlage der **Einspruchsbegründung**. Der Gesetzgeber geht davon aus, der Einspruchsführer werde aus eigenem Antrieb seinen Einspruch begründen, im Übrigen ist das Finanzamt von Amts wegen zur Überprüfung und Aufklärung verpflichtet (§ 88 AO). 555

---

[1] Betriebsprüfungsordnung und FVG binden die Rechtsbehelfsstellen zwar, indem sie verhindern, dass Prüfer und Bundesprüfer außen vor gelassen, bzw. ihre Ergebnisse ignoriert werden. Selbstbewusste Rechtsbehelfsstellen und ihre Sachgebietsleiter hindert dies gleichwohl nicht an selbständigen Entscheidungen.

Ausschlussfrist

556 Das Finanzamt kann den Steuerpflichtigen zur **Mitwirkung bei der Sachverhaltsaufklärung auffordern** (§ 365 Abs. 1 AO iVm. § 90 Abs. 1 AO). Darüber hinaus kann das Finanzamt dem Steuerpflichtigen **Fristen setzen** zur Angabe von Tatsachen, durch die er sich beschwert fühlt, zur Erklärung von bestimmten klärungsbedürftigen Punkten oder/und zur Bezeichnung von Beweismitteln oder zur Vorlage von Urkunden (§ 364b Abs. 1 AO).

557 Die Frist kann als **Ausschlussfrist** gesetzt werden. Verspätet vorgetragene Erklärungen und Beweismittel sind vom **Finanzamt** nicht mehr zu berücksichtigen (sog. Präklusion, § 364b Abs. 2 AO)[1].

558 Die Vorschrift des § 364b AO ist umstritten[2]. Im normalen Steuerstreit hat die Vorschrift **kaum Bedeutung** erlangt. Die Finanzämter setzen nur in Ausnahmefällen Ausschlussfrist nach § 364b AO. Die Gründe sind nachvollziehbar: Auch über § 364b AO kann nicht pauschal die Vorlage einer Einspruchsbegründung gefordert werden. Stets muss das Finanzamt sich die Mühe machen, die geforderte Mitwirkung exakt festzulegen und zu verlangen.

559 Außerdem hat die Ausschlussfrist nur begrenzte Wirkung: Trägt der Steuerpflichtige verspätet vor (und wird nicht Wiedereinsetzung nach § 110 AO gewährt), ist er zwar im Einspruchsverfahren mit seinem Vortrag zwingend ausgeschlossen. Beim **Finanzgericht** werden die **Karten aber neu gemischt**: Das **Gericht** entscheidet nach **eigenem Ermessen**, ob es den verspäteten Sachverhaltsvortrag im Klageverfahren akzeptieren oder zurückweisen will (§ 76 Abs. 3 FGO). Regelmäßig wird der Vortrag akzeptiert. Allerdings können dem obsiegenden Kläger die Kosten auferlegt werden (§ 137 Satz 3 FGO).

560 Hat das Finanzamt Ausschlussfrist nach § 364b AO gesetzt, empfiehlt es sich trotz aller Schwächen des § 364b AO, die **Frist einzuhalten**[3]. Es kann auch Verlängerung der Frist beantragt werden. Der Antrag muss jedoch vor dem Ablauf der Ausschlussfrist gestellt und nach Möglichkeit auch vorher beschieden werden[4].

---

[1] Zur Wiedereinsetzung in den vorherigen Stand vgl. § 364b Abs. 2 Satz 2 AO.
[2] Zur berechtigten Kritik an § 364b AO: SEER in Tipke/Kruse, § 364b AO Rz. 2 ff. (Feb. 2011).
[3] Zu Streitmöglichkeiten vgl. SEER in Tipke/Kruse, § 364b AO Rz. 10 ff. (Feb. 2011).
[4] Wird die Frist versäumt, gilt für die Wiedereinsetzung § 110 AO.

5. Die Pflichten des Finanzamts im Einspruchsverfahren

a. Die Hinzuziehung

Beteiligt am Einspruchsverfahren ist derjenige, der den **Einspruch eingelegt** hat, und derjenige, der vom Finanzamt zum Verfahren **hinzugezogen** wird (§ 359 AO). 561

Wer wann hinzuzuziehen ist, bestimmt sich nach § 360 AO[1]. In bestimmten Fällen (§ 360 Abs. 3 AO) **muss** beigeladen werden, in anderen (§ 360 Abs. 1 AO) **kann** beigeladen werden. 562

Zwingend ist die Hinzuziehung bzgl. solcher Personen geboten, die an dem streitigen Rechtsverhältnis derartig beteiligt sind, dass die Entscheidung auch ihnen gegenüber nur einheitlich ergehen kann (**notwendige Hinzuziehung**, § 360 Abs. 3 AO). Hauptfall der notwendigen Hinzuziehung ist die einheitliche und gesonderte Feststellung der Besteuerungsgrundlagen: Alle Feststellungsbeteiligten, die nicht selbst Einspruch eingelegt haben, sind notwendig hinzuzuziehen (§ 360 Abs. 3 AO)[2]. 563

Darüber hinaus **kann** das Finanzamt von Amts wegen oder auf Antrag jeden Dritten hinzuziehen, dessen **rechtliche Interessen** durch die Entscheidung **berührt** werden. Das ist insbesondere derjenige, der nach den Steuergesetzen neben dem Steuerpflichtigen haftet (§ 360 Abs. 1 Satz 1 AO)[3]. 564

Hinzugezogen werden können auch die übrigen **Gesamtschuldner**, wenn nur einer von mehreren Gesamtschuldnern Einspruch eingelegt hat[4]. Beispiele: Beim Grundstückserwerb kann der Grundstückserwerber zum Einspruchsverfahren des Grundstücksveräußerers hinzugezogen werden (§ 13 Nr. 1 GrEStG) oder bei der Schenkung der Beschenkte zum Verfahren des Schenkers (§ 20 Abs. 1 Satz 1 ErbStG). Bei **zusammenveranlagten Ehegatten** liegt nach herrschender Rechtsprechung kein Fall der notwendigen Hinzuziehung vor[5]. Nach den Vorgaben der Finanzverwaltung[6] empfiehlt sich die einfache Hinzuziehung. 565

---

1 Parallelregelung für das Finanzgerichtsverfahren: § 60 FGO.
2 Vgl. BRANDIS in Tipke/Kruse, § 60 Rz. 24 ff. (Feb. 2011).
3 Vgl. dazu BRANDIS in Tipke/Kruse, § 360 FGO Rz. 15 (Feb. 2011).
4 Vgl. BRANDIS in Tipke/Kruse, § 60 FGO Rz. 62 (Feb. 2011).
5 Vgl. BFH vom 14.1.1997 VII R 66/95, BFH/NV 1997, 283.
6 AEAO zu § 360 Nr. 3.

Informationspflicht

566 Vor der einfachen Hinzuziehung eines Dritten ist der **Einspruchsführer zu hören** (§ 360 Abs. 1 Satz 2 AO). Obwohl im Wortlaut des Gesetzes (§ 360 AO) nicht angeordnet, soll auch bei der notwendigen Beiladung der Einspruchsführer vorher gehört werden[1].

567 Der Einspruchsführer erhält dadurch die Möglichkeit, die Hinzuziehung durch die Rücknahme des Einspruchs zu vermeiden. Er soll **abwägen** können: Den möglichen Erfolg seines Rechtsbehelfs gegen den Nachteil der Öffnung seiner **Steuergeheimnissphäre** gegenüber Dritten. Wird der Einspruch zurückgenommen, ist keine Hinzuziehung mehr möglich, eine bereits ausgesprochene Hinzuziehung entfällt mit dem Ende des Einspruchsverfahrens.

568 Der **Hinzugezogene** kann dieselben **Rechte** geltend machen wie der Einspruchsführer (§ 360 Abs. 4 AO)[2]. Ergeht die Einspruchsentscheidung, kann der Hinzugezogene – wie der Einspruchsführer – Klage erheben, wenn er eine eigene Rechtsverletzung geltend machen kann[3].

569 Zur Wirkung einer Entscheidung im **Haftungsfall**, die gegenüber dem Hinzugezogenen wirkt, s. Tz. 773.

570 Unterlässt das Finanzamt die „einfache" Hinzuziehung, hat dies nur die Konsequenz, dass die Einspruchsentscheidung eben nicht gegenüber dem nicht hinzugezogenen Dritten wirkt. Die unterlassene „notwendige" Hinzuziehung ist dagegen ein schwerer Verfahrensmangel (vgl. dazu im Finanzgerichtsverfahren Tz. 983 ff.).

571 Letztlich kann jedoch die Beiladung im nachfolgenden Klageverfahren diesen Verfahrensfehler „heilen"[4].

b. Informationspflichten des Finanzamts

572 Die **umfassende Information** über die Grundlagen der Verwaltungsentscheidung für den angefochtenen Bescheid ist unerlässlich für die Rechtsverteidigung des Steuerpflichtigen im Einspruchsverfahren.

573 Im **Veranlagungsverfahren** hat der Steuerpflichtige **kein Recht** auf **Einsicht** in die **Steuerakte des Finanzamts**. Im **Einspruchsverfahren** dage-

---

1 AEAO zu § 360 Nr. 2.
2 Vgl. iE zu den Wirkungen der Hinzuziehung BRANDIS in Tipke/Kruse, § 360 AO Rz. 7 (Feb. 2011).
3 BRANDIS in Tipke/Kruse, § 360 AO Rz. 11 (Feb. 2011).
4 BRANDIS in Tipke/Kruse, § 360 Rz. 13 (Feb. 2011).

Besteuerungsunterlagen

gen hat der Einspruchsführer Anspruch auf **Mitteilung** der **Besteuerungsunterlagen (§ 364 AO)**[1]. Diese Möglichkeit wird anstelle eines Akteneinsichtsrechts gewährt. Nach Ermessen des Finanzamts kann im Einzelfall auch Akteneinsicht gewährt werden[2]. In der Praxis geschieht dies jedoch selten.

Die Bedeutung des Rechts auf Mitteilung der Besteuerungsgrundlagen wird regelmäßig sehr **unterschätzt**. Und zwar sowohl von der Finanzverwaltung als auch von Steuerpflichtigen und ihren Beratern. Für die Streitführung ist der Anspruch auf Mitteilung der Besteuerungsgrundlagen wesentlich **wertvoller als die Akteneinsicht**. Bei der Akteneinsicht stellt das Finanzamt alle Akten unkommentiert dem Steuerpflichtigen zur Verfügung. Für die Mitteilung der Besteuerungsgrundlagen (§ 364 AO) muss die Finanzverwaltung dagegen selbst alle Unterlagen durchgehen, exakt die Akteneinsicht heraussuchen, die Basis des Steuerbescheids sind und diese sodann dem Steuerpflichtigen zur Verfügung stellen. Damit muss die Finanzverwaltung hier wesentlich mehr bieten als bei der Akteneinsicht. 574

Der **Begriff der Besteuerungsunterlagen** ist weit auszulegen[3]. Der Beteiligte muss nachvollziehen können, wie das Finanzamt zu seiner Entscheidung gekommen ist. Besteuerungsunterlagen sind zB alle Berechnungsgrundlagen, Kontrollmitteilungen, Gutachten, Beweismittel, Beweiserhebungen, Auskünfte, Zeugenaussagen, Vermerke über Beweiserhebungen, Rechtshilfeersuchen sowie Schätzungsunterlagen und -methoden. 575

§ 364 AO ist eine **Muss-Vorschrift**. Das Finanzamt hat kein Ermessen, Besteuerungsunterlagen mitzuteilen oder zurückzuhalten. 576

Die **Praxis** zeigt, dass Finanzämter gerade bei größeren und komplexeren Einspruchsverfahren, die nach Außenprüfungen oder Steuerfahndungen folgen, mit der **Informationspflicht** in **Schwierigkeiten geraten** und nicht bereit sind, die Last des § 364 AO zu tragen. Beantragt der Berater die Mitteilung der Besteuerungsunterlagen, wird zB entgegnet, man könne aus folgenden Gründen nicht vorlegen: 577

---

1 SEER in Tipke/Kruse, § 364 AO Rz. 3 (Feb. 2011) zu den Grenzen der Informationspflicht des Finanzamts aus § 364 AO. Dort ebenfalls zum Anspruch aus den Informationsfreiheitsgesetzen des Bundes und der Länder.
2 Vgl. BFH vom 23.2.2010 VII R 19/09, BStBl. II 2010, 729, 731; BMF-Schreiben vom 17.12.2008, BStBl. I 2009, 6.
3 Vgl. SEER in Tipke/Kruse, § 364 AO Rz. 4 (Feb. 2011).

§ 364 AO und AdV

- Die Unterlagen seien für das Finanzamt **nicht greifbar**.
- Sie befänden sich bei der **Außenprüfung**, bei der Steuerfahndung oder in den Strafakten.
- Die **Strafverfolgungsbehörde** sei nicht bereit, Strafakten herauszugeben, die Finanzverwaltung habe nur Ergebnisse von Berichten der Steuerfahndung oder der Außenprüfung übernommen.
- Das **Steuergeheimnis** stehe der Mitteilung der Besteuerungsgrundlagen entgegen. Verhältnisse Dritter seien betroffen (zB in Haftungsverfahren).

578 Anträgen auf Mitteilung der Besteuerungsgrundlagen wird manchmal auch schlicht entgegen gehalten, **man wolle nicht** vorlegen. Der Berater sei **Verteidiger** und könne ja Akteneinsicht im Strafverfahren beantragen bzw. kenne die Akte doch schon. Oder: Man wolle Besteuerungsunterlagen (zB Zeugenaussagen) dem Berater nicht offenbaren, damit die weitere Sachverhaltsermittlung nicht gefährdet werde.

579 Keines dieser **Weigerungsargumente** der Finanzverwaltung schränkt den Anspruch auf Mitteilung der Besteuerungsgrundlagen im Einspruchsverfahren tatsächlich ein.

580 Gegen die Ablehnung der Mitteilung der Besteuerungsgrundlagen kann Einspruch eingelegt werden[1]. Ein Verstoß gegen § 364 AO ist ein Verstoß gegen das Gebot, **rechtliches Gehör** zu gewähren und damit ein **schwerer Verfahrensfehler**[2]. Ob er später im Klageverfahren zur Aufhebung der Einspruchsentscheidung und Zurückweisung führt, entscheidet das Finanzgericht (§ 100 Abs. 3 Satz 1 FGO). In jedem Fall ist die Mitteilung spätestens im Prozess vom Finanzamt nachzuholen (§ 75 FGO).

581 Die Pflicht nach § 364 AO ist so gravierend, dass das Finanzamt, solange es seiner Pflicht nach dieser Vorschrift nicht nachgekommen ist, die **Aussetzung der Vollziehung gewähren** muss[3]. „Bei fehlender Substanziierung des Steuerbescheids ist der Steuerpflichtige außerstande, im Aussetzungsverfahren seine Rechte in ausreichendem Maße wahrzunehmen. Es ist daher davon auszugehen, dass das Fehlen ausreichender Angaben über die Besteuerungsgrundlagen alleine genügt, ernst-

---

1 Seer in Tipke/Kruse, § 364 AO Rz. 7 (Feb. 2011).
2 Seer in Tipke/Kruse, § 364 AO Rz. 1, 6 (Feb. 2011).
3 Vgl. Seer in Tipke/Kruse, § 364 AO Rz. 8 (Feb. 2011); FG Düsseldorf vom 19.3.2007 16 V 4828/06 A (H/L), rechtskräftig, EFG 2007, 1053.

Ermittlungspflichten

liche Zweifel im Sinne des § 69 Abs. 2 und 3 FGO bzw. des § 361 Abs. 2 AO anzunehmen[1].

Im **finanzgerichtlichen Verfahren** setzt sich die Pflicht der Finanzverwaltung fort. Soweit bisher noch nicht geschehen, sind im Klageverfahren den Beteiligten die Grundlagen der Besteuerung spätestens jetzt mitzuteilen (§ 75 FGO).

582

c. Überprüfungs- und Ermittlungspflichten des Finanzamts

Der Einspruch zwingt die Finanzbehörde, die über den Einspruch zu entscheiden hat, den **Bescheid in vollem Umfang erneut** zu **prüfen** (§ 367 Abs. 2 Satz 1 AO). Daraus folgt: Die Finanzbehörde ist zur erneuten **Vollüberprüfung verpflichtet**. Der Grundsatz der Amtsaufklärung (§ 88 AO) gilt im Einspruchsverfahren fort. Die **Finanzbehörde ermittelt den Sachverhalt von Amts wegen**. Sie bestimmt Art und Umfang der Ermittlungen; an das Vorbringen und die Beweisanträge der Beteiligten ist sie nicht gebunden. Vom Gesetzgeber ausdrücklich verpflichtet ist das Finanzamt insbesondere, auch die **für den Steuerpflichtigen günstigen** Umstände zu berücksichtigen (§ 88 Abs. 2 AO).

583

Allerdings: Umfang und Intensität der Überprüfung durch das Finanzamt richten sich nach der Argumentation und den **Begründungen des Steuerpflichtigen** im Einspruchsverfahren[2]. Begründet der Steuerpflichtige seinen Einspruch nicht, hat die Finanzbehörde regelmäßig weniger Anlass, an der Rechtmäßigkeit des angefochtenen Bescheids zu zweifeln, als in den Fällen einer ausführlichen Begründung. Die Finanzverwaltung verletzt zB ihre Aufklärungspflicht, wenn angekündigte Begründungen nicht abgewartet oder unverhältnismäßig kurze Fristen gesetzt werden[3].

584

Die Rechtsprechung ist gegenüber der Finanzverwaltung außerordentlich **nachsichtig**: Die Sachaufklärungspflicht soll erst verletzt sein, wo

585

---

[1] BFH vom 4.4.1978 VII R 71/77, BStBl. II 1978, 402. Ähnlich hat der BFH mit der Entscheidung vom 14.2.1984 VIII B 112/83, BStBl. II 1984, 433, argumentiert.

[2] Allgemein zur Aufklärungsintensität und zum Übergehen der Finanzverwaltung zum sog. elektronischen Risikomanagement, vgl. SEER in Tipke/Kruse, § 88 AO Rz. 12 (Okt. 2008).

[3] Verletzung der Aufklärungspflicht, wenn das Finanzamt schon zwei Tage nach Erhalt des Einspruchs über diesen entscheidet, ohne die Begründung abzuwarten (Thüringer FG vom 16.10.2003 III 224/03, EFG 2004, 57 ff., rkr.).

Teilnahmerechte

offenkundigen Zweifelsfragen nicht nachgegangen wird, wo Unklarheiten ignoriert werden, die sich **aufdrängen mussten**[1].

586 Bei der Bearbeitung des Einspruchs hat das Finanzamt **alle Ermittlungsmöglichkeiten**, die ihm auch im Veranlagungsverfahren zustehen (§ 365 Abs. 1 AO).

587 Dementsprechend kann das Finanzamt im Einspruchsverfahren insbesondere Sachverhalte aufklären durch (§ 92 AO):
- Einholung von **Auskünften**[2].
- Zuziehung von **Sachverständigen**.
- Beiziehung von **Akten und Urkunde**.
- Einnahme von **Augenschein**.

588 Die Beteiligten können auch von sich aus diese Ermittlungen beantragen, dh. entsprechende Beweisanträge stellen[3].

589 Im Rahmen dieser Ermittlungsmöglichkeiten hat der **Einspruchsführer** ein **Recht**, das er im Veranlagungsverfahren nicht hat: Bei der **Anhörung** einer **Auskunftsperson**, eines **Sachverständigen** oder bei der Einnahme eines **Augenscheins** ist den Beteiligten und ihren Beratern Gelegenheit zu geben, an der Beweisaufnahme **teilzunehmen** (§ 365 Abs. 2 AO). Ihnen ist der Termin rechtzeitig mitzuteilen. Ist dieses Gebot der Rechtzeitigkeit gewahrt, gibt es allerdings keinen Anspruch auf eine Terminverlegung.

590 Wird § 365 Abs. 2 AO **verletzt**, ist das Beweisergebnis uE nicht **verwertbar**[4]. Es handelt sich insoweit nicht um eine reine Formvorschrift, die ohne materiellen Gehalt ist. Gerade die Teilnahme des Steuerpflichtigen selbst oder seines Beraters kann das Beweisergebnis wesentlich beeinflussen, und zwar selbst dann, wenn er untätig teilnimmt.

591 Das Teilnahmerecht umfasst das Recht, auf die **Beweiserhebung einzuwirken**. Die Auskunftsperson oder der Sachverständige können von dem Steuerpflichtigen oder seinem Berater befragt werden. Bei Besichtigungen können Steuerpflichtiger und Berater auf bestimmte Gegebenheiten ausdrücklich hinweisen.

---

1 SEER in Tipke/Kruse, § 88 AO Rz. 13 (Okt. 2008).
2 Zur Zurückhaltung der Finanzverwaltung, Zeugen zu hören, vgl. vorstehend Tz. 545.
3 Vgl. im Einzelnen SEER in Tipke/Kruse, § 92 AO Rz. 16 (Jan. 2010).
4 IdS auch SEER in Tipke/Kruse, § 365 AO Rz. 24 (Feb. 2011).

Bindungswirkung

Ermitteln **Steuerstrafbehörden** und **Steuerbehörden nebeneinander** – 592
zB bei Fahndungsverfahren – neigen Rechtsbehelfsstellen dazu, der
Sachverhaltsermittlung dadurch aus dem Weg zu gehen, dass die Steuerfahndung, die Bußgeld- und Strafsachenstelle oder die Staatsanwaltschaft gebeten wird, bestimmte Zeugen zu vernehmen. In jenen Verfahren haben der Steuerpflichtige und sein Berater regelmäßig kein Teilnahmerecht. Das Recht des § 365 Abs. 2 AO kann auf diese Weise nicht umgangen werden. Solche Aussagen mögen im Strafverfahren verwertet werden können, sie sind jedoch im Steuerverfahren nicht verwertbar. Im Übrigen stellt es einen krassen **Fehlgebrauch des Ermessens** des Finanzamts dar, wenn auf diese Weise Rechte des Einspruchsführers ausgehöhlt werden.

d. Einschränkung der Pflichten durch die Bindungswirkung anderer Verwaltungsakte

Der Einspruch führt grundsätzlich zu einer **Vollüberprüfung** des angefochtenen Verwaltungsakts (Tz. 531, 626). **Einschränkungen** gelten allerdings für **Änderungsbescheide**: 593

Wird durch den angefochtenen Verwaltungsakt ein bestandskräftiger 594
Verwaltungsakt geändert, so kann der geänderte Verwaltungsakt **nur so weit angegriffen** werden, **wie die Änderung reicht** (§ 351 Abs. 1 AO)[1].

Entscheidungen, die in einem **Grundlagenbescheid** getroffen sind[2], 595
können nur durch Anfechtung dieses Bescheids, nicht auch durch die Anfechtung des **Folgebescheids** angegriffen werden (§ 351 Abs. 2 AO).
Beispiel: Wird für eine Kommanditgesellschaft der Gewinn gesondert festgestellt, kann um die Höhe dieses Gewinns nur im gesonderten

---

1 Beispiel: Ändert der angefochtene Steuerbescheid den ursprünglichen Steuerbescheid, der eine Steuerschuld iHv. 50 000 Euro auswies, um 5000 Euro (erhöht der angefochtene Bescheid also die Steuer auf 55 000 Euro), kann jetzt nur der Betrag von 5000 Euro angefochten werden. Es können jedoch bzgl. dieser 5000 Euro alle Gründe geltend gemacht werden, die auch gegen den ursprünglichen, bestandskräftigen Bescheid hätten geltend gemacht werden können (vgl. SEER in Tipke/Kruse, § 351 AO Rz. 13 f. (Okt. 2010)). Weitergehende Änderungen können vom Steuerpflichtigen (nur) begehrt werden, soweit eine konkrete Änderungsvorschrift zu seinen Gunsten eingreift (zB § 173 Abs. 1 Nr. 2 AO).
2 Zum Verhältnis Grundlagen – Folgebescheid vgl. SEER in Tipke/Kruse, § 351 AO Rz. 47 ff. (Okt. 2010).

Vorbehalt und Einspruchsentscheidung

Feststellungsverfahren gestritten werden. Ein Einspruch gegen den Folgebescheid (Einkommensteuerbescheid) des Gesellschafters ist unzulässig[1].

e. Der Vorbehalt der Nachprüfung im Einspruchsverfahren

596 Wird ein **Vorbehaltsbescheid geändert**, ist die Finanzverwaltung gehalten, im neuen Bescheid ausdrücklich zu vermerken, ob der Vorbehalt der Nachprüfung fortgilt oder aufgehoben wird[2]. Beides ist grundsätzlich möglich.

597 **Schweigt** der geänderte Bescheid zum Vorbehalt der Nachprüfung, bleibt der Vorbehalt bestehen[3]. Nur im **Ausnahmefall** kann das Fehlen des Vorbehaltsvermerks im Änderungsbescheid als stillschweigende Aufhebung des Vorbehalts gedeutet werden[4].

598 Selbst die **Einspruchsentscheidung** kann weiterhin unter dem Vorbehalt des § 164 AO stehen[5]. Auch hier bedeutet Schweigen des Finanzamts grundsätzlich den Fortbestand des Vorbehalts.

599 Durch diese Möglichkeit ist die Finanzbehörde berechtigt, selbst im **Einspruchsverfahren** nur „vorläufig" zu ermitteln[6]. Dies gilt nicht nur dort, wo die Steuererklärung übernommen wird, sondern auch dort, wo das Finanzamt von der Steuererklärung abweicht.

600 Enthielt der ursprüngliche Bescheid keinen Vorbehalt der Nachprüfung, kann er in einem Änderungsbescheid oder in der **Einspruchsentscheidung** erstmals verfügt werden. Es handelt sich insoweit jedoch um eine **Verböserung**. Es muss daher zuvor ein Hinweis des Finanzamts (§ 367 Abs. 2 Satz 2 AO) gegeben werden[7].

---

1 Seer in Tipke/Kruse, § 351 AO Rz. 54 (Okt. 2010), dort auch zur Gegenmeinung, nach der der Einspruch gegen den Folgebescheid unbegründet sein soll.
2 AEAO zu § 164 Nr. 6.
3 So die BFH-Rechtsprechung, vgl. BFH vom 25.2.2005 III B 113/04, BFH/NV 1144, 1145: Der Vorbehalt der Nachprüfung wirkt so lange fort, bis er aufgehoben wird oder wegen Ablauf der Festsetzungsfrist entfällt.
4 Vgl. Seer in Tipke/Kruse, § 164 AO Rz. 46 (Feb. 2009).
5 Seer in Tipke/Kruse, § 164 AO Rz. 56 (Feb. 2009).
6 Vgl. Seer in Tipke/Kruse, § 164 AO Rz. 55 f. (Feb. 2009).
7 Seer in Tipke/Kruse, § 164 AO Rz. 56 (Feb. 2009); generell zur Verböserung vgl. Tz. 648 ff.

Zeitpunkt der Einspruchsentscheidung

Die **Aufhebung des Vorbehalts der Nachprüfung** muss schriftlich oder elektronisch erfolgen und mit einer Rechtsbehelfsbelehrung versehen sein (§ 164 Abs. 3 Satz 2 iVm. § 157 Abs. 1 Satz 1 und 3 AO). 601

In der Praxis geschieht es hin und wieder, dass ein Finanzamt einen Vorbehalt der Nachprüfung aufhebt, obwohl zB noch eine Außenprüfung läuft oder noch durchgeführt werden soll. Die Finanzverwaltung versucht, zu retten: Die Aufhebung sei **versehentlich** geschehen und könne jetzt nach § 129 AO rückgängig gemacht werden. Dies stütze ein Urteil des BFH vom 23.7.2002[1]. Im Zweifel **trägt diese Argumentation der Finanzverwaltung nicht**. Eine fehlerhafte Aufhebung des Vorbehalts ist nicht automatisch eine offenbare Unrichtigkeit iS von § 129 AO[2]. Ob die Aufhebung eines Vorbehalts der Nachprüfung nach § 129 AO wieder rückgängig gemacht werden kann, ist in jedem **Einzelfall** konkret zu prüfen. Die entscheidenden Kriterien dafür liefert die Entscheidung des I. Senats des BFH vom 29.1.2003[3]. 602

Gegen den Steuerbescheid unter Vorbehalt kann wie gegen den vorbehaltslosen Bescheid **Einspruch** eingelegt werden. Angegriffen werden kann sowohl allein der Vorbehalt der Nachprüfung als auch die Steuerfestsetzung selbst[4]. Auch in diesem Verfahren hat das Finanzamt die Sache in vollem Umfang erneut zu prüfen (§ 367 Abs. 1 Satz 2 AO). 603

Zu Behandlung und Auswirkung des Vorbehalts der Nachprüfung im **finanzgerichtlichen** Verfahren s. Tz. 1029 ff. 604

6. Entscheidungen im Einspruchsverfahren

a. Zeitpunkt der Entscheidung

Über den **Einspruch** ist zu **entscheiden**, wenn die Sache **entscheidungsreif** ist. 605

Dh. wenn der Einspruchsführer den Einspruch begründet (oder innerhalb angemessener Frist nicht begründet) und wenn das Finanzamt die 606

---

1 BFH vom 23.7.2002 VIII R 6/06, BFH/NV 2003, 1 f.
2 Vgl. SEER in Tipke/Kruse, § 164 AO Rz. 25 (Feb. 2009).
3 BFH vom 29.1.2003 I R 20/02, BFH/NV 2003, 1139. Danach ist ein Fehler (nur) offenbar, „wenn er auf der Hand liegt, also durchschaubar, eindeutig oder augenfällig ist". Nicht ausreichend ist, wenn der Fehler erst „durch Abfrage subjektiver Einschätzungen seinerzeit Beteiligter ermittelt und damit offenbart wird".
4 Vgl. SEER in Tipke/Kruse, § 164 AO Rz. 55 (Feb. 2009).

Gespräch

erneute Vollüberprüfung (§ 367 Abs. 2 Satz 1 AO) vorgenommen und evtl. noch erforderliche Ermittlungsmaßnahmen durchgeführt hat.

607 Wird jetzt über den Einspruch in angemessener Frist **nicht entschieden**, ist die **Untätigkeitsklage** nach § 46 FGO möglich (vgl. Tz. 857 ff.).

608 Der Einspruchsführer sollte in dieser Phase überlegen, ob er den Streitstand der Entscheidung des Finanzamts überlassen kann oder ob er nicht – vielleicht abermals – das **Gespräch**, die Verhandlung mit dem Finanzamt **suchen** sollte.

609 Das Finanzamt kann, sofern die Entscheidung über den Einspruch ganz oder teilweise von dem Bestehen oder Nichtbestehen eines Rechtsverhältnisses abhängt, das den Gegenstand eines anhängigen Rechtsstreits bildet oder von einem Gericht oder einer Verwaltungsbehörde festzustellen ist, anordnen, dass die **Entscheidung** bis zur Erledigung dieses anderen Streits oder bis zur Entscheidung des Gerichts oder der Verwaltungsbehörde **ausgesetzt** wird, sog. Aussetzung wegen **Vorgreiflichkeit** (§ 363 Abs. 1 AO).

610 Die Aussetzung bedarf nicht der Zustimmung des Einspruchsführers. Es handelt sich um einen **Verwaltungsakt**, der mit dem Einspruch anfechtbar ist[1].

611 Die Aussetzung des Verfahrens ist zB dann anzuordnen, wenn wegen der aktuellen Streitfrage bereits eine Klage des Steuerpflichtigen für einen vorangegangenen Veranlagungszeitraum beim **Finanzgericht anhängig** ist[2].

612 In Sonderfällen kann ein Einspruchsverfahren auch **zum Ruhen** gebracht werden. Es gibt die „**Zustimmungsruhe**", die „**Zwangsruhe**" und das Ruhen aufgrund Allgemeinverfügung (§ 363 Abs. 2 Satz 1, 2 und 3 AO). Mit Zustimmung des Einspruchsführers kann das Finanzamt das Ruhen anordnen, „wenn das aus wichtigen Gründen zweckmäßig erscheint" (§ 363 Abs. 2 Satz 1 AO). Das ist der Fall, wenn Ar-

---

1 Allerdings: Lehnt das Finanzamt einen Aussetzungsantrag ab oder widerruft es einen bisher gewährte Aussetzung, ist der Einspruch ausgeschlossen. Die Rechtswidrigkeit kann nur im Rahmen der regulären späteren Klage gegen die Einspruchsentscheidung geltend gemacht werden (§ 363 Abs. 3 AO). Es gilt dann allerdings auch § 127 AO; zur Begründung dieser etwas sonderbaren Systematik vgl. BRANDIS in Tipke/Kruse, § 363 AO Rz. 21 (Feb. 2011).
2 Zur Aussetzung wegen laufenden Strafverfahrens vgl. BRANDIS in Tipke/Kruse, § 363 AO Rz. 7 (Feb. 2011).

Musterverfahren

beitsaufwand erspart und/oder zu befürchtende Widersprüchlichkeiten vermieden werden[1]. Erfasst ist das gesamte Einspruchsverfahren.

Hauptfall des Ruhens von Einspruchsverfahren ist heute die sog. Zwangsruhe (§ 363 Abs. 2 Satz 2 AO). Sie tritt – kraft Gesetzes – ein, wenn wegen der Verfassungsmäßigkeit einer Rechtsnorm oder wegen einer Rechtsfrage ein Verfahren bei dem **Europäischen Gerichtshof**, dem **Bundesverfassungsgericht** oder einem **obersten Bundesgericht** (Art. 95 GG) also insbesondere auch beim **BFH** anhängig ist und der Einspruchführer seinen Einspruch darauf stützt. Das Einspruchsverfahren ruht dann insoweit. Das Ruhen tritt automatisch ein, sog. **Zwangsruhe**. Weder im Gesetz noch im AEAO zu § 363 ist eine Mitteilung der Zwangsruhe an den Einspruchführer vorgesehen. Finanzämter informieren gleichwohl regelmäßig[2]. 613

Das Musterverfahren muss eine in dem Verfahren des Einspruchführers **entscheidungserhebliche Rechtsfrage** betreffen[3]. 614

Stützt der Einspruchführer – obwohl das möglich wäre – seinen Einspruch **nicht** auf ein bei einem Obergericht anhängiges Musterverfahren, könnte das Finanzamt von sich aus das Ruhen nach § 363 Abs. 2 Satz 1 AO anordnen. Dazu wäre allerdings die Zustimmung des Steuerpflichtigen erforderlich. In der Praxis wird die Finanzverwaltung eher die **Existenz des Musterverfahrens** ignorieren und über den Einspruch nach eigener Überzeugung oder interner Vorgabe entscheiden. 615

Die Zwangsruhe endet, wenn der Einspruchführer die Fortsetzung des Verfahrens beantragt (§ 363 Abs. 2 Satz 4). Ebenso, wenn das Musterverfahren entschieden ist[4]. 616

Gemäß § 363 Nr. 2 Satz 3 AO kann schließlich durch **Allgemeinverfügung** angeordnet werden, dass „für bestimmte Gruppen gleich gelagerter Fälle" Einspruchsverfahren auch in anderen Fällen als bei Musterverfahren bei Obergerichten ruhen[5]. Die **Verfassungsmäßigkeit** 617

---

1 BRANDIS in Tipke/Kruse, § 363 AO Rz. 7 (Feb. 2011).
2 Schon um die Gefahr von Untätigkeitsklagen auszuschließen.
3 AEAO zu § 363 Abs. 2 mit Verweis auf BFH vom 26.9.2006 X R 39/05, BStBl. II 2007, 222.
4 Vgl. insgesamt zur Zwangsruhe BRANDIS in Tipke/Kruse, § 363 AO Rz. 12 ff. (Feb. 2011).
5 Nach der Begründung des Bundestags-Finanzausschusses (BT-Drucks. 12/7427, 36) dachte der Gesetzgeber an Fälle, „in denen eines der vorgenannten Gerichte noch nicht angerufen worden ist, aber abzusehen ist, dass es sich beispielsweise wegen einer auf breiter Front geführten Diskussion über die

Zwangsruhe

dieser Ermächtigungsnorm darf **bezweifelt** werden, da sie weder Konturen noch Eingrenzungen enthält[1].

618 Ruht ein Einspruchsverfahren, kann über den Einspruch vorerst nicht entschieden werden. Die **Zwangsruhe** endet, wenn das Musterverfahren abgeschlossen ist[2]. Das Verfahren ist **fortzusetzen**, wenn der Einspruchsführer dies beantragt oder die Finanzbehörde dies dem Einspruchsführer mitteilt (§ 363 Abs. 2 Satz 4 AO). Nach Ansicht der Finanzverwaltung[3] bedarf es keiner Fortsetzungsmitteilung, wenn die Zwangsruhe entfallen ist[4]. Selbst nach Verwaltungsvorgabe haben die Finanzämter jedoch Ermessen, Fortsetzungsmitteilungen zu versenden[5].

619 In der Praxis machen die Finanzämter in den meisten Fällen von ihrem Ermessen Gebrauch und versenden nach dem Abschluss von Musterverfahren **Informationsschreiben an die Einspruchsführer**, verbunden mit der Aufforderung, den Einspruch zurückzunehmen.

620 Wurde der Einspruch nicht nur wegen eines Punktes eingelegt, der Gegenstand eines Musterverfahrens ist, kann das Finanzamt durch **Teileinspruchsentscheidung** entscheiden (§ 367 Abs. 2a AO; vgl. dazu im Einzelnen Tz. 635 ff.). Im Übrigen ruht dann das Einspruchsverfahren wegen des Musterverfahrens weiter kraft Gesetzes.

621 Ist das Musterverfahren beendet und wäre danach der Einspruch unbegründet, kann die Zurückweisung durch **Allgemeinverfügung** der obersten Finanzbehörde erfolgen (§ 367 Abs. 2b AO; vgl. dazu im Einzelnen Tz. 641 ff.).

622 Neben die Rechtsmöglichkeiten des § 363 AO tritt das einfache, **nichtförmliche Nichtstun** des Finanzamts. Das Nichtstun oder Liegenlassen findet sich weit **häufiger** als eine Entscheidung nach § 363 AO. Die Grenzen zwischen dem förmlichen und dem nichtförmlichen Nichtstun

---

Verfassungsmäßigkeit einer Rechtsnorm oder unterschiedlicher Instanzen-Rechtsprechung aller Voraussicht nach mit der Klärung der Verfassungsmäßigkeit bzw. der Rechtsfrage befassen wird".

1 IdS vgl. auch BRANDIS in Tipke/Kruse, § 363 AO Rz. 18 ff. (Feb. 2011); sowie SCHMIDT-TROJE/SCHAUMBURG, I Rz. 136.
2 AEAO zu § 363 Abs. 2.
3 AEAO zu § 363 Abs. 2.
4 Die Finanzverwaltung beruft sich dazu auf BFH vom 26.9.2006 X R 39/05, BStBl. II 2007, 222. Anderer Ansicht dagegen SCHMIDT-TROJE/SCHAUMBURG, I Rz. 137 und BRANDIS in Tipke/Kruse, § 363 AO Rz. 20 (Mai 2009) mit Kritik an der Unklarheit des Gesetzes.
5 AEAO zu § 364 Abs. 4.

Stattgabe

sind fließend. Für den Einspruchsführer spielen sie keine Rolle, da er an einer rechtlichen Grenzziehung regelmäßig kein Interesse hat.

Dieses fehlende Interesse hat seinen Grund darin, dass der Berater häufig von der erfahrungsgestützten Erkenntnis geleitet wird, dass das (förmliche oder nichtförmliche) **Ruhen** eines Einspruchs dem **Einspruchsbegehren** eher **förderlich** als schädlich ist. Sprüche wie „Gottes und der Behörden Mühlen mahlen langsam", „Gut Ding will Weile haben" unterstreichen diese Erfahrung. Der Berater denkt an den Trichter, durch den der feine Sand behördlicher Erkenntnisse rinnt; sein Lauf wird durch den die Beschleunigung bezweckenden Druck sofort unterbrochen. 623

b. Stattgabe des Einspruchs

Dem Einspruchsbegehren wird durch eine **Änderung** des angefochtenen Bescheids, ggf. durch seine **Aufhebung** oder den Erlass des beantragten Bescheids **stattgegeben**. 624

Die Stattgabe richtet sich nach dem **Einspruchsbegehren**. Einem Einspruch ist nur dann vollinhaltlich stattgegeben, wenn dem Einspruchsbegehren vollinhaltlich entsprochen ist. 625

Die Stattgabe hebt die Pflicht des Finanzamts, eine **Vollüberprüfung** durchzuführen, nicht auf. Stellt das Finanzamt bei dieser Vollüberprüfung weitere Fehler – zugunsten oder zulasten des Einspruchsführers – fest, müssen diese Fehler mitkorrigiert werden. Akzeptiert der Einspruchsführer die Fehlerfeststellung, berührt die Korrektur nicht die Einspruchsstattgabe. Akzeptiert der Einspruchsführer die Fehlerkorrektur nicht, so wird auch sie Gegenstand des Einspruchsverfahrens. Das Finanzamt gibt dem Einspruch nicht voll statt, wenn es zwar dem ursprünglichen Einspruchsbegehren folgt, gleichwohl die geplante Fehlerkorrektur ohne Zustimmung des Steuerpflichtigen durchführt. Führt die Fehlerkorrektur zu einer Verböserung des Bescheids, gelten die Ausführungen zu Tz. 648 ff. 626

Die Stattgabe **erledigt** das **Einspruchsverfahren**. Eine weitere Einspruchsentscheidung ist nicht erforderlich (§ 367 Abs 2 AO). 627

Gegen den **stattgebenden Bescheid** kann gleichwohl **erneut Einspruch eingelegt werden**, wenn der Einspruchsführer weitere, bisher nicht vorgetragene und nicht vom Finanzamt berücksichtigte Fehler rügt[1]. 628

---

1 Zulässigkeit des Einspruchs gegen einen **Vollabhilfebescheid**: BFH vom 18.4.2007 XI R 47/05, BStBl. II 2007, 736.

Teilstattgabe

629 **Rechtsgrundlage** für die Berechtigung zur Erledigung des Einspruchsverfahrens ohne Einspruchsentscheidung ist § 172 Abs. 1 Nr. 2 Buchst. a) AO, wonach ein Steuerbescheid geändert werden kann, wenn der Steuerpflichtige zustimmt oder seinem Antrag (hier: Einspruchsbegehren) der Sache nach entsprochen wird.

630 Bei **komplexen Einspruchsverfahren** ist die Möglichkeit und Gefahr naheliegend, dass sich selbst bei einer teilweisen oder vollständigen Stattgabe der Einsprüche, die sich über eine Vielzahl von Steuerbescheiden erstreckt, erneut Fehler – ungewollt oder solche aufgrund versteckter Missverständnisse – einschleichen. In diesem Fall erledigen die Berichtigungsbescheide die Einspruchsverfahren nicht. Weitere Einsprüche oder Bescheide sind notwendig. Um diese Erledigung durch mehrere nachfolgende Bescheide auszuschließen, empfiehlt es sich, den Erledigungsinhalt zuvor bis in die **Detailberechnung abzustimmen**. Auch können hier die Steuerbescheide bereits vor ihrer Bekanntgabe dem Einspruchsführer informell zur Gegenprüfung überlassen werden, so dass sichergestellt ist, dass die stattgebenden Bescheide die Einspruchsverfahren auf jeden Fall erledigen.

631 Erlässt das Finanzamt Steuerbescheide, die Vollabhilfebescheide sein sollen, ist sich der Einspruchsführer aber nicht sicher, ob sie nicht doch noch Fehler enthalten, empfiehlt es sich, **vorsorglich Einspruch** einzulegen (obwohl die neuen Bescheide im Fall ihrer Fehlerhaftigkeit möglicherweise Gegenstand des Einspruchsverfahrens nach § 365 Abs. 3 AO geworden sind oder die Einsprüche mangels Beschwer unzulässig wären, wenn die Bescheide doch korrekt sind).

c. Teilstattgabe

632 Wird dem **Einspruchsbegehren** nur **zum Teil entsprochen**, bieten sich für das Finanzamt **zwei Verfahrenswege** an:

633 Über den Einspruch wird insgesamt durch **Einspruchsentscheidung** entschieden. Die Einspruchsentscheidung umfasst die Teilstattgabe.

634 Das Finanzamt kann auch die Teilstattgabe durch einen **berichtigten Steuerbescheid** (nach § 172 Abs. 1 Nr. 2 Buchst. a) iVm. § 132 AO) verfügen, der sodann im Einspruchsverfahren an die Stelle des ursprünglich angefochtenen Bescheids tritt. Der zum Teil stattgebende Berichtigungsbescheid muss nicht erneut angefochten werden, vgl. Tz. 646. Über die verbleibenden Streitpunkte wird sodann durch Einspruchsentscheidung entschieden.

d. Teil-Einspruchsentscheidung

Soweit es „sachdienlich" ist, dürfen Finanzämter **Teil-Einspruchsentscheidungen** erlassen. Das Finanzamt hat Ermessen. In der Entscheidung ist zu bestimmen, hinsichtlich welcher Teile Bestandskraft eintreten soll (§ 367 Abs. 2a AO). 635

Nach der Vorstellung des Gesetzgebers soll die Möglichkeit der Teil-Einspruchsentscheidung im Allgemeininteresse zur **Verfahrensbeschleunigung** dienen[1]. 636

Der Blickwinkel der Finanzverwaltung geht im Wesentlichen dahin, mit der Teil-Einspruchsentscheidung Masseneinsprüchen entgegenzuwirken: Im Blick hat man insbesondere Einsprüche, die ausschließlich im Hinblick auf strittige Rechtsfragen eingelegt werden, die Gegenstand eines beim EuGH, beim Bundesverfassungsgericht oder bei einem obersten Finanzgericht anhängigen Verfahrens sind[2]. Diese Einsprüche weisen Finanzämter per Teil-Einspruchsentscheidung insoweit als unbegründet zurück, als der Einspruchsführer außer dem Verweis auf die vorgenannten „Musterverfahren" keine Einwendungen gegen den Steuerbescheid erhoben hat[3]. 637

Letztlich handelt die Finanzverwaltung damit hier in dem Bestreben zu verhindern, dass durch die Berufung auf Musterverfahren Steuerbescheide umfassend offengehalten werden können, um so auch an weiteren Entwicklungen zu partizipieren[4]. 638

Das Finanzamt ist verpflichtet, in der Teil-Einspruchsentscheidung zu bestimmen, hinsichtlich welcher Teile Bestandskraft nicht eintreten soll (§ 367 Abs. 2 Satz 2 AO). Teil-Einspruchsentscheidung und offener Teil müssen sich **ohne Lücken** und Überschneidungen ergänzen. 639

Rechtsmittel gegen die Teil-Einspruchsentscheidung ist die **Klage**. Mit der Klage kann der Inhalt der Teil-Einspruchsentscheidung gerügt werden. Ebenso die Frage der Zulässigkeit[5]. 640

---

1 Vgl. SEER in Tipke/Kruse, § 367 AO Rz. 60 (Feb. 2011).
2 AEAO zu § 367 Nr. 6.1.
3 Sogenannte Teil-Einspruchsentscheidungen ohne Streitfrage, vgl. SEER in Tipke/Kruse, § 367 AO Rz. 62 (Feb. 2011).
4 Zur Kritik an diesem Ansatz und an der gesetzlichen Regelung des § 367 Abs. 2a AO vgl. SEER in Tipke/Kruse, § 367 AO Rz. 60 ff. (Feb. 2011).
5 SEER in Tipke/Kruse, § 367 AO Rz. 67 (Feb. 2011).

Allgemeinverfügung

e. Einspruchsentscheidung durch Allgemeinverfügung

641 Seit dem 1.1.2007 können Einsprüche unter den Voraussetzungen des § 367 Abs. 2b AO auch durch **Allgemeinverfügung** zurückgewiesen werden. Dies gilt für Einsprüche, die vom Gerichtshof der Europäischen Gemeinschaft, vom Bundesverfassungsgericht oder vom Bundesfinanzhof entschiedene Rechtsfragen betreffen. Sind die Musterverfahren beendet und kann die Finanzverwaltung nach dem Ausgang den Einsprüchen nicht abhelfen, können die Einsprüche jetzt durch Allgemeinverfügung zurückgewiesen werden (§ 364 Abs. 2b AO)[1]. Gegen die Einspruchsentscheidung kann Klage beim Finanzgericht eingelegt werden. Die **Klagefrist** ist auf **ein Jahr** verlängert (§ 367 Abs. 2b Satz 4 AO).

642 Ergeht eine Allgemeinverfügung nach § 367 Abs. 2 AO, betrifft dies ausschließlich die Konsequenzen aus dem Musterverfahren. Das **Einspruchsverfahren im Übrigen bleibt anhängig**. Selbst wenn sich die Allgemeinverfügung auf sämtliche vom Einspruchsführer vorgebrachten Einwendungen erstreckt, ist das Einspruchsverfahren im Übrigen fortzuführen[2].

643 Es laufen **unterschiedliche Klagefristen**[3]. Zum einen die Jahresfrist für die Klage nach der Zurückweisung des Einspruchs durch eine Allgemeinverfügung, außerdem die Monatsfrist für die „normale" Klage nach Erlass der Einspruchsentscheidung durch die örtlich zuständige Finanzbehörde.

f. Bescheidänderung während des Einspruchsverfahrens

644 Angefochtene Bescheide können auch **während des Einspruchsverfahrens** aufgrund der allgemeinen Änderungsvorschriften geändert werden (§ 132 AO).

645 Wird durch die Änderung dem **Einspruchsbegehren** in vollem Umfang **stattgegeben**, so ist das Einspruchsverfahren erledigt[4].

646 Wird durch eine Änderung des angefochtenen Bescheids dem Einspruchsbegehren **teilweise stattgegeben**, ist das Einspruchsverfahren

---

1 Dort auch zu den Einzelheiten, zB zur Veröffentlichung der Allgemeinverfügung etc.
2 AEAO § 367.
3 AEAO zu § 367 Nr. 7.2.
4 Zur Möglichkeit gegen den Vollabhilfebescheid Einspruch einzulegen, wenn über neue Punkte gestritten werden soll, vgl. Tz. 628.

noch nicht beendet. Der geänderte Bescheid tritt im Einspruchsverfahren an die Stelle des angefochtenen Bescheids und wird Gegenstand des laufenden Verfahrens. Der geänderte Bescheid muss nicht erneut angefochten werden (§ 365 Abs. 3 AO).

Wird der angefochtene Bescheid **aus anderen Gründen**, die keinen Bezug zum Einspruchsverfahren haben, **geändert**, so tritt auch dieser Änderungsbescheid an die Stelle des angefochtenen Bescheids. Das Einspruchsverfahren wird fortgesetzt. Ein erneuter Einspruch ist nicht erforderlich. 647

g. Verböserung

Der mit dem Einspruch angefochtene Bescheid „kann auch **zum Nachteil** des Einspruchsführers **geändert** werden, wenn dieser auf die Möglichkeit einer verbösernden Entscheidung unter Angabe von Gründen hingewiesen und ihm Gelegenheit gegeben worden ist, sich hierzu zu äußern" (§ 367 Abs. 2 Satz 2 AO). 648

Aus der Pflicht des Finanzamts, den Bescheid in vollem Umfang erneut zu überprüfen (§ 367 Abs. 2 Satz 1 AO), folgt – durchaus gesetzeslogisch – die Möglichkeit, den angegriffenen Bescheid auch zum Nachteil des Einspruchsführers zu berichtigen. Das Gesetz will dem Einspruchsführer jedoch die **Möglichkeit** geben, durch **Einspruchsrücknahme** die **Verböserung** zu **verhindern**. Es gebietet dem Finanzamt, auf die Verböserung unter Angabe von Gründen hinzuweisen. 649

Auch wenn auf den Verböserungshinweis hin der Einspruch zurückgenommen worden ist, kann das Finanzamt nach den **normalen Änderungsvorschriften** (etwa nach § 164 Abs. 2 AO, wenn der Bescheid unter Vorbehalt der Nachprüfung steht) einen verbösernden Bescheid erlassen. In der Praxis geschieht dies allerdings **selten**. Meist will das Finanzamt nach Verböserungshinweis und Einspruchsrücknahme die **Akte schließen** und kartet nicht mit Änderungen auf anderer Grundlage nach. 650

Der **Hinweis** auf die **Verböserung** setzt voraus, dass der Steuerpflichtige aus den mitgeteilten Gründen objektiv und nachprüfbar erkennen kann, in welcher Beziehung und in welchem Umfang das Finanzamt den Bescheid ändern will[1]. 651

---

1 SEER in Tipke/Kruse, § 367 AO Rz. 28 (Feb. 2011).

Einspruchsentscheidung

652 Nach dieser Mitteilung ist – vor einer verbösernden Einspruchsentscheidung – dem Einspruchsführer eine **angemessene Frist** zur Prüfung und evtl. zur Einspruchsrücknahme zu lassen[1].

653 Wird der Einspruch **nicht zurückgenommen**, erfolgt die Verböserung durch die Einspruchsentscheidung.

654 **Nach der Einspruchsentscheidung**, insbesondere in einem nachfolgenden Klageverfahren, kann das Finanzamt nicht mehr nach § 364 Abs. 2 Satz 2 AO verbösern[2].

655 Kommt das Finanzamt der **Pflicht** des § 367 Abs. 2 Satz 2 AO **nicht** in hinreichender Weise **nach**, hebt das Finanzgericht die Einspruchsentscheidung auf[3]. Der Stand des Einspruchsverfahrens und damit der Möglichkeit der Rücknahme des Einspruchs wird wiederhergestellt.

656 Im Gerichtsverfahren kann der Einspruchsführer auch auf die **Rüge** der Verletzung des § 367 Abs. 2 Satz 2 AO **verzichten**, wenn er zB auf keinen Fall den Einspruch zurücknehmen wird und es ihm auf eine sachliche Entscheidung des Gerichts ankommt[4].

h. Einspruchsentscheidung

657 Gibt das Finanzamt dem Einspruch nicht voll statt, entscheidet es durch **Einspruchsentscheidung** (§ 367 Abs. 1 Satz 1, Abs. 2 Satz 3 AO).

658 Ist der Einspruch nicht zulässig, insbesondere nicht in der vorgeschriebenen Form und Frist eingelegt, wird er als **unzulässig** verworfen (§ 358 AO), im Übrigen als **unbegründet** zurückgewiesen.

659 Mit der Einspruchsentscheidung kann eine **Teilstattgabe** verbunden sein (Tz. 633)[5].

---

1 Welche Frist angemessen ist, ist Einzelfallfrage. Vgl. dazu SEER in Tipke/Kruse, § 367 AO Rz. 31 (Feb. 2011); vereinzelt ist eine Frist von zwei Wochen für ausreichend gehalten worden. ME ist das zu kurz. Die Frist hat sich zumindest an der Monatsfrist für den Einspruch zu orientieren.
2 SEER in Tipke/Kruse, § 367 AO Rz. 25 (Feb. 2011); vgl. auch Tz. 937.
3 SEER in Tipke/Kruse, § 367 AO Rz. 32 (Feb. 2011).
4 SEER in Tipke/Kruse, § 367 AO Rz. 32 (Feb. 2011).
5 Zur Teil-Einspruchsentscheidung vgl. Tz. 635 ff.

Kosten/Kostenerstattung

Die Einspruchsentscheidung wird **schriftlich** abgefasst, **begründet**[1], mit einer **Rechtsbehelfsbelehrung** versehen und den Beteiligten **bekanntgegeben**[2] (§ 366 AO).   660

Die **Verbindung** mehrerer Einsprüche zu einer einheitlichen Einspruchsentscheidung ist möglich.   661

7. Kosten/Kostenerstattung

Das Einspruchsverfahren löst **keine Kosten** für den **Steuerpflichtigen** aus. Anregungen zur Wiedereinführung einer Kostenpflicht sind bisher stets gescheitert.   662

Selbst **notwendige Ermittlungskosten** müssen dem Finanzamt nicht erstattet werden. Die Abgabenordnung kennt auch keine Kostenpflicht bei „**missbräuchlicher**" **Einlegung** von Einsprüchen. Letzteres ist richtig, da hier eine Kostenpflicht zu einer Flut von Streitigkeiten darüber führen würde, was bei der Einspruchseinlegung „missbräuchlich" sei.   663

Die Kehrseite: Hat der Einspruchsführer Erfolg, werden ihm auch seine **Kosten nicht erstattet**, hat er insbesondere seine Vertretungskosten selbst zu tragen[3].   664

Anders ist dies nach dem Gesetz nur, wenn der Steuerpflichtige geklagt und beim Finanzgericht **gewonnen** hat. In diesem Fall erhält er nicht nur seine Vertretungskosten für das **Klage**verfahren erstattet, sondern auch die Vertretungskosten für das **Einspruchs**verfahren (§ 139 Abs. 3 Satz 3 FGO)[4].   665

Gerecht ist diese Lösung nicht. Es gibt keinen Grund dafür, dass der Steuerpflichtige seine Kosten für das Einspruchsverfahren nur ersetzt erhält, nachdem er das Finanzgericht hat anrufen müssen, nicht dage-   666

---

1 Zu den Folgen mangelhafter Begründung vgl. SEER in Tipke/Kruse, § 366 AO Rz. 16 f. (Feb. 2011); auch bei fehlender oder mangelhafter Begründung beginnt die Klagefrist mit Bekanntgabe der Einspruchsentscheidung zu laufen, SEER in Tipke/Kruse, § 366 AO Rz. 19 (Feb. 2011). Dort auch zu den Voraussetzung eines Antrags auf Wiedereinsetzung in den vorigen Stand, wenn der Betroffene wegen der mangelhaften Begründung die Erfolgsaussichten eines Klageverfahrens nicht hinreichend prüfen konnte.
2 Zur Bekanntgabe vgl. SEER in Tipke/Kruse, § 366 AO Rz. 22 f. (Feb. 2011).
3 Ausnahme: Kostenerstattung im Einspruchsverfahren wegen Kindergeldfestsetzung (§ 77 Abs. 1 EStG).
4 BRANDIS in Tipke/Kruse, § 139 FGO Rz. 125 ff. (Jan. 2010).

Haftungs- und Duldungsbescheide

gen, wenn das Finanzamt bereits im Einspruchsverfahren selbst seinen fehlerhaften Bescheid korrigiert.

667 Eine Kostenerstattung für das Einspruchsverfahren lässt sich lediglich über einen **Amtshaftungsanspruch** (§ 839 BGB iVm. Art. 34 GG) erreichen[1].

668 Der Blick auf die Erstattungsregeln könnte die Überlegung nahelegen, ein **finanzgerichtliches Verfahren zu provozieren**. Etwa indem entscheidende Sachverhaltsdetails erst im Klageverfahren präsentiert werden. Für die Praxis ist dieser Weg aber **nicht zu empfehlen**: Unabhängig davon, dass in den meisten Fällen das Interesse des Steuerpflichtigen dahin gehen wird, von Anfang an sämtliche Streitchancen zu nutzen, **sanktioniert** auch das **Kostenrecht** derartige Taktiken: Hat der Steuerpflichtige das Klageverfahren wegen Tatsachen gewonnen, die er schon im Einspruchsverfahren hätte präsentieren können, erlegt das Finanzgericht die Kosten dem Kläger auf (§ 134 FGO), gibt es also **keinerlei Kostenerstattung** für den Kläger. Vermutet im Übrigen das Gericht einen Verlagerungszweck, wäre wohl zu befürchten, dass die Hinzuziehung im Vorverfahren von vornherein nicht für notwendig erklärt wird.

III. Besonderheiten des Einspruchs gegen Haftungs- und Duldungsbescheide

1. Das Besondere

669 Durch den Haftungs- und Duldungsbescheid (§ 191 AO) wird der Bürger für die **Steuerschuld** eines **Dritten** in Anspruch genommen.

670 Diese Fiskalinanspruchnahme ist tiefgreifend. Sie wird von der Abgabenordnung dem Finanzamt nur als **Möglichkeit** eingeräumt, **nicht** als

---

1 Vgl. dazu im Einzelnen SEER in Tipke/Kruse, Vor § 137 AO Rz. 26 f. (Okt. 2010), mwN; DRÜEN in Tipke/Kruse, § 32 AO Rz. 16 (Okt. 2010); Lesenswert: OFD München vom 1.10.2003 O 1057-211 St 311 und OFD Nürnberg 1.10.2003 S 0600-9/St 24, DStR 2004, 777: Ausdrücklich ist hier geregelt, wie die Finanzverwaltung mit Amtshaftungsansprüchen umgehen soll, mit denen Kosten für das außergerichtliche Rechtsbehelfsverfahren geltend gemacht werden. Beträge bis 5000 Euro kann das Finanzamt selbst erfüllen, wenn es sie für berechtigt hält. Bei höheren Summen oder bei grundsätzlicher Bedeutung muss das Finanzamt die Sache der OFD vorlegen. Geregelt ist in dem Erlass auch gleich mit, welche Verfahrenskosten für die Vertretung im Amtshaftungsverfahren selbst dem Steuerpflichtigen zu ersetzen sind.

Duldungsbescheide

zwingendes Muss gegeben. Hier drückt sich eine Zurückhaltung aus, die sich allerdings in der Praxis der Finanzämter nicht widerspiegelt. Die Finanzämter verfügen oft mit leichter Hand Haftungsbescheide. Der Betroffene wird auf die Rechtsbehelfsmöglichkeit verwiesen. Die Tatsache, dass der Haftungsbescheid bereits ein vollstreckbarer Titel ist, wird in ihrer psychologischen Wirkung gering geachtet. Das Finanzamt erwägt die Möglichkeit der Vollziehungsaussetzung, ordnet sodann jedoch Sicherheitsleistung an, wohl sehend, nicht sehend oder fahrlässig übersehend, dass bereits das Gebot der Sicherheitsleistung existenzbedrohend oder existenzvernichtend sein kann. Gleiches gilt, soweit Arrestanordnungen (§§ 324–326 AO) auf einen Haftungsanspruch gestützt werden.

Haftungs- und Duldungsbescheide sind in der Beratung **regelmäßig mit dem Einspruch anzugreifen**. Die **Erfolgsquote** ist nirgends **günstiger** als bei diesen Bescheiden. 671

Der Berater muss das Haftungsrecht formell und materiell sorgfältig durchprüfen. Der Angriff gegen den Haftungs- und Duldungsbescheid kann auf **fünf Ebenen** geführt werden[1]: 672

Das Verfahren um den Haftungs- und Duldungsbescheid unterliegt besonderen **Förmlichkeiten** und **Korrekturvorschriften**, die eingehalten werden müssen (vgl. Tz. 680 ff.). 673

Der Einspruchführer kann nur in Haftung oder durch Duldungsbescheid in Anspruch genommen werden, wenn ein **Haftungs-** oder **Duldungstatbestand** gegeben ist (Tz. 732 ff.). 674

Die **Steuer, für** die **gehaftet** bzw. **geduldet** werden soll, ist in Frage zu stellen (Tz. 767 ff.). 675

Dem Haftungs- oder Duldungsbescheid muss eine **Ermessenserwägung** zugrunde liegen, die zu überprüfen ist (Tz. 779 ff.). 676

Schließlich gelten für Haftungs- und Duldungsbescheide spezielle Regelungen der **Festsetzungsverjährung** (Tz. 795 ff.). 677

Die nachfolgenden Ausführungen befassen sich vorrangig mit dem in der **Praxis häufiger vorkommenden Haftungsbescheid**. Das für ihn Gesagte gilt auch für den **Duldungsbescheid**. 678

---

[1] Vgl. dazu auch EICH, KÖSDI 2006, 15060 ff.; BALMES/AMBROZIAK, AO-StB 2009, 244 ff.

Verfahren

679 Hauptanwendungsfall des **Duldungsbescheids** sind Vollstreckungen aufgrund des **Anfechtungsgesetzes** (AnfG)[1]. Das Anfechtungsgesetz findet insbesondere dann Anwendung, wenn der Steuerpflichtige in den letzten zehn Jahren vor der Anfechtung mit Vorsatz, seinen Gläubiger (das Finanzamt) zu benachteiligen, Rechtsgeschäfte (zB Vermögensübertragungen) vorgenommen hat. Bei nahen Angehörigen ist der Vorsatz nicht erforderlich; in diesem Fall ist die Anfechtung auf einen Zeitraum von zwei Jahren beschränkt. Wer nach dem Anfechtungsgesetz verpflichtet ist, die Vollstreckung zu dulden, kann sodann durch Duldungsbescheid in Anspruch genommen werden[2]. Die Finanzbehörde ist in diesen Fällen nicht darauf beschränkt, ihr Anfechtungsrecht vor den ordentlichen Gerichten geltend zu machen. Sie können sich einen eigenen Vollstreckungstitel schaffen. Insofern enthält § 191 AO eine Spezialregelung gegenüber § 13 AnfG[3].

2. Verfahren

a. Verfahren und Förmlichkeiten

680 Der **Haftungsschuldner** (Duldungsschuldner) muss durch **Haftungsbescheid** (Duldungsbescheid) in Anspruch genommen werden[4]. Bereits diese gesetzlich festgelegte und fast selbstverständliche Feststellung kann zu den ersten Mängeln der Bescheide leiten, wenn der Haftungsschuldner durch Steuerbescheid in Anspruch genommen wird. Beispiel: Aufgrund des Umsatzsteuerbescheids der KG wird die Steuer von dem persönlich haftenden Gesellschafter gefordert. Richtig: Das Finanzamt muss gegen den Komplementär mit einem Haftungsbescheid vorgehen.

681 Zentrale Vorschrift für Haftungs- und Duldungsbescheide ist **§ 191 AO**. **Ergänzend** bestimmt **§ 219 AO**, dass ein Haftungsschuldner nur unter bestimmten Bedingungen auf Zahlung in Anspruch genommen werden darf (näher dazu Tz. 783). Dies berührt nicht die Berechtigung des Fi-

---

[1] Instruktiv zB FG Münster vom 9.6.2009 6 K 1040/09 AO, rkr., EFG 2009, 1529; mit Anm. CLABEN.
[2] So bereits BFH vom 31.5.1983 VII R 7/81, BStBl. II 1983, 545; vom 10.2.1987 VII R 122/84, BStBl. II 1988, 313; vom 29.3.1994 VII R 120/92, BStBl. II 1995, 225.
[3] Vgl. hierzu RÜSKEN in Klein, § 191 Rz. 21.
[4] § 191 Abs. 1 AO.

Förmlichkeiten

nanzamts, den Haftungsbescheid zu verfügen, sondern nur die Aufforderung zur Zahlung[1].

Haftungsbescheide sind **schriftlich** zu erteilen[2]. 682

Ein schriftlicher Verwaltungsakt muss die **Unterschrift** oder die **Namenswiedergabe** des Behördenleiters, seines Vertreters oder Beauftragten enthalten[3]. Fehlt diese Namenswiedergabe oder Unterschrift, so ist der Haftungsbescheid angreifbar[4]. 683

Bei einem Haftungsbescheid, der **formularmäßig** oder mithilfe **automatischer Einrichtungen** (idR EDV-Anlage) ergeht, können Namenswiedergabe und Unterschrift fehlen[5]. 684

Ein **formularmäßiger** Bescheid liegt jedoch **nicht** vor, wenn der Haftungsbescheid zwar mit einem Formular beginnt, jedoch im Übrigen im Wesentlichen aus einem beigefügten **Prüfungsbericht** besteht[6] oder auf einem Formular erlassen wird, das inhaltlich nicht passt und folglich durch **Streichungen** und **Ergänzungen** erst hergerichtet werden muss[7]. 685

Allgemein kann davon ausgegangen werden, dass für den Vorgang der Inhaftungnahme ein **Formular untauglich** ist, da sie regelmäßig vom Tatbestand und der Ermessensausübung her besonders zu begründen ist (vgl. Tz. 779 ff.)[8]. 686

IdR werden heute Haftungsbescheide durch **EDV-Anlagen** ausgedruckt. Gleichwohl liegt **kein** Verwaltungsakt iS des § 119 Abs. 3 Satz 2 Halbsatz 2 AO vor, der „mithilfe automatischer Einrichtungen erlassen wird". Charakteristikum solcher Anlagen ist die Verarbeitung der eingegebenen Daten durch ein Programm, dem die Auslegung der gesetzlichen Vorschriften, eine Vielzahl höchstrichterlicher Entscheidungen usw. zu- 687

---

1 Vgl. KRUSE in Tipke/Kruse, § 219 AO Rz. 1 (Juli 2008).
2 § 191 Abs. 1 Satz 2 AO.
3 § 119 Abs. 3 Satz 2 Halbsatz 2 AO.
4 Vgl. BROCKMEYER in Klein, § 119 Rz. 28; FG Hamburg vom 31.5.1999 V 13/99, EFG 1999, 1005 (Entscheidung wurde allerdings zu Zinsbescheiden getroffen); BFH vom 29.1.1992 II B 139/91, BFH/NV 1993, 399.
5 § 119 Abs. 3 Satz 2 Halbsatz 2 AO.
6 So BFH vom 18.7.1985 VI R 41/81, BStBl. II 1986, 169; PAHLKE in Pahlke/König, § 119 AO Rz. 37.
7 BFH vom 18.7.1985 VI R 41/81 BStBl. II 1986, 169; SEER in Tipke/Kruse, § 119 AO Rz. 23 (Okt. 2010).
8 Vgl. BFH vom 18.7.1985 VI R 41/81, BStBl. II 1986, 169; PAHLKE in Pahlke/König, § 119 AO Rz. 37.

Begründung

grunde liegt. Dieses Programm gibt insgesamt die Ansicht der Verwaltung über die Auslegung und Anwendung der einschlägigen Gesetze wieder[1]. Ein solches Programm trifft keine Ermessensentscheidungen und ist für die Erstellung von Haftungsbescheiden ungeeignet. Die Formerleichterung des § 119 Abs. 3 Satz 2 Halbsatz 2 AO greift nicht.

688 Haftungsbescheide müssen, um dem Gebot der **inhaltlichen Bestimmtheit** zu genügen (§ 119 Abs. 1 AO), **eindeutig** die Steuern bezeichnen, für die gehaftet werden soll. Was diese Bestimmtheit anbelangt, reicht die Nennung der Steuerart und die Bezifferung der Steuerschuld[2].

689 Der Haftungsbescheid ist zu **begründen** (§ 121 Abs. 1 AO).

690 Die **Begründung** erfordert es regelmäßig, die Steuern, für die gehaftet werden soll, nunmehr auch nach **Zeiträumen aufzugliedern**. Denn der Haftungsgrund muss sich gerade mit der Steuer bestimmter Veranlagungszeiträume verknüpfen.

691 Bezieht sich der Haftungsbescheid auf die **Umsatzsteuer**, soll eine Bezeichnung der Umsatzsteuerschuld der einzelnen Voranmeldungszeiträume dann jedoch entbehrlich sein, wenn Jahresveranlagungen vorliegen[3].

692 Das Vorgesagte gilt auch für die Inhaftungnahme für **Lohnsteuer**[4]. Nach Ablauf eines Kalenderjahres ist es hinreichend, wenn die Jahreslohnsteuer bezeichnet wird[5].

693 Eine **Trennung** nach **Monaten** im Begründungsteil ist gleichwohl erforderlich, wenn die Prüfung des Haftungstatbestands eine Differenzierung nach Monaten notwendig macht[6].

---

1 S. hierzu ausführlich SÖHN in Hübschmann/Hepp/Spitaler, § 119 AO Rz. 350 ff., insbesondere Rz. 355 (Juni 2007).
2 Vgl. BFH vom 27.8.2009 V B 75/08, BFH/NV 2009, 1964; zum Ganzen s. auch RÜSKEN in Klein, § 191 Rz. 66 ff.; zu Duldungsbescheiden FG München vom 28.11.2006 6 K 5289/01, rkr., EFG 2007, 324.
3 Vgl. BFH vom 27.8.2009 V B 75/08, BFH/NV 2009, 1964; FG Münster vom 26.11.2004 9 K 5436/98 U, EFG 2005, 1009; s. zur Gesamtproblematik LOOSE in Tipke/Kruse, § 191 AO Rz. 94 (Feb. 2011).
4 Zu Lohnsteuerhaftungsbescheiden s. NACKE, DStR 2005, 1297 ff.; RÜSKEN in Klein, § 191 Rz. 79; JATZKE in Beermann/Gosch, § 191 AO Rz. 24 ff. (Juni 2009).
5 Vgl. BFH vom 28.11.1990 VI R 55/87, BFH/NV 1991, 600; LOOSE in Tipke/Kruse, § 191 AO Rz. 94 (Feb. 2011).
6 Vgl. BFH vom 18.7.1985 VI R 208/82, BStBl. II 1986, 152; s. zur Lohnsteuer auch Tz. 749.

Zuständigkeit

694 Der Haftungsbescheid muss von dem **örtlich zuständigen** Finanzamt verfügt werden.

695 Für den Erlass eines Haftungsbescheids ist gemäß § 24 AO örtlich zuständig das **Finanzamt**, das wegen des Sachzusammenhangs regelmäßig **für** den **Steuerschuldner** zuständig ist[1]. Stützt das Finanzamt die Haftung auf Steuerschulden einer Gesellschaft[2], die ihren Sitz nicht am Wohnort des Geschäftsführers hat, ist das Veranlagungsfinanzamt des Geschäftsführers unzuständig. Maßgebend sind die Verhältnisse zur Zeit des Erlasses des jeweiligen Bescheids[3], also des Haftungsbescheids. Die örtliche Zuständigkeit eines Finanzamts für die Besteuerung **endet** mit dem Zeitpunkt, in dem ein anderes Finanzamt zuständig wird. Auch dies ist zu berücksichtigen, wenn die **Gesellschaft**, für deren Steuerschulden gehaftet werden soll, ihren Sitz verlegt hat.

696 Zu den Folgen von Verfahrens- und Formfehlern bestimmt **§ 127 AO**, dass der Bescheid nicht allein deshalb aufzuheben ist, weil er unter Verletzung von Vorschriften über das Verfahren, die Form oder die örtliche Zuständigkeit zustande gekommen ist, wenn keine andere Entscheidung in der Sache hätte getroffen werden können. Damit gewährt § 127 AO rechtswidrigen – weil zB unter Verstoß gegen die örtliche Zuständigkeit zustande gekommenen – Verwaltungsakten den Bestand nur dann, sofern es sich um gebundene Verwaltungsakte handelt.

697 Hingegen ist bei **Ermessensentscheidungen** grundsätzlich nicht anzunehmen, dass keine andere Entscheidung in der Sache hätte getroffen werden können[4]. Verwaltungsakte, die auf einer Ermessensentscheidung beruhen und von dem nicht zuständigen Finanzamt erlassen werden, sind daher **regelmäßig aufzuheben**[5].

698 **Abweichendes** gilt nur, wenn der Ermessensspielraum der Finanzbehörde im Einzelfall so weit eingeengt ist, dass sich nur eine Entscheidung als ermessensfehlerfrei erweist (**Ermessensreduzierung auf Null**)[6]. Denn in diesem Fall könnte wie bei einem gebundenen Verwal-

---

1 Vgl. BFH vom 23.7.1998 VII R 141/97, BFH/NV 1999, 433; vom 19.12.2000 VII R 86/99, BFH/NV 2001, 742; RÜSKEN in Klein, § 191 Rz. 87b.
2 ZB Geschäftsführerhaftung, s. Tz. 734 ff.
3 Vgl. BFH vom 16.7.1986 I R 78/79, BFH/NV 1987, 326.
4 Vgl. BFH vom 18.7.1985 VI R 41/82, BStBl. II 1986, 169; vom 10.12.1987 IV R 77/86, BStBl. II 1988, 322; vom 20.6.1990 I R 157/87, BStBl. II 1992, 43.
5 Vgl. RÜSKEN in Klein, § 127 Rz. 2.
6 Vgl. SEER in Tipke/Kruse, § 127 AO Rz. 14 (Feb. 2011).

Korrekturmöglichkeiten

tungsakt auch von der anderen Behörde keine andere Entscheidung in der Sache getroffen werden[1]. Es muss sicher ausgeschlossen werden können, dass die Entscheidung anders ausgefallen wäre[2]. Dies ist regelmäßig bei Haftungsbescheiden nicht der Fall[3].

699 **Haftungsbescheide** sind Verwaltungsakte, aber **keine Steuerbescheide** iS der Abgabenordnung[4]. Daraus folgt:

700 Haftungsbescheide können **nicht** unter dem **Vorbehalt** der **Nachprüfung** (§ 164 AO) stehen[5].

701 Unzulässig ist ebenfalls die **Vorläufigkeit** des § 165 AO[6].

b. Korrekturmöglichkeiten

702 Für die **Korrektur** (Änderung, Aufhebung oder den anschließenden Neuerlass) eines **Haftungsbescheids** gilt: Nicht einschlägig sind die Berichtigungsvorschriften der §§ 172 ff. AO[7]. Anzuwenden sind § 130 AO (Rücknahme eines rechtswidrigen Bescheids) und § 131 AO (Widerruf eines rechtmäßigen Bescheids)[8]. Daneben kommt § 129 AO zur Anwendung[9].

703 Die Korrektur des **rechtswidrigen** Haftungsbescheids richtet sich nach § 130 AO[10], differenziert danach, ob es sich um einen begünstigenden oder belastenden Bescheid handelt.

---

1 Vgl. BFH vom 18.5.2010 I R 21/93, BStBl. II 1994, 697.
2 Vgl. SEER in Tipke/Kruse, § 127 AO Rz. 14 (Feb. 2011).
3 Vgl. ROZEK in Hübschmann/Hepp/Spitaler, § 127 AO Rz. 40 (Sept. 2007), Sächsisches Finanzgericht vom 21.5.2010 5 K 2094/08, Entscheidungsgründe Tz. 3, nv.; aA FG Köln im Zusammenhang mit einem faktischen Geschäftsführer.
4 Vgl. BFH vom 22.1.1985 VII R 112/81, BStBl. II 1985, 562; vom 10.7.1996 II R 65/94, BFH/NV 1997, 212; INTEMANN in Pahlke/König, § 191 Rz. 56.
5 Vgl. NACKE, Rz. 774; LOOSE in Tipke/Kruse, § 191 Rz. 113 (Feb. 2011).
6 Vgl. FG Düsseldorf vom 19.1.1995, EFG 1995, 530; BOEKER in Hübschmann/Hepp/Spitaler, § 191 AO Rz. 54; LOOSE in Tipke/Kruse, § 191 AO Rz. 118 (Feb. 2011).
7 Vgl. die Paragraphenüberschrift: Änderung von Steuerbescheiden.
8 BFH vom 22.1.1985 VII R 112/81, BStBl. II 1985, 562; vom 25.5.2004 VII R 29/02, BStBl. II 2005, 3; JATZKE in Beermann/Gosch, § 191 AO Rz. 50 ff. (Juni 2009); LOOSE in Tipke/Kruse, § 191 AO Rz. 80, 113 (Feb. 2011).
9 Vgl. ITEMANN in Pahlke/König, § 191 Rz. 121.
10 Vgl. BFH vom 22.1.1985 VII R 112/81, BStBl. II 1985, 562.

Rücknahme rechtswidriger Haftungsbescheide

Soweit der rechtswidrige Haftungsbescheid **nicht begünstigend** ist, kann er, auch nachdem er unanfechtbar geworden ist, ganz oder teilweise zurückgenommen werden (§ 130 **Abs. 1** AO). Reduziert zB das Finanzamt den Haftungsbetrag, so kommt damit eine Teilrücknahme in Betracht. Die Rücknahme lässt den Teil des Haftungsbescheids, der nicht zurückgenommen worden ist, gemäß § 124 Abs. 2 AO unberührt[1]. 704

Ein rechtswidriger, **begünstigender** Haftungsbescheid darf nur unter den strengen Tatbestandsbedingungen des § 130 **Abs. 2** AO (zB unzuständige Behörde, Täuschung, unzutreffende Angaben) zurückgenommen werden. Dies ist Ausfluss des rechtsstaatlichen Grundsatzes des Vertrauensschutzes[2]. 705

Entscheidende Bedeutung für die Anwendung des Abs. 1 oder Abs. 2 von § 130 AO kommt daher der **Abgrenzung** zu, ob der zu korrigierende Haftungsbescheid begünstigend oder belastend ist. 706

Einigkeit besteht in folgender Konstellation[3]: Das Finanzamt hebt den rechtswidrigen Haftungsbescheid aus formellen oder materiellen Gründen ausdrücklich „**ersatzlos**" auf und erlässt gleichwohl zu einem späteren Zeitpunkt einen neuen Haftungsbescheid für denselben Sachverhalt. Lösung: Der Aufhebungsbescheid stellt einen ausschließlich begünstigenden Verwaltungsakt dar. Im Erlass des neuen Haftungsbescheids liegt dann zwar streng genommen keine Rücknahme der Rücknahmeverfügung vor, da der Aufhebungsbescheid formell bestehen blieb[4]. Gleichwohl richtet sich die Rechtmäßigkeit des neuen angefochtenen Haftungsbescheids nach den strengen Anforderungen des § 130 Abs. 2 AO (begünstigender Verwaltungsakt). Er ist daher i.d.R. rechtswidrig. 707

---

1 Vgl. BFH vom 28.1.1982 VR 100/80, BStBl. II 1982, 292; NACKE, Rz. 790; VON WEDELSTÄDT in Beermann/Gosch, § 130 AO Rz. 79 (Aug. 2010).
2 Vgl. bereits BFH vom 22.1.1985 VII R 112/81, BStBl. II 1985, 562.
3 Vgl. BFH vom 22.1.1985 VII R 112/81, BStBl. II 1985, 562; vom 25.7.1985 VI R 216/83, BStBl. II 1986, 779; VON WEDELSTÄDT in Beermann/Gosch, § 130 AO Rz. 74 (Aug. 2010); JATZKE in Beermann/Gosch, § 191 AO Rz. 51 (Juni 2009); offen gelassen von BFH vom 18.2.1992 VII R 237/91, BFH/NV 1992, 639.
4 Vgl. zu der im Wege der Auslegung zu ermittelnden Abgrenzung von Aufhebungs-, Änderungs- und Ersetzungsanordnungen bei Haftungsbescheiden BFH vom 25.5.2004 VII R 29/02, BStBl. II 2005, 3: Will das Finanzamt den ursprünglichen Bescheid nicht korrigieren, kommen §§ 130, 131 AO nicht zur Anwendung mit der Folge, dass bei tatsächlicher Regelung desselben Lebenssachverhalts der zweite „ergänzende" Bescheid – aufgrund entgegenstehender Bestandskraft des ersten Haftungsbescheids – rechtswidrig ist.

Abgrenzung, begünstigender

708 **Schwieriger** zu beurteilen ist die Lage, wenn das Finanzamt in der vorherigen Konstellation den ursprünglichen Haftungsbescheid nicht ausdrücklich ersatzlos aufhebt, vielmehr[1]

(a) den neuen, die Haftungssumme erhöhenden Haftungsbescheid **gleichzeitig** mit dem Aufhebungsbescheid erlässt,

(b) der Haftungsschuldner nicht mit einer Freistellung rechnen konnte, sondern mit dem **späteren Erlass** eines neuen – ggf. die Haftungssumme erhöhenden – Haftungsbescheids rechnen musste,

(c) der erste Haftungsbescheid aus **formellen Gründen** (zB fehlende Ermessensausübung, unrichtige Adressierung) aufgehoben und der neue erlassen wird.

709 Die Schwierigkeit beruht jedenfalls in den Konstellationen (a) und (b) auf der Erkenntnis, dass ein Haftungsbescheid zwar grundsätzlich belastend, soweit er jedoch eine Haftung über den festgesetzten Betrag hinaus zum Nachteil des Haftungsschuldners nicht festsetzt, begünstigend ist[2]. Für eine solche **Mischwirkung** oder Doppelfunktion[3] sieht § 130 AO keine Regelung vor[4].

710 Die **verwaltungsrechtliche** Rechtsprechung und Literatur greift in solchen Fällen nicht auf die entsprechenden Korrekturvorschriften des §§ 48, 49 VwVfG, sondern auf **allgemeine Vertrauenstatbestände** zurück[5].

711 In der **Literatur** zu § 130 AO wird wohl überwiegend die Auffassung vertreten, der begrenzende Teil im ursprünglichen Haftungsbescheid begründe eine Begünstigung mit der Folge, der Korrekturbescheid beinhalte die Aufhebung eines begünstigenden und den Neuerlass des die Haftung verschärfenden Bescheids und richte sich nach § 130 Abs. 2 AO[6]. Im Ergebnis wird dies – wie im allgemeinen Verwaltungs-

---

1 Vgl. zu den Konstellation von Wedelstädt in Beermann/Gosch, § 130 AO Rz. 73 (Aug. 2010).
2 Vgl. dazu Frotscher in Schwarz, § 130 AO Rz. 19 ff. (Feb. 2008); Rüsken in Klein, § 130 Rz. 37 ff.; BFH vom 22.1.1985 VII R 112/81, BStBl. II 1985, 562; Kruse in Tipke/Kruse, § 130 AO Rz. 16 (Juli 2007).
3 Vgl. BFH vom 22.1.1985 VII R 112/81, BStBl. II 1985, 562; Kruse in Tipke/Kruse, § 130 AO Rz. 12 (Juli 2007); von Wedelstädt in Beermann/Gosch, § 130 AO Rz. 37 (Aug. 2010).
4 Vgl. Rüsken in Klein, § 130 Rz. 37.
5 Vgl. die Nachweise in BFH vom 25.5.2004 VII R 29/02, BStBl. II 2005, 3; Kruse in Tipke/Kruse § 130 AO Rz. 13 (Juli 2007); Rüsken in Klein, § 130 Rz. 40.
6 So Kruse in Tipke/Kruse, § 130 AO Rz. 12 (Juli 2007); von Wedelstädt in Beermann/Gosch, § 130 AO Rz. 37 (Aug. 2010), der allerdings in Rz. 73 – so auch

Belastender Haftungsbescheid

recht – zutreffend mit der Schaffung eines Vertrauenstatbestands begründet[1]. Begünstigend sei demnach jede Rechtswirkung, an deren Bestand der Betroffene ein schutzwürdiges Interesse hat, weil er darin zu Recht einen rechtlich erheblichen Vorteil erblicken könne[2].

Der **BFH** gibt zwar zu erkennen, dass er für die Wahl zwischen der Anwendung des § 130 Abs. 1 oder Abs. 2 AO ebenfalls auf die Grundsätze des Vertrauensschutzes abstellt[3]. Zum Teil lässt er jedoch die Entscheidung für die **Konstellationen (a) und (b)**[4] ausdrücklich offen[5]. Dort, wo er in der Konstellation kein schutzwürdiges Vertrauen des Haftungsschuldners erblickt und die Anwendbarkeit des § 130 Abs. 2 AO verneint, sieht der neue Haftungsbescheid entweder eine niedrigere Haftungssumme vor[6] oder wurde der ursprüngliche aus formellen Gründen aufgehoben[7]. Gleichwohl lassen die beiden letztgenannten Entscheidungen den Schluss zu, der BFH würde in den Konstellationen (a) und (b) eine Korrektur nach § 130 Abs. 1 AO akzeptieren. 712

Soweit der BFH in der Konstellation (c) die Aufhebung des ersten Haftungsbescheids **aus formellen Gründen** mit anschließendem Erlass eines neuen Haftungsbescheids für rechtmäßig erachtet[8], überzeugt dies jedenfalls dann nicht, wenn der neue Bescheid die Haftung ausweitet. 713

JATZKE in Beermann/Gosch, § 191 AO Rz. 50 (Juni 2009) – für die Konstellationen (a) bis (b) eine Korrekturmöglichkeit annimmt; FROTSCHER in Schwarz, § 130 AO Rz. 21 (Feb. 2008), teilweise mit unterschiedlichen dogmatischen Ansätzen, differenzierend RÜSKEN in Klein, § 130 Rz. 37 ff.

1 Vgl. KRUSE in Tipke/Kruse, § 130 AO Rz. 11, 16 (Juli 2007); PAHLKE in Pahlke/König, § 130 Rz. 58; VON WEDELSTÄDT in Beermann/Gosch, § 130 AO Rz. 37 (Aug. 2010).
2 Vgl. KRUSE in Tipke/Kruse, § 130 AO Rz. 12 (Juli 2007); VON WEDELSTÄDT in Beermann/Gosch, § 130 AO Rz. 37 (Aug. 2010).
3 Vgl. BFH vom 22.1.1985 VII R 112/81, BStBl. II 1985, 562; vom 25.7.1985 VI R 216/83, BStBl. II 1986, 779; vom 18.2.1992 VII R 237/91, BFH/NV 1992, 639; vom 13.4.2000 VII S 35/99, BFH/NV 2001, 41; vom 25.5.2004 VII R 29/02, BStBl. II 2005, 3.
4 S. Tz. 708.
5 BFH vom 22.1.1985 VII R 112/81, BStBl. II 1985, 562; vom 25.5.2004 VII R 29/02, BStBl. II 2005, 3.
6 So BFH vom 13.4.2000 VII S 35/99, BFH/NV 2001, 41.
7 So BFH vom 18.2.1992 VII R 237/91, BFH/NV 1992, 639, Aufhebung wegen fehlender Begründung der Ermessensentscheidung.
8 So BFH vom 18.2.1992 VII R 237/91, BFH/NV 1992, 639; zustimmend zB PAHLKE in Pahlke/König, § 130 Rz. 59; KRUSE in Tipke/Kruse, § 131 AO Rz. 59 (Juli 2007). Der BFH verneint einen Vertrauenstatbestand und stützt seine Entscheidung auch auf das Argument, die Haftungsbescheide erfassten unterschiedliche Lebenssachverhalt. Letzteres lässt die Anwendung der §§ 130,

Zeitpunkt

Auch hier erweckte der rechtswidrige – oder im Falle der fehlerhaften Bekanntgabe ggf. unwirksame – erste Haftungsbescheid einen Vertrauenstatbestand.

714 Die Rücknahme des rechtswidrigen Verwaltungsakts gemäß § 130 AO stellt eine **Ermessenentscheidung dar**[1], die **zweistufig** gestaltet ist[2]. Im ersten Schritt hat die Behörde abzuwägen, ob überhaupt genügend Gründe für das Wiederaufgreifen des abgeschlossenen Verfahrens vorliegen. Erst dann tritt sie in die Prüfung ein, ob der Bescheid rechtswidrig und ggf. zurückzunehmen ist.

715 Wurde der Antrag auf Rücknahme des Bescheids **innerhalb der Einspruchsfrist** gestellt, ist die Behörde idR zur Rücknahme des rechtswidrigen Bescheids verpflichtet[3].

716 Auch **nach Unanfechtbarkeit** kann der rechtswidrige Verwaltungsakt zurückgenommen werden (Wortlaut des § 130 AO). Allerdings ist die Ablehnung des Rücknahmeantrags in diesen Fällen idR ermessensfehlerfrei, wenn nur solche Umstände vorgetragen werden, die im Rechtsmittelverfahren geltend gemacht werden konnten[4].

717 Maßgeblich für die **Beurteilung der Rechtswidrigkeit** ist der **Zeitpunkt** des Erlasses des Haftungsbescheids, im Falle der Anfechtung die Einspruchsentscheidung[5]. Trägt der Haftungsschuldner zur Begründung des Rücknahmeantrags vor, die Steuerschuld sei schon durch den Steuerschuldner nach Erlass des nicht angefochtenen Haftungsbescheids bzw. im Falle der Anfechtung nach Einspruchsentscheidung **getilgt** wurde, greift § 130 AO nicht. Vielmehr besteht die Möglichkeit, einen Abrechnungsbescheid gemäß § 218 Abs. 2 AO zu verlangen[6] oder – die

---

131 AO richtigerweise schon zweifelhaft erschienen, vgl. dazu unten Tz. 721 und BFH vom 25.5.2004 VII R 29/02, BStBl. II 2005, 3.
1 Vgl. NACKE, Rz. 786; VON WEDELSTÄDT in Beermann/Gosch, § 130 AO Rz. 43 (Aug. 2010); RÜSKEN in Klein, § 130 Rz. 27.
2 Vgl. WERSEMANN in Hübschmann/Hepp/Spitaler, § 130 AO Rz. 17 (März 2008).
3 Vgl. WERSEMANN in Hübschmann/Hepp/Spitaler, § 130 AO Rz. 17 (März 2008); VON WEDELSTÄDT in Beermann/Gosch, § 130 AO Rz. 85 (Aug. 2010). S. zu Besonderheiten im Einspruchsverfahren Tz. 723 ff.
4 Vgl. BFH vom 26.3.1991, BStBl. II 1991, 552; vom 22.6.1999 III B 244/98, BFH/NV 1999, 1583; RÜSKEN in Klein, § 130 Rz. 29; zu Erwägungen, die gleichwohl ein Recht auf Rücknahme begründen können, s. NACKE, Rz. 788; PAHLKE in Pahlke/König, § 130 Rz. 25.
5 Vgl. NACKE, Rz. 784.
6 Vgl. hierzu NACKE, Rz. 784.

Widerruf rechtmäßiger Haftungsbescheide

vorzugswürdige Alternative – einen Widerruf gemäß § 131 AO zu beantragen[1]. Ist die Erstschuld[2] während des Einspruchsverfahrens reduziert oder erloschen, muss der Haftungsbescheid insoweit aufgehoben oder geändert werden[3].

Die Korrektur des **rechtmäßigen Haftungsbescheids** richtet sich nach § 131 AO. Auch dort differenziert das Gesetz nach begünstigenden (Abs. 1) und belastenden (Abs. 2) Bescheiden. 718

Der **belastende** rechtmäßige **Haftungsbescheid** kann nach § 131 Abs. 1 AO auch nach Bestands- oder Rechtskraft jederzeit widerrufen werden, „außer wenn ein Verwaltungsakt gleichen Inhalts erneut erlassen werden müsste oder aus anderen Gründen ein Widerruf unzulässig ist". Die letztgenannte Bedingung gilt für Haftungsbescheide nur dann, wenn das Ermessen zu dessen Erlass auf Null reduziert ist[4]. **Hauptanwendungsfall** des § 131 Abs. 1 AO stellt die Zahlung auf die Erstschuld dar[5]. 719

Soweit der rechtmäßige Haftungsbescheid gleichzeitig die Bestimmung enthält, dass **keine höhere Inhaftungnahme** erfolgt, kann ein Widerruf nur nach den Tatbestandsbedingungen des § 131 Abs. 2 AO erfolgen. 720

Von den Korrekturfällen der §§ 130, 131 AO **zu unterscheiden** ist der Erlass eines **zusätzlichen**, die Haftung **erweiternden** Haftungsbescheids ohne Aufhebung des vorhergehenden Haftungsbescheids. Ein solcher zusätzlicher Bescheid darf nur ergehen, wenn für einen zusätzlichen, durch den ersten Haftungsbescheid noch nicht berücksichtigten selbstständigen Steueranspruch gehaftet werden soll, zB bei der Inanspruchnahme für eine andere, bisher dem ersten Haftungsbescheid nicht zugrunde gelegte Steuer oder für dieselbe Steuer, aber für einen anderen Besteuerungszeitpunkt[6]. Hier finden die Vorschriften der §§ 130, 131 AO keine Anwendung[7]. 721

---

1 Vgl. OLGEMÖLLER/FRAEDRICH, Stbg. 2006, 22.
2 Vgl. dazu Tz. 767.
3 Vgl. LOOSE in Tipke/Kruse, § 191 AO Rz. 132 (Feb. 2011), mit Ausführungen zum Ermessen.
4 Vgl. NACKE, Rz. 794.
5 S. Tz. 717.
6 Vgl. dazu ausführlich BFH vom 25.5.2004 VII R 92/02, BFH/NV 2004, 1430; vom 25.5.2004 VII R 29/02, BStBl. II 2005, 3; VON WEDELSTÄDT in Beermann/Gosch, § 130 AO Rz. 76 (Aug. 2010); JATZKE in Beermann/Gosch, § 191 AO Rz. 51 (Juni 2009); auch INTEMANN in Pahlke/König, § 191 Rz. 56.
7 Vgl. BFH vom 25.5.2004 VII R 29/02, BStBl. II 2005, 3; VON WEDELSTÄDT in Beermann/Gosch, § 130 AO Rz. 77 (Aug. 2010).

Korrektur im Rechtsbehelfsverfahren

722 Die Anhängigkeit eines **Rechtsbehelfsverfahrens** gegen den Haftungsbescheid sperrt die Rücknahme oder den Widerruf gemäß §§ 130, 131 AO nicht (vgl. § 132 AO).

723 Ist der Haftungsbescheid mit dem **Einspruch** angefochten, stehen dem Finanzamt daher grundsätzlich zwei Korrekturmöglichkeiten zur Verfügung[1]: Es kann den Bescheid einerseits nach **§§ 130, 131 AO** unter Beachtung der dort genannten Voraussetzungen zurücknehmen bzw. widerrufen oder andererseits den Bescheid gemäß **§ 367 Abs. 2 AO** aufheben bzw. ändern. Der Einspruch führt zu einer gesamten Überprüfung des Falls (Gesamtaufrollung). §§ 130, 131 AO lassen daher die Änderungsmöglichkeit nach § 367 Abs. 2 Satz 1 AO unberührt[2].

724 Das Finanzamt kann so zB bis zum Abschluss des **Einspruchsverfahrens** bei demselben Lebenssachverhalt aufgrund geänderter rechtlicher Wertung den Haftungsanspruch, dh. die **Rechtsgrundlage, wechseln**[3]. Richtigerweise handelt es sich um eine **Verböserung** gemäß § 367 Abs. 2 Satz 2 AO[4]. Der Änderungsbescheid wird sodann gemäß § 365 Abs. 3 AO automatisch zum Gegenstand des Einspruchsverfahrens. Nimmt der Haftungsschuldner den Einspruch aufgrund des Verböserungshinweises zurück, verbleiben nur die Korrekturvorschriften der §§ 130, 131 AO[5].

725 Während des **Klageverfahrens** stehen dem Finanzamt nur die letztgenannten Korrekturmöglichkeiten zur Verfügung. Ein Wechsel des Haftungsgrundes nach Abschluss des Einspruchsverfahrens im Klageverfahren ist daher unzulässig[6]. Die Rechtmäßigkeit des Änderungsbescheids würde auch an § 102 Satz 2 AO scheitern. Der Austausch ei-

---

1 Vgl. zum Dualismus BROCKMEYER in Klein, § 367 Rz. 15; WERNERSMANN in Hübschmann/Hepp/Spitaler, Vor §§ 130–133 AO Rz. 43, und § 132 AO Rz. 11 ff. (März 2008).
2 Vgl. WERNERSMANN in Hübschmann/Hepp/Spitaler, § 132 AO Rz. 16 (März 2008).
3 Vgl. BFH vom 8.11.1994 VII R 1/93, BFH/NV 1995, 657 (Steuerhinterziehung anstatt Geschäftsführerhaftung); JATZKE in Beermann/Gosch, § 191 AO Rz. 36 (Juni 2009).
4 Ausdrücklich offengelassen von BFH vom 8.11.1994 VII R 1/93, BFH/NV 1995, 657, da dort ein Verböserungshinweis gemäß § 367 Abs. 2 AO vorlag. Vgl. zu den Voraussetzungen einer Verböserung Tz. 648 ff.
5 Auch § 129 AO.
6 Vgl. BFH vom 12.8.1997 VII B 212/96, BFH/NV 1998, 433 (ebenfalls Steuerhinterziehung anstatt Geschäftsführerhaftung, mit der Begründung, es lägen unterschiedliche Lebenssachverhalte vor); JATZKE in Beermann/Gosch, § 191 AO Rz. 36 (Juni 2009).

Sorgfalt bei Einspruchsbegründung

ner Haftungsgrundlage setzt die Ausübung des darauf gerichteten Ermessens voraus, das während des Klageverfahrens nicht nachgeholt werden kann[1].

Sowohl die Rücknahme des rechtswidrigen begünstigenden Haftungsbescheids als auch der Widerruf des rechtmäßigen begünstigenden Haftungsbescheids sind nur **innerhalb eines Jahres** seit dem Zeitpunkt zulässig, zu dem das Finanzamt von Tatsachen Kenntnis erhält, die die Rücknahme des Haftungsbescheids rechtfertigen[2]. Eine Beschränkung der Rücknahme oder des Widerrufs durch die Regeln der **Festsetzungsverjährung** nach § 169 AO greift nicht; § 191 Abs. 3 AO gilt nur für den erstmaligen Erlass von Haftungsbescheiden[3]. 726

Damit sind Haftungsbescheide nach Eintritt der Bestandskraft **zeitlich unbegrenzt** aufhebbar und abänderbar. Dieser zeitliche Vorteil kann dem Haftungsschuldner noch lange nach Erlass des Haftungsbescheids die Möglichkeit eröffnen, beim Finanzamt einen entsprechenden Antrag zu stellen. Ein Berater darf sich also von einem „alten" Haftungsbescheid nicht abschrecken lassen[4]. 727

c. Sonstiges

Bei der Frage der **Begründung** von **Einsprüchen** gegen Haftungsbescheide ist sorgfältig zu erwägen, welche Einspruchsgründe vorgetragen werden sollen. Führen Einwände gegen die **formellen Bedingungen zum Erfolg**, ist dieser oft nicht von Dauer, da das Finanzamt – in den Grenzen der Tz. 702 ff. – einen **neuen Haftungsbescheid** erlassen kann und wird. Dieser Ersatz eines mangelhaften Haftungsbescheids durch einen korrekten wird, sofern er möglich ist, im Einspruchsverfahren zügig erfolgen. Hat der Einspruchsführer bzw. Kläger mit den formellen Gründen erst im Klageverfahren – nach einem längeren Zeitraum – Erfolg, so ist nicht mit der gleichen Wahrscheinlichkeit zu erwarten, dass das Finanzamt einen neuen Haftungsbescheid, der wiederum zu einem langwierigen Verfahren führen kann, verfügen wird. Möglicherweise ist auch das finanzamtliche Scheitern vor dem Finanzgericht Anlass für einen Kompromiss. 728

---

1 Vgl. zu Ermessensentscheidung Tz. 779 ff.
2 § 130 Abs. 3 AO, § 131 Abs. 2, letzter Satz AO.
3 Vgl. BFH vom 12.8.1997 VII R 107/96, BStBl. II 1998, 131; LOOSE in Tipke/Kruse, § 191 AO Rz. 127 (Feb. 2011); OLGEMÖLLER/FRAEDRICH, Stbg. 2006, 22.
4 Vgl. OLGEMÖLLER/FRAEDRICH, Stbg. 2006, 22.

Haftungstatbestände

729 Der Einspruchsführer ist **nicht verpflichtet**, auf **Verfahrensfehler** bereits im Einspruchsverfahren **hinzuweisen**. Er kann mithin aufgrund der vorstehenden Überlegung sehr wohl erwägen, Fehler, die zwingend zur Aufhebung führen, erst vor dem Finanzgericht zu rügen.

730 Auch auf den Haftungsbescheid findet das in Tz. 1524 ff., behandelte **Aussetzungsverfahren** Anwendung.

731 **Aussetzungszinsen** fallen bei Haftungsbescheiden **nicht** an. § 237 Abs. 1 Satz 1 AO nennt nur Steuerbescheide, keine Haftungsbescheide; sie werden nicht erfasst[1]. Wird hingegen eine Haftungsschuld **gestundet**, entstehen Stundungszinsen[2]. Es ist daher geradezu ein Beratungsfehler, die Stundung einer Haftungsschuld zu erwirken, wenn auch eine Aussetzung möglich war[3].

3. Die Haftungstatbestände

a. Überblick

732 Die möglichen **Haftungstatbestände** sind **vielfältig**. Die folgende Zusammenstellung beansprucht keinen Anspruch auf Vollständigkeit[4].

I. Steuerrechtliche Haftungstatbestände

1. Haftung nach der Abgabenordnung

    a. Haftung der Vertreter (§ 69 iVm. §§ 34, 35 AO)

    b. Haftung des Vertretenen (§ 70 iVm. §§ 34, 35 AO)

    c. Haftung des Steuerhinterziehers und Steuerhehlers (§ 71 AO)

    d. Haftung bei Verletzung der Pflicht zur Kontenwahrheit (§ 72 iVm. § 154 AO)

    e. Haftung bei Organschaft (§ 73 AO)

    f. Haftung des Eigentümers von Gegenständen (§ 74 AO)

    g. Haftung des Betriebsübernehmers (§ 75 AO)

    h. Sachhaftung verbrauchsteuer- und zollpflichtiger Waren (76 AO)

---

1 Loose in Tipke/Kruse, § 237 AO Rz. 4 (Okt. 2010).
2 Loose in Tipke/Kruse, § 234 AO Rz. 1 (Okt. 2007); vgl. dazu auch im Überblick Diebold, BB 1992, 470 ff.
3 Streck/Rainer/Mack/Schwedhelm, Stbg. 1990, 252.
4 Vgl. die ausführlich Aufzählung mit Einzeldarstellungen bei Nacke, Rz. 8–551.

Haftungstatbestände

2. Haftung nach Einzelsteuergesetzen, zB
    a. Spendenhaftung (§ 10 Abs. 4 Satz 2 EStG)
    b. Haftung des Arbeitgebers für Lohnsteuer (§ 42d EStG) und Arbeitnehmer-Sparzulage (§ 15 Abs. 3 VermBG)
    c. Haftung bei Arbeitnehmerüberlassung (§ 38 Abs. 1 Satz 1 EStG)
    d. Haftung des Schuldners von Kapitalerträgen (§§ 44 Abs. 5, 44b EStG)
    e. Haftung bei Ausstellung einer unrichtigen Kapitalertragsteuer-Bescheinigung (§ 45a Abs. 7 EStG)
    f. Haftung des Leistungsempfängers für Bauleistungen (§ 48a Abs. 3 EStG)
    g. Haftung beim Steuerabzug bei beschränkt Steuerpflichtigen (§ 50a EStG)
    h. Haftung bei Abtretung, Verpfändung oder Pfändung von Forderungen (§ 13c UStG)
    i. Haftung für schuldhaft nicht abgeführte Steuer (§ 25d UStG)
    j. Haftung für Grundsteuer (§§ 11, 12 GrStG)
    k. Haftung für Erbschaftsteuer (§ 20 Abs. 3, 5–6 ErbStG)
    l. Haftung für Versicherungsteuer (§ 7 Abs. 1 VersStG)
    m. Haftung nach dem Außensteuergesetz (§ 5 Abs. 2 AStG)

II. Zivilrechtliche Haftungstatbestände
1. Haftung des Erwerbers eines Handelsgeschäfts bei Firmenfortführung (§ 25 HGB)
2. Haftung bei Eintritt in das Geschäft eines Einzelkaufmanns (§ 28 HGB)
3. Haftung des Erben bei Geschäftsfortführung (§ 27 iVm. § 25 HGB)
4. Haftung der Gesellschafter
    a. BGB-Gesellschaft (analog § 128 HGB)
    b. OHG (§ 128 HGB)
    c. KG-Haftung des Komplementärs (§§ 161, 128 HGB)
       KG-Haftung des Kommanditisten (§§ 171–176 HGB)
    d. KG auf Aktien (§ 278 AktG)
    e. Partnerschaftsgesellschaft (§ 7 Abs. 2 PartGG iVm. § 124 HGB und § 8 Abs. 1 Satz 2 PartGG iVm. §§ 129, 130 HGB)

Geschäftsführerhaftung

5. Haftung bei der Aktiengesellschaft
   a. Haftung bei Handlung im Namen der AG vor deren Eintragung ins Handelsregister (§ 41 AktG)
   b. Haftung der Aktionäre (§ 62 AktG)
   c. Haftung der Vorstandsmitglieder (§ 93 Abs. 5 AktG)
   d. Haftung der Aufsichtsratsmitglieder (§§ 116, 93 AktG)
   e. Haftung bei Ausnutzung des Einflusses auf die AG (§ 117 AktG)
6. Haftung bei der GmbH
   a. Haftung bei Handlungen im Namen der GmbH vor deren Eintragung ins Handelsregister (§ 11 GmbHG)
   b. Haftung der Gesellschafter (§§ 21 Abs. 3, 24, 26–28 GmbHG)
7. Haftung der Vorstandsmitglieder einer Genossenschaft (§ 34 GenG)
8. Haftung des Vorstands eines rechtsfähigen Vereins (§§ 26, 42 Abs. 2 Satz 2 BGB)
9. Haftung der Mitglieder eines nichtrechtsfähigen Vereins (§ 54 BGB iVm. §§ 421 ff. BGB)
10. Haftung der Liquidatoren eines rechtsfähigen Vereins (§ 53 BGB)
11. Haftung des Testamentsvollstreckers (§ 2219 BGB)
12. Haftung bei Erbschaftskauf (§ 2382 BGB)
13. Haftung der Insolvenzverwalter (§ 60 InsO)

733 Der **Tatbestand**, auf den sich das Finanzamt stützt, muss **sorgfältig geprüft** werden. Da die Inanspruchnahme nicht zur Tagesarbeit des Finanzamts zählt, wird die Gesetzesanwendung oft durch die Überlegung ersetzt: „Versuchen wir es einmal". Gerade bei **zivilrechtlichen Haftungstatbeständen** sind Irrtümer des Finanzamts häufig.

b. Geschäftsführerhaftung

734 **Wichtigster Haftungstatbestand** in der Praxis ist § 69 Abs. 1 AO. Danach haften die in den §§ 34 und 35 AO genannten Personen (gesetzliche Vertreter oder ihnen Gleichgestellte, insbesondere also Geschäftsführer von GmbHs) soweit Ansprüche aus dem Steuerschuldverhältnis (§ 37 AO) infolge vorsätzlicher oder grob fahrlässiger Verletzung der ih-

Faktischer Geschäftsführer

nen auferlegten Pflichten nicht, nicht rechtzeitig festgesetzt oder erfüllt werden oder soweit infolgedessen Steuervergütungen oder Steuererstattungen ohne rechtlichen Grund gezahlt werden.

Die Haftungsgrundsätze für Vertreter von Kapitalgesellschaften sind vom BFH anhand der Haftung von Geschäftsführern einer GmbH für deren Steuerschulden entwickelt worden, sog. **Geschäftsführerhaftung**.[1] Die für die Geschäftsführer einer GmbH entwickelten Grundsätze gelten für Vorstände einer AG gleichermaßen[2]. 735

Die steuerliche Haftung gemäß § 69 AO knüpft an die gesellschaftsrechtliche Bestellung als Geschäftsführer an. Ob dieser „Geschäftsführer" tatsächlich die Geschicke der Gesellschaft verantwortlich lenkt oder nur pro forma bestellt ist, ist für die Haftung unerheblich. Vertreter iS von §§ 69, 34 AO sind **gesellschaftsrechtlich bestellte Organe**. Die Pflichtenstellung endet mit Ausscheiden aus dem Amt (Abberufung, Niederlegung, Insolvenz). Der **Zeitpunkt**, an dem das Geschäftsführeramt endet, ist die Wirksamkeit der Abberufung bzw. der Zugang des Widerrufs sowie der Zugang der Erklärung der Niederlegung des Amts. Auf die handelsregisterliche Eintragung kommt es nicht an[3]. 736

Ein Geschäftsführer kann sich nicht damit rechtfertigen, er sei von der ordnungsgemäßen Führung der Geschäfte ferngehalten oder die **Geschäfte seien tatsächlich von einer anderen Person geführt** worden[4]. 737

Andererseits haftet auch derjenige gemäß §§ 69, 34, 191 AO, der die Gesellschaft wie ein Geschäftsführer führt, ohne formal bestellt zu sein. Der „**faktische Geschäftsführer**" steht dem gesellschaftsrechtlich wirksam bestellten gleich[5]. Für die Feststellung des faktischen Vertretungs- 738

---

1 Ständige Rspr. BFH vom 4.12.2007 VII R 18/06, BFH/NV 2008, 521; vom 11.7.2001 I B 2/01, BFH/NV 2002, 6; s. auch PEETZ, GmbHR 2009, 186 ff.; STAHLSCHMIDT, GmbHR 2005, 677 ff.; EICH, KÖSDI 2006, 15060, 15061; JOCHUM, DStZ 2007, 561.
2 Vgl. nur MERTENS/CAHN in Kölner Kommentar zum Aktiengesetz, 3. Aufl., 2010, § 93 Rz. 229 ff.; MÜLLER in Semler/Peltzer, Arbeitshandbuch für Vorstandsmitglieder, 2005, § 8 Rz. 155 ff.
3 Vgl. BFH vom 24.10.1987 VII R 12/84, BFH/NV 1988, 485; BFH vom 12.1.1985 VII R 112/81, BStBl. II 1985, 562.
4 Vgl. LOOSE in Tipke/Kruse, § 69 AO Rz. 6 ff. (Juli 2007).
5 Vgl. BFH vom 27.2.2007 VII R 67/05, DStRE 2007, 1129; vom 19.11.2002 VII B 191/01, BFH/NV 2003, 442; FG Hamburg vom 22.4.2008 3 K 222/06, EFG 2009, 890; bestätigt durch BFH vom 19.5.2009 VII B 207/08, Juris; zu Angriffspunkten GRIESEL, PStR 2006, 156 ff.

Mehrere Geschäftsführer

verhältnisses ist auf das Gesamtbild des Auftretens des faktischen Geschäftsführers abzustellen[1]. Die faktische Geschäftsführung endet mit der Anzeige der Beendigung gegenüber den Gläubigern[2].

c. Pflichtverletzung

739 Die Haftung des Geschäftsführers gemäß § 69 AO setzt die **Verletzung der Erfüllung der steuerlichen Pflichten der Gesellschaft** voraus.

740 Diese Pflicht trifft jeden Geschäftsführer der Gesellschaft. Wird eine Gesellschaft von mehreren Geschäftsführern geleitet, so trifft jeden Geschäftsführer diese steuerliche Pflicht[3]. Der **Grundsatz der Gesamtverantwortung** eines jeden Geschäftsführers verlangt eine Überwachung der Geschäftsführung im Ganzen. Es entsteht eine solidarische Verantwortung aller Geschäftsführer für die ordnungsgemäße Erfüllung der steuerlichen Pflichten der Gesellschaft[4].

741 Wird die Erfüllung dieser Pflicht auf Hilfspersonen (Steuerabteilung, Steuerberater, Buchhalter) delegiert, führt dies nicht zur Entlastung des Geschäftsführers. Bei ihm verbleibt die Pflicht, die Erfüllung der delegierten Angelegenheit laufend und **sorgfältig zu überprüfen und zu überwachen**. Die Verteidigung, sich um die steuerlichen Angelegenheiten nicht gekümmert, sondern sie einem anderen voll verantwortlich überlassen zu haben, entlastet im Haftungsverfahren nicht.[5]

742 Das Haftungsrisiko kann durch eine **interne Vereinbarung im Rahmen der Geschäftsverteilung** begrenzt werden. Nach Auffassung des BFH muss eine interne Geschäftsverteilung, um haftungsrechtlich relevant zu sein, von vorneherein eindeutig und vorzugsweise schriftlich vereinbart worden sein[6]. Ein ordnungsgemäß aufgestellter Geschäftsverteilungsplan kann daher zu einer Entlastung der Geschäftsführer führen, in deren Aufgabenbereich es nicht fällt, sich um den kaufmännischen Bereich und damit um die steuerlichen Angelegenheiten zu kümmern.

---

1 Vgl. BGH vom 11.7.2005 II ZR 235/05, DStR 2005, 1704.
2 Vgl. FG Niedersachsen vom 6.6.2008 11 K 573/06, EFG 2009, 1610.
3 Vgl. BFH vom 11.5.1962 VI B 195/60 U, BStBl. III 1962, 342.
4 Vgl. BFH vom 26.4.1984 V R 128/79, BStBl. II 1984, 776; vom 17.5.1988 VII R 90/85, BFH/NV 1989, 4.
5 Vgl. BFH vom 26.11.2008 V B 210/07, BFH/NV 2009, 362; FG Niedersachen vom 13.2.2007 11 V 205/06, EFG 2007, 1050; Loose in Tipke/Kruse, § 69 AO Rz. 31 (Mai 2010).
6 Vgl. BFH vom 21.10.2003 VII B 353/02, BFH/NV 2004, 157.

Anteilige Tilgung

Haftungsadressaten sind zunächst die nach dem Geschäftsverteilungsplan für steuerrechtliche Angelegenheiten zuständigen Geschäftsführer. Dies entbindet die Finanzverwaltung allerdings nicht, ihr Auswahlermessen tatsächlich auszuüben und dabei als Kriterium den Geschäftsverteilungsplan zugrunde zu legen.

Allerdings wird bei – für die steuerrechtlichen Angelegenheiten nicht zuständigen Geschäftsführern – erkennbaren Unregelmäßigkeiten die **Gesamtverantwortung aller vertretungsberechtigten Organmitglieder** wieder wirksam. Trotz Geschäftsverteilungsplan trifft jeden Geschäftsführer eine Pflicht zur gewissenhaften Überwachung der Geschäftsführung im Ganzen[1]. Gleiches gilt, wenn die wirtschaftliche Lage der Gesellschaft oder die Person des zuständigen Geschäftsführers zur Überprüfung Anlass geben[2]. Spätestens bei nahender Zahlungsunfähigkeit oder Überschuldung erlöschen alle internen Zuständigkeitsvereinbarungen und Zuständigkeitsgrenzen im Hinblick auf die Verantwortlichkeit der Einhaltung der steuerlichen Pflichten. 743

Das größte Risiko für eine Inhaftungnahme wegen KSt, GewSt oder USt ist ein Verstoß gegen den Grundsatz der **anteiligen Tilgung**. Gleichzeitig resultiert hieraus ein zentrales **Verteidigungsfeld**. 744

Der Geschäftsführer mit beschränkten liquiden Mitteln ist nicht gezwungen, allein das Finanzamt voll zu befriedigen. Stehen dem Geschäftsführer nicht genügend Mittel zur Verfügung, um alle fälligen Verbindlichkeiten der Gesellschaft zu erfüllen, **darf das Finanzamt nicht schlechter behandelt werden** als andere Gläubiger[3]. 745

Zur Begründung eines Haftungsbescheids muss das Finanzamt den Betrag ermitteln, mit dem der Geschäftsführer angeblich die Quote der anteiligen Tilgung unterschritten hat[4]. Die fällige Steuer muss ins Verhältnis gesetzt werden mit den übrigen fälligen Verbindlichkeiten der GmbH. In Höhe der **Quote** ist aus den vorhandenen Mitteln das Fi- 746

---

1 Vgl. BFH vom 21.10.2003 VII B 353/02, BFH/NV 2004, 157; vom 26.1.2006 VII B 220/02, BFH/NV 2006, 906.
2 Vgl. BFH vom 6.7.2005 VII B 296/04, BFH/NV 2005, 1753; vom 20.4.2006 VII B 280/05, BFH/NV 2006, 1441.
3 Ständige Rechtsprechung. des BFH, vgl. nur BFH vom 27.2.2007 VII R 60/05, BFH/NV 2007, 1731. Der Geschäftsführer ist auch in der Krise nicht verpflichtet, von Geschäften Abstand zu nehmen, weil diese Steuern auslösen (zB USt), welche die GmbH später ggf. nicht bezahlen kann; vgl. BFH vom 7.9.2007 VII B 181/06, BFH/NV 2007, 2233.
4 Vgl. Loose in Tipke/Kruse, § 69 AO Rz. 34 ff. (Mai 2010).

Umsatzsteuer, Lohnsteuer

nanzamt zu befriedigen[1]. Einer exakten Berechnung der Quote bedarf es nicht. Es genügt vielmehr eine auf den Haftungszeitraum bezogene, nachvollziehbare, überschlägige Berechnung[2].

747 Bei der Berechnung der anteiligen **Haftung für USt** kommt es auf die Liquiditätslage im **jeweiligen Voranmeldungszeitraum** an. Zu niedrig vorangemeldete Beträge werden zwar erst später fällig. Für die Haftungsquote ist gleichwohl die Liquiditätslage im jeweiligen Voranmeldungszeitraum maßgeblich[3]. Darüber hinaus erfüllt die zu niedrige USt-Voranmeldung den Tatbestand der Steuerhinterziehung auf Zeit.

748 Eine Ausnahme vom Grundsatz der anteiligen Tilgung gilt im Rahmen der **Haftung für LSt**[4]. Die abzuführende LSt stellt einen Teil des Arbeitslohns der Arbeitnehmer dar und wird daher vom Arbeitgeber treuhänderisch für den Arbeitnehmer verwaltet. Die Haftung des Geschäftsführers nach § 42d Abs. 1 Nr. 1 EStG bezieht sich auf den entstandenen Betrag und nicht auf die tatsächlich einbehaltene und angemeldete LSt[5]. Im Ergebnis ist der Geschäftsführer gezwungen, die Auszahlungsbeträge an die Mitarbeiter so zu reduzieren, dass anteilige Löhne, darauf entfallende LSt und Sozialabgaben vollständig bezahlt werden können.

749 Wegen der inneren Beziehung der Pflichtverletzung zu bestimmten Steuerschulden ist das Finanzamt stets verpflichtet, im Einzelnen darzulegen, **welche Pflichtverletzungen** sich auf **welche Steuerforderungen** beziehen. Die anzutreffenden Pauschaldarstellungen von mehreren Monaten oder sogar Jahren[6] sind unzulässig.

750 Für die **Verteidigung** gegenüber **Haftungsbescheiden** ist es oft entscheidend, im Einzelnen zeitbezogen darzulegen, dass der in Haftung Genommene stets bemüht war, das Finanzamt nicht schlechter zu behandeln als andere Gläubiger. Das Zahlungsverhalten gegenüber anderen Gläubigern ist mit dem gegenüber dem Finanzamt zu vergleichen. Oft kann auf diese Weise nachgewiesen werden, dass das Fi-

---

1 Vgl. BFH vom 7.11.1989 VII R 34/87, BStBl. II 1990, 201; zur Nichtberücksichtigung von gezahlter LSt vgl. BFH vom 27.2.2007 VII R 60/05, BFH/NV 2007, 1731.
2 Vgl. BFH vom 14.7.1987 VII R 188/82, BStBl. II 1988, 172.
3 Vgl. BFH vom 12.4.1988 VII R 131/85, BStBl. II 1988, 742.
4 Vgl. Nacke, DStR 2005, 1297 ff.
5 Vgl. BFH vom 7.7.2004 VI R 171/00, BFH/NV 2004, 1569.
6 Zur Aufgliederung der Haftungsbeiträge s. BFH vom 27.8.2009 V B 75/2008, BFH/NV 2009, 1964.

Verschulden

nanzamt sogar bessergestellt wurde; in diesem Fall scheidet eine Haftung sicher aus.

Ist die **Steuerpflicht zweifelhaft**, kann idR dem Geschäftsführer eine Pflichtverletzung nicht vorgeworfen werden, wenn er sich nicht nach der dem Finanzamt günstigen Ansicht verhält[1]. 751

Der Geschäftsführer muss die ihm obliegenden Pflichten schuldhaft, dh. **vorsätzlich oder grob fahrlässig** verletzt haben. Vorsätzlich handelt, wer die Pflichten gekannt und ihre Verletzung gewollt bzw. in Kauf genommen hat[2]. Grob fahrlässig handelt, wer die Sorgfalt, zu der er nach seinen subjektiven Kenntnissen und Fähigkeiten verpflichtet und imstande ist, in ungewöhnlich hohen Maß verletzt[3]. Ein Geschäftsführer, der keinerlei steuer- bzw. handelsrechtliche Grundkenntnisse hat, begeht eine grob fahrlässige Verletzung der Sorgfaltspflichten dadurch, dass er sich zum Geschäftsführer bestellen lässt. Der Geschäftsführer ist verpflichtet, sich entweder die entsprechenden Kenntnisse anzueignen oder sich nicht bestellen zu lassen[4]. Grob fahrlässig handelt insbesondere, wer die Pflicht zur anteiligen Tilgung von Steuerschulden sowie die Pflicht zur Kürzung ausgezahlter Löhne nicht kennt[5]. 752

Leichte Fahrlässigkeit begründet keine Haftung[6]. Auf mangelndes Verschulden kann sich der Geschäftsführer zB berufen, wenn er im Fall steuerrechtlich nicht einfacher Sachverhalte die falschen Schlüsse zieht[7]. 753

Wird ein **Steuerberater** mit der Wahrnehmung der steuerlichen Angelegenheiten der Gesellschaft beauftragt, kann sich der Geschäftsführer auf mangelndes Verschulden berufen, es sei denn, der Steuerberater wurde nicht sorgfältig ausgewählt, hinreichend informiert und überwacht[8]. 754

---

1 Vgl. FG München vom 9.5.2001 3 K 4300/00, EFG 2001, 1254.
2 Vgl. BFH vom 12.7.1983 VII B 19/83, BStBl. II 1983, 655.
3 Vgl. FG Münster vom 1.9.1997 1 K 1959/97, EFG 1998, 617.
4 Vgl. BFH vom 31.3.2000 VII B 187/99, GmbHR 2000, 1211.
5 Vgl. BFH vom 11.6.1996 I B 60/95, BFH/NV 1997, 7; vom 11.3.2004 VII R 52/02, BStBl. II 2004, 579.
6 Vgl. BFH vom 5.3.1998 VII B 36/97, BFH/NV 1998, 1325.
7 Vgl. BFH vom 22.11.2005 VII R 21/05, BFH/NV 2006, 652; FG Köln vom 4.9.2003 3 K 7676/00, EFG 2004, 226.
8 Vgl. BFH vom 4.5.2004 VII B 318/03, BFH/NV 2004, 1363; vom 7.1.2003 VII B 196/01, BFH/NV 2003, 445.

Hinterzieherhaftung

755 Das Finanzamt trifft eine **Ermessensentscheidung** darüber, **wer** von **mehreren Geschäftsführern** in Haftung genommen wird[1]. Nicht sachgerecht ist es, wenn das Finanzamt für die Inhaftungnahme allein auf die Beteiligungsverhältnisse der Geschäftsführer am Gesellschaftskapital abstellt[2].

756 Die Haftung nach §§ 34, 69 AO erstreckt sich auch auf **Verspätungszuschläge** und **Säumniszuschläge**, sofern bzgl. dieser Nebenleistungen der Haftungstatbestand erfüllt ist[3]. § 69 Satz 2 AO steht dem nicht entgegen; vielmehr wird hier die Haftung auch auf solche Säumniszuschläge erweitert, die infolge von Pflichtverletzungen entstanden sind, weil die gesetzlichen Vertreter juristischer Personen pflichtwidrig nicht dafür sorgten, dass die Steuern fristgerecht gezahlt wurden[4].

d. Haftung des Steuerhinterziehers

757 Der **Steuerhinterzieher** haftet nach **§ 71 AO** für die verkürzten Steuern. Der Gehilfe[5] oder Anstifter haftet ebenso. Die versuchte Steuerhinterziehung erfüllt nicht den Haftungstatbestand. Gleiches gilt für die leichtfertige Steuerverkürzung. Die Grundsätze der anteiligen Haftung (Tz. 744 ff.) gelten auch im Fall der Hinterzieherhaftung[6].

758 Das Finanzamt muss **selbstständig** den Tatbestand der Hinterziehung ermitteln. Zwischen Steuer- und Steuerstrafverfahren gibt es **keine zwingende Bindungswirkung**[7].

759 Das Finanzamt trägt die **objektive Beweislast** bzw. Feststellungslast für die Hinterziehung[8]. Die Voraussetzungen der Haftung sind nach **strafprozessualen Beweisgrundsätzen** festzustellen. Es gilt der Grundsatz

---

1 Vgl. LOOSE in Tipke/Kruse, § 69 AO Rz. 32 (Mai 2010).
2 Vgl. FG Köln vom 4.9.2003 3 K 7676/00, EFG 2004, 154, welches eine langfristige Krankheit als geeignetes Auswahlkriterium ansieht.
3 Vgl. BFH vom 1.8.2000 VII R 110/99, BStBl. II 2001, 271; RÜSKEN in Klein, § 69 Rz. 14.
4 Zu dieser Frage s. BFH vom 22.2.1980 VI R 185/79, BStBl. II 1980, 375.
5 Vgl. zur Haftung des steuerlichen Beraters FG Münster vom 20.9.2006 5 K 4518/02 U, EFG 2007, 488 (bestätigt durch BFH vom 13.8.2007 VII B 345/06, BFH/NV 2008, 23), mit Anm. TROSSEN.
6 Vgl. BFH vom 22.10.2009 V B 108/08, BFH/NV 2010, 170.
7 Vgl. KAMPS/WULF, DStR 2003, 2045, 2047 f.; RÜSKEN in Klein, § 71 Rz. 6; LOOSE in Tipke/Kruse, § 71 AO Rz. 11 (Mai 2010).
8 Vgl. BFH vom 5.3.1979 GrS 5/77, BStBl. II 1979, 570, mwN; vom 20.12.2000 I B 93/99, BFH/NV 2001, 639; KAMPS/WULF, DStR 2003, 2045, 2046.

Beweislast im Falle des § 71 AO

des „in dubio pro reo". Steuerliche Beweiserleichterungen finden für die Haftungsschuld aus § 71 AO dem Grunde und der Höhe nach keine Anwendung[1]. Folglich genügt es im Einspruchsverfahren, wenn der Vortrag des Steuerpflichtigen die Position des Finanzamts verunsichert; er muss nicht selbst das Nichtvorliegen der Hinterziehung nachweisen.

Die objektive Beweislast erstreckt sich auch auf den **subjektiven Tatbestand**. Das Finanzamt muss den Vorsatz nachweisen[2].   760

Die Hinterziehung kann noch bestritten werden, wenn eine **Bestrafung erfolgt** ist. Allerdings gilt es, in diesem Fall der Anschein, den das Strafverfahren verursacht, substanziiert widerlegt werden. In der Praxis werden Strafurteile und Strafbefehle unmittelbar zur Begründung des zum Tatbestand des § 71 AO genommen.   761

Endet das **Steuerstrafverfahren nicht** mit einer **Bestrafung**, wird es eingestellt (oder wurde es nie eingeleitet), so kann gleichwohl das Finanzamt versucht sein, den Tatbestand des § 71 AO zu bejahen, wenn es hier die einzige Möglichkeit sieht, die Erfüllung eines Steueranspruchs im Haftungswege zu erreichen. Der Weg, den das Finanzamt hier beschreitet, ist schwierig. Das Finanzamt muss ohne Unterstützung der Strafverfolgungsbehörde die Hinterziehung belegen. Der in Haftung Genommene ist regelmäßig in einer guten Position, weil er die Nichtdurchführung des Steuerstrafverfahrens voll zu seinen Gunsten verwenden kann.   762

Eine Beendigung des Strafverfahrens nach **§ 153a StPO** setzt – der Rechtsnorm nach – eine vorsätzliche Straftat voraus, so dass sich das Finanzamt auch im Rahmen des § 71 AO unmittelbar auf den Abschluss des Strafverfahrens stützen könnte. In der Praxis ist jedoch die Hinnahme einer Sanktion nach § 153a StPO kein Geständnis, sondern die Annahme einer pragmatischen Beendigungsform. Die Zustimmung zu einer strafrechtlichen Verfahrenseinstellung nach § 153a StPO reicht zur Begründung des Hinterziehungsvorwurfs im Haftungsverfahren nicht aus; die Unschuldsvermutung gilt fort[3]. Gerade bei der Erledigung nach § 153a StPO muss der Hinterziehungstatbestand weiterhin bestritten werden[4].   763

---

1 BFH vom 7.11.2006 VIII R 81/04, BStBl. II 2007, 364; vom 29.1.2002 VIII B 91/01, wistra 2002, 350; vom 4.3.1999 II B 52/98, BFH/NV 1999, 1185.
2 Vgl. KAMPS/WULF, DStR 2003, 2045, 2046.
3 Vgl. BFH vom 20.12.2000 I B 93/99, BFH/NV 2001, 639; KAMPS/WULF, DStR 2003, 2045, 2048.
4 Vgl. STRECK/RAINER, Stbg. 1988, 85.

Steuer, für die gehaftet wird

764 Die tatsächlichen strafrechtlichen Erkenntnisse (**Strafbefehl** oder **Urteil**) haben umgekehrt **eingrenzende Wirkung**. Die Steuer, für die gehaftet wird, bemisst sich idR nach den im Strafbefehl oder im Strafurteil angegebenen hinterzogenen Steuern. Das Finanzamt kann zwar behaupten, der hinterzogene Betrag sei höher; allerdings steht es sodann vor kaum überwindbaren Beweisproblemen, wenn die Strafverfolger selbst von niedrigeren Beträgen ausgehen.

765 Die Steuerhaftung aufgrund der Hinterziehung tritt nur ein, „**soweit**" die Hinterziehung gegeben ist. Die Steuern, für die gehaftet werden soll, sind mithin sorgfältig in die Teile zu zerlegen, die mit der Hinterziehung nichts zu schaffen haben, und die, die auf die Hinterziehung zurückzuführen sind.

766 Diese Eingrenzung wird in der **Praxis** häufig **übersehen**. Die Hinterziehung bzgl. einzelner Beträge wird zum Anlass genommen, den Hinterzieher für Mehrergebnisse aus einer Prüfung insgesamt in Haftung zu nehmen. Es ist hier Beraterauftgabe, nachdrücklich dem Finanzamt die Beschränkung der Haftung vorzutragen.

4. Die Steuer, für die gehaftet werden soll

767 Die Haftung nach § 191 AO ist akzessorisch[1] von der sog. Erstschuld[2]. Der Haftungsschuldner kann sich auch gegen die **Höhe** der **Steuer** wenden, für die er haften soll[3]. Er kann bestreiten, dass die Steuer dem Grunde nach entstanden ist[4], aber auch, dass sie in einer bestimmten Höhe entstanden ist. Grundsätzlich stehen ihm insoweit alle Verteidigungsmittel zur Verfügung, die der Steuerschuldner selbst der Steuer entgegensetzen kann.

768 Diese **Verteidigungslinie** ist von **außerordentlicher Bedeutung**. Die Inhaftungnahme erfolgt nicht selten für Steuern, die deshalb rechtskräftig festgesetzt sind, weil der Steuerpflichtige kein ausgeprägtes Interesse an einer Auseinandersetzung mit dem Finanzamt hat. Gedacht ist hier insbesondere an die Fälle, in denen der Steuerpflichtige selbst oh-

---

[1] Vgl. BFH vom 12.10.1999 VII R 98/98, BStBl. II 2000, 486; INTEMANN in Pahlke/König, § 191 Rz. 19; BOECKER in Hübschmann/Hepp/Spitaler, § 191 AO Rz. 19 (Juni 1999).
[2] Vgl. LOOSE in Tipke/Kruse, § 191 AO Rz. 13 (Feb. 2011).
[3] Vgl. zu Folgen der Veränderung der Erstschuld RÜSKEN in Klein, § 191 Rz. 16 ff.; und oben Tz. 719, 721.
[4] Vgl. LOOSE in Tipke/Kruse, § 191 AO Rz. 12 (Feb. 2011).

Präklusion des Geschäftsführers

nehin vermögenslos ist und ihn ein Mehr oder Weniger der Schulden kaum noch interessiert. Darüber hinaus macht die Auseinandersetzung um die Steuern deutlich, dass dem in Haftung Genommenen keine Pflichtverletzung vorgeworfen werden kann, weil bereits der Steuertatbestand als solcher zweifelhaft ist.

Äußerst gefährlich im Haftungsverfahren ist die an versteckter Stelle stehende Vorschrift des **§ 166 AO**. Der Haftungsschuldner kann sich gegen die Höhe der Steuer, für die er in Anspruch genommen wird, nur dann wehren, wenn er den Steuerbescheid selbst nicht anfechten konnte[1]. Konnte er den Steuerbescheid angreifen, lässt er ihn aber bestandskräftig werden, muss er sich im **Haftungsverfahren** die **Bestandskraft** und die Richtigkeit der Höhe der Steuer entgegenhalten lassen. 769

Die Wirkung des § 166 AO reicht bis zu dem **Zeitpunkt**, in dem die Vertretungsbefugnis des Geschäftsführers oder eines anderen Vertretungsorgans endet, dh. im Regelfall bis zur Niederlegung des Amts oder – im Fall der Insolvenz – bis zur Eröffnung des Insolvenzverfahrens. 770

Beispiel: Der Geschäftsführer einer GmbH wird für Körperschaftsteuer 2004 in 2010 in Haftung genommen. Der Körperschaftsteuerbescheid 2004, ergangen 2005, wird von dem Geschäftsführer angefochten. Die GmbH geht Anfang 2007 in Insolvenz. Das Insolvenzverfahren wird mangels Masse Ende 2007 eingestellt. Das Finanzamt betreibt das Haftungsverfahren. Es teilt dem Steuerberater mit, der Einspruch gegen den Körperschaftsteuerbescheid 2004 könne zurückgenommen werden, da im Hinblick auf das beendete Insolvenzverfahren ohnehin das Steuerverfahren gegen die GmbH keine Bedeutung mehr habe. Die GmbH, nach dem Insolvenzverfahren in Liquidation[2] und weiterhin durch den in Haftung genommenen Geschäftsführer vertreten, folgt dem Rat des Finanzamts. Der Einspruch wird zurückgenommen. Man konzentriert sich auf das Haftungsverfahren. Wegen § 166 AO ist dem in Haftung Genommenen das Bestreiten der Rechtmäßigkeit der Erstschuld für 2004 verwehrt. 771

Wird seitens der Gesellschaft der Streit nur vor dem Hintergrund des § 166 AO geführt, also zur Haftungsprophylaxe, verfügt die Finanzverwaltung über ein Mittel, das Rechtsbehelfsverfahren ohne Entscheidung in der Sache beenden zu können. Das Finanzamt erlässt einen 772

---

1 Maßgebend ist die rechtliche, nicht die tatsächliche Anfechtungsmöglichkeit, vgl. KRUSE in Tipke/Kruse, § 166 AO Rz. 14, mwN (Mai 2009).
2 Vgl. zur Haftung des Nachtragsliquidators FG Hamburg vom 10.2.2009 2 K 251/07, EFG 2009, 890, rkr., mit Anm. EPPERS.

Informationspflicht

Haftungsbescheid mit der Haftungssumme „null", also entsprechend § 155 Abs. 1 Satz 3 AO einen **Haftungsfreistellungsbescheid**[1]. Die positive Mitteilung kann nur im Rahmen des § 130 Abs. 2 AO korrigiert werden[2]. Allerdings sind die Finanzämter diesbezüglich zurückhaltend. Darüber hinaus kann durch einen entsprechenden Antrag die Inhaftungnahme erst „provoziert" werden.

773 Wird der **Haftende** nach § 360 AO im **Einspruchsverfahren** gegen die Erstschuld **hinzugezogen**, wird sodann vom Finanzamt in der Sache entschieden und erwächst diese Entscheidung in materielle Bestandskraft, wirkt sie auch gegen den Haftenden. Das Gleiche gilt für das **finanzgerichtliche** Verfahren.

774 Soweit die Steuern streitig sind, ist das Finanzamt im Haftungsverfahren verpflichtet, dem mutmaßlich Haftenden jede **Information** über die Steuer, für die er haften soll, zu **geben**. Dies folgt aus § 364 AO. Das Steuergeheimnis steht nicht entgegen, da es sich um notwendige Informationen innerhalb des Haftungsverfahrens handelt[3].

775 Die **Informationspflicht** reicht hier **sehr weit**, da das Finanzamt idR den in Haftung Genommenen nicht auf eigene Unterlagen, auf eine eigene Buchführung verweisen kann. Dies muss erst recht gelten, wenn der Haftungsschuldner als **faktischer Geschäftsführer** (vgl. Tz. 734 ff.) in Anspruch genommen werden soll, er diese Stellung jedoch bestreitet und vorträgt, keinen Zugang zu den Unterlagen der Gesellschaft zu haben. Notfalls muss sich das Finanzamt beim Steuerschuldner die Unterlagen beschaffen, aus denen die Steuerschuld folgt, für die der Dritte haften soll. Auf diesem Umweg kann sodann der in Haftung Genommene auch Einblick in die Buchhaltung des Steuerschuldners nehmen.

776 Umgekehrt versenden viele Finanzämter im Rahmen der Vorbereitung der Inhaftungnahme **Fragebögen** an potenzielle Haftungsschuldner zur Bestimmung des Haftungszeitraums und der Haftungsquote.

777 Die Finanzverwaltung trägt die **Feststellungslast** auch für den Haftungszeitraum und die Haftungsquote[4]. Der in Haftung Genommene trägt die Feststellungslast nur bezüglich der Tatsachen, die den Haftungsanspruch aufheben oder einschränken.

---

1 Vgl. Loose in Tipke/Kruse, § 191 AO Rz. 116 (Feb. 2011).
2 Vgl. FG Köln vom 28.9.1983 XI (V) 506/81, EFG 1984, 99, und Tz. 707.
3 Vgl. § 30 Abs. 4 Nr. 1 AO.
4 Vgl. BFH vom 25.4.1995 VII R 100/94, BFH/NV 1996, 97.

Ermessen

Im Regelfall empfiehlt es sich, das Ausfüllen etwaiger Fragebögen gegenüber dem Finanzamt zu verweigern. Das Finanzamt hat zunächst von Amts wegen zu ermitteln. UE besteht im Rahmen der **Mitwirkungspflicht** (§ 90 AO)[1] keine Pflicht des potenziellen Haftungsschuldners, solche Fragebögen auszufüllen. Von den potenziellen Haftungsschuldnern kann allenfalls die Vorlage konkret angeforderter Unterlagen verlangt werden, aus denen sodann das Finanzamt die Haftungsquote berechnen kann[2]. Eine Pflicht, für die Auskunftserteilung in bei Dritten befindliche Unterlagen Einsicht zu nehmen, besteht nicht[3]. Fehlerhafte Berechnungen oder gar **Schätzungen** des Finanzamts sollten im Rahmen des Rechtsbehelfsverfahrens angegriffen werden. Sind die Berechnungen des Finanzamts nicht nachvollziehbar, ist auch hier gemäß **§ 364 AO** die Erfüllung der Verpflichtung zur Mitteilung der Besteuerungsgrundlagen einzufordern.

778

5. Ermessen

Die Inhaftungnahme erfolgt aufgrund **pflichtgemäß** ausgeübten **Ermessens**. Hierbei geht es nicht nur darum, ob der Inhaftungnahme Ermessensgründe entgegenstehen. Das Ermessen muss die Inhaftungnahme positiv bejahen.

779

Die Ermessensausübung umfasst die Entscheidung über die **Inhaftungnahme** dem **Grunde** nach (**Entschließungsermessen**)[4] und über die **Person** des Haftenden (Auswahl unter mehreren Haftenden, sog. **Auswahlermessen**[5]).

780

Nach zutreffender Ansicht betrifft das Ermessen auch die **Höhe** der Inhaftungnahme[6], wenn bereits das „Ob" ins Ermessen gestellt ist. Dieses Ermessen wird selten differenzierend ausgeübt. Liegt nach Ansicht

781

---

1 Vgl. zur Besonderheiten der Mitwirkungspflichten bei grenzüberschreitender Sachaufklärung § 92, SCHAUMBURG in FS für Streck, 369 ff.
2 Vgl. BFH vom 2.10.1986 VII R 190/82, BFH/NV 1987, 223; vom 26.9.1989 VII R 99/87, BFH/NV 1990, 351 ff.
3 BFH vom 23.8.1994 VII R 134/92, BFH/NV 1995, 570; vom 14.10.1998 VII B 10/98, BFH/NV 1999, 447.
4 Vgl. RÜSKEN in Klein, § 191 Rz. 35.
5 Vgl. RÜSKEN in Klein, § 191 Rz. 58.
6 So BFH vom 8.11.1988 VII R 78/85, BStBl. II 1989, 118; vom 4.10.1988 VII R 53/85, BFH/NV 1989, 274; LOOSE in Tikpe/Kruse, § 191 AO Rz. 41 (Feb. 2011), BOEKER in Hübschmann/Hepp/Spitaler, § 191 AO Rz. 34 (Juni 1999); aA BFH vom 26.2.1991 VII R 3/90, BFH/NV 1991, 504; NACKE, Rz. 735.

Begründung des Ermessens

der Finanzbehörde ein Haftungsgrund vor, so folgt hieraus in der Verwaltungsübung nahezu zwingend die Inhaftungnahme über den vollen Betrag.

782 Die Inhaftungnahme kann **gegen Treu und Glauben** verstoßen. Dies ist möglich, wenn das Finanzamt den Vertrauenstatbestand verursacht hat, wonach eine bestimmte Person nicht in Haftung genommen wird[1].

783 Aus § 219 AO folgt, dass eine Inhaftungnahme auch dann ermessensfehlerhaft ist, wenn der **Steuerschuldner** über ausreichendes **Vermögen** verfügt[2].

784 Auch das **Vermögen** des in Haftung Genommenen bestimmt das Ermessen. Es ist ermessenswidrig, jemanden für Steuern in einer Höhe in Haftung zu nehmen, die er nicht wird begleichen können.

785 Nach pflichtgemäßem Ermessen kann der Haftungsschuldner nur dann in Anspruch genommen werden, wenn das Finanzamt den Sachverhalt ermittelt hat. **Mängel** der **Sachverhaltsermittlungen** werden zu **Mängeln** des **Haftungsbescheids**[3].

786 Haftungsbescheide gegen **mutmaßliche Steuerhinterzieher** während laufender Steuerfahndungsermittlungen können daher ermessenswidrig sein. Der Sachverhalt ist erst korrekt ermittelt, wenn die Ermittlungen abgeschlossen sind. Solange die Ermittlungen noch andauern, können sie auch zur Entlastung des mutmaßlichen Hinterziehers führen.

787 Bei einer **Beteiligung an einer Steuerhinterziehung** ist das Ermessen nach Auffassung des BFH vorgeprägt, so dass die Inanspruchnahme eines Gehilfen auch ohne nähere Darlegung der Ermessenserwägungen als ermessensgerecht angesehen wird[4]. Gleichwohl kann es ermessensfehlerhaft sein, den Beteiligten einer Steuerhinterziehung in Anspruch zu nehmen, wenn er selbst keinen Vorteil erlangt hat und dem Steuerschuldner die Steuerschuld erlassen wurde.

788 Die Ermessenserwägungen sind in der **Begründung** des **Haftungsbescheids darzustellen**. Der Verweis seitens des Finanzamts auf das Vor-

---

1 Vgl. LOOSE in Tipke/Kruse, § 191 AO Rz. 151 (Feb. 2011).
2 Vgl. auch Tz. 681.
3 Vgl. Sächsisches FG vom 2.5.2001 2 K 1237/99, EFG 2001, 1098; Niedersächsisches FG vom 2.8.2009 11 K 121/08, EFG 2009, 1805, allgemein zum Ermessen, LOOSE in Tipke/Kruse § 191 Rz. 45 ff. (Feb. 2011).
4 Vgl. BFH vom 21.1.2004 XI R 3/03, BStBl. II 2004, 919; vom 13.8.2007 VII B 345/06, BFH/NV 2008, 23, sowie LOOSE in Tipke/Kruse, § 71 AO Rz. 17 (Mai 2010).

Zeitpunkt des Angriffs

liegen der Haftungsvoraussetzungen genügt nicht. Voraussetzung für eine **korrekte Ermessensentscheidung** ist, dass das Finanzamt den Sachverhalt auserermittelt hat und sich seines Ermessensspielraums bewusst ist[1]. Die Ausführungen des Finanzamts, der Geschäftsführer „sei wegen Vorliegens der gesetzlichen Merkmale in Haftung zu nehmen", sprechen für eine unterlassene Ermessensausübung.

Allerdings soll im Einzelfall auch eine sachgerechte **stillschweigende** Ermessensausübung möglich sein[2]. 789

Handelt der Geschäftsführer grob fahrlässig und begründet er die Haftung nach § 69 AO, erspart dies nicht eine begründete Ermessensausübung[3]. 790

Die Darlegung der Ermessenserwägungen hat spätestens in der **Einspruchsentscheidung** zu erfolgen[4]. Das **Finanzgericht überprüft** die **Ermessentscheidung des Finanzamts**, es setzt nicht sein Ermessen an die Stelle des Ermessens des Finanzamts (§ 102 Satz 1 FGO)[5]. Daher sollten **Ermessensfehler** regelmäßig erst im Rahmen des Klageverfahrens gerügt werden[6]. 791

Erklärt zB das Finanzamt in der Einspruchsentscheidung, der Haftungsschuldner sei als einziger Geschäftsführer der Gesellschaft in Haftung zu nehmen, und kommt es erst im finanzgerichtlichen Verfahren zur Sprache, dass es einen **weiteren Geschäftsführer** gab, gewinnt der Haftungsschuldner mangels Ausübung des Auswahlermessens seitens des Finanzamts das Klageverfahren, ohne negative Kostenfolgen befürchten zu müssen[7]. Das Finanzamt hätte das Handelsregister einsehen können und müssen[8]. 792

---

1 Vgl. BFH vom 15.3.1983 I R 76/82, BStBl. II 1983, 672; vom 4.10.1988 VII R 53/85, BFH/NV 1989, 274.
2 Kritik bei LOOSE in Tipke/Kruse, § 191 AO Rz. 106 (Feb. 2011).
3 Vgl. BFH vom 8.11.1988 VII R 141/85, BStBl. 1989, 219; KRUSE in Tipke/Kruse, § 5 AO Rz. 68 (Mai 2010).
4 Vgl. BFH vom 22.4.1986 VII R 138/81, BFH/NV 1987, 139; vom 2.6.1987 VII R 165/84, BFH/NV 1988, 76.
5 Vgl. auch Tz. 794.
6 Vgl. zur ähnlichen Situation Tz. 728.
7 Vgl. BFH vom 12.2.2009 VI R 40/07, BStBl. II 2009, 478.
8 Zum Auswahlermessen zwischen faktischem und formell bestelltem Geschäftsführer vgl. BFH vom 11.3.2004 VII R 52/02, BStBl. II 2004, 579; FG Hamburg vom 23.5.2005 II 313/01, EFG 2002, 1342; vom 14.8.2002 V 248/98, EFG 2003, 202.

Festsetzungsverjährung

793 Mit dem Vortrag zur Ermessenswidrigkeit bis zum Klageverfahren abzuwarten, kann andererseits auch **Probleme** bereiten, zB wenn im Rahmen des Klageverfahrens neue Tatsachen vorgetragen werden, die bisher nur dem Haftungsschuldner bekannt waren. Gewinnt daraufhin der Haftungsschuldner das Klageverfahren, kann das Finanzgericht dem Haftungsschuldner die **Kosten** gemäß § 137 FGO auferlegen.

794 Gemäß § 102 Satz 2 FGO kann das Finanzamt seine **Ermessensentscheidung** auch noch im Klageverfahren „ergänzen". Dies gilt auch für den Haftungsbescheid[1]. Allerdings erfährt die Bestimmung hinsichtlich des Umfangs des Ergänzens in der Rechtsprechung zutreffend eine einschränkende Auslegung. Es müssen zuvor Ermessenserwägungen dargelegt worden sein, die nun vertieft, verbreitert oder verdeutlicht, nicht jedoch erstmals angestellt, vollständig nachgeholt oder in den Gründen ausgewechselt werden.[2]

6. Festsetzungsverjährung

795 Für Haftungsbescheide gelten **spezielle Verjährungsregeln**.

796 Die **Verjährung** der Haftungsschuld ist gemäß § 191 Abs. 3 AO gesondert von der Verjährung der der Haftung zugrundeliegenden Erstschuld zu prüfen.

797 Gemäß § 191 Abs. 3 Satz 2 AO beträgt die **Festsetzungsfrist** grundsätzlich vier Jahre, in Fällen der Steuerhinterziehung zehn Jahre. Die verlängerte Festsetzungsfrist gilt nur, wenn auch der Haftungsbescheid auf § 71 AO gestützt wird. Sie gilt nicht, wenn Rechtsgrundlage des Haftungsbescheids § 69 AO ist. Dies gilt selbst dann, wenn der Sache nach eine **Steuerhinterziehung** vorliegt.

798 Gemäß § 191 Abs. 3 Satz 3 AO **beginnt** die Festsetzungsfrist mit Ablauf des Kalenderjahrs, in dem der Tatbestand, der die Haftung begründet, verwirklicht worden ist. Es kommt auf den Zeitpunkt der Pflichtverletzung an.

799 Für die **Ablaufhemmung** gilt die Sonderregelung des § 191 Abs. 3 Satz 4 AO. Solange die Steuer noch nicht festgesetzt ist, endet die Festsetzungsfrist für den Haftungsbescheid nicht vor Ablauf der für die

---

[1] Vgl. NACKE, Rz. 770.
[2] Vgl. BFH vom 11.3.2004 VII R 52/02, BStBl. II 2004, 579; GROLL in Gräber, § 102 Rz. 20.

Einspruch im Steuerstrafverfahren

Steuerfestsetzung geltenden Festsetzungsfrist. Ist die Steuerschuld bereits festgesetzt, gilt gemäß § 191 Abs. 3 Satz 4 AO, § 171 Abs. 10 AO, dass die Festsetzungsfrist für den Erlass des Haftungsbescheids nicht vor Ablauf von zwei Jahren nach Bekanntgabe des Steuerbescheids abläuft.

Zu Besonderheiten der **Widerrufs- und Rücknahmefristen** vgl. Tz. 726. 800

IV. Besonderheiten des Einspruchs bei schwebenden Steuerstrafverfahren

Problematisch ist die Streitführung im Einspruchsverfahren, wenn ein **Steuerstrafverfahren** parallel läuft. 801

Im Einspruchsverfahren muss zu den Feststellungen und Behauptungen der Finanzverwaltung Stellung genommen werden, die **Einsprüche** sind zu **begründen**. Im Strafverfahren kann sich der Steuerpflichtige und Betroffene auf das **Aussageverweigerungsrecht** stützen. Er hat das Recht, zu schweigen. 802

Grundsätzlich sind **beide Verfahren zu trennen**. Eine rechtlich zwingende Wechselwirkung besteht nicht. Gleichwohl ist es wenig überzeugend, wenn der Steuerpflichtige im Steuerverfahren persönlich aussagt, im Strafverfahren aber schweigt. Der im Strafverfahren schweigende Mandant sollte im Steuerverfahren nur durch den Berater sprechen, der seinerseits den Vortrag auf das steuerlich Erhebliche reduzieren kann. 803

Der von der Steuerfahndung (oder einer anderen steuerlichen Dienststelle) festgestellte Sachverhalt kann generell bestritten werden; er kann mit Schweigen zur Kenntnis genommen werden. Darüber hinaus ist auch die **Detail-Auseinandersetzung** mit den **Feststellungen** der Finanzverwaltung, niedergelegt zB in einem Steuerfahndungsbericht, möglich. 804

Werden die Feststellungen ausgewertet, **beginnt** zuerst formal das **Einspruchsverfahren**. Auswertungsbescheide werden in großer Zahl zugestellt. Sie sind zu prüfen. Die Monatsfrist reicht häufig nicht aus. Der Massenzustellung von Steuerbescheiden kann mit dem „Massen-" oder „Global"-Einspruch begegnet werden. Alle Bescheide werden angefochten, gleichgültig, ob sie rechtens sind oder nicht. Berater und Steuerpflichtiger schaffen sich Luft, um die Bescheide in Ruhe prüfen zu können. Vgl. hierzu auch Tz. 33 ff., 38 ff. 805

Besonderheiten der Einspruchsbegründung

806 Das **Führen** der **Einspruchsverfahren** ist regelmäßig im Hinblick auf das Steuerstrafverfahren notwendig. Dem objektiven Tatbestand des § 370 AO wird optimal nur im steuerlichen Streitverfahren begegnet. Vgl. Tz. 30 ff.

807 Das **Steuerstreitverfahren** bzgl. **aller Bescheide** nach einem Prüfungsverfahren kann auch Teil einer Strategie sein. Hinweis auf Tz. 38 ff.

808 **Sprungklagen** sind in solchen Verfahren nicht sinnvoll. Das Einspruchsverfahren muss als „erste Tatsacheninstanz" voll durchlaufen werden.

809 In der Auseinandersetzung mit den Feststellungen des Finanzamts kann man zwischen „**innerer**" und „**äußerer**" **Auseinandersetzung** unterscheiden. Die „innere" Auseinandersetzung befasst sich mit der inneren Schlüssigkeit der Feststellungen, zB des Fahndungsberichts, bedarf also keines zusätzlichen Sachvortrags. Die „äußere" Auseinandersetzung hingegen ist der Angriff von außen, der in der Regel einen eigenen Sachverhaltsvortrag erfordert. Je weniger zum Sachverhalt vorzubringen ist, sei dies tatsächlich, rechtlich oder strategisch bedingt, um so mehr tritt die „innere" Auseinandersetzung in den Vordergrund.

810 Diese innere Auseinandersetzung hat nur ein Ziel, den behaupteten **Steueranspruch** mit rechtlich zulässigen Mitteln zu **bestreiten**, zu **schwächen**, zu **zertrümmern**. Bestreiten, Schwächen und Zertrümmern nützen nicht nur im Steuerverfahren, sondern auch oft in erster Linie im Strafverfahren.

811 Dem grundsätzlich eher **konstruktiv denkenden Steuerberater** fällt diese Streittechnik schwer. Er scheut davor zurück, **nur destruktiv** zu wirken. Er will nicht kleinlich erscheinen, sofort die falschen durch die richtigen Zahlen ersetzen, nicht unnötig Förmlichkeiten rügen. In Steuerstrafverfahren begleitenden Steuerstreitverfahren ist jedoch gerade das von ihm gewollte „Konstruktive" eher destruktiv.

812 Zur **inneren Auseinandersetzung** mit den Feststellungen und Berichten zählen:

813 **Rechtsfehler** können stets angegriffen werden, ohne einen weiteren Sachverhalt vorzutragen.

814 Besonderer Erwägung bedarf die **formelle Seite** des **Rechts**. Fragen der richtigen bescheidmäßigen Auswertung, der Möglichkeit der Bestandskraftdurchbrechung, der Verjährung usw. können ohne Einschränkung behandelt werden.

Informationspflicht des Finanzamts

„Aus sich selbst heraus" ist jede **Unlogik** und **Widersprüchlichkeit** der Beweisführung überprüfbar. 815

Das Gleiche gilt für alle **floskelhaften Begründungen**, zB für Verweisungen auf Lebenserfahrungen (besonders pikant ist der Hinweis des Finanzbeamten: „Nach der Lebenserfahrung sind Schmiergeldzahlungen in dieser Höhe unwahrscheinlich ..."). 816

Der Angriff gegen reine **Behauptungen** und behauptete Schätzungen ist mit der Aufforderung zu beginnen, die Nachweise und Erläuterungen offenzulegen (§ 364 AO; Tz. 572 ff.). 817

Die häufige Floskel „die Feststellungen haben ergeben, dass ..." führt zur nachforschenden Frage: **Welche Feststellungen?** Das Finanzamt muss die Ermittlungen offenlegen (Tz. 572 ff.). 818

Methodisch nicht korrekt durchgeführte **Schätzungen, Vermögenszuwachsrechnungen** usw. können ohne sonstigen Sachverhaltsvortrag angegriffen werden. 819

Problematisch ist es, der Schätzung des Finanzamts mit **eigenen, „besseren"** **Schätzungen** zu begegnen, sofern diese immer noch über den erklärten Zahlen liegen. Das Finanzamt könnte umschwenken, diese Schätzung übernehmen und dem Berater ein wesentliches Streitmittel – insbesondere auch im Strafverfahren – nehmen. 820

Bei dieser inneren Auseinandersetzung mit den Feststellungen muss **jeder Fehler gerügt** werden. Kein Ansatzpunkt ist für so gering zu erachten, dass er nicht rügenswert ist. Was – einzeln besehen – eine lächerliche Geringfügigkeit sein mag, kann in der Verbindung mit einer Vielzahl ähnlicher Kritikpunkte die Feststellungen des Finanzamts erschüttern. 821

Die Praxis zeigt, dass die Finanzämter gerade bei Steuerfahndungsverfahren mit ihrer **Informationspflicht** in **Schwierigkeiten** geraten. Dazu Tz. 572 ff. 822

Das Finanzamt ist versucht, sich bei der Erfüllung seiner Informationspflicht hinter dem **Steuergeheimnis** zu verstecken. Fahndungsfall 1 veranlasst Fahndung 2. Die Ergebnisse von Fahndung 1 werden im Fall 2 verwandt. Die Vollinformation über die Ermittlung im Fall 2 wird unter Hinweis auf § 30 AO verweigert. **Beispiel:** Nach § 160 AO wird der Zahlungsempfänger E von B benannt. Die Fahndung ermittelt bei E und teilt mit, die Empfängerbenennung von B sei unzutreffend, weil E bestreite oder aus anderen Gründen die Benennung unzutreffend sei. 823

Aussetzung der Vollziehung

Die Ermittlung bei dem Dritten unterliegen nicht dem Steuergeheimnis dem gegenüber, gegen den sie verwertet werden sollen (§ 30 Abs. 4 Nr. 1 AO). Sie sind sodann Teil seines Steuerfalls und mithin nach § 364 AO offenzulegen. Die Besteuerung aufgrund von Geheimakten ist unzulässig.

824 Der Steuerpflichtige und sein Berater haben im Einspruchsverfahren ein **Teilnahmerecht**, wenn Zeugen gehört werden oder eine Ortsbesichtigung durchgeführt wird (§ 365 Abs. 2 AO). Die Finanzämter neigen bei parallel laufenden Steuerstrafverfahren dazu, diese Ermittlungen den Strafverfolgern zu überlassen; dort hat der Berater kein Teilnahmerecht. Einer Verwertung dieser Aussage ist zu widersprechen.

825 Die Diskussion um **Steuerfolgen**, deren **Voraussetzung** eine **Steuerhinterziehung** ist (Verjährung, Bestandskraft, Haftung, Hinterziehungszinsen), sollte im Prüfungsverfahren, zumal im Steuerfahndungsverfahren, vermieden werden[1]. Diese Problembereiche sind im Einspruchsverfahren aufzugreifen. Das Finanzamt ist aufzufordern, ausführlich die Steuerhinterziehung zu belegen. Das Finanzamt trägt hier regelmäßig die objektive Beweislast[2].

826 Zur **Aussetzung der Vollziehung** in diesen Fällen sei auf das in Tz. 1516 ff. Ausgeführte hingewiesen; solange das Finanzamt seiner Pflicht nach § 364 AO nicht nachgekommen ist, muss die Aussetzung der Vollziehung verfügt werden.

827 **Aussetzungsanträge** müssen **nicht beziffert** werden (Tz. 1534). Ist das Einspruchsbegehren eindeutig – zB Rücknahme von Schätzungen –, liegen die Aussetzungsvoraussetzungen vor, so muss das Finanzamt selbst die auszusetzenden Beträge errechnen.

828 Ist es problematisch, die Aussetzung der Vollziehung zu erreichen, wird in der Mehrzahl der Fälle die Aussetzung dann möglich sein, wenn man **Sicherheiten** anbietet. Die Sicherheitsleistung ist kein Anerkenntnis; das gilt nicht nur rechtlich, sondern auch praktisch. Wesentlich für die Streit-Überlegung muss sein: Der Kampf um das Zahlen der Steuern sollte in diesem Vorfeld vermieden werden. Wenn Sicherheiten geleistet werden können, ist der Streit hier eine Auseinandersetzung an der falschen Front.

---

1 STRECK/SPATSCHECK, Steuerfahndung, Tz. 861.
2 S. Tz. 759 betr. die Haftung nach § 71 AO.

Zwecke des Klageverfahrens

Fordert das Finanzamt allerdings eine Sicherheit, die der Steuerpflichtige aufgrund seiner Vermögensverhältnisse **nicht erbringen** kann, ist dies unzulässig. Das Finanzamt kann durch Sicherheitsanforderungen nicht mehr verlangen, als es im Fall der Vollstreckung bekäme. Eine Sicherheitsleistung, die objektiv nicht erbracht werden kann, darf nicht gefordert werden. Vgl. weiter Tz. 1620 ff. 829

D. Das Klageverfahren

I. Allgemeines

1. Zweck und Funktion des Klageverfahrens

Das Klageverfahren bezweckt grundsätzlich die **richterliche Überprüfung** eines Steuerbescheids bzw. eines anderen steuerlichen Verwaltungsakts. 830

Dieser Zweck kann durch **andere Zwecke** überlagert werden[1]. Auf die Tz. 28 ff. verweise ich. Insbesondere können auch Klageverfahren im Rahmen von Steuerstrafverfahren notwendig sein (Tz. 30 ff.). 831

Das **Einspruchsverfahren** ist ein **verlängertes Veranlagungsverfahren** (Tz. 412). Aus diesem Grund kann der Einspruch durchaus den Regelzweck haben, eine pflichtgemäße Behandlung des Steuerfalls zu veranlassen. Diese Überlegung gilt **nicht** uneingeschränkt für das **Klageverfahren**. Im normalen Veranlagungsverfahren endet das Verwaltungshandeln des Finanzamts mit der Einspruchsentscheidung. Mit dem Gericht wird eine von der Finanzbehörde unabhängige Instanz angerufen, die die Tätigkeit des Finanzamts nicht fortsetzen, sondern überprüfen soll. Die Klage ist daher von ihrer rechtlichen Funktion her, aber auch in der Praxis, die **Ausnahme**. 832

Auch das **Klageverfahren** kann – wie das Einspruchsverfahren (Tz. 405 ff.) – **alleine wegen der Zeitnot**, in die die Klagefrist führt, begonnen werden. Die Klagefrist reicht oft nicht aus, um verantwortungsvoll zu prüfen, ob das Klageverfahren tatsächlich durchgeführt werden soll. Um dieser Zeitnot zu entgehen, kann Klage eingelegt werden. Gleichzeitig wird gebeten, Klagebegründungsfrist von sechs Wochen einzuräumen (zu dieser Frist vgl. Tz. 842, 959 ff.). Die Bestandskraft der Steuerbescheide ist gehemmt. Es kann geprüft werden, ob das Verfahren weitergeführt wird. Entsprechend kann verfahren werden, wenn 833

---

1 Vgl. dazu auch STAHL-SURA in FS für Streck, 435, 443.

Amtsermittlungspflicht

die Verwaltung in einem Steuerfall eine **Vielzahl** von **Einspruchsentscheidungen** zu gleicher Zeit zustellt.

834 Das **Kostenrecht** kam dem Bürger früher entgegen: Die Klage konnte innerhalb bestimmter Fristen kostenfrei zurückgenommen werden. Seit dem 1.7.2004 gibt es diese Möglichkeit nicht mehr[1]. Die Zahl der Klagen ist seitdem drastisch zurückgegangen[2].

2. Der Klägervertreter und seine Rolle im Steuerprozess mit Blick auf die Amtsermittlungspflicht

835 **Positiv**: Der Finanzgerichtsprozess ist im Vergleich zu anderen Verfahrensarten erfreulich **wenig** von **Verfahrensvorgaben** geprägt. Gerade diese Unförmlichkeit kann allerdings dazu verführen, Verfahren zu unterschätzen. Gute Prozessvertretung ist daher erforderlich[3], auch wenn im finanzgerichtlichen Verfahren der Steuerpflichtige sich selbst vertreten kann.

836 **Entbehrlich** ist die streitbare Prozessvertretung insbesondere auch nicht etwa wegen des in diesem Verfahren geltenden **Amtsermittlungsgrundsatzes**[4]. „Das Gericht erforscht den Sachverhalt von Amts wegen" (§ 76 Abs. 1 FGO). Kommentare zu dieser Pflicht des Gerichts lesen sich zunächst sehr positiv: Das Gericht hat die Herrschaft über den Prozessstoff und muss die für die Entscheidung erheblichen Tatsachen selbst ermitteln. Damit unterscheidet sich – dogmatisch – das Finanzgerichtsverfahren krass vom Zivilprozess. Dort gilt der sog. Verhandlungs- oder Beibringungsgrundsatz, dh. das Gericht darf nur diese Tatsachen seiner Entscheidung zugrunde legen, die von den Parteien vorgetragen worden sind.

837 In der Praxis gilt der **Amtsermittlungsgrundsatz** allerdings nur **mit großen Einschränkungen**. Begrenzt wird er insbesondere durch umfangreiche Mitwirkungspflichten des Steuerpflichtigen[5]. Die Sachauf-

---

1 Ausnahme: Klagen, die vor dem 1.7.2004 eingelegt worden sind, vgl. Tz. 1231.
2 Unter altem Kostenrecht konnten zB von Beratern „Reparaturverfahren" nach eigenen Versäumnissen geführt werden, ohne dass der Steuerpflichtige dies erfuhr. Diese Möglichkeit scheidet unter Geltung des neuen Rechts aus, da der Mandant über die Anforderung der Gerichtskosten von zunächst 220 Euro über „sein" Klageverfahren sofort vom Finanzgericht informiert wird.
3 Zu den zulässigen Prozessvertretern vgl. Tz. 894 f.
4 Grundsätzlich zum Amtsermittlungsprinzip im finanzgerichtlichen Verfahren vgl. SCHMIDT-TROJE in FS für Streck, 385 ff.
5 Vgl. SCHMIDT-TROJE in FS für Streck, 385, 386.

Verfahrensdauer

klärungspflicht gemäß § 76 Abs. 1 FGO erfordert (nur), so die Rechtsprechung des BFH[1], „dass das Finanzgericht Tatsachen und Beweismitteln nachgeht, die sich ihm in Anbetracht der Umstände des Einzelfalls hätten aufdrängen müssen".

Im täglichen Prozessleben kann daher aus der Sicht des Klägervertreters **niemals Verlass auf die Amtsermittlung** sein. Es ist unverzichtbar, dass der Kläger streitigen Sachverhalt ausdrücklich als streitig präsentiert und die eigene Position mit substanziierten Beweisanträgen untermauert[2]. 838

3. Dauer von Steuerprozessen

Die Dauer eines Steuerprozesses beim Finanzgericht lässt sich nur **schwer voraussagen**. Der Bundesdurchschnitt bewegt sich bei aktuell 18 Monaten[3]. 839

Klageverfahren mit Sachentscheidungen dauern im Durchschnitt ca. 27 Monate[4]. 840

Wo ein Steuerstreit nachhaltig geführt wird[5], ist also eine Prozessdauer von mehr als **zwei Jahren und mehr** immer noch keine Seltenheit. 841

Für den **zeitlichen Ablauf** des Klageverfahrens vor dem Finanzgericht gilt: Nach der Einspruchsentscheidung muss die **Klage innerhalb von einem Monat** eingelegt werden (Tz. 883 f.). Die Klagebegründung erfolgt innerhalb von ein bis drei Monaten, jeweils nach entsprechenden Fristverlängerungen[6]. Die Klageerwiderung durch das Finanzamt wird 842

---

1 Vgl. zB BFH vom 23.9.2009 IV B 133/08, BFH/NV 2010, 52 ff.
2 Vgl. im Übrigen zur speziellen anwaltlichen Sicht des Steuerprozesses STRECK, NJW 2001, 1541; zu der Frage, ob und in welchem Umfang engagierte anwaltliche und steuerberatende Interessenvertretung durch neue elektronische Risikomanagementmethoden der Finanzverwaltung entwertet und der „unbequeme" Steuerberater oder Anwalt als negativer „Compliance-Indikator" von der Finanzverwaltung angesehen werden könnte, vgl. SPINDLER in FS für Streck, 417, 423.
3 Vgl. dazu mit eingehender Zahlendokumentation und Hintergrundschilderung STAHL-SURA in FS für Streck, 435, 438.
4 STAHL-SURA in FS für Streck, 435, 438.
5 Zum Verhältnis zwischen Schwierigkeit des Verfahrens und Verfahrensdauer vgl. STAHL-SURA in FS für Streck, 435, 452 f.
6 Gemäß STAHL-SURA in FS für Streck, 435, 450 werden Fristen zur Klagebegründung in der Regel mit vier bis acht Wochen bemessen.

Verfahrensdauer

sodann innerhalb von ein bis drei Monaten gefertigt. Es schließt sich ein Schriftsatzaustausch an, der in der Sache kaum noch wesentliche Bedeutung hat (Tz. 969 f.).

843 Finanzgerichtliche Verfahren sind – im Vergleich zu Zivilverfahren – auch heute noch **keine schnellen Verfahren**. Auf den ersten Blick mag das ein Nachteil sein. Der Steuerpflichtige möchte seine Sache möglichst umgehend entschieden haben[1]. Aus **taktischen Gesichtspunkten** muss eine längere Verfahrensdauer aber keineswegs ein Nachteil für den Steuerpflichtigen sein. Nicht zu unterschätzen ist darüber hinaus die „Beruhigung" und dadurch faktisch steigende **Einigungsbereitschaft**, die die Verfahrensdauer mit sich bringt[2].

844 Aus Klägersicht besteht vor diesem Hintergrund häufig **keine Veranlassung**, das Finanzgericht übermäßig zur Eile zu drängen.

845 **Ausnahmen** sind möglich. Wo der Kläger auf baldige Entscheidung angewiesen ist, empfiehlt sich die **direkte Kontaktaufnahme** mit dem Vorsitzenden oder dem Berichterstatter[3]. Bestehen nachvollziehbare drängende Gründe für das Interesse des Klägers an zügiger Entscheidung, erleben wir positiv, dass Senate, das in ihren Möglichkeiten Stehende zu tun, um das Verfahren soweit wie möglich zu beschleunigen.

846 Unabhängig davon, ob besondere Eilbedürftigkeit vorliegt, ist der Klägervertreter nie gehindert, von sich aus den **Kontakt zum Berichterstatter** zu suchen, ihn zB anzurufen und sich nach seiner Zeitplanung und seiner Einschätzung des Verfahrensstands zu erkundigen. Es kann

---

1 Am 29.9.2011 hat der Bundestag das „Gesetz über den Rechtsschutz bei überlangen Gerichtsverfahren und strafrechtlichen Ermittlungsverfahren" beschlossen (Gesetzentwurf der Bundesregierung, BT-Drucks. 17/3802 vom 17.11.2010). Der Bundesrat hat zugestimmt (die Veröffentlichung im BGBl. steht noch aus; Stand Oktober 2011). Bei überlanger Verfahrensdauer kann danach Entschädigung verlangt werden. Zuvor muss die Verzögerung dem Gericht gegenüber gerügt werden (sogenannte Verzögerungsrüge). Die Entschädigung umfasst immateriellen Schaden (festgelegt auf 1.200,– Euro für jedes Jahr des Verzugs) sowie materiellen Schaden in konkret nachzuweisender Höhe.
2 Vgl. STAHL-SURA in FS für Streck, 435, 445: „Der Aussage KIRCHHOFS kann ich aus meinen praktischen Erfahrungen im Übrigen nur zustimmen: „Die befriedigende Wirkung eines faktisch ruhenden Verfahrens mäßigt die rechtliche Anspannung, mindert das praktische Interesse am Prozessausgang und rückt das subjektive Beteiligtsein gelegentlich in die Nähe des Vergessens (KIRCHHOF in Birk, Die Situation der Finanzgerichtsbarkeit, 1989, 17) und erleichtert für alle – einschließlich des Richters – eine gütliche Einigung".
3 STAHL-SURA in FS für Streck, 435, 445.

Klagebefugnis

Richter geben, die sich zugeknöpft zeigen. Die Regel ist das nicht. Meist wird der angesprochene Richter etwas zu seiner Zeitplanung, manchmal auch bereits zu inhaltlichen Fragen, sagen können und wollen.

II. Die Klage

1. Klagearten und Klagebefugnis

Die FGO kennt in den §§ 40, 41 die **Anfechtungsklage**, die **Verpflichtungsklage** und die **Feststellungsklage**. Mit der Anfechtungsklage wird die Aufhebung oder Änderung eines Verwaltungsakts begehrt. Mit der Verpflichtungsklage wird die Verurteilung zum Erlass eines abgelehnten oder unterlassenen Verwaltungsakts angestrebt. Die Feststellungsklage bezweckt die Feststellung des Bestehens oder Nichtbestehens eines Rechtsverhältnisses oder die Feststellung der Nichtigkeit eines Verwaltungsakts. 847

Die Aufzählung der Klagearten in der FGO ist **nicht abschließend**[1]. Neben den genannten Klagearten gibt es insbesondere die **sonstige Leistungsklage**, die die Verwaltung zu einem Tun, Dulden oder Unterlassen verpflichten will, das keinen Verwaltungsakt darstellt[2]. Zur Untätigkeitsklage und zur Sprungklage vgl. nachfolgend Tz. 857 ff. 848

Im Mittelpunkt der finanzgerichtlichen Praxis steht die **Anfechtungsklage**. Mit ihr wird zB die Aufhebung oder Änderung von Steuerbescheiden begehrt. An zweiter, aber weit abgerückter Stelle steht die **Verpflichtungsklage**, mit der zB der Erlass oder die Stundung von Steuern angestrebt wird. 849

Zur **Klagebefugnis** (§ 40 Abs. 2 FGO) gilt das zur Einspruchsbefugnis Gesagte (Tz. 452 ff.) entsprechend. 850

Zu erwähnen ist die **Klagebefugnis** bei **Personengesellschaften**. 851

Soweit die **Personengesellschaft selbst Steuerschuldner** ist (zB Gewerbesteuer, Umsatzsteuer), ist sie unmittelbar klagebefugt. 852

Für **Feststellungsbescheide** ist die Klagebefugnis in § 48 FGO geregelt. Grundsätzlich sind die für die Gesellschaft zur Vertretung berufenen 853

---

1 Übersicht bei Seer in Tipke/Kruse, § 40 FGO Rz. 2 ff. (Mai 2010); zur sog. Konkurrentenklage vgl. Seer in Tipke/Kruse, § 40 FGO Rz. 83 ff. (Mai 2011).
2 Seer in Tipke/Kruse, § 40 FGO Rz. 24 ff. (Mai 2010).

Untätigkeitsklage

Geschäftsführer klagebefugt. **Formulierungsbeispiel**: Es klagt „die XY KG, gesetzlich vertreten durch Z, erhoben durch ihren zur Vertretung berufenen Gesellschafter Z"[1].

854 Gibt es keinen zur Vertretung berufenen Geschäftsführer (mehr), kann jeder **Gesellschafter** oder Gemeinschafter Klage erheben, gegen den der Feststellungsbescheid ergangen ist (§ 48 Abs. 1 Nr. 2 FGO)[2].

855 Im Übrigen stellt in der **Praxis** die Frage der Klagebefugnis kein wiederkehrendes Problem dar. Als **Regel** kann gelten, dass der, der eine Einspruchsentscheidung erhält, in der Eigenschaft, in der sie ihm zugestellt wird, klagebefugt ist (vgl. auch Tz. 470 f.).

856 Zur Klagebefugnis von **Ehegatten bei Zusammenveranlagung**: Beiden Ehegatten steht eine eigene Rechtsbehelfsbefugnis zu. Klagt nur ein Ehegatte gegen den Zusammenveranlagungsbescheid, muss der andere nicht notwendig beigeladen werden. Der Zusammenveranlagungsbescheid ist kein einheitlicher Verwaltungsakt, sondern eine Zusammenfassung mehrerer rechtlich selbstständiger Verwaltungsakte[3]. Das Beiladungserfordernis besteht nur im Ausnahmefall[4]. Beispielsweise, wenn streitig ist, ob eine Zusammenveranlagung oder eine getrennte Veranlagung durchzuführen ist oder wenn es um die Zuordnung der Einkünfte bei den Ehegatten geht.

2. Vorverfahren, Untätigkeitsklage und Sprungklage

857 Bevor Klage beim Finanzgericht erhoben wird, muss zunächst das **Einspruchsverfahren** durchgeführt worden sein (§ 44 Abs. 1 FGO). Eine **Ausnahme** gilt für die **Untätigkeitsklage** (§ 46 FGO): Wird über einen Einspruch ohne Mitteilung eines zureichenden Grundes in angemessener Frist nicht entschieden, kann die **Klage ohne Vorverfahren** erho-

---

1 So die herrschende Meinung, vgl. Brandis in Tipke/Kruse, § 48 FGO Rz. 7 f. (Feb. 2011); Schmidt-Troje/Schaumburg, II Rz. 330, Stichwort „Feststellungsbescheide". Im Zweifel ist die Klageerhebung so auszulegen, dass sie zulässig ist (Grundsatz der rechtsschutzgewährenden Auslegung, BFH vom 19.4.2007 V R 28/05, BStBl. II 2007, 704. Vgl. dazu auch Brandis in Tipke/Kruse, § 48 FGO Rz. 8 [Feb. 2011], mwN; zu den Fragen der Beiladung in den Fällen des § 48 FGO vgl. Tz. 983 ff.
2 Zur Klagebefugnis ausgeschiedener Gesellschafter vgl. § 48 Abs. 1 Nr. 3–5 FGO.
3 Vgl. BFH vom 26.11.2004 III S 8/04, BFH/NV 2005, 351.
4 Brandis in Tipke/Kruse, § 60 FGO Rz. 57 (Feb. 2011).

Sprungklage

ben werden. Dies ist jedoch nicht vor Ablauf von sechs Monaten seit Einlegung des Einspruchs bis zur mündlichen Verhandlung[1] möglich. Es sei denn, dass wegen besonderer Umstände des Falls eine kürzere Frist geboten ist.

In der **Praxis** spielt die Untätigkeitsklage keine bedeutende Rolle. Regelmäßig wird der Behörde die tatsächlich in Anspruch genommene Frist als angemessene Frist zugebilligt. Gleichwohl kann die Klage im Einzelfall durchaus als Instrument des Drängens verwandt werden. Selbst wenn das Finanzamt oder Finanzgericht die Untätigkeitsklage für unzulässig hält, wird sie regelmäßig dazu führen, dass die Einspruchsentscheidung jetzt ergeht. Darüber hinaus veranlasst häufig bereits die **Ankündigung**, Untätigkeitsklage werde erwogen, das Finanzamt zur Aktion. 858

Mit der Einspruchsentscheidung erledigt sich die Untätigkeitsklage, wenn dem Einspruch stattgegeben wird[2]. Entspricht die **Einspruchsentscheidung** dagegen nicht oder nicht in vollem Umfang dem Klagebegehren, wird das Klageverfahren mit entsprechendem Verfahrensgegenstand fortgeführt, ohne dass es eines besonderen Antrags bedarf[3]. Bestehen Zweifel an der Zulässigkeit der Untätigkeitsklage, kann es sicherer sein, auch auf die Gefahr zusätzlicher Kosten hin, nach Ergehen der Einspruchsentscheidung noch einmal Klage einzulegen. 859

Auch die sog. **Sprungklage (§ 45 FGO) ist ohne Vorverfahren zulässig.** Voraussetzung ist, dass die Behörde, die über den Einspruch zu entscheiden hat, innerhalb eines Monats nach Zustellung der Klageschrift zustimmt. Stimmt die Behörde nicht zu, ist die Klage als außergerichtlicher Rechtsbehelf, dh als Einspruch, zu behandeln[4]. 860

Immer wieder gibt es in der Praxis Situationen, in denen die direkte **Auseinandersetzung** mit dem **Finanzamt keine Chance** zu haben scheint. Trotzdem ist regelmäßig von der Sprungklage abzuraten. Das Einspruchsverfahren führt zu einer neuen Dienststelle, zu anderen sachbearbeitenden Beamten; Zeit verstreicht. Oft ist bei ihnen eine an- 861

---

1 S\ESCAPEDeer in Tipke/Kruse, § 46 FGO Rz. 9 (Sept. 2009).
2 Seer in Tipke/Kruse, § 46 FGO Rz. 16 (Sept. 2009).
3 Zu den Differenzierungen je nach den Umständen der Einspruchsentscheidung vgl. von Groll in Gräber, § 46 FGO Rz. 32 f.; Seer in Tipke/Kruse, § 46 FGO Rz. 19 (Sept. 2009).
4 Zur Sonderregelung für den Streit um die Rechtmäßigkeit der Anordnung eines dinglichen Arrests vgl. § 45 Abs. 4 FGO: kein Vorverfahren und keine Zustimmung des Finanzamts erforderlich.

Sprungklage selten sinnvoll

dere Einschätzung anzutreffen, ob Ansichten, Schätzungen usw. vor dem Finanzgericht standhalten.

862 Die Finanzverwaltung regt die Einlegung der Sprungklage hin und wieder aus eigenem Antrieb an. Die **Zustimmung wird wie ein Geschenk in Aussicht gestellt**. Auch hier ist nicht zu übersehen: Der Steuerpflichtige nimmt, das Finanzamt erspart sich eine Ebene des Streits.

863 Es sind **seltene Fälle**, in denen die **Sprungklage sinnvoll** ist. Geht es zB um Rechtsfragen, bei denen das Finanzamt selbst bei gutem Willen nicht von einer Verwaltungsansicht abweichen kann, kann die Sprungklage zweckmäßig sein. Das Gleiche gilt, wenn nach Klageerhebung – also nachdem ein Einspruchsverfahren voll durchgeführt worden ist – das Finanzamt den angefochtenen Bescheid aus formellen Gründen zurücknimmt, um ihn – diesmal ohne den formellen Fehler – wieder zu erlassen. Hier hat die zweite Durchführung eines Einspruchsverfahrens – lässt man den Zeitablauf und seine Chancen außer Acht – möglicherweise wenig Sinn[1].

864 Die Sprungklage ist nur **innerhalb** der **Einspruchsfrist** – ein Monat – möglich. Eine nach Ablauf der Frist eingelegte Sprungklage ist sowohl als Klage als auch als Einspruch unzulässig. Das gilt auch, wenn das Finanzamt der Sprungklage zugestimmt hat. Ist innerhalb der Monatsfrist zunächst Einspruch, dann auch noch Sprungklage eingelegt worden, ändert dies lediglich den Charakter des Rechtsbehelfs, der Einspruch geht in die Sprungklage über[2].

865 Die Sprungklage ist nur wirksam, wenn das **Finanzamt zustimmt**[3]. Es ist empfehlenswert, diese Frage **vor Erhebung** der Sprungklage mit dem Finanzamt abzustimmen. Notwendig ist dies nicht; es erspart jedoch den unnötigen Umweg über das Gericht, wenn das Finanzamt die Zustimmung verweigert.

866 **Stimmt** das **Finanzamt** der Sprungklage **nicht zu**, ist die **Klage als Einspruch** zu behandeln (§ 45 Abs. 3 FGO).

867 Das **Gericht kann** nach einer Sprungklage die Sache zur Durchführung des Einspruchsverfahrens wieder an das Finanzamt abgeben. Es tut dies, wenn weitere Sachverhaltsaufklärung notwendig und die Abgabe

---

1 Nebeneffekt der Sprungklage: keine Verböserungsmöglichkeit nach § 367 Abs. 2 Satz 3 AO.
2 SEER in Tipke/Kruse, § 45 FGO Rz. 4 (Sept. 2009).
3 Die Entscheidung steht im Ermessen des Finanzamts, der Steuerpflichtige hat keinen Anspruch, vgl. SEER in Tipke/Kruse, § 45 FGO Rz. 7 (Sept. 2009).

Klagebegehren

sachdienlich ist. Das Gericht muss allerdings zügig handeln. Die Abgabe darf nur innerhalb von drei Monaten nach Eingang der Akten der Behörde beim Gericht erfolgen, spätestens innerhalb von sechs Monaten nach Klagezustellung (§ 45 Abs. 2 FGO).

3. Form und Frist

Der notwendige **Mindestinhalt** umfasst bei einer Klage Kläger, Beklagten (das Finanzamt), die angefochtene Entscheidung[1] und die Einspruchsentscheidung. Das **Muster einer Klage** findet sich in der **Anlage 1**. 868

Erforderlich ist darüber hinaus, den „**Gegenstand des Klagebegehrens**" zu bezeichnen (§ 65 Abs. 1 Satz 1 FGO). Was genau unter „Klagebegehren" zu verstehen ist, ist in Rechtsprechung und Literatur umstritten[2]. 869

Erforderlich ist, dass das Gericht durch die Angaben des Klägers in die Lage versetzt wird, zu erkennen, **was der Kläger erreichen möchte**, worin die den Kläger treffende Rechtsverletzung nach dessen Ansicht liegt. Reine Bezifferung genügt im Zweifel nicht[3]. 870

Das **Klagebegehren** kann auch im Wege der Auslegung und unter Rückgriff auf die Steuerakte festgestellt werden. Sicherer ist es jedoch, das Klagebegehren in der Klage so zu formulieren, dass es aus sich heraus, dh. ohne Verweisung auf sonstige Akten und Urteile verständlich ist. Die Anforderungen sind gering. **Beispiel**: „Mit der Klage wird unter anderem der Ansatz weiterer Werbungskosten iHv. X Euro bei den Einkünften aus nichtselbstständiger Tätigkeit geltend gemacht." 871

Sagt die Klageschrift nichts zum Klagebegehren, wird das Finanzgericht in der Regel im nächsten Schritt entsprechend **auffordern**. Dies kann auch unter **Ausschlussfristsetzung** geschehen (§ 65 Abs. 2 FGO). Diese Frist ist nicht zu unterschätzen: Die Klage wird unzulässig, wenn die Bezeichnung des Klagebegehrens nicht innerhalb der Frist erfolgt. Es gibt auch keine Heilung in der mündlichen Verhandlung. 872

---

1 Es genügt, wenn sich der Verwaltungsakt in irgendeiner Weise aus der Klage ergibt; die konkrete Bezeichnung ist nachholbar.
2 Vgl. BRANDIS in Tipke/Kruse, § 65 FGO Rz. 11 ff. (Sept. 2009).
3 Ausführlich zum Klagebegehen: MÖSSNER in FS für Streck, 355, 365 ff.

Klageeinlegung

873 Korrekterweise bezeichnet die Klage den **Kläger mit Namen und Adresse** sowie das Finanzamt, dessen Entscheidung angefochten wird. Ab wann ein Schreiben an das Finanzgericht, das nicht diesen Mindestanforderungen (§ 65 Abs. 1 FGO) entspricht, für das Gericht Auslöser für die Ergänzungsaufforderung gemäß § 65 Abs. 2 FGO ist bzw. ab wann eine **Nicht-Klage** vorliegt, ist iE umstritten[1].

874 In der Praxis gibt es hier allerdings selten Probleme: Erkennt das Finanzgericht ein Schreiben als Klage, folgen **Ergänzungsaufforderungen** (§ 65 Abs. 2 Satz 1 oder 2 FGO). Erst wenn jetzt die erforderlichen Angaben nicht folgen, werden Klagen als unzulässig abgewiesen.

875 Die Klage muss **schriftlich** erhoben werden (§ 64 Abs. 1 FGO), dh. sie muss **unterschrieben** sein. Die hierfür erforderliche eigenhändige und handschriftliche Unterschrift muss geeignet sein, die Identität des Unterzeichnenden ausreichend klarzustellen; es muss sich um einen individuell gestalteten Schriftzug handeln, der charakteristische Merkmale aufweist, allerdings weder lesbar noch voll ausgeschrieben sein muss[2].

876 Die **Rechtsprechung** ist **wankelmütig**. Vor einer „Unterschrift" mit reiner Paraphe ist deshalb zu warnen. Beherzigenswert ist der Rat, jedermann tue gut daran, zumindest für Klagen, Revisionen und Nichtzulassungsbeschwerden eine nicht verkürzte Unterschrift mit mindestens zwei lesbaren Buchstaben einzuüben[3].

877 Die Klageeinlegung durch **Telefax** ist möglich und zulässig. Die Kopiervorlage muss ordnungsgemäß unterschrieben sein. Hat das Gericht einen Fax-Anschluss, muss es für dessen Funktionsfähigkeit auch nach Dienstschluss sorgen[4].

878 Wird eine Klage dem Gericht erst „**per Fax vorab**" und dann nochmals **per Post** übersandt, stellt sich formal die Frage nach einer doppelten Rechtshängigkeit[5]. Regelmäßig behandeln Finanzgerichte Fax- und Postschreiben unproblematisch als eine einzige Klage. Nur selten wird

---

1 BRANDIS in Tipke/Kruse, § 65 FGO Rz. 22 (Sept. 2009): Es reicht ein Schriftsatz, der sich überhaupt als Klageschrift qualifizieren lässt. Es muss lediglich der durch Auslegung feststellbare Wille vorliegen, gerichtlichen Rechtsschutz zu begehren. Alle weiteren Erfordernisse habe dann das Gericht zu ermitteln (§ 65 Abs. 2 FGO). Weitergehend dagegen VON GROLL in Gräber, § 65 FGO Rz. 60.
2 BRANDIS in Tipke/Kruse, § 64 FGO Rz. 3 f. (Sept. 2009).
3 Mit diesem Rat und Kritik an überzogener Unterschrifts-Rechtsprechung, BRANDIS in Tipke/Kruse, § 64 FGO Rz. 4 ff. (Mai 2010).
4 BRANDIS in Tipke/Kruse, § 64 FGO Rz. 7 (März 2005).
5 Vgl. dazu OLGEMÖLLER, Stbg. 2007, 169.

Klagefrist

ein Kläger aufgefordert, die „zweite", per Post beim Finanzgericht eingegangene Klage zurückzunehmen. Tatsächlich bedarf es der Klagerücknahme[1] nicht. Es geht (ebenso wie wenn zwei Klageexemplare dem Finanzamt mit gleicher Post zugeschickt werden) um **eine einzige Klage**. Formal mag das Gericht, wenn es auf strenger Form bestehen will, nach § 73 Abs. 1 Satz 1 FGO vorgehen und die Verfahren verbinden.

Auch die Klageeinlegung per Telefax befreit nicht von der Notwendigkeit exakter Fristwahrung. Der **vollständige Ausdruck** muss vor Fristablauf vorliegen. Erreicht die letzte Seite mit der Unterschrift den Faxempfänger auch nur Minuten oder Sekunden nach Fristablauf, ist die Klage nicht rechtzeitig eingelegt. 879

Die Klageeinlegung mit „**normaler**" **E-Mail** ist nicht möglich[2]. Inzwischen ist zwar bei allen Finanzgerichten und auch beim BFH der elektronische Rechtsverkehr mittels E-Mail möglich[3]. Erforderlich ist aber immer die Verwendung bestimmter Software sowie die Zeichnung durch qualifizierte elektronische Signatur[4]. 880

Die Klage soll einen bestimmten **Antrag** enthalten und die zur **Begründung** dienenden Tatsachen und Beweismittel angeben (§ 65 Abs. 1 Satz 2 und 3 FGO). Außerdem soll dem Finanzgericht mit der Klage der angefochtene Bescheid und die Einspruchsentscheidung übersandt werden (Kopien genügen). Antrag und Begründung sowie Bescheid und Einspruchsentscheidung gehören nicht zum Mindestinhalt. Sie können außerhalb der Klagefrist nachgereicht und ergänzt werden. 881

Zur Vorlage der **Vollmacht** s. Tz. 892 ff. 882

Die **Klagefrist** beträgt bei **Anfechtungsklagen einen Monat**; sie beginnt mit der Bekanntgabe der Einspruchsentscheidung[5] (§ 47 Abs. 1 Satz 1 FGO). 883

---

1 Dies ist wichtig, seit die Klagerücknahme nicht mehr kostenfrei möglich ist; s. Tz. 1231.
2 BFH vom 14.9.2005 VII B 138/05, BFH/NV 2006, 104.
3 Vgl. dazu § 52a FGO und die entsprechenden Verordnungen der einzelnen Länder sowie Homepages der Gerichte und des BFH. Die erforderliche Software kann kostenlos von der jeweiligen Homepage des Gerichts heruntergeladen werden. Zum (Nicht-)Erfordernis der elektronischen Signatur, vgl. BFH vom 30.3.2009 II B 168/08, BFH/NV 2009, 1037; FG Düsseldorf vom 9.7.2009 16 K 572/09 E, EFG 2009, 1769.
4 Die Finanzgerichte und der BFH geben auf ihren Homepages jeweils detaillierte Auskünfte.
5 Erforderlich ist die Bekanntgabe der **vollständigen** Einspruchsentscheidung. Fehlt auch nur eine Seite der Einspruchsentscheidung, beginnt die Klagefrist

Anbringen beim Finanzamt

884 Die Monatsfrist gilt für **Verpflichtungsklagen** entsprechend (§ 47 Abs. 1 Satz 2 FGO).

885 **Fehlt** die **Rechtsbehelfsbelehrung** oder ist sie falsch, kann die Anfechtungsklage noch innerhalb eines Jahres seit Bekanntgabe der Einspruchsentscheidung eingelegt werden (§ 55 Abs. 2 FGO). Einspruchsentscheidungen enthalten allerdings regelmäßig Rechtsbehelfsempfehlungen, so dass dies kein Praxisproblem ist[1].

886 Die Klage wird bei dem **Finanzgericht eingelegt** (§ 64 FGO).

887 Sie ist bei dem **örtlich zuständigen Finanzgericht** zu erheben. Dies ist das Finanzgericht, in dessen Bezirk die Behörde, gegen die die Klage gerichtet ist, ihren Sitz hat (§ 38 Abs. 1 FGO).

888 Die Frist für die Erhebung der Klage gilt auch als gewahrt, wenn die Klage bei der **Behörde**, die den angefochtenen Verwaltungsakt oder die angefochtene Entscheidung erlassen oder den Beteiligten bekanntgegeben hat oder die nachträglich für den Steuerfall zuständig geworden ist, innerhalb der Frist **angebracht** oder zur Niederschrift gegeben wird. Die Behörde hat die Klageschrift in diesem Fall unverzüglich dem Gericht zu übersenden (§ 47 Abs. 2 FGO).

889 Vor dem „**Anbringen**" von Klagen beim Finanzamt ist nachdrücklich zu **warnen**. Die Auslegung dieser Vorschrift durch die Rechtsprechung ist wechselhaft. Aktuell gilt eine „freundliche" Auslegung: Es soll gleichgültig sein, ob die beim Finanzamt angebrachte Klage an das Finanzamt gerichtet ist oder an das Finanzgericht, ob das Finanzamt von der Klage Kenntnis genommen hatte oder wann die Weiterleitung an das Finanzgericht erfolgt ist[2]. Der Rat ist trotzdem eindeutig: Klagen werden ausschließlich beim Finanzgericht (ggf. per Fax) eingelegt.

890 Wird eine Klage erst kurz vor Ablauf der Klagefrist erhoben, empfiehlt es sich, bei der **Geschäftsstelle des Gerichts** anzurufen und sich den Eingang fernmündlich bestätigen zu lassen, ehe die Klagefrist abläuft.

(noch) nicht zu laufen (BFH vom 12.7.2007 X R 22/05, BStBl. II 2008, 2). Offenlassen konnte der BFH die Frage der Beweisanforderung. Im Urteilsfall war die Unvollständigkeit der Einspruchsentscheidung schon vor Ablauf der regulären Monatsfrist für die Klage gerügt worden.

1 Nicht erforderlich sind Hinweise auf Modalitäten der Fristberechnung, BFH vom 7.3.2006 X R 18/05, BStBl. II 2006, 455.
2 Vgl. BRANDIS in Tipke/Kruse, § 47 FGO Rz. 9 (Sept. 2009).

Vertretungszwang

Zu den **Fristen** vgl. im Übrigen Tz. 113 ff.; zur **Wiedereinsetzung** in den vorigen Stand bei Fristversäumnis vgl. Tz. 194 ff.   891

4. Vertretung und Vollmacht

Den Beteiligten steht es **frei**, sich durch **Bevollmächtigte ihrer Wahl** vertreten zu lassen (§ 62 Abs. 2 FGO), sich in der mündlichen Verhandlung eines Beistands zu bedienen (§ 62 Abs. 7 FGO) oder das Verfahren persönlich zu betreiben.   892

Beim **Finanzgericht** besteht **kein Vertretungszwang** (§ 62 Abs. 1 FGO). Anders ist dies beim **Bundesfinanzhof**. Vor dem Bundesfinanzhof und auch bereits beim Streit um den Zugang dorthin, dh. im Nichtzulassungsbeschwerdeverfahren, müssen sich die Parteien vertreten lassen (§ 62 Abs. 4 FGO).   893

Als Bevollmächtigte können insbesondere **Rechtsanwälte, Steuerberater, Steuerbevollmächtigte, Wirtschaftsprüfer** oder **vereidigte Buchprüfer** auftreten. Zur Vertretung berechtigt sind auch die **Berufsgesellschaften** gemäß § 3 Nr. 2 und 3 des Steuerberatungsgesetzes (§ 62 Abs. 2 Satz 1 FGO)[1]. Weitere mögliche Bevollmächtigte zählt § 62 Abs. 2 Satz 2 FGO auf.   894

In der **mündlichen Verhandlung** können die Beteiligten mit sog. **Beiständen** erscheinen (§ 62 Abs. 7 FGO). Im Gegensatz zu dem Bevollmächtigten handelt der Beistand nicht für, sondern nur **neben dem Beteiligten**. Früher konnte als Beistand jede natürliche Person auftreten[2]. Seit dem 1.7.2008 ist der Personenkreis beschränkt auf den Kreis der möglichen Bevollmächtigten gemäß § 62 Abs. 2 FGO (§ 62 Abs. 7 FGO). Es sei denn, das Gericht lässt eine andere Person als Beistand ausdrücklich zu.   895

Tritt ein Bevollmächtigter auf, der nicht Rechtsanwalt, Steuerberater etc. ist (also nicht zum Kreis des § 62 Abs. 2 Satz 1 FGO gehört), muss er seine Bevollmächtigung durch eine **schriftliche Vollmacht** nachweisen (§ 62 Abs. 6 FGO).   896

Die Vollmacht muss nicht zwingend sofort mit der Klage vorgelegt werden. Sie kann **nachgereicht** werden (§ 62 Abs. 6 Satz 2 FGO). Für das   897

---

1 Auch Steuerberater aus dem EU-Ausland und der Schweiz können als Bevollmächtigte auftreten, vgl. LOOSE in Tipke/Kruse, § 62 FGO Rz. 12 (Feb. 2011) und Tz. 72.
2 SPINDLER, DB 2008, 1283.

Vollmacht

Nachreichen kann der Vorsitzende oder der Berichterstatter eine Frist bestimmen. Diese Frist konnte bis zum 30.6.2008 als Frist mit ausschließender Wirkung gesetzt werden (§ 62 Abs. 3 Satz 3 FGO aF). Wurde die Frist versäumt, lag eine Vollmacht nicht vor. Die Klage durch den Bevollmächtigten galt als ohne Vollmacht erhoben und war daher unzulässig. Seit dem **1.7.2008** kann die Frist zur Vorlage der Vollmacht nur noch als **einfache Frist** gesetzt werden.

898 Eine wichtige **Ausnahme** vom Erfordernis der **Vorlage einer schriftlichen Vollmacht** gilt für Rechtsanwälte, Steuerberater und den weiteren Personenkreis des § 62 Abs. 2 Satz 1 FGO: Tritt einer dieser Berater als Prozessbevollmächtigter auf, muss nicht automatisch die Vollmacht vorgelegt bzw. vom Finanzgericht gefordert werden (§ 62 Abs. 6 Satz 3 FGO). Es liegt im **Ermessen des Gerichts**, den **Nachweis der Vollmacht zu fordern**[1]. Die Anforderung ist nur zulässig, wenn Zweifel an der Bevollmächtigung des Beraters bestehen. Es müssen konkrete Anhaltspunkte dafür vorliegen, dass der Auftretende tatsächlich nicht oder nicht mehr bevollmächtigt ist.

899 **Vorsichtig** sollte der Berater bei der Klageeinlegung mit der **pauschalen Ankündigung** sein, die schriftliche **Vollmacht folge nach**. Das Finanzgericht könnte dies zum Anlass nehmen, die Vorlage tatsächlich zu fordern bzw. aus einer Nichtvorlage auf eine fehlende Bevollmächtigung zu schließen[2].

900 Regelmäßig wird das Finanzgericht von Beratern **keine schriftliche Vollmacht** anfordern. Geschieht dies doch, wird der Berater sich und ggf. auch dem Finanzgericht zunächst die Frage stellen, was die Gründe für diese ausnahmsweise Anforderung sind.

901 Wenn der Prozessvertreter auch nicht automatisch dem Finanzgericht eine schriftliche Vollmacht vorlegen muss, ändert dies nichts daran, dass er **Klage nur mit entsprechender Vollmacht einlegen darf**. Im eigenen Interesse wird der Prozessvertreter sich regelmäßig von seinem Mandanten eine schriftliche Vollmacht erteilen lassen.

902 Wird der bevollmächtigte Rechtsanwalt oder Steuerberater ausnahmsweise zur Vollmachtsvorlage aufgefordert, kann auch hier (vgl. vorste-

---

1 Vgl. zur Rechtslage seit und nach dem 1.7.2008: LOOSE in Tipke/Kruse, § 62 FGO Rz. 53 (Feb. 2011).
2 Vgl. FG Köln vom 11.5.2011 12 K 363/01, EFG 2001, 1157; FG Düsseldorf vom 14.10.2003 3 K 2787/03 U, EFG 2004, 740.

Form der Vollmacht

hend Tz. 897) eine **Frist** gesetzt werden, allerdings seit dem 1.7.2008 nicht mehr als Ausschlussfrist.

Ist eine **Sozietät** beauftragt, gelten alle Sozien als bevollmächtigt[1]. Es kann auch der Sozius auftreten, der erst zeitlich später der Sozietät beitritt. 903

Bei der Prozessvollmacht ist zwischen **Außen- und Innenwirkung** zu unterscheiden (s. Tz. 88). 904

Kraft Gesetzes ist die Prozessvollmacht im **Außenverhältnis grundsätzlich allumfassend**[2]. Sie ermächtigt zu allen den Rechtsstreit betreffenden Prozesshandlungen, insbesondere dazu, Klage zu erheben, die Klage zurückzunehmen, Rechtsmittel einzulegen und Tatsachen vorzutragen. 905

Da es keinen Zwang gibt, für das Finanzgerichtsverfahren überhaupt einen Prozessbevollmächtigten zu bestellen, kann die Vollmacht für das finanzgerichtliche Verfahren aber **eingeschränkt** werden (zB als bloße Terminsvollmacht)[3]. Die Einschränkung ist jedoch nur wirksam, wenn sie ausdrücklich und schriftlich gegenüber dem Gericht oder dem Prozessgegner erklärt ist. Keine Einschränkung ist möglich, wo Vertretungszwang besteht, also insbesondere im Verfahren vor dem Bundesfinanzhof (vgl. Tz. 1152). 906

Einschränkungen im **Innenverhältnis** zwischen dem Kläger und seinem Bevollmächtigten sind dagegen auch ohne Dokumentation nach außen möglich. 907

Die **Vollmacht erlischt** durch den Tod des Bevollmächtigten, durch Zweckerreichung, durch Eröffnung des Insolvenzverfahrens über das Vermögen des Beteiligten, durch Widerruf und durch Niederlegung des Mandats[4]. Im BFH-Prozess allerdings erst, wenn ein anderer Bevollmächtigter sich bestellt hat (§ 87 Abs. 1 ZPO). 908

Der **Tod** des **Vertretenen** oder eine Veränderung der gesetzlichen Vertretung des Vertretenen berührt die Vollmacht nicht (§ 155 FGO iVm. § 86 ZPO). 909

---

1 Loose in Tipke/Kruse, § 62 FGO Rz. 7 (Feb. 2011).
2 § 155 FGO iVm. § 81 ZPO, vgl. Loose in Tipke/Kruse, § 62 FGO Rz. 19 (Juli 2008).
3 Loose in Tipke/Kruse, § 62 FGO Rz. 20 (Feb. 2011).
4 Vgl. Loose in Tipke/Kruse, § 62 FGO Rz. 23 ff. (Feb. 2011).

Akteneinsicht

910 Im finanzgerichtlichen Verfahren ist die Vollmacht **schriftlich** zu erteilen (§ 62 Abs. 6 FGO). Schriftform heißt: handschriftliche Unterzeichnung des Vollmachtgebers. Eine Ablichtung der Vollmachtsurkunde soll nicht genügen. Auch kein Fax[1].

911 Die Schriftform setzt **nicht** voraus, dass ein bestimmtes **Formular** benutzt wird. Ergibt sich die Vollmacht aus einem Schriftsatz oder einem Schreiben des Klägers an das Gericht, so ist dies ausreichend.

912 Lag zu Beginn des Prozesses keine schriftliche Vollmacht vor und wird diese später **nachgereicht**, so wird durch die schriftliche Vollmacht die bisherige Prozessführung **rückwirkend genehmigt**[2]. Die spätere schriftliche Vollmacht hat heilende Wirkung.

913 Setzt das Finanzgericht eine **Frist** für die Vorlage einer Vollmacht und wird die Vollmacht nicht innerhalb der dort gesetzten Zeit beigebracht, kann das Finanzgericht die Klage durch Prozessurteil als unzulässig abweisen.

914 Der Erteilung einer besonderen Prozessvollmacht bedarf es auch dann nicht, wenn eine sachlich rechtliche Vertretungsmacht besteht, die die Befugnis zur Prozessführung einschließt (zB **gesetzlicher Vertreter**, geschäftsführender (vertretungsberechtigter) Gesellschafter (§§ 705, 714 BGB), Geschäftsführer (§ 35 GmbHG)). Der Nachweis der Vertretungsbefugnis erfolgt hier durch die Vorlage der Urkunde, aus der sich die Vertretungsvollmacht ergibt[3].

915 In der Praxis sind die Vertreter von Finanzämtern in der mündlichen Verhandlung meist durch **hinterlegte Generalvollmacht legitimiert**[4].

5. Akteneinsicht

916 Im Finanzgerichtsverfahren haben die Beteiligten das **Recht auf Akteneinsicht**. Gemäß **§ 78 FGO** können sie „die Gerichtsakten und die dem Gericht vorgelegten Akten einsehen und sich durch die Geschäftsstelle

---

[1] Kritik dazu zutreffenderweise von Loose in Tipke/Kruse, § 62 FGO Rz. 57, 58 (Feb. 2011).
[2] Loose in Tipke/Kruse, § 62 FGO Rz. 16, 66 (Feb. 2011).
[3] Handelsregisterauszug, Gesellschaftsvertrag etc., vgl. Loose in Tipke/Kruse, § 62 FGO Rz. 5 (Feb. 2011).
[4] Das Erfordernis, dass als Behördenvertreter nur Beschäftigte mit der Befähigung zum Richteramt auftreten dürfen, besteht nur für die Vertretung beim BFH (§ 62 Abs. 4 FGO).

Übersendung von Akten

auf ihre Kosten Ausfertigungen, Auszüge und Abschriften erteilen lassen".

In der Praxis wird das Recht auf Akteneinsicht erstaunlich selten genutzt. Tatsächlich ist die Akteneinsicht in vielen Fällen hilfreich und immer eine **Chance für das Klageziel**[1]: Häufig können aus Vermerken und Notizen der Steuerakten gute **Begründungsansätze für das Klageziel** gewonnen werden. Angelpunkte in den Finanzamtsakten sind zB Ausführungen zur Abwägung im Rahmen von Ermessensentscheidungen (zB bei Haftungsbescheiden) oder Begründungen für eine gewährte Aussetzung der Vollziehung. Eine Akteneinsicht kann auch offenbaren, dass **innerhalb der Finanzverwaltung** ganz unterschiedliche Standpunkte existieren.

917

Das Recht auf Akteneinsicht besteht **erstmals im Klageverfahren**. Im Einspruchsverfahren gibt es dieses Recht des Steuerpflichtigen noch nicht (vgl. Tz. 572 ff.).

918

Auf welche Akten sich das Recht zur Akteneinsicht bezieht, ist im Regelfall nicht streitig: Es sind dies (§ 78 FGO) die Gerichtsakten und die dem Gericht gemäß § 71 Abs. 1 FGO vorzulegenden Akten, d.h. **die den Streitfall betreffenden Akten**. Hierzu zählen alle Akten, deren Inhalt in Anbetracht des Streitgegenstands erheblich für die Beurteilung der Sach- und Rechtslage ist.

919

In der Praxis geschieht es häufig, dass, hat eine **Außenprüfung stattgefunden**, die zur Außenprüfung vorgelegte Akte lediglich ein Exemplar des Bp.-Berichts enthält. Prüfungsabläufe usw. würden sich nur aus den Handakten des Betriebsprüfers entnehmen lassen, die das Finanzamt jedoch nicht mitübersandt hat.

920

Es empfiehlt sich deshalb, dass, wer Einblick in die Abläufe der Bp. erhalten will, bereits beim Antrag auf Akteneinsicht ausdrücklich bittet, auch die **Handakte des Betriebsprüfers** beizuziehen. Dass die Bp.-Handakte zu den vorzulegenden Unterlagen zählt, ist heute nicht mehr streitig.

921

---

1 Dies sehen auch Finanzrichter so. Vgl. STAHL-SURA in FS für Streck, 435, 447: Akteneinsicht ist nach meiner Erfahrung immer förderlich, selbst wenn sich nichts Neues aus der eingesehenen Akte für den Prozessvertreter oder den Kläger selbst, der auch zur Akteneinsicht berechtigt ist, ergibt. Denn damit sind Kläger, Prozessvertreter, Beklagte und Richter auf dem gleichen Erkenntnisstand.

Kopien

922 Ein Anspruch auf Zusendung der **Akten in das Büro des Prozessbevollmächtigten** lehnt die Rechtsprechung hartnäckig ab[1]. Aus dem Begriff „**Einsehen**" und der Regelung über die Erteilung von Abschriften usw. durch die Geschäftsstelle ergäbe sich, so der des BFH in seiner Entscheidung, dass die Einsichtnahme der Akten **bei Gericht** die Regel sein solle und eine vorübergehende Überlassung von Akten an Prozessbevollmächtigte nur ausnahmsweise in Betracht komme[2].

923 Nachteilig ist die Praxis der Finanzgerichte auch im Hinblick auf die Frage der Fertigung von **Abschriften**:

924 Das Gesetz bestimmt: „Die Beteiligten können sich Ausdruck und **Abschriften** durch die Geschäftsstelle auf ihre Kosten erteilen lassen" (§ 78 Abs. 2 Satz 1 FGO).

925 In der Praxis werden durch **die Geschäftsstelle problemlos Kopien gefertigt** bzw. werden Kopiebitten des Prozessbevollmächtigten an das übersendende Finanzgericht weitergegeben und von dort erfüllt.

926 Allerdings gibt es keinen generellen Anspruch auf **Anfertigung von kompletten „Zweitakten"**[3]. Das Recht auf Abschriften besteht nur, soweit die Erteilung von Abschriften geeignet und erforderlich ist, die **Prozessführung zu erleichtern**. In dem vom BFH entschiedenen Fall hatte der X. Senat des BFH ausdrücklich die Frage offen gelassen, ob in besonders gelagerten Fällen auch die Überlassung von Fotokopien der gesamten Akte verlangt werden kann[4]. „Jedenfalls" setze ein solches Begehren voraus, dass substanziiert und nachvollziehbar darge-

---

1 Vgl. zB BFH vom 2.9.2009 III B 246/08, BFH/NV 2010, 49 f.
2 Diese Auslegung des Akteneinsichtsrechts ist ein Ärgernis. Praktische Notwendigkeit für die Restriktion ist nicht ersichtlich. Warum der Rechtsanwalt, der Strafverteidiger ist, die Akten des Strafverfahrens selbstverständlich zur Einsichtnahme in sein Büro erhält, der Prozessvertreter im finanzgerichtlichen Verfahren aber nicht, ist nicht nachvollziehbar. Statt die Akte im eigenen Büro studieren und kopieren zu können, ist der Prozessvertreter darauf angewiesen, die Akten beim Finanzgericht einzusehen und einzelne Kopien zu erbitten. Letztlich ist die Einschränkung des Akteneinsichtsrechts wohl Folge des Bestrebens der Gerichte, Amts-Ressourcen zu sparen. Würden die Akten dem Prozessvertreter in sein Büro geschickt werden, müssten sie durchgezählt bzw. paginiert werden. Dass sich dazu bei den Finanzgerichten kein Personal findet, ist zwar kaum vorstellbar, scheint aber in der Praxis eines der Hauptargumente zu sein. Spricht man Finanzrichter auf diese Ärgernisse und Hintergründe an, kann es – in Einzelfällen – geschehen, dass man die Akten entgegen der herrschenden Handhabung doch ins Büro geschickt bekommt.
3 BFH vom 12.7.2007 X B 48/07, BFH/NV 2007, 1919.
4 Vgl. BFH vom 29.10.1993 XI B 28/93, BFH/NV 1994, 567.

Klageantrag

legt wird, weshalb trotz der wahrgenommenen Akteneinsicht die Überlassung einer Fotokopie der gesamten Akte erforderlich ist, um die Prozessführung zu erleichtern. In konkreten Streitfall war der Antrag auf einen vollständigen Kopiensatz nicht näher begründet und daher abgelehnt worden.

Angesichts dieser Entscheidung des BFH müssen die aktuellen Praxisgrenzen bei der Gewährung der Akteneinsicht überdacht werden. Verweigert das Gericht im Finanzgerichtsprozess schon die Übersendung der Akten in das Büro des bevollmächtigten Berufsträgers, muss es zumindest den **Ausgleich** über **vollständige Kopiensätze** geben. Wird die Akteneinsicht nicht in der vom Kläger und seinem Prozessbevollmächtigten begehrten Weise gewährt, dh. werden entsprechende Anträge abgelehnt, kann **Beschwerde** eingelegt werden[1]. 927

Liegt der Sitz des Finanzgerichts weiter entfernt vom Wohnsitz des Prozessbevollmächtigten, entspricht es der Praxis, die Akten **beim nächstgelegenen Gericht einzusehen**. 928

Dass das Finanzamt die **Akten vollständig vorzulegen** hat, ist selbstverständlich. In der Praxis geschieht dies auch fast ausnahmslos. Gleichwohl sollte stets – insbesondere bei umfangreichen Verfahren – verprobt werden. Stellt sich heraus, dass zB Aktenteile entfernt sind (zB Notizen über Besprechungen; einzelne Schriftstücke, auf die später Bezug genommen wird), ist dies dem Finanzgericht mitzuteilen, das daraufhin die weitere Vorlage anordnen wird. 929

6. Klageantrag und Klagebegründung

Klageantrag und **Klagebegründung** gehören nach § 65 Abs. 1 FGO zu dem **Inhalt** der Klage; allerdings müssen sie nicht innerhalb der Klagefrist vorliegen[2]. 930

Das **Klagebegehren** hat der Kläger bereits bei der Klageeinlegung bezeichnet (vgl. Tz. 869). Der **Antrag** konkretisiert und präzisiert das Klagebegehren. Eine **Bezifferung** ist nicht erforderlich[3]. Der Antrag muss 931

---

1 Vgl. BFH vom 12.7.2007 X B 48/07, BFH/NV 2007, 1919: Die Beschwerde ist nicht durch § 128 Abs. 2 Satz 2 bis 5 FGO ausgeschlossen.
2 Vgl. die Soll-Formulierungen in § 65 Abs. 1 Satz 2 und 3 FGO.
3 BRANDIS in Tipke/Kruse, § 65 FGO Rz. 17 (Sept. 2009): Darf das Gericht die Errechnung des zutreffenden Betrags dem Finanzamt überlassen (§ 100 Abs. 2 Satz 2 FGO), muss erst recht gegenüber dem klagenden Bürger auf Rechen-

Klageantrag

daher nicht die Steuer nennen, die nach dem Klageziel des Klägers geschuldet wird. Ausreichend ist, wenn sich das Begehren auf die Berücksichtigung oder Außerachtlassung bestimmter Besteuerungsgrundlagen bezieht[1].

932 Die **Bezifferung von Klageanträgen** ist nicht nur rechtlich nicht erforderlich, sondern in der Praxis auch **gefährlich**: Jede Bezifferung kann falsch sein. Ist der konkret berechnete Steuerbetrag **zu hoch**, ist selbst bei inhaltlich vollem Obsiegen eine Teilabweisung der Klage (wegen des überhöhten Betrags) und damit eine **Kostenbelastung** des Klägers die Folge. Beziffert der Berater die streitige Steuer **zu niedrig**, ist die Folge nicht angenehmer: Das stattgebende Gericht kann sich an die Bezifferung im Klageantrag gebunden sehen und mit „Bedauern" im Urteil erklären, angesichts des Klageantrags nur in der bezifferten Höhe stattgeben zu können[2].

933 Es kommen immer wieder „**Moden**" bei einzelnen Finanzgerichten auf, bezifferte Klageanträge zu verlangen. Strikte **Gegenwehr** des Beraters ist dann gefordert[3].

934 Der Antrag muss spätestens in der **mündlichen Verhandlung** gestellt bzw. präzisiert werden. Häufig hat der Senat selbst in der mündlichen Verhandlung den aus seiner Sicht sachgerechten Antrag vorbereitet und stimmt diesen dann mit dem Kläger ab.

935 Der Klägervertreter wird sich auf diese „**Hilfestellung**" durch den Senat in der mündlichen Verhandlung nicht verlassen, sondern den präzisen Antrag wenn erforderlich eigenständig zu Protokoll geben können. „Fallen" bei Antragsvorschlägen von Senaten erleben wir in der Praxis nicht. Kritische Aufmerksamkeit des Beraters ist trotzdem stets gefordert.

---

arbeit verzichtet werden. Das ist mit Sicherheit richtig; zur Frage der Bezifferung vgl. auch MÖSSNER in FS für Streck, 355, 365 f.

1 Beispiel: Es wird beantragt, den Einkommensteuerbescheid 2010 vom 20.5.2011 in Gestalt der Einspruchsentscheidung vom 18.7.2011 dahin gehend abzuändern, dass zusätzliche Betriebsausgaben iHv. 5000 Euro bei den Einkünften des Klägers aus Gewerbebetrieb zu berücksichtigen sind.
2 Inhaltlich ist eine solche Entscheidung falsch: Das Finanzgericht ist nicht an die Formulierung des Klageantrags, sondern an das Klagebegehren gebunden (§ 96 Abs. 1 Satz 2 FGO). Dem entspricht auch der vom BFH entwickelte Grundsatz der rechtsschutzgewährenden Auslegung (Tz. 470).
3 STRECK, NJW 2001, 1541, 1544.

Verböserung

Zur **Wirkung** des Klageantrags: Mit dem Klageantrag steckt der Kläger die Grenzen des Prozesses ab. Das Gericht darf über das Klagebegehren nicht hinausgehen, ist aber an die Fassung (den Wortlaut) der Anträge nicht gebunden (§ 96 Abs. 1 Satz 2 FGO). Maßgeblich ist der Klageantrag auch für die **Kostenentscheidung**. Inwieweit ein Beteiligter unterliegt oder obsiegt, hängt vom Antrag ab. Auch der **Streitwert** wird durch den Sachantrag bestimmt. 936

Das Gericht darf über das Klagebegehren nicht hinausgehen (s. oben) und darf – sozusagen am „unteren Ende der Skala" – **nie verbösern**. Während im Einspruchsverfahren durch das Finanzamt – nach Vorwarnung (§ 364 Abs. 2 Satz 2 AO; vgl. Tz. 648 ff.) – der angefochtene Bescheid auch zum Nachteil des Einspruchsführers geändert werden kann, besteht diese Gefahr im Finanzgerichtsverfahren (ebenso beim BFH) nicht[1]. 937

Das Finanzgericht kann **saldieren**. Es kann Fehler, die dem Finanzamt zulasten des Klägers unterlaufen sind, mit solchen Fehlern ausgleichen, die sich zu seinen Gunsten ausgewirkt haben[2]. 938

Antrag auf bestimmte **Kostenentscheidung** muss nicht gestellt werden. Das Gericht entscheidet über die Kosten **von Amts wegen**. Im Einzelfall können sich gleichwohl Antrag und Begründung des Antrags empfehlen[3]. 939

Formal nicht erforderlich sind Anträge zur **Revisionszulassung**. Über die Voraussetzungen (§ 115 Abs. 2 FGO) entscheidet das Finanzgericht von Amts wegen. Ob trotzdem ein expliziter Zulassungsantrag gestellt wird, ist Frage des Einzelfalls. Beispiel: Das Gericht soll bezüglich bestimmter revisionsrelevanter Punkte noch einmal sensibilisiert werden (zB divergierende BFH-Rechtsprechung). 940

In der Praxis kann der **Klageantrag** im Laufe des Verfahrens noch **erweitert** werden[4]. Anders ist dies, wenn der Kläger vorher eindeutig zu 941

---

1 Vgl. STAPPERFEND in Gräber, § 96 FGO Rz. 7, mwN.
2 SCHMIDT-TROJE/SCHAUMBURG, II Rz. 38.
3 Beispiel: Der Kläger hat bestimmte Tatsachen erst im Finanzgerichtsprozess vorgetragen. Hier ist es überlegenswert, einen Kostenantrag zu stellen, der sich mit der Frage der Verspätung beschäftigt, um die negative Kostenfolge des § 137 Abs. 1 FGO (Kosten zulasten des obsiegenden Klägers bei verspätetem Sachverhaltsvortrag) zu verhindern.
4 Zur Dogmatik vgl. BRANDIS in Tipke/Kruse, § 65 FGO Rz. 18 (Sept. 2009).

Amtsermittlung

erkennen gegeben hat, dass er von einem weiteren Klagebegehren absehen werde.

942 Um sich nicht vorzeitig bezüglich des Klageumfangs zu binden, empfiehlt es sich, bei der **Klageerhebung** und Klagebegründung Formulierungen zu wählen, die eine **spätere Ausdehnung noch zulassen**. Dies kann der Hinweis sein, es handele sich um einen vorläufigen Antrag bzw. um die **Ankündigung** des Antrags in der mündlichen Verhandlung[1].

943 Zur **Klagebegründung** sagt das Gesetz nur: „Die zur Begründung dienenden Tatsachen und Beweismittel sind anzugeben" (§ 65 Abs. 1 Satz 3 FGO). Tatsächlich stehen der **Sachverhaltsvortrag** und die Angabe von **Beweismitteln** regelmäßig im Mittelpunkt der guten Klagebegründung (vgl. hierzu auch Tz. 242 ff.). Der Großteil aller Klageverfahren entscheidet sich letztlich über den Sachverhalt[2].

944 Der Berater sollte sorgfältig prüfen, ob der in der Einspruchsentscheidung wiedergegebene **Sachverhalt** zutreffend ist. Allzu leicht werden im Bp.-Bericht in der Einspruchsentscheidung festgeschriebene Sachverhalte unkontrolliert zugrunde gelegt. Hat der Berater das Verfahren nicht von Beginn an begleitet, wird er mit dem Kläger erneut erörtern, ob der wiedergegebene Sachverhalt zutreffend ist.

945 „Das **Gericht erforscht** den **Sachverhalt von Amts wegen**" (§ 76 Abs. 1 Satz 1 FGO). Diese sog. Inquisitionsmaxime (vgl. dazu bereits Tz. 835 ff.) kann einen Kläger verführen, Sachverhalte allenfalls oberflächlich mitzuteilen und die Hände in den Schoß zu legen, in der **Erwartung**, das **Gericht** werde sich nun **selbst** auf den Weg der **Sachverhaltsermittlung** begeben. Die Rechtsprechung verbindet jedoch die Inquisitionsmaxime eng mit der **Mitwirkungspflicht** der Beteiligten. Die Pflicht des Gerichts wird durch die Mitwirkungspflicht des Klägers bestimmt. Die Pflicht, den Sachverhalt zu erforschen, wird umso intensiver, je weiter der Kläger seiner Mitwirkungspflicht nachkommt[3]. Mangelnde Sachaufklärung des Finanzgerichts liegt nur vor, wenn es Tatsachen oder Beweismittel unbeachtet lässt, die sich dem Gericht nach Lage der Akten und dem Ergebnis der Verhandlungen **aufdrängen** mussten[4].

---

1 Vgl. SCHMIDT-TROJE/SCHAUMBURG, II Rz. 154.
2 WORING in FS für Streck, 461; STRECK, NJW 2001, 1541, 1543.
3 SEER in Tipke/Kruse, § 76 FGO Rz. 76 (Okt. 2006).
4 SEER in Tipke/Kruse, § 76 FGO Rz. 41 (Okt. 2006).

Strafurteile

Daraus folgt zwingend: Die **Sachverhaltsdarstellung** erfordert **größte Sorgfalt**. Es sollte äußerst detailliert und ausführlich dargestellt werden[1]. Dies gilt umso mehr, je weiter die Sachverhalte in die **Sphäre** des Klägers reichen. 946

Soweit Sachverhaltselemente streitig sind, müssen **Beweismittel**[2], zB **Zeugen** mit ladungsfähiger Anschrift[3], angegeben werden. **Urkunden** sollen sofort im Original oder in Copie beigefügt werden (vgl. auch § 77 Abs. 2 FGO). 947

Bei Fragen, zu denen ein **Sachverständiger** zu hören ist, sollte das Gericht ausdrücklich hierauf hingewiesen werden. Liegt ein Sachverständigengutachten bereits vor – zB in einem **Parallelprozess** –, kann das Finanzgericht dieses Gutachten nicht frei im anstehenden Prozess verwenden, sondern muss der Beweis vor dem Prozessgericht erhoben werden, wenn ein Beteiligter dies beantragt (Grundsatz der Unmittelbarkeit der Beweisaufnahme)[4]. 948

Beweisergebnisse **anderer Gerichtsverfahren** dürfen im Wege des Urkundenbeweises eingeführt werden[5]. Dies gilt zB für Niederschriften über Zeugenvernehmungen in anderen Verfahren. Voraussetzung ist jedoch, dass der Kläger damit einverstanden ist. Beantragt er hingegen die unmittelbare Beweiserhebung, so muss diese durchgeführt werden, es sei denn, sie ist unmöglich, unzulässig oder unzumutbar[6]. 949

Feststellungen in **Strafurteilen** sind für Finanzgerichte nicht bindend. Das Finanzgericht kann sie aber grundsätzlich übernehmen[7]. Will der Kläger dies verhindern, genügt es nicht, wenn er pauschal erklärt, das Urteil sei falsch. Erforderlich ist in diesem Fall, dass er substanzi- 950

---

1 STRECK, NJW 2001, 1541, 1543 und 1544; MACK in FS für Streck, 337, 344; SEER in Tipke/Kruse, § 76 FGO Rz. 68 (Okt. 2006); gerade von Klägern, die sich im Klageverfahren vertreten lassen, wird dies erwartet (SCHMIDT-TROJE/SCHAUMBURG, II Rz. 477). Auch der nicht vertretene Kläger sollte sich nach diesen Vorgaben richten. Im Zweifelsfall gilt hier allerdings ein etwas milderer Maßstab: Die Durchsetzung eines Rechts darf nicht an der Unbeholfenheit oder Rechtsunkenntnis einer Partei scheitern (vgl. SCHMIDT-TROJE/SCHAUMBURG, II Rz. 478). Hier reicht die Fürsorgepflicht des Gerichts weiter.
2 Übersicht bei SEER in Tipke/Kruse, § 81 FGO Rz. 12 ff. (Jan. 2010).
3 SEER in Tipke/Kruse, § 81 FGO Rz. 37 (Jan. 2010).
4 Vgl. SEER in Tipke/Kruse, § 81 FGO Rz. 23 ff. (Jan. 2010).
5 SEER in Tipke/Kruse, § 81 FGO Rz. 27, 28 (Jan. 2010).
6 SEER in Tipke/Kruse, § 81 FGO Rz. 27 (Jan. 2010).
7 SEER in Tipke/Kruse, § 81 FGO Rz. 28 (Jan. 2010).

Rechtliche Begründung

ierte Einwendungen vorbringt und ggf. entsprechende Beweisanträge stellt[1].

951 Diese Sorgfalt ist auch im Hinblick auf das **Revisionsverfahren** notwendig. Wird § 76 FGO verletzt, ist ein Revisionsgrund gegeben (vgl. Tz. 1184). § 76 FGO ist aber wegen der Abhängigkeit der Inquisitionsmaxime von der Mitwirkung des Klägers (vgl. Tz. 945) nur verletzt, wenn der Kläger seinen Pflichten nachgekommen ist. **Beispiel**: Dem Finanzgericht kann (nach geltender BFH-Rechtsprechung) nicht vorgeworfen werden, es habe einen Zeugen nicht gehört, wenn dieser Zeuge vom Kläger nicht benannt worden ist oder ein Rügeverzicht vorliegt[2].

952 Der substanziierte Vortrag sollte im Übrigen **bereits** im **Einspruchsverfahren** erfolgen. Kein Richter ist über die Notwendigkeit von Sachverhaltsermittlungen glücklich. Der Unmut richtet sich gegen das Finanzamt, wenn der Berichterstatter aus den Akten entnimmt, dass bereits das Finanzamt im Einspruchsverfahren in der Lage gewesen wäre, den Sachverhalt zu ermitteln. Der Unmut richtet sich gegen den Kläger, wenn der Richter feststellt, dass der Steuerpflichtige vor Gericht erstmals bereit ist, seinen eigenen Mitwirkungspflichten nachzukommen. Ersteres ist sicher besser – wenn nicht gar erstrebenswerter – als Letzteres[3].

953 Auch das **Finanzamt** versucht hin und wieder, komplizierte Streitfälle ohne eigene ausreichende Ermittlungen an das Finanzgericht weiterzugeben. Wegen der „Inquisitionsmaxime" (Tz. 945) hofft man, auf leichte Weise lästige Ermittlungsarbeit zu verlagern. Der Kläger muss diese Arbeitsverschiebung deutlich machen.

954 Neben den Sachverhaltsvortrag tritt die **rechtliche Begründung**. Während der Sachverhaltsvortrag den Richter regelmäßig in einen ihm bis dahin unbekannten Lebensbereich einführt, kennt er das Steuerrecht. Es ist wenig sinnvoll, die Klagebegründung mit steuerrechtlichen Selbst-

---

1 SCHMIDT-TROJE in FS für Streck, 385, 388; SEER in Tipke/Kruse, § 81 FGO Rz. 28 (Jan. 2010).
2 SEER in Tipke/Kruse, § 81 FGO Rz. 34 (Jan. 2010).
3 Das Kostenrecht sanktioniert: Auch wenn er obsiegt hat, können einem Beteiligten die Kosten ganz oder teilweise auferlegt werden, wenn die Entscheidung auf Tatsachen beruht, die er früher hätte geltend machen oder beweisen können (§ 137 FGO). In der Praxis machen die Gerichte von dieser Kostenvorschrift allerdings nicht allzu häufig Gebrauch. Möglicherweise, weil auch die Finanzämter im Vorverfahren selten die erforderliche Sachverhaltsaufklärung betreiben.

Ausschlussfrist

verständlichkeiten, die zudem noch umfangreich belegt werden, zu bereichern. Mancher Berater schielt hier eher nach dem Beifall des Mandanten als nach der Anerkennung durch das Gericht.

Soweit der Kreis des **Selbstverständlichen verlassen** wird, kann die rechtliche Begründung dem Richter die **Arbeit erleichtern**, wenn nicht gängige rechtliche Überlegungen, Urteile und Literaturstellen vorgetragen werden. 955

Auch kann sich eine sorgfältig differenzierende rechtliche Begründung gegen die Pauschal-Rechtsanwendung durch das Finanzamt wenden. Schließlich kann mit der Rechtsbegründung auch begehrt werden, eine „herrschende Ansicht" zu überprüfen. 956

Dem Kläger **nachteilige Rechtsansichten** und BFH-Urteile sollten sofort verarbeitet werden. Die Hoffnung, Gericht und Finanzamt würden bestimmte nachteilige Erkenntnisse übersehen, deshalb könne man sie vergessen, trügt regelmäßig. Die Nachbesserung einer Klagebegründung ist regelmäßig keine Verbesserung. 957

Die Klagebegründung sollte **vollständig** und aus **einem Guss** sein. Es fördert nicht das Klageziel, dem Gericht die Begründung in Teilstücken vorzutragen. 958

Die FGO sieht eine zwingende **Frist** für die **Klagebegründung** nicht vor. Etwas anderes gilt für die Frist der Revisionsbegründung, s. hierzu Tz. 1164 ff. 959

Nach § 65 Abs. 2 Satz 1 FGO können der Vorsitzende oder der Berichterstatter eine **Frist** zur **Klagebegründung** bestimmen. Dies ist keine Ausschlussfrist, wie sich aus § 65 Abs. 2 Satz 2 FGO ergibt, der nur für den notwendigen Teil der Klageerhebung die Setzung einer Ausschlussfrist ermöglicht. 960

§ 79b FGO gibt dem Finanzgericht die Möglichkeit, **Ausschlussfristen** zu setzen[1]. Mit diesen Fristen können allerdings nicht der Klageantrag oder die Klagebegründung (oder die Vorlage von Steuererklärungen) erzwungen werden. § 65 Abs. 1 Satz 2 und 3 FGO haben keinen Eingang in § 79b FGO gefunden. 961

Erklärungen und Beweismittel, die erst nach Fristablauf beim Finanzgericht eingehen, **kann** das Gericht **zurückweisen** (§ 79b Abs. 3 FGO). 962

---

[1] Ausführlich zur Fristsetzung nach § 79b FGO: SCHMIDT-TROJE in FS für Streck, 385, 390 ff.

Ausschlussfrist

Das Gericht muss in der Fristsetzung auf diese Folge der Fristversäumung hinweisen.

963 Ist Frist nach § 79b FGO gesetzt, empfiehlt es sich – selbstverständlich –, die Frist einzuhalten. Das Finanzgericht kann die **Frist verlängern**. Erforderlich dafür ist ein rechtzeitig vor Fristablauf gestellter Verlängerungsantrag.

964 Konnte die Frist nicht gehalten werden und wurde sie auch nicht verlängert, sollte **trotzdem vorgetragen** werden[1]. Das Finanzgericht darf nicht zurückweisen, wenn der Rechtsstreit durch die Verspätung nicht verzögert wird oder die Verspätung entschuldigt ist (§ 79b Abs. 3 FGO). In der Praxis der Finanzgerichte sind Fristsetzungen nach § 79b FGO außerordentlich selten, Zurückweisungen noch seltener.

965 Hat das **Finanzamt** im Vorverfahren eine **Ausschlussfrist nach § 364b AO** gestellt und wurde nicht fristgerecht im Einspruchsverfahren vorgetragen, wirkt dies **nicht automatisch im Klageverfahren** weiter: Es steht im **Ermessen des Finanzgerichts**, den verspäteten Sachverhaltsvortrag auch im Klageverfahren zurückzuweisen oder ihn aber zu berücksichtigen (§ 76 Abs. 3 FGO). Im Regelfall weisen Finanzgerichte **nicht** zurück[2]. Dem Kläger können allerdings die Kosten auferlegt werden (§ 137 Satz 2 FGO).

966 Trotz fehlender zwingender Ausschlusswirkung sollten in der Praxis die **Fristen sorgsam beachtet** werden. Wenn die Frist nicht reicht, um die Klage zu begründen, sollte rechtzeitig um Fristverlängerung nachgesucht werden. Die Erfahrung lehrt, dass der sorgfältige Umgang mit den Fristen Bedingung für großzügige Fristgewährungen durch die Gerichte ist.

---

1 Zu diesem Vortrag vgl. STRECK, NJW 2001, 1541, 1544: „Wenn der Kläger mit Ausschlussfristen (§ 79b FGO) aufgefordert wird, sich zu bestimmten Punkte zu erklären und Beweismittel vorzulegen, so ist die richterliche Zielvorstellung, dass dies (gar nicht) oder vollständig erfolgt. Es gibt gute anwaltliche Gründe, in großer Unordnung die Auflagen zu erfüllen, insbesondere aber erheblich mehr zu schreiben und zu liefern als angefordert. Die Ausschlussfrist zwingt nicht zur Beschränkung auf das Notwendige. Es gibt – wie gesagt – anwaltliche Gründe, den Richter auf die Suche nach dem Erheblichen durch den klägerischen Vortrag zu schicken"; vgl. im Übrigen anschaulich zu Verteidigungsmöglichkeiten gegen Fristsetzungen nach § 79b FGO SCHMIDT-TROJE in FS für Streck, 385, 395 ff.

2 Vgl. dazu auch SCHMIDT-TROJE in FS für Streck, 385, 400 ff.

Wartestand

Die **Gerichte** sind **nicht kleinlich**. Regelmäßig werden (normale) Fristen von vier bis acht Wochen eingeräumt. Auch diese können noch verlängert werden. Werden konkrete Gründe angegeben, lassen sich auch weitere Fristverlängerungen erreichen. 967

Nach der Klagebegründung erfolgt die **Klageerwiderung** durch das Finanzamt. Häufig wiederholt das Finanzamt die Gründe der Einspruchsentscheidung, wenn nicht sogar nur mit einem Satz auf diese Entscheidung verwiesen wird. 968

Es schließt sich ein **Schriftsatzaustausch** an, der in der Sache keine Bedeutung mehr haben sollte, sofern man unserer Anregung folgt, die Klagebegründung einheitlich und geschlossen vorzulegen. 969

Deutsche haben einen **besonderen Hang** zum **Geschriebenen**. Folglich empfinden sie es als notwendig, auf Geschriebenes stets wiederum etwas zu schreiben. Der Bürger ist unglücklich, wenn er einen Schriftsatz, gleichgültig, was in ihm vorgetragen wird, nicht beantwortet. Dies kann zu unsinnigen Schriftsatzaustauschen führen, weil keiner dem anderen das letzte Wort lassen will. Der souveräne Berater sollte auch über die Fähigkeit verfügen, in dieser Situation einem Schriftsatz mit Schweigen zu antworten. 970

III. Einzelfragen des Verfahrensverlaufs

1. Der „Wartestand"

Ist die Klage begründet, die Klageerwiderung geschrieben, sind weitere Schriftsätze nicht erforderlich, so ist der **Prozess „ausgeschrieben"**. Die Verfahrensbeteiligten **warten** nun darauf, dass das Finanzgericht den Rechtsstreit zur Entscheidung aufgreift. 971

Schriftsätze an das Gericht **bzgl.** des **Sachstands** oder bzgl. des Zeitpunkts einer Entscheidung erfüllen selten ihren Zweck. Sie werden entweder nicht oder nichtssagend beantwortet, oder der angegebene Zeitpunkt wird, was sich später herausstellt, nicht realisiert. 972

Telefongespräche mit dem Vorsitzenden Richter, dem Einzelrichter oder dem Berichterstatter (Tz. 975 ff.) sind möglich. Eine konkrete Beschleunigung – wenn nicht besondere Umstände vorliegen – ist hierdurch selten zu erreichen. 973

Das Gericht kann auch förmlich beschließen, dass das Verfahren **auszusetzen** ist, wenn die Entscheidung ganz oder zum Teil von dem Be- 974

Einzelrichter

stehen oder Nichtbestehen eines Rechtsverhältnisses abhängt, das den Gegenstand eines anderen anhängigen Rechtsstreits bildet (§ 74 FGO)[1]. Hängt zB die Entscheidung des Rechtsstreits von der Anwendung einer Steuerrechtsnorm ab, deren Verfassungsmäßigkeit vom Bundesverfassungsgericht geprüft wird, so kann eine Pflicht bestehen, das Verfahren nach § 74 FGO auszusetzen[2].

2. Einzelrichter und Berichterstatter

975 Zu Beginn des Verfahrens prüft der Senat, ob die Sache dem **Einzelrichter** übertragen wird (§ 6 FGO). Geschieht das, tritt der Einzelrichter an die Stelle des Senats. Er allein ist der gesetzliche Richter.

976 Den Kläger erreicht zu Beginn des Verfahrens häufig die **formularmäßige Anfrage**, ob Bedenken gegen die Übertragung der Sache auf den Einzelrichter bestehen. Juristisch erforderlich ist die Anfrage nicht. Der Senat entscheidet nach eigenem Ermessen.

977 Voraussetzung für die Übertragung auf den Einzelrichter ist, dass es sich bei dem Verfahren um ein „**Normalverfahren**" handelt[3].

978 Die Anfrage des Gerichts sollte, auch wenn sie keine juristische Bedeutung hat, nicht **unbeantwortet bleiben**. Im Zweifel ist uE die Entscheidung des Senats vorzuziehen. Zum einen bietet sie die größere Wahrscheinlichkeit materieller Richtigkeit. Vor allem entspricht die Entscheidung des gesamten Gremiums aber eher der Bedeutung, die der eigene Rechtsstreit für den Kläger hat. Gerade nicht stattgebende Entscheidungen des Gremiums sind für die meisten Kläger eher akzeptabel als Einzelrichterentscheidungen, denen angesichts der Enttäuschung über den negativen Prozessausgang schnell Subjektivität vorgeworfen wird.

979 Die Anfrage des Gerichts kann mit dem Hinweis auf die Voraussetzungen des § 6 FGO beantwortet werden[4].

---

1 Beispiele bei BRANDIS in Tipke/Kruse, § 74 FGO Rz. 8 ff. (Juli 2008).
2 BRANDIS in Tipke/Kruse, § 74 FGO Rz. 14 (Juli 2008).
3 Die Übertragung ist nur zulässig, wenn die Sache keine besonderen Schwierigkeiten tatsächlicher oder rechtlicher Art aufwirft und die Rechtssache keine grundsätzliche Bedeutung hat (§ 6 FGO). Vgl. zu diesen Anforderungen im Einzelnen BRANDIS in Tipke/Kruse, § 6 FGO Rz. 7 und 8 (April 2008).
4 Beispiel: „Die Voraussetzungen für die Übertragung auf den Einzelrichter halten wir für nicht gegeben, da es sich vorliegend nicht um eine Sache ohne be-

Beiladung

Entscheidet der Senat, so bestimmt der Vorsitzende den **Berichterstatter**[1]. Berichterstatter ist der Richter des Senats, der den Prozess vorbereitet und zur Vorbereitung der mündlichen Verhandlung ein Votum fertigt. Entscheidungsgremium bleibt – anderes als beim Einzelrichter – der Senat. 980

Sind alle Beteiligten (insbesondere also Kläger und Finanzamt) damit einverstanden, kann der Vorsitzende oder der Berichterstatter als sog. **konsentierter Einzelrichter** anstelle des Senats entscheiden (§ 79a Abs. 3 und 4 FGO). 981

In Frage kommen kann dieses Vorgehen zB, wenn sich in einem Erörterungstermin beim Berichterstatter herausstellt, dass der Streit nicht einvernehmlich beendet werden kann, beide Seiten aber an **sofortiger Entscheidung** interessiert sind. Verzichten jetzt Kläger und Finanzamt auf mündliche Verhandlung und erklären ihr Einverständnis mit einer Entscheidung durch den bisherigen Berichterstatter, ist für diesen der Weg frei für eine sofortige Entscheidung. Der so „konsentierte" Richter ist allerdings **nicht gebunden**. Es steht in seinem Ermessen, ob er von der Möglichkeit Gebrauch macht, als Einzelrichter zu entscheiden. 982

3. Beiladung

Vor der Bearbeitung der Sache prüft das Finanzgericht insbesondere, ob **Beteiligte beizuladen** sind (§ 60 FGO)[2]. 983

Die **einfache Beiladung** (§ 60 Abs. 1 FGO) steht im **Ermessen** des Gerichts. Sie ist zulässig bei Personen, deren rechtliche Interessen nach den Steuergesetzen durch die Entscheidung berührt werden (zB potenzielle Steuerhaftungsschuldner). Vor der Beiladung ist der Kläger **zu hören** (§ 60 Abs. 1 Satz 2 FGO). Widerspricht er, sieht das Gericht regelmäßig von einer Beiladung ab. 984

Bei der sog. **notwendigen Beiladung** sind andere an dem streitigen Rechtsverhältnis so beteiligt, dass die Entscheidung auch ihnen gegenüber nur einheitlich ergehen kann (§ 60 Abs. 3 Satz 1 FGO). 985

---

sondere Schwierigkeiten tatsächlicher oder rechtlicher Art handelt und auch grundsätzliche Bedeutung nicht ausgeschlossen werden kann".
1 Vgl. SEER in Tipke/Kruse, § 79 FGO Rz. 2 (Feb. 2009).
2 Parallelregelung für das Einspruchsverfahren: Hinzuziehung nach § 360 AO. Bezüglich der Einzelheiten kann auf die dortigen Modalitäten verwiesen werden (vgl. Tz. 561 ff.).

Beiladung

986 **Hauptanwendungsfall** der notwendigen Beiladung ist die **gesonderte und einheitliche Feststellung von Besteuerungsgrundlagen**: Erheben nicht alle Personen, die nach § 48 FGO klagebefugt sind, tatsächlich Klage gegen den einheitlichen Feststellungsbescheid, sind die anderen Klagebefugten notwendig beizuladen[1].

987 Die Beiladung erfolgt durch **Beschluss**[2]. Rechtsmittel ist die Beschwerde (§ 128 Abs. 1 FGO[3]). Der Beigeladene wird Verfahrensbeteiligter (vgl. im Einzelnen § 60 Abs. 6 FGO). Ihm sind alle Schriftsätze zuzustellen, er ist zu allen Terminen zu laden etc.[4]. Herr des Verfahrens bleibt jedoch der Kläger. Nur er kann die Klage zurücknehmen oder die Hauptsache für erledigt erklären. Der Beigeladene muss damit nicht einverstanden sein oder seine Zustimmung geben.

988 Unterlässt das Finanzgericht eine notwendige Beiladung, bedeutet dies einen Verstoß gegen die **Grundordnung des Verfahrens** und damit einen schweren Verfahrensfehler. Die Vorschriften über die notwendige Beiladung sind unverzichtbare Sachentscheidungsvoraussetzungen. Angesichts dessen bedarf es im Verfahren vor dem Bundesfinanzhof (Revision oder Nichtzulassungsbeschwerde) keiner besonderen Begründung, inwieweit das Urteil auf diesem Verfahrensmangel beruhen kann[5]. Der BFH kann das Urteil des Finanzgerichts allein aus diesem Grunde wegen eines **Verfahrensfehlers aufheben** und die Sache ohne weitere Sachprüfung zur erneuten Entscheidung an das Finanzgericht zurückverweisen[6]. Um unnötige Verfahrensverzögerungen zu vermeiden, kann der BFH eine notwendige Beiladung selbst nachholen (§ 123 Abs. 1 FGO). Die Entscheidung steht in seinem Ermessen. Die Sache kann auch zurückverwiesen werden. Außerdem: Die Nachholung mit **heilender Wirkung** ist nur im Revisionsverfahren möglich, nicht dagegen im Verfahren um die Nichtzulassungsbeschwerde[7].

989 Ist der **Haftungsschuldner** beigeladen, entfaltet die gerichtliche Entscheidung auch ihm gegenüber Bindungswirkung; vgl. Tz. 773.

---

1 BRANDIS in Tipke/Kruse, § 60 FGO Rz. 25 (Feb. 2011); dort auch ab Rz. 27 ff. weitere Beispielsfälle.
2 Zu den vereinfachten Verfahrensmodalitäten, wenn mehr als 50 Personen notwendig beigeladen werden müssen, vgl. § 60a FGO.
3 Vgl. BRANDIS in Tipke/Kruse, § 60 FGO Rz. 99 (Feb. 2011).
4 Vgl. im Einzelnen BRANDIS in Tipke/Kruse, § 60 FGO Rz. 100 f. (Feb. 2011).
5 BFH vom 8.5.2008 IV B 138/07, BFH/NV 2008, 1499.
6 SCHMIDT-TROJE/SCHAUMBURG, II Rz. 578.
7 SEER in Tipke/Kruse, § 123 FGO Rz. 13 (Mai 2009).

4. Änderungsbescheide

Erlässt das Finanzamt **während** des **Prozesses** einen Änderungsbescheid, wird der neue Bescheid automatisch Gegenstand des Verfahrens (§ 68 Satz 1 FGO). 990

Nach jedem Änderungsbescheid ist das Klagebegehren, bzw. der **bisherige Klageantrag zu prüfen**. Entspricht der Änderungsbescheid dem Klagebegehren und enthält er keine neuen Streitpunkte, ist das Verfahren für erledigt zu erklären[1]. Wird mit dem Änderungsbescheid dem Klagebegehren nur **teilweise** entsprochen, muss der Kläger sein Klageziel neu bestimmen und den bisherigen Klageantrag einschränken. Schließlich ist die Klage zu erweitern, wenn der Änderungsbescheid eine **neue** Beschwer enthält. 991

Trotz der Regelung des § 68 FGO kann es erforderlich sein, einen **Änderungsbescheid** vorsorglich auch mit dem **Einspruch** anzufechten. Ist zB die anhängige Klage unzulässig, kann der Änderungsbescheid nicht wirksam einbezogen werden[2]. Im Zweifel sollte daher trotz der Formulierung des § 68 Satz 2 FGO vorsorglich Einspruch eingelegt werden. 992

Gemäß § 68 Satz 3 FGO hat das Finanzamt dem Finanzgericht eine **Abschrift** des **Änderungsbescheids** zu übersenden. Der Kläger sollte jedoch vorsichtshalber auch stets selbst das Finanzgericht unterrichten. 993

5. Selbstständiges Beweisverfahren

Die lange Dauer der finanzgerichtlichen Verfahren führt dazu, dass **Beweismöglichkeiten** während der Dauer des Verfahrens **untauglich** werden können. Zeugen werden älter oder versterben. Räumliche Gegebenheiten verändern sich. 994

Die Finanzgerichtsordnung kennt die Möglichkeit eines **selbstständigen Beweisverfahrens** (§ 82 FGO iVm. §§ 485–494a ZPO). Insbesondere kann beantragt werden, in diesem Verfahren Zeugen zu vernehmen, wenn befürchtet werden muss, dass diese – zB wegen Alter – nicht mehr unbegrenzt lange für Aussagen zur Verfügung stehen. 995

Welche **Elemente** der Beweissicherungsantrag enthalten muss, regelt § 487 ZPO. Es muss insbesondere das Finanzamt bezeichnet sein, die 996

---

[1] Vgl. SEER in Tipke/Kruse, § 68 FGO Rz. 9 (Okt. 2010).
[2] VON GROLL in Gräber, § 68 FGO Rz. 40, 46.

Befangenheit

Tatsachen, über die der Beweis zu erheben ist, die Bezeichnung des Beweismittels und die Darlegung des Grundes, der das selbstständige Beweisverfahren rechtfertigt. Dieser letztgenannte Grund ist – eventuell durch **Eidesstattliche Versicherung** – glaubhaft zu machen.

997 **Muster**: S. Anlage 6.

6. Befangenheit der Richter

998 Für die **Ausschließung** und **Ablehnung** von **Richtern** gilt § 51 FGO iVm. §§ 41 bis 49 ZPO. Ein Richter kann wegen **Besorgnis** der **Befangenheit** abgelehnt werden (§ 42 Abs. 1 ZPO).

999 Erforderlich ist, dass ein Grund vorliegt, der geeignet ist, Misstrauen gegen die Unparteilichkeit des Abgelehnten zu rechtfertigen (§ 42 Abs. 2 ZPO). Das ist der Fall, wenn aus der Sicht eines **verständigen Beteiligten** Anlass für die Annahme besteht, der Richter könne in bewusster oder unbewusster Zuneigung oder Abneigung gegen einen Beteiligten nicht fähig sein, unvoreingenommen und unparteiisch zu entscheiden[1].

1000 **Beispiele** zum Vorliegen und Nichtvorliegen von Befangenheit sind seitenfüllend[2].

1001 **Unrichtige Rechtsanwendung** bietet **nur im Ausnahmefall** Grund für einen Befangenheitsantrag[3].

1002 **Prozessleitung und Sachaufklärung** können Befangenheit begründen, wenn der Richter den Eindruck erweckt, er kenne den Ausgang des Prozesses schon vor dem Ende der richterlichen Sachaufklärung und der rechtlichen Erörterung[4].

1003 **Persönliches Verhalten** schließlich rechtfertigt die Befangenheitsablehnung, wenn Äußerungen des Richters evident unsachlich und unangemessen sind und zeigen, dass dem Richter „der Geduldsfaden"

---

1 Sog. „objektiv-vernünftige" Einschätzung aus der Sicht des Beteiligten.
2 STAPPERFEND in Gräber, § 51 FGO Rz. 47 ff.; BRANDIS in Tipke/Kruse, § 51 FGO Rz. 20 ff. (Mai 2010); SCHMIDT-TROJE/SCHAUMBURG, II Rz. 594 ff.
3 Vgl. BRANDIS in Tipke/Kruse, § 51 FGO Rz. 21 ff. (Mai 2010) mit Beispielen und weiteren Nachweisen.
4 BRANDIS in Tipke/Kruse, § 51 FGO Rz. 27 (Mai 2010) mit Beispielen und weiteren Nachweisen.

Ablehnungsantrag

gerissen ist. Nicht tolerabel sind auch herabsetzende, beleidigende Äußerungen[1].

Die Möglichkeit der Ablehnung wegen Besorgnis der Befangenheit ist mit **Zurückhaltung** zu **nutzen**[2]. Gewinnen die Richter, insbesondere der Berichterstatter, den Eindruck, dass jede richterliche Meinungsäußerung daraufhin überprüft wird, ob Befangenheit anzunehmen ist, wird das Gespräch mit dem Gericht, wiederum insbesondere mit dem Berichterstatter, blockiert[3]. Legt sich ein Richter in seinen Äußerungen in einer Weise fest, dass jeder klägerische Vortrag zwecklos erscheint, kann ein Befangenheitsantrag zwar angebracht sein. Allein die Äußerung einer dem Kläger ungünstigen Rechtsauffassung begründet allerdings noch nicht die Besorgnis der Befangenheit. 1004

Hat der Kläger Anlass, von der Befangenheit eines Richters auszugehen, muss der Ablehnungsantrag **umgehend**, dh. noch im Termin, gestellt werden. Das Ablehnungsrecht geht verloren, wenn der Kläger nach dem Verstoß ohne Ablehnung weiter verhandelt oder Anträge stellt (§ 43 ZPO). 1005

Das **Ablehnungsgesuch** ist bei dem Senat anzubringen, dem der abgelehnte Richter angehört. Wird der Antrag in der mündlichen Verhandlung gestellt, ist er zu protokollieren (§ 94 iVm. § 160 Abs. 4 ZPO). Die 1006

---

1 OVG Lüneburg vom 4.1.1974 IV B 8/73, Anwaltsblatt 1974, 132: Gequältes Zur-Decke-Schauen beim Vortrag eines Beteiligten als Befangenheitsgrund; BRANDIS in Tipke/Kruse, § 51 FGO Rz. 28 (Mai 2010) mit weiteren Beispielen.
2 Wenn auch zutreffend BRANDIS in Tipke/Kruse, § 51 FGO Rz. 2 (Mai 2010): Die Befangenheitsablehnung habe in der Vergangenheit zwar deutlich zugenommen, sei im Steuerprozess aber immer noch nicht häufig anzutreffen. Steuerberater als Prozessbevollmächtigte neigten dazu, sich vor allem der Sache selbst zu widmen. Dabei komme es gerade im Steuerprozess auf die Wahrung der „Unbefangenheit" besonders an.
3 Von Richterseite (vgl. zB SPINDLER in FS für Streck, 417, 427 f.) ist zu hören, in finanzgerichtlichen Verfahren halte vermehrt die Technik der sog. „Konfliktvertretung" Einzug. Ausgerichtet sei dieses Verhalten auf die gezielte Behinderung und Beschäftigung des Gerichts. Entweder, um eine rasche Entscheidung zu verhindern oder um den Verfahrensablauf zu torpedieren und hierdurch eine außergerichtliche Einigung mit der Finanzverwaltung zu erreichen. Zu den Instrumenten der Konfliktvertretung gehöre unter anderem der ausufernd eingelegte Ablehnungsantrag, wenn das Gericht während des Verfahrens eine prozessleitende Verfügung erlasse oder eine Rechtsansicht äußere. Dass eine derartige „Konfliktvertretung" niemals Regelfall guter Prozessvertretung sein kann, dürfte unstreitig sein. Vgl. zu diesen Fällen im Übrigen auch BRANDIS in Tipke/Kruse, § 51 FGO Rz. 37 f. (Mai 2010).

Außergerichtliche Einigung

mündliche Verhandlung wird unterbrochen. Der Ablehnungsgrund muss glaubhaft gemacht werden (§ 42 Abs. 2 Satz 1 ZPO).

1007 Hält der Senat das Gesuch für zulässig und nicht für offensichtlich unbegründet[1], wird die Verhandlung unterbrochen. Das Gericht entscheidet durch **Beschluss**. Danach wird die Verhandlung fortgesetzt – je nachdem mit oder ohne den abgelehnten Richter[2]. Der Beschluss über das Ablehnungsgesuch ist **unanfechtbar** (§ 128 Abs. 2 FGO). Die Ablehnung des Befangenheitsantrags kann dann nur noch im Rahmen des Rechtsmittels gegen die Hauptsacheentscheidung als Verfahrensfehler (§ 118 FGO) gerügt werden[3].

7. Die außergerichtliche Einigung

1008 Während der langen Dauer eines finanzgerichtlichen Verfahrens sollte der Berater stets an die **Möglichkeit** einer **außergerichtlichen Einigung** denken.

1009 Innerhalb des Zeitraums des FG-Verfahrens **wechseln Sachbearbeiter** und Sachgebietsleiter aufseiten des Finanzamts. Wechsel der Personen heißt oft Meinungsänderungen. Verfestigte, unverrückbare Positionen sind an Personen geknüpft, folglich werden sie verrückbar, wenn diese Personen versetzt werden. Man kann daran denken, nach 18 oder 24 Monaten Prozessdauer bei dem Finanzamt vorzusprechen, ob nicht eine außergerichtliche Einigung möglich ist. Ein Vollerfolg ist hier ebenso möglich wie ein akzeptabler Kompromiss[4].

1010 Eine Bereinigungsmöglichkeit kann sich auch durch ein **nachfolgendes Bp.-Verfahren ergeben**. Erwächst aus einer Außenprüfung ein FG-Prozess und beginnt während der Verfahrensdauer die Nachfolgeprüfung, der sich ebenfalls die dem Finanzgericht vorliegende Frage stellt, so bieten sich folgende Alternativen an: Der Prüfer der Folge-Bp. klammert die Frage aus; der FG-Prozess wird auch für die Folge-Bp. entscheidend. Oder: Der Prüfer kann der die Verwaltung beherrschenden

---

1 ZB bei rechtsmissbräuchlichem Antrag (Prozessverschleppung), vgl. dazu BRANDIS in Tipke/Kruse, § 51 FGO Rz. 37 f. (Mai 2010).
2 BRANDIS in Tipke/Kruse, § 51 FGO Rz. 41 (Mai 2010).
3 BRANDIS in Tipke/Kruse, § 51 FGO Rz. 42 (Mai 2010).
4 Nicht ausgeschlossen ist allerdings – natürlich – auch die Reaktion des Finanzamts, der Fall sei ja an das Finanzgericht „abgegeben", man werde daran jetzt nichts mehr tun, sondern warte die Entscheidung des Gerichts ab (dh.: Man mache sich jetzt selbst keine Arbeit mehr).

Erledigungslust nicht widerstehen. Mit ihm kann über eine **Gesamtbereinigung** einschließlich der Vor-Bp. und des Prozesses gesprochen werden. Sie gelingt nicht selten. Oft spielt hier die Freude eines Prüfers mit, klüger als sein Vorgänger zu sein.

8. Tod des Klägers/Insolvenz

Stirbt der Kläger, wird das Verfahren gemäß § 155 FGO, § 239 Abs. 1 ZPO **unterbrochen**. Fortgesetzt wird es erst bei der Aufnahme durch den Rechtsnachfolger/Erben. 1011

Allerdings: Liegt eine Vertretung durch einen **Prozessbevollmächtigten** vor, tritt die Unterbrechung nicht ein. Erst auf Antrag des Prozessbevollmächtigten oder des Finanzamts ist das Verfahren auszusetzen, § 155 FGO, § 246 Abs. 1 ZPO. 1012

Ähnlich ist die Situation, wenn über das Vermögen einer Partei das **Insolvenzverfahren** eröffnet wird: Das Verfahren, das die Insolvenzmasse betrifft, wird unterbrochen, bis es nach den für das Insolvenzverfahren geltenden Vorschriften aufgenommen oder das Insolvenzverfahren beendet wird (§ 155 FGO, § 240 ZPO). 1013

IV. Beendigung

1. Vorbereitung auf die Beendigung

Dem Kläger wird **nicht** ausdrücklich **mitgeteilt**, dass seine Sache zur Erledigung anstehe. Er erfährt es dadurch, dass das Gericht Aktivitäten entfaltet: Ein Termin zur mündlichen Verhandlung oder ein Erörterungstermin wird anberaumt. Das Gericht beginnt mit Sachverhaltsermittlungen. 1014

Ist auf diese Weise erkennbar, dass sich das Verfahren seinem Ende nähert, ist die **Klagebegründung** zu **überprüfen**. 1015

Dies gilt einmal bezüglich des **Sachverhaltsvortrags**. Es kann erforderlich sein, neuere Erkenntnisse oder Beweismittel vorzutragen. 1016

Insbesondere ist die Klagebegründung in **rechtlicher Hinsicht** zu überprüfen. Die hektische Rechtsentwicklung des Steuerrechts bringt es mit sich, dass mit Sorgfalt erstellte Klagebegründungen nach Jahren veraltet, antiquiert anmuten, weil die Rechtsentwicklung über sie hinweggegangen ist. Eine **Aktualisierung** ist erforderlich. Neuere Urteile 1017

Amtsermittlungen

können bis dahin chancenlose Klagen in erfolgreichem Licht erscheinen lassen. Und umgekehrt.

1018 In dieser Phase ist auch noch einmal zu überprüfen, ob **außergerichtlich** das Finanzamt anzusprechen ist; s. Tz. 1008 ff.

1019 In dieser Zeit der Vorbereitung kann es zweckmäßig sein, den **Berichterstatter** bei Gericht zu erfragen. Zum Berichterstatter s. Tz. 975 ff.

1020 Zu **Telefongesprächen** s. Tz. 973. Das dort Gesagte gilt hier entsprechend.

2. Ermittlungen durch das Gericht

a. Die allgemeinen Regeln

1021 Nach § 76 FGO **erforscht** das Gericht den **Sachverhalt von Amts wegen.**

1022 Das Finanzgericht hat weitgehend die **Ermittlungsrechte** des **Finanzamts.** Auf § 76 FGO und die Weiterverweisungen sei **hingewiesen**[1].

1023 Für den Kläger von entscheidender Bedeutung ist: Amtsermittlungspflicht des Finanzgerichts heißt nicht, dass er als Kläger die Hände in den Schoß legen und voller Vertrauen das Prozessgeschehen dem Gericht überlassen kann. Die **Pflichten** des **Gerichts** werden durch die **Mitwirkung** des **Klägers** bestimmt. Die notwendigen Ermittlungen des Gerichts müssen sich aus der Klagebegründung ergeben (vgl. dazu Tz. 945 ff.). Ist der Umfang der Begründung gering, sind die Pflichten des Gerichts entsprechend gering. Je ausführlicher und intensiver die Begründung vorgetragen wird, um so ausführlicher und intensiver wird das Gericht zur Ermittlungsnotwendigkeit geführt.

1024 Die Erfahrung lehrt, dass die Finanzgerichte **Sachverhaltsermittlungen scheuen**. Die Möglichkeiten, aus dieser Pflicht auszubrechen, werden genutzt. Führt das Finanzgericht objektiv erforderliche Sachverhaltsermittlungen nicht durch, ist dies nur dann ein Verstoß gegen § 76 FGO und damit ein Zulassungsgrund für die Revision, wenn der Kläger Beweisanträge gestellt und diese in der mündlichen Verhandlung aufrechterhalten hat oder sich die Ermittlung dem Finanzgericht „aufdrängen musste" (vgl. auch Tz. 951).

---

1 Vgl. zur Amtsermittlungspflicht im finanzgerichtlichen Verfahren SCHMIDT-TROJE in FS für Streck, 385 ff.

Vorbehalt der Nachprüfung

Geht es um eine **Beweisaufnahme**, insbesondere um die **Vernehmung** eines Zeugen, so darf auf sie nur **verzichtet** werden, wenn das Finanzgericht die Richtigkeit der behaupteten Tatsache vollständig zugunsten der Partei, die sie behauptet, unterstellt oder wenn das Beweismittel, insbesondere der Zeuge, nicht erreichbar oder die Tatsache rechtsunerheblich ist[1]. 1025

Nach **§ 79b FGO** kann der Vorsitzende oder der Berichterstatter dem Kläger eine **Frist** zur Angabe von **Tatsachen setzen**, durch deren Berücksichtigung oder Nichtberücksichtigung er sich im Verwaltungsverfahren beschwert fühlt. Es handelt sich der Sache nach um eine **Ausschlussfrist**. Das Gericht kann Erklärungen und Beweismittel, die nach Ablauf der Frist vorgebracht werden, zurückweisen und ohne weitere Ermittlungen entscheiden, wenn die einschränkenden Bedingungen des § 79b Abs. 3 FGO gegeben sind (vgl. im Einzelnen auch Tz. 961 ff.)[2]. 1026

Die Ausschlussfrist kann auch zur Angabe von **Beweismitteln** und zur Vorlage von Urkunden oder anderen beweglichen Sachen gesetzt werden (§ 79b Abs. 2 FGO). 1027

Zur Frage, ob nach § 79b FGO die **Klagebegründung** erzwungen werden kann, s. Tz. 961. 1028

b. Die Besonderheiten bei Vorbehaltsveranlagungen

Auch die **Einspruchsentscheidung** kann noch unter dem **Vorbehalt** der **Nachprüfung** stehen[3]. 1029

Wird gegen den Bescheid, der weiter unter dem Vorbehalt der Nachprüfung steht, Klage erhoben, stellt sich die Frage, **wie weit** die Pflicht des Finanzgerichts zur **Amtsermittlung** reicht bzw. ob sie gegenüber der Prüfung des vorbehaltlosen Steuerbescheids eingeschränkt ist. 1030

In der **Literatur**[4] wird dieser Standpunkt zum Teil vertreten. Der **BFH** sieht dies anders: Auch bei einer Festsetzung unter Vorbehalt der 1031

---

1 Vgl. zum Zeugenbeweis im finanzgerichtlichen Verfahren WORING in FS für Streck, 461 ff.
2 SCHMIDT-TROJE in FS für Streck, 390 ff.
3 SEER in Tipke/Kruse, § 365 AO Rz. 20 (Feb. 2011).
4 ZB SEER in Tipke/Kruse, § 76 FGO Rz. 35 (Okt. 2008).

Erörterungstermin

Nachprüfung ist die gerichtliche Prüfungspflicht nicht grundsätzlich eingeschränkt[1].

3. Erörterungstermin

1032 Der Vorsitzende oder der Berichterstatter sind berechtigt, die Beteiligten zur **Erörterung** des **Sach- und Streitstands** zu laden (§ 79 Abs. 1 Satz 2 Nr. 1 FGO; sog. Erörterungstermin). Der Erörterungstermin kann von den Beteiligten auch angeregt werden[2]. Einen **Anspruch** auf Durchführung gibt es nicht.

1033 Der Erörterungstermin ist **keine mündliche Verhandlung** iS des § 90 FGO. Er bezweckt einen mündlichen Gedankenaustausch zwischen dem Gericht und den Prozessbeteiligten. Der Erörterungstermin kann auch per Videokonferenz durchgeführt werden (§ 91a Abs. 2 FGO). In der Praxis geschieht dies jedoch kaum, wird der Unmittelbarkeit des persönlichen Gesprächs gerade bei der Erörterung der Vorrang gegeben.

1034 In dem Erörterungstermin können **Sachverhaltsfragen geklärt**, Zweifel beseitigt werden.

1035 Oft ist der Erörterungstermin Anlass, auf Anregung des Richters über eine **einvernehmliche Erledigung** des Streits zu sprechen.

1036 Die mögliche Klärung von Streitpunkten, die Möglichkeit einer einvernehmlichen Beurteilung gibt dem **Erörterungstermin** seine **besondere Bedeutung**. Allerdings wird er im konkreten Einzelfall von den Finanzgerichten und Finanzrichtern sehr unterschiedlich bewertet und eingesetzt. Die Palette reicht von sehr positiven **friedenstiftenden Ansätzen**[3] bis zur **schlichten Arbeitsersparnis** für den Richter, für den eine Eini-

---

1 Vgl. BFH vom 20.12.2000 III R 17/97, BFH/NV 2001, 914, 917; idS eindeutig auch SCHMIDT-TROJE in FS für Streck, 385, 386.
2 Selbst im Aussetzungsverfahren nach § 69 Abs. 3 FGO kann ein Erörterungstermin angeregt werden. Obwohl es im gerichtlichen Aussetzungsstreit keine mündliche Verhandlung gibt, zeigt die Praxis, dass Richter hier zwar so gut wie nie sich aus zum Erörterungstermin laden, auf Anregung des Klägers oder des Finanzamts im Einzelfall dazu aber durchaus bereit sind.
3 Vgl. dazu SPINDLER in FS für Streck, 417, 429: „Wichtig ist ..., dass es dem Gericht über die Beendigung des konkreten Verfahrens hinaus gelingt, das gestörte Verhältnis wieder auf ein gesundes und vertrauensvolles Fundament zu stellen. Hierzu sind gerade Erörterungstermine ... ein probates Mittel".

Erörterungstermin

gung bedeutet, kein Urteil mehr schreiben zu müssen. Hinzu kommen ganz **individuelle Richtervorstellungen**[1].

Im Normalfall findet der Erörterungstermin **mit dem Berichterstatter oder dem Einzelrichter** statt. Und zwar **ohne Formalitäten** und im Richterzimmer[2]. Nicht selten führt die Erörterung zu einem konkreten **Vergleichsvorschlag** des Gerichts. Selten werden Parteien gedrängt, einem solchen Vorschlag sofort im Erörterungstermin zuzustimmen oder sich definitiv zu äußern. Regelmäßig wird der Vorschlag im Termin nur protokolliert und erhalten beide Seiten Frist zur Stellungnahme.

Meist Fällen verzichtet das Gericht darauf, den Kläger persönlich zum Erörterungstermin zu laden. Möglicherweise, um das Gespräch unbefangener führen zu können. Gleichwohl hat der Kläger stets ein **Teilnahmerecht**.

Der Erörterungstermin muss von allen Beteiligten **vorbereitet** werden. Seine Bedeutung wird verkannt, wenn man der Ladung zu dem Erörterungstermin folgt, „um sich einmal anzuhören, was der Richter wohl sagen werde". Der Erörterungstermin mit **nicht vorbereiteten** Beteiligten ist eine ärgerliche Sache.

Erörterungstermine sind **nicht öffentlich**. Die Ladung kann formlos erfolgen.

Führt der Erörterungstermin nicht zu einem einvernehmlichen Abschluss des Streitverfahrens, kann der Kläger nicht sicher davon ausgehen, es folge jetzt **umgehend die mündliche Verhandlung** und Entscheidung des Gerichts nach. Der Fortgang des Verfahrens (insbesondere die Terminierung zur mündlichen Verhandlung) kann sich durchaus noch Monate hinziehen[3].

---

1 Erkennbar zB in der überraschenden Aussage eines Berichterstatters, er lade nur zur Erörterung, wenn es nach seiner überschlägigen Prüfung schlecht stehe um die Streitchancen des Klägers. Die Erfahrung lehre (ihn), dass dann, wenn nach seiner Sicht das Finanzamt schlechte Erfolgschancen habe, bereits sein Griff zum Telefonhörer genüge, um das Finanzamt zum gebotenen Einlenken zu bringen. Kläger und ihre Berater seien dagegen weniger einsichtig und benötigten – daher der Erörterungstermin – den direkten Blick ins Richterauge, um auf den Boden der Realitäten zurückzukommen.
2 Auch hier kann man allerdings Überraschungen erleben und sich unerwartet zum Erörterungstermin im Gerichtssaal dem Richter in Robe gegenüber sehen. An dem inhaltlich unförmlichen Verfahren ändert sich indes nichts.
3 Zu den Hintergründen dieser Abläufe vgl. STAHL-SURA in FS für Streck, 435, 455 und 456.

Mündliche Verhandlung

4. Mündliche Verhandlung

1042 Grundsätzlich **entscheidet** das Finanzgericht **aufgrund mündlicher Verhandlung** (§ 90 Abs. 1 FGO)[1].

a. Verzicht auf mündliche Verhandlung

1043 Auf mündliche Verhandlung kann von den Beteiligten **verzichtet** werden. Es kann dann das Gericht auch **ohne mündliche Verhandlung** entscheiden (§ 90 Abs. 2 FGO). Das Gericht bleibt jedoch frei und kann trotz Verzichtserklärungen auch die mündliche Verhandlung durchführen. Die Regel ist dies allerdings nicht.

1044 Der Kläger, der **kein Interesse** an einer mündlichen Verhandlung hat, erhält durch die Erklärung, er verzichte, allenfalls die Chance, dass eine mündliche Verhandlung nicht stattfindet. Verhindern kann er sie nicht[2].

1045 Der Verzicht auf die mündliche Verhandlung muss **ausdrücklich** erklärt werden. Er kann gegenständlich beschränkt werden[3].

1046 Die Rechtsprechung ist deutlich bemüht, den **Weg in den Verzicht** einfach, den **Weg aus dem Verzicht** so steinig wie möglich zu gestalten[4]: Der Verzicht ist, so die Rechtsprechung, wünschenswert und generell immer möglich. Selbst wenn er zunächst verweigert wurde, bleibt eine **spätere positive Verzichtsentscheidung** möglich. Ein Zurück aus einem einmal erklärten Verzicht gibt es dagegen grundsätzlich nicht.

1047 Wird ohne wirksamen Verzicht ohne mündliche Verhandlung entschieden, ist dies ein **schwerer Verfahrensfehler**[5].

---

[1] Ohne mündliche Verhandlung können insbesondere Beschlüsse (zB im Aussetzungsverfahren nach § 69 Abs. 3 FGO) und Gerichtsbescheide (§ 90a FGO, dazu nachfolgend Tz. 1112 ff.; 1206 ff.) ergehen. Eine Sonderregelung gilt für Verfahren mit Streitwerten bis 500 Euro. Eine mündliche Verhandlung muss hier nur stattfinden, wenn ein Beteiligter dies beantragt (§ 94a FGO).
[2] Schreckt den Kläger an der mündlichen Verhandlung die Tatsache der Öffentlichkeit, kann in der mündlichen Verhandlung der Antrag gestellt werden, die Öffentlichkeit auszuschließen, vgl. Tz. 1070.
[3] BRANDIS in Tipke/Kruse, § 90 FGO Rz. 8, 10 (Mai 2009).
[4] Beispielhaft KOCH in Gräber, § 90 FGO Rz. 9 f.
[5] Absoluter Revisionsgrund gemäß § 119 Nr. 3 und 4 FGO.

Verzicht

Der Berater muss mit **Bedacht** prüfen, ob er auf mündliche Verhandlung verzichtet. Der Verzicht ist geschaffen, um die Gerichte zu entlasten und das Verfahren zu beschleunigen. Im Interesse des Steuerpflichtigen liegt der Verzicht regelmäßig nicht: Das Finanzgericht ist die einzige Tatsacheninstanz. Die mündliche Verhandlung bietet Gelegenheit, den Streitstoff zu diskutieren. Die Verhandlung vor dem Finanzgericht ist nicht zu vergleichen mit rein formalen Verhandlungsterminen zB in Zivilverfahren, die häufig rein formale sog. Durchlauftermine sind. 1048

Es mag Fälle geben, in denen der Rechtsfall vom Gericht vor der mündlichen Verhandlung so weit „vorbereitet" ist, dass fast auch die Entscheidung des Gerichts feststeht[1]. Doch selbst hier können in der mündlichen Verhandlung **neue Gesichtspunkte** auftauchen, die zu einer Änderung der Beurteilung führen. 1049

Das **Kostenrecht** lockt den Berater: Die Terminsgebühr des Prozessbevollmächtigten fällt auch an, wenn auf mündliche Verhandlung verzichtet wird (Nr. 3104 VV RVG). Die **Gerichtskosten** sind zumindest neutral: Der Verzicht macht das Urteil nicht billiger[2]. 1050

Verzichtet ein Berater auf mündliche Verhandlung, weil er sich **ihr nicht gewachsen fühlt**, sollte er darüber nachdenken, ob er überhaupt den Prozess verantwortlich führt. Vgl. auch Tz. 26. 1051

b. Vor der mündlichen Verhandlung

Die **Bestimmung** des **Termins** zur mündlichen Verhandlung durch das Gericht ist als prozessleitende Verfügung unanfechtbar. Die Terminbestimmung erfolgt häufig erst nach mehr als einem Jahr nach der Klageeinlegung. Eine bestimmte Reihenfolge für die Festlegung der Termine (etwa nach der Reihenfolge der Klageeingänge) schreibt das Gesetz nicht vor. 1052

---

1 Wir haben Richter erlebt, die mit vollständigem Urteilsentwurf in die mündliche Verhandlung gingen.
2 Ein Urteil „kostet" vier Gebühren. Und zwar unabhängig davon, ob eine mündliche Verhandlung stattfindet oder nicht. Die Kosten verringern sich lediglich auf zwei Gebühren, wenn die Klage vor dem Schluss der mündlichen Verhandlung zurückgenommen wird. Für die positive Kostenfolge muss also keineswegs von vornherein auf mündliche Verhandlung verzichtet werden (vgl. dazu im Einzelnen Tz. 1224 ff.).

Terminänderungen

1053 Zur mündlichen Verhandlung ist mit einer Ladungsfrist von mindestens **zwei Wochen** zu **laden**[1]. In dringenden Fällen kann der Vorsitzende die Frist abkürzen (§ 91 Abs. 1 Satz 2 FGO)[2].

1054 In der Ladung ist darauf hinzuweisen, dass auch beim **Ausbleiben** eines **Beteiligten verhandelt** und entschieden werden kann (§ 91 Abs. 2 FGO).

1055 Ist der Kläger oder der Berater verhindert, **kann** das Gericht einen Termin zur mündlichen Verhandlung **aufheben** oder **verlegen**, wenn „erhebliche Gründe" dies erfordern (§ 155 FGO iVm. § 227 ZPO).

1056 Wann ein „**erheblicher Grund**" vorliegt, ist Einzelfallentscheidung. Das Gesetz (§ 227 Abs. 2 ZPO) zählt nur einige Negativbeispiele auf.

1057 Der Blick in **veröffentlichte Entscheidungen** zeigt Finanzgerichte, die gegenüber **Terminänderungsanträgen** äußerst **zugeknöpft** sind[3]. Bei **Sozietäten** wird nach diesen Entscheidungen bei der Verhinderung des sachbearbeitenden Partners regelmäßig die Vertretung durch einen Sozius erwartet und für zumutbar gehalten.

1058 Unsere Erfahrung in der Vertretungswirklichkeit zeigt regelmäßig **Positiveres**[4]: Häufig **stimmt** der Vorsitzende oder der Berichterstatter von sich aus das Datum der mündlichen Verhandlung oder eines Erörterungstermins vorab **telefonisch** mit dem Berater und dem Finanzamt ab.

1059 Geschieht keine solche Terminabstimmung im Vorfeld und erreicht den Berater die Ladung zu einem Termin, an dem er sich oder den Mandanten verhindert sieht, empfiehlt sich die **sofortige Kontaktaufnahme** mit dem Vorsitzenden oder dem Berichterstatter. Dies kann telefonisch oder schriftlich geschehen. In den meisten Fällen wird das Gericht versuchen, einen Termin zu finden, dessen Wahrnehmung allen Beteiligten und ihren Prozessvertretern möglich ist. Wichtig ist, dass die

---

1 Beim BFH beträgt die Ladungsfrist mindestens vier Wochen (§ 91 Abs. 1 FGO).
2 Angesichts der Dauer von Finanzgerichtsprozessen ergibt sich allerdings kaum jemals das Erfordernis einer Abkürzung der Ladungsfrist. Allenfalls kann es im Einvernehmen mit den Beteiligten – so haben wir es auch schon erlebt – zu einer von allen gewollten Abkürzung kommen.
3 Vgl. Brandis in Tipke/Kruse, § 91 FGO Rz. 5 ff. (Mai 2009).
4 Da hier nicht gestritten wird, gibt es dazu – naturgemäß – auch keine veröffentlichten Entscheidung.

Persönliches Erscheinen

Gründe für den Antrag auf Terminänderung schlüssig dargelegt und glaubhaft gemacht werden[1].

Das Gericht kann das **persönliche Erscheinen des Klägers anordnen** (§ 80 Abs. 1 FGO) und dies auch erzwingen, wenn der Kläger unentschuldigt fernbleibt[2]. Alternativ kann das Finanzgericht ohne den ferngebliebenen Kläger entscheiden. Das Nichterscheinen kann als Verletzung der Mitwirkungspflicht gewertet werden.

1060

Allerdings: Die **Anordnung** (und erst recht das **Erzwingen**) des persönlichen Erscheinens des Klägers ist in der Praxis die deutliche **Ausnahme**. Schweigt die Ladung zu diesem Punkt, erwartet das Gericht das persönliche Erscheinen des Klägers nicht, dh. **er ist nicht persönlich geladen**. Die Teilnahme steht ihm gleichwohl jederzeit frei. Hin und wieder formulieren Senate, das persönliche Erscheinen der Partei sei „sinnvoll". Dies ist keine verpflichtende persönliche Ladung, die Teilnahme steht dem Kläger frei, der Senat erwartet allerdings regelmäßig das Erscheinen.

1061

Ist das persönliche Erscheinen des Klägers angeordnet, ist eine besondere **Vorbereitung des Termins** mit dem Kläger erforderlich, da anzunehmen ist, dass das Gericht den Kläger persönlich befragen wird. In den meisten Fällen geht es um Sachverhaltsfragen.

1062

Erscheint der **Prozessbevollmächtigte** trotz Ladung **nicht** zur mündlichen Verhandlung, ohne sein Nichterscheinen hinreichend zu erklären, ist dies ohne Zweifel schlechter prozessualer Stil. Das Verhalten schadet dem Klagebegehren, da sich der gerichtliche Ärger letztlich gegen

1063

---

1 Finanzrichter betonen ausdrücklich auch das Eigeninteresse des Gerichts an einvernehmlicher Terminbestimmung: Der Prozessvertreter, der den beibehaltenen Termin vertretungsweise übernimmt, sei „in der Regel nicht motiviert, sich mehr als unbedingt nötig mit der Sache einzulassen" (vgl. STAHL-SURA in FS für Streck, 435, 448). Sie selbst, so STAHL-SURA, habe in der Praxis keine guten Erfahrungen gemacht, im Streitfall auf der Durchführung des Termins zu bestehen. Eine Erklärung für die gegenläufige restriktive Handhabung von Anträgen auf Terminaufhebung und Terminverlegung mag sein, dass im Rahmen der sog. „Konfliktvertretung" offensichtlich Terminverlegungsanträge gezielt als Mittel der Torpedierung des Verfahrens gestellt werden (vgl. SPINDLER in FS für Streck, 417, 427). Mit den „normalen" Terminverlegungsanträgen haben diese taktischen Aktionen aber nichts gemein.
2 Es kann ein Ordnungsgeld von 5 Euro bis 1000 Euro gegen den geladenen aber nicht erschienenen Kläger angedroht und festgesetzt werden (§ 80 Abs. 1 Satz 2 und 3 FGO). Dies kann wiederholt geschehen. Rechtsmittel ist die Beschwerde (§ 128 Abs. 1 FGO). Vgl. SEER in Tipke/Kruse, § 80 FGO Rz. 4 (Jan. 2010).

Persönliches Erscheinen

den Kläger wendet. Erscheint der Prozessbevollmächtigte nicht zur mündlichen Verhandlung, weil er dies nicht für erforderlich hält, hätte er auf mündliche Verhandlung verzichten können. Im Übrigen kann ohne ihn entschieden werden.

1064 Die **Durchführung** der mündlichen Verhandlung trotz **unverschuldeter Versäumung**[1] des Verhandlungstermins durch den Kläger führt nicht zwangsläufig zu einer Verletzung seines Anspruchs auf rechtliches Gehör. Eine Wiedereinsetzung in den vorigen Stand kommt nicht in Betracht: Es geht nicht um die Versäumung einer Frist, sondern es ist ein Termin versäumt worden[2].

1065 Zur Vorbereitung der mündlichen Verhandlung gehört für den Klägervertreter die Klageüberprüfung. Ergeben sich **Ergänzungsnotwendigkeiten**, wird man diese zweckmäßigerweise in einem Schriftsatz zusammenfassen und rechtzeitig vor der mündlichen Verhandlung dem Finanzgericht übersenden.

1066 Der **Schriftsatz** kann notfalls auch noch **in der mündlichen Verhandlung** präsentiert werden. Ist nicht ausnahmsweise vom Gericht im Vorfeld eine Ausschlussfrist nach § 79b FGO gesetzt, muss das Finanzgericht grundsätzlich allen Sachverhaltsvortrag bis zum Ende der mündlichen Verhandlung berücksichtigen[3]. Der Senat, dem Neues erst in der mündlichen Verhandlung präsentiert wird, wird sich **selten** zeigen. Allerdings: Die mündliche Verhandlung im Finanzgerichtsverfahren ist konzipiert als Forum für die Präsentation des Streits, der juristischen Streitpunkte und auch der Sachverhalte. Sie ist nicht angelegt als bloßer Termin zur Wiederholung des bisher Gesagten bzw. Geschriebenen.

1067 Vorbereitet sein muss der Prozessvertreter auf **Fragen des Vorsitzenden nach den Anträgen**. Es ist unglücklich, wenn der Prozessvertreter in der mündlichen Verhandlung erst mühevoll nach den gestellten Anträgen

---

1 Termin und Entscheidung bleiben zulässig. Im finanzgerichtlichen Verfahren gibt es kein Versäumnisurteil.
2 Koch in Gräber, § 91 FGO Rz. 16.
3 Vgl. Brandis in Tipke/Kruse, § 77 FGO Rz. 4 (Juli 2008), BFH vom 24.2.2005 IX B 179/03, BFH/NV 2005, 1128 und vom 29.9.2008 X B 203/07, BFH/NV 2008, 2049 ff.; dies gilt in gleicher Weise für neue Beweisanträge (vgl. dazu detailliert Woring in FS für Streck, 461, 462 und 465); zu Schriftsätzen, die erst nach dem Schluss der mündlichen Verhandlung, aber vor Verkündung oder Zustellung des Urteils bei Gericht eingehen, vgl. Brandis in Tipke/Kruse, § 93 FGO Rz. 7 (Feb. 2009).

Ablauf

suchen muss oder Unklarheiten im Antrag nicht erläutern kann. Der Antrag umschreibt das Klageziel. Es spricht nicht für die Klage, wenn dieses Klageziel nicht klar ausgedrückt werden kann. Ebenso wichtig ist es, einen Überblick über Ort und Datum der eigenen **Beweisanträge** und Ermittlungsanträge an das Finanzgericht parat zu haben.

c. Der Ablauf der mündlichen Verhandlung

Die mündliche Verhandlung wird durch den **Vorsitzenden eröffnet** und **geleitet** (§ 92 Abs. 1 FGO)[1].   1068

Die mündliche Verhandlung ist **öffentlich** (§ 52 FGO iVm. § 169 GVG).   1069

Für den Kläger und seinen Berater kann dies eine echte Belastung sein. Pressevertreter oder Konkurrenz können im Zuschauerraum sitzen. Gemischte Gefühle kann es auslösen, wenn ganze Schulklassen (amüsiert oder gelangweilt) zu Ausbildungszwecken den Zuschauerraum füllen oder andere Berufsangehörige (zB Gruppen von Steuerberatern) zuhören. Der Kläger, der diese Öffentlichkeit nicht wünscht, kann den **Ausschluss der Öffentlichkeit** beantragen (§ 52 Abs. 2 FGO). Dem Finanzamt steht dieses Recht nicht zu. Der Antrag muss nicht begründet werden und kann vom Finanzgericht nicht abgelehnt werden[2].   1070

Zu Beginn der Sitzung trägt der Berichterstatter den **wesentlichen Inhalt** der **Akten vor** (§ 92 Abs. 2 FGO). Der Vortrag dient der Unterrichtung der ehrenamtlichen Richter, die vor der mündlichen Verhandlung keine Aktenkenntnis haben. Mit wachem Ohr verfolgt, lässt der Bericht häufig bereits Rückschlüsse auf die **Ansicht des Berichterstatters** zu. Bewusst oder unbewusst wird er den Sachverhalt so darstellen, dass er optimal zu dem von ihm bereits vorher gefundenen Ergebnis führt.   1071

---

[1] Vor dem Sitzungssaal hängt der Sitzungsplan des Senats für den gesamten Tag aus. Hier finden sich nicht nur die Namen der hauptamtlichen Richter, sondern auch die Namen und Berufe der ehrenamtlichen Richter. Ein vorbereitender Blick empfiehlt sich immer; Überblick zum Ablauf der mündlichen Verhandlung SCHMIDT-TROJE/SCHAUMBURG, II Rz. 604 ff.

[2] Bei Finanzgerichten gibt es hin und wieder „Tage der offenen Tür". Für den Kläger und seinen Prozessbevollmächtigten stellt sich auch hier die Frage nach dem Antrag auf Ausschluss der Öffentlichkeit. Vorsitzende, die diese Tage optimal vorbereiten, nehmen vor der mündlichen Verhandlung Kontakt mit dem Kläger bzw. seinem Prozessbevollmächtigten auf, um sich zu vergewissern, ob Einwände gegen Besuchergruppen bestehen; vgl. im Übrigen zum Antrag auf Ausschluss der Öffentlichkeit STRECK, NJW 2001, 1541, 1544.

Plädoyer

1072 Im Anschluss an den Sachvortrag des Berichterstatters werden die Beteiligten vom Vorsitzenden gefragt, ob der vorgetragene **Sachverhalt zutreffend** ist. Vermisst ein Beteiligter wichtige Sachverhaltsdetails, kann dies bereits hier angemerkt und vorgetragen werden.

1073 Der weitere **Ablauf ist unterschiedlich.** Es gibt Vorsitzende, die – wenn keine Beweisaufnahme erfolgt – im Anschluss an den Sachvortrag den Kläger bzw. seinen Prozessbevollmächtigten unmittelbar auffordern, das Plädoyer zu halten und die Anträge zu stellen.

1074 Die Regel ist dies nicht. In den meisten Verfahren eröffnet der Vorsitzende nach dem Sachvortrag des Berichterstatters die **Erörterung** der Streitsache (§ 93 Abs. 1 FGO). Jedes Mitglied des Gerichts hat ein **Fragerecht** (§ 93 Abs. 2 FGO). Die Grenzen der Erörterungspflicht des Gerichts sind fließend. Es besteht keine einklagbare Verpflichtung, in der mündlichen Verhandlung den gesamten Rechtsstreit erschöpfend mit dem Senat zu erörtern. Die meisten Senate suchen von sich aus das Gespräch, machen keinen Hehl aus der eigenen Einschätzung und erörtern offen. Es gibt allerdings auch Senate, die Wert darauf legen, sich in der mündlichen Verhandlung nicht in die Karten blicken zu lassen und sich auf sphinxhaftes Zuhören beschränken.

1075 Der **Ehrgeiz des Beraters** in der mündlichen Verhandlung geht sicherlich dahin, den Termin lebendig zu gestalten und das Streitverfahren mit dem Senat zu diskutieren. Dieser Versuch ist in jeder Phase der Verhandlung möglich.

1076 Ist im Prozess eine **Beweisaufnahme** erforderlich, erfolgt diese regelmäßig im Rahmen der mündlichen Verhandlung[1].

1077 Zu der Gefahr, bei nicht stattfindender Beweisaufnahme unfreiwillig auf **Verfahrensrügen zu verzichten** vgl. nachfolgend Tz. 1080 ff.

1078 Das **Plädoyer** zur Begründung der Anträge sollte nicht verlesen werden. Unsinnig ist es, die bereits dem Gericht vorliegenden Schriftsätze (oder BFH-Urteile) zu verlesen. Das in freier Rede gehaltene Plädoyer gibt die Möglichkeit, Gedanken und Gesichtspunkte vorzutragen, die sich nicht unmittelbar schriftlich formulieren lassen. Auch kann man in die Rede **größeres Engagement** legen als in einen Schriftsatz.

---

[1] Eingehend zum Zeugenbeweis im finanzgerichtlichen Verfahren, der Durchführung der Beweisaufnahme und zur Würdigung von Zeugenaussagen WORING in FS für Streck, 461 ff.

Rügeverzicht

Am Ende des Plädoyers werden die **Anträge gestellt**. Im Regelfall bereitet der Berichterstatter Antragsformulierungen vor, die nach seinem Verständnis dem Klagebegehren entsprechen und dies korrekt formulieren. Der Prozessbevollmächtigte wird immer darauf vorbereitet sein, selbst seinen Antrag zu Protokoll geben zu können. 1079

Zu den **Hauptklippen** der mündlichen Verhandlung zählt die Gefahr, unbewusst auf **Rügen** zu **verzichten**, insbesondere auf die Rüge, das Finanzgericht habe den Sachverhalt nicht ordnungsgemäß aufgeklärt: 1080

Sind Beweisanträge gestellt, ist in der mündlichen Verhandlung sorgsam darauf zu achten, wie das Finanzgericht mit diesen Beweisanträgen verfährt. Erhebt es die angebotenen Beweise in der mündlichen Verhandlung nicht, darf dies niemals unkommentiert hingenommen werden. Stattdessen ist ausdrücklich **zu Protokoll zu erklären**, dass alle unerledigten **Beweisanträge aufrecht erhalten bleiben**. Darüber hinaus muss – ebenfalls zu Protokoll – die Übergehung der Beweisanträge vorsorglich bereits jetzt als **Verfahrensfehler** gerügt werden[1]. 1081

Denn: Werden diese Erklärungen versäumt, gilt dies als **Verzicht** auf die **Beweisanträge** bzw. als **Verzicht auf die spätere Rüge**, das Finanzgericht sei angesichts der unterbliebenen Beweiserhebung seiner Amtsermittlungspflicht nicht nachgekommen[2]. Der vom Finanzgericht durch die Nichterhebung des Beweises begangene **Verfahrensverstoß** kann, hat der Kläger nicht die entsprechenden Anträge gestellt (s. oben), keine Revision oder Revisionszulassung mehr begründen. Ausnahme: Die weitere Sachaufklärung hätte sich dem Finanzamt auch ohne Beweisantrag „aufdrängen" müssen[3]. 1082

Erklärt sich das Finanzamt – möglicherweise auf entsprechenden Hinweis des Finanzgerichts hin – bereit, dem Klagebegehren stattzugeben 1083

---

1 Vgl. SCHMIDT-TROJE/SCHAUMBURG, II Rz. 616; STRECK, NJW 2001, 1541, 1544.
2 Vgl. BFH vom 17.9.2009 IV B 82/08, BFH/NV 2010, 50 ff.; und vom 23.9.2009 IV B 133/08, BFH/NV 2010, 52 ff.; SEER in Tipke/Kruse, § 115 FGO Rz. 92 (April 2008); zur Kritik an dieser Rechtsprechung vgl. MACK, AnwBl. 2010, 173 ff.
3 BFH vom 23.9.2009 IV B 133/08, BFH/NV 2010, 52 ff. Kritik: Die Rechtsprechung des BFH zu diesem sog. „Rügeverzicht" ist ein ausgesprochenes Ärgernis. Die Literatur kritisiert dieses Ärgernis allerdings erstaunlich wenig (Beispiele für Kritik bei MÜLLER, AO-StB. 2009, 310, 311). Es dürfte niemand bezweifeln, dass die Figur des „Rügeverzichts" reine Fiktion ist. Kläger und ihre Prozessvollbevollmächtigte – die niemals die aktuelle Vorstellung haben, auf Beweisanträge verzichten zu wollen – lässt man offenen Auges in die Falle laufen. Mit den Fürsorgepflichten des Finanzgerichts (§ 76 Abs. 2 FGO) ist das uE nur schwer zu vereinbaren.

Rügeverzicht

und einen **Abhilfebescheid zu erlassen**, regen Finanzgerichte häufig an, das Verfahren sofort zu erledigen. Wir selbst erklären in dieser Situation die Erledigung (noch) nicht: Der Abhilfebescheid ist in diesem Verfahrensstadium lediglich **angekündigt**. Erst wenn er später vom Finanzamt tatsächlich erlassen ist, ist das Klageverfahren erledigt. Drängt das Finanzgericht trotzdem zu einer Erklärung, um die Akte schließen zu können, ist der Mittelweg, zu Protokoll zuzusagen, der Rechtsstreit werde nach Erhalt des Abhilfebescheids umgehend für erledigt erklärt werden[1].

1084 Ergeben sich in der mündlichen Verhandlung **neue Aspekte und Ansatzpunkte** und benötigt der Kläger Zeit, um die neue Situation zu prüfen und Konsequenzen zu bedenken, kann jederzeit eine Terminunterbrechung beantragt werden. Das Gericht wird dieser Bitte regelmäßig nachkommen[2].

1085 Ist nach der Erörterung des Rechtsstreits mit dem Senat eine **Klageabweisung** oder Teilklageabweisung **zu befürchten**, ist zu überlegen, ob unverändert am ursprünglichen Klagebegehren festgehalten werden soll. Das **Kostenrecht** lockt: Wird eine Klage bis zum Ende der mündlichen Verhandlung ganz oder teilweise zurückgenommen, reduzieren sich entsprechend die Prozesskosten, es fallen nur zwei statt vier Gerichtsgebühren an (vgl. dazu Tz. 1230). Ist der Kläger bei der Verhandlung nicht persönlich anwesend, ist deshalb seine telefonische Erreichbarkeit wertvoll, falls in der mündlichen Verhandlung über eine Rücknahme oder Teilrücknahme entschieden werden muss.

1086 Nach Erörterung der Streitsache und dem Stellen und Begründen der Anträge erklärt der Vorsitzende die **mündliche Verhandlung** für **geschlossen** (§ 93 Abs. 3 FGO).

1087 Die jetzt folgende **Gerichtsentscheidung** kann noch am Sitzungstage verkündet werden. Häufig wird aber auch beschlossen, den Beteiligten die Entscheidung zuzustellen (vgl. Tz. 1127).

---

1 Ausnahme: Erlässt das Finanzamt noch im Termin selbst einen Änderungsbescheid, kann auch im Termin sofort für erledigt erklärt werden. Das geschieht allerdings selten.
2 Im Falle einer Weigerung sind der Antrag und die negative Entscheidung des Finanzgerichts zu Protokoll zu geben, damit die Abläufe in einem möglichen Revisionsverfahren geprüft werden können. In der Praxis gibt es hier allerdings selten Probleme.

d. Wiedereröffnung der mündlichen Verhandlung

Ergeben sich nach dem Schluss der mündlichen Verhandlung, aber vor der Verkündung oder Zustellung des Urteils **neue Erkenntnisse**, die offenbar werden lassen, dass nach dem bisherigen Verfahren eine unrichtige Entscheidung ergehen könnte, kann das Gericht die Wiedereröffnung beschließen (§ 93 Abs. 3 Satz 2 FGO).   1088

Das Gericht kann von sich aus oder auf Antrag der Parteien die Wiedereröffnung beschließen[1].   1089

Stellt der Prozessbevollmächtigte nach dem Schluss der mündlichen Verhandlung fest, seine bisherige **Argumentation weiter ergänzen**, neuen Sachverhalt präsentieren oder zusätzliche Beweisanträge stellen zu müssen bzw. gab es **Versäumnisse, die zum Rügeverzicht geführt haben**, kann er, solange das Urteil noch nicht verkündet oder zugestellt ist, die Wiedereröffnung der mündlichen Verhandlung beantragen.   1090

Entscheidet sich das **Gericht für die Wiedereröffnung**, geschieht dies durch Beschluss. Wird der Antrag abgelehnt, kann die Begründung im Rahmen des Urteils erfolgen.   1091

e. Mündliche Verhandlung per Videokonferenz

Mündliche Verhandlungen können **per Videokonferenz** stattfinden (§ 91a Abs. 1 FGO)[2]. Beteiligte und ihre Prozessbevollmächtigten können sich, statt persönlich im Gerichtssaal anwesend zu sein, per Video zuschalten lassen. Das Finanzgericht selbst leitet die Sitzung vom Sitzungszimmer aus.   1092

Erforderlich ist das Einverständnis der Beteiligten, die Entscheidung liegt sodann im **Ermessen des Finanzgerichts**.   1093

In der Praxis geschehen video-mündliche Verhandlungen selten. **Im Videobild verblasst der persönliche Eindruck** und damit das Besondere der mündlichen Verhandlung. Wer glaubt, auf diesen Eindruck ver-   1094

---

[1] Beispiel: Der Kläger kann darlegen und glaubhaft machen, dass er unverschuldet verhindert war, an der Verhandlung teilzunehmen (BRANDIS in Tipke/Kruse, § 93 FGO Rz. 9 [Feb. 2009]).
[2] Ebenso Erörterungstermine und Beweisaufnahmen (§ 91a Abs. 2 und § 93a FGO).

Protokoll

zichten zu können, erklärt eher sogleich den Verzicht auf die mündliche Verhandlung[1].

5. Protokoll

1095 Über die Verhandlung und jede Beweisaufnahme ist ein Protokoll aufzunehmen (§ 94 FGO iVm. § 159 ZPO). Die – von Beratern häufig unterschätzte – **Bedeutung** des **Protokolls** liegt in seiner Beweiskraft.

1096 Für das Protokoll im finanzgerichtlichen Verfahren (auch im BFH-Verfahren) gelten die Regeln der **ZPO** entsprechend (§ 94 FGO).

1097 Die für die mündliche Verhandlung vorgeschriebenen **Förmlichkeiten** können nur durch das Protokoll bewiesen werden (§ 165 ZPO). Die positive Feststellung im Protokoll beweist, dass die Förmlichkeit gewahrt ist, das Schweigen des Protokolls beweist, dass sie nicht gewahrt ist.

1098 Daraus folgt: **Erklärungen** und **Anträge** des **Klägers** in der mündlichen Verhandlung sollten stets zu **Protokoll** gegeben werden (vgl. insbesondere zu den wichtigen Beweisanträgen und Rügen Tz. 1081). Die bloße Behauptung, vor dem Finanzgericht im Protokoll nicht erfasste Beweisanträge gestellt zu haben, genügt im Nichtzulassungsbeschwerdeverfahren nicht zur Geltendmachung einer Verfahrensrüge iS von § 116 Abs. 3 Nr. 3 FGO[2].

1099 Nachfolgend die wichtigsten **Protokollierungsvorschriften**:

1100 Über die **mündliche Verhandlung** und **jede Beweisaufnahme** ist ein Protokoll aufzunehmen.

1101 Zuständig ist der **Vorsitzende**. Er selbst – oder aufgrund seiner Bestimmung einer der Beisitzer oder der Berichterstatter – führt das Protokoll. Dabei darf diktiert werden (§ 160a ZPO). Im Ausnahmefall kann der Vorsitzende einen Urkundsbeamten zuziehen (§ 159 Abs. 1 ZPO).

1102 Den **notwendigen Inhalt des Protokolls** regelt § 160 ZPO. Erfasst werden die äußeren Daten des Prozesses, Parteien, erschienene Personen, Namen der Richter etc. Außerdem der äußere Hergang der Verhandlung, insbesondere Beweisanträge, Klageergänzungen, Klageänderungen, Mitteilungen über die Beiziehung von Akten, Fristsetzungen, Befangenheitsablehnungen, Entscheidungen des Gerichts etc.

---

[1] STRECK, NJW 2001, 1541, 1545.
[2] Vgl. BRANDIS in Tipke/Kruse, § 94 FGO Rz. 8 (Okt. 2008).

Protokoll

Bei **Zeugenaussagen** ist die **Praxis der Protokollierung** unterschiedlich. Zum Teil protokollieren Richter Aussagen möglichst wörtlich. Die Protokolle klingen dann zwar holprig; sie sind jedoch authentischer, da sie die Erklärungen relativ unverfälscht wiedergeben. Andere Richter ziehen es vor, zunächst einen Komplex zu erörtern, um dann die Erklärungen in eigenen Worten zusammenzufassen und zu diktieren. Naturgemäß ist bei dieser Methode die Gefahr größer, dass der Richter – bewusst oder unbewusst – Aussagen bereits deutet und bei der Protokollierung selektiert[1]. 1103

Bei Protokollierungen ist stets die **volle Aufmerksamkeit** des Beraters gefordert. Er muss insbesondere eingreifen, wenn er erkennt, dass sich seinen Mandanten belastende richterliche Vor-Erkenntnisse in das Diktat einschleichen oder die Wiedergabe schlechthin falsch ist. 1104

Hält der Berater die Art der Protokollierung oder den Inhalt des Protokolls für mangelhaft, muss dies **gerügt** werden. Formale Rechtsmittel stehen ihm insoweit nicht unmittelbar zu Gebote; Protokollierungsfragen lassen sich jedoch in den meisten Fällen – wenn auch gerade bei längeren Verhandlungen nicht immer ganz ohne Ungeduld des Gerichts – im Wege der Diskussion klären. 1105

Kommt es auf den **genauen Wortlaut** einer Aussage an, sollte – wenn der Vorsitzende nicht bereits von sich aus wörtlich protokolliert – dies zumindest für entscheidende Passagen beantragt werden. 1106

§ 160 Abs. 4 ZPO gibt den Beteiligten das Recht zu **beantragen**, dass **bestimmte Vorgänge** oder **Äußerungen** in das Protokoll aufgenommen werden[2]. Das Gericht kann zwar von der Aufnahme absehen, wenn es nach seinem Dafürhalten auf die Feststellung des Vorgangs und der Äußerung nicht ankommt (§ 160 Abs. 4 Satz 2 ZPO). Diese Entscheidung ist jedoch per Beschluss zu fassen, der seinerseits in das Protokoll aufzunehmen ist (§ 160 Abs. 4 ZPO). Auf diesem Wege erscheint der Protokollierungsantrag dann doch im Protokoll. Der Beschluss selbst ist unanfechtbar (§ 160 Abs. 4 ZPO). 1107

Beispiel: Der Kläger beantragt, eine bestimmte Sachverhaltsergänzung zu Protokoll zu nehmen. Der Vorsitzende lehnt das ab mit der Begrün- 1108

---

1 Zutreffend WORING in FS für Streck, 461, 473: Die größte Verfälschungsgefahr droht (bei der Protokollierung der Zeugenaussage) aus dem Glattschleifen der Aussage auf das rechtsrelevante Kerngeschehen im anwendungsgerechten Juristenjargon.
2 STRECK, NJW 2001, 1541, 1544.

Gerichtsbescheid

dung, auf den Sachverhalt komme es nicht an. Nächste Reaktion des Klägers ist jetzt der Antrag, diese ablehnende Entscheidung des Gerichts, dh. **die Weigerung**, seinen ursprünglichen Antrag **zu protokollieren**, aufzunehmen. Spätestens jetzt ziehen Senate es idR vor, doch – der Einfachheit halber – gleich den ersten Antrag zu protokollieren.

1109 Protokollierungen bestimmter Vorgänge müssen **vorgelesen** bzw. **abgespielt** werden (§ 162 ZPO). Sind die Feststellungen im Beisein der Beteiligten diktiert worden, kann dies in einigen Fällen (vgl. § 162 Abs. 2 ZPO) unterbleiben, wenn die Beteiligten einverstanden sind bzw. verzichten.

6. Gerichtliche Entscheidung

1110 Über die Klage wird durch **Urteil** entschieden (§ 95 FGO). Hält das Gericht die Sache für entscheidungsreif, wird der Rechtsstreit folglich durch Urteil beendet. Es folgt ggf. das Revisionsverfahren oder der Streit um die Zulassung der Revision (Tz. 1139 ff.; Tz. 1257 ff.).

1111 § 99 Abs. 2 FGO erlaubt dem Gericht, auch durch **Zwischenurteil** über entscheidungserhebliche Sach- oder Rechtsfragen vorab zu entscheiden, wenn dies sachdienlich ist und der Kläger oder der Beklagte nicht widerspricht. In der **Praxis** geschieht dies **selten**.

1112 An die Stelle des Urteils kann der **Gerichtsbescheid** treten (§ 90a FGO; vgl. dazu auch Tz. 1206 ff.).

1113 Das **Gericht** „kann in geeigneten Fällen ohne mündliche Verhandlung durch Gerichtsbescheid entscheiden." (§ 90a FGO). Der Gerichtsbescheid wirkt als **Urteil**. Wird jedoch rechtzeitig, dh. innerhalb eines Monats nach Zustellung des Gerichtsbescheids, die **mündliche Verhandlung beantragt**, gilt er als nicht ergangen (§ 90a Abs. 3 FGO).

1114 Innerhalb der gleichen Frist (einen Monat nach Zustellung des Gerichtsbescheids) kann – alternativ zum Antrag auf mündliche Verhandlung – **Revision** eingelegt werden. Voraussetzung ist, dass das Finanzgericht sie zugelassen hat[1].

1115 Mündliche Verhandlung kann auch beantragt werden, wenn ein **Rechtsmittel nicht** gegeben ist.

---

1 Nichtzulassungsbeschwerde ist nicht zulässig (vgl. BRANDIS in Tipke/Kruse, § 90 FGO Rz. 13 [Mai 2009]).

Berechnung der Steuer

Der Antrag auf mündliche Verhandlung kann auch mit dem **Verzicht** 1116
auf mündliche Verhandlung verbunden werden. Der Gerichtsbescheid
gilt auch dann als nicht ergangen. Dies kann sinnvoll sein, wenn man
glaubt, allein durch den schriftlichen Vortrag zum Gerichtsbescheid
Stellung nehmen zu können. Nach dem Antrag auf mündliche Verhandlung kann auch die **Klage** noch **zurückgenommen** werden.

Wird mündliche Verhandlung beantragt, erwartet das Gericht eine 1117
Stellungnahme zum **Gerichtsbescheid**. Es besteht zwar keine Pflicht;
das Gericht wird jedoch in der Regel unwillig und hat wenig Anlass,
seine Entscheidung zu überdenken, wenn es im Unklaren gelassen
wird, warum der Gerichtsbescheid angefochten wurde.

Das Gericht **entscheidet** in der **Sache selbst**. Geht es um die Rechtmäßigkeit eines Steuerbescheids, berechnet das Finanzgericht die 1118
Steuer neu und setzt sie durch Urteil fest (vgl. § 100 Abs. 2 Satz 1
FGO).

Erfordert die Ermittlung des festzusetzenden oder festzustellenden 1119
Betrags einen nicht unerheblichen Aufwand, kann das Gericht die Änderung des Verwaltungsakts durch Angabe der zu Unrecht berücksichtigten oder nicht berücksichtigten tatsächlichen oder rechtlichen Verhältnisse so bestimmen, dass die **Behörde** den **Betrag** aufgrund der
Entscheidung errechnen kann (§ 100 Abs. 2 Satz 2 und 3 FGO). Das Finanzgericht kann somit die „Berechnungsarbeit" dem Finanzamt zuweisen.

Allerdings darf dem Finanzamt **nur** die **Berechnung** der **Steuer**, nicht 1120
die Entscheidung in einer Rechtsfrage überlassen werden. Entscheiden
muss das Gericht, delegiert werden darf nur das reine Rechenwerk[1].

Hat die Behörde nach den Vorgaben des Gerichts die Steuer neu er- 1121
rechnet, hat sie dem Beteiligten das Ergebnis der Neuberechnung **unverzüglich formlos** mitzuteilen (§ 100 Abs. 2 Satz 3 FGO). Diese Mitteilung ist kein Verwaltungsakt[2].

Nach **Rechtskraft** der **Finanzgerichtsentscheidung** hat das Finanzamt 1122
einen Steuerbescheid mit dem geänderten Inhalt bekanntzugeben
(§ 100 Abs. 2 Satz 3 Halbsatz 2 FGO).

---

1 Vgl. TIPKE in Tipke/Kruse, § 100 FGO Rz. 32 (Aug. 2006).
2 Vgl. TIPKE in Tipke/Kruse, § 100 FGO Rz. 34 (Aug. 2006).

Zustellung

1123 Dieser **Bescheid**, der dann nach dem Text des Gesetzes zu ergehen hat, ist echter Steuerbescheid[1].

1124 Im Ausnahmefall kann sich das angerufene Gericht darauf beschränken, den angefochtenen Verwaltungsakt und die Einspruchsentscheidung (ganz oder teilweise) aufzuheben. Voraussetzung ist, dass noch **aufwendige Ermittlungen** notwendig wären, um in der Sache selbst entscheiden zu können (§ 100 Abs. 3 FGO). Das Finanzgericht muss in den Urteilsgründen darlegen, welche Ermittlungen es noch für erforderlich hält. Das Finanzamt hat sodann die Sachaufklärung, die das Finanzgericht gefordert hat, zu betreiben. Danach erlässt das Finanzamt einen neuen Verwaltungsakt. Dabei ist die Finanzverwaltung an die Rechtsauffassung des Gerichts in dem aufgebenden Urteil gebunden. Der neue Verwaltungsakt kann dann – ganz normal – mit dem Einspruch angefochten werden[2].

1125 Kommt das Finanzgericht nach der mündlichen Verhandlung zu dem Ergebnis, dass die Sache **noch nicht entscheidungsreif** ist, dass zuerst noch Beweise zu erheben sind, so ergeht ein dahin gehender **Beschluss**.

1126 Das Gericht kann auch beschließen, die **mündliche Verhandlung** wieder **zu eröffnen** (§ 93 Abs. 3 Satz 2 FGO) und hierzu einen neuen Termin bestimmen.

1127 **Verkündung** und **Zustellung**: Das Urteil wird in dem Termin, in dem die mündliche Verhandlung geschlossen wird, verkündet. In besonderen Fällen kann auch ein besonderer Verkündungstermin anberaumt werden, der nicht später als zwei Wochen stattfinden soll (§ 104 Abs. 1 FGO). Statt der Verkündung ist die Zustellung des Urteils zulässig (§ 104 Abs. 2 FGO). Während das Gesetz von der Regel der Verkündung (§ 104 Abs. 1 FGO) ausgeht, ist in der Praxis häufig die Verkündung durch Zustellung des Urteils anzutreffen (§ 104 Abs. 2 FGO).

1128 Wird das **Urteil zugestellt**, soll es **binnen zwei Wochen** nach der mündlichen Verhandlung der **Geschäftsstelle übergeben** worden sein (§ 104 Abs. 2 FGO). Es genügt, wenn die von den beteiligten Richtern unterschriebene **Urteilsformel** bei der Geschäftsstelle hinterlegt wird.

---

1 Tipke in Tipke/Kruse, § 100 FGO Rz. 34 (Aug. 2006); BFH vom 18.11.2004 V R 37/03, BStBl. II 2005, 217, 219.
2 Vgl. Tipke in Tipke/Kruse, § 100 FGO Rz. 46 (Aug. 2006).

Erledigung

Unabhängig davon ist es nicht unangemessen, wenn der Berater auf die Einhaltung dieser Vorschrift vertraut und **nach 14 Tagen** bei der **Geschäftsstelle anfragt**, ob das Urteil oder die Urteilsformel übergeben worden seien. Das Finanzgericht muss dann innerhalb von **längstens fünf Monaten** das Urteil vollständig formulieren und zur Geschäftsstelle geben[1].

1129

7. Erledigung der Hauptsache ohne gerichtliche Entscheidung

Stellt das Finanzamt den Kläger außerhalb des gerichtlichen Verfahrens durch einen **Berichtigungsbescheid** oder durch die Aufhebung des angefochtenen Bescheids **klaglos**, so erledigt sich der Prozess in der Hauptsache. Die Kosten sind dem Finanzamt aufzuerlegen (§ 138 Abs. 2 FGO).

1130

Kläger und Beklagter müssen die **Hauptsache** ausdrücklich für **erledigt** erklären[2].

1131

Erklärt der **Kläger** die Hauptsache nicht für erledigt (obwohl das Klagebegehren erledigt ist), wird seine Klage mangels Rechtsschutzinteresses als unzulässig abgewiesen[3].

1132

Probleme gibt es, wenn das **Finanzamt** in der mündlichen Verhandlung (oder im Erörterungstermin) den Erlass des begehrten **Änderungsbescheids zusagt** und sodann den Rechtsstreit in der Hauptsache für erledigt erklärt. In solchen Fällen wird der Kläger oder Klägervertreter vom Gericht gedrängt, ebenfalls die Erledigung zu erklären. Durch die Zusage sei die begehrte Entscheidung des Finanzamts bzw. der begehrte Änderungsbescheid gewährleistet; der Rechtsstreit sei folglich erledigt.

1133

Diesem **Drängen** des **Gerichts** sollte der **Kläger nicht folgen**. Insofern sollte er hart bleiben. Erledigt iS von § 138 FGO ist der Rechtsstreit nicht mit der Zusage, sondern erst mit dem Ergehen des Bescheids. Denn gravierende Probleme ergeben sich sofort, falls das Finanzamt anschließend seine Ansicht ändert. Auch wenn man das Finanzamt für

1134

---

1 Gemeinsamer Senat der obersten Gerichtshöfe des Bundes vom 27.4.1993, GmS-OGB 1/92, HFR 1993, 674; vgl. auch BRANDIS in Tipke/Kruse, § 104 FGO Rz. 8 (Mai 2009).
2 Zur Form der Erledigungserklärung vgl. BRANDIS in Tipke/Kruse, § 138 FGO Rz. 19 ff. (Sept. 2009).
3 BRANDIS in Tipke/Kruse, § 138 FGO Rz. 13 (Sept. 2009).

Erledigung

verpflichtet hält, den zugesagten Berichtigungsbescheid zu erlassen, lassen sich Schwierigkeiten bei der Umsetzung und Zeitverzögerungen niemals ausschließen. In dieser Situation ist es vorteilhaft, weiterhin das Finanzgericht, dessen Akten noch nicht geschlossen sind, hinter der Klägerposition zu wissen.

1135 Das Gericht mag daher noch so drängen: Die **prozessbeendende Erledigungserklärung** sollte erst abgegeben werden, wenn entsprechende **Steuerbescheide** vorliegen. Für die Gerichtsakte muss es im Termin genügen, wenn der Kläger sich – im Protokoll bestätigt – verpflichtet, umgehend die Erledigung zu erklären, sobald das Finanzamt die vereinbarten Bescheide erlassen hat.

1136 Nach der übereinstimmenden Erledigungserklärung **entscheidet** das Gericht über die **Kosten** nach billigem Ermessen, dh. in der Regel nach dem Ausgang des Verfahrens (§ 138 FGO).

1137 Die **Kostenfolge** kann mit dem Finanzamt **abgestimmt** werden. Dies kann insbesondere sinnvoll sein, wenn die Erledigung des Prozesses die Folge **außergerichtlicher Vergleichsbemühungen** ist[1]. Die Gerichte sind bereit, in den Kostenbeschluss ein solches Einvernehmen aufzunehmen.

1138 Überlegungen, ob die Kostenfolgen für den Steuerpflichtigen günstiger sind, wenn die Klage zurückgenommen oder das Verfahren für erledigt erklärt wird, sind nicht (mehr) aktuell, seit das Kostenrecht keine kostenlose Rücknahme mehr vorsieht (vgl. Tz. 1231).

---

1 In Einigungsgesprächen mit Finanzämtern ist es wichtig, zu wissen, dass jede Kostenentscheidung im Finanzgerichtsverfahren, die dazu führt, dass das Finanzamt dem Kläger seine Anwaltskosten zu erstatten hat, für das Finanzamt eine besondere Belastung ist: Für diese Kostenerstattungen der Finanzämter gibt es amtsintern separate Etats. Diese sind gering. Das Bemühen der Finanzverwaltung geht regelmäßig dahin, diesen Etat möglichst schonen. Man sucht also die Kostenverteilung, bei dem das Finanzamt keine Anwaltskosten zu zahlen hat bzw. der Kläger auf die Erstattung seiner Gerichtskosten verzichtet. Zweckmäßigerweise spricht der Steuerpflichtige diesen Kostenaspekt offen an. Möglicherweise lässt sich hier das steuerliche Einigungsergebnis zugunsten des Steuerpflichtigen noch weiter verbessern, wenn der Kläger bereit ist, auf seine Kostenerstattung zu verzichten; vgl. dazu MACK in FS für Streck, 337, 353.

E. Revisionsverfahren

I. Zweck und Funktion des Revisionsverfahrens

Nach dem finanzgerichtlichen Verfahren (erste Instanz) schließt sich das **Revisionsverfahren** an. Voraussetzung ist, dass das Finanzgericht selbst oder der BFH auf eine Nichtzulassungsbeschwerde hin die Revision zugelassen hat. Ein **Berufungsverfahren** gibt es nicht. 1139

Zweck des Revisionsverfahrens ist es, finanzgerichtliche Urteile[1] rechtlich zu überprüfen. Im Revisionsverfahren ist von dem Sachverhalt, wie ihn das Finanzgericht festgestellt hat, auszugehen. Der BFH prüft nur, ob das Gericht auf diesen Sachverhalt das **Recht richtig angewandt** hat und ob das Urteil auf Verfahrensmängeln beruht. 1140

Im Revisionsverfahren kann daher nur die Verletzung von Recht gerügt werden. Den BFH zu bitten, bestimmte **Sachverhaltsermittlungen** durchzuführen, oder eine Revisionsbegründung, die sich unmittelbar gegen die Sachverhaltsfeststellung der ersten Instanz wendet, ist **unzulässig**. 1141

In der **Praxis** wird hiergegen häufig verstoßen. Als Revisionsbegründung wiederholt der Berater seine Klagebegründung, insbesondere seinen abweichenden Sachverhaltsvortrag. 1142

Der **Sachverhalt** ist im Revisionsverfahren allerdings **nicht vollständig der richterlichen Kontrolle entzogen**. Seine Feststellung kann insoweit gerügt und überprüft werden, als bei der Ermittlung Rechtsnormen verletzt wurden, dh. ein Verfahrensfehler vorliegt. Verstößt zB das Finanzgericht gegen die ihm auferlegte Ermittlungspflicht (§ 76 FGO), so kann dies mit der Revision angegriffen werden. 1143

Gerade die reine Rechtsüberprüfung gibt dem Revisionsverfahren einen kennzeichnenden **ruhigen Rhythmus**. 1144

Ist das **finanzgerichtliche Urteil zugestellt**, ist zu **prüfen**, ob Revision eingelegt werden kann und eingelegt werden soll. Es folgt die Phase der Revisionseinlegung, der Revisionsbegründung. Ist die Revision begründet, ist vorerst Weiteres nicht zu unternehmen, sieht man von Stellungnahmen zu gegnerischen Schriftsätzen ab. Auf das Verfahren kann 1145

---

[1] Dazu zählen auch Gerichtsbescheide, die als Urteil wirken (§ 90a Abs. 3 FGO) oder in denen die Revision zugelassen worden ist (§ 90a Abs. 2 FGO). Gegen Beschlüsse von Finanzgerichten ist dagegen allenfalls die Beschwerde möglich (§ 128 FGO).

Zulassung

weitgehend kein Einfluss genommen werden. Die Unruhe der Sachverhaltsermittlung, die das finanzgerichtliche Verfahren der ersten Instanz noch kennzeichnet, gibt es nicht.

II. Die Revision

1146 Die Revision ist nur **zulässig**, wenn sie zugelassen ist (§ 115 Abs. 1 FGO). Schweigt das Urteil zu dieser Frage, ist Revision **nicht** zugelassen. Der Weg zum BFH kann dann nur über die Beschwerde (Nichtzulassungsbeschwerde, § 116 FGO) erstritten werden (vgl. Tz. 1257 ff.).

1147 Als **Zulassungsgründe** für die Revision nennt das Gesetz (§ 115 Abs. 2 FGO):

1148 Die Revision ist zuzulassen, wenn die Rechtssache **grundsätzlich Bedeutung** hat.

1149 Die Revision ist weiter zuzulassen, wenn die **Fortbildung des Rechts** oder die Sicherung einer **einheitlichen Rechtsprechung** eine Entscheidung des Bundesfinanzhofs erfordert.

1150 Schließlich ist die Revision zuzulassen, wenn ein **Verfahrensmangel** geltend gemacht wird und vorliegt, auf dem die Entscheidung beruhen kann.

1151 Zu den Zulassungsgründen im Einzelnen vgl. nachfolgend Tz. 1335 ff.

1152 Die Revision ist bei dem **BFH** einzulegen. Und zwar schriftlich[1] **innerhalb eines Monats** nach Zustellung des vollständigen Urteils (§ 120 Abs. 1 Satz 1 FGO). Es herrscht strikter **Vertretungszwang** (§ 62 Abs. 4 FGO). Schon die Einlegung der Revision muss durch einen Prozessbevollmächtigten erfolgen.

1153 Die **Monatsfrist** zur Einlegung der Revision ist Ausschlussfrist und kann **nicht verlängert** werden. Allenfalls kann Wiedereinsetzung in den vorigen Stand beantragt werden (§ 56 FGO)[2]. **Frist: Zwei Wochen**.

1154 Zur **Fristberechnung** s. Tz. 146 ff.

1155 Die **förmlichen Anforderungen** an die Revisionsschrift sind gering. Die Revision muss das angefochtene **Urteil angeben** (§ 120 Abs. 1 Satz 2

---

1 Vgl. SEER in Tipke/Kruse, § 120 FGO Rz. 44 f. (Feb. 2009).
2 Vgl. RUBAN in Gräber, § 120 FGO Rz. 30 f.

Einlegung

FGO)[1]. Regelmäßig werden in der Revisionsschrift noch Kläger und Beklagter angeführt. Eine Ausfertigung oder Abschrift des Urteils soll beigefügt werden.

Lässt der BFH auf Beschwerde hin die **Revision zu**, muss nicht Revision eingelegt werden, sondern wird das Beschwerdeverfahren **automatisch** als Revisionsverfahren fortgesetzt (§ 116 Abs. 7 Satz 1 FGO). 1156

Muster einer Revisionsschrift s. Anlage 2. 1157

Zur Schriftlichkeit der Revisionsschrift gehört, dass sie vom Prozessbevollmächtigten (Vertretungszwang, § 62 Abs. 4 FGO) handschriftlich **eigenhändig unterschrieben** ist[2]. 1158

Die Revision kann auch durch **Telefax** eingelegt werden, nicht jedoch **telefonisch**[3]. Revisionseinlegung per E-Mail ist gemäß § 52a FGO möglich[4]. 1159

Mit der Revision muss diese noch **nicht begründet** werden. Auch muss die Revisionsschrift selbst noch **keinen bestimmten Antrag** enthalten (vgl. hierzu Tz. 1164 ff.). 1160

Legt ein Prozessbeteiligter Revision ein, kann sich der andere der Revision anschließen (sog. **Anschlussrevision**, [§ 155 FGO iVm. § 554 ZPO]), dh. er kann beantragen, dass das angefochtene Urteil auch zu seinen Gunsten abgeändert wird[5]. 1161

Die Anschlussrevision ist „unselbstständig", dh. sie verliert ihre Wirkung, wenn die Revision des anderen Verfahrensbeteiligten zurückgenommen, verworfen oder durch Beschluss zurückgewiesen wird (§ 554 Abs. 4 ZPO). Ist dies nicht gewollt und ist die Revisionsfrist noch nicht 1162

---

1 Das geschieht regelmäßig durch Angabe des Gerichts, das die Entscheidung gefällt hat, des Urteilsdatums, des Aktenzeichens und der Sache, in der das Urteil ergangen ist: Es muss (nur) klar erkennbar und zweifelsfrei sein, gegen welche Entscheidung sich der Revisionskläger wendet.
2 Vgl. SEER in Tipke/Kruse, § 120 FGO Rz. 44 (Feb. 2009); zum (Nicht-)Erfordernis der elektronischen Signatur vgl. BFH vom 30.3.2009 II B 168/08, BFH/NV 2009, 1037; FG Düsseldorf vom 9.7.2009 16 K 572/09 E, EFG 2009, 1769.
3 Vgl. SEER in Tipke/Kruse, § 120 FGO Rz. 53 (Feb. 2009).
4 Der Zugang zum BFH ist eröffnet. Die erforderliche Software kann kostenlos von der Homepage des BFH heruntergeladen werden (www.bundesfinanzhof.de). Zum (Nicht-)Erfordernis der elektronischen Signatur vgl. BFH vom 30.3.2009 II B 168/08, BFH/NV 2009, 1037; FG Düsseldorf vom 9.7.2009 16 K 572/09 E, EFG 2009, 1769.
5 Vgl. im Einzelnen zur Anschlussrevision SEER in Tipke/Kruse, § 115 AO Rz. 146 ff. (April 2008) und RUBAN in Gräber, § 120 FGO Rz. 77 ff.

Revisionsbegründung

abgelaufen, empfiehlt es sich daher, sich nicht auf die Anschlussrevision zu beschränken, sondern **eigenständig Revision** einzulegen.

1163 Die Anschlussrevision muss spätestens innerhalb **eines Monats** nach Zustellung der Revisionsbegründung eingelegt und begründet werden (§ 155 FGO iVm. § 554 Abs. 2 Satz 2 ZPO). Die Einlegung erfolgt **beim BFH**.

III. Die Revisionsbegründung

1164 Die Revisionsbegründung ist innerhalb von **zwei Monaten** ab Zustellung des vollständigen Urteils zu begründen (§ 120 Abs. 2 Satz 1 FGO). Anknüpfungspunkt für die Fristberechnung ist damit sowohl für die Einlegung als auch für die Begründung der Revision die Zustellung des Urteils. Verlängert sich zB die Frist für die Einlegung der Revision, da das Ende der Monatsfrist auf einen Feiertag fällt, verlängert sich nicht automatisch auch die Begründungsfrist. Gleichgültig für die Begründungsfrist ist auch, wann – innerhalb der Monatsfrist – die Revision eingelegt wird.

1165 Hat der BFH die **Revision** auf eine Nichtzulassungsbeschwerde hin **zugelassen**, wird das Verfahren als Revisionsverfahren fortgeführt (§ 116 Abs. 7 FGO). Die Revisionsbegründung ist innerhalb eines Monats ab Zustellung der Beschwerdeentscheidung einzureichen (§§ 116 Abs. 7, 120 Abs. 2 Satz 1 FGO).

1166 Bei Fristversäumnis kann **Wiedereinsetzung** in den **vorigen Stand** (§ 56 FGO) beantragt werden (vgl. Tz. 194 ff.)[1].

1167 Anders als die Revisionsfrist kann die **Frist** für die **Revisionsbegründung** auf einen vor ihrem Ablauf gestellten **Antrag** durch den Vorsitzenden des zuständigen Senats des BFH **verlängert** werden (§ 120 Abs. 2 Satz 3 FGO). Die Verlängerung kann nicht nur einmal, sondern auch mehrfach gewährt werden.

1168 Entscheidend ist, dass der **Antrag vor Ablauf** der **Revisionsbegründungsfrist** beim BFH **eingeht**. Ihm kann sodann auch noch nach Ablauf der Frist entsprochen werden[2].

---

1 Vgl. RUBAN in Gräber, § 120 FGO Rz. 44; SEER in Tipke/Kruse, § 120 FGO Rz. 79 ff. (Feb. 2009).
2 SEER in Tipke/Kruse, § 120 FGO Rz. 73, 75 (Feb. 2009).

Verlängerungsantrag

Der BFH ist bei der Gewährung von Verlängerungen der Revisionsbegründungsfrist **großzügig**. Wird ein **zweiter Verlängerungsantrag** gestellt, wird regelmäßig der Revisionsgegner hierzu gehört (vgl. § 225 Abs. 2 ZPO). Aus diesem Grund ist es besser, mit dem ersten Verlängerungsantrag eine weiträumige Frist zu beantragen als zwei kürzere, hintereinander geschaltete Fristen. Die Vorsitzenden Richter des BFH sind bereit, solchen weiträumigen Anträgen stattzugeben, wenn erwartet werden kann, dass innerhalb dieser Frist die Revision begründet wird.

1169

Ein **sorgfältig arbeitender Berater** wird sich nicht darauf verlassen, dass dem Antrag stattgegeben wird. Für ihn sollte nicht die Antragstellung, sondern die **Fristverlängerung maßgebend** sein. Zwar besteht beim BFH die Üblichkeit, selbst bei grundsätzlicher Ablehnung eines Antrags zumindest einige Tage zu gewähren, um die Revisionsbegründung noch zu ermöglichen. Einen Anspruch hierauf gibt es jedoch nicht[1].

1170

Für die Wirksamkeit der Fristverlängerungsentscheidung genügt ihre **formlose Mitteilung**. Auch **telefonische Mitteilung durch den Vorsitzenden** ist ausreichend[2]. Praktisch werden Verlängerungsanträge vom BFH allerdings immer **schriftlich** beschieden.

1171

Die Revisionsbegründung hat – wie die Revisionseinlegung – **schriftlich** zu erfolgen.

1172

Mit der Revisionsbegründung ist auch der **Antrag**[3] für das Revisionsverfahren zu stellen (§ 120 Abs. 3 Nr. 1 FGO). Der Revisionsantrag bestimmt den Gegenstand des Revisionsverfahrens[4].

1173

Mit dem Antrag wird **festgelegt**, inwieweit das Urteil angefochten und seine Aufhebung begehrt wird. Es genügt, wenn sich aus dem Vorbrin-

1174

---

1 Vgl. Seer in Tipke/Kruse, § 120 FGO Rz. 76 (Feb. 2009); die gleiche Situation besteht, solange nur die Zusicherung der Geschäftsstelle des BFH-Senats vorliegt, dem Fristverlängerungsantrag werde mit Sicherheit gefolgt, die Verlängerung werde gewährt werden. Regelmäßig ist dies zwar richtig und folgt die schriftliche Mitteilung über die Fristverlängerungsgewährung tatsächlich. Gleichwohl: Im Zeitpunkt der telefonischen Zusicherung ist eine Verlängerung noch nicht verbindlich ausgesprochen und damit nicht garantiert. So BFH vom 26.9.2007 III R 18/05, BFH/NV 2008, 228, 229.
2 BFH vom 26.9.2007 III R 18/05, BFH/NV 2008, 228, 229.
3 Der Pluralbegriff „Revisionsanträge" im Gesetzestext ist missverständlich, vgl. Seer in Tipke/Kruse, § 120 FGO Rz. 95 (Feb. 2009).
4 BFH vom 16.10.2008 IV R 82/06, BFH/NV 2009, 581, 582.

Revisionsantrag

gen des Revisionsklägers eindeutig ergibt, inwieweit er sich durch das angefochtene Urteil **beschwert** fühlt und inwieweit er dessen **Aufhebung oder Änderung erstrebt**[1].

1175 Es empfiehlt sich gleichwohl der **ausdrückliche Antrag**. Wird dieser nämlich nicht aufgenommen und kann auch aus der Revisionsbegründung im Wege der **Auslegung** kein eindeutiger Antrag entnommen werden, ist die Revision unzulässig[2].

1176 Die **Revisionsbegründung** beinhaltet, dass dem BFH vorgetragen wird, das Finanzgericht habe in bestimmter Weise **Recht verletzt** (vgl. § 118 Abs. 1 FGO).

1177 Die Revisionsinstanz ist eine **Rechtsinstanz**. Der BFH ist an die tatsächlichen Feststellungen des Finanzgerichts gebunden. Es sei denn, dass in Bezug auf die Feststellungen zulässige und begründete Revisionsgründe vorgebracht sind (§ 118 Abs. 2 FGO).

1178 Mit der Revision kann allerdings geltend gemacht werden, dass die tatsächlichen Feststellungen des Finanzgerichts gegen **Denkgesetze**, allgemeine Erfahrungssätze, Auslegungsregeln oder andere allgemeine Grundsätze des Bundesrechts verstoßen[3]. Keine zulässige Revisionsrüge ist dagegen der Einwand, die **Beweiswürdigung** des Finanzgerichts sei fehlerhaft, seine Schlussfolgerungen nicht richtig[4]. Reine Ergänzungen zum Sachverhalt können ebenso wenig vorgetragen werden wie der Antrag, der BFH möge von einem anderen Sachverhalt ausgehen. Der BFH ist grundsätzlich an die tatsächlichen Feststellungen des Finanzgerichts gebunden[5].

1179 Die Rüge der Verletzung von Rechtsnormen muss durch den Vortrag ergänzt werden, dass die angefochtene Entscheidung auf dieser **Verletzung beruht** (§ 118 Abs. 1 Satz 1 FGO). Eine Ausnahme gilt nur für besonders gravierende Fälle von Verfahrensfehlern, abschließend aufgezählt in § 119 FGO. In diesen Fällen wird das Beruhen gesetzlich vermutet.

---

1 Vgl. Ruban in Gräber, § 120 FGO Rz. 53; BFH mit ausdrücklicher Bezugnahme auf Ruban in Gräber: BFH vom 27.8.2008 III R 50/06, BFH/NV 2009, 553, 554.
2 Seer in Tipke/Kruse, § 120 FGO Rz. 97 (Feb. 2009).
3 Seer in Tipke/Kruse, § 118 FGO Rz. 69 ff. (Okt. 2008); Ruban in Gräber, § 118 FGO Rz. 27 ff.
4 Seer in Tipke/Kruse, § 118 FGO Rz. 73 (Okt. 2008); Ruban in Gräber, § 118 FGO Rz. 30.
5 Ruban in Gräber, § 118 FGO Rz. 36.

Verletzung materiellen Rechts

Auch **Verfahrensmängel**, auf denen das Urteil beruht, können mit der Revision gerügt werden. 1180

Wird die Verletzung materiellen Rechts gerügt, prüft der BFH die angefochtene Entscheidung grundsätzlich in **vollem Umfang** und ohne Bindung an die Revisionsrügen (Grundsatz der **Vollrevision**, § 118 Abs. 3 Satz 2 FGO)[1]. Anders ist dies, wenn in der Revisionsbegründung ausschließlich **Verfahrensmängel** gerügt werden. In diesem Fall hat der BFH nur über die geltend gemachten Verfahrensmängel zu entscheiden (§ 118 Abs. 3 Satz 2 FGO). 1181

Auch wenn die Revision konkret nur Verfahrensmängel geltend macht, sollte in keiner Revisionsbegründung der vorsorgliche Satz fehlen, es werde auch die **Verletzung materiellen Rechts gerügt** bzw. sollte zumindest auch **eine** materiell-rechtliche Rüge in der Revisionsbegründung aufgenommen werden. Dies öffnet dem BFH die Tür zur eigenständigen materiell-rechtlichen Vollüberprüfung. 1182

Die Revision kann nur darauf gestützt werden, dass das angefochtene Urteil auf der Verletzung von Bundesrecht beruhe (§ 118 Abs. 1 Satz 1 FGO). Als **Bundesrecht** in diesem Sinne gelten insbesondere: 1183

– Das Grundgesetz,

– Bundesgesetze,

– Rechtsverordnungen des Bundes,

– Gewohnheitsrecht[2] und

– das Recht der Europäischen Gemeinschaften uam.[3].

Soweit **Verfahrensfehler**, insbesondere die Verletzung der Aufklärungspflicht (§ 76 FGO) und des Gebots, rechtliches Gehör zu gewähren, gerügt werden, ist dies nur möglich, wenn der Kläger diese Rechtsverletzungen **nicht** durch **Verzicht** oder **Zustimmung** „genehmigt" hat[4] (vgl. Tz. 1080 ff.). 1184

Mit der Revisionsbegründung kann **nicht vorgebracht** werden, **ausländisches Recht** sei verletzt. Ausländisches Recht ist grundsätzlich nicht 1185

---

1 Vgl. SEER in Tipke/Kruse, § 118 FGO Rz. 105 (Okt. 2008): Bei der Rüge materiellen Rechts ist der BFH völlig frei und in keiner Weise an die vorgebrachten Revisionsgründe gebunden.
2 Vgl. dazu SEER in Tipke/Kruse, § 118 FGO Rz. 14 (Okt. 2008).
3 Vgl. im Einzelnen RUBAN in Gräber, § 118 FGO Rz. 13. Dort in Rz. 14 auch die Übersicht, welches Recht nicht revisibel ist.
4 SEER in Tipke/Kruse, § 120 FGO Rz. 122 ff. (Feb. 2009).

Rüge von Verfahrensfehlern

revisibel[1]. Dies gilt auch für die Auslegung von Verträgen und Testamenten, die nach ausländischem Recht geschlossen worden sind. Die Feststellung der einschlägigen ausländischen Rechtsnormen und deren Inhalt gehört zu den **Tatsachenfeststellungen** iS des § 118 Abs. 2 FGO. Sie ist seitens des Finanzgerichts von Amts wegen vorzunehmen. Die Art und Weise der Ermittlung ausländischen Rechts und dessen Inhalt liegt im pflichtgemäßen Ermessen des Gerichts. Diese Pflicht ergibt sich aus der richterlichen Verantwortung für die Ermittlung und Anwendung des (richtigen) Rechts[2].

1186 Wo es um Ermittlung und Auslegung **ausländischen Rechts** geht, fehlt oft das Bewusstsein, dass das Finanzgerichtsverfahren Tatsachenfeststellungsinstanz ist und keine Überprüfung durch den BFH mehr stattfinden wird. Gegebenenfalls muss im Finanzgerichtsverfahren die Einholung eines **Sachverständigengutachtens** zur ausländischen Rechtslage beantragt werden.

1187 Besondere Sorgfalt erfordert die Revisionsbegründung, soweit **Verfahrensfehler** gerügt werden (§ 120 Abs. 3 Nr. 2b FGO)[3].

1188 Mit dem Inhalt, vorrangig mit dem **Mindestinhalt**, einer **Revisionsbegründung** hat sich eine umfangreiche Rechtsprechung befasst. Hier sind Revisionsbegründungen betroffen, die eine ungeübte Hand erkennen lassen[4]. Wer eine eigenständige Begründung fertigt, die sich mit der möglichen Rechtsverletzung des finanzgerichtlichen Urteils befasst, wird regelmäßig mit diesen Anforderungen keine Schwierigkeiten haben.

1189 Die Revisionsbegründung muss klar aussprechen, welche **Rechtsnorm**, welche **Rechtsregel verletzt** sein und auf welchen Umständen diese Rechtsverletzung beruhen soll, § 120 Abs. 3 Nr. 2a FGO. Zu diesen einzelnen Streitpunkten muss sie eine **eigenständige Begründung** geben, die über Inhalt, Umfang und Zweck des Revisionsangriffs keinen Zweifel lässt. Die Begründung muss sich gerade mit dem **Urteil** und den Gründen der **Vorinstanz auseinandersetzen**[5]. Die einfache Wiedergabe der eigenen Rechtsauffassung ohne Auseinandersetzung mit dem an-

---

1 RUBAN in Gräber, § 118 FGO Rz. 14.
2 SEER in Tipke/Kruse, § 118 FGO Rz. 25 (Okt. 2008).
3 Vgl. SEER in Tipke/Kruse, § 120 FGO Rz. 110 ff. (Feb. 2009).
4 Vgl. zB die Auflistung bei SEER in Tipke/Kruse, § 120 FGO Rz. 89 (Feb. 2009).
5 Dazu SEER in Tipke/Kruse, § 120 FGO Rz. 88 (Feb. 2009), mwN.

Revisionserwiderung

gegriffenen Urteil genügt nicht notwendig dem Erfordernis der Revisionsbegründung[1].

Nur mit großer Zurückhaltung sind **Verweisungen** auf andere Schriftstücke anzubringen. Nicht ausreichend ist es, pauschal auf das Vorbringen im Klage- und Einspruchsverfahren oder auch in der Nichtzulassungsbeschwerde zu verweisen[2]. 1190

Generell empfiehlt es sich, in der Revisionsbegründung **nicht mit Verweisungen** zu arbeiten, sondern die gesamte Argumentation in der Revisionsbegründung vorzutragen und Argumentationen anzupassen. Dies gilt insbesondere nach vorangegangener Nichtzulassungsbeschwerde. 1191

Die Revisionsbegründung muss **unterschrieben** sein[3]. 1192

IV. Die Revisionserwiderung

Ist das Finanzamt Revisionskläger, der Steuerpflichtige Revisionsbeklagter, steht dieser zuerst nicht unter dem Druck der Revisions- und Revisionsbegründungsfrist. Sobald die Revisionsbegründung des Finanzamts vorliegt, wird der BFH den Revisionsbeklagten, den Steuerpflichtigen, auffordern, zur **Revisionsbegründung Stellung** zu nehmen. 1193

Die vom BFH für die Erwiderung regelmäßig gesetzte **Frist** ist keine Frist mit Ausschlusswirkung. Gleichwohl sollte es für den Berater selbstverständlich sein, diese **Frist zu wahren** oder rechtzeitig zuvor um Verlängerung nachzusuchen. 1194

Der Revisionsbeklagte kann nach Vorliegen der Revisionsbegründung prüfen, ob er eine sog. **unselbstständige Anschlussrevision** führen will (vgl. Tz. 1161 ff.). Auf die **Monatsfrist** (Tz. 1163) wird hingewiesen. 1195

Der Revisionsbeklagte, der selbst keine Revision einlegt, weil er durch das finanzgerichtliche Urteil nicht beschwert ist, hat die unbefristete Möglichkeit, **Gegenrügen** bis zum Schluss der mündlichen Verhandlung zu erheben. Hierbei handelt es sich um Rügen, die erst infolge der Revisionsbegründung und ihrer Erfolgsmöglichkeit sinnvoll werden. **Beispiel**: Der Kläger obsiegt vor dem Finanzgericht. Das Finanzamt 1196

---

[1] Beispiele für angeblich beliebte, aber zu allgemein gehaltene Aussagen bei Seer in Tipke/Kruse, § 120 FGO Rz. 87 (Feb. 2009). „Die Gesetzesvorschrift ist verfassungswidrig ...", „unkorrekte Erklärungen des Urteils ..." etc.
[2] Vgl. dazu Seer in Tipke/Kruse, § 120 FGO Rz. 90 (Feb. 2009).
[3] Seer in Tipke/Kruse, § 120 FGO Rz. 82 (Feb. 2009).

Gegenrügen

greift vor dem BFH die vom Finanzgericht erkannte Rechtsbeurteilung an. Es ist denkbar, dass sich der BFH der Rechtsauffassung des Finanzamts anschließt. Hier kann es für den Kläger wichtig werden, die ihn bis dahin begünstigenden Sachverhaltsfeststellungen der ersten Instanz anzugreifen[1].

V. Beendigung

1. Mündliche Verhandlung und Urteil

1197 Im Revisionsverfahren gelten grundsätzlich die Verfahrensregeln, die auch für die erste Instanz gelten (§ 121 FGO). Folglich endet das Revisionsverfahren grundsätzlich mit einer **mündlichen Verhandlung** und anschließender gerichtlicher Entscheidung[2].

2. Urteil ohne mündliche Verhandlung

1198 In Revisionssachen sind **mündliche Verhandlungen die Ausnahme**. Der BFH bereitet dies durch die Anfrage an die Beteiligten vor, ob auf mündliche Verhandlung verzichtet werde. Wird verzichtet, so entscheidet der BFH durch Urteil, ohne die Parteien in einer mündlichen Verhandlung angehört zu haben.

1199 Der Berater muss prüfen, ob der **Verzicht** auf die mündliche Verhandlung **sinnvoll** ist. Es gelten die gleichen Überlegungen wie im Finanzgerichtsverfahren (vgl. Tz. 1043 ff.).

1200 Findet die mündliche Verhandlung statt, verläuft diese **ähnlich** wie die mündliche Verhandlung beim **Finanzgericht**. Auch hier trägt der Berichterstatter zu Beginn der mündlichen Verhandlung den wesentlichen Inhalt der Akten vor. Anschließend erhalten zunächst der Revisionskläger, dann der Revisionsbeklagte (und schließlich ggf. die übrigen Beteiligten) das Wort.

1201 Ergeht während des Revisionsverfahrens ein **Änderungsbescheid**, wird dieser Gegenstand des Verfahrens (§§ 68, 121 FGO). Der BFH kann das angefochtene Urteil aufheben und die Sache zur anderweitigen Verhandlung und Entscheidung an das Finanzgericht zurückweisen (§ 127 AO).

---

1 Zu den Gegenrügen vgl. SEER in Tipke/Kruse, § 120 FGO Rz. 125 (Feb. 2009).
2 Zum Beitritt des Bundesministers der Finanzen, s. § 122 Abs. 2 FGO.

Gerichtsbescheid

Das geschieht, wenn die tatsächlichen **Feststellungen des Finanzgerichts** für die rechtliche Beurteilung des geänderten Bescheids **nicht ausreichen**[1]. 1202

Für den Steuerpflichtigen ist **wichtig**: Ergeht während des Revisionsverfahrens ein ihn belastender **Änderungsbescheid**, empfiehlt es sich, trotz entsprechender Unterrichtungspflicht des Finanzgerichts den BFH über den Bescheid zu informieren. Sodann ist zu prüfen und dem BFH mitzuteilen, ob der Änderungsbescheid eine weitere Beschwer enthält, ob also weiter gestritten werden muss. Sodann entscheidet der BFH, ob er selbst entscheidet oder nach § 127 FGO zurückverweist. 1203

Ist die Revision begründet, kann der BFH in der Sache **selbst entscheiden**, wenn die Sache spruchreif ist (§ 126 Abs. 3 Nr. 1 FGO). Alternativ hebt der BFH das angefochtene Urteil auf und **verweist** die Sache zur anderweitigen Verhandlung und Entscheidung an das Finanzgericht **zurück** (§ 126 Abs. 3 Nr. 2 FGO). Dies geschieht zB, wenn das Finanzgericht die Klage zu Unrecht als unzulässig abgewiesen hat, die Begründetheit also nicht geprüft hat, oder wenn das Urteil auf einem Verfahrensmangel beruht. Das Finanzgericht, an das die Sache zurückverwiesen worden ist, ist an die Vorgaben des BFH gebunden (§ 126 Abs. 5 FGO). 1204

Hält der BFH die Revision **einstimmig** für **unbegründet**, kann er auch ohne mündliche Verhandlung die Revision in der Besetzung von fünf Richtern durch **Beschluss** zurückweisen, § 126a FGO. Voraussetzung ist, dass der Beschluss einstimmig erfolgt. Die Beteiligten sind auf diese Möglichkeit hinzuweisen und hierzu zu hören. Der Beschluss soll eine kurze **Begründung** enthalten. 1205

3. Gerichtsbescheid

Ohne mündliche Verhandlung kann der BFH durch Gerichtsbescheid entscheiden (§§ 90a, 121 FGO)[2]. 1206

Der Weg über den Gerichtsbescheid wird vom BFH – wie auch von den Finanzgerichten – häufig in solchen Fällen gewählt, in denen **nicht** beide Parteien auf mündliche Verhandlung **verzichtet** haben, der Senat aber die mündliche Verhandlung für nicht erforderlich hält[3]. 1207

---

1 Seer in Tipke/Kruse, § 127 FGO Rz. 5 (Mai 2009).
2 Zum Gerichtsbescheid im Finanzgerichtsverfahren vgl. Tz. 1112 ff.
3 Und der Senat nicht den Weg über § 126a FGO gehen kann/will (Tz. 1205).

Gerichtsbescheid

1208 Der Gerichtsbescheid gibt die Möglichkeit, die **Meinung** des **Senats** zu der streitigen Rechtsfrage vor der Endgültigkeit des entscheidenden Urteils oder Beschlusses zu **erfahren**. Im Einzelfall wird der Gerichtsbescheid vom BFH selbst gerade zu diesem Zweck eingesetzt. Hat das Gericht den Eindruck, dass bestimmte Fragen des Rechtsstreits nicht ausdiskutiert sind, kann der Senat die Parteien durch einen Gerichtsbescheid „aufschrecken".

1209 Die Frage, ob nach einem Gerichtsbescheid mündliche Verhandlung zu beantragen ist, bedarf einer Analyse des Gerichtsbescheids. **Verschiedene Möglichkeiten** sind denkbar:

1210 Ist der **Gerichtsbescheid** mit nicht hinreichend berücksichtigten Argumenten oder neuen Gründen **angreifbar**, so sollte mündliche Verhandlung beantragt werden.

1211 Hat der Gerichtsbescheid erkennbar die Funktion, die Parteien „**aufzuschrecken**", so ist der Antrag auf mündliche Verhandlung regelmäßig angebracht.

1212 Gelangt man zu dem Ergebnis, dass der Gerichtsbescheid auch deshalb gewählt wurde, weil nach Ansicht des Gerichts die Streitsache so **sicher** zu **entscheiden** ist, dass es auf keinen Fall einer mündlichen Verhandlung bedarf, so ist der Antrag auf mündliche Verhandlung wenig sinnvoll.

1213 Auf jeden Fall gilt: Wird der Antrag auf **mündliche Verhandlung** gestellt, so sollte diese durch einen **Schriftsatz**, der sich mit dem Gerichtsbescheid auseinandersetzt, **vorbereitet** werden. Wenn der BFH durch den Gerichtsbescheid seine Argumente vorlegt, so sollte dies auch für die Klägerseite geschehen.

1214 Wird **Antrag** auf **mündliche Verhandlung gestellt**, „gilt der Gerichtsbescheid als **nicht ergangen**" (§ 90a Abs. 3 FGO).

1215 Gleichwohl ist die **mündliche Verhandlung** durch den **Gerichtsbescheid bestimmt**. Auch wenn er fiktiv durch den Antrag auf mündliche Verhandlung nicht mehr in der Welt ist, wird er Gegenstand des Plädoyers in der mündlichen Verhandlung sein.

1216 Auch nach dem Antrag auf mündliche Verhandlung ist der **Verzicht** auf **mündliche Verhandlung** möglich. Dies kann zB sinnvoll sein, wenn es genügt, auf den Gerichtsbescheid mit einem Schriftsatz zu reagieren, ohne dass die mündliche Verhandlung gesucht wird.

VI. Kosten

Die Revision kostet grundsätzlich **fünf Gerichtsgebühren** (Nr. 6120 Gerichtskostenverzeichnis). 1217

Auch bei der Revision (wie bei der Klage beim Finanzgericht) gibt es **keine** kostenfreie **Rücknahme**. Die Gerichtskosten reduzieren sich allerdings, wenn die Revision zurückgenommen oder das Verfahren für erledigt erklärt wird. Die Reduzierung richtet sich nach dem Zeitpunkt der Rücknahme. Das Verfahren verbilligt sich auf **eine Gerichtsgebühr**, wenn die Rücknahme oder Erledigung erfolgt, bevor die Revisionsbegründung vorgelegt worden ist. Die Reduzierung beläuft sich auf **drei Gebühren**, wenn die Rücknahme oder Erledigung vor Schluss der mündlichen Verhandlung erfolgt. 1218

F. Anhörungsrüge

Die Anhörungsrüge (§ 133a FGO) ist ein eigenständiger **außerordentlicher Rechtsbehelf**[1]. 1219

Mit ihr kann nur vorgebracht werden, das Gericht habe gegen den verfassungsrechtlich verbürgten **Anspruch auf Gewährung rechtlichen Gehörs** verstoßen. 1220

Im Anhörungsrügeverfahren wird infolgedessen **nicht** die angegriffene Entscheidung nochmals in **vollem Umfang** überprüft, sondern ausschließlich mit Blick auf die Frage, ob rechtliches Gehör verletzt wurde. 1221

Gemäß § 133a Abs. 1 FGO ist das **Verfahren** auf die Rüge eines durch eine gerichtliche Entscheidung beschwerten Beteiligten **fortzuführen**, wenn ein Rechtsmittel oder ein anderer Rechtsbehelf gegen die Entscheidung nicht gegeben ist und das Gericht den Anspruch dieses Beteiligten auf rechtliches Gehör in entscheidungserheblicher Weise festgesetzt hat[2]. 1222

Eine Anhörungsrüge ist infolgedessen nur zulässig gegen Entscheidungen des Gerichts, die **nicht angefochten werden können**. Im Steuerstreit sind dies im Wesentlichen **Beschlüsse der Finanzgerichte**, die gemäß § 128 Abs. 2 bis 4 FGO nicht mit der Beschwerde angegriffen werden können (insbesondere AdV-Beschlüsse nach § 69 Abs. 3 FGO) und **Entscheidungen des BFH**. 1223

---
1 Vgl. Überblick bei MACK/FRAEDRICH, AO-StB. 2005, 115 ff.
2 Vgl. SCHMIDT-TROJE/SCHAUMBURG, II Rz. 742.

Gerichtskosten

G. Kosten

I. Gerichtskosten

1. Grundsätze

1224 Wer die **Klage verliert**, hat die Kosten zu tragen (§ 136 FGO).

1225 Wird die Klage **teilweise gewonnen, teilweise verloren**, sind die Kosten entsprechend dem jeweiligen Obsiegen zu teilen (§ 136 FGO).

1226 Ausnahmsweise sind dem Obsiegenden die Kosten aufzuerlegen, wenn der Erfolg nur auf (schuldhaft) **verspätet** dargelegten Tatsachen (vor allem: Unterlagen, Belege und Erklärungen) beruht und das Finanzamt nach Vorlage der Unterlagen unmittelbar abhilft, § 137 FGO.

1227 Maßgeblich für die Gerichtskosten ist das **Gerichtskostengesetz (GKG)**.

1228 Der **Mindeststreitwert** beträgt 1000,– Euro (§ 52 Abs. 4 GKG). Höchstwert sind 30 Mio. Euro (§ 39 Abs. 3 GKG). Bietet der Sach- und Streitstand keine genügenden Anhaltspunkte für eine Streitwertfestsetzung, ist ein **Auffangstreitwert** in Höhe von **5000,– Euro** anzunehmen.

1229 Nach dem Kostenverzeichnis gibt es **Verfahrensgebühren**, die sich unter bestimmten Umständen ermäßigen.

1230 Für **Klageverfahren** entsteht eine 4,0-fache Gebühr (KV Nr. 6110). Sie ermäßigt sich auf 2,0 (KV Nr. 6111), wenn die Klage vor dem Schluss der mündlichen Verhandlung **zurückgenommen** wird oder wenn ein Beschluss nach § 138 FG (**Hauptsacheerledigung**) ergeht, soweit nicht bereits ein Urteil oder Gerichtsbescheid ergangen ist.

1231 Eine **gebührenfreie Klagerücknahme** ist (für Klagen, die nach dem 30.6.2004 bei Gericht eingegangen sind) nicht mehr möglich.

1232 Für **Revisionsverfahren** entsteht eine 5,0-fache Gebühr (KV 6120) die sich auf 1,0 ermäßigt, wenn die Revision oder die Klage zurückgenommen wird, bevor die Begründungsschrift bei Gericht eingegangen ist. Eine Ermäßigung auf 3,0 Gebühren tritt ein, wenn die Revision oder Klage vor dem Schluss der mündlichen Verhandlung bzw. vor Ablauf des Tages, an dem das Urteil oder der Gerichtsbescheid der Geschäftsstelle übermittelt wird, **zurückgenommen** wird oder ein Beschluss nach § 138 FG (**Hauptsacheerledigung**) ergeht, soweit nicht bereits ein Urteil oder Gerichtsbescheid ergangen ist.

1233 In **Verfahren des vorläufigen Rechtsschutzes** (ADV, einstw. Anordnung) entstehen 2.0 Gebühren, die sich auf eine 0,75 Gebühr ermäßi-

Beraterkosten

gen, wenn der Antrag vor Ablauf des Tages, an dem der Beschluss der Geschäftsstelle übermittelt wird, zurückgenommen wird oder ein Beschuss nach § 138 FG (**Hauptsacheerledigung**) ergeht.

Fälligkeit der Gebühren. Gebühren werden mit der Einreichung der Klage oder des Rechtsmittels fällig (§ 6 Abs. 1 Nr. 4 GKG). Sie werden in finanzgerichtlichen Verfahren zunächst und **lediglich vorläufig** nach dem Mindeststreitwert von 1000,– Euro berechnet (§ 63 Abs. 1 Satz 4 GKG und betragen damit 220,– Euro). 1234

II. Beraterkosten (RVG)

Im **Klageverfahren** erhält der Rechtsanwalt zunächst eine **1,6-Verfahrensgebühr** (VV 3200). Diese Gebühr verringert sich, wenn der Berater bereits im Einspruchsverfahren tätig war. Nach Vorbemerkung 3 Abs. 4 zu Teil 3 VV ist eine **Geschäftsgebühr** nach VV 2300 zur Hälfte, höchstens jedoch mit einem Gebührensatz von 0,75 auf die Verfahrensgebühr des gerichtlichen Verfahrens **anzurechnen**. 1235

Zusätzlich zur Verfahrensgebühr entsteht eine **1,2-Terminsgebühr** gemäß VV 3104 RVG. Sie entsteht einmalig und unabhängig von der Anzahl der Termine. Sie entsteht auch, wenn auf die mündliche Verhandlung verzichtet wird oder das Gericht per Gerichtsbescheid entscheidet (Anm. 1 VV 3104 RVG). 1236

Die **Terminsgebühr** entsteht nicht nur für die Vertretung in einem Verhandlungs-, Erörterungs- oder Beweisaufnahmetermin, sondern auch für die Mitwirkung an auf die Vermeidung oder Erledigung des Verfahrens gerichteten **Besprechungen ohne Beteiligung des Gerichts** (soweit es sich nicht um eine Besprechung ausschließlich mit dem Mandanten handelt). 1237

Anfallen kann noch eine zusätzliche 1,3-**Erledigungsgebühr** (VV 1004, 1002 RVG). 1238

Nichtzulassungsbeschwerde. Für die Vertretung im NZB-Verfahren fällt eine **1,6-Verfahrensgebühr** an. Hinzutreten kann eine **1,3-Erledigungsgebühr** nach VV 1002. 1239

Revisionsverfahren. Im Revisionsverfahren erhält der Berater eine 1,6-Verfahrensgebühr, VV 3206. Die Gebühr entfällt allerdings, wenn der Berater auch das NZB-Verfahren geführt hat. Die Terminsgebühr beträgt 1,5, VV 3210, die Erledigungsgebühr 1,3, VV 1004. 1240

Kostengrundsätze

III. Kostenfolgen aus den Grundsätzen

1241 **Gewinnt der Kläger**, hat er keine Gerichtskosten zu zahlen. Außerdem werden ihm die Kosten seiner Vertretung erstattet (Muster eines Kostenerstattungsantrags in Anlage 8). Dazu gehören auch die Kosten für die Vertretung im Einspruchsverfahren (§ 139 Abs. 1 FGO).

1242 **Gerecht ist das Kostenrecht hier nicht**: Gewinnt der Steuerpflichtige bereits im Einspruchsverfahren, bleibt er auf seinen Anwaltskosten sitzen. Eine Kostenerstattung sieht das Gesetz nur vor, wenn das Klageverfahren gewonnen wird. Ausnahmsweise kann sich eine Kostenerstattung für eine Vertretung im außergerichtlichen Verfahren nach den Grundsätzen der Amtshaftung ergeben.

1243 **Verliert der Steuerpflichtige** das Klageverfahren, trifft es ihn doppelt: Er hat Gerichtskosten zu zahlen und erhält keine Erstattung seiner Vertretungskosten. Positiv zumindest: Aufwendungen der Finanzbehörde sind nicht zu erstatten (§ 139 Abs. 2 FGO).

1244 **Verliert das Finanzamt**, hat es dagegen in keinem Fall Gerichtskosten zu erstatten. Der Kostentenor „Die Verfahrenskosten trägt das Finanzamt" ist daher – bezogen auf die Finanzgerichtskosten – eine Mogelpackung: Das Finanzamt zahlt keine Gerichtskosten und muss nur dem Kläger die Kosten seiner Vertretung erstatten. Dies trifft das Finanzamt allerdings in der Praxis unter Umständen hart[1].

H. Beschwerde an den BFH

1245 Die **Entscheidungen** der Finanzgerichte, des **Vorsitzenden** oder des **Berichterstatters**, die nicht Urteile oder Gerichtsbescheide sind, können mit der Beschwerde an den BFH angefochten werden, soweit nichts anderes geregelt ist.

1246 Diese Beschwerde ist in **§§ 128 ff. FGO** geregelt. Auf das Gesetz wird hingewiesen. Solche Fälle beschäftigen die Praxis nicht häufig, die nachfolgenden Textziffern ausgenommen.

1247 Soweit die Beschwerde durch spezielle nicht in §§ 128 ff. FGO enthaltene Normen ausdrücklich ausgeschlossen ist[2], enthält § 128 Abs. 2 FGO

---

[1] Zu weiteren Vertretungskonsequenzen vgl. MACK in FS für Streck, 337 ff., 352.
[2] Vgl. den Katalog bei RÜSKEN in Beermann/Gosch, § 128 FGO Rz. 26 (Aug. 2010).

Beschwerde an den BFH

einen **Katalog** nicht angreifbarer Entscheidungen, die nach Einschätzung des Gesetzgebers rein organisatorische Maßnahmen darstellen[1].

Der **Regelfall** möglicher Beschwerde – nämlich die Beschwerde gegen die **Ablehnung** der **Aussetzung** der **Vollziehung** durch das Finanzgericht – ist durch § 128 Abs. 3 FGO **ausgeschlossen**, es sei denn, die Beschwerde ist ausdrücklich **zugelassen** (vgl. Tz. 1265, 1602). Das Gleiche gilt für den Angriff der Entscheidungen über **einstweilige Anordnungen** (vgl. Tz. 1726). 1248

In Streitigkeiten über die **Kosten** ist die Beschwerde **nicht** gegeben (§ 128 Abs. 4 Satz 1 FGO). Erfasst sind Entscheidungen über Kosten, Gebühren und Auslagen aller Art[2]. Damit sieht das Gesetz insbesondere keine Beschwerde gegen ablehnende Entscheidungen des Finanzgerichts über Erinnerungen gegen Kostenfestsetzungsbeschlüsse (§ 149 Abs. 4 FGO) oder Beschlüsse über den Kostenansatz vor[3]. Gleiches gilt für die Entscheidung über die Zuziehung eines Bevollmächtigten für das Vorverfahren nach § 139 Abs. 3 Satz 3 FGO[4]. 1249

Von praktischer Bedeutung ist die **Beschwerde** gegen die **Nichtzulassung** der **Revision** (Nichtzulassungsbeschwerde). Dazu s. Tz. 1257 ff. 1250

Die FGO kennt keinen Unterschied zwischen sofortiger Beschwerde und Rechtsbeschwerde[5], die in der ZPO unterschiedliche Fristen bedingen[6]. Soweit die Beschwerde eingelegt werden kann, ist sie innerhalb von **zwei Wochen** nach Bekanntgabe der Entscheidung einzulegen (§ 129 Abs. 1 FGO). Hier gilt also keine 4-Wochen-, sondern eine 2-Wochen-Frist. Die Nichtzulassungsbeschwerde macht hier eine Ausnahme; sie ist innerhalb eines Monats einzulegen und zu begründen (vgl. Tz. 1290). 1251

Die Beschwerde ist **beim Finanzgericht**, nicht beim Bundesfinanzhof, einzulegen (§ 129 Abs. 1 FGO). 1252

---

1 Vgl. Rüsken in Beermann/Gosch, § 128 FGO Rz. 49 (Aug. 2010).
2 Vgl. Seer in Tipke/Kruse, § 128 FGO Rz. 28 (Sept. 2009), mit einem ausführlichen Katalog.
3 Vgl. Ruban in Gräber, § 128 Rz. 12; Seer in Tipke/Kruse, § 128 FGO Rz. 28 (Sept. 2009).
4 Vgl. BFH vom 18.2.1998 VII B 302/97, BFH/NV 1998, 1120.
5 Vgl. Seer in Tipke/Kruse, § 128 FGO Rz. 28 (Sept. 2009).
6 Vgl. §§ 569, 575 BGB.

Nichtzulassungsbeschwerde

1253 Für das Beschwerdeverfahren gilt der **Vertretungszwang** des § 62 Abs. 4 FGO[1], der in Tz. 1152, 1158 für das Revisionsverfahren behandelt ist. Auf das dort Gesagte sei verwiesen.

1254 Das Finanzgericht hat – anders als bei der Revision – ein **Abhilferecht** (§ 130 FGO).

1255 Über die Beschwerde entscheidet der **Bundesfinanzhof** durch **Beschluss** (§ 132 FGO).

1256 Zu den **Kosten**: Das zu Tz. 1224 ff. Gesagte gilt entsprechend.

I. Nichtzulassungsbeschwerde

I. Bedeutung

1257 Gegen Urteile des Finanzgerichts steht den Beteiligten die Revision zum BFH nur zu, wenn das Finanzgericht oder auf Beschwerde gegen die Nichtzulassung der BFH sie zugelassen hat (**§ 115 FGO**). Hat das Finanzgericht die Revision nicht zugelassen (vgl. Tz. 1268 ff.), ist der Weg zur Revision nur über eine erfolgreiche Nichtzulassungsbeschwerde[2] möglich.

1258 Das Zulassungsverfahren ist ein **selbständiges Verfahren**, das nicht das Klageverfahren vor dem Finanzgericht fortsetzt; es zielt darauf, die gesetzliche Revisionssperre im Einzelfall aufzuheben[3].

1259 Die Nichtzulassungsbeschwerde ist **Rechtsmittel**, nicht bloßer Rechtsbehelf.[4] Zum einen begründet die Einlegung des Rechtsmittels der Nichtzulassungsbeschwerde die Zuständigkeit einer **höheren Instanz**[5] (hier des BFH) zur Verhandlung und Entscheidung. Zum anderen **hemmt** sie die Rechtskraft des Urteils des Finanzgerichts (§ 116 Abs. 4 FGO)[6]. Es gelten daher die allgemeinen **Zulässigkeitsvoraussetzungen** für Rechtsmittel.[7] Hinzu kommen die besonderen Zulässigkeitsvoraus-

---

1 Vgl. RUBAN in Gräber, § 129 Rz. 2.; RÜSKEN in Beermann/Gosch, § 129 FGO Rz. 5 (Aug. 2010).
2 Vgl. zur Nichtzulassungsbeschwerde im SSG, ArbGG, VwGO und ZPO KUMMER, Die Nichtzulassungsbeschwerde, 2. Aufl. 2010.
3 Vgl. BFH vom 24.4.1992 IV B 115/91, BFH/NV 1993, 369.
4 Vgl. BEERMANN in Gosch/Beermann, § 116 Rz. 5 (Sept. 2007).
5 Sog. Devolutiveffekt, s. SEER in Tipke/Kruse, vor § 115 FGO Rz. 4 (Okt. 2007).
6 Sog. Suspensiveffekt, vgl. RUBAN in Gräber, § 116 Rz. 2.
7 Vgl. SEER in Tipke/Kruse, § 116 FGO Rz. 7 (Juli 2008).

Rechtsmittel und Stolperdraht

setzungen des § 116 Abs. 2 und 3 FGO (zB Fristen, Begründungszwang) in Verbindung mit den Zulassungsgründen des § 115 Abs. 2 FGO.

Die Nichtzulassungsbeschwerde gehört zum Rechtsweg iS des § 90 Abs. 2 BVerfGG.[1] Dessen Erschöpfung ist Zulässigkeitsvoraussetzung einer gegen das zugrunde liegende Finanzgerichtsurteil erhobenen Verfassungsbeschwerde. 1260

Bis zur Neuregelung der Nichtzulassungsbeschwerde durch das 2. FGO-Änderungsgesetz vom 19.12.2000[2], das am **1.1.2001** in Kraft trat, gelang es weniger als 50 % der Beschwerdeführer, eine zulässige Nichtzulassungsbeschwerde einzulegen. Laut Jahresbericht 1999 des BFH betrug die Zahl der unzulässigen Nichtzulassungsbeschwerden 51,9 %. Das Recht der Nichtzulassungsbeschwerde war zu einem „**Stolperdraht-Recht**"[3] verkommen. Grund hierfür war sicherlich die Zulässigkeitsschranke, innerhalb eines Monats nach Zustellung des Urteils die Revision nicht nur einzulegen, sondern auch zu begründen[4]. 1261

Auch **nach Verlängerung** dieser Begründungsfrist auf zwei Monate (s. Tz. 1297 ff.) stellen die besonderen Zulassungsgründe des § 115 Abs. 2 FGO für viele Berater unüberwindliche Hindernisse dar. Im Jahre 2009 wurden durch den BFH 1.819 Nichtzulassungsbeschwerden erledigt, davon 530 durch Unzulässigkeitsbeschlüsse, 1.002 durch Sachbeschlüsse und die restlichen durch sonstige Erledigungen[5]. Damit fanden 29,13 % der erledigten Nichtzulassungsbeschwerden durch Unzulässigkeitsbeschlüsse ihren Abschluss. Unter Außerachtlassung der anderweitigen Erledigungen entfällt auf jeden zweiten Sachbeschluss eine unzulässige Nichtzulassungsbeschwerde. Insgesamt sind im Jahr 2009 **nur 15 %** der Entscheidungen des BFH über Nichtzulassungsbeschwerden **zugunsten** der Steuerpflichtigen getroffen worden[6]. 1262

Dies wird zu Recht von den obersten Repräsentanten des BFH als **unerträglich** gewertet.[7] Spiegelbildlich wird deutlich: Die Chancen, die Hürde der Zulässigkeit der Nichtzulassungsbeschwerde zu überwin- 1263

---

1 Vgl. ZUCK, NJW 2008, 2078 ff.
2 BGBl. I 2000 1757.
3 So SEER in Tipke/Kruse, § 116 FGO Rz. 2 (Juli 2008).
4 S. § 115 Abs. 3 FGO aF.
5 Vgl. Geschäftsbericht 2009 des BFH.
6 Im Jahre 2008 waren es 12 %, vgl. Jahresbericht 2009 des BFH.
7 S. OFFERHAUS, Stbg. 2009, 49; List, DB 2003, 572, 575.

Zulassungsvoraussetzungen

den, stehen ohne **fundierte Kenntnisse** des Revisionsrechts nicht allzu günstig[1].

1264 Wird das Nadelöhr der Nichtzulassungsbeschwerde erfolgreich durchschritten, sind die **Erfolgsaussichten** der **Revisionen** wesentlich **höher**[2].

II. Überblick Zulassungserfordernisse

1. Formelle Voraussetzungen

a. Urteil als Beschwerdegegenstand

1265 **Gegenstand** der Nichtzulassungsbeschwerde kann nur ein **Urteil des Finanzgerichts** sein. Gegen Beschlüsse des Finanzgerichts ist die Nichtzulassungsbeschwerde nicht statthaft. Dies gilt auch für Entscheidungen des Finanzgerichts über die Aussetzung der Vollziehung nach § 69 Abs. 3 und 5 FGO, soweit dort die Beschwerde gegen den Beschluss nicht zugelassen ist. Eine Nichtzulassungsbeschwerde ist in diesem Fall nicht statthaft (§ 128 Abs. 3 Satz 1 FGO)[3].

1266 Hat das Finanzgericht nicht durch Urteil, sondern durch **Gerichtsbescheid** über die Klage entschieden und dort die Revision zugelassen, steht dem Kläger ein **Wahlrecht** zu, ob er die mündliche Verhandlung beantragt oder die Revision einlegt (§ 90a Abs. 2 Satz 2 FGO). Lässt das Finanzgericht im Gerichtsbescheid die Revision hingegen nicht zu, ist die Nichtzulassungsbeschwerde unzulässig. Zulässiges Rechtsmittel ist dann nur der Antrag auf mündliche Verhandlung[4].

b. Keine Zulassung durch das Finanzgericht

1267 Das Finanzgericht hat die Revision gegen sein Urteil zuzulassen, wenn einer der in § 115 Abs. 2 FGO aufgezählten Zulassungsgründe vorliegt. Ihm steht insoweit **kein Zulassungsermessen**, lediglich ein Beurteilungsspielraum hinsichtlich der in § 115 Abs. 2 FGO genannten unbestimmten Rechtsbegriffe zu.

---

1 Vgl. WEDELSTÄDT, AO-StB 2005, 87.
2 Der Anteil der zugunsten der Steuerpflichtigen entschiedenen Revisionen lag im Jahr 2009 bei 44 % und im Jahre 2008 bei 32 %, vgl. Jahresbericht 2009 des BFH.
3 Vgl. BFH vom 18.11.1988 V B 139/88, BFH/NV 1990, 180.
4 Vgl. BFH vom 28.10.2011 III R 53/03, BFH/NV 2005, 374; FU in Schwarz, § 90a FGO Rz. 21 (Mai 2009).

Fehlende Zulassung

Nur, wenn das **Finanzgericht** die Revision **nicht zulässt**, ist die Nichtzulassungsbeschwerde statthaft. 1268

Die Entscheidung des Finanzgerichts über die Zulassung der Revision muss **ausdrücklich** erfolgen. Es muss sich klar und eindeutig aus dem Urteil ergeben, dass das Finanzgericht die Revision zulassen will; andernfalls ist die Revision nicht zugelassen[1]. 1269

Die Zulassung der Revision sollte aus Gründen der Rechtsklarheit im **Tenor**, kann allerdings auch erst in den Entscheidungsgründen des Urteils erfolgen.[2] 1270

Das **Finanzgericht** entscheidet über die Zulassung **von Amts wegen**, also ohne ausdrücklichen Antrag der Verfahrensbeteiligten. Bei dieser Entscheidung handelt es sich um eine nicht begründungsbedürftige **Nebenentscheidung**[3]. 1271

Wenn ein Verfahrensbeteiligter die Zulassung der Revision erreichen möchte, sollte er dies gleichwohl gegenüber dem Finanzgericht **anregen** und entsprechend zu **Protokoll** geben. Eine solche Anregung lässt erwarten, dass sich das Finanzgericht in seiner Entscheidung mit dieser Frage ausdrücklich auseinandersetzt.[4] Enthält in einem solchen Fall das Urteil diesbezüglich keine Begründung, liegt der Gedanke nahe, hierin einen revisiblen Verfahrensfehler durch Verstoß gegen die Gewährung rechtlichen Gehörs zu sehen (S. zu dieser Rüge Tz. 1467 ff.). Gegen diese Sichtweise spricht, dass es sich bei der Zulassung der Revision um eine Nebenentscheidung handelt[5]. 1272

Enthält das Urteil **keinen Ausspruch** über die Zulassung, so ist sie versagt[6]. 1273

---

1 Vgl. BFH vom 18.9.1997 VII B 161/97, BFH/NV 1998, 484; RUBAN in Gräber, § 115 Rz. 106.
2 Vgl. SCHMIDT-TROJE/SCHAUMBURG, II Rz. 22.
3 Vgl. BFH vom 9.6.2006 VIII B 226/05, BFH/NV 2006, 1853; LANGE in Hübschmann/Hepp/Spitaler, § 115 FGO Rz. 283 (Okt. 2006).
4 Vgl. OFFERHAUS, Stbg. 2009, 49; ähnlich LANGE in Hübschmann/Hepp/Spitaler, § 115 FGO Rz. 283 (Okt. 2006).
5 Aus diesem Grund hat der BFH vom 9.6.2006 VIII B 226/05, BFH/NV 2006, 1853 die Zulassung der Revision versagt. Aus den veröffentlichten Entscheidungsgründen wird jedoch nicht deutlich, ob der Kläger die Zulassung der Revision ausdrücklich beantragt hatte. Ähnlich auch RUBAN in Gräber, § 115 Rz. 9, wonach eine fehlende Begründung keine praktischen Konsequenzen habe.
6 Vgl. BFH vom 5.10.1998 V R 12/98, BFH/NV 1999, 494; BEERMANN in Gosch/Beermann, § 115 Rz. 47 (März 2006).

Rechtsbehelfsführer

c. Beschwerdeberechtigter, Vertretungszwang

1274 Beschwerdeberechtigt ist, wer berechtigt ist, gegen das Urteil des Finanzgerichts Revision einzulegen. Das ist **jeder Beteiligte** des **finanzgerichtlichen Verfahrens**, sofern er durch das Urteil beschwert ist[1].

1275 Dies gilt auch für einen **Beigeladenen**[2], nicht aber für eine Person, die am erstinstanzlichen Verfahren tatsächlich nicht beteiligt war, aber geltend macht, dass sie zum Verfahren hätte beigeladen werden müssen.[3]

1276 Ein Finanzgerichtsurteil kann zugleich sowohl den **Kläger** als auch den Beklagten (**Finanzamt**) beschweren, zB dann, wenn sie teilweise obsiegen, teilweise unterliegen. In einem solchen Fall sind die Beteiligten unabhängig voneinander berechtigt, Nichtzulassungsbeschwerde einzulegen. Dabei ist jede Beschwerde gesondert auf ihre Zulässigkeit und Begründetheit zu prüfen[4].

1277 Führt eine der Nichtzulassungsbeschwerden zur Zulassung der Revision, gilt die Zulassung nach dem Grundsatz der **Vollrevision** grundsätzlich auch für die anderen Beteiligten[5].

1278 Eine Art „**Anschluss-Nichtzulassungsbeschwerde**", ähnlich der Anschlussrevision (vgl. Tz. 1161 ff.), existiert **nicht**. Eine Lücke im Gesetz liegt nicht vor[6].

1279 Wie für das Revisionsverfahren gilt auch für die Nichtzulassungsbeschwerde **Vertretungszwang**. Die Nichtzulassungsbeschwerde muss von einer vor dem BFH vertretungsberechtigten Person iS des § 62 Abs. 4 FGO iVm. § 3 Nr. 2 und 3 StBerG eingelegt und unterschrieben sein[7].

---

1 Vgl. BFH vom 23.12.2005 VIII B 61/05, BFH/NV 2006, 788; SEER in Tipke/Kruse, § 116 FGO Rz. 11 (Juli 2008).
2 Vgl. RUBAN in Gräber, § 116 Rz. 6; zur Rechtsstellung des Beigeladenen im NZB-Verfahren LANGE, DStZ 2007, 135 ff.
3 Vgl. BFH vom 2.2.2007 V B 146/05, BFH/NV 2007, 958; RUBAN in Gräber, § 116 Rz. 6; SEER in Tipke/Kruse, § 116 FGO Rz. 11 (Juli 2008).
4 Vgl. BFH vom 24.11.2005 II B 46/05, BFH/NV 2006, 587.
5 Vgl. SEER in Tipke/Kruse, § 116 Rz. 12 (Juli 2008).
6 Vgl. SEER in Tipke/Kruse, § 115 Rz. 141 (Febr. 2009).
7 Die Rücknahme der Nichtzulassungsbeschwerde soll hingegen auch durch eine nicht vertretungsberechtigte Person, zB den Beschwerdeführer selber, erfolgen können, vgl. BEERMANN in Beermann/Gosch, § 116 FGO Rz. 86 (Sept. 2007); uE zweifelhaft.

d. Adressat, Form

Die Nichtzulassungsbeschwerde ist beim **BFH** einzulegen (§ 116 Abs. 2 Satz 1 AO). Hat der Beschwerdeführer die Beschwerde demgegenüber an das **Finanzgericht** gerichtet, trägt er das **Risiko** des verspäteten Eingangs der Beschwerde beim BFH[1]. 1280

Wie die Revision kann auch die Nichtzulassungsbeschwerde wirksam durch **Telegramm, Telefax** oder **Telebrief** eingelegt werden.[2] 1281

Die Beschwerdeschrift muss das angefochtene Urteil bezeichnen (§ 116 Abs. 2 Satz 2 FGO). Das Urteil ist mit der Bezeichnung des Finanzgerichts, das das Urteil erlassen hat, sowie mit der Angabe der Beteiligten, des Datums und des Aktenzeichens zu identifizieren[3]. Fehlt es bei Ablauf der Frist für die Einlegung der Nichtzulassungsbeschwerde an einer **hinreichenden Urteilsbezeichnung**, die ggf. im Wege der Auslegung zu ermitteln wäre, ist die Nichtzulassungsbeschwerde unzulässig.[4] 1282

Es genügt, wenn die Bezeichnung des Urteils sich aus einer **beigefügten** Ausfertigung oder Abschrift des **Finanzgerichtsurteils** ergibt.[5] 1283

Deshalb **empfiehlt** es sich immer, der Sollvorschrift des § 116 Abs. 2 Satz 3 FGO zu genügen: Der Beschwerdeschrift soll eine Ausfertigung oder Abschrift des Urteils, gegen das die Revision eingelegt werden soll, beigefügt werden. Ergibt sich ohne Beifügung des angefochtenen Urteils die Identität des angefochtenen Urteils, ist ein Verstoß gegen § 116 Abs. 2 Satz 3 unschädlich.[6] 1284

Aus der Beschwerdeschrift muss sich **klar** ergeben, **welches Rechtsmittel**, hier die Nichtzulassungsbeschwerde, eingelegt werden soll. Legt der Kläger statt der Nichtzulassungsbeschwerde Revision ein, so kann die Revision nicht in eine Nichtzulassungsbeschwerde umgedeutet werden.[7] Diese strenge Sichtweise beruht auf dem Umstand, dass bis 1285

---

[1] Vgl. BFH vom 15.1.2009 XI B 99/08, BFH/NV 2009, 778; RUBAN in Gräber, § 116 FGO Rz. 15.
[2] Vgl. SCHMIDT-TROJE/SCHAUMBURG, III Rz. 28; vgl. dazu auch hinsichtlich der Revision Tz. 1158 f.
[3] Vgl. LANGE in Hübschmann/Hepp/Spitaler, § 116 FGO Rz. 117 (Juni 2007).
[4] Vgl. BEERMANN in Gosch/Beermann, § 116 FGO Rz. 37.3 (Sept. 2007).
[5] Vgl. RUBAN in Gräber, § 116 Rz. 11.
[6] Vgl. LANGE in Hübschmann/Hepp/Spitaler, § 116 FGO Rz. 119 (Juni 2007); BEERMANN in Beermann/Gosch, § 116 FGO Rz. 37.3 (Sept. 2007).
[7] Vgl. BFH vom 23.8.2000 I R 49/00, BFH/NV 2001, 196; vom 24.1.2008 XI R 63/06, BFH/NV 2008, 606; SCHMIDT-TROJE/SCHAUMBURG, III Rz. 29.

Fristen

zum 2. FGO-Änderungsgesetz in verschiedenen Konstellationen das Urteil des Finanzgerichts sowohl mit der Nichtzulassungsbeschwerde als auch mit der Revision angefochten werden konnte. Dieses Nebeneinander ist nun unzulässig. Damit kommt nach aktueller Lage und zutreffender Auffassung eine **Umdeutung** der als Revision eingelegten Beschwerdeschrift in eine Nichtzulassungsbeschwerde in Betracht[1]. Im Zweifel ist davon auszugehen, dass der Rechtsschutzsuchende das zutreffende Rechtsmittel gewählt hat[2].

1286 In der **Praxis** hat sich bewährt, die Beschwerdeschrift mit „Beschwerde" oder „Nichtzulassungsbeschwerde" zu überschreiben und jedenfalls im Text das Wort Nichtzulassungsbeschwerde zu verwenden (s. auch Anlage 3: Muster einer Nichtzulassungsbeschwerde).

1287 Die Einlegung der Nichtzulassungsbeschwerde unter einer **Bedingung** führt zur Unzulässigkeit[3]. Ob die Nichtzulassungsbeschwerde bedingt eingelegt ist, muss durch Auslegung der Prozesshandlung ermittelt werden[4].

1288 Die Nichtzulassungsbeschwerde ist zu **begründen** (§ 116 Abs. 2 Satz 1). Dies ist Zulässigkeitsvoraussetzung[5]. Zum Umfang vgl. Tz. 1321 ff. Die Begründung muss – wie die Einlegung der Beschwerde – beim BFH eingereicht werden (§ 116 Abs. 2 Satz 2 FGO). Hieraus leitet sich das Schriftformerfordernis ab[6].

e. Fristen

1289 Für die Nichtzulassungsbeschwerde gelten gesonderte Einlegungs- und Begründungsfristen.

---

1 So auch DÜRR in Schwarz, § 116 FGO Rz. 5 (Nov. 2009); der BFH hält jedoch an seiner alten Rechtsprechung fest, vgl. BFH vom 10.8.2004 III R 19/04, BFH/NV 2004, 1668; vom 24.1.2008 XI R 63/06, BFH/NV 2008, 606.
2 DÜRR in Schwarz, § 116 FGO Rz. 5 (Nov. 2009).
3 Vgl. BFH vom 4.7.2003 VIII B 38/03, BFH/NV 2003, 1344; vom 22.6.1982 VII B 115/81, BStBl. II 1982, 603; LANGE in Hübschmann/Hepp/Spitaler, § 116 Rz. 115 (Juni 2007).
4 Vgl. LANGE in Hübschmann/Hepp/Spitaler, § 16 FGO Rz. 115 (Juni 2007).
5 Vgl. BFH vom 20.4.2006 VII B 163/05, BFH/NV 2006, 1439; BEERMANN in Beermann/Gosch, § 116 FGO Rz. 44 (Sept. 2007).
6 Vgl. BEERMANN in Beerman/Gosch, § 116 FGO Rz. 48 (Sept. 2007).

Einlegungs- und Begründungsfrist

Die Beschwerde ist innerhalb **eines Monats** nach Zustellung des vollständigen Urteils beim BFH **einzulegen** (§ 116 Abs. 2 Satz 1 FGO)[1]. 1290

Die Frist entspricht der **Revisionsfrist** des § 120 Abs. 1 Satz 1 FGO. 1291

Die Beschwerdefrist stellt eine **Ausschlussfrist** dar, die nicht verlängerbar ist[2]. 1292

Wird diese Frist versäumt, so kommt allenfalls **Wiedereinsetzung** in den vorigen Stand gemäß § 56 FGO in Betracht, falls kein Verschulden vorliegt. 1293

Die Beschwerdefrist **beginnt** – gleichgültig, ob das Urteil verkündet worden ist oder nicht – mit der wirksamen Zustellung einer ordnungsgemäßen Ausfertigung des Urteils[3]. Fallstricke resultieren bei **mehreren Prozessbevollmächtigten**. Dort ist die erste Zustellung maßgebend[4]. Die spätere Zustellung setzt keine neue Rechtsmittelfrist in Lauf.[5] 1294

Wird die Nichtzulassungsbeschwerde nicht beim BFH, sondern **beim Finanzgericht** eingelegt, ist die Frist nur dann gewahrt, wenn das Finanzgericht die Nichtzulassungsbeschwerde an den BFH weiterleitet und diese dort noch innerhalb der Monatsfrist eingeht. Hierauf sollte nicht vertraut werden. Eine Wiedereinsetzung in den vorigen Stand kommt nur dann in Betracht, wenn das Schriftstück den BFH bei einer Weiterleitung auf dem üblicherweise bestrittenen Postweg rechtzeitig erreicht hätte[6]. 1295

Für die Begründung der Nichtzulassungsbeschwerde läuft eine **selbstständige Begründungsfrist** (§ 116 Abs. 3 FGO). Sie beträgt **zwei Monate** ab der Zustellung des vollständigen finanzgerichtlichen Urteils. Auch hier besteht die Parallele zur Revisionsbegründungsfrist. Die Begründung ist beim BFH einzureichen. 1296

---

1 Auch Beschwerdefrist genannt, vgl. Dürr in Schwarz, § 116 FGO Rz. 6 (Nov. 2009).
2 Vgl. nur Seer in Tipke/Kruse, § 116 FGO Rz. 20 (Juli 2008); Ruban in Gräber, § 116 Rz. 15.
3 Vgl. BFH vom 21.2.2007 VII B 84/06, BFH/NV 2007, 1035; Dürr in Schwarz, § 116 FGO Rz. 7 (Nov. 2009).
4 Vgl. BFH vom 22.10.1986 II R 88/86, BFH/NV 1988, 371; Kamps, Stbg. 2005, 362.
5 Vgl. BFH vom 28.1.1991 IX B 46/90, BFH/NV 1991, 612; Kamps, Stbg. 2005, 362.
6 Vgl. BFH vom 30.4.2001 XI B 127/00, BFH/NV 2001, 1418; Söhn in Hübschmann/Hepp/Spitaler, § 56 FGO Rz. 378 (Okt. 2006).

Einlegungs- und Begründungsfrist

1297 Folgende **Fallstricke**, die aktuell noch in der Literatur aufgegriffen werden[1], sind durch die eindeutige Gesetzeslage seit dem FGO-Änderungsgesetz vom 19.12.2000[2] **nicht** mehr virulent: Für die Beschwerdebegründung beginnt keine neue Ein-Monats-Frist nach Ablauf der Beschwerdefrist. Vielmehr beginnen die einmonatige Frist für die Einlegung der Beschwerde und die zweimonatige Frist für die Begründung der Beschwerde an demselben Tag zu laufen, nämlich mit Zustellung des vollständigen Urteils[3].

1298 **Beispiel**: Endet die einmonatige Beschwerdefrist zB an einem Samstag, kann die Einlegung der Nichtzulassungsbeschwerde noch am folgenden Montag erfolgen[4]. Die Begründungsfrist von zwei Monaten endet in diesem Fall aber nicht einen Monat nach diesem Montag, sondern einen Monat nach dem vorangegangenen Samstag.

1299 Gemäß § 116 Abs. 3 Satz 4 FGO kann die Begründungsfrist auf einen vor ihrem Ablauf gestellten Antrag um **einen** weiteren **Monat verlängert** werden. Die Begründungsfrist beträgt damit maximal drei Monate ab Zustellung des vollständigen Urteils.

1300 Die Begründungsfrist kann **nur einmal verlängert** werden und nicht – wie die Begründungsfrist der Revision – mehrfach[5]. Entgegen der herrschenden Literaturauffassung und der Rechtsprechung wird diese restriktive Auslegung zutreffend **kritisiert**[6]. Es ist nicht nachvollziehbar, wieso die Einlegungsfristen der Nichtzulassungsbeschwerde und der Revision im Einklang, die Begründungsfristen jedoch divergieren sollen. Hierdurch werden nur unnötige Fallstricke gelegt.

1301 Stellt der Beschwerdeführer den Antrag auf Fristverlängerung der Begründungsfrist rechtzeitig vor ihrem regulären Ablauf, ist es **Praxis** des **BFH**, die Frist zur Begründung der Nichtzulassungsbeschwerde zu verlängern, soweit es sich nicht um einen ungewöhnlichen Antrag handelt[7].

---

1 Vgl. dazu OFFERHAUS, Stbg. 2009, 49.
2 BGBl. 2000 I, 1757.
3 Vgl. BFH vom 6.3.2007 V B 157/06, BFH/NV 2007, 1514; SEER in Tipke/Kruse, § 116 FGO Rz. 21 (Juli 2008).
4 Vgl. zur Fristenberechnung LANGE in Hübschmann/Hepp/Spitaler, § 116 FGO Rz. 133 ff. (Juli 2007).
5 Vgl. BFH vom 21.9.2001 IV B 118/01, BStBl. II 2001, 768; WEHRMANN in Beermann/Gosch, § 116 FGO Rz. 52 (Sept. 2007); RUBAN in Gräber, § 116 FGO Rz. 21.
6 Vgl. SEER in Tipke/Kruse, § 116 FGO Rz. 22 (Juli 2008).
7 Vgl. BFH vom 14.2.2002 I B 29/01, BFH/NV 2002, 1033; LANGE in Hübschmann/Hepp/Spitaler, § 116 FGO Rz. 148 (Juli 2007).

Irrtümer

Wird die Frist für die Begründung der Nichtzulassungsbeschwerde vonseiten des Gerichts jedoch **irrtümlich** und entgegen der gesetzlichen Grenze um mehr als einen weiteren Monat verlängert, ist dieser Verlängerungszeitraum maßgebend[1].   1302

Innerhalb der zulässigen Begründungsfrist muss der Berater **sämtliche Zulassungsgründe** substanziiert vortragen. Zulassungsgründe, die erst nach Ablauf der Begründungsfrist vorgebracht werden, bleiben unberücksichtigt.[2] Demgegenüber sind Erläuterungen und Ergänzungen auch nach Ablauf der Begründungsfrist zulässig[3].   1303

Auch Zulassungsgründe, die dem Beschwerdeführer erst **nach Ablauf** der Begründungsfrist **bekannt** werden, kann er dann grundsätzlich nicht mehr mit Erfolg geltend machen[4].   1304

Wird die Frist zur Begründung der Nichtzulassungsbeschwerde durch ein **Büroversehen** versäumt, kommt nach zutreffender Ansicht Wiedereinsetzung in den vorigen Stand gemäß § 56 FGO in Betracht[5]. Hier ist eine Parallele zur Rechtsentwicklung bei der Revisionsbegründungsfrist zu sehen: 1305

Nach der **bisherigen Rechtsprechung** durfte der Prozessbevollmächtigte die Fristenkontrolle nicht vollständig in die Verantwortung der hiermit betrauten Kanzleiangestellten delegieren, weil die Revisionsbegründungsfrist – anders als die Revisionseinlegungsfrist – nicht zu den üblichen, häufig vorkommenden und einfach zu berechnenden Fristen gehöre[6]. Daran kann jedenfalls seit der Änderung des § 120 Abs. 2 Satz 1 FGO durch das 2. FGO-Änderungsgesetz vom 21.12.2000[7] **nicht** mehr **festgehalten** werden. Für eine solche Sichtweise gibt auch das Urteil des BFH vom 29.4.2008[8] erstmals Anhaltspunkte.[9]   1306

---

1 Vgl. BFH vom 7.7.2004 VII B 354/03, BFH/NV 2004, 1620; Lange in Hübschmann/Hepp/Spitaler, § 116 FGO Rz. 149 (Juli 2007).
2 Vgl. BFH vom 24.4.2007 X B 169/06, BFH/NV 2007, 1504; Schmidt-Troje/Schaumburg, III Rz. 32.
3 Vgl. BFH vom 23.6.2004 V B 230/02, BFH/NV 2005, 80; vom 25.7.2005 X B 131/04, BFH/NV 2005, 1862; Ruban in Gräber, § 116 FGO Rz. 22.
4 Offerhaus, Stbg. 2009, 49.
5 Kamps, DStR 2008, 2250; aA Kuczynski in Beermann/Gosch, § 56 FGO Rz. 15.2 (Nov. 2005).
6 BFH vom 24.1.2005 III R 43/03, BFH/NV 2007, 945; vom 24.1.2005 III R 43/03, BFH/NV 2005, 1312, mwN.
7 BGBl. I 2000, 1757.
8 BFH vom 29.4.2008 IR 67/06, BFH/NV 2008, 1621.
9 Vgl. ausführlich Kamps, DStR 2008, 2250.

Zulassungsgründe

2. Zulassungsgründe

1307 Gemäß **§ 115 Abs. 2 FGO** ist die Revision nur zuzulassen, wenn
- die Rechtssache grundsätzliche Bedeutung hat (Nr. 1);
- die Fortbildung (Alt. 1) oder die Sicherung einer einheitlichen Rechtsprechung (Alt. 2) eine Entscheidung des BFH erfordert (Nr. 2) oder
- ein Verfahrensmangel geltend gemacht wird und vorliegt, auf dem die Entscheidung beruhen kann.

1308 Die Zulassungsgründe gelten damit für die Zulassung der Revision durch das **Finanzgericht** ebenso wie für die Prüfung der Nichtzulassungsbeschwerde durch den **BFH**.[1]

1309 Die Aufzählung in § 115 Abs. 2 FGO ist **abschließend**[2].

1310 Das **2. FGO-Änderungsgesetz**, das zum 1.1.2001 in Kraft trat[3], änderte den **Wortlaut** der Zulassungsgründe des § 115 Abs. 2 Nr. 2 und Nr. 3 FGO:

1311 Mit der geringfügigen redaktionellen Modifikation der **Verfahrensrüge** (§ 115 Abs. 2 Nr. 3 FGO) sind **keine inhaltlichen Änderungen** im Vergleich zur bis dahin geltenden Rechtsprechung des BFH verbunden.[4]

1312 Anders verhält es sich mit der Neufassung des Wortlauts in Nr. 2 des § 115 Abs. 2 FGO (bisherige **Divergenzrüge**)[5]. Der Gesetzgeber wollte dem bis dahin bestehenden **Rechtsschutzdefizit** Rechnung tragen. Es sollten zB auch solche **Fehler in Urteilen** reversibel werden, die von erheblichem Gewicht und geeignet sind, das Vertrauen in die Rechtsprechung zu beschädigen[6]. Leider ist die Reform der Vorschrift missglückt. Die intendierte Ausweitung kommt im neuen Tatbestand des § 115 Abs. 2 Nr. 2 FGO nicht deutlich zum Ausdruck[7]. Der Gesetzgeber hat

---

1 Vgl. SCHMIDT-TROJE/SCHAUMBURG, III Rz. 34.
2 Vgl. BFH vom 28.2.2005 VI S 8/04 (PKH), BFH/NV 2005, 1129; RUBAN in Gräber, § 115 FGO Rz. 11; SEER in Tipke/Kruse, § 115 FGO Rz. 32 (April 2008).
3 BGBl. 2000 I, 1757.
4 Vgl. LANGE in Hübschmann/Hepp/Spitaler, § 115 FGO Rz. 63 (Okt. 2006); SPINDLER, DB 2001, 61.
5 Vgl. Tz. 1345, 1404 ff.
6 Vgl. BT-Drucks. 14/4061 vom 11.9.2000, 9, Einzelbegründung zu §§ 115, 116 FGO.
7 Vgl. zu dieser Kritik SEER in Tipke/Kruse, § 115 FGO Rz. 40 (April 2008); LANGE in Hübschmann/Hepp/Spitaler, § 115 FGO Rz. 66 (Okt. 2006); RUBAN in Gräber, § 115 FGO Rz. 22.

Zeitpunkt

die Erweiterung des beabsichtigten Individualrechtsschutzes offensichtlich deshalb vermieden bzw. **unklar gefasst**, weil er einen erhöhten Geschäftsanfall beim BFH vermeiden wollte[1]. Zu den Einzelheiten s. Tz. 1430 ff.

Die Zulassungsgründe des § 115 Abs. 2 Nr. 1–3 FGO stehen **selbstständig nebeneinander**[2], ein Grund ist für die Zulassung ausreichend. 1313

Hat das Finanzgericht seine Entscheidung **alternativ begründet**, wobei jede Begründung hinreichend ist, so muss bezüglich jeder Alternative ein Zulassungsgrund, allerdings nicht notwendig der gleiche, vorliegen.[3] Die Begründung der Nichtzulassungsbeschwerde stellt den Prozessbevollmächtigten in solchen Fällen vor erhebliche Herausforderungen und verlangt einen stringenten Aufbau der Begründungsschrift (s. Tz. 1514 f.). 1314

Der Zulassungsgrund muss im **Zeitpunkt** der Zulassung vorliegen[4]. 1315

Hier unterscheiden sich die Zulassung durch das Finanzgericht und diejenige durch den BFH: Der maßgebende Zeitpunkt für das Finanzgericht ist der des **Urteils**, derjenige des BFH ist der der **Entscheidung über die Nichtzulassungsbeschwerde**[5]. Ob die Nichtzulassungsbeschwerde bei ihrer Einlegung begründet war, ist unerheblich[6]. 1316

Hat zB der BFH die **Grundsatzfrage** inzwischen übereinstimmend mit dem Finanzgericht **geklärt**, scheidet eine Revisionszulassung wegen dieser Frage aus.[7] Dem Berater bleibt der Versuch, darzulegen, wieso die Rechtsfragen nicht identisch sind. 1317

Andererseits kann eine Nichtzulassungsbeschwerde auch auf die Begründung gestützt werden, das Urteil weiche von der **Entscheidung** 1318

---

1 Vgl. dazu RUBAN in Gräber, § 115 FGO Rz. 22.
2 Vgl. SEER in Tipke/Kruse, § 115 FGO Rz. 32 (April 2008).
3 Vgl. BFH vom 24.5.2005 X B 13//04, BFH/NV 2005, 1563; vom 24.3.2003 II B 41/02, BFH/NV 2003, 1067; vom 16.1.1990 VII B 126/89, BFH/NV 1990, 716; LANGE in Hübschmann/Hepp/Spitaler, § 116 FGO Rz. 168 (Juni 2007), § 115 Rz. 123 (Okt. 2006); OFFERHAUS, Stbg. 2009, 49.
4 Vgl. BFH vom 21.3.1993 V B 86/04, BFH/NV 2005, 1580; vom 19.12.1973 VI B 105/73, BStBl. II 1974, 321.
5 Vgl. BFH vom 12.10.1993 X B 122/93, BFH/NV 1994, 712; LANGE in Hübschmann/Hepp/Spitaler, § 115 FGO Rz. 21 (Okt. 2006).
6 Vgl. BFH vom 28.7.2000 III B 66/97, BFH/NV 2001, 158; DÜRR in Schwarz, § 115 FGO Rz. 22 (Nov. 2009).
7 Vgl. LANGE in Hübschmann/Hepp/Spitaler, § 115 FGO Rz. 21 (Okt. 2006).

Darlegung

eines anderen Finanzgerichts oder des BFH, die **erst nach** dem **Urteil** des angefochtenen Finanzgerichts ergangen ist oder bekannt wurde, ab[1].

1319 Umgekehrt können zeitlich vorhergehende Entscheidungen, die durch neuere Rechtsprechung im Zeitpunkt der Entscheidung des BFH über die Nichtzulassungsbeschwerde bereits **überholt** sind, nicht zur Begründung einer Divergenz (Tz. 1417) herangezogen werden[2].

1320 Zu weiteren **Einzelheiten** s. Tz. 1482.

3. Begründungserfordernis

1321 „In der Begründung müssen die Voraussetzungen des § 115 Abs. 2 FGO dargelegt werden" (**§ 116 Abs. 3 Satz 3 FGO**).

1322 **Verstöße** gegen die Anforderungen des § 116 Abs. 3 Satz 3 FGO haben idR die **Unzulässigkeit** der Nichtzulassungsbeschwerde zur Folge[3].

1323 Dem Darlegungserfordernis kommt in der Praxis **erhebliche Bedeutung** zu. Eine Vielzahl der eingelegten Nichtzulassungsbeschwerden scheitert an diesem Erfordernis[4]. Die von der Rechtsprechung gestellten hohen Anforderungen an die Begründung lassen selbst bei äußerster Sorgfalt den Ausgang der Nichtzulassungsbeschwerde oft als kaum kalkulierbar erscheinen[5].

1324 **Bis** zum **1.1.2001** enthielt **§ 115 Abs. 3 Satz 3 FGO aF** das Begründungserfordernis in anderem Gewand[6]. Mit der Modifikation des

---

1 Vgl. BFH vom 29.6.1976 V B 10/76, BStBl. II 1976, 684; SEER in Tipke/Kruse, § 115 FGO Rz. 68 (April 2008).
2 Vgl. BFH vom 30.8.1995 II B 23/95, BFH/NV 1996, 162; vom 31.5.2007 III B 109/06, BFH/NV 2007, 1867; RUBAN in Gräber, § 115 FGO Rz. 51; Tz. 1417.
3 Vgl. BFH vom 24.7.2002 I B 154/01, BFH/NV 2003, 52; vom 23.7.2008 VI B 78/07, BStBl. II 2008, 878; BEERMANN in Beermann/Gosch, § 116 FGO Rz. 46 (Sept. 2007); RUBAN in Gräber, § 116 FGO Rz. 25; Die Nichtzulassungsbeschwerde wird in diesem Fall nicht dem Begründungszwang gerecht. Zu den Folgen im Fall der Erledigungserklärung s. Tz. 1502.
4 Vgl. auch LANGE in Hübschmann/Hepp/Spitaler, § 116 FGO Rz. 160 (Juni 2007).
5 Vgl. SEER in Tipke/Kruse, § 116 FGO Rz. 29 (Juli 2008); BEERMANN in Beermann/Gosch, § 116 FGO Rz. 40 (Sept. 2007).
6 Der Wortlaut lautete: „In der Beschwerdeschrift muss die grundsätzliche Bedeutung der Rechtssache dargelegt oder die Entscheidung des BFH, von der das Urteil abweicht, oder der Verfahrensmangel bezeichnet werden.".

Darlegung

Wortlauts sind keine wesentlichen inhaltlichen Änderungen verbunden[1].

„Darlegen" iS des § 116 Abs. 3 Satz 3 FGO bedeutet, dass die Voraussetzungen der jeweiligen Zulassungsvorschrift vom Beschwerdeführer in der Begründung seiner Nichtzulassungsbeschwerde **substanziiert** und **schlüssig** vorgetragen werden sollen.[2] 1325

Der Begründung muss mindestens zu entnehmen sein, auf welchen **Zulassungsgrund** die Beschwerde gestützt wird. Zwar soll die ausdrückliche **Angabe** des Zulassungsgrunds nicht zwingend erforderlich sein[3]. Es müssen jedenfalls die in dieser Vorschrift genannten Tatbestandsmerkmale in der Beschwerdebegründung näher erläutert werden.[4] In der Praxis ist eine ausdrückliche Bezeichnung des vorgebrachten Zulassungsgrunds im eigenen Interesse unbedingt zu empfehlen[5]. 1326

Die Begründung sollte **klar** und **verständlich** sein, sie erfordert substanzielle und konkrete Angaben darüber, **weshalb** der behauptete Revisionszulassungsgrund vorliegt[6]. Unklare und/oder unübersichtliche Ausführungen können unbeachtlich sein und ggf. zur Unzulässigkeit der Nichtzulassungsbeschwerde führen[7]. 1327

Daher erfordert die **Vorbereitung** der Beschwerdebegründung einer an den gesetzlichen Zulassungsgründen orientierten Sichtung und rechtlichen Durchdringung des Streitstoffs[8]. In der Begründungsschrift muss sich der Beschwerdeführer insbesondere mit der Rechtsprechung des 1328

---

1 Vgl. Ruban in Gräber, § 116 Rz. 25 f.; Lange in Hübschmann/Hepp/Spitaler, § 116 FGO Rz. 155–158 (Juni 2007) jeweils mit Hinweis auf die im Ergebnis nicht verwirklichte Vorstellung des Gesetzgebers, die Darlegungsvoraussetzungen zu reduzieren. Vgl. zu Besonderheiten bei in Zolltarifsachen Jäger, ZFZ 2008, 240 ff.
2 BFH vom 20.6.2006 X B 55/06, BFH/NV 2006, 1494; vom 30.5.2006 IV B 168/04, BFH/NV 2006, 1828; Offerhaus, Stbg. 2009, 49; Beermann in Beermann/Gosch, § 116 FGO Rz. 59 (Sept. 2007).
3 Vgl. BFH vom 30.3.1983 I B 9/83, BStBl. II 1983, 479.
4 Vgl. Schmidt-Troje/Schaumburg, III Rz. 49.
5 Lange in Hübschmann/Hepp/Spitaler, § 116 FGO Rz. 165 (Juni 2007); Seer in Tipke/Kruse, § 116 FGO Rz. 31 (Juli 2008).
6 BFH vom 26.1.2007 VIII B 14/06, BFH/NV 2007, 951; Ruban in Gräber, § 116 Rz. 26.
7 Seer in Tipke/Kruse, § 116 FGO Rz. 31 (Juli 2008).
8 BFH vom 31.5.2005 VI B 93/04, BFH/NV 2005, 1555; Lange in Hübschmann/Hepp/Spitaler, § 116 Rz. 163 (Juni 2007).

Übergreifende Begründungsfehler

BFH, Äußerungen im Schrifttum sowie ggf. veröffentlichten Verwaltungsmeinungen auseinandersetzen.[1]

1329 Die Begründung hat sich zumindest rudimentär und konkret mit der **tragenden Begründung** des **angefochtenen Urteils** zu befassen. Eine Beschwerdebegründung, die sich offenkundig über das Urteil des Finanzgerichts hinwegsetzt, ist demzufolge nicht ausreichend[2].

1330 Aus der Verknüpfung von § 116 Abs. 3 Satz 3 FGO mit den „Voraussetzungen" der Zulässigkeitsgründe des § 115 Abs. 2 FGO resultieren neben einer Schnittmenge **spezielle Darlegungsvoraussetzungen** für die unterschiedlichen Zulassungsgründe[3].

1331 Unabhängig davon kommen **übergreifend** folgende Begründungsfehler häufig vor, die zur Unzulässigkeit der Nichtzulassungsbeschwerde führen können[4]:

1332 **Pauschale** Verweisungen auf das erstinstanzliche Vorbringen genügen nicht; ebenso die Bezugnahme auf eine Darlegung von Zulässigkeitsgründen in einem anderen, ebenfalls beim BFH anhängigen Verfahren. Insgesamt ist bei **Verweisungen** auf Ausführungen in anderen Schriftsätzen äußerste Vorsicht geboten[5]. Formelhafte Wendungen genügen dem Begründungserfordernis nicht. Gleiches gilt für allgemeine Hinweise und **bloße Behauptungen**[6].

1333 Der Einwand gegen die materielle Richtigkeit des angefochtenen Urteils stellt **alleine** noch keine Darlegung eines Zulassungsgrunds dar[7]. Auch hier bedarf es der Herausarbeitung des Vorliegens mindestens eines spezifischen Revisionszulassungsgrunds.

1334 Das Vorbringen **neuer Tatsachen** ist grundsätzlich unzulässig[8]. Hiervon zu unterscheiden ist die im Rahmen der Verfahrensrüge zu behandelnde Frage, ob das Finanzgericht den Tatsachenvortrag in das Urteil aufgenommen und gewürdigt hat (vgl. Tz. 1461 ff.).

---

1 SCHMIDT-TROJE/SCHAUMBURG, III Rz. 49; vgl. auch Tz. 1358.
2 BFH vom 19.11.2002 VII B 191/01, BFH/NV 2003, 442.
3 Vgl. dazu auch BEERMANN in Beermann/Gosch, § 116 FGO Rz. 58.1 (Sept. 2007). Diese werden später anhand der Zulassungsgründe dargestellt.
4 Vgl. die Aufzählung bei SEER in Tipke/Kruse, § 116 FGO Rz. 32 (Juli 2008).
5 S. auch BEERMANN in Beermann/Gosch, § 116 FGO Rz. 45 (Sept. 2007).
6 Vgl. RUBAN in Gräber, § 116 Rz. 26.
7 Vgl. auch BFH vom 14.9.2007 VIII B 20/07, BFH/NV 2008, 25.
8 Vgl. auch BFH vom 10.2.2005 VI B 113/04, BStBl. 2005, 488 f.; BFH vom 15.9.2006 IX B 209/05, BFH/NV 2007, 80, 81; BEERMANN in Beermann/Gosch, § 116 FGO Rz. 47 (Sept. 2007).

III. Zulassungsgründe im Einzelnen

1. Grundsätzliche Bedeutung (§ 115 Abs. 2 Nr. 1 FGO)

a. Anwendungsbereich

Die Revision ist zuzulassen, „wenn die Rechtssache grundsätzliche Bedeutung hat" (§ 115 Abs. 2 Nr. 1 FGO). 1335

Der **Hauptanwendungsfall** der Grundsatzrevision betrifft solche Fälle, in denen die aufgeworfene Rechtsfrage in der Rechtsprechung und/oder im Schrifttum umstritten ist und deshalb für die Allgemeinheit eine höchstrichterliche Klärung bedeutsam ist.[1] 1336

Der **Grundsatzrevision** ist mit den übrigen Zulässigkeitsgründen des § 115 Abs. 2 FGO (mit Ausnahme der Verfahrensrüge) gemeinsam, dass über das Einzelinteresse der Beteiligten an einer Korrektur des erstinstanzlichen Urteils hinaus ein **Interesse der Allgemeinheit** an einer Entscheidung des Revisionsgerichts bestehen muss. Damit darf sich die Bedeutung der Sache nicht in der Entscheidung des konkreten Einzelfalls erschöpfen, sondern muss eine Vielzahl gleichartiger Fälle betreffen[2]. 1337

Diese Überlegungen schlagen auf die Grundsatzrevision durch. Eine **einheitliche Formulierung** des Anforderungskanons gibt die Rechtsprechung des BFH jedoch **nicht** vor[3]. Dies stellt den Berater vor erhebliche Hürden. 1338

Im Wesentlichen lassen sich folgende **Grundsätze** erkennen: 1339

Einer Rechtssache kommt dann grundsätzliche Bedeutung iS des § 115 Abs. 2 Nr. 1 FGO zu, wenn die für die Beurteilung des Streitfalls maßgebliche Rechtsfrage das **(abstrakte) Interesse der Allgemeinheit** an einer einheitlichen Entwicklung und Handhabung des Rechts berührt[4]. 1340

Nach einer anderen Formulierung hat eine Rechtsfrage grundsätzliche Bedeutung, wenn ihre Beantwortung durch den BFH aus Gründen der 1341

---

1 Vgl. nur BFH vom 19.5.2005 X B 98/06, BFH/NV 2005, 1829; SCHMIDT-TROJE/SCHAUMBURG, III Rz. 36.
2 Vgl. RUBAN in Gräber, § 115 Rz. 25.
3 Vgl. BEERMANN in Beermann/Gosch, § 115 FGO Rz. 81 (März 2006).
4 Vgl. BFH vom 17.9.1974 VII B 112/73, BStBl. II 1975, 196; vom 10.2.2005 VI B 113/04, BFH/NV 2005, 783; vom 6.5.2004 V B 101/03; BStBl. II 2004, 748.

Verhältnis zu § 115 Abs. 2 Nr. 2 FGO

Rechtssicherheit, der **Rechtseinheitlichkeit** und/oder der **Rechtsentwicklung** im allgemeinen Interesse liegt[1].

1342 Darüber hinaus muss es sich nach der Rechtsprechung des BFH um eine aus **rechtssystematischen Gründen** bedeutsame Frage handeln[2]. Diese Forderung wird zutreffend in der Literatur als zu **vage** und nicht gerechtfertigte Einschränkung bewertet[3].

1343 Da der Wortlaut des § 115 Abs. 2 Nr. 1 FGO unverändert geblieben ist, hält der BFH auch nach Inkrafttreten des 2. FGO-Änderungsgesetzes am **bisherigen Verständnis** der „grundsätzlichen Bedeutung" fest[4].

1344 Das **Verhältnis** der **Grundsatzrevision** zu den teilweise durch das 2. FGO-Änderungsgesetz geänderten Varianten des § 115 Abs. 2 **Nr. 2** FGO bereitet nicht nur in der Theorie, sondern auch in der Praxis **Schwierigkeiten.**

1345 Die Grundsatzrevision gemäß § 115 Abs. 2 Nr. 1 FGO galt als **Generalklausel** und **umfasste** die speziellere Regelung des § 115 Abs. 2 Nr. 2 FGO aF (sog. **Divergenzrüge**[5])[6]. Diese wird nun von dem in § 115 Abs. 2 Nr. 2 **Alt. 2** FGO normierten Zulässigkeitsgrunds der „Sicherung einer einheitlichen Rechtsprechung" umfasst. Ob damit Änderungen einhergehen, ist umstritten (vgl. Tz. 1403 ff., 1427 f.).

1346 Weitgehend Einigkeit in Rechtsprechung und Literatur besteht darüber, dass Fehler bei der **Auslegung** und **Anwendung** des materiellen

---

1 Vgl. BFH vom 16.10.1996 V B 64/86, BStBl. II 1997, 95; vom 26.9.1991 VIII B 41/91, BStBl. II 1991, 924; vom 29.12.2006 IX B 139/05, BFH/NV 2007, 1084; vom 1.9.2008 XI B 202/07, BFH/NV 2009, 118.
2 Vgl. BFH vom 5.5.1998 I B 24/98, BStBl. II 2000, 430; vom 27.10.2003 VII B 196/03, BFH/NV 2004, 232; vom 1.9.2008 IV B 131/07, BFH/NV 2009, 133.
3 So SEER in Tipke/Kruse, § 115 FGO Rz. 41 (April 2008); BEERMANN in Beermann/Gosch, § 115 FGO Rz. 86, 92 (März 2006). Vgl. zur möglichen Änderung seit dem 1.1.2001 Tz. 1348.
4 Vgl. RUBAN in Gräber, § 115 Rz. 23; LANGE in Hübschmann/Hepp/Spitaler, § 115 FGO Rz. 84 (Okt. 2006); SEER in Tipke/Kruse, § 115 FGO Rz. 42 (April 2008), mit dem Hinweis auf eine Vielzahl von Urteilen des BFH, in denen die bisherige Sichtweise bestätigt wird. Dies ergibt sich auch bereits aus den oben zitierten Entscheidungen des BFH, die sich auf die Rechtslage nach dem 1.1.2001 beziehen.
5 Vgl. zum Begriff BFH vom 4.5.2010 VI B 156/09, BFH/NV 2010, 1443; BFH vom 13.1.1987 VII B 128/86, BStBl. II 1987, 220; DÜRR in Schwarz, § 115 FGO Rz. 26 (Nov. 2009).
6 Vgl. BFH vom 28.4.1988 V B 11/88, BStBl. II 1988, 734; vom 13.1.1987 VII B 128/86, BStBl. II 1987, 220.

Auffangtatbestand

Rechts im konkreten Einzelfall die Grundsatzrevision **nicht** rechtfertigen können[1]. Die Zulassung wegen **gravierender Rechtsanwendungsfehler** des Finanzgerichts wird ebenfalls unter den Spezialtatbestand des § 115 Abs. 2 Nr. 2, Alt. 2 FGO subsumiert[2], vgl. zu Einzelheiten Tz. 1430 ff.

Wie erwähnt (Vgl. Tz. 1336), war die Rechtsfortbildung bis zum 2. FGO-Änderungsgesetz der Hauptanwendungsfall der Grundsatzrevision. Die Ergänzung des § 115 Abs. 2 **Nr. 2** FGO um die Alternative 1 („**Fortbildung des Rechts**") wirkt sich auf die Grundsatzrevision wie folgt aus: Soweit eine Entscheidung des BFH zur Rechtsfortbildung erforderlich ist, wird dies nunmehr durch die ausdrückliche Spezialregelung in § 115 Abs. 2 Nr. 2, Alt. 1 FGO erfasst[3]. Dieser selbstständige Zulassungsgrund **verdrängt**, soweit dessen Anwendungsbereich reicht, die **Grundsatzrevision**[4]. § 115 Abs. 2 Nr. 2, Alt. 1 FGO ist insoweit lex specialis[5]. 1347

Aus diesem Grunde fordert die **Grundsatzrevision** nach zutreffender Ansicht **nicht** mehr die Darlegung einer **rechtssystematischen** Bedeutung der Rechtssache[6]. 1348

Wird die Erforderlichkeit zur Fortbildung des Rechts iS von § 115 Abs. 2 Nr. 2, Alt. 1 FGO verneint, so bleibt die „grundsätzliche Bedeutung" iS der Generalklausel als **Auffangtatbestand** zu prüfen. 1349

---

1 Vgl. BFH vom 12.5.2009 VII B 266/08, BFH/NV 2009, 1589; vom 30.5.2007 V B 104/05, BFH/NV 2007, 1724; Ruban in Gräber, § 115 Rz. 24, mwN.
2 Vgl. nur Seer in Tipke/Kruse, § 115 FGO Rz. 75 (April 2008).
3 Vgl. nur BFH vom 6.2.2002 V B 36/01, BFH/NV 2002, 824; vom 28.12.2006 III B 91/05, BFH/NV 2007, 864; Schmidt-Troje/Schaumburg, III Rz. 39.
4 Vgl. Ruban in Gräber, § 115 Rz. 23; Lange in Hübschmann/Hepp/Spitaler, § 115 FGO Rz. 85 (Okt. 2006); Seer in Tipke/Kruse, § 115 FGO Rz. 60 (April 2008).
5 Vom 19.4.2007 III B 36/06, BFH/NV 2007, 1518; BFH vom 27.4.2006 III B 179/04, BFH/NV 2006, 1646; Seer in Tipke/Kruse, § 115 FGO Rz. 60 (April 2008); offengelassen von BFH vom 6.2.2002 V B 36/01, BFH/NV 2002, 824 (möglicherweise auch eigenständiger Revisionsgrund).
6 So Lange in Hübschmann/Hepp/Spitaler, § 116 FGO Rz. 171 (Juni 2007), § 115 FGO Rz. 85; **aA** wohl der BFH, der – wie oben erwähnt – auch nach dem 1.1.2001 dieses Erfordernis weiterhin nennt, vgl. zB BFH vom 27.10.2003 VII B 196/03, BFH/NV 2004, 232; vom 1.9.2008 IV B 131/07, BFH/NV 2009, 133. Die Ausklammerung und Zuweisung eines eigenen Zulassungsgrunds in § 115 Abs. 2 2. Alt. FGO ist Indiz für einen erweiterten Individualrechtsschutz der Grundsatzrevision des § 115 Abs. 2 Nr. 1 FGO; so auch Seer in Tipke/Kruse, § 115 FGO Rz. 43 (April 2008); Beermann in Beermann/Gosch, § 115 FGO Rz. 72, 76 (März 2006); **aA** die bisherigen BFH-Rechtsprechung (vgl. die ausführlichen Nachweise bei Seer in Tipke/Kruse, § 115 FGO Rz. 42 (April 2008).

Rechtssache

1350 Im **Ergebnis** nimmt der Spezialtatbestand der Fortbildung des Rechts der Grundsatzrevision den **Hauptanwendungsbereich**. Gleichwohl werden nachfolgend in die **Darstellung** der Voraussetzungen der Grundsatzrevision auch die Fälle des § 115 Abs. 2 Nr. 2 Alt. 1 FGO einbezogen.

1351 Die vorgenannten differenzierten Zuordnungen zu den einzelnen Zulassungsgründen des § 115 Abs. 2 Nr. 1 und Nr. 2 FGO sind nicht nur rechtstheoretischer Natur. Wird im Rahmen des Darlegungserfordernisses des § 116 Abs. 3 Satz 3 FGO der jeweilige Zulassungsgrund explizit genannt, kann eine Verwechslung schädlich sein. In der **Praxis** erweist es sich als zweckmäßig, im Zweifel die Rechtsfrage unter **sämtliche** in Betracht kommende Zulassungsgründe zu subsumieren.

1352 Ferner fordern Rechtsprechung und Literatur einheitlich, dass die für die Beurteilung des Streitfalls maßgebliche Rechtsfrage unter den vorher genannten Gesichtspunkten der grundsätzlichen Bedeutung im allgemeinen Interesse **klärungsbedürftig** und im Streitfall auch **klärungsfähig** ist.[1]

1353 Die Erfüllung der vorgenannten Anforderungen ist gemäß **§ 116 Abs. 3 Satz 3 FGO** dazulegen[2]. In der Praxis hat sich dazu folgender **Aufbau** der Begründungsschrift bewährt[3]:

– Rechtsfrage von allgemeinem Interesse;

– ihre Klärungsbedürftigkeit;

– ihre Klärungsfähigkeit und Entscheidungserheblichkeit;

– allgemeines (abstraktes) Interesse an der Klärung der Rechtsfrage.

b. Rechtssache

1354 Der in § 115 Abs. 2 Nr. 1 FGO verwandte Begriff „Rechtssache" ist mit dem Begriff „**Rechtsfrage**" gleichzusetzen[4]. Die Rechtsfrage kann so-

---

1 Vgl. BFH vom 29.12.2006 IX B 139/05, BFH/NV 2007, 1048; vom 13.2.2007 II B 32/06, BFH/NV 2007, 966; LANGE in Hübschmann/Hepp/Spitaler, § 115 FGO Rz. 105, 120 (Okt. 2006); SEER in Tipke/Kruse, § 115 FGO Rz. 50, 52 (April 2008); OFFERHAUS, Stbg. 2009, 49.
2 Vgl. dazu Tz. 1321 ff.
3 Vgl. LANGE in Hübschmann/Hepp/Spitaler, § 116 FGO Rz. 170 (Juni 2007); SEER in Tipke/Kruse, § 115 FGO Rz. 44 ff. (April 2008).
4 Vgl. BFH vom 6.5.2004 V B 101/03, BStBl. II 2004, 748; BEERMANN in Beermann/Gosch, § 115 FGO Rz. 83 (März 2006).

Rechtssache

wohl **Verfahrensrecht** als auch **materielles Recht** betreffen[1]. Von diesen Verfahrensfragen (bewusst erörtert als wesentlich erkannte Fragen) sind die Verfahrensfehler (unbewusste ungewollte Abweichungen von verfahrensrechtlichen Regeln) zu unterscheiden. Die Verfahrensfehler können nur im Rahmen der Verfahrensrevision iS des § 115 Abs. 2 Nr. 3 FGO geltend gemacht werden[2].

Der Beschwerdeführer muss eine **abstrakte Rechtsfrage** herausarbeiten[3]. Die entscheidungserhebliche abstrakte Rechtsfrage ist zu konkretisieren. Als **Kontrollüberlegung** einer ordnungsgemäßen Formulierung dient die Antwort. Die Rechtsfrage muss mit Ja oder Nein beantwortet werden können[4].   1355

Problematisch sind die Rechtsbegriffe, die eine Würdigung aller Einzelumstände fordern, zB **Typus-Begriffe**. Solche Typus-Begriffe können nur durch eine größere und unbestimmte Zahl von Merkmalen beschrieben werden und sind nach dem Gesamtbild der Verhältnisse zu beurteilen[5]. Nach Ansicht der Rechtsprechung eröffnen solche Einzelfallwürdigungen die Zulassung der Revision nicht[6]. Diese Rechtsprechung erscheint zu eng. Hierdurch werden entscheidende Bereiche des Steuerrechts aus der höchstrichterlichen Rechtsprechung ausgeklammert (zB die Bestimmung der Mitunternehmerschaft). Gerade Typus-Begriffe werden nur durch eine Vielzahl von entschiedenen Fällen konkretisiert. Hier ist die Entscheidung des Einzelfalls gerade Bedingung für die Begriffsbildung, so dass solche Fälle immer dann durch den BFH zu entscheiden sind, wenn durch die Entscheidung „leere Flecken" im Begriffsbild ausgefüllt werden können. Für diese Sichtweise spricht auch die geforderte großzügigere Auslegung der Grundsatzrevision[7].   1356

---

1 Vgl. BFH vom 13.2.2007 II B 32/06, BFH/NV 2007, 966; Lange in Hübschmann/Hepp/Spitaler, § 115 FGO Rz. 92 (Okt. 2006).
2 Vgl. Seer in Tipke/Kruse, § 115 FGO Rz. 45 (April 2008).
3 Vgl. BFH vom 17.2.2005 II B 115/03, BFH/NV 2005, 1004.
4 Vgl. Lange in Hübschmann/Hepp/Spitaler, § 116 FGO Rz. 171 (Juni 2007).
5 Vgl. exemplarisch zur Abgrenzung nichtselbstständiger und gewerblicher Tätigkeit BFH vom 9.9.2003 XII B 53/03, BFH/NV 2004, 42.
6 Vgl. BFH vom 28.1.2003 XI B 161/00, BFH/NV 2003, 793; BFH vom 9.9.2003 XI B 53/03, BFH/NV 2004, 42.
7 Vgl. zur Erweiterung des Individualrechtsschutzes Tz. 1348, 1378.

Nichtanwendungserlasse

c. Klärungsbedürftigkeit

1357 Eine Rechtsfrage ist klärungsbedürftig, wenn sie sich nicht ohne Weiteres aus dem Gesetz beantworten lässt und weder offensichtlich[1], wie durch das Finanzgericht entschieden, zu beantworten noch bereits durch eine Entscheidung des BFH geklärt ist[2]. Dies ist **insbesondere** der Fall, wenn die Rechtsfrage **mangels Entscheidung** des BFH **umstritten ist**.[3]

1358 Hierzu muss sich der Beschwerdeführer insbesondere mit der **Rechtsprechung** des BFH, den Äußerungen im **Schrifttum** sowie mit ggf. veröffentlichten **Verwaltungsmeinungen** auseinandersetzen.[4] Rechtsprechung und Literatur sind unter Angabe der Quellen zu benennen[5]. Die Bezeichnung zB eines Aufsatzes oder eines Urteils mit Anfangs- und konkreter Fundseite ist wohl nicht erforderlich, jedoch hilfreich bzw. zuträglich.

1359 Hat die **höchstrichterliche Rechtsprechung Widerspruch** in der Finanzgerichtsbarkeit oder im Schrifttum erfahren und werden gegen sie nicht von vornherein abwegige, beachtliche, neue, vom Revisionsgericht bisher nicht erwogene Gesichtspunkte vorgebracht, besteht ebenfalls Klärungsbedürftigkeit der Rechtsfrage[6].

1360 Im Falle der **Nichtanwendung von BFH-Urteilen** durch die Finanzverwaltung wird differenziert[7]. Vertritt das Finanzgericht in Übereinstimmung mit dem BFH die Auffassung des Klägers, so ist die Revision des Finanzamts in der Regel wegen grundsätzlicher Bedeutung zuzulassen[8]. Schließt sich das Finanzgericht der Auffassung des Nichtanwendungserlasses und des Finanzamts an, so ist die Revision nicht als

---

1 Vgl. dazu BFH vom 6.5.2004 V B 101/03, BStBl. II 2004, 748.
2 Vgl. BFH vom 5.4.1995 I B 126/94, BStBl. II 1995, 496; vom 15.12.1989 VI B 78/88, BStBl. II 1990, 344.
3 Vgl. BEERMANN in Beermann/Gosch, § 115 FGO Rz. 103 (März 2006); SEER in Tipke/Kruse, § 115 FGO Rz. 50 (April 2008).
4 Vgl. BFH vom 4.5.2010 VI B 156/09, BFH/NV 2010, 1443; BFH vom 11.4.2007, II B 104/06 BFH/NV 2007, 1280; SCHMIDT-TROJE/SCHAUMBURG, III Rz. 50.
5 BFH vom 20.12.1995 VIII B 83/95, BFH/NV 1996, 468, SEER in Tipke/Kruse, § 116 FGO Rz. 44 (Juli 2008).
6 BFH vom 4.6.2003 VII B 138/01, BStBl. II 2003, 790; BFH vom 25.8.2006 VIII B 13/06, BFH/NV 2006, 2122; vom 25.10.2007 VIII B 21/07, BFH/NV 2008, 214; DÜRR in Schwarz, § 115 FGO Rz. 20 (Nov. 2009).
7 Vgl. DÜRR in Schwarz, § 115 FGO Rz. 21 (Nov. 2009).
8 BFH vom 9.8.1968 XI B 46/68, BStBl. II 1968, 779; VIII B 67/97, BFH/NV 1998, 1066.

Musterprozesse, Verfassungswidrigkeit

Grundsatzrevision, sondern gemäß § 115 Abs. 2 Nr. 2 Alt. 2 FGO wegen Divergenz zuzulassen[1].

Ist in einem **ähnlichen Fall** bereits die **Revision anhängig**, genügt der bloße Verweis auf dieses Verfahren nicht den Anforderungen des § 116 Abs. 3 Satz 3 FGO[2]. Auch in diesem Fall sind **Ausführungen erforderlich**, inwieweit die anhängige Rechtsfrage in Rechtsprechung und/oder Literatur umstritten ist[3]. Hier werden die Anforderungen überdehnt. Dies gilt jedenfalls, wenn in dem in Bezug genommenen Revisionsverfahren die Revision durch das Finanzgericht oder den BFH wegen grundsätzlicher Bedeutung zugelassen wurde und dieselbe Rechtsfrage maßgebend ist. 1361

Umgekehrt gilt: Der Klärungsbedürftigkeit steht **nicht entgegen**, dass wegen der gleichen Rechtsfrage bereits in einer anderen Sache die Revision zugelassen ist[4]. Das Gegenteil ist richtig: Da hier in einer anderen Sache die Möglichkeit einer klärenden Rechtsprechung eröffnet ist, muss den Parteien anderer Verfahren „Schutz vor der Rechtskraft" durch die Zulassung der Revision gegeben werden. Demgemäß begründet auch die Anhängigkeit eines **Musterprozesses** beim BFH zur Klärung einer zweifelhaften Rechtsfrage die Klärungsbedürftigkeit[5]. 1362

Die zu erwartende Bestätigung der finanzgerichtlichen Entscheidung durch den BFH lässt die Klärungsbedürftigkeit nicht entfallen[6]; das Gleiche gilt für die **Erfolgsaussichten** der Revision. 1363

Die Frage der **Verfassungswidrigkeit** ist regelmäßig klärungsbedürftig[7]. Auch hier müssen die Gründe substanziiert angegeben werden. Ein bloßer Verweis darauf, dass dem Bundesverfassungsgericht eine entsprechende Rechtsfrage bereits zur Entscheidung vorliegt, reicht nicht aus[8]. Vielmehr bedarf es auch hier einer rechtlichen Auseinandersetzung mit der möglichen Verfassungswidrigkeit. 1364

---

1 SEER in Tipke/Kruse, § 115 FGO Rz. 51 (April 2008).
2 Vgl. SEER in Tipke/Kruse, § 115 FGO Rz. 50 (April 2008); BFH vom 16.5.2002 IX B 1/02, BFH/NV 2002, 1322.
3 Vgl. BFH vom 18.3.2005 IX B 193/04, BFH/NV 2005, 1342.
4 Vgl. BFH vom 14.7.1977 IV B 27/77, BStBl. II 1977, 806.
5 Vgl. BFH vom 5.4.2005 IV B 96/03, BFH/NV 2005, 1564.
6 Außer in den Fällen der Offensichtlichkeit, vgl. Tz. 1357.
7 Vgl. BFH vom 28.7.1994 III B 37/90, BStBl. II 1994, 795; BEERMANN in Beermann/Gosch, § 115 FGO Rz. 91 (März 2006).
8 Vgl. BFH vom 13.10.1967 IV B 43/67, BStBl. II 1968, 118; vom 20.3.2006 II B 147/05, BFH/NV 2006, 1320, 1321.

Klärungsfähigkeit

1365 Gleiches gilt für einen geltend gemachten Verstoß gegen **Gemeinschaftsrecht**[1].

1366 Richtigerweise dürfen an die Darlegung[2] der Klärungsbedürftigkeit **keine zu hohen Anforderungen** gestellt werden[3].

1367 In der Literatur werden **hilfreiche Übersichten** dazu angeboten, wann eine Rechtsfrage klärungsbedürftig ist oder nicht[4].

d. Klärungsfähigkeit und Rechtserheblichkeit

1368 Die Rechtssache kann nur dann wegen grundsätzlicher Bedeutung zugelassen werden, wenn der BFH über sie überhaupt entscheiden darf, sog. **Klärungsfähigkeit**[5].

1369 Der BFH darf zB nur über **revisibles Recht** entscheiden. Dies ist in der Regel Bundesrecht[6].

1370 An der Klärungsfähigkeit fehlt es bei einer **unzulässigen Klage**, es sei denn, die Rechtsfrage betrifft gerade eine Zulässigkeitsvoraussetzung[7].

1371 **Problematisch** sind Fälle, in denen die **Tatsachenwürdigungen** durch das Finanzgericht angegriffen werden. Würde die eingeforderte Entscheidung des BFH maßgeblich von einer Tatsachenwürdigung oder von der Gesamtbeurteilung der besonderen tatsächlichen Umstände des Streitfalls abhängen, scheidet die Klärungsfähigkeit aus[8]. Denn insofern ist der BFH an die in dem angefochtenen Urteil getroffenen tatsächlichen Feststellungen gebunden (vgl. § 118 Abs. 2 FGO)[9], es sei

---

1 Vgl. SEER in Tipke/Kruse, § 116 FGO Rz. 41 (Juli 2008).
2 Gemäß § 116 Abs. 3 Satz 3 FGO.
3 So auch BFH vom 3.9.2001 GrS 3/98, BStBl. 2001, 802.
4 Vgl. DÜRR in Schwarz, § 115 FGO Rz. 20 f. (Nov. 2009); BEERMANN in Beermann/Gosch, § 115 FGO Rz. 106 (März 2006); SEER in Tipke/Kruse, § 115 FGO Rz. 50 (April 2008).
5 Vgl. BFH vom 16.1.2007 X B 5/06, BFH/NV 2007, 720; BFH/NV 2006, 1277; vom 17.7.2006 II B 118/05, BFH/NV 2006, 1875; BFH vom 30.3.1971 II B 53/70, BStBl. II 1971, 401.
6 Vgl. SEER in Tipke/Kruse, § 115 FGO Rz. 52 (April 2008).
7 Vgl. BFH vom 5.6.2003 X B 115/02, BFH/NV 2003, 1340; BEERMANN in Beermann/Gosch, § 115 FGO Rz. 109 (März 2006).
8 Vgl. BFH vom 28.9.2004 VII B 124/04, BFH/NV 2005, 151; BEERMANN in Beermann/Gosch, § 115 FGO Rz. 109 (März 2006).
9 Vgl. MÜLLER, AO-StB 2009, 302, 304 f.

Entscheidungserheblichkeit

denn, dass in Bezug auf diese Feststellungen zulässige und begründete Revisionsgründe vorgebracht sind.

Praktisch **schwer angreifbar** sind damit durch die Nichtzulassungsbeschwerde **Schätzungen** von Besteuerungsgrundlagen (§ 162 AO). Diese gehören zu den tatsächlichen Feststellungen iS des § 118 Abs. 2 FGO. Gleiches gilt für die Wahl der Schätzungsmethode[1]. **Nach Zulassung** der Revision kann der BFH die Schätzung des Finanzgerichts jedoch daraufhin überprüfen, ob sie überhaupt schlüssig war und ob das Finanzgericht anerkannte Schätzungsgrundsätze, Denkgesetze und allgemeine Erfahrungssätze beachtet hat, dh., ob das Ergebnis der Schätzung schlüssig und plausibel ist[2]. Die Kunst des Beschwerdeführers besteht darin, gleichwohl abstrakte Rechtsfragen zu formulieren, die dem Nimbus der tatsächlichen Feststellungen entzogen sind[3]. 1372

Neben der Klärungsfähigkeit bedarf die Grundsatzrevision auch der **Entscheidungserheblichkeit** der bezeichneten Rechtsfrage.[4] Entscheidungserheblichkeit besteht, wenn der Rechtsstreit von der Rechtsfrage **abhängt**. Die aufgeworfene Rechtsfrage darf nicht hinweggedacht werden können, ohne dass das Urteil des Finanzgerichts entfiele[5]. 1373

Probleme für den Berater werfen in diesem Sinne **kumulative Begründungen** des finanzgerichtlichen Urteils auf (vgl. auch Tz. 1314, 1425). 1374

Zu unterscheiden sind diese Fälle von solchen, in denen das Urteil entsprechend den Urteilsgründen auf der Rechtsfrage beruht, das Finanzgericht jedoch einen weiteren Gesichtspunkt, der das Urteil stützen würde, übersehen hat. Nach überwiegender Meinung entfällt die Entscheidungserheblichkeit der Rechtsfrage, wenn das Finanzgerichtsurteil bereits aus anderen Gründen im Ergebnis richtig und die Revision deshalb gemäß § 126 Abs. 4 FGO zurückzuweisen ist (sog. **Ergebnisrichtigkeit**)[6]. Die analoge Anwendung des § 126 Abs. 4 FGO ist jedoch 1375

---

1 Vgl. hierzu BFH vom 28.10.1998 II R 37/97, BStBl. II 1999, 51; vom 15.12.1999 I R 91/98, BStBl. II 2002, 381; RUBAN in Gräber, § 118 FGO Rz. 31.
2 Vgl. BFH vom 29.5.2008 VI R 11/07, BStBl. II 2008, 933; vom 17.10.2001 I R 103/00, BStBl. II 2004, 171.
3 Vgl. dazu oben auch die Problematik zu Typusbegriffen Tz. 1356.
4 BFH vom 27.3.2006 VII B 117/05, BFH/NV 2006, 1254, vom 23.5.2006 VI B 132/05, BFH/NV 2006, 1683; SCHMIDT-TROJE/SCHAUMBURG, III Rz. 68; RUBAN in Gräber § 115 Rz. 30.
5 Vgl. BFH vom 27.3.2006 VII B 117/05, BFH/NV 2006, 1254; LANGE in Hübschmann/Hepp/Spitaler, § 115 FGO Rz. 123 (Okt. 2006).
6 Vgl. BFH vom 9.3.2006 IX B 143/05, BFH/NV 2006, 1281; BFH vom 23.12.2004 III B 160/03, BFH/NV 2005, 1075; BFH vom 23.11.1999 VII B 186/99, BFH/NV

Abstraktes Interesse

in solchen Fällen **abzulehnen**. Anderenfalls würde der BFH bereits im Zulassungsverfahren die Erfolgsaussichten der Revision beurteilen[1].

1376 Die **Behauptung** der Rechtserheblichkeit genügt auch hier den Darlegungsanforderungen des § 116 Abs. 3 Satz 3 FGO **nicht**.

e. Allgemeines (abstraktes) Interesse an der Klärung

1377 Im Prüfungspunkt des allgemeinen (abstrakten) Interesses an der Klärung der Rechtsfrage spiegeln sich die eingangs dargelegten **unscharfen Definierungsversuche** der Rechtsprechung wider. Danach muss ein Interesse der Allgemeinheit an einer Entscheidung des Revisionsgerichts bestehen und darf sich die Bedeutung der Sache nicht in der Entscheidung des konkreten Einzelfalls erschöpfen, sondern soll eine Vielzahl von gleichartigen Fällen betreffen.

1378 Zutreffend wird darauf hingewiesen, dass die Vagheit des Begriffs „grundsätzliche Bedeutung" die verfassungsrechtlichen Grundsätze der Rechtsmittelklar- und sicherheit gefährdet[2]. Ferner deutet die Erweiterung der Zulassungsgründe in § 115 Abs. 2 Nr. 2 FGO durch das 2. FGO-Änderungsgesetz auf einen **verstärkten Individualrechtsschutz** auch durch die Grundsatzrevision hin[3].

1379 In der **Praxis** ist damit die Voraussetzung, ob die Klärung der Rechtsfrage das Interesse der Allgemeinheit berührt, nach einem **Grundsatz-Ausnahmeverfahren** zu beurteilen[4]. Existiert zu einer Rechtsfrage noch keine höchstrichterliche Rechtsprechung, ist im Zweifel von einer „grundsätzlichen Bedeutung" auszugehen[5].

2000, 476; LANGE in Hübschmann/Hepp/Spitaler, § 115 Rz. 25 (Okt. 2006); DÜRR in Schwarz, FGO, § 115 Rz. 16 (Nov. 2009).
1 So zutreffend SEER in Tipke/Kruse, § 115 FGO Rz. 53 (April 2008); RUBAN in Gräber, § 115 Rz. 32.
2 SEER in Tipke/Kruse, § 115 FGO Rz. 54 (April 2008).
3 Vgl. dazu BEERMANN, DStZ 2006, 71; BEERMANN in Beermann/Gosch, § 115 FGO, Rz. 72, (März 2006); LIST, DB 2002, 1069, 1072; SEER in Tipke/Kruse, § 115 FGO Rz. 43 (April 2008); die Ausführungen zu Tz. 1348; anderer Auffassung ist die Rechtsprechung des BFH, die am bisherigen Bild festhält, vgl. die Nachweise bei SEER in Tipke/Kruse, § 115 FGO Rz. 42 (April 2008).
4 SEER in Tipke/Kruse, § 115 FGO Rz. 54 (April 2003) spricht von „in dubio pro justitia".
5 Vgl. SEER in Tipke/Kruse, § 115 FGO Rz. 54 (April 2008); BEERMANN, DStZ 2000, 773.

Auslaufendes Recht

Anderenfalls wäre es höchst gekünstelt, dem Beschwerdeführer unter den erhöhten Darlegungsvoraussetzungen des § 116 Abs. 3 Satz 3 FGO die Darlegung der Breitenwirkung aufzuerlegen. Dies erschöpft sich in der Regel in **floskelhaften Formulierungen**. 1380

Gleichwohl sollte zur Sicherheit in der **Beschwerdebegründung** dieser Punkt angesprochen und **dargelegt** werden. 1381

Problematisch ist die Darlegung des abstrakten Interesses in den folgenden **Fällen**: 1382

Nach ständiger Rechtsprechung kommt Rechtsfragen, die **ausgelaufenes** (außer Kraft getretenes) oder **auslaufendes** (demnächst außer Kraft tretendes) Recht betreffen, keine grundsätzliche Bedeutung zu[1]. Dies wird auch überwiegend in der Literatur so gesehen[2], und zwar auch für Übergangsvorschriften[3]. Eine Ausnahme hierfür gilt dann, wenn die Streitfrage noch für eine Vielzahl von Fällen entscheidungserheblich ist oder eine Vorschrift durch eine im Wesentlichen inhaltsgleiche ersetzt wurde[4]. 1383

Richtigerweise stehen – über die vorgenannten Ausnahmen hinaus – ausgelaufenes oder auslaufendes Recht bzw. Übergangsregelungen dem Allgemeininteresse **nicht entgegen**. Auslaufendes Recht ist geltendes, jedoch befristetes Recht, außerdem außer Kraft getretenes Recht, das jedoch für abgelaufene Zeiträume noch in Rechtsanwendung ist. Die Behandlung dieses Rechts bedarf einer spezifischen Beurteilung im Steuerrecht. Dieses ist von befristeten, damit auslaufenden Gesetzen und Änderungsgesetzen beherrscht. Steuergesetze sind Zeitgesetze, in denen zeitlich begrenztes Recht die Regel, beständiges 1384

---

1 Vgl. BFH vom 15.11.2004 VIII B 184/04, BFH/NV 2005, 556; vom 27.10.2004 XI B 216/02, BFH/NV 2005, 353; BFH vom 18.9.2002 IV B 110/00, BFH/NV 2003, 186.
2 So SCHMIDT-TROJE/SCHAUMBURG, II Rz. 36; BEERMANN in Beermann/Gosch, § 115 FGO Rz. 90 (März 2006); RUBAN in Gräber, § 115 Rz. 35; DÜRR in Schwarz, § 15 FGO Rz. 20 (Nov. 2009); aA SEER in Tipke/Kuse, § 115 Rz. 55 (April 2008).
3 RUBAN in Gräber, § 115 Rz. 35; BEERMANN in Beermann/Gosch, § 115 FGO Rz. 90 (März 2006); noch nicht entschieden vom BFH.
4 Vgl. BFH vom 18.9.2002 IV B 110/00, BFH/NV 2003, 186; vom 19.6.1973 VII B 32/72, BStBl. II 1973, 685; LANGE in Hübschmann/Hepp/Spitaler, § 115 FGO Rz. 99 (Okt. 2006); RUBAN in Gräber § 115 Rz. 35; SEER in Tipke/Kruse, § 115 FGO Rz. 55 (April 2008), der dies allerdings der Wahrung der Rechtseinheitlichkeit iS des § 115 Abs. 2 Nr. 2 Alt. 2 FGO zuordnet.

Rechtsfortbildung

Recht die Ausnahme ist[1]. Der BFH entscheidet zunehmend über Gesetze, die nicht mehr in Kraft sind oder auslaufen. Die oben genannte Ansicht verkürzt damit in erheblichem Maße den Rechtsschutz.

1385 Sind andere **gleich gelagerte Fälle** bereits beim BFH anhängig, jedoch noch nicht entschieden, bedarf es richtigerweise einer besonderen Darlegung des abstrakten Interesses nicht[2].

1386 Kann das allgemeine abstrakte Interesse nicht anhand der bisher genannten Kriterien, auch nicht anhand der quantitativen Fallzahl festgestellt werden, rechtfertigen nach zutreffender Ansicht auch gravierende wirtschaftliche oder **soziale Auswirkungen** der Entscheidung, die Ausstrahlung auf die Allgemeinheit hat, die grundsätzliche Bedeutung[3]. Für diese Sichtweise spricht auch die gewandelte Intention des Gesetzgebers, den Zugang zum BFH zu erweitern.

1387 Die Vorläufigkeit des Rechtsschutzes in Verfahren gemäß §§ 69, 114 FGO lässt das abstrakte Interesse an der Klärungsbedürftigkeit nicht entfallen[4]. Dies resultiert bereits aus dem uneingeschränkten Verweis des § 128 Abs. 3 Satz 2 FGO auf die Zulassungsgründe des § 115 Abs. 2 FGO. Oftmals ist der **eilige Rechtsschutz** die einzige Möglichkeit, vor Auslauf des Rechts eine Entscheidung des BFH zu erhalten.

2. Rechtsfortbildungsrevision (§ 115 Abs. 2 Nr. 2 Alt. 1 FGO)

a. Anwendungsbereich

1388 Die Revision ist zuzulassen, „wenn die Fortbildung des Rechts eine Entscheidung des Bundesfinanzhofs erfordert" (§ 115 Abs. 2 **Nr. 2 Alt. 1** FGO).

---

1 Exemplarisch sei auf § 52 EStG verwiesen, der inzwischen in mehr als 60 Absätzen (nicht Textziffern) die unterschiedlichen Anwendungszeiträume regelt.
2 Andere Ansicht wohl BEERMANN in Beermann/Gosch, § 115 FGO Rz. 89; zur Klärungsbedürftigkeit in diesem Falle so. Tz. 1362 f.
3 Zutreffend SEER in Tipke/Kruse, § 115 Rz. 49 (April 2008); differenzierend BEERMANN in Beermann/Gosch, § 115 FGO Rz. 92 (März 2006); verneinend wohl BFH vom 18.1.1968 V B 45/67, BStBl. II 1968, 98; vom 16.7.2007 VII B 321/06, BFH/NV 2007, 2373.
4 Vgl. BFH vom 28.11.1977 GrS 4/77, BStBl. II 1978, 229; vom 6.2.2009 IV B 125/08, BFH/NV 2009, 760; vom 24.3.1987 I B 125/86, BFH/NV 1987, 799; SEER in Tipke/Kruse, § 115 FGO Rz. 56 (April 2008); RUBAN in Gräber, § 115 Rz. 38; andere Ansicht BFH vom 6.8.1986 II B 67/86, BStBl. II 1986, 859; vom 7.4.1992 VII B 56/91, BFH/NV 1993, 137.

Grundsätzliche Bedeutung

Die Rechtsfortbildungsrevision ist **lex specialis** zur **Grundsatzrevision** des § 115 Abs. 2 Nr. 1 FGO (S. dazu Tz. 1347). 1389

Hieraus folgt – wie bereits oben (S. Tz. 1349) – erwähnt: Im Falle der Verneinung der Rechtsfortbildung bleibt die grundsätzliche Bedeutung iS des § 115 Abs. 2 Nr. 1 FGO als **Generalklausel** zu prüfen. 1390

Aufgrund der Abgrenzungsprobleme sollte in solchen Fällen, in denen die Rechtsfortbildungsrevision in Betracht kommt, eine **Subsumtion** unter **beide** Zulassungsgründe vorgenommen werden. 1391

b. Rechtsfortbildung

Eine Zulassung iS des § 115 Abs. 2 Nr. 2 Alt. 2 kann in **zwei Varianten** vorliegen. Zum einen, wenn der Streitfall bisher noch **ungeklärte Rechtsfragen** aufwirft[1]. Zum anderen, wenn es dem Kläger gelingt, gewichtige Argumente **gegen** eine bestehende **höchstrichterliche Rechtsprechung** vorzutragen, die der BFH noch nicht erwogen hat[2]. 1392

In beiden Varianten muss der Einzelfall Veranlassung geben, **Leitsätze** für die Auslegung von Gesetzesbestimmungen des materiellen oder des Verfahrensrechts aufzustellen oder **Gesetzeslücken** rechtsschöpferisch zu schließen[3]. Eine Lücke im Gesetz setzt eine planwidrige Unvollständigkeit des Gesetzes voraus[4]. 1393

c. Sonstige Anforderungen wie grundsätzliche Bedeutung

Im Übrigen gelten für die Revisionszulassungen nach § 115 Abs. 2 Nr. 2 Alt. 1 FGO die gleichen **Anforderungen** wie bei der **Zulassung** wegen 1394

---

1 BFH vom 25.8.2006 BIII B 13/06, BFH/NV 2006, 2122; BFH vom 6.2.2002 V B 36/01, 824, BFH/NV 2002, 824; BEERMANN in Beermann/Gosch, § 115 Rz. 113 (März 2006).
2 Vgl. BFH vom 7.10.2004 VIII B 76/04, BFH/NV 2005, 337; vom 10.4.2003 X B 109/02, BFH/NV 2003, 1082; vom 2.2.2002 V B 36/01, BFH/NV 2002, 824; SEER in Tipke/Kruse, § 115 FGO Rz. 61 (April 2008).
3 Vgl. BFH vom 11.4.2007 II B 104/06, BFH/NV 2007, 1280; BFH vom 30.8.2001 VI B 79, 80/01, BStBl. II 2001, 837; RUBAN in Gräber, § 115 Tz. 41; OFFERHAUS, Stbg. 2009, 49, 51; LANGE in Hübschmann/Hepp/Spitaler, § 115 FGO Rz. 147 (Okt. 2006).
4 LANGE in Hübschmann/Hepp/Spitaler, § 115 FGO Rz. 48 (Okt. 2006) mit weiteren Hinweisen aus der Rechtsprechung und Konkretisierungen.

Grundsätzliche Bedeutung

grundsätzlicher Bedeutung[1]. Dieses Erfordernis resultiert auch aus der Qualifikation der Rechtsfortbildungszulassung als Spezialtatbestand der grundsätzlichen Bedeutung.

1395 Wie bei der grundsätzlichen Bedeutung müssen daher auch **Klärungsfähigkeit** und **Entscheidungserheblichkeit** gegeben sein[2].

1396 Auch aus dem Tatbestandsmerkmal, wonach die Fortbildung des Rechts „eine Entscheidung des BFH erfordert", wird gefordert, die Rechtsfortbildung müsse über den Streitfall hinaus im **allgemeinen Interesse** liegen[3]. Dementsprechend reichte es für die Darlegung des Zulassungsgrunds grundsätzlich – für sich alleine – nicht aus, dass die Rechtsfrage bislang höchstrichterlich noch nicht entschieden ist[4].

1397 Diesem Grundsatz ist jedoch nach zutreffender Ansicht – entsprechend den Überlegungen bei dem Revisionsgrund der grundsätzlichen Bedeutung – ein **Regel-Ausnahme-Verhältnis** zugrunde zu legen. Hängt die Entscheidung über den Rechtsstreit im Einzelfall von einer ungeklärten Rechtsfrage ab, die noch nicht Gegenstand höchstrichterlicher Rechtsprechung war und eine gewisse Breitenwirkung besitzt, ist in der Regel von der Erforderlichkeit einer BFH-Entscheidung zur Fortbildung des Rechts im Sinne einer Präjudizienbildung auszugehen[5].

1398 Auch für den Zulassungsgrund der Rechtsfortbildung sind gemäß **§ 116 Abs. 3 Satz 3 FGO** substanzielle und konkrete Angaben darüber erforderlich, weshalb der behauptete Zulassungsgrund vorliegt[6].

---

1 Vgl. BFH vom 4.5.2010 VI B 156/09, BFH/NV 2010, 1443; OFFERHAUS, Stbg. 2009, 49, 51; SCHMIDT-TROJE/SCHAUMBURG, III Rz. 41.
2 LANGE in Hübschmann/Hepp/Spitaler, § 115 FGO Rz. 115 (Okt. 2006); SCHMIDT-TROJE/SCHAUMBURG, III Rz. 71.
3 Vgl. BFH vom 27.3.2006 III B 21/05, BFH/NV 2006, 1256; BFH vom 25.8.2006 VIII B 13/06, BFH/NV 2006, 2122; LANGE in Hübschmann/Hepp/Spitaler, § 115 FGO Rz. 153 f. (Okt. 2006).
4 So BFH vom 14.3.2007 VIII B 131/06, BFH/NV 2007, 1176; BFH vom 25.8.2006 VIII B 13/06, BFH/NV 2006, 2122; SCHMIDT-TROJE/SCHAUMBURG, III Rz. 41.
5 Vgl. auch SEER in Tipke/Kruse, § 115 FGO Rz. 62 (April 2008); ähnlich BEERMANN in Beermann/Gosch, § 115 FGO Rz. 115 (März 2006).
6 Vgl. BFH vom 4.5.2010 VI B 156/09, BFH/NV 2010, 1443; BFH III B 36/06 vom 19.4.2007, BFH/NV 2007, 1518; OFFERHAUS, Stbg. 2009, 49, 51.

3. Sicherung einheitlicher Rechtsprechung (§ 115 Abs. 2 Nr. 2 Alt. 2 FGO)

a. Anwendungsbereich

Gemäß § 115 Abs. 2 Nr. 2 Alt. 2 ist die Revision auch zuzulassen, „wenn die Sicherung einer einheitlichen Rechtsprechung eine Entscheidung des Bundesfinanzhofs erfordert". 1399

Durch diesen Zulassungsgrund sollen **Unterschiede** in der Rechtsanwendung durch die Gerichte **vermieden** oder **beseitigt** werden[1]. 1400

Bis zur Neufassung des Wortlauts durch das 2. FGO-Änderungsgesetz[2] stellte – wie eingangs erwähnt (vgl. Tz. 1345) – die **Divergenzrüge** einen Unterfall der Grundsatzrevision dar[3]. An diesem Verhältnis hält die Rechtsprechung trotz Änderung des Wortlauts durch das 2. FGO-Änderungsgesetz fest[4]. 1401

Hieraus wird geschlussfolgert, dass auch – in Parallele zum Revisionsgrund des § 115 Abs. 2 Nr. 2 Alt. 1 FGO – die sonstigen Voraussetzungen, die die Grundsatzrevision erfordert (zB Entscheidungserheblichkeit, Klärungsfähigkeit), vorliegen müssen[5]. Eine **missglückte Divergenzbeschwerde** kann folglich als Grundsatzbeschwerde (§ 115 Abs. 2 Nr. 1 FGO anstelle von § 115 Abs. 2 Nr. 2 Alt. 2 FGO) Bestand haben[6]. 1402

Seit der Neufassung durch das 2. FGO-Änderungsgesetz enthält § 115 Abs. 2 Nr. 2 Alt. 2 FGO **zwei Fallgruppen**: Wie zuvor die Zulassung der 1403

---

1 Vgl. OFFERHAUS, Stbg. 2009, 49, 51; SCHMIDT-TROJE/SCHAUMBURG III Rz. 40; SEER in Tipke/Kruse, § 115 FGO Rz. 65 (April 2008), der den Zweck darüber hinaus auch im Individualrechtsschutz oder der Einzelfallgerechtigkeit sieht, so auch LIST, DB 2003, 572, 574.
2 Alter Wortlaut: „Wenn das Urteil von einer Entscheidung des Bundesfinanzhofs oder des Bundesverfassungsgerichts abweicht und auf dieser Abweichung beruht".
3 Vgl. nur BVerwG vom 20.11.1972 VII B 105/68, HFR 1973, 508; BFH vom 13.1.1987 VII B 128/86, BStBl. I 1987, 220; V B 11/88, BStBl. II 1988, 734.
4 Vgl. BFH vom 13.1.2005 V B 153/04, BFH/NV 2005, 926; vom 10.2.2005 X B 179/03, BFH/NV 2005, 1117; vom 2.3.2005 VI B 32/04, BFH/NV 2005, 1333; BEERMANN in Beermann/Gosch, § 115 FGO Rz. 116 (März 2006); zutreffend aA SEER in Tipke/Kruse, § 115 FGO Rz. 63 (April 2008); KEMPERMANN, DStZ 2005, 772, 773.
5 Vgl. RUBAN in Gräber, § 115 Rz. 44. Vgl. zur Voraussetzung des allgemeinen abstrakten Interesses der Allgemeinheit Tz. 1427.
6 Vgl. bereits nach altem Recht BFH vom 23.6.1967 VI B 11/67, BStBl. III 1967, 611. Aktuell DÜRR in Schwarz, § 115 FGO Rz. 38 (Nov. 2009).

Abstrakter Rechtssatz

Revision wegen Divergenz (auch **Divergenz im engeren Sinne** genannt[1]) sowie **neu** die Zulassung der Revision wegen sog. **qualifizierter Rechtsanwendungsfehler**[2] des Finanzgerichts.

b. Divergenz im engeren Sinne

1404 Die Begründung der Nichtzulassungsbeschwerde wegen Divergenz im engeren Sinne setzt bei der **Überlegung** an, ob das finanzgerichtliche Urteil in einer bestimmten Rechtsfrage – in den Gründen der Entscheidung – zulasten des Klägers entschieden hat und ob eine oder mehrere andere Entscheidungen existieren, die diese Rechtsfrage zugunsten des Klägers beantwortet haben. Sind solche abweichenden Entscheidungen erkennbar, ist die Nichtzulassungsbeschwerde nur dann begründet, wenn die nachfolgenden Punkte entsprechend dem Erfordernis des § 116 Abs. 3 Satz 3 FGO substanziiert dargelegt werden.

1405 Der Beschwerdeführer muss **tragende** und **abstrakte Rechtssätze** aus dem angefochtenen Urteil des Finanzgerichts einerseits und aus den behaupteten Divergenzentscheidungen andererseits herausarbeiten und einander **gegenüberstellen**, um so eine **Abweichung** zu verdeutlichen[3].

1406 Folgende **Prüfungsschritte** bieten sich an:

1407 **Erstens**: Problematisch ist bereits, einen abstrakten Rechtssatz des **angefochtenen Urteils** des Finanzgerichts herauszuarbeiten.

1408 Ist die angefochtene Finanzgerichtsentscheidung **oberflächlich** begründet, sucht der Kläger vergeblich nach tragenden Rechtssätzen. Je weniger das Finanzgericht überhaupt durchdachte Rechtssätze bildet, um so revisionsfester wird seine Entscheidung[4]. Oftmals dienen gerade

---

1 Vgl. BFH vom 22.4.2005 III B 121/04, BFH/NV 2005, 1373; BEERMANN in Beermann/Gosch, § 115 FGO Rz. 118 (März 2006).
2 Vgl. auch zum Begriff BFH vom 17.3.2010 XB 118/09, BFH/NV 2010, 1277; vom 31.1.2006 III B 29/05, BFH/NV 2006, 1152; BFH vom 25.8.2006 VIII B 13/06, BFH/NV 2006, 2122; LANGE in Hübschmann/Hepp/Spitaler, § 115 FGO Rz. 170 (Okt. 2006); OFFERHAUS, Stbg. 2009, 49, 51; SCHMIDT-TROJE/SCHAUMBURG, III Rz. 42.
3 Vgl. BFH vom 4.5.2010 VI B 156/09, BFH/NV 2010, 1443; BFH vom 14.9.2007 VIII B 15/07, BFH/NV 2008, 61; vom 7.10.2003 BFH X B 52/03, BFH/NV 2004, 80, mwN; SCHMIDT-TROJE/SCHAUMBURG, III Rz. 53.
4 Vgl. SEER in Tipke/Kruse, § 115 FGO Rz. 74 (April 2008).

Abweichen von anderem Gericht

solch schlecht abgefassten Urteile dem Richter bzw. einem Senat dazu, das Urteil revisionsfest zu machen.

Rechtssätze können jedoch auch **konkludent** in scheinbar nur **fallbezogenen Rechtsausführungen** des Finanzgerichts ausgesprochen sein[1]. Die Kunst besteht darin, ohne aufgestellten abstrakten Rechtssatz durch das Finanzgericht der Subsumtion einen abstrakten Rechtssatz abzugewinnen. Um dem Erfordernis der Substanziierung Rechnung zu tragen, sollte konkret dargelegt werden, aus welchen Ausführungen der Entscheidungsgründe des angefochtenen Urteils sich der abstrakte Rechtssatz ergibt. 1409

Ist dem Finanzgerichtsurteil **nicht zu entnehmen**, auf welche Rechtssätze es seine Entscheidung gestützt hat, und ist deshalb nicht eindeutig, ob sein Urteil von anderen Gerichtsentscheidungen abweicht, sollte nicht verzagt werden. Gerade in solchen Fällen bedarf es zur Wahrung der Rechtseinheit ebenfalls einer klarstellenden Entscheidung des BFH unter dem Gesichtspunkt der Divergenz[2]. 1410

Zweitens: Diese herausgearbeitete Rechtsfrage muss von der Entscheidung eines **anderen Gerichts abweichen**. 1411

Bis zur Änderung des § 115 Abs. 2 Nr. 2 FGO durch das 2. FGO-Änderungsgesetz galten als solche nur Entscheidungen des Bundesfinanzhofs und des Bundesverfassungsgerichts. Da die aktuelle Fassung nur noch auf die Sicherung einer einheitlichen Rechtsprechung abstellt, kommen Entscheidungen **aller Gerichte** in Betracht[3]. 1412

---

1 Vgl. BFH vom 14.9.2007 VIII B 15/07, BFH/NV 2008, 61; RUBAN in Gräber, § 115 Rz. 54.
2 Vgl. BFH vom 2.3.2004 III B 114/03, BFH/NV 2004, 1109; DÜRR in Schwarz, § 115 FGO Rz. 31 (Nov. 2009). In diesem Fall kann auch eine Verfahrensrüge gemäß §§ 115 Abs. 2 Nr. 3, 119 Nr. 6, 105 Abs. 2 Nr. 5, 96 Abs. 1 FGO gerechtfertigt sein, weil das Urteil nicht mit Entscheidungsgründen versehen ist, vgl. dazu Tz. 1472.
3 Vgl. BFH vom 18.3.2003 X B 66/02, BFH/NV 2003, 886; 16.4.2002 X B 102/01, BFH/NV 2002, 1045; DÜRR in Schwarz, § 115 FGO Rz. 26 (Nov. 2009); SEER in Tipke/Kruse, § 115 FGO Rz. 67 (April 2008); OFFERHAUS, Stbg. 2009, 49, 51; LANGE in Hübschmann/Hepp/Spitaler, § 115 FGO Rz. 174 (Okt. 2006); DÜRR in Schwarz, § 115 FGO Rz. 26 (Nov. 2009); **einschränkend** für Instanzgerichte anderer Gerichtszweige (zB Landgericht, Amtsgericht, Verwaltungsgericht); RUBAN in Gräber, § 115 FGO Rz. 49; zustimmend für Landgerichte; BFH vom 11.11.2010 XI B 107/09, BFH/NV 2011, 289; uE durch den Wortlaut des Gesetzes nicht gedeckt; noch offengelassen von BFH für Amtsgerichte und Landgerichte BFH vom 27.1.2009 X B 28/08, BFH/NV 2009, 717.

Abweichen von anderem Gericht

1413 Die bedeutendste Erweiterung besteht jedoch in der Erfassung[1] von Entscheidungen **anderer Finanzgerichte**.

1414 **Keine** geeigneten Entscheidungen anderer Gerichte sind **Kostenentscheidungen**. Gleiches gilt für Beschlüsse über die Nichtzulassungsbeschwerde[2]. Damit scheidet ein Großteil der Entscheidungen des BFH im Ergebnis als taugliches Objekt aus[3]. Ebenfalls nicht erfasst sind Beschlüsse über den Antrag auf Aussetzung der Vollziehung[4].

1415 Auch für diese potenziell divergierende Entscheidung ist der **abstrakte Rechtssatz** herauszubilden[5]. Die entsprechende Entscheidung oder Entscheidungen müssen **genau bezeichnet** werden (**Gericht, Datum, Aktenzeichen**, ggf. **Fundstelle**)[6].

1416 Maßgebend für das Vorliegen einer Abweichung ist der Stand der Rechtsprechung im **Zeitpunkt der Entscheidung** über die Zulassung[7]. Zudem setzt Divergenz kein bewusstes Abweichen voraus. **Zufälliges** unbewusstes Divergieren ist ausreichend[8].

1417 Daraus folgt: Die Nichtzulassungsbeschwerde kann **während des Beschwerdeverfahrens** ihre Begründung erhalten, wenn der BFH in dieser Zeit „abweicht"[9]. Allerdings kann in gleicher Weise aufgrund einer neuen Entscheidung die Zulässigkeit entfallen[10].

---

1 Vgl. BFH vom 16.7.2003 I B 163/02, BFH/NV 2004, 4; BFH vom 30.9.2003 XI B 153/02, BFH/NV 2004, 213; OFFERHAUS, Stbg. 2009, 49, 51; aA ohne Begründung BFH vom 24.1.2007 IX B 84/06, BFH/NV 2007, 1104.
2 Vgl. BFH vom 24.1.2007 IX B 84/06, BFH/NV 2007, 1104; BFH vom 12.11.1993 III B 234/92, BStBl. II 1994, 401; RUBAN in Gräber, § 115 FGO Rz. 15; DÜRR in Schwarz, § 115 FGO Rz. 38 (Nov. 2009).
3 Dies gilt nicht für zurückweisende Beschlüsse iS des § 116 Abs. 6 FGO, vgl. BFH vom 28.7.2004 IX B 27/04, BStBl. II 2004, 895.
4 RUBAN in Gräber, § 115 Rz. 50.
5 Vgl. BFH vom 21.8.2006 X B 154/05, BFH/NV 2006, 2285; BFH vom 30.5.2005 X B 149/04, BFH/NV 2005, 1618.
6 Vgl. OFFERHAUS, Stbg. 2009, 49, 51; SCHMIDT-TROJE/SCHAUMBURG, III Rz. 52.
7 Vgl. BFH vom 31.5.2007 III B 109/06, BFH/NV 2007, 1867; RUBAN in Gräber, § 115 Rz. 51; vgl. auch Tz. 1315 f., 1416, 1482.
8 Vgl. SEER in Tipke/Kruse, § 115 FGO Rz. 69 (April 2008).
9 Sog. nachträgliche Divergenz, vgl. DÜRR in Schwarz, § 115 FGO Rz. 41 (Nov. 2009); vgl. SCHMIDT-TROJE/SCHAUMBURG III Rz. 41.
10 Vgl. BFH vom 31.5.2007 III B 109/06, BFH/NV 2007, 1867; BFH vom 21.3.2005, V B 86/04, BFH/NV 2005, 1580; SEER in Tipke/Kruse, § 115 FGO Rz. 68 (April 2008).

Vergleichbare Sachverhalte

Liegen **mehrere divergierende Entscheidungen** vor, kann bezüglich jeder Entscheidung die Divergenzrüge zugelassen und geltend gemacht werden[1]. 1418

Drittens: Ferner fordert die Rechtsprechung Ausführungen dazu, dass es sich im Streitfall um **vergleichbare Sachverhalte** und **identische Rechtsfragen** handelt[2]. Die divergierende Rechtsprechung kann zu einem anderen Gesetz ergangen sein, wenn die gesetzlichen Tatbestände gleich und gleich interpretierbar sind[3]. 1419

Viertens: In den herausgestellten Rechtssätzen müssen das angefochtene Finanzgerichtsurteil und das Divergenzurteil **abweichen**, es müssen diesbezüglich andere Rechtsauffassungen vertreten werden. 1420

Eine Divergenz in der **Würdigung** von **Tatsachen** oder ein bloßer **Subsumtionsfehler** genügt nach herrschender Meinung **nicht**[4]. Zutreffenderweise ist jedoch die Einheit der Rechtsordnung, die aufgrund des geänderten Wortlauts des § 115 Abs. 2 Nr. 2 Alt. 2 FGO Maßstab der Divergenzrüge ist, bereits dann gestört, wenn eine Abweichung lediglich im Entscheidungsergebnis vorliegt[5]. Gleiches muss gelten, wenn das Finanzgericht einen vom BFH aufgestellten abstrakten Rechtssatz im Ergebnis falsch auslegt oder anwendet[6]. 1421

Auch **Zweifel**, ob eine Divergenz vorliegt, rechtfertigen die Zulassung[7]. 1422

Sechstens: Die Divergenzrevision ist nur zuzulassen, wenn eine Entscheidung des BFH erforderlich ist, um die Einheitlichkeit der Rechtsprechung zu sichern (Wortlaut des § 115 Abs. 2 Nr. 2 Alt. 2 FGO). 1423

---

1 Vgl. Seer in Tipke/Kruse, § 115 FGO Rz. 68 (April 2008).
2 Vgl. BFH vom 4.5.2010 VI B 156/09, BFH/NV 2010, 1443; BFH vom 13.3.2009 II B 84/08, BFH/NV 2009, 956; BFH vom 20.2.2008 VIII B 83/07, BFH/NV 2008, 978; Ruban in Gräber, § 115 Rz. 53.
3 Vgl. BFH vom 25.1.1971 GrS 6/70, BStBl. II 1971, 274; Dürr in Schwarz, § 115 FGO Rz. 34 (Nov. 2009).
4 BFH vom 19.2.2008 VIII B 49/07, BFH/NV 2008, 1158; BFH vom 22.6.2007 VI B 29/06, BFH/NV 2007, 969; BFH vom 21.8.2006 X B 154/05, BF/NV 2006, 2285; Ruban in Gräber, § 115 Rz. 53, 55; Dürr in Schwarz, § 115 FGO Rz. 28 f. (Nov. 2009).
5 Vgl. Seer in Tipke/Kruse, § 115 Rz. 74 (April 2008).
6 Werden diese Konstellation nicht von der Divergenzrüge im engeren Sinne umfasst, müssten sie jedenfalls einen qualifizierten Rechtsanwendungsfehler darstellen.
7 BFH vom 2.3.2004 III B 114/03, BFH/NV 2004, 1109; Lange in Hübschmann/Hepp/Spitaler, § 115 FGO Rz. 185 (Okt. 2006); Seer in Tipke/Kruse, § 115 FGO Rz. 69 (April 2008).

Entscheidungserheblichkeit

Hierdurch sind die Voraussetzungen der **Klärungsfähigkeit** und **Entscheidungserheblichkeit** angesprochen. Insofern besteht eine Parallele zum früheren Merkmal des **Beruhens** (§ 115 Abs. 2 Nr. 2 FGO aF).

1424 Hierzu ist darzulegen, dass das Finanzgericht bei einer anderen Ansicht (die des divergierenden Urteils) zu einem **anderen Ergebnis** gekommen wäre[1].

1425 Wie bei der Grundsatzrevision entfällt die Erheblichkeit im Falle **kumulativer Begründungen**, wenn einer der Gründe revisionsresistent ist[2].

1426 **Ohne Bedeutung** ist der **mögliche Ausgang** des künftigen Revisionsverfahrens[3].

1427 **Siebtens**: In den Fällen der Divergenz **alten Rechts** als Unterfall der Grundsatzrevision wurde die grundsätzliche Bedeutung der Sache von Gesetzes wegen unwiderlegbar **indiziert**[4]. Es kam bei Vorliegen der Voraussetzungen des § 115 Abs. 2 Nr. 2 FGO aF nicht mehr darauf an, ob die Abweichung eine im allgemeinen Interesse klärungsbedürftige Rechtsfrage betraf[5]. Der zusätzlichen Prüfung und Darlegung des Zulassungsgrundes der grundsätzlichen Bedeutung bedurfte es nicht.

1428 Zwar wird die Divergenz im engeren Sinne gemäß § 115 Abs. 2 Nr. 2 **2. Alt** FGO nach hM weiterhin als Unterfall der Grundsatzrevision gesehen. Der Wortlaut („eine Entscheidung des Bundesfinanzhofs erfordert") spricht jedoch dagegen, den positiven Effekt, bei Vorliegen der Divergenz das **Allgemeininteresse** zu vermuten. Es muss als eigenständiges **Tatbestandsmerkmal** grundsätzlich gegeben sein[6].

---

1 Vgl. SEER in Tipke/Kruse, § 115 FGO Rz. 79 (April 2008); DÜRR in Schwarz, § 115 FGO Rz. 37 (Nov. 2009); BFH vom 10.3.2004 VII B 92/03, BFH/NV 2004, 977.
2 Vgl. dazu Tz. 1314, 1374.
3 Vgl. SEER in Tipke/Kruse, § 115 FGO Rz. 80 (April 2008). Soweit die einschränkende Ansicht vertreten wird, bei der Möglichkeit zur Entscheidung nach § 126 Abs. 4 FGO entfalle der Revisionsgrund (vgl. BFH vom 28.8.2007 VII B 357/06, BFH/NV 2008, 113; LANGE in Hübschmann/Hepp/Spitaler, § 115 FGO Rz. 186 [Okt. 2006], mwN), ist dies nicht gerechtfertigt (s. Tz. 1375).
4 Vgl. RUBAN in Gräber, § 115 Rz. 23.
5 Vgl. RUBAN in Gräber, § 115 Rz. 25.
6 BFH vom 19.6.2006 I B 142/05, BFH/NV 2006, 1692; LANGE in Hübschmann/Hepp/Spitaler, § 115 FGO Rz. 192 (Okt. 2006); DÜRR in Schwarz, § 115 FGO Rz. 9, 40 (Nov. 2009), der dies unter dem Kriterium der Klärungsbedürftigkeit prüft; RUBAN in Gräber, § 115 Rz. 25, 65.

Im **Regelfall**, vor allem bei Abweichungen von der Rechtsprechung des Bundesfinanzhofs, ist gleichwohl ein Allgemeininteresse ohne Weiteres anzunehmen[1]. Dennoch sollte der Beschwerdeführer hierzu vortragen.

1429

c. Qualifizierter Rechtsanwendungsfehler

Ein sog. **qualifizierter Rechtsanwendungsfehler** ermöglicht seit dem 2. FGO-Änderungsgesetz eine Revisionszulassung gemäß § 115 Abs. 2 Nr. 2 Alt. 2 FGO, wenn über den Einzelfall hinaus ein allgemeines Interesse an einer korrigierenden Entscheidung des Revisionsgerichts besteht, weil der unterlaufene **Fehler** von **erheblichem Gewicht** und geeignet ist, das **Vertrauen** in die Rechtsprechung zu **schädigen**[2].

1430

Eine allgemeine Definition eines derartig schwerwiegenden Fehlers hat die Rechtsprechung in den mehr als zehn Jahren nach Änderung des Gesetzes nicht entwickelt[3]; es haben sich **zwei Eckpfeiler** herausgebildet: Zum einen, wenn die Auslegung und Anwendung des reversiblen Rechts durch das Finanzgericht **objektiv willkürlich** oder zum anderen jedenfalls greifbar gesetzwidrig ist[4].

1431

Eine Entscheidung ist nach der Rechtsprechung nur dann objektiv willkürlich in diesem Sinne, wenn die fehlerhafte Rechtsanwendung bei verständiger Würdigung nicht mehr verständlich ist und sich der Schluss aufdrängt, dass sie auf sachfremden Erwägungen beruht[5].

1432

---

1 Vgl. BFH vom 19.6.2006 I B 142/05, BFH/NV 2006, 1692 (Ausnahme bei auslaufendem Recht); LANGE in Hübschmann/Hepp/Spitaler, § 115 FGO Rz. 193 f. (Okt. 2006) differenzierend auch nach der Art des Gerichts; DÜRR in Schwarz, § 115 FGO Rz. 9, 40 (Nov. 2009); RUBAN in Gräber, § 115 Rz. 25, 65.
2 Vgl. nur BFH vom 17.3.2010 XB 118/09, BFH/NV 2010, 1277; vom 2.2.2006 VII B 160/05, BFH/NV 2006, 1048; vom 31.1.2006 III B 29/05, BFH/NV 2006, 1152; BFH vom 30.8.2001 IV B 79, 80/01, BStBl. II 2001, 837; vom 18.7.2001 X B 46/01, BFH/NV 2001, 1596; vom 14.2.2002 VII B 141/01, BFH/NV 2002, 798; vom 19.2.2002 IX B 130/01, BFH/NV 2002, 802; RUBAN in Gräber, § 115 Rz. 68; SEER in Tipke/Kruse, § 115 FGO Rz. 75 (April 2008); DÜRR in Schwarz, § 115 FGO Rz. 44 (Nov. 2009).
3 Vgl. grundlegend dazu bis zum Jahr 2005 KEMPERMANN, DStZ. 2005, 772 ff.
4 Vgl. BFH vom 4.5.2010 VI B 156/09, BFH/NV 2010, 1443; BFH vom 25.3.2010 X B. 176/08, BFH/NV 2010, 1455; BFH vom 28.8.2007 VII B 357/06, BFH/NV 2008, 113; BFH vom 8.2.2006 III B 128/04, BFH/NV 2006, 1116; BFH vom 28.7.2003 V B 72/02, BFH/NV 2003, 1597; BFH vom 21.3.2003 III B 197/02, BFH/NV 2003, 1103; RUBAN in Gräber, § 115 Rz. 68.
5 BFH vom 8.2.2006 III B 128/04, BFH/NV 2006, 117; BFH vom 24.7.2002 III B 54/02, BFH/NV 2002, 1488.

Greifbare Gesetzwidrigkeit

Greifbare Gesetzwidrigkeit ist anzunehmen, wenn das Urteil jeglicher gesetzlicher Grundlage entbehrt oder auf einer offensichtlich Wortlaut und Gesetzeszweck widersprechenden Gesetzesauslegung beruht[1]. Gleiches gilt, wenn das Finanzgericht eine offensichtlich einschlägige und für den Streitfall entscheidungserhebliche Vorschrift übersehen hat[2].

1433 Die bloße – **schlichte** – **Fehlerhaftigkeit** des Finanzgerichtsurteils, zB aufgrund eines Subsumtionsfehlers, einer unzutreffenden Sachverhaltswürdigung oder einer unzutreffenden Anwendung der BFH-Rechtsprechung, stellt **keinen** qualifizierten Rechtsanwendungsfehler dar[3].

1434 In der bisherigen Rechtsprechungspraxis des BFH hat der Zulassungsgrund des qualifizierten Rechtsanwendungsfehlers nahezu **keine praktische Bedeutung** erlangt[4]. Es sind kaum Entscheidungen bekannt geworden, in denen der BFH die Zulassung der Revision auf einen solchen Grund stützt[5].

1435 Die **restriktive Handhabung** durch den BFH ist **nicht gerechtfertigt**. Zum einen begibt er sich bereits in Widerspruch, wenn er vom **Beschwerdeführer** die Darlegung bestimmter Kriterien verlangt, die durch ihn selbst weder abschließend noch einheitlich geklärt sind. Zum anderen gebietet die Rechtsweggarantie des Art. 19 Abs. 4 GG vor dem Hintergrund der Abschaffung der Streitwertrevision[6] ein Korrektiv, das der Gesetzgeber dem BFH in Form des qualifizierten Rechtsanwendungsfehlers an die Hand gegeben hat.

---

1 Vgl. BFH vom 5.3.2001 III B 119/00, BFH/NV 2001, 1036; BFH vom 8.2.2006 III B 128/03, BFH/NV 2006, 116.
2 Vgl. BFH vom 28.7.2003 V B 72/02, BFH/NV 2003, 1597; BFH vom 28.8.2007 VII B 357/06, BFH/NV 2008, 113.
3 Vgl. die Einzelnachweise bei DÜRR in Schwarz, § 115 FGO Rz. 45 (Nov. 2009); SEER in Tipke/Kruse, § 115 FGO Rz. 76 (April 2008) mit Hinweis auf weitere Fallkonstellationen.
4 Vgl. RUBAN in Gräber, § 115 FGO Rz. 69; KEMPERMANN, DStZ 2005, 772, 775.
5 Positiv entschieden im Fall einer willkürlichen Schätzung, BFH vom 13.10.2003 IV B 85/02, BStBl. II 2004, 245 (nach BFH vom 22.4.2008 X B 67/07, BFH/NV 2008, 1346, müssen nicht nur die angewendeten Schätzungsgrundsätze und -methoden, sondern auch das Ergebnis der Schätzung und deren rechnerische Details als objektiv willkürlich angegriffen werden), und im Fall des offensichtliches Übersehen einer entscheidungserheblichen Vorschrift (BFH vom 28.7.2003 V B 72/02, BFH/NV 2003, 1597).
6 Zur gerechtfertigten Forderung der Wiedereinführung vgl. zB GEBHARDT, AO-StB 2009, 56, 57.

Verfahrensmangel

Trotz geringer Erfolgsaussichten sollte der Beschwerdeführer auf die Darlegung dieses Zulassungsgrunds – sofern Anhaltspunkte dafür vorhanden sind – **nicht verzichten**. Führt der Beschwerdeführer dem BFH eine krasse Fehlentscheidung vor Augen, ist dieser möglicherweise eher geneigt, einem zusätzlich geltend gemachten Zulassungsgrund stattzugeben. 1436

4. Verfahrensmangel (§ 115 Abs. 2 Nr. 3 FGO)

a. Anwendungsbereich

Die Revision ist zuzulassen, „wenn ein Verfahrensmangel geltend gemacht wird und vorliegt, auf dem die Entscheidung beruhen kann" (§ 115 Abs. 2 **Nr. 3** FGO). 1437

Hierdurch soll gewährleistet werden, dass ein korrektes Verfahren eingehalten wird[1]. Es dient dem **Schutz** des rechtsuchenden Bürgers vor einer **rechtsfehlerhaften Durchführung** des finanzgerichtlichen Verfahrens[2]. 1438

Die Zulassung wegen eines Verfahrensmangels schließt die Grundsatz- und Divergenzrevision nicht aus. Auch die Auslegung einer Verfahrensvorschrift kann grundsätzliche Bedeutung haben oder Gegenstand einer Divergenz sein[3]. Das **Zusammenspiel** der **Verfahrensrüge** und **Grundsatz-** bzw. **Divergenzrüge** wird aufgrund folgenden Postulats deutlich: Der Prüfung, ob ein Verfahrensmangel vorliegt, ist die – ggf. auch unrichtige – materiell-rechtliche Auffassung des Finanzgerichts zugrunde zu legen[4]. Die materiell-rechtliche Auffassung des Finanzgerichts ist der Prüfung jedoch nur insoweit zugrunde zu legen, als im Bezug darauf keine zulässigen und begründeten Rügen erhoben worden sind[5]. In diesem Fall bedarf es in der Begründung des Verfahrens- 1439

---

1 Vgl. MÜLLER, AO-StB 2009, 302.
2 Vgl. BEERMANN in Beermann/Gosch, § 115 FGO Rz. 130 (März 2006); SCHMIDT-TROJE/SCHAUMBURG, III Rz. 43.
3 Vgl. RUBAN in Gräber, § 115 FGO Rz. 74.
4 Vgl. BFH vom 15.4.2008 IX B 154/07, BFH/NV 2008, 1340; vom 3.4.2007 VIII B 60/06, BFH/NV 2007, 1341; vom 7.4.2005 V B 39/04, BFH/NV 2005, 1585; LANGE in Hübschmann/Hepp/Spitaler, § 115 FGO Rz. 225 (Okt. 2006); MÜLLER, AO-StB 2009, 302, 303.
5 Vgl. BFH vom 30.6.2004 V B 2/04, BFH/NV 2004, 1554; BFH vom 22.9.1993 VIII B 38/93, BFH/NV 1994, 387; SEER in Tipke/Kruse, § 115 FGO Rz. 90 (April 2008); LANGE in Hübschmann/Hepp/Spitaler, § 115 FGO Rz. 225 (Okt. 2006).

Zusammenspiel der Rügen

mangels des Verweises auf die Geltendmachung des Grundsatz- oder Divergenzgrunds, gerade bezogen auf diesen Fehler.

1440 Kann ein weiterer Zulassungsgrund im oben genannten Fall nicht ordnungsgemäß geltend gemacht werden, sollte auf die Rüge des Verfahrensmangels gleichwohl nicht verzichtet werden, wenn sich diese auf die fehlerhafte **Anwendung** einer **Verfahrensvorschrift** bezieht. Der BFH ist insofern nicht an die materiell-rechtliche Ansicht des Finanzgerichts gebunden und kann demnach ggf. einen Verfahrensfehler dann annehmen, wenn er die Rechtsauffassung des Finanzgerichts nicht teilt[1].

1441 In der **Praxis** kommt der Verfahrensrüge als Zulassungsgrund **besondere Bedeutung** zu. Gelingt es nicht, eine grundsätzliche Bedeutung oder Divergenz darzulegen, lassen sich oftmals Verfahrensfehler im angefochtenen Urteil finden. Werden diese gerügt, kann dem BFH ein **zusätzlicher Einstieg** in die Revisionszulassung vorbereitet werden. Nicht selten werden Verfahrensfehler durch die Prozessbevollmächtigten „provoziert", um dann einen Zugang zum BFH zu finden[2].

1442 Andererseits birgt das **Geltendmachen** von Verfahrensfehlern für den Prozessbevollmächtigten im Klageverfahren auch **Risiken**. Hat er eine Präklusion durch sein Verhalten in der mündlichen Verhandlung verursacht (s. insbesondere zum Rügeverzicht unten Tz. 1453 ff.), besteht die Gefahr der Inhaftungnahme.

b. Voraussetzungen

Verfahrensmangel

1443 Die Rüge gemäß § 115 Abs. 2 Nr. 3 FGO setzt einen Verfahrensmangel voraus. Betroffen sind Mängel bei dem **Urteilsverfahren**, die nicht Gegenstand des Urteils selber sind[3]. Werden zB Beweisanträge übergangen, so können dies Verfahrensmängel sein. Ist eine Klage unzulässig, weil nach Ansicht des Gerichts die Klagefrist versäumt ist, so ist dies

---

1 Vgl. SEER in Tipke/Kruse, § 115 FGO Rz. 90 (April 2008); wohl auch BFH vom 22.9.1993 VIII B 38/93, BFH/NV 1994, 387, in Bezug auf die Auslegung einer Prozessvollmacht.
2 ZB Antrag auf Ausschluss der Öffentlichkeit gemäß § 52 Abs. 2 FGO, Wiederherstellung der Öffentlichkeit; Antrag auf Zuziehung von Akten, Beweiserhebung.
3 Vgl. BFH vom 26.2.1970 IV B 93/69, BStBl. II 1970, 545; RUBAN in Gräber, § 115 FGO Rz. 76.

Beispiele für Verfahrensmängel

unmittelbarer Gegenstand der **Urteilsfindung**, folglich selbst kein Verfahrensmangel, wenn das Gericht bei der Beurteilung irrt.

Mängel sind nur solche des finanzgerichtlichen Verfahrens, **nicht** des **verwaltungs- oder außergerichtlichen** Vorverfahrens[1]. 1444

Der Verfahrensmangel muss **tatsächlich bestehen**; seine Behauptung reicht nicht aus. Dieser bereits für die Altfassung geltende Grundsatz[2] wurde durch das 2. FGO-Änderungsgesetz zum 1.1.2001 durch die einzige redaktionelle Änderung des § 115 Abs. 2 Nr. 3 FGO im Wortlaut aufgenommen. 1445

Das Gesetz selber normiert beachtliche Verfahrensfehler in **§ 119 FGO** (sog. absolute Revisionsgründe)[3]. Darüber hinaus besteht eine Vielzahl **weitergehender Verfahrensfehler**, teilweise auch Unterfälle der in § 119 FGO Genannten[4]. Vgl. zu ausgewählten Beispielen Tz. 1461 ff. 1446

Auch für den Zulassungsgrund des § 115 Abs. 2 Nr. 3 FGO gelten die **erhöhten Darlegungsanforderungen** des § 116 Abs. 3 Satz 3 FGO[5]. 1447

Der Beschwerdeführer muss unter genauer Bezeichnung und Anführung entsprechender **Tatsachen** schlüssig **darlegen**, dass die Entscheidung des Gerichts mit einem Verfahrensmangel behaftet ist[6]. Die vorgetragenen Tatsachen müssen als solche zur Begründung ausreichen und den Verfahrensmangel so vollständig und genau ergeben, dass es möglich ist, alleine anhand der Rechtsmittelbegründung zu prüfen, ob 1448

---

1 Vgl. BFH vom 9.1.2007 VII B 134/05, BFH/NV 2007, 1141; vom 21.8.2007 X B 68/07, BFH/NV 2007, 2143; BFH vom 10.11.1987 V 20/85, BFH/NV 1988, 448; LANGE in Hübschmann/Hepp/Spitaler, § 115 FGO Rz. 22 (Okt. 2006); vgl. zu mittelbar fortwirkenden Verfahrensfehlern SEER in Tipke/Kruse, § 115 FGO Rz. 89 (April 2008).
2 Vgl. nur BFH vom 31.1.1968 I B 60/67, BStBl. II 1968, 351.
3 Vgl. SEER in Tipke/Kruse, § 119 FGO Rz. 116 (April 2008) und zur Besonderheit des Beruhens unten Tz. 1449 ff.
4 Vgl. hierzu die Übersichten bei MÜLLER, AO-StB 2009, 302 ff.; DÜRR in Schwarz, § 115 FGO Rz. 49 (Nov. 2009); BEERMANN in Beermann/Gosch, § 115 FGO Rz. 143 ff. (März 2006); LANGE in Hübschmann/Hepp/Spitaler, § 115 FGO Rz. 233 ff. (Okt. 2006); SEER in Tipke/Kruse, § 115 FGO Rz. 91 ff. (April 2008). Springen Verfahrensfehler des Urteils nicht unmittelbar ins Auge, ist nach der Lektüre des Urteils eine der vorgenannten Fundstellen hilfreich. Hieraus ergeben sich möglicherweise Ansatzpunkte. Im Folgenden werden einige besonders wichtige Verfahrensfehler aufgegriffen.
5 Vgl. OFFERHAUS, Stbg. 2009, 49, 52.
6 Vgl. BFH vom 24.7.2006 VIII B 233/05, BFH/NV 2006, 2110.

Beruhen

ein Verfahrensfehler vorliegt, wenn die Behauptungen zutreffen[1]. Entsprechendes gilt für die Darlegung der **Rechtserheblichkeit** („beruhen können") und die **fehlende Präklusion**.

Beruhen

1449 Die Revision ist nur aufgrund eines solchen Verfahrensmangels zuzulassen, „**auf dem die Entscheidung beruhen kann**" (§ 155 Abs. 2 Nr. 3 FGO).

1450 Es **genügt** die **Möglichkeit**, dass die Entscheidung des Gerichts ohne den Verfahrensmangel anders ausgefallen wäre[2]. Es muss sich um Gründe handeln, die nach der Rechtsauffassung der Vorinstanz nicht hinweggedacht werden können, wenn die Entscheidung Bestand haben soll[3]. Entscheidend ist daher auch hier der Rechtsstand des Finanzgerichts[4].

1451 **Unerheblich** ist, ob die womöglich andere Entscheidung zu einem für den Rechtsmittelführer **sachlich günstigeren** Ergebnis führt[5].

1452 Ein Urteil beruht kraft **gesetzlicher Fiktion**, wenn es sich um einen **absoluten Revisionsgrund** iS des § 119 FGO handelt[6].

Keine Präklusion (Rüge)

1453 Soweit auf die Innehaltung von Verfahrensvorschriften **verzichtet** werden kann (vgl. § 115 FGO iVm. § 295 ZPO), **gehört** zur **Rüge** mittels der Nichtzulassungsbeschwerde der Vortrag, dass kein Verzicht erfolgte, sondern der Mangel bereits im erstinstanzlichen Verfahren gerügt worden ist[7].

---

1 Vgl. Dürr in Schwarz, § 115 FGO Rz. 57 (Nov. 2009); Seer in Tipke/Kruse, § 115 FGO Rz. 119 (April 2008).
2 Vgl. BFH vom 14.3.2007 IV B 76/05, BStBl. II 2007, 466; BFH vom 16.11.1993 VIII R 7/93, BFH/NV 1994, 891; Beermann in Beermann/Gosch, § 115 Rz. 176 (März 2006).
3 Vgl. BFH vom 2.9.1986 VII B 44/86, BFH/NV 1987, 252; Seer in Tipke/Kruse, § 115 FGO Rz. 115 (April 2008).
4 Vgl. Lange in Hübschmann/Hepp/Spitaler, § 115 FGO Rz. 229 (Okt. 2006).
5 Vgl. Seer in Tipke/Kruse, § 115 FGO Rz. 115 (April 2008).
6 Vgl. Ruban in Gräber, § 115 FGO Rz. 97; Dürr in Schwarz, § 115 FGO Rz. 54 (Nov. 2009).
7 Vgl. BFH vom 19.7.2010 X B 21/10, BFH/NV 2010, 2093; vom 22.7.2008 II B 18/08, BFH/NV 2008, 1866; vom 15.7.1997, VIII R 56/93, BStBl. II 1998, 152; Ruban in Gräber, § 115 FGO Rz. 110; ausführlich Gersch, AO-StB 2007, 273 ff.

Präklusion

Der Prozessvertreter ist in der mündlichen Verhandlung vor dem Finanzgericht gut beraten, wenn er **grundsätzlich** von der **Verzichtbarkeit** möglicher Verfahrensmängel ausgeht. Die meisten Mängel sind verzichtbar[1]. 1454

Unverzichtbare Verfahrensfehler sind zB die Beachtung der Vorschriften über den gesetzlichen Richter, das Versehen der Entscheidung mit Entscheidungsgründen, Sachentscheidungsvoraussetzungen, notwendige Beiladung und die Beachtung einer Aussetzungspflicht[2]. 1455

Auf das Rügerecht kann **ausdrücklich** oder **konkludent** oder auch durch das **bloße Unterlassen** einer rechtzeitigen Rüge verzichtet werden[3]. Ein Rügeverzicht und damit eine Heilung des Verfahrensfehlers tritt demnach auch dann ein, wenn ein Beteiligter eine Rüge in der **nächsten mündlichen Verhandlung** unterlässt, obwohl ihm der Mangel schon bekannt war oder bei Anwendung der im Verkehr erforderlichen Sorgfalt hätte bekannt sein müssen[4]. 1456

Diese Gefahr konkretisiert sich zB in der Möglichkeit, auf **Sachverhaltsermittlungen** zu verzichten. Sind Zeugen, deren Vernehmungen der Kläger beantragt hat[5], zur mündlichen Verhandlung nicht geladen worden, hat der Kläger dies in der mündlichen Verhandlung ausdrücklich zu rügen, soll der Verfahrensverstoß eine Revisionszulassung begründen. Der Kläger muss also nicht nur ausdrücklich klarstellen, dass sein Verzicht auf Sachverhaltsermittlungen nicht vorliegt, sondern darüber hinaus ausdrücklich rügen, dass das Gericht den Anträgen zur Sachverhaltsermittlung nicht nachgeht[6]. 1457

Im Rahmen der Darlegungserfordernisse des § 116 Abs. 3 Satz 3 FGO verlangt die Rechtsprechung, dass sich sowohl **Beweiserhebung** als auch **Rüge** aus dem **Sitzungsprotokoll** des Finanzgerichts ergeben. Der Kläger muss deshalb auf einer Protokollierung seiner Rüge beste- 1458

---

1 Vgl. auch Gersch, AO-StB 2007, 273, 274.
2 Vgl. Seer in Tipke/Kruse, § 115 FGO Rz. 113 (April 2008); Ruban in Gräber, § 115 FGO Rz. 102.
3 Vgl. BFH vom 19.1.2005 II B 27/04, BFH/NV 2005, 913; vom 15.7.1997 VIII R 56/93, BStBl. II 1998, 152; Dürr in Schwarz, § 115 FGO Rz. 61 (Nov. 2009).
4 Vgl. BFH vom 7.4.2005 IX B 194/03, BFH/NV 2005, 1354; vom 24.2.2005 X B 183/05, BFH/NV 2005, 1274; Ruban in Gräber, § 115 FGO Rz. 103; Seer in Tipke/Kruse, § 115 FGO Rz. 114 (April 2008).
5 Vg. Grundlegend zum Zeugenbeweis im finanzgerichtlichen Verfahren: Woring in FS für Streck, S. 461 ff.
6 Vgl. BFH vom 31.1.1989 VII B 162/88, BStBl. II 1989, 372; Gersch, AO-StB 2007, 273, 274.

Beispiele Verfahrensmangel

hen[1]. Ein **Ausweg** kann folgende Argumentation bieten: Wird ein Beweisantrag in der mündlichen Verhandlung ersichtlich gestellt, der Beweis jedoch nicht erhoben, muss der Antragsteller nicht damit rechnen, dass das Finanzgericht seiner Entscheidung nur einen Teil des unter Beweisangebot gestellten Sachverhalts als wahr zugrunde legt; er kann den Verfahrensverstoß daher ohne Präklusion rügen[2].

1459 Zusätzlich zum Beweisantritt durch den Kläger **empfiehlt** sich daher, vor Schließung der mündlichen Verhandlung vorsorglich die Nichterhebung der angebotenen Beweise zu rügen und auf die Protokollierung dieser Rüge zu achten. Verweigert das Finanzgericht die Protokollierung, sollte der Prozessbevollmächtigte auf die Protokollierung eben dieser Weigerung bestehen.

1460 Ergibt sich der gerügte **Verfahrensverstoß erst aus** den **Entscheidungsgründen selbst** und war den Beteiligten daher eine vorherige (rechtzeitige) Rüge in der mündlichen Verhandlung nicht möglich, tritt kein Verlust des Rügerechts ein[3]. Die ordnungsgemäße Darlegung erfordert deshalb auch den Vortrag, weshalb die Rüge nicht möglich gewesen sein soll[4].

c. Beispiele

1461 **Erstens**: Wohl häufigster Verfahrensfehler ist die **ungenügende Sachverhaltsaufklärung** gemäß § 76 Abs. 1 FGO.

1462 Ein solcher lässt sich relativ einfach darlegen, wenn das Finanzgericht einen entscheidungserheblichen **Beweisantrag übergeht**[5] oder aufgrund eines Rechtsirrtums **ablehnt**[6].

---

1 Vgl. BFH vom 25.8.2006 VIII B 13/06, BFH/NV 2006, 2122; BFH vom 17.10.2005 III B 150/04, BFH/NV 2006, 330; vom 14.9.1993 VIII R 84/90, BStBl. II 1994, 764; Dürr in Schwarz, § 115 FGO Rz. 62 (Nov. 2009). Vgl. zur berechtigten Kritik Mack in FS für Streck S. 351 f.; Müller, AO-StB 2009, 302, 310 f.
2 Vgl. BFH vom 15.6.2005 X B 180/03, BFH/NV 2005, 1843; Seer in Tipke/Kruse, § 115 FGO Rz. 114 (April 2008).
3 Vgl. BFH vom 13.11.2007 VI B 100/07, BFH/NV 2008, 219; vom 10.2.2004 II B 224/03, BFH/NV 2004, 1060; Gersch, AO-StB 2009, 273, 274; Dürr in Schwarz, § 115 FGO Rz. 62 (Nov. 2009).
4 Vgl. BFH vom 19.7.2010 X B 21/10, BFH/NV 2010, 2093.
5 BFH vom 1.2.2007 VI B 118/04, BFH/NV 2007, 1033; vom 12.7.2006 IX B 138/05, BFH/NV 2006, 2105; Ruban in Gräber, § 115 FGO Rz. 80.
6 Vgl. BFH vom 1.2.2007 VI B 118/04, BStBl. II 2007, 538; vom 6.2.2007 VII B 67/06, BFH/NV 2007, 1357; Seer in Tipke/Kruse, § 115 FGO Rz. 91 (April 2008).

Beispiele Verfahrensmangel

Anderenfalls kommt eine Verletzung der Sachverhaltspflicht durch das Finanzgericht nur in Betracht, wenn sich dem Finanzgericht eine weitere Sachaufklärung ohne Antrag hätte **aufdrängen müssen**[1]. Dies ist ua. dann gegeben, wenn das Finanzamt einer Sachverhaltsdarstellung des Klägers nicht widerspricht[2]. 1463

Weitere beachtliche **Mängel**, in denen das Finanzgericht gegen die Pflicht zur Sachaufklärung gemäß § 76 Abs. 1 FGO verstößt, sind zB: Vorwegnahme des Ergebnisses einer Beweisaufnahme, fehlerhafte Anwendung von Präklusionsvorschriften[3], fehlende hinreichende Erforschung des ausländischen Rechts, Verstoß gegen die Unmittelbarkeit der Beweisaufnahme[4]. 1464

Die **Würdigung** von **Zeugenaussagen** ist – wie insgesamt die unzutreffende Sachverhalts- oder Beweiswürdigung – kein Verfahrensfehler[5]. Allerdings „schlägt" die Beweiswürdigung dann in einen Verfahrensmangel „um", wenn Erfahrungs-Denkgesetze eindeutig missbraucht oder überschritten werden, zB wenn das Gericht die eigene Sachkunde behauptend annimmt, die es ohne ausdrückliche Begründung nicht haben kann[6]. 1465

Die besonderen Anforderungen an die Darlegung des Verfahrensmangels erfordern im Falle der Rüge der Sachaufklärung durch das Finanzgericht einen **schlüssigen Vortrag**, aus dem sich Folgendes ergibt[7]: 1466
– Welche Tatsache das Finanzgericht hätte aufklären oder welche Beweise es hätte erheben müssen (ggf. unter Angabe des Beweisthemas);

---

1 Vgl. BFH vom 25.3.2010 X B 176/08, BFH/NV 2010, 1455; vom 5.7.2007 V B 6/06, BFH/NV 2007, 1809; Beermann in Beermann/Gosch, § 115 FGO Rz. 148 (März 2006).
2 Vgl. BFH vom 10.3.1970 VI B 69/69, BStBl. II 1970, 458.
3 ZB von § 79b Abs. 3 FGO.
4 S. zu diesem Katalog Ruban in Gräber, § 115 FGO Rz. 80; Lange in Hübschmann/Hepp/Spitaler, § 115 FGO Rz. 238 f. (Okt. 2006); Seer in Tipke/Kruse, § 115 FGO Rz. 91 (April 2008).
5 Vgl. BFH vom 10.11.2010 VIII B 159/09, BFH/NV 2011, 300; BFH vom 25.3.2010 X B 176/08, BFH/NV 2010, 1455; Ruban in Gräber, § 115 FGO Rz. 82; Dürr in Schwarz, § 115 FGO Rz. 50 (Nov. 2009).
6 Vgl. BFH vom 28.9.2006 IV B 18/05, BFH/NV 2007, 89; Seer in Tipke/Kruse, § 115 FGO Rz. 91 (April 2008).
7 Vgl. BFH vom 19.3.2007 X B 191/06, BFH/NV 2007, 1134; vom 9.12.1998 VIII B 54/97, BFH/NV 1999, 802; Beermann in Beermann/Gosch, § 115 FGO Rz. 49 (März 2006); Schmidt-Troje/Schaumburg, III Rz. 55; Gersch, AO-StB 2007, 273, 276.

Beispiele Verfahrensmangel

- aus welchen Gründen sich dem Finanzgericht die Notwendigkeit einer – weiteren – Aufklärung des Sachverhalts hätte aufdrängen müssen;
- welche entscheidungserheblichen Tatsachen sich bei einer – weiteren – Sachverhaltsaufklärung (Beweiserhebung) voraussichtlich ergeben hätten;
- inwieweit eine – weitere – Sachverhaltsaufklärung auf der Grundlage des materiell-rechtlichen Standpunkts des Finanzgerichts zu einer anderen Entscheidung hätte führen können;
- die zu Protokoll gegebene Rüge der fehlenden Sachverhaltsaufklärung bzw. die Darlegung, wieso eine Rüge nicht hat erfolgen können.

1467 **Zweitens**: Die **Versagung** des in § 96 Abs. 2 FGO normierten Anspruchs auf **rechtliches Gehör** ist ein Verfahrensmangel[1].

1468 Die **Rechtserheblichkeit** folgt zwingend aus § 119 Nr. 3 FGO. Dies entbindet nicht von der Rügeverpflichtung[2].

1469 Einen **Unterfall** der Verletzung rechtlichen Gehörs[3] stellt die sog. **Überraschungsentscheidung**[4] dar. Eine verfahrensfehlerhafte Überraschungsentscheidung liegt vor, wenn das Gericht seine Entscheidung auf einen bis dahin nicht erörterten rechtlichen oder tatsächlichen Gesichtspunkt gestützt und damit dem Rechtsstreit eine Wendung gegeben hat, mit der auch ein gewissenhafter und kundiger Prozessbeteiligter nach dem bisherigen Verlauf des Verfahrens nicht rechnen musste[5].

1470 **Weicht** das Finanzgericht von einer zuvor **geäußerten Rechtsansicht** ab, ohne die Änderung noch einmal zur Erörterung zu stellen, so liegt ein Verfahrensmangel ebenfalls unter dem Gesichtspunkt des § 96 Abs. 2 FGO vor[6]. Dies gilt auch, wenn das Gericht im **Hauptsachever-**

---

1 Vgl. BFH vom 10.11.2010 VIII B 159/09, BFH/NV 2011, 300; BFH vom 3.2.1982 VII R 101/79, BStBl. II 1982, 355; BEERMANN in Beermann/Gosch, § 115 FGO Rz. 154.
2 Vgl. SEER in Tipke/Kruse, § 115 FGO Rz. 113 (April 2008).
3 Vgl. zu einer ausführlichen Übersicht von Einzelfällen RUBAN in Gräber, § 119 FGO Rz. 116.
4 Vgl. BFH vom 18.12.2007 IX B 178/06, BFH/NV 2008, 562; MÜLLER, AO-StB 2009, 302, 306 f. mit ausführlichem Beispiel.
5 Vgl. BFH vom 10.11.2010 VIII B 159/09, BFH/NV 2011, 300; vom 9.4.2003 VIII B 124/02, BFH/NV 2003, 139; vom 3.2.2003 I B 49/92, BFH/NV 2003, 1058.
6 Vgl. BFH vom 9.12.1969 II B 39/69, BStBl. II 1970, 97.

Beispiele Verfahrensmangel

fahren ohne vorherigen Hinweis von der im **Aussetzungsverfahren** vertretenen Rechtsauffassung abweicht[1].

Die hinreichende Rüge der Verletzung rechtlichen Gehörs verlangt, dass der Beschwerdeführer im Einzelnen substanziiert darlegt, **wozu** er sich vor dem Finanzgericht nicht hat **äußern können** und was er bei ausreichender Gewährung des rechtlichen Gehörs noch **vorgetragen hätte**[2]. 1471

Drittens: § 119 Nr. 6 FGO nennt als absoluten Revisionsgrund das **Fehlen** von **Entscheidungsgründen**. Gemäß § 105 Abs. 2 Nr. 5 FGO enthält das Finanzgerichtsurteil Entscheidungsgründe. 1472

Zwar muss das Gericht nicht auf jede Einzelheit des Sachverhalts und des beteiligten Vortrags ausführlich eingehen. Ein Verstoß gegen das Begründungsgebot, der einen Verfahrensmangel iS des § 115 Abs. 2 Nr. 3 FGO darstellt, liegt jedoch ua. dann vor, wenn das Gericht einen **wesentlichen Punkt** überhaupt **nicht erörtert**[3] oder die Entscheidungsgründe insgesamt nur aus **inhaltsleeren Floskeln** bestehen oder **missverständlich** und **verworren** sind bzw. grobe Begründungsfehler enthalten, die dem Kläger die Möglichkeit entziehen, die getroffene Entscheidung auf ihre Rechtmäßigkeit hin zu überprüfen[4]. 1473

Viertens: Gemäß § 96 Abs. 1 Satz 2 FGO entscheidet das Finanzgericht nach seiner freien, aus dem Gesamtergebnis des Verfahrens gewonnenen Überzeugung. Es ist verpflichtet, den Inhalt der ihm vorliegenden Akten vollständig und einwandfrei zu berücksichtigen[5]. Ein beachtlicher Verfahrensmangel im Sinne einer sog. **Aktenwidrigkeit des gewürdigten Sachverhalts** liegt dann vor, wenn das Finanzgericht bei seiner Überzeugungsbildung eine nach den Akten klar feststehende Tatsache unberücksichtigt lässt[6] oder bei seiner Entscheidung vom Nichtvorliegen einer solchen Tatsache ausgeht und die Entscheidung 1474

---

1 Vgl. BFH vom 19.9.2006 VII B 93/06, BFH/NV 2007, 247.
2 Vgl. BFH vom 25.4.1995 III B 7/95, BFH/NV 1995, 914; vom 14.11.1990 XR 145/87, BFH/NV 1991, 373.
3 BFH vom 17.9.2009 IV B 82/08, BFH/NV 2010, 50; BFH vom 20.6.2000 VIII R 47/99, BFH/NV 2001, 46.
4 Vgl. BFH vom 31.5.2001 IV R 93/99, BFH/NV 2001, 1570.
5 Vgl. BFH vom 4.2.2003 VI B 70/02, BFH/NV 2003, 798.
6 Vgl. BFH vom 25.3.2010 X B 176/08, BFH/NV 2010, 1455.

Entscheidung des BFH

möglicherweise anders ausgefallen wäre, wenn das Finanzgericht den betreffenden Umstand in Erwägung gezogen hätte[1].

1475 Gleiches gilt, wenn das Finanzgericht die **Sachprüfung unterlässt**, weil es sich an die Rechtskraft einer früheren Entscheidung gebunden fühlt[2].

1476 **Fünftens**: Die Unterlassung einer **notwendigen Beiladung** ist ein Verfahrensmangel, nicht hingegen diejenige einer einfachen Beiladung[3]. Da auf die notwendige Beiladung nicht verzichtet werden kann, droht auch kein Rügeverlust[4].

IV. Entscheidung

1. Allgemeines

1477 Der BFH entscheidet über die Nichtzulassungsbeschwerde **durch Beschluss** (§ 116 Abs. 5 Satz 1 FGO). Dies geschieht grundsätzlich **ohne mündliche Verhandlung**[5].

1478 Der Beschluss über die Nichtzulassungsbeschwerde soll **kurz begründet** werden (§ 116 Abs. 5 Satz 1 1. Halbsatz FGO).

1479 Der BFH kann von einer Begründung **in zwei Fällen absehen**: Zum einen, wenn die Begründung **nicht** geeignet ist, zur **Klärung** der Voraussetzungen beizutragen, unter denen eine **Revision zuzulassen** ist. Zum anderen, wenn der Beschwerde **stattgegeben** wird (vgl. § 116 Abs. 5 Satz 2 2. Halbsatz FGO).

1480 Die regelmäßig fehlende Begründung im Falle der Revisionszulassung durch den BFH gestaltete die **Revisionsbegründung schwieriger**. Lagen der Beschwerde mehrere Zulassungsgründe zugrunde, von denen

---

1 Vgl. BFH vom 1.9.2007 VIII R 81/05, BFH/NV 2006, 2297; vom 30.5.2007 X B 176/06, BFH/NV 2007, 1698; BEERMANN in Beermann/Gosch, § 115 Rz. 172 (März 2006); SEER in Tipke/Kruse, § 115 FGO Rz. 99 (April 2008).
2 Vgl. BFH vom 24.8.2005 VIII R 36/04, BFH/NV 2006, 86; SEER in Tipke/Kruse, § 115 FGO Rz. 99 (April 2008). Relevant zB bei Sammelbescheiden, die mehrere selbstständige Besteuerungsgrundlagen iS des § 179 Abs. 1/§ 157 Abs. 2 AO feststellen.
3 Vgl. BFH vom 29.10.2002 V B 186/01, BFH/NV 2003, 780; LEVEDAG in Gräber, § 60 Rz. 151.
4 Vgl. SEER in Tipke/Kruse, § 115 FGO Rz. 102 (April 2008).
5 Im Falle der mündlichen Verhandlung erfolgt die Entscheidung in der Besetzung mit fünf Richtern, ansonsten nur mit drei Richtern, vgl. § 10 Abs. 3 AO.

Rechtsbehelf gegen Entscheidung

nur einer zum Erfolg der Nichtzulassungsbeschwerde geführt hat, sollte dieser Zulassungsgrund kurz bezeichnet werden, um den Beteiligten deutlich zu machen, worauf es dem BFH ankommt[1]. Anderenfalls weiß der Beschwerdeführer nicht, worauf er die Revisionsbegründung stützen soll.

Allerdings bietet der fehlende Zwang zur Begründung der Entscheidung auch **Chancen**: Der BFH hat die Möglichkeit der Revisionszulassung, obwohl der Beschwerdeführer den Darlegungsvoraussetzungen des § 116 Abs. 3 Satz 3 FGO nicht genügt hat, der BFH die Rechtsfrage gleichwohl entscheiden oder aufgrund sonstiger Mängel das Finanzgerichtsurteil aufheben möchte. 1481

Wie bereits oben erwähnt, ist maßgebend für das Vorliegen der Zulassungsgründe der **Zeitpunkt** der Entscheidung über die Nichtzulassungsbeschwerde (vgl. oben Tz. 1315 ff., 1416, 1482) Gegenstand der Prüfung durch den BFH sind nur **innerhalb** der **Begründungsfrist** ausdrücklich und ordnungsgemäß gerügte Zulassungsgründe[2]. 1482

Ein **Rechtsbehelf** gegen den Beschluss des BFH über die Nichtzulassungsbeschwerde existiert nicht. Der Beschluss ist weder abänderbar noch aufhebbar[3]. 1483

Ausnahme: Gegen einen Beschluss, mit dem der BFH die Nichtzulassungsbeschwerde zurückgewiesen hat, ist unter den Voraussetzungen des § 133a FGO eine **Anhörungsrüge** statthaft[4]. Da mit der Anhörungsrüge des § 133a FGO Verletzungen des Willkürverbots nicht geltend gemacht werden können, kommt nach zutreffender Ansicht weiterhin die **ungeschriebene Gegenvorstellung** zur Anwendung[5]. 1484

---

1 Dies wird von LANGE in Hübschmann/Hepp/Spitaler, § 116 FGO Rz. 265 (Juni 2007) gefordert.
2 Vgl. RUBAN in Gräber, § 116 Rz. 55; vgl. auch Tz. 1303.
3 Vgl. SEER in Tipke/Kruse, § 116 FGO Rz. 71 (Juli 2008); BFH vom 14.7.1997 V B 44/97, BFH/NV 1998, 49.
4 Vgl. BFH vom 17.10.2005 II S 9/5, BFH/NV 2006, 370; LANGE in Hübschmann/Hepp/Spitaler, § 116 FGO Rz. 280 (Juni 2007); gelangt der BFH im Fortsetzungsverfahren zu einer abweichenden Entscheidung, hebt er seinen Beschluss über die Nichtzulassungsbeschwerde in einem neuen Beschluss auf (vgl. hierzu SEER in Tipke/Kruse, § 133a FGO Rz. 16 [Sept. 2009]).
5 Die Existenz der nicht in der FGO normierten Gegenvorstellung ist nach Aufnahme des § 133a FGO innerhalb der Senate des BFH umstritten, vgl. dazu LANGE in Hübschmann/Hepp/Spitaler, §§ 115 bis 134 Rz. 55 (März 2007); SEER in Tipke/Kruse, § 115 FGO Rz. 43 (Feb. 2009); RUBAN in Gräber, § 115 Rz. 28.

Entscheidungsmöglichkeiten

2. Zugunsten des Beschwerdeführers

1485 Ist die Nichtzulassungsbeschwerde **zulässig** und **begründet**, stehen dem BFH grundsätzlich **drei Entscheidungsmöglichkeiten** zur Verfügung:

1486 **Erstens**: Der BFH kann die **Revision** auf die Beschwerde hin **zulassen**. Von dieser Variante macht der BFH idR in den Fällen des § 115 Abs. 2 Nr. 1 und 2 FGO Gebrauch.

1487 Dann setzt sich das Beschwerdeverfahren **automatisch** als Revisionsverfahren fort. Der Einlegung einer Revision durch den Beschwerdeführer bedarf es nicht mehr (§ 116 Abs. 7 Satz 1 FGO). In diesem Fall beginnt mit der Zustellung des Zulassungsbeschlusses für den Beschwerdeführer die **Revisionsbegründungsfrist** (§ 116 Abs. 7 Satz 2 FGO).

1488 **Zweitens**: Wird mit Erfolg ein **Verfahrensmangel** iS des § 115 Abs. 2 Nr. 3 FGO gerügt, kann[1] der BFH das angefochtene **Urteil aufheben** und den Rechtsstreit zur anderweitigen Verhandlung und Entscheidung an das Finanzgericht **zurückverweisen** (§ 116 Abs. 6 FGO). Dann beginnt das Klageverfahren im zweiten Rechtsgang vor dem Finanzgericht erneut.

1489 Es muss also nicht – wie nach früherem Recht – erst ein Revisionsverfahren durchgeführt und mit der Revisionsentscheidung das Finanzgerichtsurteil aufgehoben sowie die Sache an das Finanzgericht zurückverwiesen werden. Dies dient der **Verfahrensbeschleunigung**[2].

1490 Nicht selten gibt der BFH dem Finanzgericht für den zweiten Rechtsgang **Hinweise**, wie er konkrete streitentscheidende Fragen beantworten würde bzw. welche Grundsätze zu beachten sind. Solche Hinweise entfalten in entsprechender Anwendung des § 126 Abs. 5 FGO **Bindungswirkung** für das Finanzgericht[3]. Abweichendes gilt, wenn das

---

[1] Dem BFH steht insofern Ermessen zu, vgl. BFH vom 23.12.2004 III B 160/03, BFH/NV 2005, 1075; wird eine Verfahrensfragen von grundsätzlicher Bedeutung geltend gemacht, sollte der BFH die Revision zulassen und darüber in der Besetzung mit 5 Richtern entscheiden, vgl. RUBAN in Gräber, § 116 Rz. 65.
[2] Vgl. OFFERHAUS, Stbg. 2009, 49, 53.
[3] Vgl. RUBAN in Gräber, § 126 FGO Rz. 21; BERGKEMPER in Hübschmann/Hepp/Spitaler, § 126 FGO Rz. 77 (Aug. 2010).

Rücknahme der NZB

Revisionsgericht nur Empfehlungen für die weitere Behandlung der Sache gibt, ohne dieses binden zu wollen[1].

Drittens: Besteht der Verfahrensmangel gerade darin, dass die Vorinstanz ein Urteil erlassen hat, das aus **formalen Gründen** als solches nicht hätte ergehen dürfen, kann der BFH ausnahmsweise „**durchentscheiden**";[2] so zB, wenn die Klage vor dem Finanzgericht unzulässig war[3]. 1491

3. Zu Ungunsten des Beschwerdeführers

Hält der BFH die Nichtzulassungsbeschwerde für unzulässig, ist sie als unzulässig „**zu verwerfen**". Mangelt es nur an der Begründetheit, so ist sie „**zurückzuweisen**"[4]. 1492

Mit der Ablehnung der Beschwerde entfällt die Hemmungswirkung und wird das **Urteil rechtskräftig** (§ 116 Abs. 5 Satz 3 FGO). 1493

V. Erledigung, Rücknahme, Kosten

Das Beschwerdeverfahren kann auch in anderer Weise als durch Beschluss des BFH **beendet** werden, und zwar durch **Rücknahme** oder **Erledigung**. Im Vordergrund stehen für den Beschwerdeführer **Kostengesichtspunkte**. 1494

Die Möglichkeit zur Rücknahme der Beschwerde basierst auf der analogen Anwendung des § 125 Abs. 1 Satz 1 FGO (Zurücknahme einer Revision)[5]. Die Rücknahme kann **bis** zur **Bekanntgabe der Entschei-** 1495

---

1 Vgl. BERGKEMPER in Hübschmann/Hepp/Spitaler, § 126 FGO Rz. 77 (Aug. 2010). In solchen Fällen weist der BFH regelmäßig auf die fehlende Bindung hin, so zB BFH vom 17.9.2009 IV B 82/08, BFH/NV 2010, 50.
2 Dritte Entscheidungsalternative, vgl. BFH I B 171/08 BFH/NV 2009, 949; vom 25.1.2005 I B 83/04, BFH/NV 2005, 1314; vom 16.8.2001 V B 51/01, BStBl. 2001, 767; LANGE in Hübschmann/Hepp/Spitaler, § 116 FGO Rz. 290 (Juni 2007); SEER in Tipke/Kruse, § 116 FGO Rz. 76 (Juli 2008).
3 Vgl. LANGE in Hübschmann/Hepp/Spitaler, § 116 FGO Rz. 291 (Juni 2007).
4 Vgl. zu der Terminologie LIST, DB 2003, 572, 573; LANGE in Hübschmann/Hepp/Spitaler, § 116 FGO Rz. 259 (Nov. 2009).
5 Vgl. BFH vom 19.4.2005 IV B 60/05, BFH/NV 2005, 1819; vom 5.5.2003 IX B 133/02, BFH/NV 2003, 1089; BEERMANN in Beermann/Gosch, § 116 FGO Rz. 86 (Sept. 2007); RUBAN in Gräber, § 116 Rz. 73.

Erledigung der NZB

dung des BFH erfolgen. Sie ist auch bei **Unzulässigkeit** der Beschwerde wirksam[1].

1496 Mangels mündlicher Verhandlung im Nichtzulassungsbeschwerdeverfahren bedarf die wirksame Rücknahme der Beschwerde **nicht** der **Zustimmung** des Beschwerdegegners gemäß § 125 Abs. 1 Satz 2 FGO[2].

1497 Durch die Rücknahme der Nichtzulassungsbeschwerde wird das Finanzgerichtsurteil **rechtskräftig**, sofern die Beschwerdefrist abgelaufen ist und nicht noch eine Nichtzulassungsbeschwerde eines anderen Beteiligten oder eine Revision anhängig ist[3].

1498 Den allgemeinen Regeln der **Kosten** folgend trägt im Fall der Rücknahme der Beschwerdeführer die Kosten des Verfahrens (§ 136 Abs. 2 FGO). Im Vergleich zu einer abweisenden Entscheidung durch den BFH **reduziert** sich die Gerichtskostengebühr von 2,0 auf 1,0[4].

1499 Als **erledigende Ereignisse**, die den Beschwerdeführer zu einer Erledigungserklärung veranlassen können, kommen im Wesentlichen zwei in Betracht:

1500 **Erstens**: **Hebt** das Finanzamt den angefochtenen Verwaltungsakt **auf** oder **ändert** diesen antragsgemäß[5], entfällt das Rechtsschutzbedürfnis für die Nichtzulassungsbeschwerde[6]. Ohne die Erledigungserklärung müsste der BFH die Beschwerde als unzulässig verwerfen und dem Beschwerdegegner gemäß § 135 Abs. 1 FGO die Kosten des Verfahrens auferlegen.

1501 **Erklären** daraufhin beide Beteiligten **übereinstimmend**[7] die Sache für erledigt, so wird das angefochtene Finanzgerichtsurteil einschließlich der Kostenentscheidung gegenstandslos, mit der Folge, dass der BFH

---

1 Vgl. hierzu und zum vorhergehenden LANGE in Hübschmann/Hepp/Spitaler, § 116 FGO Rz. 222 (Juli 2007).
2 Vgl. BFH vom 11.11.1997 VII B 108/97, BFH/NV 1998, 604; LANGE in Hübschmann/Hepp/Spitaler, § 116 FGO Rz. 223. Vgl. zum Vertretungszwang und Formerfordernis SEER in Tipke/Kruse, § 116 FGO Rz. 66 (Juli 2008).
3 Vgl. LANGE in Hübschmann/Hepp/Spitaler, § 116 FGO Rz. 229 (Juni 2007).
4 Vgl. KVNr. 6501 GKG.
5 Der Änderungsbescheid wird gemäß §§ 68, 121 FGO zum Gegenstand des Beschwerdeverfahrens; § 127 FGO gilt entsprechend, vgl. RUBAN in Gräber, § 127 FGO Rz. 3.
6 Vgl. BFH vom 22.9.1999 VII B 82/99, BFH/NV 2000, 335; SCHMIDT-TROJE/SCHAUMBURG, III Rz. 64.
7 Vgl. zur einseitigen Erledigungserklärung RUBAN in Gräber, § 116 FGO Rz. 74.

Erledigung der NZB

über die Kosten des gesamten Verfahrens zu entscheiden hat[1]. Dem **Finanzamt** werden dann regelmäßig die **Kosten** des Verfahrens gemäß § 138 Abs. 2 FGO auferlegt.

War allerdings die **Nichtzulassungsbeschwerde unzulässig**[2], tritt – im Unterschied zum erstinstanzlichen Klageverfahren – selbst bei übereinstimmenden Erledigungserklärungen keine Erledigung ein; vielmehr verwirft der BFH die Beschwerde als unzulässig[3]. Die Kosten hat der Beschwerdeführer gemäß § 135 Abs. 2 FGO zu tragen[4]. 1502

Zweitens: Unabhängig vom Hauptsacheverfahren kann sich das Beschwerdeverfahren durch den **Wegfall** des **Zulassungsgrunds** erledigen[5]. Zugunsten des Beschwerdeführers muss davon ausgegangen werden, dass eine Erledigung auch dann eintritt, wenn zB die bis dahin klärungsbedürftige Rechtsfrage in einem anderen Verfahren abschließend geklärt wird[6]. 1503

Haben in einem solchen Verfahren die Parteien **übereinstimmend** den Rechtsstreit für **erledigt erklärt**, entscheidet der BFH nicht mehr über die Erledigung, sondern nur noch über die Kosten. Richtigerweise sind dann in Anwendung des § 138 Abs. 1 FGO dem **Beschwerdegegner** die Kosten des Nichtzulassungsbeschwerdeverfahrens aufzuerlegen, unter der Voraussetzung, dass die Beschwerde bis zum Eintritt des erledigenden Ereignisses zulässig und begründet war[7]. Erklärt der Beschwerdeführer in dem vorgenannten Fall, dass ein Zulassungsgrund 1504

---

1 Vgl. BFH vom 9.2.2006 IX B 47/05, BFH/NV 2006, 1120; Ruban in Gräber, § 116 FGO Rz. 74.
2 Hierzu zählt nach der Rechtsprechung auch ein Verstoß gegen die Darlegungsvoraussetzungen des § 116 Abs. 3 Satz 3 FGO, vgl. BFH vom 29.5.2007 X B 66/06, BFH/NV 2007, 1693; BFH vom 8.9.1999 II B 84/99, BFH/NV 2000, 571. Dies ist uE vor dem Hintergrund des Suspensiveffekts überzogen.
3 Vgl. BFH vom 29.5.2007 X B 66/06, BFH/NV 2007, 1693; BFH vom 9.2.2006 IX B 47/05, BFH/NV 2006, 1120; BFH vom 8.9.1999 II B 84/99, BFH/NV 2000, 571; Brandis in Tipke/Kruse, § 138 FGO Rz. 55 (Sept. 2009).
4 Vgl. BFH vom 8.9.1999 II B 84/99, BFH/NV 2000, 571; Lange in Hübschmann/Hepp/Spitaler, § 116 FGO Rz. 245 (Juni 2007).
5 Vgl. Schmidt-Troje/Schaumburg, III Rz. 62, 64; Ruban in Gräber, § 116 FGO Rz. 74.
6 So Schmidt-Troje/Schaumburg, III Rz. 62; anderer Ansicht wohl BFH vom 18.3.1994 III B 543/90, BStBl. II 1994, 473 (einseitige Erledigungserklärung); Ruban in Gräber, § 117 FGO Rz. 74.
7 Ähnlich BFH vom 25.7.1991 III B 10/91, BStBl. II 1991, 846; Brandis in Tipke/Kruse, § 138 FGO Rz. 76 (Sept. 2009). Ggf. kommt auch eine Kostenteilung in Betracht.

Prozessführung

während des Beschwerdeverfahrens entfällt, nicht die Erledigung, muss er damit rechnen, die gesamten Kosten des Verfahrens zu tragen. Eine Erledigungserklärung – sofern sich das Finanzamt anschließt – reduziert jedenfalls die Höhe der Gerichtskosten.

1505 Die **Gefahr**, die **Kosten** des Rechtsstreits inklusive derjenigen für das Nichtzulassungsbeschwerdeverfahren zu tragen, entfällt auch bei einer **erfolgreichen Nichtzulassungsbeschwerde** nicht. Nach dem Grundsatz der einheitlichen Kostenentscheidung richtet sich die Kostentragung nach dem endgültigen Ausgang des Verfahrens in der Hauptsache[1], also dem Revisionsverfahren oder dem 2. Rechtsgang vor dem Finanzgericht. Dies ist nicht gerechtfertigt, insbesondere wenn das Finanzgerichtsurteil auf einem Verfahrensfehler beruht[2].

VI. Prozessführung

1506 Die extrem hohe **Quote erfolgloser** Nichtzulassungsbeschwerden (S. Tz. 1261 ff.) belegt das Erfordernis einer besonderen Prozessführung. Dies betrifft nicht nur das **Beschwerdeverfahren selber**, sondern auch den **Prozess** vor dem **Finanzgericht**.

1507 Die Prozessführung muss **von Beginn an** nicht nur auf das Klageverfahren in der ersten Instanz, sondern – als Nebenziel – auf die Revisionszulassung und – als zweites Nebenziel – auf das Zulassungsverfahren ausgerichtet sein. Das Revisionsverfahrensrecht rückt mehr in die Präsenz der Finanzgerichtsprozesse ein.

1508 **Zum Finanzgerichtsverfahren**: Die erste Instanz ist **regelmäßig** auch die **letzte** Instanz. Mit einer Überprüfung des erstinstanzlichen Urteils kann nicht mehr zwingend gerechnet werden. Die Prozessführung muss sehr sorgfältig sein.

1509 Zur Erreichung des ersten Nebenziels sollte die **Zulassung** der Revision im **Klageantrag erwähnt** werden, falls entsprechende Anhaltspunkte vorhanden sind. Dies erlangt besondere Bedeutung, wenn das Finanzgericht möglicherweise in einem richterlichen Hinweis oder in der

---

1 Vgl. BFH vom 16.1.1995 X B 142/94, BFH/NV 1995, 819; Brandis in Tipke/Kruse, § 135 FGO Rz. 9 (Sept. 2009); Lange in Hübschmann/Hepp/Spitaler, § 116 FGO Rz. 270 (Juni 2007).
2 Vgl. ebenfalls zu Bedenken Seer in Tipke/Kruse, § 116 FGO Rz. 82 (Juli 2008).

Prozessführung

mündlichen Verhandlung bestimmte Rechtsauffassungen vertritt, die der grundsätzlichen Bedeutung oder Divergenz zugänglich sind.

Zum Aufspüren von Divergenzen oder grundsätzlicher Bedeutung erweisen sich die **elektronischen Medien**[1] als hilfreich, jedoch auch als Schwachstelle. Auf die Lektüre einschlägiger Kommentare und insbesondere der Veröffentlichung im Bundessteuerblatt und der BFH/NV sollte der Berater nicht verzichten. 1510

Die hohen Anforderungen des BFH an eine ordnungsgemäße Verfahrensrüge gemäß § 115 Abs. 2 Nr. 3 FGO strahlen im besonderen Maße auf den Finanzgerichtsprozess aus. Wird zB die Sachverhaltsaufklärung gerügt, muss vorgetragen werden, welche Aufklärung das Gericht hätte betreiben können. Hier ist der Berater gefordert, in der ersten Instanz dem Finanzgericht mögliche **Sachverhaltsermittlungen konkret aufzuzeigen** (zB ordnungsgemäße Beweisanträge). 1511

Besonderes Augenmerk gilt dem möglichen Verzicht auf **Verfahrensrügen** (Präklusion). 1512

Für die **Prozessführung** und damit im Wesentlichen für die Begründung der **Nichtzulassungsbeschwerde** gelten ebenfalls Besonderheiten. 1513

In Anbetracht der Darlegungserfordernisse des § 116 Abs. 3 Satz 3 FGO können **unklare** und/oder **unübersichtliche Ausführungen** nicht nur unbeachtlich sein und ggf. zur Unzulässigkeit der Nichtzulassungsbeschwerde führen. Sie bereiten dem BFH auch keine Lust, positiv über die Beschwerde zu entscheiden. Dies muss die Begründung jedoch im Blick haben. Vgl. zu weiteren Empfehlungen in diesem Zusammenhang Tz. 1327–1329. 1514

Dem BFH ist mangels Begründungserfordernis der Entscheidung über die Nichtzulassungsbeschwerde die Möglichkeit eingeräumt, die Gründe der Ablehnung oder Zulassung nicht offenzulegen. Findet er **Geschmack** an den aufgeworfenen Rechtsfragen oder verursachen Fehlentscheidungen des Finanzgerichts dem Berichterstatter des BFH Bauchschmerzen, ist die Zulassung der Revision auch dann nicht ausgeschlossen, wenn nach stringenter Prüfung eine ablehnende Entscheidung ergehen müsste. Eine Begründung, die durch **stringenten Aufbau** und Beachtung der Darlegungsvoraussetzungen die Einwendungen 1515

---

1 ZB Juris, Beck Online.

Aussetzung der Vollziehung

anhand eines roten Fadens mundgerecht präsentieren, sind Erfolg versprechender. Enthält das Finanzgerichtsurteil eine Vielzahl von Fehlern, sollten diese nach **Komplexen gegliedert** und dann jeweils hinsichtlich der einzelnen Zulassungsgründe aufgeteilt werden.

J. Aussetzung der Vollziehung

I. Grundsatz der Vollziehbarkeit

1516 „Durch Einlegung des Einspruchs wird die **Vollziehung** des angefochtenen Verwaltungsakts (...) **nicht gehemmt**, insbesondere die Erhebung einer Abgabe nicht aufgehalten. Entsprechendes gilt bei Anfechtung von Grundlagenbescheiden für die darauf beruhenden Folgebescheide" (§ 361 Abs. 1 AO)[1].

1517 Die **Anfechtung** eines Steuerbescheids mit dem Einspruch **hindert** das Finanzamt grundsätzlich **nicht**, die **Steuern** aufgrund des angefochtenen Steuerbescheids zu erheben und ggf. mit der Rechtsgrundlage des Steuerbescheids zu **vollstrecken**.

1518 **Gleiches** gilt für die **Klageerhebung**. Durch die Erhebung der Klage wird die Vollziehung des angefochtenen Verwaltungsakts nicht gehemmt (§ 69 Abs. 1 Satz 1 FGO).

1519 Diese Trennung von Anfechtung eines Steuerbescheids und seiner Vollziehung ist ein **Beratungsproblem**. Steuerpflichtige sind häufig der Ansicht, dass alleine die Anfechtung ausreiche, um die Steuerpflicht aufzuschieben. Dieses Missverständnis muss der Berater beseitigen.

1520 Die Aussetzung der Vollziehung kann von der **Finanzbehörde**, die den angefochtenen Verwaltungsakt erlassen hat, angeordnet (§ 361 Abs. 2 AO, vgl. Tz. 1533 ff.) **oder** auf Antrag vom **Finanzgericht** verfügt werden (§ 69 Abs. 3 bis 7 FGO, Tz. 1573 ff.). Letzteres ist auch schon während des Einspruchsverfahrens möglich (§ 69 Abs. 3 Satz 2 FGO).

1521 Das Verfahren um die Aussetzung der Vollziehung wird damit zu einem **besonderen Verfahren**, das neben dem eigentlichen Rechtsbehelfsverfahren, dem Verfahren der Hauptsache, steht. Rechtsbehelfs- und Aussetzungsverfahren erfordern jeweils unterschiedliche Überlegungen. Die Verfahrensführung ist zu trennen. Zwar kann mit der Begründung des Rechtsbehelfs auch der Antrag auf Aussetzung der Voll-

---

1 **Ausnahmen**: Vgl. § 361 Abs. 4 AO.

Verfahren nach § 361 AO

ziehung begründet werden. Darüber hinaus gibt es jedoch für das Aussetzungsverfahren auch eigene Begründungen, die im Hauptverfahren keinen Begründungswert haben.

Die Beratung über die Frage, **ob** eine umstrittene Steuer **gezahlt** oder **ob** und **wann** ein **Antrag** auf Aussetzung der Vollziehung gestellt werden soll, ist eine **eigenständige Beraterauſgabe**. Zwar scheint bei einer Spontanbetrachtung die Aussetzung der Vollziehung bei einem angefochtenen Steuerbescheid vorteilhaft, weil die Steuer – jedenfalls im Augenblick – nicht gezahlt werden muss. Dies ist jedoch eine vordergründige Betrachtung, die in vielen Fällen falsch sein kann. 1522

Vgl. zu **Abwägungsüberlegungen** Tz. 1682 ff. 1523

II. Das Verfahren nach § 361 AO

1. Verfahrensfragen

a. Gegenstand, Anfechtungssituation

Vorläufiger Rechtsschutz kann entweder durch Aussetzung der Vollziehung (§ 361 AO, § 79 FGO) oder einstweilige Anordnung (gemäß § 114 FGO, vgl. Tz. 1709 ff.) erreicht werden. Als bestimmend für die Art des vorläufigen Rechtsschutzes wird grundsätzlich die gegen den angefochtenen Steuerbescheid gegebene Klageart angesehen (**Grundsatz der Konnexität**)[1]. Im Fall der Anfechtungsklage wird vorläufiger Rechtsschutz durch Aussetzung der Vollziehung, bei einer Verpflichtungsklage grundsätzlich durch einstweilige Anordnung gewährt[2]. Die einstweilige Anordnung tritt subsidiär hinter die Aussetzung der Vollziehung zurück (vgl. § 114 Abs. 5 FGO). 1524

Grundsätzlich setzt die Aussetzung der Vollziehung voraus, dass der Verwaltungsakt (Steuerbescheid), um den es geht, **angefochten** ist[3]. 1525

Nicht angefochtene Bescheide können **nicht ausgesetzt** werden, und zwar auch dann nicht, wenn sie änderbar sind. 1526

---

1 Vgl. SEER in Tipke/Kruse, § 69 FGO Rz. 17 (Mai 2010).
2 Vgl. BFH vom 10.11.1977 IV B 33–34/76, BStBl. 1978, 15; BIRKENFELD in Hübschmann/Hepp/Spitaler, § 69 Rz. 90 (März 1999).
3 Vgl. BROCKMEYER in Klein, § 361 Rz. 8. Auch die Verfassungsbeschwerde ist nicht ausreichend: BFH vom 15.7.2009 VIII S 14/09, BFH/NV 2009, 1822; Niedersächsisches FG vom 27.5.2010 12 V 58/10, BB 2010, 1630.

Art der Bescheide

1527 Dies gilt für **vorläufige Bescheide** ebenso wie für Bescheide, die unter dem **Vorbehalt der Nachprüfung** stehen[1]. Hat der Steuerpflichtige diese Bescheide bestandskräftig werden lassen, so kann er Aussetzung der Vollziehung nicht beantragen; Änderungsanträge ermöglichen keine Aussetzung[2]. Werden diese Bescheide später für endgültig erklärt, so kann er nach Anfechtung der Aufhebung der Vorläufigkeit bzw. des Vorbehalts der Nachprüfung Aussetzung der Vollziehung bzgl. der noch nicht gezahlten Beträge begehren[3].

1528 Nicht tauglich sind Bescheide, deren Änderung nur durch den sog. **schlichten Änderungsantrag** gemäß § 172 Abs. 1 Satz 1 Nr. 2a AO begehrt wird[4]. Der Antrag auf **Anpassung der Vorauszahlungen** rechtfertigt die Aussetzung der Vollziehung ebenfalls **nicht**[5].

1529 Wird ein **Grundlagenbescheid** angefochten und ausgesetzt, so ist der Folgebescheid ebenfalls zwingend auszusetzen (§ 361 Abs. 3 Satz 1 AO). In diesem Fall ist es nicht erforderlich, den Folgebescheid anzufechten (vgl. auch Tz. 1590, 1615, 1641, 1661, 1707).

1530 Dies gilt nicht nur im Verhältnis Grundlagen-/Folgebescheid, sondern auch in anderen Fällen, in denen die **Änderung** eines **Bescheids** unmittelbare, **zwingende Auswirkungen** auf einen **anderen Bescheid** hat. Wird wegen der Höhe eines Gewerbeertrags im Einkommensteuerverfahren gestritten, wird der angefochtene Einkommensteuerbescheid in der Vollziehung ausgesetzt, ist auch der Gewerbesteuermessbescheid wegen der Änderungsmöglichkeit nach § 35b GewStG auszusetzen, ohne dass dieser eigens angefochten werden muss[6].

1531 Treten in einem schwebenden Rechtsbehelfsverfahren **Änderungsbescheide** an die Stelle des angefochtenen Bescheids, so müssen diese zum Zweck des Aussetzungsverfahrens nicht eigens angefochten wer-

---

1 Vgl. nur Gosch in Beermann/Gosch, § 69 FGO Rz. 108 (Okt. 2010).
2 Vgl. Loose in Tipke/Kruse, § 69 FGO Rz. 46 (Mai 2010).
3 Vgl. FG Hamburg vom 25.6.1982 V 44/82, HFR 1983, 303.
4 Vgl. Kamps, Stbg. 2008, 429, 435.
5 Vgl. Dumke in Schwarz, § 361 AO Rz. 63 (Aug. 2009); Gosch in Beermann/Gosch, § 69 FGO Rz. 108 (Okt. 2010); aA Niedersächsisches FG vom 31.7.1980 VI 141/80 V, EFG 1981, 35.
6 Vgl. BFH vom 21.12.1993 VIII B 107/93, BStBl. II 1994, 300; Streck/Mack/Schwedhelm, Stbg. 1995, 508; Seer in Tipke/Kruse, § 69 FGO Rz. 51 (Mai 2010). Das Finanzamt soll in diesem Fall die steuerberechtigte Gemeinde über das anhängige Aussetzungsverfahren unterrichten, vgl. AEAO zu § 361 Tz. 5.4.1. Satz 2; Seer in Tipke/Kruse, § 361 AO Rz. 12 (Feb. 2011).

Aussetzung auf Antrag/von Amts wegen

den. § 365 Abs. 3 AO und § 68 FGO gelten hier entsprechend[1]. **Zusätzlich** aussetzungsfähig sind selbstverständlich auch unter Änderung der ursprünglichen Bescheide zusätzlich festgesetzte Beträge.

Die Zulässigkeit des Aussetzungsantrags setzt die **Vollziehbarkeit** des angefochtenen Verwaltungsakts voraus. Nicht vollziehbar sind zB Verwaltungsakte, deren Inhalt in der Ablehnung einer Regelung liegt[2]. 1532

b. Entscheidung auf Antrag und von Amts wegen

Dem Rechtsbehelfsführer steht das Recht zu, Aussetzung der Vollziehung zu beantragen (§ 361 Abs. 2 Satz 2 AO). Dies ist der **Regelfall**. Obwohl die Aussetzung der Vollziehung im Ermessen der Behörde steht, zwingt der **Antrag** die Behörde zur Prüfung und Entscheidung[3]. 1533

Im Aussetzungsverfahren besteht nicht die Notwendigkeit, die **Beträge**, deren Aussetzung begehrt wird, selbst zu **berechnen** und zu **beziffern**. Der Antragsteller hat den Streitgegenstand zu bezeichnen. Soweit er hierdurch substanziiert darlegt, inwiefern er den Steuerbescheid für ernstlich zweifelhaft hält oder weshalb die Vollziehung eine unbillige Härte beinhaltet (vgl. Tz. 45 ff.), genügt er den Anforderungen an den Antrag. Das Finanzamt (oder das Finanzgericht) muss die auszusetzenden Beträge selbst ermitteln. Insoweit kann sich das Finanzamt nicht auf Mitwirkungspflichten des Steuerpflichtigen berufen. 1534

Die **Praxis** hat die **Finanzämter** und Finanzgerichte **verwöhnt**. Viele Berater konzentrieren sich bei Aussetzungsanträgen intensiver auf die Bezifferung der Aussetzungsbeträge als auf die Begründung. Eine Umkehr des Arbeitsverhältnisses ist sachgemäßer. 1535

Die Finanzbehörde, die den angefochtenen Verwaltungsakt erlassen hat, kann **von Amts wegen** die Vollziehung aussetzen (vgl. § 361 Abs. 2 Satz 1 AO). Sie ist nicht an einen Antrag gebunden. 1536

In Zeiten niedrigen Zinsniveaus hat die Frage erhebliche praktische Bedeutung erlangt, ob die Finanzverwaltung dem Steuerpflichtigen eine Aussetzung der Vollziehung aufzwingen darf, um durch Ausnutzung des Gefälles zwischen Aussetzungszinsen und Marktzinsen (vgl. 1537

---

[1] Vgl. SEER in Tipke/Kruse, § 69 FGO Rz. 49 (Mai 2010); BFH vom 25. Oktober 1994 VIII B 101/94, BFH/NV 1995, 611), zu § 68 FGO.
[2] Vgl. DUMKE in Schwarz, § 361 AO Rz. 68 ff. (Aug. 2008) mit Beispielen.
[3] Vgl. BROCKMEYER in Klein, § 361 Rz. 12.

Aufgedrängte Aussetzung

dazu auch Tz. 1688 ff.) dem Staat finanzielle Vorteile zu verschaffen, sog. „**aufgedrängte Aussetzung der Vollziehung**"[1].

1538 Das **Finanzgericht Köln** hat dieser Vorgehensweise eine deutliche **Absage** erteilt[2]. Dies wird zutreffend unter dem Gesichtspunkt, dass die Aussetzung der Vollziehung lediglich Ausfluss der Rechtsschutzgarantie des Art. 19 Abs. 4 GG und nicht Finanzbeschaffungsinstrumentarium des Fiskus sei, auch überwiegend in der **Literatur** so gesehen[3].

1539 Das Finanzgericht Köln erwähnt gleichwohl Konstellationen, in denen eine Aussetzung gegen den Willen des Steuerpflichtigen **ausnahmsweise** ermessensgerecht sein könnte. Das Gericht sieht insoweit mögliche Anwendungsmöglichkeiten, wenn die Finanzverwaltung in Fällen eines erkannten Fehlers im Vorgriff auf eine beabsichtigte Abhilfe Aussetzung der Vollziehung verfügt (vgl. AEAO zu § 361 Tz. 2.1) oder bei **Verstößen** des Steuerpflichtigen gegen seine **Mitwirkungspflichten** mit der Folge der Schätzung der Besteuerungsgrundlagen (§ 162 AO)[4].

1540 Diese Gesichtspunkte rechtfertigen uE die aufgedrängte Aussetzung der Vollziehung **nicht**. Anstelle des Vorgriffs auf eine beabsichtigte Abhilfe sollte die Abhilfe geleistet, nicht die Aussetzung der Vollziehung aufgedrängt werden. Ein Verstoß gegen die Mitwirkungspflichten wird bereits durch die Schätzung der Besteuerungsgrundlagen geahndet. Für eine zusätzliche Sanktion durch Aufzwingen eines über dem Marktpreis liegenden Aussetzungszinses stellt die Aussetzung der Vollziehung nicht das richtige Instrumentarium dar. Andernfalls würde der Finanzverwaltung die Möglichkeit eingeräumt, sehenden Auges – rechtswidrige – weit überhöhte Schätzungen durchzuführen, anschließend ohne Abhilfe den Streit mit dem Steuerpflichtigen hierüber zu führen und sich eine zusätzliche Einnahmequelle zu verschaffen. Mit der Gewährung der Rechtsweggarantie des Art. 19 Abs. 4 GG hat dies nichts gemein.

---

1 Vgl. hierzu SEER, Ubg. 2008, 249 ff.; KOEPSEL/WALBRODT, INF 2006, 822 ff.; NEU, EFG 2011, 112 f.; KAMPS, DStR 2007, 1154 f.
2 FG Köln vom 8.9.2010 13 K 960/08 – Revision eingelegt (Az. des BFH I R 91/10) –, EFG 2011, 105.
3 Vgl. SEER, Ubg. 2008, 249 ff.; NEU, EFG 2011, 112 f.; im Ergebnis gleich KAMPS, DStR 2007, 1154 f.; anderer Auffassung KOEPSEL/WALBRODT, INF 2006, 822 ff.
4 FG Köln vom 8.9.2010 13 K 960/08 – Revision eingelegt (Az. des BFH I R 91/10) –, EFG 2011, 105; auch – ohne Wertung – hervorgehoben von NEU, EFG 2011, 112, 113.

Aussetzung für die Zukunft

Aussetzungen gegen den ausdrücklichen Willen des Steuerpflichtigen sollten daher **angefochten** werden. Richtiges Rechtsmittel sind der **Einspruch** und die **Anfechtungsklage** gegen die Aussetzungsverfügung. Zwar stellt die Aussetzung der Vollziehung grundsätzlich einen begünstigenden Verwaltungsakt mit der Folge dar, dass der Adressat nicht beschwert iS des § 350 AO bzw. nicht klagebefugt is des § 40 Abs. 2 FGO ist. Die Belastung ergibt sich hier jedoch aus der späteren Zinsfestsetzung nach §§ 237–239 AO[1]. Auf den Einspruch bzw. die Klage ist die aufgedrängte Aussetzung der Vollziehung rückwirkend aufzuheben. **Zinsen** iS des § 237 AO sind nicht festzusetzen. Der Steuerpflichtige kann nicht auf einen partiellen Zinsverzicht iS des § 237 Abs. 4 AO iVm. § 234 Abs. 2 AO verweisen, jedenfalls dann nicht, wenn der ausdrückliche Wille des Steuerpflichtigen, eine Aussetzung der Vollziehung abzulehnen, im Zeitpunkt der Aussetzungsverfügung für das Finanzamt erkennbar war.

1541

c. Wirkung; Aufhebung der Vollziehung

Die Aussetzung der Vollziehung lässt die Wirksamkeit und den Bestand des Verwaltungsakts unberührt[2]. Sie hat aber zur Folge, dass der materielle Regelungsgehalt des Verwaltungsakts bis auf Weiteres nicht mehr verwirklicht werden kann. Dem Finanzamt ist damit **jegliches Gebrauchmachen** von den Wirkungen des Verwaltungsakts untersagt[3].

1542

Der **Aussetzung** der Vollziehung kommt nur Wirkung für die **Zukunft** (ex nunc) zu[4]. Wird daher der **Antrag** auf Aussetzung der Vollziehung **vor** Fälligkeit der strittigen Steuerforderung gestellt, ist die Aussetzung der Vollziehung regelmäßig bereits ab Fälligkeitstag der strittigen Steuerbeträge zu gewähren[5]. Erfolgt der Antrag auf Aussetzung der Vollziehung **erst nach** der Fälligkeit, entscheidet das Finanzamt über eine mögliche rückwirkende Aufhebung der Vollziehung. Dies ist geboten, wenn ernstlich Zweifel an der Rechtmäßigkeit des angefochtenen Be-

1543

---

1 Vgl. FG Köln vom 8.9.2010 13 K 960/08 – Revision eingelegt (Az. des BFH I R 91/10) –, EFG 2011, 105; SEER, Ubg. 2008, 249, 252.
2 Vgl. KOCH in Gräber, § 69 Rz. 175.
3 Vgl. BFH vom 11.3.2004 VII R 19/02, BStBl. II 2004, 967; PAHLKE in Pahlke/König, § 361 Rz. 76 mit der Aufzählung einzelner Folgen.
4 Vgl. BROCKMEYER in Klein, § 361 Rz. 19.
5 Vgl. AEAO zu § 361 Tz. 8.1.1 mit Hinweis auf die Möglichkeit eines späteren Wirksamwerdens der Aussetzung der Vollziehung zB in Schätzungsfällen.

Aussetzung für Vergangenheit

scheids bereits vor Antragstellung bestanden[1]. Wird die Aussetzung der Vollziehung nicht ab Fälligkeit gewährt, bleiben für die **Vergangenheit** entstandene **Säumniszuschläge** (§ 240 AO, vgl. Tz. 1554) bestehen, für die Zukunft entstehen keine Säumniszuschläge mehr[2].

1544 Ist ein **Verwaltungsakt** bereits **vollzogen**, die festgesetzte Steuer also gezahlt, kann die **Vollziehung aufgehoben** werden (§ 361 Abs. 2 Satz 3 AO, vgl. Tz. 1550 ff.).

1545 Mangels Rückwirkung der Anordnung der Aussetzung der Vollziehung bei „verspäteter" Aussetzung der Vollziehung können die negativen Folgen durch eine **Kombination** von **Aussetzung** der Vollziehung und **Aufhebung** der Vollziehung – insbesondere im Hinblick auf die Säumniszuschläge – vermieden werden.

1546 Zur Frage der **Sicherheitsleistung** s. Tz. 1613 ff.

1547 Die Aussetzung der Vollziehung **endet** mit der bestands- oder rechtskräftigen Entscheidung in der Hauptsache[3], so zB auch mit der Rücknahme des Einspruchs, ohne dass es einer gesonderten Aufhebung der Aussetzungsverfügung bedarf[4].

1548 Abweichendes gilt, wenn die Aussetzung der Vollziehung auf einen **früheren Zeitpunkt** befristet ist (zB bis zum Abschluss des Einspruchsverfahrens). Das ist in der Praxis die Regel[5].

1549 Alternativ steht dem Finanzamt auch die Möglichkeit zu, die Aussetzung der Vollziehung mit einem Widerrufsvorbehalt zu versehen (zur Wirkung Tz. 1584 f.) Dann richtet sich der Widerruf nach den Voraussetzungen des § 131 AO.

1550 Für die Frage der **Aufhebung** der Vollziehung gilt:

---

1 Vgl. BFH vom 10.12.1986 I B 121/86, BStBl. II 1987, 389; AEAO zu § 361 Rz. 7.4.; PAHLKE in Pahlke/König, § 361 Rz. 81.
2 Vgl. BFH vom 30.3.1993 VII R 37/92, BFH/NV 1994, 4; BROCKMEYER in Klein, § 361 Rz. 19.
3 Vgl. BFH vom 26.1.1973 III 5 2/72, BStBl. II 1973, 456; vom 15.6.1998 VII B 32/98, BFH/NV 1999, 7.
4 Vgl. BFH vom 14.3.1986 VI B 44/84, BStBl. II 1986, 475.
5 Vgl. auch AEAO zu § 361 Tz. 8.2.1, wonach das Ende auf einen Monat nach Bekanntgabe der Rechtsbehelfsentscheidung oder einen Monat nach Zurücknahme des Einspruchs festgelegt werden soll. Vgl. zu Besonderheiten im Grundlagenfolgebescheid-Verhältnis PAHLKE in Pahlke/König, § 361 Rz. 280; BROCKMEYER in Klein, § 361 Rz. 9.

Rechtsfolgen

Für die Aufhebung der Vollziehung ist es unbeachtlich, ob die **Vollziehung** durch **Zwangsmaßnahmen** oder durch **freiwillige Zahlung** erfolgt ist, etwa um sonst während des Aussetzungsverfahrens drohenden Vollstreckungsmaßnahmen zu entgehen[1]. 1551

Entsprechendes gilt auch, wenn nicht durch Zahlung, sondern durch **Aufrechnung** (§ 226 AO) vollzogen wurde. 1552

Als **Rechtsfolge** bewirkt die Aufhebung der Vollziehung die Rückgängigmachung bereits durchgeführter Vollziehungsmaßnahmen. Der Einspruchsführer erhält hierdurch einen **Erstattungsanspruch** (§ 37 Abs. 2 AO)[2]. 1553

Wird die Vollziehung aufgehoben, so entfällt der Rechtsgrund für das Entstehen der **Säumniszuschläge**; diese können nicht mehr erhoben werden oder sind, soweit gezahlt, zurückzuerstatten[3]. Allerdings fallen dann – rückwirkend – die im Zinstarif weniger belastenden Aussetzungszinsen an, sollte der Steuerpflichtige in der Hauptsache ohne Erfolg bleiben[4]. 1554

Der Gesetzgeber hat jedoch in § 361 Abs. 2 Satz AO den **Umfang** der Rückerstattung im Falle der Aufhebung der Vollziehung begrenzt. Danach ist nunmehr die Aufhebung der Vollziehung begrenzt auf die festgesetzte Steuer **vermindert** um die anzurechnenden Steuerabzugsbeträge und um die festgesetzten Vorauszahlungen (vgl. Tz. 1649 ff. zur einstweiligen Erstattung). 1555

Die **Aufhebung** der Vollziehung verpflichtet zur Aufhebung bereits getroffener **Vollstreckungsmaßnahmen**[5] jedenfalls dann, wenn man der Aufhebung der Vollziehung richtigerweise die Wirkung ex tunc (rück- 1556

---

1 Vgl. BFH vom 22.7.1977 III B 34/74, BStBl. II 1977, 838; vom 29.11.1977 VII B 6/77, BStBl. II 1978, 156; AEAO zu § 361 AO Tz. 7.2.; SEER in Tipke/Kruse, § 69 Rz. 22 (Mai 2010).
2 Vgl. hierzu und zum vorherigen AEAO zu § 361 Tz. 7.2.; PAHLKE in Pahlke/König, § 361 Rz. 88.
3 Vgl. BFH vom 30.3.1993 VII R 37/92, BFH/NV 94, 4; vom 4.2.2000 VII B 235/99, BFH/NV 2000, 1070; teilweise zweifelnd DUMKE in Schwarz, § 361 AO Rz. 33 (Aug. 2008), wenn der Steuerpflichtige die verspätete Antragsstellung verschuldet hat.
4 Vgl. BROCKMEYER in Klein, § 361 Rz. 23; DUMKE in Schwarz, § 361 AO Rz. 24, 33 (Aug. 2008).
5 Vgl. BROCKMEYER in Klein, § 361 Rz. 28.

Rechtsschutz, Voraussetzungen

wirkend) zubilligt[1]. Die (rückwirkende) Aufhebung der Vollziehung muss **besonders angeordnet** werden oder den Zeitpunkt bestimmen, ab dem die rückwirkende Aufhebung gelten soll. Vollstreckungsmaßnahmen bleiben bestehen, soweit nicht ihre Aufhebung ausdrücklich angeordnet wird[2].

d. Rechtsschutzmöglichkeiten

1557 Gegen eine ganz oder teilweise ablehnende Aussetzungsverfügung steht dem Antragsteller der **Einspruch** zur Verfügung. Erlässt das Finanzamt anschließend eine ablehnende Einspruchsentscheidung, ist die **Klage** zum Finanzgericht **nicht statthaft**. Gegen die Ablehnung der Aussetzung der Vollziehung kann das Gericht **nur** nach **§ 69 Abs. 3 und 5 FGO** angerufen werden (vgl. § 361 Abs. 5 AO).

1558 **Parallel** kann somit die ablehnende Aussetzungsverfügung einerseits mit dem Einspruch angefochten und andererseits gleichzeitig der Aussetzungsantrag gemäß § 69 Abs. 3 FGO zum Finanzgericht gestellt werden[3]. In diesem Fall wäre der Aussetzungsantrag an das Finanzgericht nur nach den besonderen Voraussetzungen des § 69 Abs. 4 Satz 2 zulässig (vgl. hierzu Tz. 1578 ff.). In der Praxis sollte daher die Entscheidung des Finanzamts abgewartet werden.

1559 Zu weiteren Überlegungen des **Timings** vgl. Tz. 1695 ff.

2. Die materiellen Voraussetzungen der Aussetzung der Vollziehung

1560 Beantragt der Steuerpflichtige die Aussetzung der Vollziehung, soll diese erfolgen, „wenn **ernstliche Zweifel** an der Rechtmäßigkeit des angefochtenen Verwaltungsakts bestehen oder wenn die Vollziehung für den Betroffenen eine **unbillige**, nicht durch überwiegende öffentliche Interessen gebotene **Härte** zur Folge hätte" (§ 361 Abs. 2 Satz 2 AO).

---

1 Vgl. zum Meinungsstand SEER in Tipke/Kruse, § 69 FGO Rz. 180 (Mai 2010); DUMKE in Schwarz, § 361 AO Rz. 32–33 (Aug. 2009); BROCKMEYER in Klein, § 361 Rz. 22 f.

2 Vgl. AEAO zu § 361 Rz. 7.4.; SEER in Tipke/Kruse, § 69 FGO Rz. 180 (Mai 2010); BROCKMEYER in Klein, § 361 Rz. 29.

3 Vgl. BIRKENFELD in Hübschmann/Hepp/Spitaler, § 361 AO Rz. 343 (Juli 1997); BROCKMEYER in Klein, § 361 Rz. 40.

Ernstliche Zweifel

Der Wortlaut des § 361 Abs. 2 Satz 2 AO ist **identisch** mit demjenigen des § 69 Abs. 3 Satz 2 FGO. Die materiellen Voraussetzungen der beiden Normen stehen daher im **Einklang**[1]. 1561

Der Tatbestand der Aussetzung der Vollziehung kennt mithin **zwei** voneinander zu trennende **Alternativen**. Einmal rechtfertigen die **Zweifel** an der **Rechtmäßigkeit** des angefochtenen Verwaltungsakts die Aussetzung der Vollziehung. Daneben steht die eigenständig zu beurteilende **Billigkeitsalternative**. 1562

Im Mittelpunkt steht die Frage der **Zweifel** an der **Rechtmäßigkeit** des **angefochtenen Verwaltungsakts**. 1563

Gegenstand der Prüfung sind **alle rechtlichen** und **tatsächlichen** Aspekte; auch **formelle** Gesichtspunkte, zB die Wirksamkeit des angefochtenen Verwaltungsakts[2]. 1564

Auszusetzen ist insbesondere, wenn die Auslegung der Steuergesetzte, die **Rechtslage unklar** ist[3]. Hierzu zählen jedenfalls alle Gründe, die eine Zulassung der Revision gemäß § 115 Abs. 2 Nr. 1 und 2 FGO rechtfertigen[4], auch bei ernstlichen Zweifeln an der Verfassungsmäßigkeit der entscheidungserheblichen Rechtsnorm. Es genügt jedoch auch ein einfaches **Fehlurteil**. Relevanz gewinnen zunehmend **verfassungsrechtliche** oder **gemeinschaftsrechtliche** Bedenken[5]. 1565

Richtigerweise rechtfertigt auch eine **überlange Dauer** des Rechtsbehelfsverfahrens[6] unter dem Gesichtspunkt des Art 19 Abs. 4 GG, Art. 6 Abs. 1 EMRK die Aussetzung[7]. 1566

---

1 Vgl. BIRKENFELD in Hübschmann/Hepp/Spitaler, § 69 FGO Rz. 281 (März 2010). Die materiellen Voraussetzungen beider Vorschriften werden regelmäßig zu § 69 FGO kommentiert.
2 Vgl. KOCH in Gräber, § 69 Rz. 94.
3 Vgl. SEER in Tipke/Kruse, § 69 FGO Rz. 91 (Mai 2010).
4 Vgl. zu weitergehenden Übersichten BIRKENFELD in Hübschmann/Hepp/Spitaler § 69 FGO Rz. 307 ff.: (März 2010); SEER in Tipke/Kruse § 69 FGO Rz. 91 (Mai 2010).
5 Vgl. dazu GOSCH in Beermann/Gosch, § 69 FGO Rz. 129–138 (Okt. 2010); zu rechtlichen Zweifeln, wenn verfassungsrechtliche Bedenken gegen die entscheidungserhebliche Norm bestehen, ausführlich SCHALLMOSER, DStR 2010, 297 ff.
6 Vgl. zur Statistik und zu Gründen ausführlich STAHL-SURA in FS für Streck, S. 435 ff.
7 Vgl. um Stand der Diskussion GOSCH in Beermann/Gosch, § 69 FGO Rz. 128 (Okt. 2010), der jedenfalls eine Dauer von mehr als 6 Jahren als angreifbar erachtet. UE ist der Zeitraum kürzer zu wählen; ist die Finanzbehörde oder das

Mitteilung der Besteuerungsgrundlagen

1567 Als Zweifel im **Tatsächlichen** begründen **unklare**, noch **nicht ausermittelte Sachverhalte** die Aussetzung der Vollziehung. Dies gilt nicht nur dann, wenn der Sachverhalt nach Meinung des Finanzamts noch nicht ausermittelt ist[1], sondern auch dann, wenn das Finanzamt zwar der Ansicht ist, es habe genug getan, ihm jedoch Ermittlungsfehler vorzuwerfen sind.

1568 Bedenken hinsichtlich eines angefochtenen Bescheids ergeben sich auch dann, wenn der Steueranspruch **nicht hinreichend begründbar** oder **begründet** ist. Unklare, missverständliche, widersprüchliche oder unverständliche Darstellungen des Besteuerungssachverhalts zwingen zur Aussetzung der Vollziehung[2]. Dies gilt auch, wenn entsprechende Darstellungen aus **Außenprüfungs-** und **Steuerfahndungsberichten** in den Bescheiden umgesetzt werden.

1569 Zweifel an der Rechtmäßigkeit der angefochtenen Bescheide sind auch dann begründet, wenn dem Steuerpflichtigen **nicht hinreichend rechtliches Gehör** gewährt worden ist. Voraussetzung ist die Unterrichtung des Steuerpflichtigen über die Unterlagen der Besteuerung, wie das Finanzamt sie vornimmt. Den entsprechenden Unterrichtungsanspruch normiert **§ 364 AO**: Spätestens im Einspruchsverfahren hat das Finanzamt die Unterlagen der Besteuerung mitzuteilen. Nach eindeutiger BFH-Rechtsprechung[3] und Literaturansicht[4] ist Aussetzung der Vollziehung zu gewähren, solange die Besteuerungsunterlagen noch nicht mitgeteilt sind.

1570 Der Anwendungsbereich des § 364 AO **reicht weit**. Jede angebliche Tatsachenfeststellung, die vom Finanzamt nicht mit für den Steuerpflichten nachprüfbaren präsenten Fakten untermauert wird, kann zu-

---

FG nicht in der Lage, die Rechtmäßigkeit des angefochtenen Bescheids binnen 3 Jahren zu bestätigen, bestehen ernstliche Zweifel an der Rechtmäßigkeit.

1 Vgl. Birkenfeld in Hübschmann/Hepp/Spitaler § 69 FGO Rz. 298 (März 2010).
2 Vgl. BFH vom 14.2.1984 VIII B 112/83, BStBl. II 1984, 443; Seer in Tipke/Kruse, § 69 FGO Rz. 94 (Okt. 2010); Birkenfeld in Hübschmann/Hepp/Spitaler § 69 FGO Rz. 297 (März 2010).
3 Vgl. BFH vom 4.4.1978 VII R 71/77, BStBl. II 1978, 402; vom 14.2.1984 VIII B 112/83, BStBl. II 1984, 443; FG Düsseldorf vom 19.3.2007 16 V 4828/06 A (H L), EFG 2007, 1053.
4 Seer in Tipke/Kruse, § 364 AO Rz. 8 (Feb. 2011); Brockmeyer in Klein, Erl. zu § 364; Pahlke in Pahlke/König, § 364 Rz. 9; Kamps, DStR 2007, 1154, 1156.

nächst angegriffen werden. Gerade wenn es um **Auswertungsbescheide** nach Betriebs- oder Steuerfahndungsprüfungen geht, zeigt sich häufig eine Vielzahl von Begründungslöchern. Ist in Berichten lediglich die Rede von „Ermittlungen anderer Behörden", „Zeugenaussagen", „allgemeinen Erfahrungssätzen" usw., sind konkrete Angaben und Unterlagen hierzu als Mitteilung der Besteuerungsunterlagen zu verlangen.

Die Gründe, die ernstliche Zweifel an der Rechtmäßigkeit des angefochtenen Verwaltungsakts hervorrufen, brauchen **keine überwiegende Wahrscheinlichkeit** für die Aufhebung oder Änderung des angefochtenen Verwaltungsakts in der Hauptsache zu begründen[1]. Es reicht aus, wenn die Gründe für und gegen die Rechtmäßigkeit des angefochtenen Bescheids gleichwertig sind und der Ausgang des Verfahrens in der Hauptsache unsicher ist[2]. 1571

Die **Finanzverwaltung** hat angeordnet[3], dass „bei der Entscheidung über Anträge auf Aussetzung der Vollziehung ... der gesetzliche **Ermessensspielraum** (§ 361 Abs. 2 AO) im Interesse des Steuerpflichtigen stets **voll auszuschöpfen**" sei. Diese Anordnung wird von vielen Finanzämtern einfach übersehen; der Berater sollte das Finanzamt darauf aufmerksam machen, wie es angewiesen ist. 1572

III. Das Verfahren nach § 69 Abs. 3 FGO

1. Gegenstand

„Auf **Antrag** kann das **Gericht** ... die Vollziehung ganz oder teilweise **aussetzen** ..." (§ 69 Abs. 3 Satz 1 FGO). 1573

Wie bereits erwähnt (Tz. 1520, 1558), tritt die Möglichkeit des § 69 Abs. 3 FGO **neben** diejenige des § 361 AO. Zu Überlegungen, welches Verfahren wann und wie zu führen ist, vgl. Tz. 1995 ff. 1574

Das **Gericht** prüft **selbstständig**, ob die Voraussetzungen des § 69 Abs. 3 FGO gegeben sind. In diesem Fall wird nicht eine Verwaltungsentscheidung überprüft. Regelungsinhalte, die die Finanzbehörde nach 1575

---

1 Vgl. BFH vom 6.11.2008 IV B 127/07, DStR 2009, 268; Birkenfeld in Hübschmann/Hepp/Spitaler, § 69 FGO Rz. 287 (März 2010).
2 Vgl. AEAO zu § 361 Tz. 2.5; Seer in Tipke/Kruse, § 69 FGO Rz. 89 (Mai 2010), mwN.
3 AEAO zu § 361 Tz. 2.4.

Zugangsvoraussetzungen, Ablehnung der Aussetzung

ihrem Ermessen entscheidet, entscheidet hier das Gericht nach eigener Erkenntnis, zB die Frage der Sicherheitsleistung.

1576 Der angefochtene, vollziehbare Verwaltungsakt ist **Gegenstand** des Aussetzungsverfahrens gemäß § 69 Abs. 3 FGO wie des Verfahrens nach § 361 AO.

1577 Im **Fokus** des Gerichtsverfahrens stehen spezielle Zugangsvoraussetzungen (Tz. 1578 ff., das Prozedere (Tz. 1593 ff.) sowie die Überprüfbarkeit des Aussetzungsbeschlusses (Tz. 1600 ff.).

2. Besondere Zugangsvoraussetzungen

1578 Ein Antrag nach § 69 Abs. 3 FGO ist nur dann zulässig, wenn entweder das Finanzamt die Aussetzung der Vollziehung **ablehnt** (§ 69 Abs. 4 Satz 1), oder über den Antrag ohne Mitteilung eines zureichenden Grunds in angemessener Frist sachlich **nicht entschieden** hat (§ 69 Abs. 4 Satz 2 Nr. 1 FGO) oder die **Vollstreckung** droht (§ 69 Abs. 4 Satz 2 Nr. 2 FGO).

1579 Eine **ablehnende Aussetzungsverfügung** des Finanzamts zu erzielen, ist grundsätzlich eine einfach zu realisierende Voraussetzung. Dies ist nur dann problematisch, wenn der Steuerpflichtige sie vergisst oder aus anderen Gründen in Übereile das Finanzgericht anruft.

1580 Gleichwohl sind **Fallstricke** möglich:

1581 Die Ablehnung muss **vor** Antragstellung erfolgen. Es ist auch schädlich, wenn die Finanzbehörde nur wenige Tage nach der gerichtlichen Antragstellung die Aussetzung der Vollziehung ablehnt[1].

1582 Zutreffend reicht eine **einmalige Ablehnung** aus. Diese muss nicht für jeden Verfahrensabschnitt gesondert erfolgen[2]. Es genügt also die Ablehnung des Aussetzungsantrags im Einspruchsverfahren, wenn der Steuerpflichtige erst während des Klageverfahrens den Aussetzungsantrag zum Gericht stellt.

---

1 Vgl. Seer in Tipke/Kruse, § 69 FGO Rz. 69 (Mai 2011).
2 Vgl. ständige Rechtsprechung BFH vom 20.8.1998 VI B 157/97, BStBl. 1998, 744; BFH vom 15.6.2005 IV S 3/05, BFH/NV 2005, 2014; FG Düsseldorf vom 21.8.2009 11 V 2481/09 A (E), EFG 2009, 1839; missverständlich FG des Saarlands vom 14.11.2008 V 1475/08, EFG 2009, 283 mit Anm. Bozza-Bodden, EFG 2009, 283, f.; aA Gräber in Koch, § 69 Rz. 72.

Widerrufsvorbehalt

Auch eine nur **teilweise** Ablehnung durch die Finanzbehörde schafft die Zugangsvoraussetzung[1]. Eine teilweise Ablehnung liegt grundsätzlich auch in der gewährten Aussetzung der Vollziehung nur **gegen Sicherheitsleistung**[2]. 1583

Gewährt das Finanzamt Aussetzung der Vollziehung unter **Widerrufsvorbehalt**, liegt nach überwiegender Auffassung **keine** teilweise **Ablehnung** vor, solange das Finanzamt von dem Widerruf keinen Gebrauch macht[3]. 1584

Richtigerweise beschwert der Widerrufsvorbehalt den Betroffenen mit Rechtsunsicherheit und stellt ihn im Vergleich zu seinem vorbehaltlosen Widerrufsantrag schlechter und rechtfertigt den Zugang zum Finanzgericht[4]. **Hat** das Finanzamt zunächst Aussetzung der Vollziehung gewährt, diese jedoch **widerrufen** (§ 131 Abs. 2 AO), kann der Steuerpflichtige das Finanzgericht anrufen[5]. Der Antragsteller wird nicht auf die Anfechtung des Widerrufs mit einem entsprechenden Aussetzungsantrag verweisen. 1585

Im Falle der Anfechtung einer **Vielzahl** von Steuerbescheiden (zB bei der Auswertung einer Betriebsprüfung) muss hinsichtlich jedes einzelnen Bescheids die Zugangsvoraussetzung des § 69 Abs. 4 FGO erfüllt sein. Hierbei können schnell Ungenauigkeiten und Fehler unterlaufen[6]. **Vergisst** der Steuerpflichtige den Aussetzungsantrag an das Finanzamt für einen Bescheid, resultiert die Gefahr nicht aus der Unzulässigkeit des Antrags an das Gericht an sich, vielmehr aus der **Beschränkung** des § 69 Abs. 6 Satz 2 FGO. Danach kann die Änderung oder Aufhebung von finanzgerichtlichen Aussetzungsanträgen nur wegen veränderter oder im ursprünglichen Verfahren ohne Verschulden nicht geltend gemachter Umstände beantragt werden (Vgl. dazu auch Tz. 1607 ff.). Dies gilt nach Auffassung des Finanzgerichts Hamburg auch, wenn der vorherige ab- 1586

---

1 Vgl. BFH vom 18.8.1998 XI S 7/98, BFH/NV 1999, 210; vom 30.3.1994 I S 13/93, BFH/NV 1994, 884; FG Köln vom 8.12.1988 7 V 472/88, EFG 1989, 242.
2 Vgl. BFH vom 2008 IX S 26/07, BFH/NV 2008, 1498; vom 10.10.2002 VII S 28/01, BFH/NV 2003, 12; Koch in Gräber, § 69 Rz. 73.
3 Vgl. BFH vom 12.5.2000 VI B 266/98, BFH/NV 2000, 1411; Koch in Gräber, § 69 Rz. 73; Bozza-Bodden, EFG 2009, 283, 284.
4 So Seer in Tipke/Kruse, § 69 FGO Rz. 73 (Mai 2010); Birkenfeld in Hübschmann/Hepp/Spitaler, § 69 FGO Rz. 1107 (Sept. 1999).
5 Vgl. FG Saarland vom 28.3.1980 99/80, EFG 1980, 349; Birkenfeld in Hübschmann/Hepp/Spitaler, § 69 FGO Rz. 1099 (Sept. 1999); Seer in Tipke/Kruse; § 69 FGO Rz. 72 (Mai 2011).
6 Vgl. Alvermann, Stbg. 2006, 483.

Drohen der Vollstreckung

lehnende Aussetzungsbeschluss nicht auf einer materiell-rechtlichen Prüfung beruht, sondern auf der fehlenden ablehnenden Entscheidung des Finanzamts[1]. Diese Auffassung steht jedoch nicht mit Sinn und Zweck der Vorschrift, das Finanzgericht nicht wiederholt mit denselben Aussetzungsanträgen zu konfrontieren[2], im Einklang[3].

1587 Will der Steuerpflichtige den Zugang zum Finanzgericht unter Verweis auf § 69 Abs. 4 Satz 2 Nr. 1 FGO (**fehlende Entscheidung in angemessener Frist**) stützen, empfiehlt sich Folgendes: Der Antrag auf Aussetzung der Vollziehung wird beim Finanzamt gestellt und dieses gebeten, innerhalb von vier Wochen zu entscheiden. Die Frist von vier Wochen ist uE bei Aussetzungssachen zumutbar. Entscheidet das Finanzamt in diesen vier Wochen nicht oder lehnt es die Aussetzung ab, ist der Weg zum Finanzgericht frei[4].

1588 Die **Vollstreckung droht** iS des § 69 Abs. 4 Satz 2 Nr. 2 FGO, wenn die Finanzbehörde mit der Vollstreckung begonnen hat oder die Zwangsvollstreckungsmaßnahmen aus der Sicht eines objektiven Beobachters zumindest unmittelbar bevorstehen. Letzteres ist der Fall, wenn die Finanzbehörde konkrete Schritte zur Durchführung der Vollstreckung ankündigt oder ergriffen hat[5].

1589 Zutreffenderweise kann die **Vollstreckungsankündigung** als Drohung der Vollstreckung in diesem Sinne angesehen werden[6]. Sofern dies für andere formularmäßige reine Routinemaßnahmen (zB für eine automatisierte Mahnung) nicht gelten soll[7], überzeugt dies nicht, sofern keine ausreichende Karenzzeit zur Zahlung gegeben ist[8].

---

1 FG Hamburg vom 11.1.2006 I 250/05, EFG 2006, 513, rkr.
2 Vgl. BFH vom 8.5.2008 IX S 30/07, BFH/NV 2008, 1499.
3 So auch ALVERMANN, Stbg. 2006, 483; KAMPS, DStR 2007, 1154, 1156.
4 Vgl. STRECK, KÖSDI, 1981, 4169, 4174; allerdings FG Baden-Württ. vom 6.1.1994 11 K 474/89 E, EFG 1994, 632: Bearbeitungsdauer von sechs Wochen nicht „unangemessen", so auch KRAUS, NWB 2009, 853, 856.
5 Vgl. KOCH in Gräber, § 69 FGO Rz. 81, mwN.
6 Vgl. BFH vom 22.11.2000 V 515/00, BFH/NV 2001, 620; FG Sachsen-Anhalt vom 16.12.2003 4 V 768/02, EFG 2004, 743; FG des Saarlands vom 14.11.2008 V 1475/08, EFG 2009, 283; KOCH in Gräber, § 69 FGO Rz. 81.
7 Vgl. FG des Saarlands vom 14.11.2008 V 1475/08, EFG 2009, 283; DUMKE in Schwarz, § 69 FGO Rz. 10a (Juni 2007); BRAUN, EFG 2007, 949; GOSCH in Beermann/Gosch, § 69 FGO Rz. 291 (Okt. 2010).
8 Eine Woche ist jedenfalls zu kurz, vgl. SEER in Tipke/Kruse, § 69 FGO Rz. 80 (Mai 2010). Nach dieser Sichtweise berechtigen die routinemäßigen Mahnungen regelmäßig den Zugang zum Finanzgericht.

Verfahren, Entscheidung

Bei Anfechtung eines Grundlagenbescheids wird auf die drohende Vollstreckung des **Folgebescheids** abgestellt[1]. 1590

Die Vollziehung einer **Arrestanordnung** iS des § 324 AO durch Pfändung von Gegenständen rechtfertigt den Zugang zum Finanzgericht gemäß § 69 Abs. 4 Satz 2 Nr. 2 AO[2]. Die Sicherung von Gegenständen durch Pfändung ist ein Teil der durch Pfändung und Einziehungsverfügung durchgeführten normalen Vollstreckung. 1591

Muster eines Antrags s. Anlage 4. 1592

3. Verfahren, Entscheidung

Auch für die Aussetzung der Vollziehung nach § 69 Abs. 3 FGO gilt: Die Aussetzung der Vollziehung ist zu beschließen, wenn **Zweifel** an der Rechtmäßigkeit des angefochtenen Verwaltungsakts bestehen oder wenn die **Vollziehung unbillig** ist. Auf das zu Tz. 1560 ff. zu diesen materiellen Tatbestandsbedingungen Gesagte wird verwiesen. 1593

Anspruch auf eine **mündliche Verhandlung** besteht **nicht** (Beschlussverfahren). Das Gericht kann sie jedoch, wenn es dies für zweckmäßig ansieht, anordnen. Ebenso sind Verhandlungen oder **Erörterungstermine** vor dem Berichterstatter möglich. 1594

Soweit der Sachverhalt streitig ist und dem Antragsteller – entsprechend der objektiven Beweislast im Hauptsacheverfahren – im Aussetzungsverfahren die Mitwirkungspflicht obliegt, reicht im Hinblick auf die summarische Natur des Aussetzungsverfahrens **Glaubhaftmachung** (§§ 155 FGO iVm. § 920, 295 Abs. 1 ZPO) des vorgetragenen Sachverhalts aus[3]. Dem Antragsteller stehen alle präsenten Beweismittel offen. Er kann Erklärungen, eidesstattliche Versicherungen, Urkunden vorlegen. Soweit die Beweismittel nicht präsent sind, sind sie ausgeschlossen. Die Vernehmung eines anwesenden Zeugen kann angeboten werden, wird jedoch mangels regelmäßig fehlender mündlicher Verhandlung die Ausnahme sein. Das Gericht ist auf der anderen Seite 1595

---

1 Vgl. BRAUN, EFG 2007, 949; KOCH in Gräber, § 69 Rz. 81.
2 Vgl. BFH vom 26.5.2004 V S 5/04, BFH/NV 2004, 1414; KOCH in Gräber, § 69 Rz. 81.
3 Vgl. GOSCH in Beermann/Gosch, § 69 FGO Rz. 174 (Okt. 2010); SEER in Tipke/Kruse, § 69 FGO Rz. 123 (Mai 2010).

Rechtsschutz

nicht verpflichtet, Zeugen zu laden, um sie anzuhören. Insofern sollten die bereits erwähnten **eidesstattlichen Versicherungen** vorgelegt werden[1].

1596 Das Gericht kann die Aussetzung der Vollziehung von einer **Sicherheitsleistung** abhängig machen (§ 69 Abs. 3 Satz 1 FGO); dazu Tz. 1613 ff.

1597 Die Entscheidung des Gerichts erfolgt als **Beschluss** ohne Beteiligung von Laienrichtern.

1598 Ist ein Verwaltungsakt bereits **vollzogen**, die festgesetzte Steuer also gezahlt, kann die **Vollziehung** gemäß § 69 Abs. 2 Satz 3 FGO **aufgehoben** werden. S. hierzu im einzelnen Tz. 1550 ff. Das dort Gesagte gilt entsprechend.

1599 „In **dringenden Fällen** kann der **Vorsitzende** entscheiden" (§ 69 Abs. 3 Satz 4 FGO)."

4. Rechtsschutz, Änderungsantrag

a. Rechtsschutz

1600 Der Beschluss kann mit der **Beschwerde** zum BFH **nur** dann angefochten werden, wenn das Finanzgericht diese ausdrücklich[2] **zugelassen** hat. Für die Zulassung gilt § 115 Abs. 2 FGO entsprechend (vgl. § 128 Abs. 3 Satz 2 FGO).

1601 Die **Beschwerdefrist** beträgt **zwei** Wochen (§ 128 Abs. 3 iVm. § 129 Abs. 1 FGO)[3] und nicht vier Wochen wie im Revisionsverfahren.

1602 Eine **Nichtzulassungsbeschwerde** ist **ausgeschlossen** (§ 128 Abs. 3 Satz 2 FGO)[4]. Daraus folgt: Regelmäßig sind die Aussetzungsbeschlüsse des Finanzgerichts **endgültig**.

---

1 Vgl. KAMPS, DStR 2007, 1154, 1156.
2 Vgl. BFH vom 26.8.1987 IV B 27/87, BStBl. II 1987, 78; vom 30.3.2000 V B 45/00, BFH/NV 2000, 1222.
3 Vgl. SEER in Tipke/Kruse, § 69 FGO Rz. 156 (Mai 2010).
4 Vgl. BFH vom 18.1.2006 XI B 135/05, BFH/NV 2006, 959; RUBAN in Gräber, § 69 Rz. 14.

Beschwerde und Anhörungsrüge

Hat das Finanzgericht die Beschwerde nicht zugelassen, kann es deren Zulassung – ggf. auf Antrag des Steuerpflichtigen – auch **nachträglich beschließen**[1]: 1603

Nach dem Wortlaut des § 128 Abs. 2 Satz 1 FGO steht den Beteiligten die Beschwerde zwar nur zu, wenn sie **in** der Entscheidung zugelassen worden ist. Die Vorschrift ist nach Ansicht des BFH jedoch verfassungskonform dahin gehend auszulegen, dass das Finanzgericht auch **nachträglich** die Zulassung der Beschwerde beschließen kann[2]. Die nachträgliche Zulassungskompetenz stützt sich auf § 69 Abs. 6 Satz 1 FGO: Das Finanzgericht kann danach seinen Beschluss auf Anregung des Beteiligten jederzeit ändern oder aufheben. In der Folge ist es auch befugt, inhaltlich zwar an seiner vorangegangenen Entscheidung festzuhalten und diese zu wiederholen, die Beschwerde aber zuzulassen, weil es abweichend von der zunächst getroffenen Entscheidung einen Zulassungsgrund des § 115 Abs. 2 FGO für gegeben hält. Ein **Antrag** auf nachträgliche Zulassung der Beschwerde ist nicht fristgebunden, kann also **jederzeit** gestellt werden. 1604

Lehnt das Finanzgericht die Zulassung der Beschwerde ab, ist eine **weitere Beschwerde** zum BFH gegen die Nichtzulassung **unstatthaft**. § 128 Abs. 3 Satz 2 FGO verweist allein auf § 115 Abs. 2 FGO, nicht auf § 115 Abs. 3 FGO[3]. 1605

Zweifelhaft ist die Anwendung der **Anhörungsrüge** gemäß § 133a Abs. 1 FGO, wenn das Finanzgericht den Aussetzungsantrag ablehnt. Teilweise wird ohne weitergehende Differenzierung die Subsidiarität der Anhörungsrüge angenommen[4], teilweise die Zulässigkeit insgesamt bejaht[5]. **Richtigerweise** ist danach zu **differenzieren**, ob nach Erlass des Aussetzungsbeschlusses ein Änderungsantrag gemäß § 69 1606

---

1 Vgl. BFH vom 10.10.1991 XI B 18/90, BStBl. II 1992, 301; vom 6.9.2002 IV B 204/01, BFH/NV 2003, 69; KAMPS/WOLLWEBER, Stbg. 2008, 115; OLGEMÖLLER, Stbg. 2010, 264.
2 Vgl. BFH vom 10.10.1991 XI B 18/90, BStBl. II 1992, 301.
3 Vgl. BFH vom 30.3.1992 V B 33/92, BFH/NV 1993, 173; OLGEMÖLLER, Stbg. 2010, 264.
4 So FG Berlin vom 29.5.2006 VIII B 5457/04, EFG 2006, rkr. 1270; GOSCH in Beermann/Gosch, § 69 FGO Rz. 332 (Okt. 2010), allerdings unklar im Bezug auf Rz. 332.1 (Okt. 2010).
5 So SEER in Tipke/Kruse, § 133 FGO Rz. 4 (Sept. 2009); MACK/FRAEDRICH, AO-Stb 2005, 115, 117; MORSBACH, EFG 2005, 887; DÜRR in Schwarz, § 133a FGO Rz. 9 (Juni 2006); KAMPS/WOLLWEBER, Stbg. 2008, 115.

Änderungsantrag

Abs. 4 FGO zulässig ist[1]: Liegen die Zulässigkeitsvoraussetzungen eines Änderungsantrags nach § 69 Abs. 6 FGO vor, kann die Verletzung rechtlichen Gehörs in diesem Antrag geltend gemacht werden. Ist der Änderungsantrag unbegründet, verstößt das Finanzgericht in der Entscheidung über den Änderungsantrag selber gegen den Grundsatz rechtlichen Gehörs, ist die Anhörungsrüge gegen diesen ablehnenden Beschluss zulässig. Würde der Änderungsantrag an den speziellen Voraussetzungen des § 69 Abs. 4 FGO scheitern, darf der Antragsteller zur Geltendmachung des im ursprünglichen Aussetzungsbeschluss erfolgten Verstoßes gegen das rechtliche Gehör nicht auf den Änderungsantrag verwiesen werden. In diesem Fall dürfte die Anhörungsrüge unmittelbar gegen den ursprünglichen Aussetzungsbeschluss gerichtet werden. Andernfalls wäre dem Antragsteller die Möglichkeit entzogen, die Verletzung rechtlichen Gehörs geltend zu machen.

b. Änderungsantrag zum Finanzgericht, erneuter Antrag zum Finanzamt

1607 Das Gericht der Hauptsache kann **jederzeit** seinen Aussetzungsbeschluss **ändern** oder **aufheben** (§ 69 Abs. 4 Satz 1 FGO).

1608 Jeder Beteiligten kann die Änderung oder Aufhebung des Aussetzungsbeschlusses **beantragen** (nach § 69 Abs. 6 Satz 2 FGO).

1609 **Zulässig ist der Antrag nur, wenn** sich tragende **Umstände** nach Beschlussfassung durch das Finanzgericht **geändert** haben **oder** Tatsachen im ursprünglichen Verfahren **unverschuldet** nicht geltend gemacht werden konnten (§ 69 Abs. 6 Satz 2 FGO)[2]. Diese Zulässigkeitsvoraussetzungen sind bereits bei Antragstellung glaubhaft zu machen; andernfalls weist das Finanzgericht den Antrag als unzulässig zurück. Bloße neue – vom Antragsteller vorgebrachte – **rechtliche** Argumente genügen **nicht**[3].

1610 Der Änderungsantrag löst **keinen** (erneuten) **Gerichtskosten** aus[4].

1611 Denkbar ist schließlich ein **erneuter Antrag** auf Aussetzung der Vollziehung zum **Finanzamt** nach § 361 AO. Anders als § 69 Abs. 6 Satz 2

---

1 So RUBAN in Gräber, § 133a Rz. 7.
2 Vgl. BFH vom 18.9.1996 I V 39/96, BFH/NV 1997, 247.
3 Vgl. SEER in Tipke/Kruse, § 69 FGO Rz. 166 (Mai 2010).
4 Vgl. FG Saarland vom 4.1.2008 1 KO 1665/07, EFG 2008, 490.

Sicherheitsleistung

FGO sind besondere Zugangsvoraussetzungen nicht vorgesehen. Soweit die Gewährung der Aussetzung der Vollziehung durch das Finanzamt als eine Änderung der eigenen ursprünglichen Aussetzungsentscheidung, die sich nach §§ 130, 131 AO richtet[1], soll eine Korrektur nur zulässig sein, wenn sich die tatsächlichen Umstände geändert haben[2]. Dies entspricht den Änderungsbedingungen für den Widerruf eines rechtmäßigen begünstigenden Verwaltungsakts gemäß § 131 Abs. 2 Satz 1 Nr. 3 AO. Die ursprüngliche Versagung der Vollziehungsaussetzung durch die Finanzbehörde stellte jedoch keinen begünstigenden Verwaltungsakt dar. Der Widerruf und Neuerlass einer Aussetzungsverfügung ist daher jederzeit durch das Finanzamt gemäß § 131 Abs. 1 AO zulässig. Ihr dürfte ein ablehnender Aussetzungsbeschluss des Finanzgerichts ebenfalls nicht entgegenstehen. Der Beschluss gemäß § 69 Abs. 3 FGO erwächst nicht in materielle Rechtskraft[3]; es handelt sich auch nicht um die Änderung des Aussetzungsbeschlusses.

Gleichwohl hat in der Praxis ein erneuter Aussetzungsantrag an das Finanzamt regelmäßig nur geringe Aussichten auf Erfolg. Es sollte idR nur bei **neuen rechtlichen** oder **tatsächlichen** Gesichtspunkten gestellt werden. 1612

IV. Sicherheitsleistung

Die **Aussetzung** der **Vollziehung** kann von einer **Sicherheitsleistung** abhängig gemacht werden[4]. 1613

Die Sicherheitsleistung setzt die **Aussetzung** der **Vollziehung** voraus. Diese muss nach den allgemeinen Voraussetzungen zulässig sein. Allein das Angebot, Sicherheiten zu stellen, ist nicht ausreichend, um die Aussetzung der Vollziehung zu erreichen[5]. 1614

Bei **Grundlagen-** und **Folgebescheiden** wird grundsätzlich erst bei der Aussetzung des Folgebescheids entschieden, ob Sicherheiten gefordert 1615

---

1 Vgl. BIRKENFELD in Hübschmann/Hepp/Spitaler, § 69 FGO Rz. 1265 (Nov. 1999).
2 So BIRKENFELD in Hüschmann/Hepp/Spitaler, § 69 FGO Rz. 1265 (Nov. 1999).
3 Vgl. GOSCH in Beermann/Gosch, § 69 FGO Rz. 325 (Okt. 2010).
4 § 361 Abs. 2 Satz 3 AO; § 69 Abs. 2 Satz 3, Abs. 3 S. 1 FGO.
5 Vgl. BFH vom 22.2.1962 IV 113/59 U, BStBl. III 1962, 356; FG München vom 24.1.2006 1 V 4038/05, nv. (juris).

Sicherheitsleistung

werden sollen[1]. Allerdings kann die die Aussetzung der Vollziehung des Grundlagenbescheids anordnende Behörde ausdrücklich bestimmen, dass die Sicherheitsleistung ausgeschlossen sein soll[2]. In der Praxis ist der Ausschluss selten anzutreffen.

1616 Die Entscheidung über die Sicherheitsleistung steht im pflichtgemäßen **Ermessen** der Finanzverwaltung bzw. des Finanzgerichts[3].

1617 Sie ist geboten, wenn die wirtschaftliche Lage des Steuerpflichtigen die Steuerforderung als **gefährdet** oder **erschwert** erscheinen lässt[4]. Voraussetzung ist, dass konkrete Anhaltspunkte für eine Gefährdung des Steueranspruchs bestehen[5]. Im Rahmen des behördlichen Aussetzungsverfahrens trägt insoweit das Finanzamt die Darlegungs- und Feststellungslast[6].

1618 Die **Erfolgsaussichten** des Rechtsbehelfs schließen die Anforderungen einer Sicherheit grundsätzlich nicht aus. Je größer jedoch die Erfolgsaussichten sind, um so geringer ist das Bedürfnis nach einer Sicherheit[7]. Das öffentliche Interesse an der Vermeidung von Steuerausfällen entfällt **vollständig**, wenn mit Gewissheit oder großer Wahrscheinlichkeit ein für den Steuerpflichtigen günstiger Prozessausgang zu erwarten ist[8]. Dies ist zB der Fall, wenn sich der Steuerpflichtige auf eine gefestigte höchstrichterliche Rechtsprechung berufen kann.

1619 Bei **vermögenden Steuerpflichtigen** kann die Anordnung der Sicherheitsleistung ermessenswidrig sein: Ist die Rechtmäßigkeit eines angefochtenen Verwaltungsakts ernstlich zweifelhaft und bestehen keine konkreten Anhaltspunkte dafür, dass bei einem Unterliegen des An-

---

1 § 361 Abs. 3 Satz 3 AO; § 69 Abs. 2 Satz 6, Abs. 3 Satz 1 FGO.
2 § 361 Abs. 3 Satz 3 AO; § 69 Abs. 2 Satz 6, Abs. 3 Satz 1 FGO.
3 Vgl. BFH V B 75/05 vom 25.11.2005, UR 2006, 122, vgl. ausführlich unter dem Gesichtspunkt verfassungsrechtlicher Bedenken: BVerfG vom 22.9.2009 1 BvR 1305/09, DStR 2009, 2146; SPILKER, DStR 2010, 731 ff.; auch OLGEMÖLLER, Stbg. 2010.
4 Vgl. BVerfG vom 22.9.2009 1 BvR 1305/09, DStR 2009, 2146.
5 Vgl. BFH vom 3.2.2005, I B 208/04, BStBl. II 2005, 351.
6 BFH vom 3.2.2005, I B 208/04, BStBl. II 2005, 351; SEER in Tipke/Kruse, § 69 FGO Rz. 108 (Mai 2010).
7 Vgl. BFH vom 22.12.1969 V B 115–116/69, BStBl. II 1970, 128; vom 19.10.2009 XI B 60/09, BFH/NV 2010, 58; vom 6.8.2002 VII B 108–109/06, BFH/NV 2007, 2358; SEER in Tipke/Kruse, § 69 FGO Rz. 109 (Okt. 2010).
8 Vgl. BVerfG vom 22.9.2009 1 BvR 1305/09, DStR 2009, 2146; BFH vom 24.10.2000 V B 144/00, BFH/NV 2001, 493; SPILKER, DStR 2010, 731 ff.

Übermaßverbot

tragstellers im Hauptverfahren die Durchsetzung des Steueranspruchs gefährdet wäre, hat das Finanzamt die Vollziehung des Verwaltungsakts regelmäßig ohne Sicherheitsleistungen auszusetzen[1]. Dies gilt unabhängig vom Grad des Zweifels an der Rechtmäßigkeit des angefochtenen Verwaltungsakts[2] sowie von der Höhe des streitigen Betrags[3]. Lassen die wirtschaftlichen Verhältnisse des Steuerpflichtigen somit keine Zweifel an der Durchsetzung des Steueranspruchs zu, ist die Anordnung einer Sicherheitsleistung ermessensfehlerhaft.

Umgekehrt gilt Folgendes: Das Gebot der Sicherheitsleistung steht unter dem **Übermaßverbot**. Unverhältnismäßiges und Unzumutbares darf nicht verlangt werden[4]. Die Forderung einer Sicherheit ist daher ermessensfehlerhaft, wenn es dem Steuerpflichtigen trotz zumutbarer Anstrengungen nicht möglich ist, die Sicherheitsleistungen in der an sich erforderlichen Höhe zu erbringen[5]. Es darf nicht mehr verlangt werden, als im Vollstreckungswege beigetrieben werden kann[6]. Es ist daher ermessensfehlerhaft, die Anordnung der aufschiebenden Wirkung des Einspruchs von einer Sicherheit abhängig zu machen, **wenn vollstreckbares**, zu einer Befriedigung der Steuerschuld führendes Vermögen **nicht vorhanden** ist[7]. In diesem Fall ist die Steuerforderung auch nicht durch die Aussetzung der Vollziehung gefährdet, was Voraussetzung für das Verlangen einer Sicherheitsleistung ist[8]. 1620

Eine unbillige Härte würde zB auch dann die Forderung einer Sicherheitsleistung verbieten, wenn dem Antragsteller ein **irrreversibler Schaden** durch die Forderung der Sicherheitsleitung entstünde. Zutref- 1621

---

1 Vgl. BFH vom 29.6.1977 VIII S 15/76, BStBl. II 1977, 726; vom 16.6.2004 I B 44/04, BStBl. II 2004, 882; vom 3.2.2005 I B 208/04, BStBl. II 2005, 351.
2 Vgl. BFH vom 3.2.2005 I B 208/04, BStBl. II 2005, 351.
3 Vgl. BFH vom 2.12.2003 II B 76/03, BStBl. II 2004, 204.
4 Vgl. SEER in Tipke/Kruse, § 69 FGO Rz. 111 (Okt. 2010); SPILKER, DStR 2010, 731, 734.
5 Vgl. BVerfG vom 22.9.2009 1 BvR 1305/09, DStR 2009, 2146; BFH vom 9.4.1968 I B 73/67, BStBl. II 1968, 457; vom 22.7.1986 VII B 149/85, BFH/NV 1987, 258; FG Münster vom 23.11.1988 XV-V 3025/88 V, EFG 1989, 320.
6 Vgl. FG Rheinl.-Pfalz vom 19.4.1968 III 6a/68, EFG 1968, 364; FG Münster vom 23.11.1988 XV-V 3052/88 V, EFG 1989, 320.
7 Vgl. BFH vom 31.1.1997 X S 11/96, BFH/NV 1997, 512; vom 18.12.2000 VI S 15/98, BFH/NV 2001, 637; vom 26.6.2003 X S 4/03, BFH/NV 2003, 1217; SEER in Tipke/Kruse, § 69 FGO Rz. 111 (Mai 2010); LOHMEYER in Pump/Lohmeyer, § 361 Rz. 86 (Dez. 2004); SPILKER, DStR 2010, 731, 734; DUMKE in Schwarz, AO, § 361 Rz. 101 (Aug. 2009).
8 FG Baden-Württ. vom 22.5.1995 2 V 3/95, EFG 1995, 941.

Glaubhaftmachung

fenderweise kann dies nicht nur ein materieller, sondern auch immaterieller Natur sein[1].

1622 Das Finanzgericht ist verpflichtet, zur Beurteilung der Rechtmäßigkeit des Verlangens nach Sicherheitsleistung **konkrete Feststellungen** zur wirtschaftlichen (Un-)Zumutbarkeit einer Sicherheitsleistung zu treffen[2].

1623 Diese Überlegungen bergen zugleich **Gefahren** für den Berater[3]:

1624 Die Gesichtspunkte und Umstände, die die Anforderung der Sicherheitsleistung im individuellen Fall als unbillige Härte erscheinen lassen (insbesondere **Vermögenslosigkeit**) sind im Aussetzungsverfahren **vorzutragen** und mit den Mitteln des Prozessrechts **glaubhaft** zu machen[4]. Auch sollte der Aussetzungsantrag an das Finanzgericht ausdrücklich auf die Gewährung ohne Sicherheitsleistung gerichtet werden. Erfolgt dies nicht bis zum Aussetzungsbeschluss des Finanzgerichts, kann der Vortrag nur noch unter den strengen Voraussetzungen des § 69 Abs. 6 FGO berücksichtigt werden.

1625 Zudem könnte die Darlegung der Vermögenslosigkeit bei Unternehmen dokumentieren, dass die Voraussetzungen zum **Insolvenzantrag** vorliegen.

1626 Andererseits schafft das Finanzamt die Zulässigkeitsvoraussetzungen des § 69 Abs. 4 Satz 1 FGO, wenn es die Aussetzung der Vollziehung nur gegen Sicherheitsleistung gewährt. Dann liegt ein Fall der **teilweisen Ablehnung** vor[5].

1627 Die Rechtsprechung des BFH, wonach bei **Auslandsbeziehungen** auf eine Sicherheitsleistung nur verzichtet werden kann, wenn die Vollstreckung im Ausland problemlos erfolgen kann[6], ist nicht gerechtfertigt. Im Wege der Aussetzung der Vollziehung kann nicht mehr erreicht

---

1 So SPILKER, DStR 2010, 731, 734, mit Bezug auf Kulturgüter und gemeinnützige Einrichtungen.
2 Vgl. BVerfG vom 22.9.2009 1 BvR 1305/09, DStR 2009, 2146; BFH vom 19.10.2009 XI B 60/09, nv. (juris); OLGEMÖLLER, Stbg. 2010, 264.
3 Vgl. KAMPS, DStR 2007, 1154, 1156.
4 Vgl. OLGEMÖLLER, Stbg. 2010, 264.
5 Vgl. SEER in Tipke/Kruse, aaO, § 69 FGO Rz. 73 (Okt. 2010).
6 Vgl. BFH vom 3.2.1977 V B 6/76, BStBl. II 1977, 351; BFH vom 14.2.1984 VIII B 112783, BStBl. II 1984, 443; vom 27.6.2006 VII R 34/05, BFH/NV 2006, 2024; FG Berlin vom 2.9.1996 I 376/95, EFG 1997, 24; FG Münster vom 4.8.2003 8 V 2651/03 E, U, EFG 2004, 9.

Höhe und Art der Sicherheit

werden als im Wege der Vollstreckung. Im Falle der Vollstreckung müsste auch bei Auslandsvermögen auch diese im Ausland durchgeführt werden.

Ist dagegen die Vollstreckung im EU-Ausland unter den gleichen Bedingungen gewährleistet wie im Inland, weil zB mit dem Staat ein **Abkommen zur Vereinfachung des Rechtsverkehrs** in Abgabesachen besteht, liegt nach allgemeiner Ansicht eine Gefährdung nicht vor[1]. 1628

Unsicherheiten bzgl. der **Besteuerungsgrundlagen** können auf das Gebot, Sicherheiten zu stellen, Einfluss haben. Die Aussetzung der Vollziehung von Schätzungsbescheiden nach einer Steuerfahndung darf dann nicht von einer Sicherheitsleistung abhängig gemacht werden, wenn die Menge des nicht aufbereiteten Streitstoffs es Außenstehenden unmöglich macht, sich in angemessener Zeit und unter zumutbarem Arbeitsaufwand ein eigenes Urteil über den Stand der Ermittlung zu bilden[2]. 1629

Die **Höhe** der zu leistenden Sicherheit muss bestimmt oder bestimmbar sein. 1630

Die Stellung der Sicherheit richtet sich nach den **§§ 241 ff. AO**. Die Abgabenordnung nennt bestimmte Sicherheiten, die vom Finanzamt zwingend zu akzeptieren sind. Ergänzend bestimmt § 245 AO, dass das Finanzamt **andere Sicherheiten** nach seinem **Ermessen** annehmen kann. Die Finanzämter zeigen bei der Annahme von Sicherheiten große Flexibilität in der Anwendung des § 245 AO. Dies ist zu begrüßen. Denn derjenige, der problemlos die in § 241 AO aufgeführten Sicherheiten stellen kann, hat zumeist Steuerschulden, die wirtschaftlich nicht gefährdet erscheinen. 1631

Die Anordnung einer Sicherheitsleistung durch die Finanzbehörde stellt eine nichtselbstständige **Nebenbestimmung** zur Aussetzungsverfügung iS des § 120 AO dar, idR als aufschiebende, seltener als auflösende Bedingung ausgestaltet[3]. Sie ist nicht selbstständig anfechtbar, sondern der zugrunde liegende **Verwaltungsakt insgesamt**. Der Ein- 1632

---

1 Allg. Auffassung vgl. BFH vom 3.2.1977 V B 6/76, BStBl. II 1977, 351; vom 10.10.2002 VII S 28/01, BFH/NV 2003, 12; DUMKE in Schwarz, § 361 AO Rz. 99 (Aug. 2009); SEER in Tipke/Kruse, § 69 FGO Rz. 110 (Mai 2010).
2 Vgl. BFH vom 14.2.1984 VIII B 112/83, BStBl. II 1984, 443; FG Hamburg vom 5.7.1984 I 39/84, EFG 1985, 133; SEER in Tipke/Kruse, § 69 FGO Rz. 94 (Mai 2010); Hessisches FG vom 29.4.2005 3 V 517/04, nv. (juris).
3 Vgl. SPILKER, DStR 2009, 731, 732.

Verzinsung, Kosten

wand einer rechtsfehlerhaft angeordneten Sicherheitsleistung kann allein mit dem Einspruch gegen die ablehnende Aussetzungsverfügung oder mit einem Antrag nach § 69 Abs. 3 FGO geltend gemacht werden[1]. Der Beschwerdeführer ist beschwert, da die Aussetzung der Vollziehung unter Sicherheit ein Minus gegenüber der Aussetzung der Vollziehung ohne Sicherheitsgebot darstellt[2].

1633 Die Erfahrung lehrt, dass das **Angebot** einer Sicherheit dem Finanzamt regelmäßig den Ausspruch der Aussetzung der Vollziehung erleichtert. Es sollte überlegt werden, mit dem Antrag auf Aussetzung der Vollziehung sofort die Sicherheit anzubieten. Zumindest muss diese Möglichkeit in das Beratungsgespräch einfließen. Auch wenn zuerst versucht wird, die Aussetzung der Vollziehung ohne Sicherheitsgebot zu erreichen, so sollte sofort mit dem Mandanten – zumindest bei größeren Beträgen – überlegt werden, ob das Finanzamt ggf. gesichert werden kann.

1634 Die vorstehende Überlegung gilt weniger bei den **Finanzgerichten**, da diese eigenständig und mit geringerer Anfälligkeit für das „do ut des" entscheiden. Gleichwohl kann auch hier das Erörterungsgespräch vor der Kammer oder dem Berichterstatter eine andere Wendung nehmen, wenn der Antragsteller Sicherheiten anbietet.

1635 Eine **Verzinsung** der Sicherheitsleistung erfolgt **nicht** (§ 242 Satz 2 AO). Der Antragsteller ist daher insofern **schlechter gestellt** als bei einem direkten Vollzug des Steuerbescheids. Ist der Steuerbescheid rechtswidrig und muss das Finanzamt die eingezogene Steuerschuld erstatten, erhält der Antragsteller Erstattungszinsen gemäß § 233a Abs. 5 AO (vgl. Tz. 1641)[3].

1636 Zudem ist die Gewährung von Sicherheiten zur Erlangung der Aussetzung der Vollziehung oftmals mit **Kosten** verbunden (zB Avalprovisionen). Gewinnt der Antragsteller in der Hauptsache, werden nach derzeit fast einhändiger Auffassung in Rechtsprechung und Literatur die

---

[1] Die Aussetzung der Vollziehung gegen Sicherheit stellt eine Teilablehnung des Antrags dar, vgl. Tz. 1583.
[2] Vgl. BFH vom 28.10.1981 I B 69/80, BStBl. II 1982, 135: Ein Antrag auf Aussetzung der Vollziehung ohne Sicherheitsleistung beim Finanzgericht wird nicht dadurch unzulässig, dass das Finanzamt nach Leistung der Sicherheit die Vollziehung des angefochtenen Steuerbescheids gegen Sicherheitsleistung aussetzt.
[3] Vgl. zu diesem Gesichtspunkt auch SPILKER, DStR 2010, 731, 732.

Aussetzungszinsen

Kosten der Sicherheit **nicht** als **erstattungsfähige** Kosten des Hauptsacheverfahrens anerkannt[1].

Mit **zutreffenden Argumenten** wendet sich das Finanzgericht Baden-Württemberg[2] gegen diese Praxis. Es stellte unter anderem heraus, der im Hauptsacheverfahren erfolgreiche Kläger könne zur Erstattung der Kosten nicht auf den Weg der Amtshaftungsklage verwiesen werden. Zudem könne das Aussetzungsverfahren, wenngleich verfahrensrechtlich verselbstständigt, kostenrechtlich nicht isoliert betrachtet werden. Es diene insbesondere der vorläufigen Sicherung der Rechte des Steuerpflichtigen für das Hauptsacheverfahren. 1637

V. Aussetzungszinsen

Wird die Aussetzung der Vollziehung verfügt, fallen **Aussetzungszinsen** an (§ 237 AO). 1638

Vom **Steuerbürger geschuldete** Aussetzungszinsen sind sowohl für die Aussetzung der Vollziehung im Einspruchs- als auch im Klageverfahren zu zahlen. 1639

Erfolgt keine Aussetzung der Vollziehung, hat der Rechtsbehelf Erfolg, werden auf Erstattungsbeträge nur **Prozesszinsen** gezahlt (§ 236 AO, vgl. zu taktischen Überlegungen Tz. 1689 ff.). Solche Erstattungszinsen gibt es **nur** für das **Klageverfahren**. Ihr Lauf beginnt mit der Rechtshängigkeit. Erstattungszinsen werden nicht für die Dauer des **Einspruchsverfahrens** gezahlt. Hier greifen die **Vollverzinsung** für Erstattungsbeträge gemäß § 233a Abs. 3 Satz 3 AO ab dem 15. Monat nach dem Entstehen der Steuer, frühestens mit dem Tag der Zahlung[3]. 1640

---

1 Vgl. BFH vom 8.6.1982 VIII R 68/79, BStBl. II 1982, 602; vom 8.2.1972 VII B 170/69, BStBl. II 1972, 429; vom 19.4.1972 VII B123/70, BStBl. II 1972, 573; FG Köln vom 18.12.2000, 10 Ko 5325/00, EFG 2001, 654; vom 19.10.1999 10 Ko 2729/99, EFG 2000, 232; FG Baden-Württ. vom 8.5.1996 1 Ko 6/95, EFG 1996, 997; Hessisches FG vom 22.8.1990 12 Ko 5216/89, EFG 1991, 37; BRANDIS in Tipke/Kruse, AO/FGO, § 139 FGO Rz. 14 (Jan. 2010); STAPPERFEND in Gräber, § 139 FGO Rz. 12; STARKE in Schwarz, § 139 FGO Rz. 2 (Nov. 2008).
2 FG Baden-Württ. vom 24.1.2007 3 KO 7/03, DStR 2007, 983, mit Zustimmung OLGEMÖLLER, Stbg. 2007, 469; ALVERMANN/PITTELKOW, Stbg. 2009, 410 ff.
3 Erstattungszinsen gemäß § 233a EStG sind einkommensteuerpflichtig, § 20 Abs. 1 Nr. 7 Satz 3; gleiche gilt für Prozesszinsen, BFH vom 25.10.1994 VIII R 79/91, BStBl. 1995, 121; WEBER-GRELLET in Schmidt, EStG, 30. Aufl., 2011, § 20 Rz. 103.

Festsetzung

1641 Aussetzungszinsen werden auch verwirklicht, wenn die Aussetzung der Vollziehung eines **Folgebescheids** aufgrund der Anfechtung und Aussetzung der Vollziehung des Grundlagenbescheids erfolgt (§ 237 Abs. 1 Satz 3 AO). In diesem Fall hat eine Festsetzung von Zinsen für die Aussetzung der Einkommensteuer nicht zu erfolgen, solange noch ein Rechtsbehelf gegen den Grundlagenbescheid (zB Gewinnfeststellungsbescheid) anhängig ist[1]. Problematisch kann die Bestimmung des Zinsschuldners und die Frage der **Gesamtschuldnerschaft** sein, wenn der Grundlagenbescheid nur durch einen der Ehegatten angefochten wird[2].

1642 **Höhe der Zinsen**: 0,5 % pro angefangenem Monat und damit 6 % pro Jahr (§ 238 Abs. 1 AO). Zur Berechnung der Zinsen im Einzelnen Hinweis auf § 238 AO, zur wirtschaftlichen Bedeutung Tz. 1687 ff.

1643 Aussetzungszinsen beziehen sich stets auf die **konkret streitigen Beträge**. Führt ein Einspruch oder Klageverfahren dazu, dass auch für andere Veranlagungszeiträume Steuern zu erstatten oder zu zahlen sind, fallen dort nur Zinsen an, wenn gerade in jenem Verfahren auch die Voraussetzungen des § 237 AO vorliegen[3].

1644 Die Zinsen werden **festgesetzt**, wenn über die Steuerschuld abschließend bzw. rechtskräftig entschieden ist (vgl. die Formulierung des § 237 AO). Zinsen werden also **nicht ratierlich** gezahlt.

1645 Nicht selten ergeht ein Aussetzungszinsbescheid nach erfolglosem Klageverfahren, obwohl gegen das Urteil Nichtzulassungsbeschwerde eingelegt und später das Verfahren insgesamt gewonnen wird. Der Zinsbescheid ist jedenfalls anzufechten. Eine **automatische Korrektur** wie im Falle des § 233a AO erfolgt bei Aussetzungszinsen **nicht** (vgl. § 237 Abs. 5)[4].

1646 Zur **Festsetzungsfrist** s. § 239 AO.

---

1 Vgl. Niedersächsisches FG vom 8.7.2010 10 K 123/09, Revision eingelegt, Az. des BFH VIII R 56/10.
2 Zinsschuldner ist zutreffenderweise nur der den Grundlagenbescheid anfechtende Ehegatte, vgl. ausführlich KAMPS, AO-Stb. 2007, 133 ff.
3 Vgl. BFH vom 9.10.1985 I R 193/82, BFH/NV 1986, 343.
4 Hingegen sind Steuerbescheide, die den Steueranspruch nach Abschluss des Rechtsbehelfsverfahrens, aber vor Erlass des Aussetzungszinsbescheids reduzieren, für die Zinsen zu berücksichtigen, vgl. FG Münster vom 4.8.2009 9 K 1268/07 K, EFG 2010, 193, rkr., zustimmend LOOSE, EFG 2010, 195 f.

Einstweilige Erstattung

Zur Bedeutung der Zinsen bei der Überlegung, den Antrag auf **Aussetzung** der **Vollziehung** zu stellen, s. Tz. 1687 ff. 1647

Auf Aussetzungszinsen kann ganz oder teilweise **verzichtet** werden, wenn ihre Erhebung **unbillig** ist (§ 237 Abs. 4 AO iVm. § 234 Abs. 2 AO). Für die Praxis ist diese besondere Billigkeitsregelung für Zinsen von erheblicher Bedeutung. Allein die Tatsache, dass es diese Billigkeitsvorschrift gibt, indiziert, dass es offenbar für Zinsen ein besonderes Billigkeitsrecht geben muss. Die Finanzverwaltung hat angeordnet, dass die allgemeinen Vorschriften für die am Steuerbetrag orientierte Zuständigkeit bei Billigkeitsmaßnahmen auch für den Zinserlass gelten[1]. Gleichwohl ist aus der Praxis zu berichten, dass die Finanzämter im Rahmen des § 237 Abs. 4 AO flexibler sind als im Rahmen allgemeiner Billigkeitserlasse. 1648

VI. Problemfälle

1. Einstweilige Erstattung

Bei der Aussetzung der Vollziehung wehrt der Steuerbürger regelmäßig den Anspruch des Staats, Steuern zu zahlen, einstweilig ab. In vielen Fällen begehrt umgekehrt der Steuerbürger **Steuererstattungen** vom Staat. Verwehrt der Staat diese Erstattung, ist die Erstattungspflicht streitig, so fragt sich, ob im Wege der Aussetzung der Vollziehung vorläufig eine Steuererstattung zu erreichen ist. 1649

Im Mittelpunkt steht die Überlegung, ob und in welchem Umfang die **Auszahlung negativer Umsatzsteuerbeträge** im Wege der Aussetzung der Vollziehung erreichbar ist. 1650

Nach Einführung des § 361 Abs. 2 Satz 4 AO bzw. § 69 Abs. 2 Satz 8 FGO mit Wirkung zum 1.1.1997 dürfen **Umsatzsteuervorauszahlungen nicht** mehr **erstattet** werden. Dies bedeutet: Erfolgten aufgrund von Umsatzsteuervoranmeldungen (§ 18 Abs. 1 UStG) Umsatzsteuervorauszahlungen und wurde anschließend der eine positive Zahlungsschuld ausweisende Jahresumsatzsteuerbescheid angefochten und von der Vollziehung ausgesetzt, kommt es nach herrschender Auffassung nicht mehr zu einer Erstattung im Umfang der Vorauszahlungen[2]. 1651

---

1 Vgl. gleichlautende Erlasse der obersten Finanzbehörden der Länder vom 2.1.2002, BStBl. I 2002, 62.
2 Vgl. BIRKENFELD in Hübschmann/Hepp/Spitaler, § 69 FGO Rz. 259 (März 1999); GOSCH in Beermann/Gosch, § 69 FGO Rz. 67 (Okt. 2010); KOCH in Gräber, § 69

Umsatzsteuererstattung

1652 Zudem **erlischt** das Rechtsschutzinteresse für den Antrag auf Aussetzung der Vollziehung der **Umsatzsteuervoranmeldung**, sobald die Jahresumsatzsteueranmeldung abgegeben bzw. der Jahresumsatzsteuerbescheid bekannt gegeben wird[1].

1653 Hiervon zu **differenzieren** ist die Berücksichtigung von Umsatzsteuerbescheiden, die **Vorsteuerbeträge** enthalten. Nach herrschender Meinung liegt bei übersteigender Vorsteuer eine negative Umsatzsteuerfestsetzung vor, deren (vorläufige) Erhöhung nicht durch Aussetzung der Vollziehung, sondern nur durch einstweilige Anordnung erreicht werden kann[2].

1654 **Komplizierter** ist die Rechtslage, wenn der Steuerpflichtige anstelle der festgesetzten (positiven) Umsatzsteuerschuld eine **Umsatzsteuererstattung** verlangt. Dies kann darauf beruhen, dass er eine Erhöhung der Vorsteuer oder bei unstreitiger Vorsteuer eine Reduzierung der Umsatzsteuer erreichen müsste. Die wohl **herrschende Meinung** verlangt ein **zweigleisiges** Vorgehen: Soweit die positive Zahlungsschuld angegriffen wird, ist ein Antrag auf Aussetzung der Vollziehung zu stellen, soweit es – darüber hinaus – um eine negative Zahlungsschuld geht, geschieht dies durch einstweilige Anordnung[3].

1655 Hierin ist eine **missliche Lücke** im Rechtsschutz zu sehen. Sofern der Steuerpflichtige im Falle unstreitiger Vorsteuerbeträge eine Erstattung wegen der inhaltlich angefochtenen zu hohen Umsatzsteuerschuld begehrt, mag zwar der Antrag nach § 114 FGO zulässig sein, begründet ist er nach der Rechtsprechung jedoch selten. So liegt alleine in der schlechten Vermögenslage noch kein Anordnungsgrund vor. Erst wenn die Erstattungsverweigerung existenzgefährdende Auswirkungen hat,

---

FGO Rz. 55 „Umsatzsteuerbescheide"; kritisch SEER in Tipke/Kruse, § 69 FGO Rz. 33 (Mai 2010).
1 Vgl. BFH vom 21.2.1991 V R 130/86, BStBl. II 1991, 465; KOCH in Gräber, § 69 FGO Rz. 55 „Umsatzsteuerbescheide".
2 Vgl. BFH vom 1.4.1982 V B 37/81, BStBl. II 1982, 515; vom 7.3.1985 V R 161/81, BStBl. II 1985, 449; FG Baden-Württ. vom 25.11.1999 12 V 26/99, EFG 2000, 592; GRÄBER in Koch, § 69 Rz. 55 „Umsatzsteuerbescheide"; GOSCH in Beermann/Gosch, § 69 FGO Rz. 67 (Okt. 2010); aA SEER in Tipke/Kruse, § 69 FGO Rz. 33 (Okt. 2010), der die Vorsteuer und die Umsatzsteuerschuld trennt und bei einem Angriff gegen die Umsatzsteuerfestsetzung den Antrag auf Aussetzung der Vollziehung, hingegen bei der begehrten Erhöhung der Vorsteuer eine einstweilige Anordnung, für statthaft hält.
3 Vgl. GOSCH in Beermann/Gosch, § 69 FGO Rz. 67 (Okt. 2010) mit einer anschaulichen Übersicht; KOCH in Gräber, § 69 FGO Rz. 55 „Umsatzsteuerbescheide"; aA SEER in Tipke/Kruse, § 69 FGO Rz. 33 (Mai 2010).

Feststellungsbescheide

ist es denkbar, mit § 114 FGO zum Ziel zu gelangen[1]. Es gibt Unternehmer, die im täglichen Geschäftsverkehr auf die Vorsteuererstattungen durch das Finanzamt angewiesen sind. Wird Ihnen diese verweigert, weil noch Prüfungen der positiven Umsatzsteuerschuld erforderlich sind, oder werden diese Prüfungen verzögert, so kann dies zu gravierenden finanziellen Engpässen führen. Ohne ein hinreichendes Rechtsmittel im vorläufigen Rechtsschutz zur Verfügung zu haben, wird der Steuerpflichtige zum Bittsteller bei der Finanzbehörde. Insofern ist im Hinblick auf solche Fälle die Auffassung von SEER[2] vorzugswürdig. Betrifft der Streit lediglich die Umsatzsteuer, nicht die Vorsteuer, darf vorläufiger Rechtsschutz über die Aussetzung der Vollziehung beantragt werden.

2. Feststellungsbescheide

Die **Konnexität**[3] zwischen Klageart in der Hauptsache und Wahl des einstweiligen Rechtsschutzes ist bei **Gewinn- und Verlustfeststellungsbescheiden** teilweise **durchbrochen**. 1656

Bei **positiven** Gewinnfeststellungsbescheiden ist unproblematisch **Aussetzung der Vollziehung** das Mittel für effektiven Rechtsschutz, wenn der Ansatz eines niedrigeren Gewinn angestrebt wird. Klageart in der Hauptsache ist die Anfechtungsklage. 1657

Gleiches gilt, wenn ein positiver Verlustfeststellungsbescheid vorliegt, anschließend durch **Änderungsbescheid** ein **geringerer Verlust** festgestellt und das Verfahren gegen den Änderungsbescheid fortgesetzt wird[4]. 1658

Aussetzung der Vollziehung kommt auch in Betracht, wenn ein positiver Gewinn- oder Verlustfeststellungsbescheid mit dem Ziel **angefochten** wird, die **erstmalige Feststellung eines Verlusts** oder die Feststellung eines höheren Verlusts durchzusetzen[5]. 1659

---

1 Vgl. zum Anordnungsgrund LOOSE in Tipke/Kruse, § 114 FGO Rz. 27 ff. (Jan. 2010).
2 SEER in Tipke/Kruse, § 69 FGO Rz. 33 (Mai 2010).
3 Vgl. Tz. 1524.
4 Vgl. BFH vom 28.11.1973 IV B 33/73, BStBl. II 1974, 220; vom 10.11.1977 IV B 33–34/76, BStBl. II 1978, 15; KOCH in Gräber, § 69 Rz. 55 „Grundlagenbescheide"; DUMKE in Schwarz, § 361 AO Rz. 40 (Aug. 2009).
5 Vgl. GrS BFH vom 14.4.1987 GrS 2/85, BStBl. II 1987, 637; BFH vom 26.2.1987 IV R 61/87, BFH/NV 1988, 24; vom 30.6.1988 IX B 120/87, BFH/NV 1989, 86;

Feststellungsbescheide

1660 Anders verhält es sich mit **sog. negativen (Gewinn-)Feststellungsbescheiden**. Dies sind Verwaltungsakte, mit dem es das Finanzamt ablehnt, Gewinne oder Verluste bzw. die Beteiligung einzelner Personen daran einheitlich gemäß § 179 Abs. 1 AO festzustellen[1]. Wird ein negativer Gewinn- und Verlustfeststellungsbescheid mit dem Ziel angegriffen, Berücksichtigung der erklärten und nach Ansicht des Antragstellers gesondert und einheitlich festzustellenden Besteuerungsgrundlagen durchzusetzen, ist die Verpflichtungsklage das statthafte Rechtsmittel. Gleiches gilt bei partiell negativen Feststellungsbescheiden (Ausschluss eines oder mehrerer Beteiligter aus der Gewinnfeststellung)[2]. Entgegen der ursprünglichen Rechtsprechung des BFH wird nun seit der Entscheidung des Großen Senats vom 14.4.1997[3] auch in solchen Fällen vorläufiger Rechtsschutz durch **Aussetzung der Vollziehung** gewährt[4].

1661 Die vorgenannten Grundsätze zur Gewährung vorläufigen Rechtsschutzes bei Gewinn- und Verlustfeststellungsbescheiden sind auf **andere Grundlagenbescheide** (zB Feststellung von Grundbesitzwerten iS des § 157 BewG; Gewerbesteuermessbescheide) übertragbar[5].

1662 Ergeht ein **vorgezogener Folgebescheid** (§ 155 Abs. 2 AO), zB der Einkommensteuerbescheid, ohne dass ein entsprechender Gewinnfeststellungsbescheid vorliegt, und macht der Adressat des Folgebescheids erstmals oder höhere als dort berücksichtigte Verluste aus dem Grundlagenbescheid geltend, kann dieses Anliegen im vorläufigen Rechtsschutz durch Aussetzung der Vollziehung betreffend den Folgebe-

---

GOSCH in Beermann/Gosch, § 69 FGO Rz. 53 (Okt. 2010); KOCH in Gräber, § 69 Rz. 55 „Grundlagenbescheide".
1 Vgl. zu dessen Inhalt KÖNIG in Pahlke/König, § 179 Rz. 21 f.; BFH vom 19.6.2001 X R 48/96, BFH/NV 2002, 153; vom 28.11.2001 X R 23/97, BFH/NV 2002, 614.
2 Vgl. SEER in Tipke/Kruse, § 69 FGO Rz. 39 (Mai 2010).
3 GrS BFH vom 14.4.1987 GrS 2/85, BStBl. II 1987, 637.
4 Inzwischen ständige Rechtsprechung vgl. BFH vom 18.8.1993 II S 7/93, BFH/NV 1994, 151; dies entspricht auch der herrschenden Meinung in der Literatur, vgl. KRAUS, NWB 2009, 853, 854; DUMKE in Schwarz, § 361 AO Rz. 38 f. (Aug. 2009); SEER in Tipke/Kruse, § 69 FGO Rz. 38 ff. (Mai 2010); KOCH in Gräber, § 69 Rz. 55 „Grundlagenbescheide"; GOSCH in Beermann/Gosch, § 69 FGO Rz. 51 ff. (Okt. 2010); die beiden letztgenannten Autoren weisen auf den systematischen Bruch hin, erkennen jedoch die Rechtsprechung zur Gewährung effektiven Rechtsschutzes an.
5 Vgl. KOCH in Gräber, § 69 Rz. 55 „Grundlagenbescheide".

Betriebsprüfungsanordnung

scheid geltend gemacht werden, sofern der Verlustanteil glaubhaft gemacht ist[1].

3. Betriebsprüfungsanordnungen

Auch Betriebsprüfungsanordnungen (§ 196 AO) können **trotz Einspruchs** durch Beginn der Außenprüfung **vollzogen** werden. Wenn gewichtige Gründe gegen die Prüfung sprechen, sollte der Einspruch stets mit dem Antrag auf Aussetzung der Vollziehung gekoppelt werden, anders allenfalls bei nur formellen Bedenken gegen die Anordnung[2]. 1663

Der Antrag auf Aussetzung der Vollziehung ist insbesondere dann zwingend geboten, wenn die **Ausdehnung** einer **Außenprüfung** angefochten wird. Anderenfalls steht das Mehrergebnis, auf dessen Erwartung die Ausdehnung gestützt wird, bereits fest. 1664

Ist der Antrag auf Aussetzung der Vollziehung gestellt, aber noch nicht beschieden, sollte regelmäßig alles unternommen werden, dem Prüfer den Beginn der Prüfung so lange **zu verwehren**, wie der Antrag auf Aussetzung der Vollziehung nicht bestands- oder rechtswirksam beschieden ist. Zwar führt später ein Erfolg des Einspruchs oder der Klage gegen die Prüfungsanordnung zum Verbot der Verwertung des tatsächlich Geprüften. Das **Wissen im Kopf** des Beamten ist jedoch nicht mehr zu löschen. Gelingt es nicht, den Betriebsprüfer und seinen Sachgebietsleiter davon zu überzeugen, bis zur Entscheidung über die Aussetzung von Prüfungshandlungen Abstand zu nehmen, empfiehlt es sich, jede Prüfungsanordnung als Einzelmaßnahme mit dem Einspruch anzufechten. Zudem besteht die Möglichkeit, dem Prüfer den Zugang zu den Betriebsräumen zu versagen. Dies führt insbesondere in Fällen der Konzernprüfung dazu, dass Prüfungshandlungen praktisch ausgeschlossen sind; die Prüfer sind idR auf die Räumlichkeiten des Unternehmens angewiesen. 1665

---

1 Vgl. BFH vom 28.11.1973 IV B 33/73, BStBl. II 1974, 220; BFH vom 10.11.1977 IV B 33–34/76, BStBl. II 1978, 16; SEER in Tipke/Kruse, § 69 FGO Rz. 41 ff. (Mai 2010) mit Hinweisen zur Praxis der Finanzverwaltung; KOCH in Gräber, § 69 Rz. 55 „Grundlagenbescheide"; AEAO zu § 361 Tz. 6.
2 Vgl. zu diesem Komplex KAMPS in Streck/Mack/Schwedhelm, Tax Compliance, 2010, Rz. 3.1 ff.; vgl. zu weiteren Gedanken der Tax Compliance in der Außenprüfung SEER in FS für Streck, S. 403 ff.

Vollstreckung

1666 In der **Praxis** zeigt sich, dass die Prüfungsstellen für das Anliegen des Steuerpflichtigen ein breites **Verständnis** haben und die Prüfung regelmäßig so lange zurückstellen, bis über den Antrag auf Aussetzung der Vollziehung, häufig auch bis über den Einspruch gegen die Prüfungsanordnung selbst entschieden ist. Die Beamten haben die verständliche Befürchtung, anderenfalls Prüfungsergebnisse zu erarbeiten, die später nicht verwertet werden können.

4. Vollstreckung bei abgelehnter Aussetzung der Vollziehung

1667 Solange die **Aussetzung** der **Vollziehung nicht verfügt** ist, kann aus dem angefochtenen Bescheid **vollstreckt** werden.

1668 Die Finanzämter sind angewiesen, bis zur Entscheidung über den Antrag auf Aussetzung der Vollziehung noch nicht zu vollstrecken (vgl. Tz. 1699). Wird der Antrag allerdings vom Finanzamt **abgelehnt**, so soll vollstreckt werden.

1669 Die Vollstreckung oder Vollstreckungsandrohung nach abgelehnter Aussetzung der Vollziehung ist eines der zentralen, brennenden **Praxisprobleme**, die nicht gelöst sind[1]. Immer wieder steht der Berater vor Fällen, in denen er noch mit durchaus ernstzunehmenden Begründungen um die Aussetzung der Vollziehung streitet, die Vollstreckungsstelle des Finanzamts jedoch bereits die Steuern zwangsweise beitreibt, Vermögen pfändet und mit der Verwertung beginnt. Diese Vollstreckung aus heftig umstrittenen Steuerforderungen stößt auf völliges **Unverständnis** des **Steuerbürgers**. Gedankenlos wird von vielen Finanzämtern das Steuerklima vergiftet, die Steuermoral untergraben.

1670 Der Berater sollte dem Antrag auf Aussetzung der Vollziehung den auf **Stundung** zur Seite stellen. Diese Stundung kann bereits im Antrag befristet begehrt werden, nämlich auf den Zeitpunkt, zu dem über den Antrag auf Aussetzung der Vollziehung bestands- oder rechtskräftig entschieden ist. Die Stundung ist eine mögliche Maßnahme der Gewährung vorläufigen Rechtsschutzes. Außerdem kann der Stundungsantrag zu einem Antrag auf einstweilige Anordnung (§ 114 FGO; Tz. 1836 ff.) führen.

1671 Ferner ist sofort der Antrag auf **Vollstreckungsaufschub** möglich. Auch er bezweckt nur, die Vollstreckung aufzuhalten, bis über den Ausset-

---

1 Dazu bereits BÄCKER, DStZ 1990, 532, 534.

Stundungs- und Vollstreckungsantrag

zungsantrag rechts- oder bestandskräftig entschieden ist. In dieser Phase des ernsthaften Streits um die Aussetzung der Vollziehung ist die Vollstreckung unbillig iS des § 258 AO.

Dort, wo die Vollstreckung droht, ist der Antrag auf Aussetzung der Vollziehung mithin regelmäßig **dreigliedrig** zu stellen. Es wird Aussetzung beantragt, hilfsweise Stundung, abermals hilfsweise Vollstreckungsaufschub. 1672

Zu überlegen ist es, **Sicherheiten** anzubieten (vgl. Tz. 1613 ff.). In dieser Phase der Vollstreckungsdrohung macht sich im Übrigen das **persönliche Gespräch** mit der Vollstreckungsstelle bezahlt. Der persönliche Kontakt kann mehr erreichen als mancher Schriftsatz. 1673

Will die Finanzbehörde Vollstreckungsmaßnahmen durchführen, obwohl ein beim Gericht anhängiger Aussetzungsantrag noch nicht beschieden worden ist, steht dem Antragsteller die Möglichkeit offen, einen Antrag auf **einstweilige Anordnung** gemäß § 114 FGO zu stellen. Dieser ist in solchen Fällen trotz grundsätzlicher Subsidiarität zulässig[1]. Auch hier sind jedoch die Anforderungen an die Darlegung des Anordnungsgrunds hochgesteckt (Existenzbedrohung)[2]. 1674

Zur **Abwehr** von **Vollstreckungsmaßnahmen** s. im Übrigen; Tz. 1728 ff. 1675

VII. Kosten

Das Aussetzungsverfahren vor den **Finanzbehörden** ist **kostenfrei**. 1676

Das Aussetzungsverfahren vor den **Gerichten** ist **kostenpflichtig**. Auf die Tz. 1224 ff. wird hingewiesen. Der **Streitwert** beträgt nur 10 % des eigentlichen Streitbetrags[3]. Der im Hauptsacheverfahren geltende **Min-** 1677

---

[1] Vgl. FG Düsseldorf vom 3.2.1983 IV 150/82 AO, EFG 1984, 105; FG Düsseldorf vom 9.5.1984 XV 133/84 AE (U), EFG 1985, 10; FG Saarland vom 7.1.2000 1 V 389/99, EFG 2000, 449; Koch in Gräber, § 114 Rz. 20; Loose in Tipke/Kruse, § 114 FGO Rz. 9 (Jan. 2010); Olgemöller/Fraedrich, Stbg. 2006, 585.

[2] Vgl. Tz. 1655 und Olgemöller/Fraedrich, Stbg. 2006, 585.

[3] Vgl. zB BFH vom 20.3.2001 VIII R 44/99, HFR 2001, 875; Olgemöller, Stbg. 2008, 159. Im Erfolgsfalle sollte der Antrag auf Kostenfestsetzung auf einen Streitwert von 25 % gestützt werden, wozu das FG Hamburg vom 31.10.2007 IV 169/05, EFG 2008, 488, rkr., mit ausführlicher Anm. Hollatz, EFG 2008. 489 f., gute Argumente liefert.

Beraterüberlegungen

deststreitwert von 1000 Euro kommt im finanzgerichtlichen Aussetzungsverfahren **nicht** zur Anwendung[1].

VIII. Ausgewählte Beraterüberlegungen

1. Vorab

1678 Die Beratung über die Frage, ob eine umstrittene Steuer gezahlt oder ob und wann ein Antrag auf Aussetzung der Vollziehung gestellt werden soll, ist eine **eigenständige Berateraufgabe**[2]. Zwar scheint bei einer Spontanbetrachtung die Aussetzung der Vollziehung bei einem angefochtenen Steuerbescheid vorteilhaft, weil die Steuer – jedenfalls im Augenblick – nicht gezahlt werden muss. Dies ist jedoch eine vordergründige Betrachtung, die in vielen Fällen falsch sein kann.

1679 Wer die **Steuern zahlt, erkennt** den **Steueranspruch** bei einem angefochtenen Steuerbescheid **nicht an**. Die Überlegung, man müsse den Aussetzungsantrag bereits deshalb stellen, um im Hauptsacheverfahren glaubwürdig zu erscheinen, ist in vielen Fällen verfehlt. Aussetzungs- und Hauptsacheverfahren sind insoweit nicht nur rechtlich getrennt; auch in der Praxis der Streitführung hat die Zahlung der Steuern für den entscheidenden Beamten oder Richter selbst keinen Aussagewert. **Ausnahmen** sind **denkbar**. Geht es in Betriebsprüfungs- und Steuerfahndungssachen um eine Vielzahl von Streitpunkten, stößt man bei dem Finanzamt auf eine **unversöhnlich harte Linie**, kann es zweckmäßig sein, die Auseinandersetzung im Bereich der Aussetzung der Vollziehung zu beginnen.

1680 Kommt der Berater zu dem Ergebnis, dass das Rechtsbehelfs- oder Klageverfahren mit **großen Erfolgsaussichten** geführt werden kann, ist der Antrag auf Aussetzung der Vollziehung regelmäßig selbstverständlich (zu wirtschaftlichen Überlegungen s. Tz. 1687 ff.).

1681 Sind die **Erfolgsaussichten gering**, sollte die angeforderte Steuer in der Regel gezahlt werden. In einem solchen Fall müssen sich alle Argumente, muss sich die Streitenergie auf die Hauptsache konzentrieren. Hier ist es nicht sinnvoll, die Auseinandersetzung über die Aussetzung der Vollziehung zu beginnen, dh. in einem Verfahren, in dem mit Wahr-

---

[1] Vgl. BFH vom 14.12.2007 IX E 17/07, DStR 2008, 49; FG Sachsen-Anhalt vom 23.11.2006 4 KO 1333/06, EFG 293; OLGEMÖLLER, Stbg. 2008, 159; KRAUS, NWB 2009, 853, 862; MÜLLER, EFG 2007, 294 f.
[2] Vgl. dazu KAMPS, DStR 2007, 1154 ff.

Überlegungen für Aussetzungsantrag

scheinlichkeiten gearbeitet wird, die gerade in einem solchen Fall gegen den Steuerpflichtigen sprechen. Allerdings kann auch hier im Einzelfall der Antrag auf Aussetzung der Vollziehung richtig sein, wenn er allein deshalb notwendig ist, weil sich der Steuerbürger in **Zahlungsschwierigkeiten** befindet.

2. Spezielle Abwägungsgesichtspunkte

a. Für Aussetzung der Vollziehung

Die Entscheidung über einen Antrag auf Aussetzung der Vollziehung erfolgt im **summarischen Verfahren**. Dies kann für den Steuerpflichtigen, insbesondere bei Aussetzungsanträgen an das Finanzgericht nach § 69 Abs. 3 FGO, von Vorteil sein. Bei **positiven vorzeitigen Entscheidungen** des Finanzgerichts ist das Finanzamt oftmals gewillt, dem Einspruch abzuhelfen. Darüber hinaus bestehen im Falle eines positiven Aussetzungsbeschlusses durch das Finanzgericht für den Steuerpflichtigen bessere Chancen, eine mögliche vorteilhafte Einigung mit dem Finanzamt zu erzielen. 1682

Wird dem Steuerpflichtigen eine **Steuerhinterziehung** vorgeworfen, ist der Gang zum Finanzgericht gemäß § 69 Abs. 3 FGO oftmals von taktischen Überlegungen geprägt. Attestiert das Finanzgericht aufgrund summarischer Prüfung ernstliche Zweifel an der Rechtmäßigkeit des Verwaltungsakts, kann dies im Strafverfahren als ein Argument gegen ein vorsätzliches Handeln des Steuerpflichtigen ins Feld geführt werden (zu gegenläufigen Überlegungen vgl. Tz. 1685 ff.). 1683

In der Prozesstaktik spielen auch **zeitliche Momente** eine Rolle. Das Aussetzungsverfahren, insbesondere vor dem Finanzgericht, stellt ein Eilverfahren dar. Eine Entscheidung ist dort wesentlich schneller, als im Hauptsacheverfahren zu erzielen. Auf diesem Wege können die Erfolgsaussichten vorab abgeklopft werden. Insofern dient das Aussetzungsverfahren auch als **Pilotverfahren**. Der **Streitwert** beträgt nur 10 % des eigentlichen Streitbetrags[1]. 1684

b. Gegen Aussetzung der Vollziehung

Auf der Kehrseite ist in die taktischen Überlegungen auch ein möglicher negativer Aussetzungsbeschluss des Finanzgerichts einzubeziehen. 1685

---
1 Vgl. aber Tz. 1677; 25 % möglich.

Überlegungen gegen Aussetzungsantrag

Trotz nur summarischer Entscheidung entfaltet der Aussetzungsbeschluss des Finanzgerichts präjudizielle Wirkung. Es ist **psychologisch** schwierig, das Finanzgericht im Hauptsacheverfahren zu einer abweichenden Entscheidung zu bewegen.

1686 Stützt das Finanzamt den angefochtenen Steueranspruch auf eine **Steuerhinterziehung** (zB die **Haftung** gemäß § 71 AO, vgl. Tz. 757 ff.) und bestätigt das Finanzgericht diesen Vorwurf im Aussetzungsbeschluss, resultieren negative Wirkungen für das steuerstrafrechtliche Ermittlungsverfahren. Für den Staatsanwalt ist es sodann ein Leichtes, die Anklage zu erheben und zu begründen. Nur selten setzt sich das Amtsgericht oder Landgericht über die Erwägungen des Finanzgerichts, sei es auch im Aussetzungsbeschluss, hinweg.

1687 Gegen den Aussetzungsantrag können auch **Zinsgesichtspunkte** und damit **wirtschaftliche Überlegungen** sprechen. Die Aussetzungszinsen betragen ab Gewährung der Aussetzung der Vollziehung bzw. ab Fälligkeit 6 % pro Jahr (vgl. Tz. 1642; § 238 Abs. 1 AO). Zieht sich – wie in umfangreichen Verfahren nicht unüblich – der Hauptsachestreit über Jahre hin, können Zinsbeträge von bedrohlicher Höhe erreicht werden. Zudem sind die Aussetzungszinsen **nicht** mehr als Sonderausgaben **abziehbar**.

1688 Bei **ungewissen Erfolgsaussichten** des Rechtsmittels gegen den Steuerbescheid gilt daher Folgendes[1]: In Zeiten **niedriger Marktzinsen** und geringer Renditen kann es wirtschaftlich sinnvoller sein, angelegtes Geld zur Zahlung der Steuerschuld zu verwenden. Dies gilt insbesondere, wenn die Anlagerenditen ihrerseits steuerpflichtig sind. Bei der Abgeltungsteuer in Höhe von 25 % iS von § 32d EStG unterliegenden Festgeldanlage müsste die Rendite vereinfacht linear gerechnet über 8 % betragen[2], um günstiger als die Zahlung von Aussetzungszinsen zu sein.

1689 Ist die Steuer entrichtet und das Rechtsmittel erfolgreich, kommen dem Steuerpflichtigen ab Rechtshängigkeit der Klage beim Finanzgericht **Prozesszinsen** in Höhe von ebenfalls 0,5 % pro angefangenem Monat und damit 6 % pro Jahr gemäß § 236 AO zugute. Diese hat er als Einkünfte **zu versteuern**. Darüber hinaus greift die Vollverzinsung für Erstattungsbeträge gemäß § 233a Abs. 3 Satz 3 AO.

---

1 Vgl. auch Loose, EFG 2010, 195, 196.
2 $8 - (8 \times 25\,\%) = 6 =$ Aussetzungszinssatz.

Wirtschaftliche Überlegungen

Die Zinsen werden am Ende des Verfahrens festgestellt. In der **nicht ratierlichen Zahlung** von Aussetzungszinsen steckt ein praktisches Problem. Wer kontinuierliche Zinsen zahlen muss, kann sich darauf einstellen. Die „geballte" Zahlung der Zinsen für einen zehnjährigen Prozess (10 × 6 % = 60 %; mit der Steuer müssen also 160 % des Streitgegenstands bezahlt werden) kann hingegen unvermutet zu finanziellen Unmöglichkeiten führen. Sind die Steuern vor dem Prozess gezahlt, vergrößert später das Finanzamt nicht diese finanziellen Schwierigkeiten, sondern erleichtert sie bei erfolgreichem Prozess mit Steuererstattungen. 1690

Soweit auch die Finanzverwaltung in Zeiten geringen Zinsniveaus auf dem Kapitalmarkt die wirtschaftlichen Vorteile der Aussetzungszinsen zugunsten des Fiskus wahrgenommen hat und mit der sog. „**aufgedrängten**" Aussetzung der Vollziehung agiert, ist dies rechtswidrig (vgl. Tz. 1537 f.). 1691

Der Rat zur Frage der Aussetzung der Vollziehung wird auch von **psychologischen Gegebenheiten** aus Sicht des Antragstellers (vgl. zu solchen des Gerichts Tz. 1685) bestimmt: 1692

Wird die Aussetzung der Vollziehung **beantragt** und gewährt, **verliert** nachher der Steuerpflichtige den Prozess in der Hauptsache, so meint er diesen Verlust doppelt zu erleiden; denn einmal hat er einen kostenaufwendigen Rechtsstreit verloren, zum anderen muss er noch Steuern und Aussetzungszinsen zahlen. Gewinnt er den Prozess, ist die Erfolgsfreude nur eine halbe, da der Erfolg keine finanziellen Folgerungen mit sich bringt. Möglicherweise denkt der Steuerpflichtige auch, der Berater habe halt seine Idee durchgesetzt. 1693

Wird hingegen **keine** Aussetzung der Vollziehung beantragt, die Steuer gezahlt, treten die gegenläufigen psychologischen Wirkungen ein. **Gewinnt** der Bürger den Prozess, ist die Freude eine doppelte: Einmal wurde ein Rechtsstreit gewonnen, zum anderen erhält er bereits vor langer Zeit gezahlte, vielleicht vergessene Steuern mit Zinsen zurück. Verliert er den Prozess, ist der Verlust nicht schmerzlich, da die Steuer bereits gezahlt ist; vielleicht denkt er, der Berater habe nur seinen Prozess verloren. 1694

Richtiges Timing

3. Richtiges Timing

1695 Der Antrag auf Aussetzung der Vollziehung hat primär das Ziel, Vollstreckungsmaßnahmen zu verhindern. Darüber hinaus soll der Anfall von Säumniszuschlägen (1 % pro Monat bzw. 12 % pro Jahr, § 240 AO) vermieden werden. Um dieses Ziel zu erreichen, darf der Aussetzungsantrag beim Finanzamt **nicht zu früh** und **nicht zu spät** gestellt werden. Der Zeitpunkt steht im unmittelbaren Zusammenhang mit der Begründungsmöglichkeit des Antrags.

1696 Im Zusammenhang mit dem Antrag beim **Finanzamt** gilt:

1697 Oftmals wird sehr **kurzfristig** nach Erhalt des Bescheids Einspruch eingelegt und gleichzeitig Aussetzung der Vollziehung beantragt. Die Begründung, so das Schreiben, solle nachfolgen. Hier besteht die **Gefahr**, vom Finanzamt **umgehend** die **Ablehnung** zu erhalten. In solchen Fällen wird der Aussetzungsantrag oftmals formularmäßig wegen „fehlender Begründung" abgewiesen. Oder es erfolgt – auch dies formularmäßig – die Mitteilung, mangels Begründung könne über den Aussetzungsantrag aktuell nicht entschieden werden. Der Steuerpflichtige möge – dann mit Begründung – erneut Aussetzung der Vollziehung beantragen.

1698 Ist ein Antrag auf Aussetzung der Vollziehung erstmals abgelehnt, stehen verwaltungsinterne Anweisungen den **Vollstreckungsmaßnahmen** des Finanzamts nicht mehr entgegen.

1699 Solange über einen bei der Finanzbehörde gestellten Antrag auf Aussetzung der Vollziehung noch **nicht entschieden** ist, weisen die **Verwaltungsrichtlinien**[1] die Finanzämter Vollstreckungsmaßnahmen zu unterlassen, es sei denn, der Antrag ist aussichtslos, bezweckt offensichtlich nur ein Hinausschieben der Vollstreckung oder es besteht Gefahr in Verzug. Um das Finanzamt nicht einzuladen, den Antrag auf Aussetzung der Vollziehung sofort formularmäßig abzulehnen, sollte der Aussetzungsantrag **sofort begründet** werden. Es bietet sich daher an, den Antrag auf Aussetzung der Vollziehung erst kurz vor Eintritt der Fälligkeit zu stellen und dann gleichsam vollständig zu begründen. Kann bis zum Fälligkeitstermin die vollständige Begründung nicht erstellt werden, sollten zumindest Begründungsansätze präsentiert und so dem Finanzamt der Anreiz genommen werden, formularmäßig, dh. ohne jede Denkarbeit, die Aussetzung ablehnen zu können.

---

1 AEAO zu § 361 Tz. 3.1.

Antrag zum Finanzamt

Für die rechtzeitige Begründung des Aussetzungsantrags beim Finanzamt spricht auch das **Kostenrisiko**. Im Falle der Ablehnung mangels Begründung und des anschließenden Antrags an das Finanzgericht gemäß § 69 Abs. 3 FGO läuft der Antragsteller Gefahr, selbst beim Obsiegen vor dem Finanzgericht die Kosten des Aussetzungsverfahrens gemäß § 137 Abs. 1 FGO auferlegt zu bekommen. 1700

Liegt eine Kurzbegründung des Aussetzungsantrags vor, kann zur weiteren Begründung um **Fristverlängerung** gebeten werden. 1701

Es empfiehlt sich, dies mit der **Bitte** an das Finanzamt zu verbinden, für den Fall, dass es gleichwohl vor Ablauf der erbetenen Frist negativ über den Aussetzungsantrag entscheiden wolle, den Antragsteller entsprechend **vorher** zu **informieren**, damit dieser den Antrag an das Gericht nach § 69 Abs. 3 FGO vorbereiten könne. Hierdurch wird die Entschlossenheit dokumentiert, das Finanzgericht ggf. anzurufen. So werden im ersten Schritt in der Regel Vollstreckungsmaßnahmen verhindert. 1702

Im Zusammenhang mit dem Aussetzungsantrag zum **Finanzgericht** gilt: 1703

Auch für dieses laufende Aussetzungsverfahren liegen **Verwaltungsanweisungen** betreffend die Vollstreckung vor[1]. Stellt der Steuerpflichtige einen Antrag auf Aussetzung der Vollziehung nach § 69 Abs. 3 FGO beim Finanzgericht, ist die Vollstreckungsstelle darüber zu unterrichten. Die Vollstreckungsstelle entscheidet, ob im Einzelfall von Vollstreckungsmaßnahmen abzusehen ist. Vor Einleitung von Vollstreckungsmaßnahmen ist mit dem Finanzgericht Verbindung aufzunehmen. 1704

Die Finanzgerichte reagieren in der Regel **gereizt**, wenn trotz laufenden Aussetzungsverfahrens Vollstreckungsmaßnahmen durch das Finanzamt betrieben werden. Um die Information und anschließend ein mögliches Intervenieren des Finanzgerichts sicherzustellen, empfiehlt sich die unmittelbare – ggf. telefonische – **Unterrichtung** des Gerichts von geplanten Vollstreckungsmaßnahmen[2]. 1705

Geschieht dies nicht, vergeht unter Umständen **wertvolle Zeit**, bis das Finanzamt vom Finanzgericht über den Antrag informiert wird. Mögli- 1706

---

1 Vgl. hierzu und zum vorhergehenden AEAO zu § 361 Tz. 3.2.
2 Vgl. auch OLGEMÖLLER/FRAEDRICH, Stbg. 2006, 585.

Antrag zum Finanzgericht

cherweise sind bis dahin **Vollstreckungsmaßnahmen** schon veranlasst. Hat der Antragsteller von solchen **Planungen** Kenntnis, sollte er das Gericht darüber ebenfalls unmittelbar unterrichten[1].

1707 Die Sicherstellung von Informationsflüssen ist auch in anderem Zusammenhang zu beachten. Wird Aussetzung der Vollziehung eines **Grundlagenbescheids** beantragt, muss sich das Finanzamt, das den Grundlagenbescheid erlassen hat, bei Eingang des Antrags auf Aussetzung der Vollziehung, wenn es über ihn nicht unverzüglich entscheiden kann, mit der Behörde in Verbindung setzen, die den Folgebescheid erlassen oder zu erlassen hat[2]. Dadurch soll verhindert werden, dass der Folgebescheid vollzogen wird, obwohl die Voraussetzungen des § 361 Abs. 2 AO vorliegen[3]. Eine interne verzögerte Information an das Veranlagungsfinanzamt oder – bei der Gewerbesteuer – an die Gemeinden ist nicht auszuschließen. Auch hier kann wertvolle Zeit verloren gehen.

1708 Eine längere Zeitspanne zwischen Antragstellung und Begründung des Antrags auf Aussetzung der Vollziehung zum Finanzgericht birgt den Verlust des Rechtsschutzes. Teilweise verneinen die Finanzgerichte das **Rechtsschutzbedürfnis** bei einer nach sechs Monaten immer noch fehlenden **Antragsbegründung**[4] oder halten den Antrag bereits dann für unzulässig, wenn er trotz vierwöchiger Frist nach acht Wochen noch nicht begründet worden ist[5]. Das Gesetz kennt eine solche Frist jedoch nicht. Zutreffenderweise beeinflusst das Ausbleiben der Antragsbegründung lediglich die Begründetheit des Aussetzungsantrags[6].

---

1 Vgl. auch Olgemöller/Fraedrich, Stbg. 2006, 585.
2 Vgl. AEAO zu § 361 Tz. 5.4.1.
3 Vgl. Seer in Tipke/Kruse, § 361 AO Rz. 11 (Feb. 2011).
4 Vgl. FG Düsseldorf vom 12.2.1990 16 V 204/89A, rkr., EFG 1990, 482.
5 So FG Baden-Württ. vom 30.11.1994 6 V 25/94, rkr., EFG 1995, 534; FG Baden-Württ. vom 29.4.1998 6 V 13/98, rkr., EFG 1998, 1143; FG Köln vom 22.10.1998 15 V 6377/98, rkr., EFG 1999, 127.
6 So zutreffend Seer in Tipke/Kruse, § 69 FGO Rz. 62 (Mai 2010); anderer Auffassung Gosch in Beermann/Gosch, § 69 FGO Rz. 266 (Okt. 2010), der allerdings zum Ausdruck bringt, sechs Monate noch nicht als längeren Zeitraum zu betrachten, der das Rechtsschutzbedürfnis entfallen lässt.

Einstweilige Anordnung

K. Antrag auf einstweilige Anordnung (§ 114 FGO)

I. Gegenstand

Die **einstweilige Anordnung** gemäß § 114 FGO ist – wie die Aussetzung der Vollziehung (vgl. Tz. 1516 ff.) – ein Instrumentarium des einstweiligen (vorläufigen) Rechtsschutzes. Es handelt sich jedoch um ein durch das Gesetz, die Vorrangigkeit des Mittels der Aussetzung der Vollziehung (Tz. 1715) und die Rechtsprechung **verkümmertes Streitinstrument**; es greift in der Praxis nur selten[1]. 1709

Das Gesetz kennt **zwei** Spielarten: 1710

„Auf Antrag kann das **Gericht**, auch schon vor Klageerhebung, eine **einstweilige Anordnung** in Bezug auf den Streitgegenstand treffen, wenn die **Gefahr** besteht, dass durch eine Veränderung des bestehenden Zustandes die **Verwirklichung** eines **Rechts** des Antragstellers **vereitelt** oder wesentlich erschwert werden könnte" (§ 114 Abs. 1 Satz 1 FGO). Hier ist die Sicherung eines **bestehenden Zustands** bezweckt **(Sicherungsanordnung)**[2]. 1711

Hierzu zählen auch der vorläufige Rechtsschutz gegen die Absicht des Finanzamts, **Akteneinsicht** zu gewähren[3], beabsichtigte **Spontanauskünfte** der Steuerverwaltung an andere Mitgliedsstaaten der EU[4] und **rufschädigende Mitteilungen** des Finanzamts an Dritte[5]. 1712

„Einstweilige Anordnungen sind auch zur **Regelung** eines **vorläufigen Zustandes** in Bezug auf ein streitiges Rechtsverhältnis zulässig, wenn diese Regelung, vor allem bei dauernden Rechtsverhältnissen, um **wesentliche Nachteile abzuwenden** oder drohende Gewalt zu verhindern oder aus anderen Gründen nötig erscheint" (§ 114 Abs. 1 Satz 2 FGO). In diesem Fall geht es um die vorläufige **Verbesserung** des bisherigen **status quo (Regelungsanordnung)**[6]. 1713

---

1 Vgl. Lange in Hübschmann/Hepp/Spitaler, § 114 FGO Rz. 18 (Juni 2009); Lemaire, AO-StB 2003, 411.
2 Vgl. zB BFH vom 28.3.1985 V B 73/84, BFH/NV 1986, 101; Loose in Tikpe/Kruse, § 114 FGO Rz. 3 (Jan. 2010).
3 Vgl. Koch in Gräber, § 114 Rz. 43; Loose in Tipke/Kruse, § 114 FGO Rz. 20 (Jan. 2010).
4 Vgl. Koch in Gräber, § 114 Rz. 43.
5 Vgl. BFH vom 16.10.1986 V B 3/86, BStBl. II 1987, 30; Loose in Tipke/Kruse, § 114 FGO Rz. 20. (Jan. 2010).
6 Vgl. BFH vom 28.3.1985 V B 73/84, BFH/NV 1986, 101; Koch in Gräber, § 114 Rz. 33.

Abgrenzung zur Aussetzung der Vollziehung

1714 Hiervon umfasst sind zB auch die vorläufige Erteilung einer **Unbedenklichkeitsbescheinigung**[1] und die vorläufige Erteilung einer **Freistellungsbescheinigung**[2].

II. Abgrenzung

1715 Gem. § 114 Abs. 5 FGO tritt die einstweilige Anordnung **subsidiär** hinter die Aussetzung der Vollziehung zurück[3]. Im Fall der Anfechtungsklage wird vorläufiger Rechtsschutz durch Aussetzung der Vollziehung, bei einer Verpflichtungsklage grundsätzlich durch einstweilige Anordnung gewährt (Grundsatz der **Konnexität**, vgl. Tz. 1656)[4].

1716 Darüber hinaus kommt § 114 FGO **Lückenbüßerfunktion**[5] für alle Situationen zu, in denen die **Aussetzung der Vollziehung** vorläufigen Rechtsschutz nicht oder nicht ausreichend gewährt. Vgl. zu Einzelfällen Tz. 1655, 1670, 1674 und zur Bedeutung der einstweiligen Anordnung im **Vollstreckungsverfahren** Tz. 1836 ff.

1717 Zur einstweiligen Anordnung zum Zweck einstweiliger **Umsatzsteuererstattungen** und einstweiliger **Verlustanerkennungen** vgl. Tz. 1654 f., 1660 ff.

III. Voraussetzungen

1718 **Voraussetzungen** für die einstweilige Anordnung sind **Anordnungsanspruch** und **Anordnungsgrund**[6]. Hierbei handelt es sich um für den steuerlich tätigen Berater ungewohnte Bedingungen eines Antragsverfahrens[7].

---

1 Vgl. BFH vom 20.6.1995 II B 83/95, BFH/NV 1995, 1089; LEMAIRE, AO-StB 2003, 411, 412.
2 Vgl. BFH vom 13.11.2002 I B 147/02, BStBl. II 2003, 716; LOOSE in Tipke/Kruse, § 114 FGO Rz. 25 (Jan. 2010).
3 Vgl. SEER in Tipke/Kruse, § 69 FGO Rz. 17 (Mai 2010).
4 Vgl. BFH vom 10.11.1977 IV B 33–34/76, BStBl. II 1978, 15; BIRKENFELD in Hübschmann/Hepp/Spitaler, § 69 FGO Rz. 90 (März 1999); vgl. LANGE in Hübschmann/Hepp/Spitaler, § 114 FGO Rz. 24 ff. (Juni 2009), mit ausführlichen Katalog zu Einzelfällen.
5 Vgl. LEMAIRE, AO-StB 2003, 411, 412, auch mit Beispielen.
6 Vgl. nur KOCH in Gräber, § 114 Rz. 35.
7 Vgl. zu einer Checkliste für Anordnungsgrund und Anordnungsanspruch LEMAIRE, AO-StB 2003, 411, 412 f.

Anordnungsanspruch/Anordnungsgrund

Anordnungsanspruch: Dies ist der Anspruch des Bürgers, um den er streitet, den er durchsetzen will. Im Verfahren der einstweiligen Anordnung geht es ihm darum, diesen Anspruch einstweilig zu sichern. Mit dem Anordnungsanspruch trägt er „sein Recht" vor. 1719

Daneben steht der **Anordnungsgrund**. Hier trägt der Antragsteller vor, dass sein Anspruch, sein „gutes Recht" – eben der Anordnungsanspruch – gefährdet ist, so dass das Gericht dringend eine Regelung treffen muss, die den Anspruch sichert. 1720

Die Voraussetzungen an den Anordnungsgrund definiert das Gesetz bereits im Wortlaut je nach Sicherungs- oder Regelungsanordnung **unterschiedlich**. Insbesondere bei letzterem wird der Dringlichkeitsgrund in der Regel verneint. Nötig iS des Gesetzes ist eine einstweilige Regelungsanordnung nur dann, wenn das private Interesse das öffentliche Interesse überwiegt und die Maßnahme unumgänglich ist, um den Antragsteller vor wesentlichen Nachteilen zu schützen (**schwerwiegende Gründe**)[1]. Dies ist insbesondere der Fall, wenn die wirtschaftliche oder persönliche Existenz des Antragstellers bedroht ist, nicht jedoch, wenn es sich lediglich um Nachteile handelt, die typischerweise mit der Pflicht zur Steuerzahlung und ggf. auch der Vollstreckung verbunden sind[2]. 1721

Aufgrund des Verweises auf § 920 Abs. 2 ZPO (vgl. § 114 Abs. 3 FGO) hat der Antragsteller sowohl den Anordnungsanspruch als auch den Anordnungsgrund **glaubhaft** zu machen[3]. Die Anforderungen entsprechen denen im Rahmen des Aussetzungsverfahrens gemäß § 69 FGO (zu den Anforderungen vgl. Tz. 1594) 1722

Im **Übrigen** wird auf § 114 FGO und die übrigen Weiterverweisungen in die ZPO hingewiesen. 1723

Muster einer Antragsschrift s. Anlage 5. 1724

IV. Sonstiges

Der **Antrag** ist stets beim Gericht des ersten Rechtszugs und damit beim **Finanzgericht**, nicht beim BFH, zu stellen (vgl. § 114 Abs. 2 FGO). Dies gilt auch bei Anhängigkeit eines NZB- oder Revisionsverfahrens[4]. 1725

---

1 Vgl. BFH vom 15.1.2003 V S 17/02, BFH/NV 2003, 738.
2 Vgl. KOCH in Gräber, § 114 Rz. 49.
3 Vgl. nur LANGE in Hübschmann/Hepp/Spitaler, § 114 FGO Rz. 82 (Juni 2009).
4 Vgl. LANGE in Hübschmann/Hepp/Spitaler, § 114 FGO Rz. 108 (Juni 2009).

Zuständigkeit des Finanzgerichts

1726 Das Finanzgericht entscheidet über Antrag auf einstweilige Anordnung durch Beschluss. Diese können nur mit der **Beschwerde** an den BFH angefochten werden, wenn die Beschwerde **zugelassen** wurde (§ 128 Abs. 3 FGO).

1727 **Kosten**: Das zu Tz. 1677 Gesagte gilt in entsprechender Anwendung.

Dritter Teil
Einzelthemen im Zusammenhang

A. Der Vollstreckungsstreit

I. Die Vollstreckung

Die **Rechtsgrundlagen** für die Vollstreckung sind in §§ 249–346 AO enthalten. Hinzu kommt eine Vollstreckungsanweisung der Finanzverwaltung vom 13.3.1980[1]. (VollstrA) und eine Vollziehungsanweisung vom 29.4.1980[2]. (VollzA). Der Anwendungserlass zur AO schweigt zur Vollstreckung. Über Verweisungen in den Vorschriften der Abgabenordnung gelten zahlreiche Bestimmungen der ZPO. Für die Vollstreckung in das unbewegliche Vermögen – § 322 AO – finden insgesamt die Vorschriften über die gerichtliche Zwangsvollstreckung Anwendung. 1728

Die **Finanzämter** können **Verwaltungsakte**, mit denen eine Geldleistung, eine sonstige Handlung, eine Duldung oder Unterlassung gefordert wird, im Verwaltungsweg **vollstrecken** (§ 249 Abs. 1 AO). Vollstreckungsbehörde ist das Finanzamt. Die Dienststelle im Finanzamt ist mit **Vollstreckungsstelle** richtig bezeichnet, auch wenn die Länder dazu übergegangen sind, den Begriff Vollstreckungsstelle durch **Erhebungsstelle** zu ersetzen. 1729

Das Vollstreckungsrecht wird weitgehend von dem **Ermessen** der zuständigen Beamten bestimmt. Daraus folgt, dass eine Vielzahl von Entscheidungen der Vollstreckungsstelle nur daraufhin überprüfbar ist, ob sie sich im Rahmen einer pflichtgemäßen Ermessensausübung halten, zum anderen aber auch, dass die Vollstreckungsstellen außerordentlich flexibel entscheiden können. 1730

Auch die **Einleitung** der **Vollstreckung** steht, da nur vollstreckt werden kann, nicht muss, im Ermessen der Behörde. Allerdings ist dieses Ermessen in der Regel dahin gehend eingeschränkt, dass zu vollstrecken ist. 1731

Aus Ermessenserwägungen soll zB in folgenden **Fällen nicht vollstreckt** werden: 1732

---

1 BStBl. I 1980, 112 mit nachfolgenden Änderungen.
2 BStBl. I 1980, 194 mit nachfolgenden Änderungen.

Wahl der Vollstreckungsmittel

1733 Wenn die **Vollstreckung** nach den Vermögens- und Einkommensverhältnissen des Schuldners **aussichtslos** erscheint (Abschn. 20 Abs. 4 VollstrA; vgl. dazu auch § 261 AO – Niederschlagung – und § 156 Abs. 4 AO mit entsprechender Regelung für das Festsetzungsverfahren).

1734 Nicht vollstreckt werden soll, wenn und soweit eine **Aufrechnungsmöglichkeit** besteht. Vgl. Abschn. 22 Abs. 4 VollstrA.

1735 Nicht vollstreckt werden soll, wenn die **Höhe** der **Forderung außer Verhältnis** zum **Vollstreckungsaufwand** steht. Keine Versteigerung eines Grundstücks zB im Wert von 60 000,– Euro wegen einer Steuerforderung von 500,– Euro[1]. Vgl. auch Abschn. 23 Abs. 2 VollstrA.

1736 Nicht vollstreckt werden soll, wenn zu erwarten ist, dass die bloße **Ankündigung** der Vollstreckung zur Zahlung führen wird (Abschn. 22 Abs. 5 VollstrA).

1737 Die **Entschließung** des Finanzamts, dass **vollstreckt** werden soll, ist als behördeninterne Entscheidung, die dem Schuldner nicht bekanntgegeben wird, nach hA **nicht gesondert anfechtbar** (vgl. Abschn. 22 Abs. 5 VollstrA).

1738 Hiervon zu unterscheiden ist die **Einleitung** der Vollstreckung durch Entscheidung für eine **bestimmte Vollstreckungsmaßnahme** (vgl. Abschn. 23 VollstrA). Sie ist anfechtbar und aussetzungsfähig.

1739 Die **Durchführung** der Vollstreckung und die **Wahl** des **Vollstreckungsmittels** werden ebenfalls weitgehend vom **Ermessen** bestimmt.

1740 **Jede einzelne Vollstreckungsmaßnahme** kann folglich mit dem **Einspruch**, anschließend mit der Klage angefochten werden. Das **Ermessen** ist in **vollem Umfang überprüfbar**, und zwar bzgl. der Vollstreckung dem Grunde und der Durchführung nach.

1741 Anfechtbar sind insbesondere auch **Anträge** und Ersuchen im Vollstreckungsverfahren an die **ordentlichen Gerichte**, zB bei der Vollstreckung in **Immobilien**[2], ferner der Antrag auf richterliche Anordnung

---

[1] Die kann zu Schadensersatzansprüchen führen; vgl. die in Tz. 1851 erwähnte BGH-Entscheidung v. 26.3.1973 III ZR 43/71, NJW 1973, 894.

[2] Der **Antrag** auf **Eintragung** einer **Sicherungshypothek** ist dann ein Verwaltungsakt, wenn mit ihm zugleich festgestellt wird, dass die gesetzlichen Voraussetzungen der Vollstreckung vorliegen (BFH vom 29.10.1985 VII B 69/85, BStBl. II 1986, 236; vom 25.1.1988 VII B 85/87, BStBl. II 1988, 566). Dazu BdF vom 1.7.1988, BStBl. I 1988 192.

Ermittlungsmöglichkeiten

der **Durchsuchung** zum Zweck der Vollstreckung (vgl. Tz. 1762 ff.; Abschn. 28 VollzA). Anfechtbar ist auch der Antrag des Finanzamts, das **Insolvenzverfahren** zu eröffnen[1].

Der Einspruch setzt voraus, dass die Entscheidung für eine Vollstreckungsmaßnahme getroffen ist und der Verwaltungsakt **Außenwirkung** erlangt hat. Zuvor kann jedoch schon auf die Unbilligkeit hingewiesen und der Antrag nach § 258 AO – Vollstreckungsaufschub (Tz. 1789 ff.) – gestellt werden[2]. Das Finanzamt hat ggf. auch von Amts wegen Vollstreckungsaufschub zu gewähren. 1742

Werden die Vollstreckungsmaßnahmen angefochten, kann zusätzlich **Aussetzung der Vollziehung** beantragt werden. Insoweit gelten die allgemeinen Grundsätze[3]. 1743

Die **Vollstreckungsstelle** kann – wie die Veranlagungsstelle – die **Einkommens-** und **Vermögensverhältnisse** des Steuerpflichtigen erforschen (§ 249 Abs. 2 AO). Auch insoweit handelt es sich um mit der Beschwerde anfechtbare Entscheidungen. 1744

Daraus folgt die Berechtigung der Vollstreckungsstelle, **Informationen** über **pfändbares Vermögen** vom Vollstreckungsschuldner, aber auch von Dritten, **einzuholen**. Auskünfte können gemäß §§ 328 ff. AO erzwungen werden. Die Vorlage von Geschäftsbüchern kann angeordnet werden[4], ferner die Vorlage von Vermögensverzeichnissen, auch wenn zuvor bereits die eidesstattliche Versicherung (dazu Tz. 1765) abgegeben war. 1745

Abschn. 20 Abs. 2 VollstrA sieht zwecks Ermittlung der Einkommens- und Vermögensverhältnisse sogar die Anregung einer **Außenprüfung** oder die Einschaltung der **Steuerfahndung** vor. Ihr Einsatz zu diesem Zweck ist uE jedoch unzulässig, da die Ausforschung von Vollstreckungsmöglichkeiten nicht zum Aufgabenbereich der Außenprüfung (vgl. §§ 193 ff. AO) und Steuerfahndung (vgl. § 208 AO) zählt. Eine solche Anordnung der Außenprüfung sollte mit dem Einspruch angefochten werden. 1746

---

1 Vgl. Abschn. 57 ff. VollstrA. Zum **Konkursantrag** als anfechtbare **Ermessensentscheidung** s. BFH vom 23.7.1985 VII B 29/85, BFH/NV 1986, 41.
2 Vgl. BFH vom 10.8.1976 VII R 111/74, BStBl. II 1977, 104.
3 Vgl. BFH vom 16.11.1977 VII S 1/77, BStBl. II 1978, 69; vom 29.10.1985 VII B 69/85, BStBl. II 1986, 236.
4 KRUSE in Tipke/Kruse, § 249 AO Rz. 25 ff. (Mai 2010).

Leistungsgebot

1747 **Grundvoraussetzung** jeder Vollstreckung ist ein **Verwaltungsakt** mit vollstreckbarem Inhalt, der nicht von der Vollziehung ausgesetzt ist (§ 251 Abs. 1 AO).

1748 Der Beginn der Vollstreckung setzt ein **Leistungsgebot** voraus (§ 254 AO), das mit dem zu vollstreckenden Steuerbescheid verbunden sein darf. Bei Steuerbescheiden ist dies regelmäßig der Fall.

1749 Das Leistungsgebot hat sich an den **Vollstreckungsschuldner**, dh. an den, der die Leistung zu erbringen hat, zu richten.

1750 Bei **Gesamtschuldnern** muss das Leistungsgebot an jeden Gesamtschuldner gerichtet werden, gegen den vollstreckt werden soll.

1751 Kein Leistungsgebot ist für die Beitreibung von **Zinsen** und **Säumniszuschlägen** zusammen mit der Steuer, ferner für **Vollstreckungskosten**, erforderlich (§ 254 Abs. 2 AO).

1752 Auch **nach Ablauf** einer **Stundung**, einer **Aussetzung der Vollziehung** oder eines **Vollstreckungsaufschubs** ist ein weiteres Leistungsgebot nicht erforderlich[1].

1753 Muss die **Steuer** selbst **errechnet** und **angemeldet** werden, so darf am Fälligkeitstag nach Anmeldung der selbst errechneten Steuerschuld und Nichtzahlung vollstreckt werden (§ 254 Abs. 1 letzter Satz AO). Beispiele: Umsatzsteuervoranmeldungen; Lohnsteueranmeldungen; Anmeldung von Kapitalertragsteuer.

1754 Das **Leistungsgebot** ist ein **Verwaltungsakt** und damit **anfechtbar**[2]. Rechtsbehelf ist der **Einspruch**. Aussetzung der **Vollziehung** ist möglich[3]. Einwendungen gegen die Steuerfestsetzung selbst können jedoch, wie bei allen Rechtsbehelfen im Vollstreckungsverfahren, nicht erhoben werden (vgl. § 256 AO). Es können nur Fehler des Leistungsgebots gerügt werden. Beispiele: Fristsetzungen sind knapper als gesetzliche Zahlungsfristen[4]; der Inhalt ist zu unbestimmt.

1755 **Notwendiger Inhalt** des **Leistungsgebots**: Angabe des Vollstreckungsschuldners, des Gegenstands, des Grundes und der Höhe der Leistung, soweit sich dies nicht bereits aus dem Verwaltungsakt ergibt, mit dem das Leistungsgebot verbunden ist. Ferner muss die ausdrückliche Auf-

---

1 KRUSE in Tipke/Kruse, § 254 AO Rz. 25 (März 2005).
2 BFH vom 31.10.1975 VIII B 14/74, BStBl. II 1976, 258.
3 Vgl. BFH vom 31.10.1975 VIII B 14/74, BStBl. II 1976, 258.
4 Vgl. BFH vom 31.10.1975 VIII B 14/74, BStBl. II 1976, 258.

Leistungsgebot

forderung zur Bewirkung der Leistung enthalten sein; außerdem soll, je nach Art der Leistung, angegeben werden, wann, wo und wie die Leistung zu bewirken ist.

Eine bestimmte **Form** ist nicht vorgeschrieben. Es bedarf bei Verbindung mit dem zu vollstreckenden Verwaltungsakt ebenfalls der Form dieses Verwaltungsakts. 1756

Das Leistungsgebot hat **verjährungsunterbrechende Wirkung** bzgl. der Zahlungsverjährung (§§ 228 ff. AO) nur, wenn es schriftlich ergeht (§ 231 AO). 1757

Fehlt das **Leistungsgebot**, leidet die dennoch durchgeführte Vollstreckungsmaßnahme an einem rechtlichen Mangel. Sie ist aber nicht nichtig[1]. Daraus folgt: Die einzelnen Vollstreckungsmaßnahmen können mit dem Einspruch, verbunden mit dem Antrag auf Aussetzung der Vollziehung, angefochten werden. Schutz vor drohenden weiteren Vollstreckungsmaßnahmen gibt die einstweilige Anordnung nach § 114 FGO (vgl. Tz. 1709 ff., 1836). 1758

Andere Fehler des Leistungsgebots, zB die Nichtbeachtung der **Wochenfrist** des § 254 Abs. 1 Satz 1 AO, führen ebenfalls nur zur Rechtswidrigkeit, nicht zur Nichtigkeit der Vollstreckungsmaßnahme, die anzufechten ist[2]. 1759

Vor Beginn der Vollstreckung soll **gemahnt** werden, und zwar mit einer Zahlungsfrist von einer Woche (§ 259 AO). Diese Mahnung steht im pflichtgemäßen Ermessen des Finanzamts. Die unterlassene Mahnung führt nicht notwendig zur Rechtswidrigkeit der Vollstreckung; nur bei Ermessensfehlern trifft dies zu, zB wenn die Mahnung ohne ersichtlichen Grund unterblieben ist. Grund, nicht zu mahnen, ist zB die Gefährdung des Vollstreckungserfolgs. Soll die unterbliebene oder zu kurzfristige Mahnung gerügt werden, ist die ergriffene Vollstreckungsmaßnahme mit dem Einspruch anzufechten. Die Mahnung selbst ist als bloße Erinnerung an die Zahlungspflicht kein Verwaltungsakt und damit nicht anfechtbar[3]. 1760

Voraussetzung jeder Vollstreckung ist die **Fälligkeit** der Leistung (§ 254 Abs. 1 Satz 1 AO). Die **Stundung** (§ 222 AO) verschiebt die Fälligkeit, 1761

---

1 Kruse in Tipke/Kruse, § 254 AO Rz. 28 (März 2005); streitig.
2 Vgl. BFH vom 27.3.1979 VII R 41/78, BStBl. II 1979, 589.
3 Kruse in Tipke/Kruse, § 259 AO Rz. 4 (Juli 2003).

Eidesstattliche Versicherung

ebenso der Zahlungsaufschub nach § 223 AO betr. Zölle und Verbrauchsteuern, nicht aber der Vollstreckungsaufschub (vgl. Tz. 1789 ff.).

1762 Für den Vollstreckungsschuldner ist von besonderer Bedeutung, wenn der Vollziehungsbeamte die **Wohnung betritt** und die **Wohnung durchsuchen** will.

1763 Der **Vollziehungsbeamte** ist nach § 287 AO **befugt**, die Wohn- und Geschäftsräume sowie Behältnisse des Vollstreckungsschuldners zu **durchsuchen**. Er darf verschlossene Türen oder Behältnisse öffnen. Ggf. darf er sogar Gewalt anwenden (§ 287 Abs. 3 AO).

1764 Allerdings gilt der Schutz des Art. 13 GG auch im Vollstreckungsrecht. Die Durchsuchung der Wohnung bedarf, soweit sie nicht freiwillig gestattet wird, der **richterlichen Anordnung**[1]. Nur bei Gefahr im Verzuge kann der Vollziehungsbeamte selbst tätig werden. Zuständig für die richterliche Anordnung ist das Amtsgericht, nicht das Finanzgericht. Vgl. hierzu auch Abschn. 28 VollzA.

1765 Regelmäßig letzte Etappe – vor dem möglichen Insolvenzantrag – im Vollstreckungsverfahren ist die **eidesstattliche Versicherung** (früher: Offenbarungseid). Hat die Vollstreckung in das bewegliche Vermögen keinen – oder nur teilweisen – Erfolg, so hat der Vollstreckungsschuldner auf Verlangen dem Finanzamt ein Vermögensverzeichnis vorzulegen und dessen Richtigkeit an Eides Statt zu versichern (§ 284 AO). Ab **1.1.2013** tritt an die Stelle der eidesstattlichen Versicherung die „Vermögensauskunft des Vollstreckungsschuldners".

1766 Die Vollstreckungsstelle greift auf dieses Mittel regelmäßig erst dann zurück, wenn auch die Vollstreckung in evtl. vorhandenes **unbewegliches Vermögen** erfolglos ist; eine andere Entscheidung wäre ermessensfehlerhaft.

1767 Legt der Vollstreckungsschuldner das **Vermögensverzeichnis** vor, **verzichten** die **Finanzämter** häufig auf die **eidesstattliche Versicherung** (§ 284 Abs. 3 Satz 2 AO)[2].

1768 Kommt der Vollstreckungsschuldner dem Verlangen nicht nach, so wird das **Zwangsverfahren** über das Amtsgericht betrieben (§ 284

---

1 Vgl. BVerfG vom 3.4.1979 I BvR 994/76, BStBl. II 1979, 601.
2 BFH vom 24.9.1991 VII R 34/90, BStBl. II 1992, 57, hält auch die Ermessensentscheidung für möglich, in solchen Fällen die eidesstattliche Versicherung zu verlangen; gleiche Ansicht FG Düsseldorf vom 17.12.1990 5 K 348/89, EFG 1991, 367.

Vollstreckung in verschiedene Gegenstände

Abs. 4–9 AO). Hierzu gehört auch die mögliche Zwangsvorführung und Haft. Ein wenig „Gehorsam" gegenüber der Vollstreckungsstelle schützt vor der eidesstattlichen Versicherung, die, auch wenn sie vor dem Finanzamt abgegeben ist, zur Eintragung in das beim Amtsgericht geführte Schuldnerverzeichnis führt (§ 284 Abs. 7 AO).

Zum **Aufschub** bei **Anfechtung** der Aufforderung, die eidesstattliche Versicherung abzugeben, s. Tz. 1765. 1769

Zum **Vollstreckungsverfahren** wird **im Übrigen** im Rahmen dieser Darstellung auf die **gesetzlichen** Grundlagen **verwiesen**. 1770

Die Vollstreckung wegen **Geldforderungen** (§§ 259–327 AO) in das **bewegliche Vermögen** ist in §§ 281 ff. AO, in **Sachen** in §§ 285 ff. AO, in **Forderungen** in §§ 309 ff. AO, in **andere Vermögensrechte** in § 321 AO geregelt. Die Vollstreckung wegen Geldforderungen in das **unbewegliche Vermögen** ist in §§ 322 ff. AO normiert. Mit der Vollstreckung wegen **Handlungen**, **Duldungen** oder **Unterlassungen** befassen sich die §§ 328 ff. AO, wegen Erzwingung von **Sicherheiten** § 336 AO. 1771

Die Vollstreckung wegen Geldforderungen in das bewegliche Vermögen (§§ 281 ff. AO) erfolgt durch **Pfändung** (§ 281 Abs. 1 AO), und zwar die **Sachpfändung** durch den **Vollziehungsbeamten** der Vollstreckungsstelle, die Pfändung in **Forderungen** und sonstige Rechte durch die **Vollstreckungsstelle**. 1772

Die Vollstreckung in das **unbewegliche Vermögen**, in Schiffe und Luftfahrzeuge richtet sich nach den Bestimmungen der ZPO und des ZVG (§ 322 AO). Die Durchführung obliegt den ordentlichen Gerichten. Das Finanzamt stellt lediglich die erforderlichen Anträge und bestätigt das Vorliegen der allgemeinen Vollstreckungsvoraussetzungen (§ 322 Abs. 3 AO). Gegen den Antrag des Finanzamts ist der Einspruch zulässig (vgl. auch Tz. 1826 ff.). Aussetzung der Vollziehung ist möglich. 1773

Wegen **anderer Leistungen** als Geldforderungen wird durch das Finanzamt vollstreckt. 1774

Verwaltungsakte, die auf Handlungen, Duldungen oder Unterlassungen gerichtet sind, können durch die in § 328 Abs. 1 AO aufgeführten **Zwangsmittel** – Zwangsgeld, Ersatzvornahme, unmittelbarer Zwang – vollstreckt werden. Ersatzzwangshaft von einem Tag bis zu zwei Wochen ist im Fall der Uneinbringlichkeit eines Zwangsgeldes (§ 334 AO) möglich. 1775

Gegenwehr

1776 Die Erzwingung von Sicherheiten wird durch **Pfändungen** vollzogen (§ 336 AO).

1777 Die Sicherung der mutmaßlichen Steuerschuld durch eine **Arrestanordnung** und nachfolgende Einzelvollstreckung (§§ 324 ff. AO) wird zumeist in Steuerfahndungsverfahren gewählt; s. daher STRECK/SPATSCHECK, Steuerfahndung, Tz. 485 ff.

II. Die Gegenwehr

1. Grundsätzliches zu den möglichen Einwendungen

1778 Im Vollstreckungsverfahren können nur **Einwendungen gegen** die **Vollstreckung als solche**, gegen die Rechtmäßigkeit einzelner Vollstreckungsmaßnahmen, ihre Anordnung, Aufrechterhaltung oder Durchführung erhoben werden.

1779 **Einwendungen** gegen die **Rechtmäßigkeit** des zu **vollstreckenden Verwaltungsakts** sind **ausgeschlossen**; diese können nur außerhalb des Vollstreckungsverfahrens mit den dafür gegebenen Rechtsbehelfen (Einspruch, Klage) verfolgt werden (§ 256 AO). Insbesondere ist die Rechtmäßigkeit der Steuer, wegen der vollstreckt wird, der Überprüfung durch die Vollziehungsbeamten entzogen. In den Vollziehungsanweisungen heißt es: Der Vollziehungsbeamte hat sich „jeder Stellungnahme zu der ... beizutreibenden Leistung zu enthalten" (Abschn. 7 Abs. 5 VollzA), er hat – so Abschn. 8 Abs. 1 VollzA – „ohne Rücksicht auf die für die Erledigung bestimmte Frist" seinen Auftrag „schnell und nachdrücklich auszuführen".

1780 Grundsätzlich ist die **Vollstreckung trotz erhobener Einwendungen fortzusetzen** (vgl. Abschn. 31 VollzA). Allerdings besteht ein **Ermessensspielraum**. Werden begründete Einwendungen erhoben und nachgewiesen, wird nur die einstweilige Einstellung oder Einschränkung der Vollstreckung ermessensgerecht sein. So ist die Vollstreckung regelmäßig einzustellen oder zu beschränken, wenn die Zahlung nachgewiesen, die Aufrechnung bei nachweisbarer Aufrechnungslage erklärt wird oder wenn nachweisbar Vollstreckungsvoraussetzungen nachträglich weggefallen sind. Ermessensfehler begründen hier Schadensersatzansprüche zulasten der Verwaltung (vgl. Tz. 1851).

1781 **Einzustellen** oder zu **beschränken** ist die Vollstreckung unter den **Voraussetzungen** der **§§ 257, 258 AO**. Zu § 258 AO s. Tz. 1789 ff. Nach § 257 AO ist die Vollstreckung einzustellen oder zu beschränken bei

Vollstreckungsaufschub

Wegfall der Vollstreckbarkeitsvoraussetzungen (Beispiel: Aussetzung der Vollziehung ist gewährt), bei Aufhebung des Verwaltungsakts und bei Erlöschen des Anspruchs (Beispiel: Zahlung, Erlass, Verjährung) sowie bei der Verfügung einer Stundung.

Die Einstellung oder Beschränkung der Vollstreckung führt **nicht** zwangsweise zur **Aufhebung bereits getroffener Vollstreckungsmaßnahmen**; hier bedarf es zusätzlicher Anordnungen. Eine klare Verpflichtung besteht nur in den Fällen des § 257 Abs. 1 Nr. 2 und Nr. 3 AO, bei Aufhebung des Verwaltungsakts und bei Erlöschen der geschuldeten Leistung (vgl. § 257 Abs. 2 AO). Im Übrigen steht die Aufhebung im Ermessen des Finanzamts, zB bei nachträglicher Aussetzung der Vollziehung oder Stundung. Lehnt das Finanzamt die Aufhebung der konkreten Vollstreckungsmaßnahme ab, kann dagegen Beschwerde eingelegt werden, später Klage. 1782

Zum **Aufteilungsbescheid** s. Tz. 1810 ff. 1783

Zum **Abrechnungsbescheid** s. Tz. 1816 ff. 1784

Zu den nichtförmlichen und förmlichen **Rechtsbehelfen** s. Tz. 358 ff. 1785

Bereits **vor Beginn** der Vollstreckung kann **Vollstreckungsaufschub** beantragt werden (vgl. hierzu Tz. 1789 ff.). 1786

Unabhängig von irgendwelchen förmlichen Verfahren kann es angebracht sein, sich bereits **vor Einleitung** einer möglichen **Vollstreckung** mit der **Vollstreckungsstelle** in **Verbindung** zu **setzen**, um die Vollstreckung zu vermeiden oder um die Entscheidung über Vollstreckungsmaßnahmen zu beeinflussen. 1787

Im Übrigen setzen die **förmlichen Rechtsbehelfe** gegen die Vollstreckung die Vollstreckungsmaßnahme, dh. die **begonnene Vollstreckung** selbst, voraus. Nur mit der **einstweiligen Anordnung**, ausgesprochen durch das Finanzgericht, kann versucht werden, einer drohenden Vollstreckung zu begegnen (vgl. Tz. 1709 ff., 1836 ff.). 1788

2. Vollstreckungsaufschub

„Soweit im Einzelfall die **Vollstreckung unbillig** ist, kann die Vollstreckungsbehörde sie einstweilen **einstellen** oder **beschränken** oder eine **Vollstreckungsmaßnahme aufheben**" (§ 258 AO). 1789

Vollstreckungsaufschub

1790 Diese Möglichkeit des **Vollstreckungsaufschubs** ist ein **wichtiges Instrument** in der Auseinandersetzung mit der Vollstreckungsstelle. Der Vollstreckungsaufschub ist von der Aussetzung der Vollziehung (Tz. 1516 ff.) zu unterscheiden, die im Ergebnis natürlich ebenfalls die Vollstreckung hindert.

1791 **Tatbestandliche Voraussetzung** des § 258 AO ist die **Unbilligkeit** der Vollstreckung oder einzelner Vollstreckungsmaßnahmen, nicht der Steuerfestsetzung selbst. § 258 AO ist eine klassische Billigkeitsmaßnahme, folglich einer **normativen Erfassung entzogen**. Soweit die Finanzverwaltung eine Konkretisierung des abstrakten Tatbestands des § 258 AO unternimmt, um auf diese Weise die Möglichkeit des Vollstreckungsaufschubs einzuschränken, muss das Vorhaben scheitern. Die Billigkeit setzt stets eine Würdigung des Einzelfalls voraus. Der Einzelfall ist nur beschränkt mit normativen Maßstäben zu erfassen. Billigkeit ist geradezu das Gegenstück zur normativen Regelung. Insoweit bestehen auch Bedenken gegen Abschn. 7 VollstrA, der eine solche normative Eingrenzung versucht.

1792 Im Übrigen wird im **Vollstreckungsrecht** eine **Unbilligkeit** nur unter **engen Voraussetzungen** angenommen. Die mit der Steuerzahlung an sich verbundene Härte soll nicht ausreichend sein[1]. Besondere Härten können darin liegen, dass mit der Vollstreckung unangemessene Nachteile verbunden sind, die durch kurzfristiges Zuwarten oder durch andere Vollstreckungsmaßnahmen vermieden werden können (vgl. Abschn. 7 Abs. 2 VollstrA).

1793 UE beeinflusst auch die **Rechtswidrigkeit** der zu **vollstreckenden Forderung** die Billigkeit der Vollstreckung. Zwar kann grundsätzlich der Vollstreckungsmaßnahme die Rechtswidrigkeit der zu vollstreckenden Forderung nicht entgegengesetzt werden. Diese systematisch klare Grenzziehung muss jedoch im Billigkeitsrecht Durchlässigkeiten gewähren. Die Vollstreckung eines offenbar rechtswidrigen Verwaltungsakts kann nicht billig sein[2].

---

1 Vgl. BFH vom 25.6.1985 VII B 54, 62/84, StRK AO 1977 § 258 R. 7: Eine **nachteilige Auswirkung** der **Vollstreckung** bei **Banken** ist kein hinreichender Grund für einen Vollstreckungsaufschub.
2 Vgl. BFH vom 29.11.1984 V B 44/84, BStBl. II 1985, 194; und BFH vom 21.1.1982 VIII B 94/79, BStBl. II 1982, 307, wonach die **alsbaldige Erstattung** einer Steuer den **Vollstreckungsaufschub** (BFH V B 44/84) bzw. die **Stundung** (BFH VIII B 94/79) einer **geschuldeten Steuer begründen** kann.

Einstweilige Einstellung

Dass der Vollstreckungsschuldner seine **Notlage selbst verschuldet** hat, schließt die Anwendung des § 258 AO nicht aus[1]. Eine der Erlasswürdigkeit vergleichbare Voraussetzung kennt § 258 AO nicht.

1794

Innerhalb des § 258 AO geht es um die **Billigkeit** der **Vollstreckung**. Folglich hat die Billigkeit einen anderen Inhalt als bei der **Stundung**, dem **Erlass**[2] oder der **Aussetzung der Vollziehung**. Auch wenn die Aussetzung der Vollziehung abgelehnt wird, weil die Vollziehung keine unbillige Härte beinhaltet, können Vollstreckungsmaßnahmen dennoch unbillig sein, so dass ein Vollstreckungsaufschub nach § 258 AO geboten ist. Aussetzungsantrag und Antrag nach § 258 AO können auch im Klageverfahren parallel verfolgt werden[3].

1795

Im Fall der Unbilligkeit kann die Vollstreckung **eingestellt, beschränkt** oder können **einzelne Vollstreckungsmaßnahmen aufgehoben** werden (vgl. § 258 AO).

1796

Sind einzelne Vollstreckungshandlungen unbillig, andere nicht, kann ein **Auswechseln** weiterhelfen. Es kann im Einzelfall zur erwünschten Entlastung führen, wenn etwa gepfändete Kundenforderungen oder Bankkonten freigegeben werden und statt dessen zB Immobilien belastet werden. Dieser Austausch vollzieht sich gelegentlich in Form der Sicherheitsleistung. Beispiel: Das Finanzamt ist bereit, anstelle gepfändeter Kundenforderungen eine Zwangssicherungshypothek einzutragen. Zumindest aus Gründen der Optik kann es sich auch empfehlen, dem Finanzamt die freiwillige Einräumung einer Grundschuld anzutragen oder eine bestehende oder geschaffene Eigentümergrundschuld an das Finanzamt abzutreten.

1797

Neben der Aufhebung konkreter, bereits ergriffener Vollstreckungsmaßnahmen kommt nach § 258 AO die **einstweilige Einstellung** der **Vollstreckung** in Betracht, dh. die Verwaltung sieht von Vollstreckungsmaßnahmen jeder Art – vorübergehend – für die Zukunft ab. Durchgeführte Vollstreckungsmaßnahmen werden dadurch nicht berührt; ihre Aufhebung müsste zusätzlich angeordnet werden (§ 257 Abs. 2 Satz 3 AO). Ferner ist die einstweilige Beschränkung der Vollstreckung in der Weise möglich, dass nur wegen eines Teils der Forderung voll-

1798

---

[1] KRUSE in Tipke/Kruse, § 258 AO Rz. 5 (Juli 2003).
[2] Die **Unbilligkeit** der **Zwangsvollstreckung** ist im Verhältnis zur **Unbilligkeit** eines **Erlasses** ein **Weniger** (KRUSE in Tipke/Kruse, § 258 AO Rz. 5 (Juli 2003).
[3] Vgl. BFH VII R 43/69 vom 3.11.1970, BStBl. II 1971, 114.

Sicherheitsleistung

streckt wird oder dass bestimmte Vermögensteile von der Vollstreckung ausgenommen werden[1].

1799 Ein Vollstreckungsaufschub kann auch gegen **Sicherheitsleistung** ausgesprochen werden. Dies ist zwar gesetzlich nicht geregelt, kann jedoch ohne Zwang in die Möglichkeit eingebettet werden, die § 258 AO einräumt. So können Vollstreckungsstellen Sicherheiten annehmen, wenn zugleich Ratenzahlung vereinbart wird. Werden die Raten pünktlich erbracht, kann auf die Verwertung der Sicherheit verzichtet werden.

1800 Ein Vollstreckungsaufschub muss **nicht** notwendig **schriftlich** ausgesprochen werden. Ein **mündlicher** oder **stillschweigender Aufschub** ist denkbar. Oft wird der nicht schriftliche Weg gewählt, um zu prüfen, ob der Vollstreckungsschuldner bestimmte Zusagen einhält. Zahlt er zB Raten über eine gewisse Zeit hin pünktlich, so kann sich der schriftliche Aufschub anschließen.

1801 Für die Vollstreckungsstelle gibt es **keine Zuständigkeitsgrenzen**. Anders als bei der Stundung und anders als bei dem Erlass (s. Tz. 1887) kann das Finanzamt den Vollstreckungsaufschub für Klein- und Millionenbeträge aussprechen.

1802 Die lang umstrittene Frage der **Wirkung** eines **gewährten Vollstreckungsaufschubs** wurde durch den BFH geklärt[2]. Die Fälligkeit der Forderung wird nicht aufgeschoben. Säumniszuschläge fallen weiterhin an.

1803 In der Regel wird allerdings der **Erlass** der **Säumniszuschläge geboten** sein[3], denn die Erhebung von Säumniszuschlägen ist sachlich unbillig, wenn der Steuerpflichtige unfähig ist, seine Steuern pünktlich zu be-

---

[1] **Weitere Einzelheiten** in Abschn. 5–7 VollstrA.
[2] BFH vom 15.3.1979 IV R 174/78, BStBl. II 1979, 429; KRUSE in Tipke/Kruse, § 258 AO Rz. 15 (Juli 2003).
[3] KRUSE in Tipke/Kruse, § 258 AO Rz. 15 (Juli 2003) mwN. Vgl. auch Abschn. 7 Abs. 3 S. 3 VollstrA a.F.: „Von der Erhebung der **Säumniszuschläge** ist **abzusehen**, wenn feststeht, dass ihre Erhebung offensichtlich keinen Erfolg verspricht, weil der Vollstreckungsschuldner zweifelsfrei zahlungsunfähig und überschuldet ist, oder wenn bei Fälligkeit die Voraussetzungen für eine Stundung oder einen Erlass der Hauptschuld gegeben wären." 1996 wurde diese Anweisung aus fiskalischen Gründen gestrichen; die Aussage selbst ist auch heute noch zutreffend (Tipke/Kruse, aaO).

Säumniszuschläge

zahlen; die Zuschläge verfehlen hier ihren Zweck als Druckmittel[1]. Die Finanzverwaltung hat für solche Fälle eine Pflicht zum Erlass angeordnet[2].

Der Vollstreckungsaufschub **unterbricht** die **Zahlungsverjährung** (§ 231 Abs. 1 AO). Dies gilt jedoch nur bei bekanntgegebenem, nicht bei stillschweigendem Vollstreckungsaufschub[3]. 1804

Zu erlassen ist in der Regel die **Hälfte** der Säumniszuschläge (Rückführung auf die Höhe der Stundungszinsen[4]). Ein voller Erlass kann jedoch auch gerechtfertigt sein. 1805

Lehnt das **Finanzamt** den **Vollstreckungsaufschub ab**, kann **Einspruch** eingelegt, anschließend Klage erhoben werden. Eine **Aussetzung der Vollziehung** kommt nicht in Betracht, weil die § 258 AO ablehnende Entscheidung nicht vollziehbar ist. Ein unmittelbar an das Finanzgericht gerichteter Antrag in Anlehnung an § 69 Abs. 3 FGO ist unzulässig. Es ist stets das Finanzamt anzurufen. Daneben besteht allenfalls die Möglichkeit des **Antrags** auf Erlass einer **einstweiligen Anordnung**, um sich vorläufig vor zu erwartenden Vollstreckungsmaßnahmen zu schützen (vgl. Tz. 1709 ff., 1836 ff.). 1806

§ 297 AO kennt die zeitweilige **Aussetzung** der **Verwertung gepfändeter Sachen**, wenn die alsbaldige Verwertung unbillig wäre. Hierbei handelt es sich um eine konkretisierte Form des Vollstreckungsaufschubs. 1807

Praxishinweis: Der Antrag auf Vollstreckungsaufschub ist ein zentrales Rechtsmittel des Vollstreckungsschuldners bzw. des möglichen Vollstreckungsschuldners. Auch wenn der Erfolg unsicher und ungewiss ist, so zwingt der Antrag die Vollstreckungsstelle zur Überprüfung der Billigkeit der Vollstreckung. Regelmäßig ist der Antrag auch das verfahrensmäßige Mittel, um mit der Vollstreckungsstelle „ins Gespräch" zu kommen. 1808

Der Antrag auf Vollstreckungsaufschub kann bereits mit den **vorrangigen Anträgen** auf Aussetzung der Vollziehung und auf Stundung ver- 1809

---

1 Vgl. BFH vom 8.3.1984 I R 44/80, BStBl. II 1984, 415; vom 23.5.1985 V R 124/79, BStBl. II 1985, 489.
2 AnwErl. zur AO zu § 240 Nr. 5 – dies im Gegensatz zur Änderung der VollstrA. Vgl. KRUSE in Tipke/Kruse, § 258 AO Rz. 15 (Juli 2003) mwN.
3 KRUSE in Tipke/Kruse, § 231 AO Rz. 10 (Sept. 2009).
4 BFH vom 22.6.1990 III R 150/85, BStBl. II 1991, 864; vom 16.7.1997 XI R 32/96, BStBl. II 1998, 7; AnwErl zur AO zu § 240 Nr. 5.

Aufteilungsbescheid

bunden werden. Da ein Steuerbescheid vollstreckbar bleibt, solange die Aussetzung der Vollziehung, sei sie auch beantragt, tatsächlich nicht verfügt ist, ist die „**Antrags-Trias**": „Antrag auf Aussetzung der Vollziehung, hilfsweise Stundung, hilfsweise Vollstreckungsaufschub" eine empfehlenswerte Kombination.

3. Aufteilungsbescheid

1810 Die **Gesamtschuldner** aus einer **Einkommen-** oder (soweit sie erhoben wurde) **Vermögensteuerveranlagung** können jeweils beantragen, dass ihnen gegenüber die **Vollstreckung** auf den Betrag **beschränkt** wird, der auf die Einkünfte oder auf das Vermögen entfällt, die der Gesamtschuldner selbst bezogen hat oder das er besitzt. Vgl. hierzu §§ 268–280 AO.

1811 **Beispiel**: Bezieht die **Ehefrau** keine **Einkünfte**, hat nur der Ehemann Einkünfte, so kann die Ehefrau nach einer Einkommensteuerveranlagung beantragen, dass eine etwaige Vollstreckung sich nicht gegen sie richtet, weil wegen der fehlenden Einkünfte kein Teil der Steuern auf sie entfällt.

1812 **Beispiel**: Wird nach einer **Betriebs-** oder **Steuerfahndungsprüfung** festgestellt, dass aus dem Gewerbebetrieb des Ehemanns Steuern nachzuentrichten sind, hat die Ehefrau eigene Einkünfte, so kann sie ebenfalls den Aufteilungsantrag stellen. Er führt dazu, dass sie im Vollstreckungsfall nur für die Mehrbeträge einzustehen hat, die infolge der Progressionserhöhung auf ihre eigenen Einkünfte entfallen.

1813 Der **Antrag** kann **frühestens** nach Bekanntgabe des Leistungsgebots (vgl. Tz. 1748 ff.) gestellt werden (§ 269 Abs. 2 Satz 1 AO).

1814 **Nach** einer **Tilgung** der rückständigen **Steuern** ist der **Antrag nicht mehr zulässig** (§ 269 Abs. 2 Satz 2 AO). Daraus folgt: Hat der Gesamtschuldner, der nach einer Aufteilung keine Vollstreckung hätte dulden müssen, die Steuern gezahlt, so kann er nach Zahlung der Steuern nicht die Aufteilung mit dem Ziel beantragen, eine Erstattung der Steuern zu erhalten.

1815 Von Bedeutung für die Vollstreckungsschuldner ist § 278 Abs. 2 AO: „Werden einem Steuerschuldner von einer mit ihm zusammen veranlagten Person im oder nach dem Veranlagungszeitraum, für den noch Steuerrückstände bestehen, **unentgeltlich Vermögensgegenstände zugewendet**, so kann der Empfänger über den sich nach Abs. 1 erge-

Abrechnungsbescheid

benden Betrag hinaus **bis zur Höhe** des gemeinen **Werts** dieser **Zuwendung für die Steuer in Anspruch genommen** werden." Durch Schenkungen unter den Gesamtschuldnern kann mithin die Aufteilungsmöglichkeit nicht dolos ausgenutzt werden.

4. Abrechnungsbescheid

„Über Streitigkeiten, die die Verwirklichung" der Steueransprüche „betreffen, entscheidet die Finanzbehörde durch Verwaltungsakt" (§ 218 Abs. 2 Satz 1 AO). Dieser sog. **Abrechnungsbescheid** hat sich in der Praxis zu einem eigenständigen Abwehrmittel gegen Vollstreckungsmaßnahmen entwickelt. 1816

Der Abrechnungsbescheid ist zu trennen von der **Abrechnung über** die **festgesetzten Steuern**, die regelmäßig auf dem Steuerbescheid oder in einer Anlage zum Steuerbescheid vorgenommen wird. Diese Abrechnung stellt einen Verwaltungsakt dar, der eigenständig anfechtbar ist (mit dem Einspruch). Für die Änderung derartiger Abrechnungen gilt § 130 AO[1]. 1817

Oft ist in hohem Maße **unklar, welche Steueransprüche** zur **Vollstreckung anstehen**. Die Vollstreckungsstellen arbeiten mit Rückstandsanzeigen der Rechenzentren, die eine Fülle von Informationen ausweisen, die nur EDV-geschulten Personen verständlich sind. Der Steuerbürger glaubt, die Steuern gezahlt zu haben, oder er ist der Ansicht, mit einem geringeren Betrag dem Finanzamt gegenüber in der Schuld zu stehen, als das Finanzamt durch die EDV-Auszüge nachweisen will. Der Antrag, einen Abrechnungsbescheid zu erteilen, zwingt das Finanzamt zu klaren Dokumentationen der Steuerschuld. 1818

Im Abrechnungsbescheid muss das Finanzamt **im Einzelnen darlegen, welche Steuern bestehen** und ob und in welcher Höhe sie erfüllt sind[2]. 1819

Die **EDV-Auszüge** der **Rechenzentren** sind **nicht** solche **Abrechnungsbescheide**. Es gibt Auszüge, die ausdrücklich den Vermerk tragen, dass es sich nicht um Abrechnungsbescheide handelt. Häufig mangelt es bereits an der Verständlichkeit, der Bestimmtheit und Klarheit, die für einen regelnden Verwaltungsakt erforderlich sind. 1820

---

1 Vgl. hierzu BFH vom 16.10.1986 VII R 159/83, BStBl. II 1987, 405; FG Rheinl.-Pfalz vom 11.12.1987 4 K 309/86, EFG 1988, 279.
2 Vgl. zu der Anforderung BFH vom 5.7.1988 VII R 142/84, BFH/NV 1990, 69.

Rechtsbehelfe

1821 Der **Antrag**, über Steuerschulden abzurechnen, **blockiert** nicht selten das **Vollstreckungsverfahren**. Zwar sollte man annehmen, dass zumindest die Vollstreckungsstelle den Informationen des finanzamtlichen Computers die Daten entnehmen kann, die für einen Abrechnungsbescheid erforderlich sind. Die Schwierigkeit der Finanzämter mit dem Erlass von Abrechnungsbescheiden zeigt jedoch, dass sie selbst vor ähnlichen Problemen stehen wie die Steuerbürger.

1822 Kann aber das **Finanzamt** selbst die zu vollstreckende **Steuerschuld nicht klar, eindeutig** und **verständlich belegen**, kann sie aus den ausgewiesenen Steuerforderungen sicher nicht vollstrecken. Der Vollstreckungsaufschub (Tz. 1789 ff.) ist angebracht.

1823 Erteilt das Finanzamt den Abrechnungsbescheid, ist der Steuerpflichtige damit nicht einverstanden, kann dieser mit dem **Einspruch** angefochten werden.

5. Nichtförmliche Rechtsbehelfe

1824 Nichtförmliche Rechtsbehelfe sind die **Gegenvorstellung** (Tz. 361 ff.), die **Sachaufsichtsbeschwerde** (Tz. 368 ff.) und die **Dienstaufsichtsbeschwerde** (Tz. 372 ff.).

1825 Diese **Rechtsbehelfe** spielen im Vollstreckungsverfahren eine **große Rolle**, ohne dass sich die Beteiligten bewusst sind, im Rahmen der vorstehend erwähnten Begriffe zu handeln. Gerade im Vollstreckungsfall ist es ratsam, sich durch persönliche Vorsprache mit den Vollstreckungsstellen in Verbindung zu setzen, ihre Maßnahmen in Frage und zur Erörterung zu stellen (vgl. Tz. 1859 ff.).

6. Förmliche Rechtsbehelfe

a. Einspruch und Antrag auf Aussetzung der Vollziehung

1826 Allgemeiner Rechtsbehelf ist der **Einspruch** (§ 347 AO; Tz. 405 ff.). Mit ihm kann insbesondere gerügt werden:

1827 Die **Unzulässigkeit** der Vollstreckungsmaßnahmen und der Vollstreckung selbst.

1828 Die Anordnung oder Nichtaufhebung der Vollstreckungsmaßnahme als **ermessensfehlerhaft**.

Rechtsbehelfe

Verstöße gegen Verfahrensvorschriften. 1829

Die Ablehnung des Antrags auf **Vollstreckungsaufschub.** 1830

Die Vollstreckungsstelle wendet sich regelmäßig mit einem **Bündel** von 1831
Verwaltungsakten im Vollstreckungsverfahren an den Steuerschuldner. **Jede** einzelne **Vollstreckungsmaßnahme** ist **angreifbar.** Mit der gleichen Vielfalt, mit der die Behörde gegen den Vollstreckungsschuldner vorgeht, kann dieser sich gegen die Vollstreckungsmaßnahmen wenden. Die unzähligen Vollstreckungs-Verwaltungsakte können mit der gleichen Zahl von Einsprüchen angegriffen werden.

Soweit es sich um vollziehbare Verwaltungsakte handelt, ist zugleich 1832
mit dem Einspruch **Antrag** auf **Aussetzung** der **Vollziehung** zu stellen (Tz. 1516 ff.).

Auch die **Aufforderung,** die **eidesstattliche Versicherung** vor dem Fi- 1833
nanzamt **abzugeben** (vgl. Tz. 1767), kann mit dem **Einspruch** angefochten werden. Dieser Einspruch hat zwingend **aufschiebende Wirkung** (§ 284 Abs. 6 AO)[1]. Die Abgabe der eidesstattlichen Versicherung kann in diesem Fall erst nach Rechtskraft der Anordnung durchgesetzt werden. Auch die gegen die ablehnende Einspruchsentscheidung eingelegte Klage und ggf. die anschließende Nichtzulassungsbeschwerde und Revision behalten die aufschiebende Wirkung. Ein zusätzlicher Antrag auf Aussetzung der Vollziehung ist nicht erforderlich.

Soweit im Vollstreckungsverfahren mündliche Verwaltungsakte erge- 1834
hen, ist zu prüfen, ob **Antrag** auf **schriftliche Ausfertigung** zu stellen ist (vgl. Tz. 392 ff.).

Nach der **Beendigung** der **Vollstreckung** oder einzelner Vollstre- 1835
ckungsmaßnahmen erledigt sich der entsprechende Verwaltungsakt. Außergerichtliche Rechtsbehelfe werden unzulässig. Eine **gerichtliche Überprüfung** bleibt indessen möglich, wenn ein besonderes Feststellungsinteresse besteht, zB weil Schadensersatz geltend gemacht werden soll. Klagearten: Feststellungsklage (§ 41 FGO) oder, bei Beendigung der Vollstreckung während einer bereits anhängigen Klage, Fortsetzungsfeststellungsklage (§ 100 Abs. 1 Satz 4 FGO).

---

1 Vgl. BFH vom 11.12.1984 VI B 41/84, BStBl. II 1985, 197. In krassen Einzelfällen kann allerdings ein Verlust der aufschiebenden Wirkung drohen (vgl. BFH vom 10.10.1989 VII R 44/89, BStBl. II 1990, 146; vom 10.10.1989 VII R 45/89, BFH/NV 1990, 277). S. zu diesem Problem auch KRUSE in Tipke/Kruse, § 284 AO Rz. 18 (Aug. 2006)).

Einstweilige Anordnung

b. Einstweilige Anordnung durch das Finanzgericht (§ 114 FGO)

1836 Zu dem **„verkümmerten"** Rechtsinstrument der einstweiligen Anordnung s. **allgemein** Tz. 1709 ff.

1837 Im Vollstreckungsverfahren ist die einstweilige Anordnung der **letzte Rettungsanker**, mit dem sich der Vollstreckungsschuldner vor einer existenzvernichtenden oder existenzgefährdenden Vollstreckung wehren kann.

1838 Die **Erfolgsaussichten** sind **kaum kalkulierbar**. Wenn überhaupt mit Wahrscheinlichkeiten gerechnet werden kann, so ist eher davon auszugehen, dass der Antrag auf einstweilige Anordnung gegen Vollstreckungsmaßnahmen abgewiesen wird.

1839 „Als **Anordnungsgrund** für eine einstweilige Anordnung **genügt nicht** die **Darlegung** von **Vollstreckungsnachteilen**, mit denen **jemand rechnen** muss, der seine **Steuern nicht rechtzeitig zahlt** und die Finanzbehörden daher zur Vollstreckung nötigt. Die Wahrnehmung der Pflicht der Behörde, Steueransprüche im Zwangswege durchzusetzen, ist nicht schon deshalb ein eine einstweilige Anordnung rechtfertigender Nachteil, weil sie zu einer erheblichen wirtschaftlichen Beeinträchtigung des Steuerschuldners führt"[1]. Dies kann als Grundtendenz der Rechtsprechung angenommen werden.

1840 „Eine **einstweilige Anordnung** ... kann allenfalls dann **gewährt** werden, wenn den Darlegungen des Antragstellers zu entnehmen ist, dass nur eine **vorläufige Maßnahme** in Bezug auf die Einstellung der Vollstreckung begehrt wird, und wenn Gründe vorgebracht werden, die eine **Unbilligkeit schlüssig** ergeben"[2]. Diese Bedingungen sind jedoch nur im Ausnahmefall erfüllt.

1841 Im Übrigen steht der **Zulässigkeit** der einstweiligen Anordnung bei abgelehntem Vollstreckungsaufschub **nicht entgegen**, dass eine **Aussetzung** der **Vollziehung** des Bescheids **noch erreicht** werden kann. § 114 Abs. 5 FGO greift nicht ein, da mit der einstweiligen Anordnung, die vor übereilter Vollstreckung schützen soll, nicht die Überprüfung der Steuerbescheide angestrebt wird. Die Rechtsschutzziele sind unterschiedlich[3]. Diese Problematik stellt sich stets dann, wenn die endgülti-

---

1 So Leitsatz von BFH vom 25.6.1985 VII B 54, 62/84, BFH/NV 1986, 138.
2 Vgl. BFH vom 16.7.1985 VII B 72/84, BFH/NV 1986, 139.
3 So bereits FG Düsseldorf vom 12.1.1979 IV 447/78, EFG 1979, 162; RAINER, KÖSDI 1983, 5075.

Die Zulässigkeit der einstweiligen Anordnung ist auch unter dem Gesichtspunkt des § 114 Abs. 5 FGO nicht zweifelhaft, wenn die **Aussetzung** der **Vollziehung rechtskräftig abgelehnt** wurde[1]. 1842

Bei bereits **vollzogenen Vollstreckungsmaßnahmen** kommt hingegen **§ 114 FGO nicht** zum Zuge. Diese Maßnahmen sind anfechtbar; Aussetzung und Aufhebung der Vollziehung ist möglich, so dass § 114 Abs. 5 FGO eingreift. 1843

Wird nicht die fehlende Rechtmäßigkeit der ergriffenen Vollstreckungsmaßnahme gerügt, sondern wird das Begehren auf Aufhebung der Maßnahme aus **Billigkeitsgründen** gestützt, kann uE § 114 FGO angewandt werden. 1844

Zur **Aussetzung** der **Verwertung** nach § 297 AO s. Tz. 1807. Wird die Aussetzung verwehrt, ist vorläufiger Rechtsschutz regelmäßig nur nach § 114 FGO möglich. 1845

Beratungsempfehlung: Ist der Abwehrstreit gegen Vollstreckungsmaßnahmen an dem Punkt angelangt, bei dem schlechthin jede Maßnahme ergriffen werden muss, die eine Chance zur Abwehr der Vollstreckung bietet, muss auch der Weg des § 114 FGO beschritten werden. Es handelt sich um eine Maßnahme der ultima ratio. Jeder Berater sollte allerdings den Mandanten auf die geringen Erfolgsaussichten hinweisen. **Muster** s. Anlage 5. 1846

c. Drittwiderspruchsklage

Durch die Vollstreckung kann auch ein **Dritter betroffen** werden, insbesondere wenn er vermeintlich für den Vollstreckungsschuldner gehalten wird oder wenn in seine Sachen vollstreckt wird, die sich beim Vollstreckungsschuldner befinden. Das Gleiche gilt zB, wenn eine Forderung gepfändet wird, die bereits an einen Dritten abgetreten war. 1847

Der betroffene Dritte kann gegen die Vollstreckungsmaßnahme mit dem steuerlichen **Einspruch** vorgehen (Tz. 1826 ff.), aber in Anwendung der zivilprozessualen Vorschriften auch die sog. **Drittwiderspruchsklage (§ 771 ZPO)** gegen die Finanzverwaltung erheben. In der **Praxis** trifft man fast ausschließlich den Einspruch an. Typisches 1848

---

1 RAINER, KöSDI 1983, 5075.

Immobilien-Zwangsvollstreckung

Beispiel: Bei dem Vollstreckungsschuldner wird ein Pkw gepfändet. Eine Bank weist nach, dass ihr der Pkw zum Zweck der Finanzierung sicherungsübereignet war. Der Nachweis führt regelmäßig zur Aufhebung der Pfändung (evtl. wird der zukünftige Herausgabeanspruch gegen die Bank gepfändet). Sträubt sich das Finanzamt, sollten Bank oder Vollstreckungsschuldner Einspruch einlegen oder die Drittwiderspruchsklage erheben.

1849 Eine **Vollstreckungsgegenklage** gemäß **§ 767 ZPO** ist hingegen im steuerlichen Beitreibungsverfahren nicht gegeben; ebenfalls scheidet eine **einstweilige Anordnung** nach **§ 769 ZPO** aus[1].

d. Immobilien-Zwangsvollstreckung

1850 Kommt es zur **Versteigerung** von **Grundstücken**, ist ein Vollstreckungsschutz nach §§ 30a–f ZVG möglich. Hiernach ist das Verfahren einstweilen auf die Dauer von höchstens sechs Monaten einzustellen, wenn Aussicht besteht, dass durch die Einstellung die Versteigerung vermieden wird, und (1) die Nichterfüllung der Steuerforderung auf Umständen beruht, die in den allgemeinen wirtschaftlichen Verhältnissen begründet sind und die abzuwenden der Schuldner nicht in der Lage war. Es entscheidet das Vollstreckungsgericht.

7. Schadensersatz

1851 **Fehlerhafte Entscheidungen** im Vollstreckungsverfahren können **Schadensersatzansprüche** nach Amtshaftungsrecht auslösen[2].

III. Beratungshinweise

1. Der Mandant im Vollstreckungsfall

1852 Wird gegen den Mandanten vollstreckt, liegt für ihn häufig eine **psychische** und **finanzielle Extremsituation** vor. Kurzschlusshandlungen

---

1 Vgl. BFH vom 21.4.1971 VII B 106/69, BStBl. II 1971, 702.
2 Vgl. BGH vom 26.3.1973 III ZR 43/71, NJW 1973, 894, betr. einen Fall, in dem die Vollstreckungsmaßnahme in keinem angemessenen Verhältnis zum zu vollstreckenden Betrag stand. Instruktiv ferner BGH vom 29.4.1982 III ZR 163/80, StB 1983, 12: Missachtung von Schuldnerschutzbestimmungen kann einen Schadensersatzanspruch auslösen.

Beratungshinweise

sind möglich. Vom Steuerberater erwartet der Vollstreckungsschuldner eher Wege, die mit rechtswidriger List und Tücke vor dem Finanzamt schützen, als eine solide Beratung. Der Berater ist gefordert, hier mit Standfestigkeit eine klare und bestimmte Linie einzuhalten.

In die Diskussion werden **Vermögensübertragungen** auf **nahestehende Personen** gebracht, evtl. versehen mit planvollen Rückdatierungen. Die letzteren überschreiten idR die Grenzen der Legalität. Die Übertragungen sind im Hinblick auf die Anfechtungstatbestände des Anfechtungsgesetzes und der Insolvenzordnung bedenklich. Jeder Berater muss sich hier für bestimmte Maßstäbe entscheiden. Wir haben Bedenken gegen Pläne, die letztlich darauf hinauslaufen, den Mandanten in das Insolvenzrisiko zu führen (verbunden mit der Hoffnung, er werde später seinen Unterhalt beim Ehepartner oder sonstigen Angehörigen finden). Die Beratung sollte grundsätzlich zum Ziel haben, den **Vollstreckungsschuldner selbst** wieder **auf eigene Beine** zu stellen. 1853

Daraus folgt: **Ziel** ist es, eine **rechtskräftig festgestellte Steuerschuld** letztendlich zu **bezahlen**. Die steuerliche Auseinandersetzung muss sich auf die Modalitäten der Zahlung konzentrieren. 1854

In der Auseinandersetzung mit dem Finanzamt ist zu berücksichtigen, dass das Finanzamt ein **hervorragend informierter Gläubiger** ist. Im Hinblick auf die Steuerakten verfügt er über ein breites Wissen über das Vermögen des Schuldners. Das Finanzamt kann in kurzer Zeit vollstrecken. Die bürokratischen Hindernisse können auf Null zusammenschrumpfen. 1855

Auf der anderen Seite ist das Finanzamt bei richtigem Umgang (vgl. Tz. 1859 ff.) ein **Gläubiger**, der häufig dem **Privatgläubiger vorzuziehen** ist. Steuerschulden sind bezahlbar, wenn guter Wille vorhanden ist. 1856

Gerade **Ehepartner** stehen in der Versuchung, das **Vermögen** nach der Maßgabe **aufzuteilen**, dass die positiven Werte des Vermögens bei einem Ehepartner, die Schulden, insbesondere die Steuerschulden, bei dem anderen Ehepartner konzentriert werden. Eine solche Vermögensverteilung versagt häufig gegenüber dem Finanzamt. Trotz der Möglichkeit der Aufteilung von vollstreckbaren Steuerschulden (Tz. 1810 ff.) hat es das Finanzamt oft in der Hand, auch gegen den Ehepartner vorzugehen, der Inhaber des Vermögens ist. Er kann in Haftung genommen werden (Beispiel: Hinterzieherhaftung nach einem Steuerfahndungsverfahren). § 278 Abs. 2 AO kann eingreifen. 1857

Umgang mit Vollstreckungsstellen

1858 Mandanten, die diese „Vermögenstrennung" anstreben, sollten mit großem Nachdruck darauf aufmerksam gemacht werden, dass trotz aller rechtlichen Trennungsmöglichkeiten die **Ehepartner** letztlich dem **Finanzamt gegenüber**, wenn auch nicht in allen Fällen rechtlich, regelmäßig jedoch wirtschaftlich **gesamtschuldnerisch** haften. Der eine Partner hat für die Steuerschulden des anderen einzustehen. Es ist keine optimale Beratung, deren Ziel die Insolvenz des einen und die Vermögensbewahrung des anderen Ehepartners ist. In solchen Fällen muss selbst das regelmäßig sorgsam gehütete, von den Mandanten bewohnte Einfamilienhaus als Sicherungsmittel für das Finanzamt – und zwar für die Steuerschuld beider Ehegatten – herhalten.

2. Über den Umgang mit Vollstreckungsstellen

1859 **Vollstreckungsstellen** sollen **ernstgenommen** werden. Es ist die Stelle des Finanzamts, die am schnellsten und schärfsten in das Vermögen des Steuerpflichtigen eingreifen kann. Diese Schnelligkeit und Zugriffskraft werden leider oft erst bemerkt, wenn die Vollstreckungsstelle „zuschlägt". Zum anderen ist die Vollstreckungsstelle aber auch von Gesetzes wegen mit der Möglichkeit ausgestattet, flexibel zu reagieren und mit dem Steuerpflichtigen Zahlungsvereinbarungen zu treffen, die die Möglichkeit der Stundung übersteigen. Wird die Vollstreckungsstelle richtig behandelt, ist das Finanzamt regelmäßig ein rücksichtsvoller Gläubiger.

1860 Das Finanzamt gehört zu den wenigen **Gläubigern**, die ihre **Forderungen selbst vollstrecken** können (daher die mögliche Schnelligkeit). Die Vollstreckungsstelle ist aber besetzt mit **Beamten**, die in **fremdem Interesse** tätig werden und die durch Zuverlässigkeit, sichtbares Bemühen des Vollstreckungsschuldners und reibungslosen Ablauf zugunsten des Steuerpflichtigen motivierbar sind.

1861 Daraus folgen bestimmte **Empfehlungen**:

1862 Mit der Vollstreckungsstelle sollte bereits **Kontakt aufgenommen** werden, wenn man die **Beitreibung kommen sieht**, die Steuerschuld aber noch nicht „in Vollstreckung" ist. Es ist nicht gut, zu warten; wer auf das Finanzamt zugeht und guten Willen zeigt, hat im Vollstreckungsverfahren die bessere Ausgangsposition.

1863 **Schlecht**: Die Finanzkasse mahnt – keine Reaktion; Vollstreckungsstelle mahnt – keine Reaktion; Vollstreckungsstelle mahnt abermals – kei-

Vollstreckungsaufschub

ne Reaktion; Vollzieher erhält Vollstreckungsauftrag und will pfänden – jetzt auf einmal wird um Vollstreckungsaufschub gebeten.

Man sollte **nicht** die **Vollstreckungsstelle** zu **täuschen** versuchen. Die Vollstreckungsstelle hat alle Ermittlungsmöglichkeiten, die auch die Veranlagungsstellen haben (Tz. 1744 ff.). Sie kann auch bei Dritten, zB bei Banken, Auskünfte einholen. Die Täuschung kann zudem Steuerhinterziehung sein. 1864

Die Vollstreckungsstellen stehen in der **inneren Werthierarchie** des **Finanzamts** unter den Veranlagungsstellen. Das ist ein empfindlicher Punkt. Der Berater sollte daher nicht über die Köpfe der Vollstreckungsstelle hinweg nach dem Grundsatz handeln, wichtig sei nur der Veranlagungs-Sachbearbeiter und -Sachgebietsleiter. 1865

§ 258 AO – **Vollstreckungsaufschub** – setzt **weniger** voraus als § 222 AO – **Stundung** – (Tz. 1874 ff.); er ist regelmäßig leichter zu erreichen als eine Stundung. Das Finanzamt kann in beliebiger Höhe Vollstreckungsaufschub gewähren, ohne an die Zustimmung der Oberfinanzdirektion oder des Finanzministeriums gebunden zu sein; anders bei Stundung, wo die Zuständigkeit des Finanzamts begrenzt ist (Tz. 1887). Bei der Stundung werden regelmäßig allgemeine Gesichtspunkte berücksichtigt wie „wir dürfen in der Stundungspraxis nicht zu großzügig sein" oder „Umsatzsteuer darf nicht gestundet werden". Der Vollstreckungsaufschub ist in der Praxis durch derartige „übergeordnete Gesichtspunkte" nicht eingeschränkt. Hier können echte Einzelfallregelungen getroffen werden. Man sollte nicht mit Gewalt versuchen, eine Stundung zu erzwingen, wenn der Aufschub nach § 258 AO leichter zu erreichen ist. Hinweis allerdings auf die Problematik der Säumniszuschläge (Tz. 1802 f.). 1866

Vollstreckungsstellen sind geschaffen, um Geld einzutreiben. Jede Vollstreckungsstelle ist mit **Zahlungen** auf die Steuerschuld oder mit einer **Absicherung** der Steuerschuld **freundlich** zu **stimmen**. Daher sind drei Dinge die beste Einleitung für ein Gespräch über einen Vollstreckungsaufschub: 1867

– **Teilzahlung** zu **Beginn** (erst zur Bank, mit Quittung zur Vollstreckungsstelle);
– **Sicherheitsleistung**;
– Bitte um **kurzfristigen Aufschub** (4–6 Monate) mit der Abrede anschließender Neuverhandlung.

Ratenzahlung

1868 Zur **Sicherheitsleistung**: Die Vollstreckungsstelle bevorzugt die Abtretung einer **Grundschuld**. Die Grundschuld sollte als Eigentümergrundschuld eingetragen und dann an das Finanzamt abgetreten werden; anderenfalls kommt das Finanzamt ins Grundbuch. Als weitere mögliche Sicherungsmittel kommen **Forderungszessionen** und **Sicherungsübereignungen** in Betracht. Zur Zession: Sie sollte als „stille Zession" mit der Maßgabe vereinbart werden, dass sie erst nach Ankündigung durch das Finanzamt dem Schuldner gegenüber aufgedeckt wird. Auch zukünftige Forderungen können abgetreten werden. Das Finanzamt prüft nicht in dem Maße die Bonität einer Forderung wie eine Bank. Die Vollstreckungsstelle akzeptiert oft auch zweifelhafte Forderungen, um der Regel formell Genüge zu tun. Vereinzelt lässt sich die Vollstreckungsstelle auch eine **Bürgschaft** als Sicherheit geben. Aus den letztgenannten Sicherheiten (Zession und Bürgschaft) kann sich das Finanzamt nicht selbst durch einen Bescheid befriedigen, falls Schuldner und Bürge nicht zahlen. Das Finanzamt muss dann vor den ordentlichen Gerichten klagen; hierzu entschließt es sich nur ungern. Mit einem Zivilprozess ist nicht sicher zu rechnen.

1869 Ist ein **Vollstreckungsaufschub gewährt**, so sollten die **Auflagen** oder **Raten peinlich genau** eingehalten werden. Für jede Neuverhandlung wird zum eigenständigen Argument, dass sich der Vollstreckungsschuldner als „zuverlässig" erwiesen hat. Läuft ein Vollstreckungsaufschub auf diese Weise „reibungslos", ist für eine Verlängerung ohne großen Begründungsaufwand viel getan. Hieraus lässt sich ein – offen vortragbares – Argument für die Bemessung der Raten ziehen: Die Raten werden niedrig angesetzt, damit der Vollstreckungsschuldner sie auf jeden Fall einhalten kann.

1870 Kann eine **vereinbarte Rate nicht erbracht** werden, sollte man vor dem Fälligkeitstermin bei der Vollstreckungsstelle vorsprechen und um eine Änderung des Vollstreckungsaufschubs bitten. Es sollte nicht abgewartet werden, ob das Finanzamt etwas merkt, bis das Finanzamt selbst an den Schuldner herantritt.

1871 Nach Möglichkeit die **laufenden Steuern beihalten**. Man bringt jeden Vollstreckungsbeamten gegen sich auf, wenn der Schuldenberg wächst. Falls die laufenden Steuern nicht gezahlt werden können, sollte man sofort mit der Vollstreckungsstelle Kontakt aufnehmen. Laufende Umsatzsteuer und Lohnsteuer sollten auf jeden Fall erklärt und angemeldet werden. Dies auch aus einem steuerstrafrechtlichen Aspekt: Die Nichterklärung bzw. Nichtanmeldung erfüllt den Tatbestand der Steu-

Stundung und Erlass

erhinterziehung. Erklärung bzw. Anmeldung ohne Zahlung kann nur bei der Lohnsteuer eine Ordnungswidrigkeit sein.

Sollte es zur **Konfrontation** kommen, müssen alle Vollstreckungsmaßnahmen, insbesondere die des Außendienstes (zB Sachpfändungen), sorgfältig auf ihre Zulässigkeit und Wirksamkeit geprüft werden. Es sind mehr Vollstreckungsmaßnahmen in der Praxis nichtig oder anfechtbar, als von den Vollstreckungsschuldnern gerügt werden. Man kann in der Praxis eine geradezu erstaunliche Ehrfurcht vor Vollstreckungsentscheidungen der Finanzämter feststellen. Sowohl die Beamten des Innendienstes als auch die Vollziehungsbeamten sind gelernte Steuerleute und keine Fachleute des Vollstreckungsrechts wie etwa Gerichtsvollzieher. 1872

B. Der Streit im Steuerfahndungsverfahren

Zum Rechtsschutz in der Steuerfahndung s. STRECK/SPATSCHEK, Steuerfahndung. Zu den Rechtsmitteln und Rechtsbehelfen nach der Abgabenordnung und der Strafprozessordnung s. in diesem Beratungsbuch. In der „Steuerfahndung" werden auch die Mittel des Rechtsschutzes bei Hausdurchsuchungen und bei Beschlagnahmehandlungen sowie bei Durchsuchungen und Beschlagnahmen bei Beratern behandelt. 1873

C. Stundung und Erlass

Die Finanzbehörden können Steuern **stunden** (§ 222 AO). 1874

Während der Stundung fallen **Stundungszinsen** an (§ 234 AO). 1875

Zinshöhe: 6 %. 1876

Auf den Ansatz der Stundungszinsen kann verzichtet werden, wenn ihre Erhebung **unbillig** ist (§ 234 Abs. 2 AO). Das hierzu zu den Aussetzungszinsen in Tz. 1648 Gesagte gilt entsprechend. 1877

Stundungszinsen sind steuerlich nur dann **abzugsfähig**, wenn auch die Steuer selbst abzugsfähig ist (zB USt, LSt, GewSt). 1878

Bereits bei der **Steuerfestsetzung** können **Billigkeitsentscheidungen** getroffen werden (§ 163 AO). 1879

Vom Erlass zu trennen ist die sog. **Niederschlagung**. Steuern können niedergeschlagen werden, wenn feststeht, dass die Einziehung keinen 1880

Stundung und Erlass

Erfolg haben wird oder wenn die Kosten der Einziehung außer Verhältnis zu dem Betrag stehen (§ 261 AO). Die Niederschlagung führt nicht zu einem Erlass aus Billigkeitsgründen, sondern ist eine behördeninterne Entscheidung über die Nicht-Fortsetzung der Beitreibung.

1881 Die **Billigkeitsmaßnahmen** – insbesondere Stundung und Erlass – haben in einem Beratungsbuch zum Steuerstreit nur **nachrangige Bedeutung**. Es gibt **kein zweckgerechtes Instrumentarium** der **Auseinandersetzung**, mit dem erfolgreich eine Stundung oder ein Erlass erstritten werden kann. Der Steuerpflichtige ist hier regelmäßig der Bittende, wenn nicht gar der Bettelnde.

1882 Die **Ablehnung** der Stundung, die Ablehnung des Erlasses können mit dem **Einspruch**, die ablehnende Einspruchsentscheidung kann mit der **Klage** angefochten werden. Formell ist der Rechtsschutz gesichert. Der Tatbestand der Billigkeit ist jedoch so weitläufig, in der Grenzziehung so unscharf, dass die rechtliche Auseinandersetzung nicht kalkulierbar ist; sie ähnelt einem Glücksspiel.

1883 Hinzu kommt eine außerordentlich **enge Stundungs- und Erlasspraxis** der **Finanzämter**. Die stereotype Ablehnung eines Erlass- oder Stundungsantrags ist die Regel. Dass die Billigkeit einen Erlass oder eine Stundung gebieten kann, ist dem Finanzamt oft fremd. Steuern sind grundsätzlich bei Fälligkeit zu zahlen. „Wo käme man hin, wenn bereits die Unbilligkeit genügen würde, einen Erlass oder eine Stundung auszusprechen"; dieser Gedanke bestimmt spürbar viele Schreiben der Finanzämter.

1884 Dem entspricht die **Verwendung** von **floskelhaften, durchaus sich widersprechenden Begründungselementen**; die Ablehnung wird zum Teil Schreibautomaten überlassen. Mit großen Worten wird der Bürger über die Billigkeit belehrt. Sodann muss er darlegen und glaubhaft machen, dass er alle eigenen Möglichkeiten ausgeschöpft hat. Ggf. muss er Kredite in Anspruch nehmen. Ist ihm dies nicht möglich, mag eine Stundung in Frage kommen. Auf welche Weise der Steuerbürger, der keine Kreditmöglichkeiten mehr hat, sodann noch von ihm geforderte Sicherheiten soll stellen können, wird kaum noch reflektiert. Stundungs- und Erlassanträge werden mit der Aufforderung beantwortet, in umfangreicher Weise die **eigenen finanziellen Verhältnisse darzulegen**. Das Finanzamt fordert einen Vermögensstatus, einen Liquiditätsstatus. Nicht selten vollstreckt das Finanzamt gerade in der Zeit, die unbedingt erforderlich ist, um die angeforderten Informationen und Belege zusammenzutragen. Auch drängt sich nicht selten der Gedanke

Zuständigkeiten

auf, dass ein Steuerpflichtiger, der mit Hilfe von Beratern all die Unterlagen, Vermögensübersichten, Bilanzen usw. soll erstellen können, die das Finanzamt fordert, kaum erlass- oder stundungswürdig sein wird.

Billigkeit erfordert eine **Beurteilung** des **Einzelfalls**. Also sollte erwartet werden, dass sich die Finanzämter intensiv mit dem individuellen Einzelfall des Steuerpflichtigen befassen. Das Gegenteil ist der Fall. Mit allgemeinen Begründungsphrasen wird der Einzelvortrag übergangen. Selbst wenn die Anforderung von Einzelinformationen vom Steuerpflichtigen erfüllt wird, folgen weitere Anforderungen, so als bezweckten die Anforderungen nicht die Detailermittlung, sondern die Abwehr des Antrags. Ist der Antrag wirklich individuell begründet, beginnt der Rückzug in die Allgemeinplätze, wonach Steuern regelmäßig zu zahlen, eben nicht zu erlassen oder zu stunden seien. 1885

Soweit **Stundungs-** und **Erlassstellen** bei den Finanzämtern eingerichtet sind, haben diese nach meiner Erfahrung die vorbeschriebene Tendenz verstärkt. Dort, wo Erlass- und Stundungsanträge gebündelt anfallen, ist naturgemäß die Gefahr größer, mit allgemein gehaltenen Argumenten zu antworten. Auch steht die Erlass- und Stundungsstelle der Überlegung näher, wonach jede Entscheidung im Einzelfall Präzedenzwirkung haben kann. Wenn diese Stelle im Fall A erlässt, muss sie vielleicht auch im Fall B erlassen, was sicher dazu führt, dass man im Fall A weniger geneigt ist, zu erlassen. 1886

Für die Stundungs- und Erlassmöglichkeit gelten innerhalb der Finanzverwaltung **feste Zuständigkeitsgrenzen**[1]. Das Finanzamt kann nicht jede Stundung, nicht jeden Erlass aussprechen. Ggf. muss die Oberfinanzdirektion oder müssen die Ministerien eingeschaltet werden. Auch dies erschwert das Erreichen des angestrebten Ziels. Mit dem Vollstreckungsaufschub kann das Finanzamt sehr viel flexibler reagieren (s. Tz. 1789 ff.). Oft ist es sinnvoller, direkt den Vollstreckungsaufschub zu beantragen, als das mühevolle Stundungsverfahren in Gang zu setzen. 1887

Diesen „Ist-Zustand" sollte der **Berater bedenken**, wenn er die Antragsmöglichkeiten des § 222 und des § 227 AO einsetzt. 1888

Es kann mit seinem Antrag durchaus Erfolg haben, evtl. bereits bei den Finanzbehörden, möglicherweise auch anlässlich der gerichtlichen Überprüfung. Er benötigt hierfür **Zeit** und **Ruhe**. Ein solches Verfahren 1889

---

1 Vgl. zu diesen Grenzen die gleichlautenden Erlasse der Finanzverwaltung vom 15.4.2008 (BStBl. I 2008, 534) und vom 28.7.2003 (BStBl. I 2003, 401).

Verwaltungsbehörden und -gerichte

ist sicher dann keine Hilfe, wenn die Vollstreckungsstelle im Begriff steht, zu vollstrecken oder bereits die Vollstreckung durchführt.

1890 Die beantragte Stundung, der beantragte Erlass können auch bereits deshalb sinnvoll sein, um dem Steuerbürger **alle Möglichkeiten finanzamtlicher Entscheidungen** zu eröffnen. So kann es sinnvoll sein, bei der Anfechtung eines Steuerbescheids den Antrag auf Aussetzung der Vollziehung hilfsweise mit einem Stundungsantrag, abermals hilfsweise mit einem Antrag auf Vollstreckungsaufschub zu verbinden.

1891 Die Antragsverfahren können auch Teil einer **Gesamtstrategie** sein (vgl. Tz. 38 ff.).

D. Hinweise zu sonstigen Rechtsbehelfen und Rechtsmitteln

I. Steuerstreitigkeiten vor den Verwaltungsbehörden und Verwaltungsgerichten

1. Widerspruch

1892 Der Widerspruch ist der **Einspruch** des **Verwaltungsverfahrens**. Er ist im verwaltungsgerichtlichen Verfahren ebenfalls ein notwendiges Vorverfahren vor dem Klageverfahren. In einigen Bundesländern ist des Widerspruchsverfahrens **abgeschafft**[1]. **Hier muss sofort das Verwaltungsgericht angerufen werden.**

1893 Geregelt ist der Widerspruch in **§§ 68 ff. VwGO** (auch § 79 des Verwaltungsverfahrensgesetzes [VwVfG] verweist insoweit auf die VwGO), für **Steuersachen ergänzt** von §§ 351, 361 Abs. 1 Satz 2 und Abs. 3 AO (§ 1 Abs. 2 Nr. 6 AO).

1894 Die Notwendigkeit eines Widerspruchs ergibt sich in der **Steuerberatungspraxis** nur selten. Typischer Anwendungsfall jedoch: Wird der Gewerbesteuerbescheid angegriffen, so geschieht dies durch den Widerspruch. Allerdings zeigt sich auch hier die Ausnahmesituation. Selbst in Gewerbesteuerstreitsachen wird regelmäßig im Verfahren um den Gewerbesteuermessbescheid gestritten. Der Gewerbesteuerbescheid selbst wird nur selten angefochten. Der Streit um den Gewerbesteuermessbescheid gehört jedoch vor die Finanzämter und Finanzgerichte. Haftungsbescheide und Hinterziehungszinsbescheide der

---

1 Bayern, Niedersachsen, NRW und Sachsen-Anhalt; vgl. OLGEMÖLLER, Stbg. 2009, 172.

Aussetzung der Vollziehung

Gemeinden sind allerdings Streitsachen, in welchen der Steuerberater das Widerspruchsverfahren führen muss.

Zur Frage der **Beratungsbefugnis** in Verwaltungsrechtssachen s. Tz. 71 und die Verweisung auf die VwGO.   1895

Im Übrigen **verweise** ich auf die gesetzliche Regelung der VwGO.   1896

2. Klage vor den Verwaltungsgerichten

Ist über einen Widerspruch, wenn er möglich ist, gegen einen Verwaltungsakt durch Widerspruchsbescheid entschieden, schließt sich das **Klageverfahren** vor den **Verwaltungsgerichten** an.   1897

Das Verfahren ist in der **Verwaltungsgerichtsordnung** (VwGO) im Einzelnen geregelt, auf die verwiesen wird.   1898

Zur **Beratungs-** und **Vertretungsbefugnis** vor den Verwaltungsgerichten s. Tz. 71 und die Verweisung auf die VwGO.   1899

3. Aussetzung der Vollziehung

Verwaltungsakte, die Steuern und öffentliche Abgaben anfordern und die nicht der Abgabenordnung unterliegen, sind wie Steuerbescheide **sofort vollziehbar**. Der Widerspruch führt **nicht** zur **aufschiebenden Wirkung** (§ 80 Abs. 2 VwGO).   1900

Nach Einlegung des Widerspruchs kann die **Widerspruchsbehörde** die **Vollziehung aussetzen** (§ 80 Abs. 4 Satz 1 VwG0).   1901

„Die Aussetzung soll bei öffentlichen Abgaben und Kosten erfolgen, wenn **ernstliche Zweifel** an der Rechtmäßigkeit des angegriffenen Verwaltungsaktes bestehen oder wenn die Vollziehung für den Abgaben- oder Kostenpflichtigen eine **unbillige**, nicht durch überwiegende öffentliche Interessen gebotene **Härte** zur Folge hätte" (§ 80 Abs. 4 Satz 3 VwGO).   1902

Die Aussetzung der Vollziehung kann von einer **Sicherheitsleistung** abhängig gemacht werden (§ 80 Abs. 4 Satz 2 VwGO).   1903

Aus der **Abgabenordnung** gilt §§ 351, 361 Abs. 1 Satz 2 und Abs. 3 AO (§ 1 Abs. 2 Nr. 6 AO), dh. die Regeln über die Bindungswirkung von **Grundlagen-** und **Folgebescheiden**.   1904

Verfassungsbeschwerde/EuGH

1905 Der Antrag auf Aussetzung der Vollziehung kann auch an das **Verwaltungsgericht** gestellt werden (§ 80 Abs. 5 VwGO).

1906 Das Aussetzungsverfahren **entspricht** dem Aussetzungsverfahren der **Abgabenordnung**. Auf die Tz. 1516 ff. kann wegen einiger Besonderheiten allerdings nur bedingt hingewiesen werden.

II. Streitigkeiten vor den ordentlichen Zivilgerichten

1907 Der **Schadensersatzanspruch** aufgrund einer **Amtspflichtverletzung** der Finanzbehörde (Art. 34 GG iVm. § 839 BGB) ist vor den ordentlichen Gerichten geltend zu machen.

1908 Außerdem sind die ordentlichen Gerichte in bestimmten Fällen für **Vollstreckungsverfahren** zuständig (vgl. Tz. 1842 ff.).

III. Verfassungsbeschwerde

1909 Das Verfahren der **Verfassungsbeschwerde** (Art. 93 Abs. 1 Nr. 4a GG) ist in §§ 90 ff. Bundesverfassungsgerichtsgesetz (BVerfGG) geregelt.

1910 Von Bedeutung für die Beratung: Für die Verfassungsbeschwerde ist eine **Vollmacht** erforderlich, die sich **ausdrücklich** auf die **Verfassungsbeschwerde** bezieht (§ 22 Abs. 2 BVerfGG).

1911 Im Übrigen wird auf das Gesetz **verwiesen**.

IV. Europäischer Gerichtshof

1912 Dem Europäischen Gerichtshof – **EuGH** – obliegt „die Wahrung des Rechts bei der Auslegung und Anwendung" des **Gemeinschaftsrechts**.

1913 Im Steuerstreit ist hier insbesondere das Vorlageverfahren nach Art. 234 EGV von Bedeutung. Nach dieser Vertragsbestimmung sind die Instanzgerichte der Mitgliedstaaten – hier also die Finanzgerichte – zur Vorlage an den EuGH berechtigt, die Obersten Gerichtshöfe – hier also der BFH – zur Vorlage verpflichtet, wenn eine Frage nach der richtigen Interpretation von Gemeinschaftsrecht für das Ausgangsverfahren entscheidungserheblich ist, nicht bereits Gegenstand der Ausdeutung durch den EuGH war und die zutreffende Auslegung der EG-Rechtsnorm zweifelhaft ist.

Zinsen und Kosten

Die Parteien des Ausgangsverfahrens – Steuerpflichtiger und Finanzamt – sind im Verfahren vor dem EuGH nicht Partei, sondern nur **Beteiligte**. 1914

Zwar herrscht in allen Verfahren vor dem EuGH **Anwaltszwang**. In Vorabentscheidungsverfahren können jedoch auch die Personen tätig werden, die vor dem vorlegenden einzelstaatlichen Gericht auftreten können. Bei BFH-Vorlagen können danach neben Rechtsanwälten auch **Steuerberater** und Wirtschaftsprüfer auftreten, bei Vorlagen der Finanzgerichte der klagende **Steuerpflichtige** selbst. 1915

Verfahrenssprache im Vorlageverfahren ist stets die Sprache des anrufenden nationalen Gerichts. 1916

E. Zinsen und Kosten des Steuerstreits

I. Zinsen

1. Aussetzungszinsen

Wir **verweisen** auf die Tz. 1638 ff. 1917

2. Erstattungszinsen

Hat ein Rechtsbehelf Erfolg und werden Steuern **erstattet**, so können auf Erstattungsbeträge nach § 236 AO **Zinsen** gezahlt werden. 1918

Allerdings gibt es Erstattungszinsen nur für das **Klageverfahren**. Ihr Lauf beginnt mit der Rechtshängigkeit. **Keine** Erstattungszinsen werden für die Dauer des **Einspruchsverfahrens** gezahlt. 1919

Höhe der Zinsen: 6 % (vgl. § 238 Abs. 1 AO). 1920

Zur **Berechnung** der Zinsen im Einzelnen Hinweis auf §§ 236, 238 AO. 1921

Die Prozesszinsen beziehen sich stets auf die **konkret streitigen Beträge**. Führt ein Klageverfahren dazu, dass auch für andere Veranlagungszeiträume Steuern erstattet werden, fallen dort nur Zinsen an, wenn die Steuern ebenfalls rechtshängig waren. 1922

Regt das Finanzamt im Einzelfall an, die Entscheidung über Einsprüche **auszusetzen**, bis die gerichtliche Entscheidung bzgl. eines Jahres vorliegt, so muss dies dann nicht günstig sein, wenn der Steuerpflichtige 1923

359

Verfahrenskosten

in allen Jahren mit Erstattungen rechnet. Hier kann es sinnvoll sein, dafür zu sorgen, dass **alle Jahre rechtshängig** werden.

1924 Erstattungszinsen haben im Übrigen nur dann eigenständige Bedeutung, soweit nicht Zinsen der **Vollverzinsung (§ 233a AO)** anfallen. Nach ihrer Einführung ist die Bedeutung von Erstattungszinsen zurückgetreten. Von Bedeutung ist § 236 AO in jedem Fall noch, in dem keine Zinsen nach § 233a AO anfallen, zB bei der Erbschaft- und Schenkungsteuer Zinsen nach § 233a AO sind auf Erstattungszinsen **anzurechnen** (§ 236 Abs. 4 AO).

1925 Nach § 239 Abs. 1 Nr. 4 AO beginnt bei Prozesszinsen die **Festsetzungsverjährung** mit Ablauf des Kalenderjahres, in dem die Steuer erstattet oder die Steuervergütung ausgezahlt worden ist. Obsiegt der Steuerpflichtige beim Finanzgericht und erstattet die Finanzverwaltung gezahlte strittige Steuern, obwohl sie selbst in die Revision geht, so kann das nun beginnende Revisionsverfahren den Berater dazu verführen, die Erstattungszinsen zu vergessen. Kommt es sodann nach zwei bis drei Jahren zur Entscheidung durch den BFH, ist möglicherweise die Festsetzung der Erstattungszinsen verjährt. Werden daher im Laufe eines FG-Verfahrens strittige Steuern erstattet, sollte **sofort** der **Antrag** auf Festsetzung der Erstattungszinsen gestellt werden, um die Auflaufhemmung nach § 171 Abs. 3 AO zu erreichen[1].

II. Verfahrenskosten

1. Einspruch

1926 Im Einspruchsverfahren fallen **Kosten** bei den Finanzbehörden **nicht** an. Hinweis auf Tz. 662 ff.

1927 Das Gleiche gilt für den **Antrag** auf **Aussetzung** der **Vollziehung**, soweit mit ihm die Finanzbehörden befasst sind; Tz. 1676.

2. Gerichte

1928 **Unterliegt** der **Steuerbürger** vor den Finanzgerichten ganz oder teilweise, so fallen ganz oder teilweise nach Maßgabe der **Kostenentscheidungen** des Gerichts Gerichtskosten an.

---

1 Vgl. STRECK, DStR 1991, 369, 373.

Kostenerstattung

Ist der Kläger oder Antragsteller mit den berechneten Gerichtskosten nicht einverstanden, so kann er hiergegen die **Erinnerung** nach § 66 GKG einlegen. 1929

Ist der angesetzte **Streitwert** nach Ansicht des Kostenschuldners unzutreffend, kann er an das Finanzgericht den Antrag stellen, den Streitwert festzusetzen, sofern er nicht durch das Gericht bereits festgesetzt ist. Vgl. §§ 61 ff. GKG. 1930

Gegen die Entscheidung des Finanzgerichts in Kosten- und Streitwertsachen ist die **Beschwerde** an den BFH **ausgeschlossen** (Tz. 1249). 1931

3. Prozesskostenhilfe

„Die **Vorschriften** der **Zivilprozessordnung** über die **Prozesskostenhilfe** gelten **sinngemäß**. Einem Beteiligten, dem Prozesskostenhilfe bewilligt worden ist, kann auch ein Steuerberater beigeordnet werden" (§ 142 FGO). 1932

Das Prozesskostenhilferecht wird hier im Übrigen **nicht dargestellt**. 1933

III. Beraterkosten

Das Honorar des **Rechtsanwalts** richtet sich nach dem Rechtsanwaltsvergütungsgesetz (RVG). 1934

Für die Steuerberater ist die **Steuerberatergebührenverordnung** einschlägig. 1935

Auf eine **Darstellung** im Einzelnen wird hier **verzichtet**. 1936

IV. Kostenerstattung

Soweit das Finanzamt nach der Entscheidung des Gerichts die Kosten zu tragen hat, kann der **Kläger** bzw. Antragsteller **beantragen**, dass der **Urkundsbeamte** des **Finanzgerichts** die zu erstattenden **Aufwendungen festsetzt** (§ 149 Abs. 1 FGO). 1937

Gegen die Festsetzung ist die **Erinnerung** an das Gericht gegeben (§ 149 Abs. 2 Sat 1 FGO). 1938

Die **Frist** für die Einlegung der Erinnerung beträgt zwei Wochen (§ 149 Abs. 2 Satz 2 FGO). 1939

Kostenerstattung

1940 **Antragsmuster** s. Anlage 8.

1941 Mit den **erstattungsfähigen Kosten** befasst sich § 139 FGO. Hiernach sind grundsätzlich die Kosten erstattungsfähig, die zur zweckentsprechenden Rechtsverfolgung notwendig sind; auf jeden Fall gehören hierzu die gesetzlichen Gebühren und Auslagen der Verfahrensbevollmächtigten (§ 139 Abs. 3 Satz 1, 2 FGO).

1942 Im Mittelpunkt der Kostenerstattung stehen die **Aufwendungen** für den **Berater**. Diese können jedoch nur bis zur Höhe der gesetzlich vorgesehenen Gebühren angesetzt werden (§ 139 Abs. 3 Satz 1, 2 FGO). Wurde mit dem Berater eine Honorarvereinbarung abgeschlossen, so kann folglich nicht das vereinbarte, sondern nur das gesetzliche Honorar angesetzt werden.

1943 Soweit ein **Vorverfahren** geschwebt hat, sind die Beratergebühren und -auslagen erstattungsfähig, wenn das Gericht die **Zuziehung** eines Bevollmächtigten für das Vorverfahren für **notwendig** erklärt hat (§ 139 Abs. 3 Satz 3 FGO). Mit dem Kostenfestsetzungsantrag sollte dieser Antrag gestellt werden. Nach meiner Erfahrung wird er regelmäßig positiv beschieden, weil die Gerichte davon ausgehen, dass angesichts der Kompliziertheit des Steuerrechts Steuerstreitverfahren nicht ohne Beraterhilfe zu führen sind. Während in der Regel die Beraterkosten im Einspruchsverfahren nicht erstattungsfähig sind, kann dies mithin der Fall sein, wenn sich ein Gerichtsverfahren anschließt.

1944 Das **Aussetzungsverfahren** nach § 69 FGO kennt kein Vorverfahren, dessen Kosten erstattet werden können.

1945 Der Kostenbeamte wird keinesfalls mehr Kosten festsetzen, als beantragt sind. Daraus folgt: Ist **zweifelhaft**, ob Kosten **erstattungsfähig** sind, sollten sie auf jeden Fall **angesetzt** werden. Eher sollte der Berater feststellen, dass sein Antrag begrenzt wurde, als lesen müssen, dass diese oder jene Aufwendung zwar erstattungsfähig sei, es jedoch an einem entsprechenden Antrag mangele.

1946 Die Aufwendungen sind nach §§ 155 FGO, 104 ZPO auf Antrag zu **verzinsen**. Der Zinssatz beträgt 5 Prozentpunkte über dem Basiszinssatz nach § 247 BGB. Der Zinslauf beginnt ab Antragstellung. Im Hinblick auf die Höhe der Verzinsung sollte jeder Kostenerstattungsantrag alsbald, bei einem gewonnenen FG-Prozess auch dann gestellt werden, wenn das Finanzamt in die Revision geht.

V. Steuerliche Behandlung

Die **Verfahrenskosten** – seien es Behörden-, seien es Beraterkosten – sind **Betriebsausgaben** oder **Werbungskosten**, wenn der Steuerrechtsstreit selbst betrieblich oder beruflich bedingt ist[1]. Beispiel: Die Kosten eines Umsatzsteuerstreits sind Betriebsausgaben. 1947

Aus der Betriebsbedingtheit folgt bei Bilanzierenden, dass nach allgemeinen Regeln **Rückstellungen** möglich sind. 1948

Werden gezahlte Kosten, bei denen es sich um **Betriebsausgaben** oder Werbungskosten handelt, später **erstattet**, handelt es sich um **Betriebseinnahmen** bzw. negative Werbungskosten. 1949

Die Kosten eines Zivilprozesses können außergewöhnliche Belastungen (§ 33 EStG) sein[2]. Diese die Rechtsprechung ändernde Entscheidung des BFH kann u.E. auf die Kosten eines Steuerstrafverfahrens übertragen werden. 1950

Soweit **Beraterkosten** bei bestimmten Konstellationen **steuerlich unterschiedlich** behandelt werden, sollte der Berater die Leistungen getrennt abrechnen. Seine Aufteilung der Kosten ist in aller Regel anzuerkennen[3]. 1951

Erstattet der **Arbeitgeber** seinem **Arbeitnehmer Steuerstreitkosten**, so handelt es sich um steuerpflichtigen Arbeitslohn. Der Arbeitnehmer kann sodann die Kosten, sofern sie beruflich veranlasst sind, als Werbungskosten abziehen (Tz. 1947). 1952

Zur steuerlichen Behandlung der Kosten des **Steuerstraf- und Steuerfahndungsverfahrens** s. STRECK/SPATSCHECK, Steuerfahndung, Tz. 1369 ff. 1953

---

1 S. hierzu BMF vom 21.12.2007, BStBl. I 2008, 256.
2 BFH vom 12.5.2011 VI R 42/10, BFH/NV 2011, 1426.
3 Vgl. BFH vom 30.4.1965 VI 207/62 S, BStBl. III 1965, 410. Andernfalls erfolgt die Aufteilung im Schätzungswege; vgl. BFH vom 31.7.1985 VIII R 345/82, BStBl. II 1986, 139.

Anlagen

Anlage 1: Muster einer Klage

An das
Finanzgericht Köln
Appellhofplatz 1

50667 Köln

Klage

des Herrn Maximilian MEYER, Salzburger Weg 1010, 50858 Köln,

– Kläger –

Prozessbevollmächtigter: Herr Steuerberater Willi KANNES,
Eisenmarkt 2–4, 50667 Köln

gegen

das Finanzamt Köln-West, vertreten durch den Vorsteher,

– Beklagter –

wegen

Einkommensteuer 2008.

Mit der Klage wird der Einkommensteuerbescheid 2010 vom 14.4.2011 in der Gestalt der Einspruchsentscheidung vom 22.7.2011 angefochten; Steuernummer: 223/5187/1258.

Mit der Klage wird ua. geltend gemacht, dass das Finanzamt zu Unrecht betriebliche Einnahmen hinzugeschätzt hat.

In der **Anlage** überreiche ich den angefochtenen Bescheid und die Einspruchsentscheidung in Kopie.

Prozessvollmacht, Antrag und Begründung folgen.

Anlage 2

Anlage 2: Muster einer Revision

An den
Bundesfinanzhof
Ismaninger Straße 109

81675 München

**Revision
in dem Rechtsstreit**

des Herrn Maximilian MEYER, Salzburger Weg 1010, 50858 Köln,

– Kläger und Revisionskläger –

Prozessbevollmächtigter: Herr Steuerberater Willi KANNES,
Eisenmarkt 2–4, 50667 Köln,

gegen

das Finanzamt Köln-West, vertreten durch Vorsteher,

– Beklagter und Revisionsbeklagter –

wegen

Einkommensteuer 2008.

Mit der Revision wird das Urteil des Finanzgerichts Köln vom 22.7.2011
– Aktenzeichen: 4 K 278/10 E – angefochten.

Anlage 3

Anlage 3: Muster einer Nichtzulassungsbeschwerde

An den
Bundesfinanzhof
Ismaninger Straße 109

81675 München

**Beschwerde
in dem Rechtsstreit**

des Herrn Jakob Schmitz, Siegershof 150, 50859 Köln,

– Kläger und Beschwerdeführer –

Prozessbevollmächtigter: Herr Steuerberater Toni Schatz,
Rheingasse 11, 50676 Köln,

gegen

das Finanzamt Köln-West, vertreten durch den Vorsteher,

– beklagtes Amt und Beschwerdegegner –

wegen

Einkommensteuer 2005.

Mit der Beschwerde wird die Nichtzulassung der Revision in dem Urteil des Finanzgerichts Köln vom 11.11.2007 – Aktenzeichen: VI 68/92 – angefochten.

Die Revision ist nach § 115 Abs. 2 Nr. ... FGO zuzulassen.

Begründung

...

Anlage 4

Anlage 4: Muster eines Antrags an das Finanzgericht wegen Aussetzung der Vollziehung

An das
Finanzgericht Köln
Appellhofplatz 1

50667 Köln

Antrag auf Aussetzung der Vollziehung

des Herrn Jakob Schmitz, Siegershof 150, 50859 Köln,

– Antragsteller –

Verfahrensbevollmächtigter: Herr Steuerberater Toni Schatz, Rheingasse 11, 50676 Köln,

gegen

das Finanzamt Köln-West, vertreten durch den Vorsteher,

– Antragsgegner –

wegen

Einkommensteuer 2005.

Mit dem Antrag wird die Aussetzung der Vollziehung des Einkommensteuerbescheids 2005 vom 1.4.2007 beantragt; Steuernummer: 111/111/4711; Rechtsbehelfslisten-Nr.: 111-90-92.

(Es folgen ein eventuell weiter präzisierender Antrag und die Begründung).

Anlage 5

Anlage 5: Muster eines Antrags auf einstweilige Anordnung

An das
Finanzgericht Köln
Appellhofplatz 1

50667 Köln

**Antrag
auf Erlass einer einstweiligen Anordnung gemäß § 114 FGO**

des Herrn Jakob Schmitz, Siegershof 150, 50858 Köln,

– Antragsteller –

Verfahrensbevollmächtigter: Herr Steuerberater Toni Schatz,
Rheingasse 11, 50676 Köln

gegen

das Finanzamt Köln-West, vertreten durch den Vorsteher,

– Antragsgegner –

wegen

Ich **beantrage,**

dem Finanzamt im Wege der einstweiligen Anordnung, der Dringlichkeit wegen ohne mündliche Verhandlung, durch Entscheidung des Herrn Vorsitzenden Richters, hilfsweise des Gerichts, aufzugeben, alle Vollstreckungsmaßnahmen aufgrund offener Einkommensteuerforderungen 2000–2005 vorläufig einzustellen.

Begründung

...

Anmerkung:

Der Antrag bezweckt die vorläufige Einstellung der Vollstreckung (vgl. Tz. 1836 ff.); damit bezieht er sich auf einen der häufigsten Anwendungsfälle. Auch dieses Muster kann ggf. ohne Mühen geändert und angepasst werden.

Anlage 6

Anlage 6: Muster eines Antrags auf Durchführung eines selbständigen Beweisverfahrens

An das
Finanzgericht Köln
Appellhofplatz

50667 Köln

Antrag

des Herrn Maximilian MEYER, Salzburger Weg 1010, 50858 Köln,

– Antragsteller –

Verfahrensbevollmächtigter: Herr Steuerberater Willi KANNES,
Eisenmarkt 2–4, 50667 Köln

gegen

das Finanzamt Köln-West, vertreten durch den Herrn Vorsteher,

– Antragsgegner –

auf Durchführung eines selbständigen Beweisverfahrens.

Ich **beantrage**,

zur Durchführung einer Beweisaufnahme gemäß § 82 FGO iVm. §§ 485 ff. ZPO die sofortige Vernehmung des als Zeugen benannten Herrn Dr. WEBER, Bahnstraße 73, 50858 Köln, anzuordnen.

Gegenstand der Zeugenvernehmung ist der in der Klagebegründung vom 22.7.2011 in dem Verfahren 8 K 2050/10 auf Seite 2 vorgetragene Sachverhalt. Die Klagebegründung füge ich diesem Antrag bei.

Der Zeuge ist heute 81 Jahre alt. Es ist zu befürchten, dass seine Aussage im Rahmen einer späteren Beweisaufnahme nicht mehr möglich sein wird.

Um zu verhindern, dass dieses wichtige Beweismittel verlorengeht, ist die Sicherung des Beweises angebracht.

Zur Glaubhaftmachung füge ich eine Eidesstattliche Versicherung bei.

Anlage 7

Anlage 7: Muster einer Eidesstattlichen Versicherung

Eidesstattliche Versicherung

In Kenntnis der Bedeutung einer Eidesstattlichen Versicherung und nach Belehrung über die Folgen einer falschen Eidesstattlichen Versicherung erkläre ich, Maximilian MEYER, Salzburger Weg 1010, 50858 Köln, zur Verwendung vor dem Finanzgericht Köln Folgendes an Eides statt:

...

Köln, den 4.8.2011

....
(Unterschrift)

Anlage 8

Anlage 8: Muster eines Kostenfestsetzungsantrags

An das
Finanzgericht Köln
Appellhofplatz 1

50667 Köln

Kostenfestsetzungsantrag
in dem Rechtsstreit
– Aktenzeichen: 4 K 278/10 E –

des Herrn Maximilian MEYER, Salzburger Weg 1010, 50858 Köln,

– Kläger –

Prozessbevollmächtigter: Herr Steuerberater Willi KANNES,
Eisenmarkt 2–4, 50667 Köln,

gegen

das Finanzamt Köln-West, vertreten durch den Vorsteher,

– Beklagter –

hat das Finanzgericht durch Entscheidung vom 22.7.2011 die Kosten des Rechtsstreits dem Kläger iHv. 10 % und dem Beklagten iHv. 90 % auferlegt.

Ich **beantrage**,
die dem Kläger zu erstattenden Kosten entsprechend der nachfolgenden Berechnung iHv. 2500 Euro nebst Zinsen iHv. 5 Prozentpunkten über dem Basiszinssatz festzusetzen.

Außerdem **beantrage** ich,
die Hinzuziehung eines Bevollmächtigten für das Vorverfahren für notwendig zu erklären.

Die geltend gemachten Aufwendungen berechnen sich wie folgt:

...

Stichwortverzeichnis

Abgeltungsteuer 1688
Abhilferecht 1254
Abkommen zur Vereinfachung des Rechtsverkehrs 1628
Ablaufhemmung 390, 514, 799
Abrechnungsbescheid 1816 ff.
Abschrift 1283
Absoluter Revisionsgrund 1446
Abstrakte Rechtsfrage 1355
Abstrakter Rechtssatz 1405
AG 732
Akteneinsicht 916 ff., 1712
Akteneinsichtsrecht 573 ff.
Aktenplan 62
Aktenwidrigkeit 1474
Aktenzeichen 1281, 1415
Aktiengesellschaft 732
Allgemeiner Erfahrungssatz 1372, 1570
Allgemeines (abstraktes) Interesse an der Klärung 1353, 1377 ff.
Allgemeines Interesse 1396
Allgemeinverfügung 436 (FN 1), 617, 621, 641 ff.
Amtsermittlung 838
Amtsermittlungsgrundsatz 837
Amtsermittlungspflicht 835 ff., 1023 ff.
Amtshaftungsanspruch 667
Amtspflichtverletzung 1907
Änderung 702
Änderungsantrag 379 ff., 422, 1528, 1606 ff.
Änderungsbescheid 593, 990 ff., 1531, 1658
Anfechtungsgesetz 679
Anfechtungsklage 1541
Anfechtungssituation 1524 ff.
Anhörungsrüge 1219 ff., 1484, 1606
Anklage 1686
Anlagerendite 1688
Anordnungsanspruch 1718 ff.
Anordnungsgrund 1718 ff.
Anschlussrevision 1161 ff.
Anteilige Tilgung 744

Antrag
– beziffernder 384
– erneuter 1607 ff.
Arbeitnehmerüberlassung 732
Arrestanordnung 1591
Auffangtatbestand 1349
Aufhebung 702
Aufhebungsbescheid 707
Aufrechnung 1552
Aufteilungsbescheid 1810 ff.
Ausfertigung 1283
– schriftliche 392
Ausgelaufenes Recht 1383
Auslagen 1249
Ausländisches Recht 1464
Auslandsbeziehung 1627
Auslandsvermögen 1627
Auslaufendes Recht 1383
Auslegung
– Leitsatz 1393
– rechtsschutzgewährende 470
Ausschluss der Öffentlichkeit 1070
Ausschlussfrist 961, 965, 1026, 1292
Ausschlussfristen 122
Außenprüfer 401 (FN 2)
Außenprüfung
– Ausdehnung 1664
Außenprüfungsbericht 1568
Außensteuergesetz 732
Aussetzung der Verwertung 1807
Aussetzung der Vollziehung 422, 435, 581, 826, 1248, 1516 ff., 1715, 1900 ff.
– Ablehnung 1582
– Antrag 1533 ff.
– aufgedrängte 1537, 1691
– materielle Voraussetzungen 1560 ff.
– Rückwirkung 1545
– teilweise Ablehnung 1626
– von Amts wegen 1536
– vor Fälligkeit 1543
– Wirkung 1542 ff.
– Zeitpunkt 1548
Aussetzungsbetrag
– Bezifferung 1535

373

Stichwortverzeichnis

Aussetzungspflicht 1455
Aussetzungsverfahren 730, 1032
(FN 1), 1470
Aussetzungszinsen 731, 1554,
1638 ff., 1688, 1690, 1917
– Korrektur 1645
– Verzicht 1648
Auswahlermessen 780
Automatische Einrichtung 684
Autorität von Erlassen 538
Avalprovision 1636

Bauleistung 732
Bedingung 1287
– auflösende 1632
– aufschiebende 1632
Befangenheit 998 ff.
– Besorgnis der ~ 401 (FN 2)
Befangenheitsantrag 399 ff.
Befangenheitsgrund 400, 403
Begründung 689, 728, 1288
– kumulative 1371, 1425
Begründungserfordernis 1321
Begründungsfehler 1331, 1473
Begründungsfrist 1296
Begründungsschrift
– Aufbau 1353
Behauptung 1332
Beigeladener 1275
Beiladung 983 ff.
– notwendige 1455, 1476
Beistand 895
Bekanntgabe 474 ff.
Bekanntgabefiktion 476
Beklagter 4
Berater 66 ff.
Beraterkosten 1235 ff., 1934 ff.
Berichterstatter 846, 980 ff., 1019, 1037, 1071 f., 1594
Berufung 1139
Beruhen 1423, 1449 ff.
Bescheid
– Bekanntgabe 474
– elektronisch übermittelter 482
– formularmäßiger 685
– nichtiger 475
– vorläufiger 1527
Bescheidänderung 644 ff.
Beschleunigung 843

Beschlussverfahren 1594
Beschwer 430, 452 ff., 991
Beschwerde 1245 ff., 1251, 1600, 1726
– nachträgliche Zulassung 1604
– weitere 1605
Beschwerde an den BFH 1245 ff.
Beschwerdeberechtigter 1274 ff.
Beschwerdefrist 1601
Bestandskraft 527, 639, 727, 769
Besteuerungsgrundlagen
– Mitteilung 778
Besteuerungsunterlagen 1568 ff.
– Mitteilung 573 ff.
Bestimmtheit
– inhaltliche 688
Bestreiten des Zugangs 486
Betriebsprüfung 401 (FN 2), 416, 1570
Betriebsprüfungsanordnung 1663 ff.
Betriebsübernehmer 732
Beurteilungsspielraum 459
Bevollmächtigung 76 ff.
Beweisantrag 588, 1081 f., 1462, 1511
Beweisaufnahme 1025, 1076
– Unmittelbarkeit 1464
Beweiserhebung 1458, 1466
Beweislast
– objektive 759
Beweismittel 543 ff., 947
Beweisthema 1466
Beweisverfahren 994 ff.
Beweiswürdigung 1178
Billigkeitsregelung 1648
Bindungswirkung 758, 1490
Buchprüfungsgesellschaft 67
Bundesauftragsverwaltung 50
Bundesfinanzbehörden 49
Bundesfinanzhof 105 ff., 234 ff.
Bundesverfassungsgericht 112
Bundeszentralamt für Steuern 57
Büroversehen 1305

Darlegungsanforderung 1447
Darlegungserfordernis 1323 ff.
Darlegungslast 1617
Darlegungsvoraussetzungen
– spezielle 1330

Stichwortverzeichnis

Darstellung des Besteuerungssachverhalts
– missverständliche 1568
– unverständliche 1568
– widersprüchliche 1568
Datum 1415
Dauer
– überlange 1566
Dauer von Steuerprozessen 839 ff.
Denkgesetz 1372
Dienstanweisung 262
Dienstaufsichtsbeschwerde 370 ff., 400, 403
Divergenz
– im engeren Sinne 1404 ff.
Divergenzrevision 1399 ff.
Divergenzrüge 1312, 1345, 1399 ff.
Divergierende Entscheidungen 1418
Doppelfunktion 709
Drei-Tages-Frist 479 f., 483 f., 488
Drittwiderspruchsklage 1847 ff.
Duldungsbescheid 669 ff., 679
Duldungstatbestand 674
Durchsuchung 1763

EDV-Anlage 687
Ehegatten 856
Eidesstattliche Versicherung 1595, 1765
Eiliger Rechtsschutz 1387
Einfluss
– politischer 343 ff.
Einigung 1008 ff.
Einspruch 405, 472 ff., 723, 1557
– Begründung 530, 728
– Form 505
– Frist 472
– rechtsmissbräuchlicher 420
– Rücknahme 421, 521
– Teilrücknahme 513, 526
– Verzicht 516
Einspruchsbegründung 530
– Ausschlussfrist 555 ff.
Einspruchsberechtigter 452
Einspruchsentscheidung 444, 598, 654, 657 ff.
Einspruchsfrist 715
Einspruchsrücknahme 421, 649

Einspruchsverfahren 405 ff.
– Entscheidung 605 ff.
– Funktion 405
– Ruhen 613
– Zweck 405
Einstweilige Anordnung 1248, 1670, 1674, 1709 ff., 1836 ff.
Einstweilige Erstattung 1649 ff.
Einstweiliger Rechtsschutz 1709
Einzelkaufmann 732
Einzelrichter 975 ff., 1037
– konsentierter 981 f.
Elektronische Medien 1510
Elektronische Signatur 1158 (FN 4)
Elektronische Übermittlung 482
Elektronischer Verwaltungsakt 500
Entschädigung 843
Entscheidung 1477 ff.
– divergierende ~en 1418
– Zeitpunkt 1416, 1482
Entscheidungserheblichkeit 1395, 1423
Entscheidungsgründe 1455
– Fehlen von ~ 1472
Entschließungsermessen 780
Erbschaftsteuer 732
Ereignis
– erledigendes 1499
Erfahrungs-Denkgesetz 1465
Erfolgsaussichten 13 ff., 453, 1618, 1681
– ungewisse 1688
Ergebnisrichtigkeit 1375
Erlass 1874 ff.
Erledigendes Ereignis 1499
Erledigung 1035, 1130 ff., 1494 ff.
Erledigungserklärung 1501 ff.
Ermessen 267 ff., 676, 686, 697 f., 714, 755, 779 ff., 789 ff., 1267, 1533, 1617, 1631
Ermessensentscheidung 460
Ermessensfehler 791
Ermessensreduzierung auf Null 698
Ermessensspielraum 1572
Ermittlungsfehler 1567
Ermittlungspflichten des Finanzamts 583
Ernstliche Zweifel 1560

Stichwortverzeichnis

Erörterungstermin 1032 ff., 1594
Erstattungsanspruch 1553
Erstattungszinsen 1640, 1918 ff.
Erstschuld 717, 767
– Zahlung 719
EU-Ausland 1628
Europäischer Gerichtshof 1912 ff.
Existenzbedrohung 1674, 1721

Fahrlässigkeit
– leichte 753
Faktischer Geschäftsführer 738
Fehlen von Entscheidungsgründen 1472
Fehlende Präklusion 1448
Fehlurteil 1565
Festgeldanlage 1688
Festsetzungsfrist 422, 1646
Festsetzungsverjährung 677, 726, 795 ff.
Feststellungsbescheid 1656 ff.
– negativer 1660
Feststellungslast 777, 1617
Finanzamt 56, 58, 218 ff.
– Ermittlungspflicht 583
– Zuständigkeit 694 ff.
Finanzbehörden 53
– oberste 54
Finanzgericht 101 ff., 229 ff.
Finanzgerichtsurteil
– Abschrift 1283
– Ausfertigung 1283
Firmenfortführung 732
Folgebescheid 429, 1529, 1590, 1615, 1641
Formfehler 696
Förmlichkeiten 673
Formularmäßiger Bescheid 685
Fragebogen 776
Freistellung 708
Freistellungsbescheinigung 1714
Freiwillige Zahlung 1551
Frist
– Einspruch 472
– Rücknahme 800
– Widerruf 800
Fristen 113 ff., 1289 ff.
Fristenkontrolle 159 ff., 1306
Fristverlängerung 1300 ff., 1701

Fristwahrung 146 ff.
Fundstelle 1415

Gebühren 1249
Gegenrüge 1196
Gegenvorstellung 361, 375, 403
– ungeschriebene 1484
Gemeinden 52, 58, 238 ff.
Gemeinschaftsrecht 1365
Gemeinschaftsrechtliche Bedenken 1565
Generalklausel 1345, 1390
Generalvollmacht 915
Gerichte 98 ff.
Gerichtliche Entscheidung 1110 ff.
Gerichtsbescheid 1112 ff., 1206 ff., 1236, 1266
Gerichtskosten 1224 ff., 1610
Gerichtskostengebühr 1498
Gerichtsverfahren
– überlanges 843
Gesamtschuldnerschaft 1641
Gesamtverantwortung 743
Geschäftsfortführung 732
Geschäftsführer 755, 792
– faktischer 738, 775
Geschäftsführeramt
– Beendigung 736
Geschäftsführerhaftung 734 ff.
Geschäftsverteilung 742
Geschäftsverteilungsplan 742 f.
Gesellschafter 732
Gesetzeslücke 1393
Gesetzeswidrigkeit
– greifbare 1432
Gesetzlicher Richter 1455
Gewerbeertrag 1530
Gewerbesteuermessbescheid 1530
Gewinnfeststellungsbescheid 1656 ff.
– negativer 1660
Glaubhaftmachung 1595, 1624, 1722
GmbH 732
Greifbare Gesetzeswidrigkeit 1432
Grundlagenbescheid 457, 595, 1529, 1590, 1615, 1641, 1707
Grundsätzliche Bedeutung 1148, 1335 ff.

Stichwortverzeichnis

Grundsatzrevision 1335 ff.
– Hauptanwendungsfall 1336
Grundsteuer 732

Haftpflichtansprüche
– Abwehr 28 ff.
Haftung 1686
– Akzessorietät 767
– anteilige 757
– Höhe 781
– Lohnsteuer 748
– Steuerhinterziehung 757 ff.
– Umsatzsteuer 747
Haftungsbescheid 669 ff.
– Begründung 689, 788
– begünstigender 705
– erweiternder 721
– nicht begünstigender 704
– rechtmäßiger 718 ff.
– rechtswidriger 703 ff.
– Zeitpunkt 726
– Zeitpunkt des Erlasses 717
Haftungsfreistellungsbescheid 772
Haftungsgrundlage
– Austausch 725
Haftungsprophylaxe 772
Haftungsquote 746, 777
Haftungsschuldner 680
Haftungstatbestand 674, 732 ff.
Hauptsacheverfahren 1595
Hilfsverfahren
– förmliches 387
Hinzuziehung 561

Immobilien-Zwangsvollstreckung 1850
In dubio pro reo 759
Individualrechtsschutz 1378
Informationspflicht 775
Informationspflicht des Finanzamts 572
Inhaftungnahme
– Höhe 781
Insolvenz 1013
Insolvenzantrag 1625
Insolvenzverfahren 771
Interesse der Allgemeinheit 1340
Irrtum 1302

Kaskadeneffekt 373
Klage 847 ff., 1557
– Verfahren 725
– Zweck 830 ff.
Klageabweisung 1085
Klageantrag 930 ff., 991
Klagearten 847 f.
Klagebefugnis 850 f.
Klagebegehren 869 ff., 931
Klagebegründung 930 ff., 1015
Klageeinlegung 888 ff.
Klageerhebung 1518
Klagefrist 643, 883 ff.
Kläger 4
– Tod 1011 ff.
Klärung der Rechtsfrage
– abstraktes Interesse 1353, 1377 ff.
Klärungsbedürftigkeit 1353, 1357 ff.
Klärungsfähigkeit 1353, 1368 ff., 1395, 1423
Kleinstbetrag 5
Kommanditist 732
Komplementär 732
Konfliktvertretung 1004 (FN 1)
Konkurrenteneinspruch 454
Konnexität 1524, 1715
Konsentierter Einzelrichter 981 f.
Kontrollüberlegung 1355
Konzernprüfung 1665
Korrektur 702
Korrekturvorschriften 673
Kosten 404, 1136 ff., 1217 f., 1224 ff., 1249, 1256, 1494 ff., 1636, 1676, 1727
Kostenentscheidung 939, 1414
Kostenerstattung 386, 662 ff., 1937 ff.
– Antrag 1241
Kostenrecht 417, 1050, 1085
Kostenrisiko 1700
Kumulative Begründungen 1371

Landesfinanzbehörden 51
Leistungsgebot 1748 ff.
Leistungsklage 378, 396
Lex specialis 1389
Literatur als Autorität 259
Lohnsteuer 692
– Haftung 748

377

Stichwortverzeichnis

Marktzinsen 1688
Masseneinspruch 415, 436, 637
Materielles Recht 1354
Medien
– elektronische 1510
Mindeststreitwert 1677
Mischwirkung 709
Mitteilung
– rufschädigende 1712
Mitteilung der Besteuerungsgrundlagen 778
Mitteilung der Besteuerungsunterlagen 573 ff.
Mittelbehörden 55
Mitwirkung 549
Mitwirkungspflicht 778, 837, 945, 1534, 1539, 1595
Mündliche Verhandlung 934, 1041, 1042 ff., 1236, 1477, 1594
– Verzicht 1043 ff.
– Wiedereröffnung 1088 ff.
Mündlichkeit 276 ff.
Musterprozess 1362
Musterverfahren 436, 613 ff., 637 f., 642

Nebenbestimmung 458, 1632
Nebenentscheidung 1271
Neue Tatsachen 1334
Neuerlass 702
Nichtanwendungserlass 1360
Nichtzulassungsbeschwerde 1165, 1257 ff., 1602, 1725
– Adressat 1280 ff.
– Begründung 1288
– Begründungsfrist 1296
– Beschwerdeberechtigter 1274 ff.
– Form 1280 ff.
– Formelle Voraussetzungen 1265 ff.
– Frist 1289 ff.
– Zulassungserfordernisse 1265 ff.
Nichtzulasungsbeschwerde
– Unzulässigkeit 1322
Notwendige Beiladung 1455, 1476
Nullbescheid 455

Oberbehörden 223 ff.
Oberfinanzdirektion 223 ff.
Objektive Beweislast 759

Objektive Willkür 1431
Ordnungsgeld 1060 (FN 1)
Organ 734
Organisationsmangel 189
Organisatorische Maßnahmen 1247
Organschaft 732

Partnerschaftsgesellschaft 732
Pauschale Verweisung 1332
PC 271 ff.
Persönliches Erscheinen 1060 ff.
Pfändung 1591
Pflichtverletzung 400, 739 ff.
Pilotverfahren 1684
Plädoyer 1078
Politischer Einfluss 343 ff.
Populareinspruch 454
Präklusion 557 ff., 1453 ff., 1512
– fehlende 1448
Präventivstreit 410
Protokoll 1081, 1095 ff., 1272
Protokollierung 1459
Prozessausgang
– günstiger 1618
Prozessbevollmächtigte
– mehrere 1294
Prozessführung 1506, 1513
Prozesskostenhilfe 1932 f.
Prozessvertretung 892 ff.
Prozesszinsen 1640, 1689
Prüfungsbericht 357, 685
Prüfungshandlung 1665
Prüfungsschritt 1406
Psychologie 1685, 1692 ff.

Qualifizierter Rechtsanwendungsfehler 1403, 1430 ff.

Recht
– ausländisches 1464
Rechtliches Gehör 1272, 1569
– Versagung 1467
Rechtsanwalt 67
Rechtsanwendung 251 ff.
Rechtsanwendungsfehler 1346
– qualifizierter 1403, 1430 ff.
Rechtsbehelf 1259, 1483
– Erfolgsaussichten 1618
– Vollstreckung 1824 ff.

Stichwortverzeichnis

Rechtsbehelfsbefugnis 467 ff.
Rechtsbehelfsbelehrung 500 f.
Rechtsbehelfslisten 422
Rechtsbehelfsstelle 60
Rechtsbehelfsverfahren 722 ff.
– überlange Dauer 1566
Rechtsbeistand 68
Rechtsberater
– ausländischer 72
Rechtsbeschwerde 1251
Rechtseinheitlichkeit 1341
Rechtsentwicklung 1341
Rechtserheblichkeit 1368 ff., 1448
Rechtsfortbildung 1347
Rechtsfortbildungsrevision 1388 ff.
Rechtsfrage 1354
Rechtsfragen
– identische 1419
Rechtsmittel 1259
Rechtsmittelklarheit 1378
Rechtsmittelsicherheit 1378
Rechtsprechung 259
Rechtssache 1354 ff.
Rechtsschutz 1600 ff.
– eiliger 1387
Rechtsschutzbedürfnis 1500, 1708
Rechtsschutzdefizit 1312
Rechtsschutzgarantie 1538
Rechtsschutzgewährende Auslegung 470
Rechtsschutzmöglichkeiten 1557 ff.
Rechtssicherheit 1341
Rechtssystematische Bedeutung 1348
Rechtssystematische Gründe 1342
Rechtsweggarantie 1435
Regelungsanordnung 1713
Reichsfinanzverwaltung 63
Revisibles Rcht 1369
Revision 1139 ff., 1725
– Erfolgsausicht 1264
– Frist 1152 ff.
– Muster 1157
– Zulassung 1156
– Zulassungsgründe 1147 ff.
Revisionsbegründung 1164 ff., 1172
Revisionsbegründungsfrist 1487
Revisionserwiderung 1193 ff.
Revisionsfrist 1291

Revisionsgrund
– absoluter 1446, 1452
Revisionsverfahren 948
Revisionszulassung 940
Richter
– gesetzlicher 1455
Routinemaßnahme 1589
Rückerstattung 1555
Rücknahme 702, 1494 ff.
Rücknahmefrist 800
Rückwirkung 1545
Rufschädigende Mitteilung 1712
Rügeverzicht 1080 ff., 1456

Sachaufklärungspflicht 837
Sachaufsichtsbeschwerde 368, 375
Sachverhalt 242 ff.
– Aktenwidrigkeit des 1574
– nicht ausermittelter 1567
– unklarer 1567
Sachverhalte
– vergleichbare 1419
Sachverhaltsaufklärung
– ungenügende 1461
Sachverhaltsermittlung 539 ff., 583 ff., 785, 945, 1024
Sachverständiger 948
Sammelbescheid 438 f.
Säumniszuschlag 756, 1543, 1554, 1695, 1803, 1805
Schaden
– irreversibler 1621
Schadensersatz 1851, 1907
Schätzung 459, 778, 819, 1372
Schätzungsbescheid 1629
Schriftlichkeit 276 ff., 682
Schriftsätze 286 ff.
Selbstkontrolle der Verwaltung 411
Sicherheit
– Höhe der 1630
Sicherheiten 1673
Sicherheitsleistung 1546, 1583, 1596, 1613 ff., 1799
– Angebot 1633
Sicherung einheitlicher Rechtsprechung 1399 ff.
Sicherungsanordnung 1711
Sitzungsprotokoll 1458
Sitzverlegung 695

Stichwortverzeichnis

Sofortige Beschwerde 1251
Sonderausgaben 1687
Soziale Auswirkung 1386
Spendenhaftung 732
Spezialtatbestand 1394
Spontanauskunft 1712
Sprungklage 419, 860 ff.
Staatsanwalt 1686
Steuer
– Fälligkeit 1543
Steuerabzugsbetrag 1555
Steueranmeldung 491 ff., 517
Steuerberater 67
– ausländischer 72
Steuerberatungsgesellschaft 67
Steuerbescheid
– Bindungswirkung 593 ff.
– nichtiger 430
Steuerbevollmächtigter 67
Steuerbürger 64 ff.
Steuererstattung 1649
Steuerfahndung 1629
Steuerfahndungsbericht 1568
Steuergeheimnis 545, 567, 577, 774
Steuergerechtigkeit 1 f.
Steuerhaftung 675
Steuerhinterziehung 787, 797, 1683, 1686
– Haftung 757 ff.
Steuerpflichtiger
– vermögender 1619
Steuerschuldner 695
Steuerstrafverfahren 592, 801 ff.
Steuerstreit 8 ff.
– Beratung 8 ff.
– Bewegrund 8 ff.
– illegitimer 38 ff.
– Motiv 9 ff.
– vorsorglicher 33 ff.
Steuerverfahren
– Dauer 839 ff.
Steuerverwaltung 48 ff.
Stillschweigende Ermessensausübung 789
Stolperdraht-Recht 1261
Strafbefehl 764
Strafverfahren 578
Strafverteidigung 30

Strategie 320 ff.
Streitkosten
– steuerliche Behandlung 1947 ff.
Streitstoff 1328
Streitwert 1228, 1677, 1684
Streitwertrevision 1435
Stundung 1670, 1874 ff.
Stundungsprozess 36 f.
Stundungszinsen 731
Subsumtionsfehler 1421
Summarisches Verfahren 1682

Taktik 320 ff.
Tatsachen
– neue 1334
Tatsachenwürdigung 1371
Tatsächliche Verständigung 347 ff.
Taugliches Objekt 1414
Teilabhilfebescheid 443
Teileinspruchsentscheidung 436 (FN 1), 620
Teil-Einspruchsentscheidung 635 ff.
Teilnahmerecht 589 f., 1038
Teilstattgabe 632 ff.
Telebrief 1281
Telefax 1281
Telegramm 1281
Tenor 1270
Tilgung
– anteilige 744
Timing 1695 ff.
Tod des Klägers 1011 ff.
Treu und Glauben 782
Typus-Begriff 1356

Übermaßverbot 1620
Überraschungsentscheidung 1469
Überwiegende Wahrscheinlichkeit 1571
Umdeutung 1285
Umsatzsteuer
– Haftung 747
Umsatzsteuerbescheid 680
Umsatzsteuerbetrag
– negativer 1650
Umsatzsteuererstattung 1654
Umsatzsteuervoranmeldung 1652
Umsatzsteuervorauszahlung 1651
Unanfechtbarkeit 716

Stichwortverzeichnis

Unbedenklichkeitsbescheinigung 1714
Unbillige Härte 1560, 1621
Ungeschriebene Gegenvorstellung 1484
Unschuldsvermutung 763
Untätigkeitseinspruch 445, 503
Untätigkeitsklage 450, 607, 858 ff.
Unterschrift 683, 876
Unzulässigkeit 1322
Urteil 764, 1110, 1197 ff.
– Abweichung 1420

Verböserung 513, 600, 626, 648 ff., 724, 937
Verbot der Verwertung 1665
Vereidigter Buchprüfer 67
Verfahren
– nichtförmliches 358 ff.
– summarisches 1682
Verfahren nach § 69 Abs. 3 FGO 1573 ff.
– besondere Zugangsvoraussetzungen 1578 ff.
Verfahrensbeschleunigung 636
Verfahrensfehler 696, 1354
Verfahrensfragen 1524 ff.
Verfahrenskosten 1926 ff.
– steuerliche Behandlung 1947 ff.
Verfahrensmangel 1150, 1436 ff., 1454, 1488
Verfahrensrecht 1354
Verfahrensrüge 1311
Verfassungsbeschwerde 1260, 1909 f.
Verfassungsrechtliche Bedenken 1565
Verfassungswidrigkeit 434 f., 1364
Verhandlung
– mündliche 1477, 1594
Verjährung 550, 796 ff.
Verjährungsfrist 422
Verlustfeststellungsbescheid 1656 ff.
Vermögenslosigkeit 1624
Vermögenszuwachsrechnung 819
Versagung des rechtlichen Gehörs 1467
Versäumnisurteil 1064 (FN 29)
Versicherungsteuer 732

Verspätungszuschlag 756
Vertrauen in die Rechtsprechung 1430
Vertrauensschutz 712
Vertrauenstatbestand 710 f.
Vertretungszwang 893, 1253, 1279
Verwaltung
– Selbstkontrolle 411
Verwaltungsakt 427 f.
– elektronischer 500
– mündlicher 394
– wiederholender 437
– Zweifel an der Rechtmäßigkeit 1593
Verwaltungsanweisung
– Vollstreckung 1699, 1704
Verwaltungsbehörden 1892 ff.
Verwaltungsgericht 110 f., 1892 ff., 1897
Verwaltungsrichtlinien 1699
Verwaltungszustellungsgesetz 490
Verweisung
– pauschale 1332
Verwertung
– Verbot 1665
Verwertungsverbot 590 f.
Verzichtbarkeit 1454
Verzinsung 1635
Verzögerungsrüge 843
Videokonferenz 1092 ff.
Vollabhilfebescheid 441, 628 ff.
Vollmacht 896 ff.
Vollrevision 1277
Vollstreckung 1517, 1578, 1588 f., 1667 ff., 1728 ff.
– Rechtsbehelf 1824 ff.
Vollstreckungsandrohung 1669
Vollstreckungsankündigung 1589
Vollstreckungsaufschub 1671, 1789 ff.
Vollstreckungsmaßnahme 1551, 1556, 1698 ff.
Vollstreckungsstellen
– Umgang 1859 ff.
Vollstreckungsstreit 1728 ff.
Vollverzinsung 1640, 1689
Vollziehbarkeit 1516 ff., 1532
Vollziehung
– Unbilligkeit 1593

381

Stichwortverzeichnis

Von Amts wegen 1271
Voranmeldungszeitraum 691
Vorauszahlung 1555
– Anpassung 1528
Vorbehalt der Nachprüfung 422, 596 ff., 700, 1029 ff., 1527
Vorläufigkeit 701
Vorsatz 752
Vorsteuer 1653
Vorverfahren 857 f., 1444
Vorwegnahme 1464

Wahrscheinlichkeit
– überwiegende 1571
Wegfall des Zulassungsgrunds 1503
Widerrufsfrist 800
Widerrufsvorbehalt 1584 f.
Widerspruch 1892 ff.
Wiedereinsetzung 194 ff.
Wiedereinsetzung in den vorigen Stand 397, 492, 497, 504, 1166, 1293, 1305
Wiedereröffnung der mündlichen Verhandlung 1088 ff.
Wiedervorlagefristen 123
Willkür
– objektive 1431
Wirtschaftliche Auswirkung 1386
Wirtschaftliche Überlegungen 1687 ff.
Wirtschaftsprüfer 67
Wirtschaftsprüfungsgesellschaft 67

Zahlung
– freiwillige 1551
– ratierliche 1690
Zahlungsschwierigkeiten 1681
Zahlungsverhalten 750
Zahlungsverjährung 1804
Zeitpunkt 1695 ff.
Zeitpunkt der Entscheidung 1416
Zeugenaussage 1465, 1570
Zeugenbeweis 545 ff.
Zinsen 1541
– Höhe 1642
– Ratierlichkeit 1644
Zugang
– Bestreiten des 486
Zulassungsermessen 1267
Zulassungsgrund 1307 ff.
– Wegfall 1503
– Zeitpunkt 1315 ff.
Zurückverweisung 1488
Zuständigkeit 694 ff.
Zustellung
– förmliche 490
– öffentliche 494
Zustimmung
– des Beschwerdegegners 1496
Zwangsmaßnahme 1551
Zwangsvollstreckung
– Immobilien 1850
Zweifel
– ernstliche 1560
Zweitbescheid 437 (FN 2)
Zwischenurteil 1111